기업회생의 이해와 실무

– 도산기업을 위한 회생절차지침서 –

권기일 · 강민우

박영사

추천사

“실패를 경영하라.” 저자들을 만나면 머릿속에 떠오르는 문장이다. 사람은 누구나 실패를 경험한다. 기업도 마찬가지다. 20여 년 전 회사를 설립한 이후 나만의 가치와 꿈을 좇으며 앞만 보고 내달렸다. 업계에서 빠른 속도로 입지를 확보해 나가던 회사의 앞길은 탄탄대로일 것만 같았다. 하지만 의사결정의 실수와 임직원들의 부정, 악의적인 소문 유포 등이 겹치면서 회사의 상태가 걷잡을 수 없을 정도로 악화되었다. 살아오면서 처음 겪는 큰 실패라 당황스러웠지만 200여 명의 임직원을 지휘하고 8,000여 명의 기술자네트워크를 운영하던 능력과 열정으로 충분히 헤쳐 나갈 수 있다고 자신했다. 하지만 그것은 착각이었다. 회사가 어렵다는 사실이 알려지자 회사를 둘러싼 사람들의 태도가 변했다. 투자자는 갑자기 투자금의 상환을 요구했고, 현장관계자들은 의심의 눈초리로 회사를 바라보기 시작했다. 심지어 내가 회사자금을 횡령했다는 소문을 퍼뜨리는 사람까지 있었다. 그러자 이전까지 탄탄하게 돌아가던 현장들이 급격히 부실해지기 시작했다. 몇 달에 걸쳐 모든 현장을 직접 방문하여 직원과 기술자들을 설득해 보았지만 공들여 구축해 놓았던 기술자네트워크는 상당 부분 붕괴된 상태였고, 이미 회사에 대한 신뢰를 잃은 사람들의 마음을 되돌리는 것은 쉽지 않았다. 이런 상황에서 평소 신뢰했던 임직원들마저 등을 돌리기 시작했다. 막다른 벽에 부딪친 것 같은 상황이었다. 하루하루가 악몽과도 같았다. 위기에 처한 회사의 경영자들이 극단적인 선택을 하는 심정을 알 수 있을 것 같았다. 그때 내 옆에 가족이 없었다면 아마 지금의 나는 없을 것이다.

그런 절체절명의 순간에 저자들을 만났다. “대표님, 무엇보다 평정심을 유지하시는 것이 중요합니다.” 저자들이 본격적인 회생절차에 들어가기에 앞서 해준 말이다. 이 말을 듣고 나니 팽팽하게 긴장해 있던 심신이 이완되는 느낌을 받았다. ‘우생마사’라고 했던가. 마음을 비운 채 급류에 몸을 맡기고 순리대로 풀어 나가자고 다짐했다. 그로부터 1년이 조금 넘는 시간 동안 나는 저자들의 도움을 받으며 관리인으로서 묵묵히 회생절차를 진행하였고 마침내 회사를 회생시키는데 성공했다. 이러한 경험은 나에게 커다란 자양분이 되었다. 지금은 회생을 경험하기 전보다 훨씬 더 크고 좋은 기업을 만들어 가고 있다. 회생절차가 진행 중인 기업의 경영자들께 회생은 끝이 아니라 새로운 전환점이 될 수 있으니 용기를 잃지 마시라는 말씀을 전하고 싶다. 저자들은 적지 않은 건수의 기업회생 사건을 훌륭하게 마무리하였고 그 과정에서 축적한 지식과 경험을 토대로 이 책을 출간하였다. 재정적 어려움에 처한 기업의 임직원과 기업회생에 종사하는 실무자에게 이 책이 큰 도움이 될 것으로 확신하기에 기꺼이 추천하고자 한다.

2023. 1.

JSB그룹 이사회 의장 최재정

머리말

2021 사법연감의 2020년 전국 회생법원 법인회생 사건 처리 결과에 따르면 회생절차개시결정 이전 사건 870건 중 개시결정이 내려진 사건이 614건, 기각결정이 내려진 사건이 60건, 기타 196건이고, 회생절차개시 후 인가 전 사건 637건 중 회생계획이 인가된 사건이 397건, 회생절차가 폐지 내지 취소된 사건이 238건, 기타 2건이며, 회생계획이 인가된 사건 399건 중 회생절차가 종결된 사건이 315건, 회생절차가 폐지된 사건이 84건이다. 이러한 통계를 통해 최근 회생절차개시신청을 한 회사 중 회생절차종결결정을 받고 성공적으로 회생절차를 마무리한 회사의 비율은 약 35~45%에 불과한 것으로 추정할 수 있다. 물론 경제성이 결여되어 회생 가능성이 없는 회사가 무리하게 회생절차개시신청을 한 경우에는 중도에 퇴출되는 것이 당연하다. 그런데 회생 가능성이 있음에도 불구하고 절차상의 불운과 미숙한 업무처리 등이 겹쳐 회생절차개시신청이 기각되거나 회생절차개시결정 이후 중도에 퇴출되는 회사도 드물지 않다. 이는 그 회사와 임직원들에게 불행한 일이고 채권자 일반의 이익에 부합하지 않으며 사회적으로도 손실이다. 한편, 대부분의 도산기업 CEO는 회사의 회생만큼이나 자신의 경영권 유지를 갈망한다. 그런데 채권액 중 현금변제가 불가능한 금액을 전액 출자전환하고, 공정 · 형평의 원칙에 관하여 상대우선설과 상대적 지분비율법을 채택하고 있는 현재의 회생실무에서 CEO가 경영권을 유지하기 위하여는 치밀한 준비가 필요하다. 그럼에도 불구하고 별다른 전략 없이 회생절차개시신청을 하였다가 회사를 회생시키고도 정작 자신은 경영권을 잃게 된 CEO들이 더러 있다. 이 또한 안타까운 일이 아닐 수 없다.

저자들은 최근 수년간 적지 않은 수의 기업회생 사건을 처리하였다. 저자들에게 사건을 의뢰한 회사들의 공통된 요구사항은 두 가지였는데, 첫째는 당연하게도 회사의 성공적 회생이었고, 둘째는 CEO의 경영권 유지였다. 저자들은 사건을 진행하는 과정에서 이러한 니즈를 충족시키기 위하여 노력하던 중 다양한 난제들과 맞닥뜨렸고 그때마다 채무자회생법에 관한 기존 연구성과들에 의지하였다. 외환위기 이후 도산제도가 활성화되고 판례가 축적되면서 선학들의 연구가 상당히 진척되어 있었으나, 안타깝게도 기존 연구성과들에서는 저자들이 고민하고 있던 문제에 대한 명쾌한 해결책을 찾을 수 없는 경우가 많았다. 기존 연구성과들이 법리에 집중하고 있는 데 반하여 저자들이 고심하던 난제들은 대부분 실무적인 것이었고, 회계·경영 등 법률 이외의 영역의 것이 다수였던 점을 생각하면 이는 당연한 결과이기도 하였다. 저자들은 좌충우돌하며 사건을 진행해 나가는 과정에서 도산기업이 회생절차를 성공적으로 마무리하고 CEO가 경영권을 유지하는 방안에 대한 노하우를 축적하였다. 지금 이 순간에도 전국의 회생법원에는 수백 건의 기업회생 사건이 진행되고 있다. 회생절차가 진행 중인 회사의 CEO와 그의 조력자들 중 저자들이 경험했던 것과 동일하거나 유사한 문제로 고심하고 있는 분들이 분명히 있을 것이다. 저자들은 이런 분들에게 실질적인 도움을 드리기 위해 집필을 결심하였다.

이러한 집필목적을 달성하기 위한 가장 효과적인 방식은 사례를 기반으로 서술하는 것이라고 판단하였다. 이에 저자들은 ㈜대한이라는 가상의 기업이 재정적 파탄에 직면하여 회생절차개시신청을 하고 소정의 절차를 거쳐 회생절차종결결정을 받고 회생에 성공하는 사례를 축으로 이 책을 구성하였다. 그리고 ㈜대한의 회생절차개시신청서와 회생계획안 등 주요 서류를 망라하였고, 개별 절차와 관련된 실무팁을 소개하였다. ㈜대한의 사례는 저자들이 실제로 처리한 사건을 토대로 한 것으로, 의뢰인 회사의 양해를 구하여 회사명과 대표이사의 이름을 가명처리하고, 각종 서류의 날짜와 이해관계인의 이름을 익명처리하였을 뿐 나머지 정보는 실제 사건과 동일하다. 도산기업의 CEO, 기업회생 사건을 다루는 실무자들 그리고 채무자회생법을 공부하는 분들에게 이 책이 작은 도움이나마 되기를 바란다.

저자들의 의도가 과연 얼마나 실현될지 자신하기 어렵고 부족한 글을 내놓으려니 걱정이 앞선다. 하지만 동학들의 따끔한 질정을 통해 보완할 것을 다짐하면서 감히 용기를 내었다. 흔쾌히 이 책의 출간을 맡아주시고 편집에 힘써주신 박영사 임직원분들께 감사의 마음을 전한다. 항상 저자들을 지지해주는 가족들에게 이 책을 바친다.

2023. 1.

권기일 · 강민우

목 차

제2장 **기업가치의 평가**

제3장 회생절차개시신청

제5장 회생절차개시결정

제6장 회생절차의 기관

제7장 채무자의 재산의 확보

제8장 회생절차의 이해관계인의 권리

제9장 회생채권 등의 조사 및 확정

제10장 관리인 보고를 위한 관계인집회 등

제11장 회생계획안

제12장 회생계획안의 심리 및 결의를 위한 관계인집회

제13장 회생계획의 인가

제14장 **회생계획의 수행과 변경**

제15장 회생절차와 M&A

제16장 회생절차의 종료

第17장 간이회생절차

제18장 상장법인과 회생절차

사례기업의 현황

주식회사 대한(주소: 서울 ○○구 ○○대로 ○○○, 대표이사: 김민국, 이하 '㈜대한')은 1995년 수송기계·기구 부품(연료펌프 및 필터) 제조 및 판매업 등을 목적으로 설립된 이후 우수한 기술력을 바탕으로 H자동차의 협력업체로 선정되는 등 지속적으로 성장하였다. ㈜대한은 개성공단에 자회사를 설립하고 거액을 투자한 후 저렴한 인건비를 바탕으로 사업을 확장하였으나 정부의 개성공단 폐쇄조치로 막대한 투자손실을 입었다. 개성공단 자회사에서 생산하던 제품을 국내 생산으로 대체하기 위하여 ㈜대한은 급히 국내 회사를 인수하였다. 그러나 인수한 회사 설비의 노후화로 인하여 추가 투자가 불가피하였고, 인건비 등 비용부담이 증가하면서 원가율이 상승하여 상당 기간 영업손실을 기록하였다. 누적된 영업손실로 유동성 압박을 받던 ㈜대한은 본사 건물과 대지를 매각하여 유동성 위기를 타개하려 하였으나 부동산 경기 침체로 매각이 여의치 않았다. 대표이사 김민국은 사재를 출연하여 협력업체의 물품대금을 결제하고 신흥국 전기차 시장을 선점하기 위하여 인도에 자회사를 설립하는 등 고군분투하였다. 그러나 해외 고객사 담당자의 연말 장기휴가로 인하여 ㈜대한은 20×0년* 1월 매출채권을 회수하지 못하였고 이로 인하여 20×0년 1월 말 변제기가 도래한 약 10억 원의 전자어음을 부도내고 말았다. ㈜대한은 이러한 재정적 파탄의 위기를 어떻게 극복할 수 있을까?

---

* 이하 ㈜대한이 재정적 파탄에 직면하여 회생절차개시신청을 한 연도를 20×0년으로, 20×0년 이후의 각 연도를 순차적으로 20×1년, 20×2년, 20×3년 … 순으로 표기하고, 20×0년 이전의 각 연도를 순차적으로 20□9년, 20□8년, 20□7년 … 순으로 표기한다.

제1장
개 관

Ⅰ. 도산제도의 개요

1. 도산제도의 필요성

대한민국의 경제질서는 개인과 기업의 경제상의 자유와 창의를 존중함을 기본으로 한다(헌법 제119조 제1항). 이는 대한민국의 경제질서가 시장경제의 원리에 입각하고 있음을 천명한 것으로서 기업의 생성·발전·소멸은 어디까지나 기업의 자율에 맡긴다는 기업 자유의 표현이며, 국가의 공권력은 특단의 사정이 없는 한 이에 대하여 개입하지 않는 것을 원칙으로 한다는 의미이다.[1)]

시장경제질서의 근간은 기업 사이의 경쟁이다. 다른 경쟁과 마찬가지로 기업 사이의 경쟁에도 승자와 패자가 생기기 마련이다. 경쟁에서 승리한 기업은 번성하지만 패배한 기업은 도산한다. 이러한 과정을 통하여 자원이 효율적으로 배분되고 시장에는 최소의 비용으로 양질의 상품과 서비스가 공급된다. 시장경제질서에서 기업의 도산은 불가피한 현상이다.[2)] 그리고 기업 사이의 경쟁이 갈수록 치열해지는 경향은 도산기업의 배출이 가속화될 것임을 시사한다.[3)]

---

1) 헌법재판소 1993. 7. 29. 선고 89헌마31 결정.

2) "Businesses fail"(기업은 실패하기 마련이다) – Elizabeth A. Warren.
"Capitalism without bankruptcy is like Catholicism without hell"(파산 없는 자본주의는 지옥 없는 기독교와 같다) – Frank F. Borman.

3) 오늘날 글로벌 시장경제질서에서 기업은 세계 곳곳의 다른 기업과 경쟁해야 하고 빠르게 진행되는 기술혁신으로 경쟁은 날로 치열해지고 있다. 이로 인하여 1958년 61년이었던 기업의 평균수명이 2027년에는 12년 수준으로 대폭 단축될 것으로 예측된다(김보경, 기업 벤처링 트렌드와 시사점, TRADE FOCUS 2021년 36호, 한국무역협회 국제무역통상연구원, 2021, 4

기업이 도산하면 채권자는 다른 채권자보다 먼저 채권을 회수하기 위하여 도산기업의 재산에 대하여 경쟁적으로 강제집행을 시도한다. 도산기업의 책임재산으로 채권을 모두 만족시킬 수 없는 경우에는 어느 채권자가 먼저 강제집행을 하였는지에 따라 채권추심액이 달라져 채권자들 사이에 불공평이 발생한다. 민사집행법은 강제집행에 참가한 모든 채권자를 평등하게 취급하는 평등주의를 채택하고 있지만, 강제집행 사실을 알지 못하는 채권자는 집행에 참가하지 못하기 때문이다. 그리고 쇄도하는 추심과 강제집행에 당황한 도산기업의 경영자는 재산을 은닉하거나 일부 채권자에게만 변제하는 등 전체 채권자의 이익을 해하는 행위를 하려는 유혹에 빠질 수 있다. 추심과 강제집행에 대응하는 과정에서 도산기업이 재기의 기회를 잃을 수도 있는데 이는 사회적으로도 적지 않은 손실이다.[4] 한편, 도산기업을 방치하고 재기의 기회를 부여하지 않는다면 누구도 그런 위험을 부담하면서까지 창업을 하려 하지 않을 것이므로 시장경제질서가 존립하기 어렵다.[5]

그러므로 도산기업과 그를 둘러싼 이해관계인들 사이의 법률관계를 합리적으로 규율함으로써 채권자들 사이의 공평을 도모하고, 도산기업에 재기의 기회를 부여하는 것은 시장경제질서를 유지하기 위하여 반드시 필요하다.[6] 이러한 목적을 달성하기 위하여 국가는 기업의 발전과 소멸에 개입할 수 있다.

2. 도산절차의 종류

가. 법적 도산절차와 사적 도산절차

도산기업과 그를 둘러싼 이해관계인들 사이의 법률관계를 규율하는 도산절차에는 법적 도산절차와 사적 도산절차가 있다. 법적 도산절차는 법원이 주재하고 모든 채권자를 대상으로 하며 도산절차의 개시요건과 효과 등이 법률로 정해져

면). 이는 도산기업의 배출이 가속화될 것임을 시사한다.

4) 노영보, 도산법 강의, 박영사, 2018, 3면.

5) 오수근, 도산법의 이해, 이화여자대학교출판부, 2008, 28면.

6) 1997년 외환위기 당시 국제통화기금은 구제금융의 조건으로 우리 정부에 도산법의 전면적인 개정을 요구한 바 있고, 다수의 국제적 신용평가기관은 정비된 도산법제를 갖추고 있는지 여부를 국가 신인도 평가의 주요 지표로 활용하고 있다(오수근, 통합도산법의 과제와 전망 I, 저스티스 통권 제85호, 한국법학원, 2005, 8면).

있는 절차이다. 법적 도산절차에서는 당사자 사이의 합의에 의하지 않고 채무조정을 할 수 있다. 사적 도산절차는 법원이 관여하지 않고 채무자와 채권자의 자율적인 합의에 의하여 채무를 조정하는 절차를 통칭하는 것이다. 사적 도산절차에서는 채무조정에 동의하지 않는 채권자를 법적으로 구속할 수 없는 것이 원칙이다.

나. 법적 도산절차의 종류

법적 도산절차에는 전통적으로 청산형 절차(Liquidation Procedure)와 재건형 절차(Reorganization Procedure, Rehabilitation Procedure) 두 가지가 있다. 청산형 절차는 도산기업의 모든 재산을 처분하여 채무를 변제한 후 그 기업의 경제활동을 종료시키는 절차이다. 채무자 회생 및 파산에 관한 법률(이하 '채무자회생법') 제3편 파산절차와 미국 연방파산법 Chapter 7(Liquidation)이 여기에 해당한다. 반면 재건형 절차는 도산기업으로 하여금 사업을 계속하여 수익을 창출하도록 한 다음 그 수익을 채권자들에게 현금이나 주식 또는 지분권으로 배분하는 절차이다. 채무자회생법 제2편 회생절차, 제4편 개인회생절차와 미국 연방파산법 Chapter 11(Reorganization)이 이에 해당한다.

청산형 절차를 통하여 도산기업을 해체·청산할 경우 그 기업이 보유하고 있던 기술과 노하우가 사장되고 근로자들이 실직하며 협력업체들도 동반 부실화되는 등 사회적 부작용이 발생할 수 있다. 반면 재건형 절차에서 사업을 계속할 기회를 부여받은 도산기업은 그 수익으로 채무를 변제하는데 그 액수가 청산형 절차에서 배당받을 수 있는 액수보다 크다면 이는 채권자들에게 유리하다. 또한 도산기업이 해체되지 않고 사업을 계속하면 근로자들은 일자리를 잃지 않게 되는데, 이는 근로자들 본인뿐만 아니라 사회 전체적인 관점에서도 유익하다. 이러한 이유로 채무자회생법은 재건형 절차인 회생절차를 청산형 절차인 파산절차보다 우선시하고 있다(채무자회생법 제44조, 제58조).[7]

다. 사적 도산절차의 종류

사적 도산절차로서 우리나라에서 활용되고 있는 것으로는 ① 채권금융기관 자율협약(이하 '자율협약')과 ② 기업구조조정 촉진법(이하 '기촉법')에 의한 공동관

---

7) 이하 조문을 인용함에 있어서 법률명을 기재하지 않은 것은 '채무자회생법'의 조문을 가리킨다.

리절차 및 관리절차(work-out)[8]가 있다. 자율협약은 도산기업이 기촉법 등 법률에 의하지 않고 채권금융기관의 공동관리를 기반으로 자율적으로 경영정상화를 도모하는 사적협약을 의미한다.[9] 자율협약에는 주채권은행의 금융채권자에 대한 금융채권자협의회 소집통보(기촉법 제9조 제1항)와 같은 채권자에 대한 공지절차가 없기 때문에 협력업체 등의 채권자들이 자율협약 체결 사실을 조기에 인지하기 어려워 도산기업의 신용하락을 늦출 수 있는 장점이 있다.[10] 그리고 자율협약에 의할 경우 기촉법에 의한 공동관리절차 및 관리절차에 비하여 종전 계약에 따른 채무의 기한의 이익을 상실할 위험이 적고[11] 수주 경쟁력 저하도 최소화할 수 있다. 다만 자율협약에 참여하는 채권금융기관 100%의 동의가 요구되므로 절차 진행이 원활하지 못하다는 단점이 있다. 기촉법에 의한 공동관리절차는 도산기업이 금융채권자들의 공동관리하에 자율적으로 경영정상화를 도모한다는 점은 자율협약과 동일하지만 기촉법에 근거하여 절차가 진행되고, 모든 금융채권자가 참가할 수 있으며, 총 금융채권액 중 4분의 3 이상을 보유한 금융채권자의 동의를 얻으면 절차의 진행이 가능하다는 점에서 자율협약과 구별된다. 기촉법에 의한 관리절차는 채권자인 주채권은행이 단독으로 구조조정을 진행한다는 점에서 공동관리절차와 구별된다.

기촉법에 의한 공동관리절차 및 관리절차는 자율협약과 회생절차를 결합한 제도로 볼 수 있다. 특히 기촉법에 의한 공동관리절차는 법률의 규정에 근거한 법원 밖 워크아웃(out of court work-out) 절차로서 금융채권자의 주도로 다수결에 의하여 채무조정이 이루어지는 제도라고 할 수 있다.[12] 기촉법에 의한 공동

---

8) 'work-out'은 본래 모든 사적 도산절차를 포괄하는 용어이나, 최근 거래계에서는 주로 기촉법에 의한 공동관리절차 및 관리절차를 의미하는 용어로 사용하고 있는 것으로 보인다.

9) 이상은 · 고영희, 채권금융기관 자율협약을 통한 기업구조조정 사례 및 제도 개선방안, 정책개발연구 제17권 제1호, 한국정책개발학회, 2017, 134면.

10) 다만 상장법인의 경우 자율협약 체결 사실을 공시하여야 하고, 주식회사 등의 외부감사에 관한 법률 제4조에 의한 외부감사 대상인 비상장법인은 감사인의 판단에 따라 감사보고서 주석에 자율협약 체결 사실이 기재될 수 있는데 이러한 경우에는 도산 사실의 대외적 공개가 불가피할 것이다.

11) 이는 대부분의 금융기관 대출계약서에서 자율협약 체결을 기한의 이익 상실 사유로 명시하지 않고 있기 때문이다.

12) 전대규, 채무자회생법 제5판, 법문사, 2021, 44면.

관리절차에서는 금융채권자로 구성된 금융채권자협의회가 절차를 주도하고, 법원은 사후적으로 절차에 관여한다.

법원이 주도하는 회생절차는 구조조정이 신속하게 추진되지 않고 신규 신용공여가 거의 불가능하다는 것이 문제로 지적되는데,[13] 이에 대한 대안으로 사적 도산절차가 활용되었다.[14] 그러나 사적 도산절차의 경우 채권자들이 채권회수에 집착하여 도산기업의 회생을 도외시하는 경향을 보이고, 법적 구속력이 약한 협약을 기반으로 하기 때문에 절차의 진행이 원활하지 못하다는 한계가 있다.

3. 도산절차의 선택

일반적으로 회생절차에서는 회생채권의 출자전환으로 기존 주주의 지분이 대폭 감소한다. 때문에 도산기업의 기존 경영자는 회생절차 이후 경영권을 유지할 수 있다는 확신이 없을 경우 대부분 사적 도산절차를 우선적으로 고려한다.[15]

---

13) 국내 금융기관이 회생절차가 진행 중인 회사에 대하여 여신을 제공할 경우 파산선고를 받은 회사에 대한 여신과 동일하게 대손충당금을 100% 설정해야 하는데, 이는 해당 금융기관의 당기순이익의 감소를 초래한다. 때문에 현재의 시스템하에서 회생절차개시신청을 한 회사가 금융기관으로부터 신규 대출을 받는 것은 현실적으로 불가능하다. 미국의 경우 연방파산법 Chapter 11 절차를 신청한 기업이 법원의 허가를 얻어 신규 대출을 받는 'Debtor in Possession Financing'(DIP Financing)이 활성화되어 있다. DIP Financing에 관하여는 임치용, DIP Financing – 한국과 미국의 비교, 파산법연구 3, 박영사, 2010, 198면 이하 참조.

14) 금융기관이 워크아웃 절차가 진행 중인 회사에 대하여 여신을 제공할 경우 설정해야 하는 대손충당금은 50% 내외이기 때문에 워크아웃 절차에서는 신규 신용공여가 비교적 활발하게 이루어지고 있다.

15) 물론 자율협약이나 기촉법에 의한 공동관리절차 등의 사적 도산절차에서도 금융채권자들은 기존 경영자에게 경영권 포기각서를 징구하고 있고 나아가 출자전환 약정을 할 수도 있기 때문에 기존 경영자가 경영권을 상실할 가능성은 있다. 그러나 실제로 경영권 상실에까지 이르는 경우는 흔치 않은데 그 이유는 다음과 같다. 먼저 경영권 포기각서를 징구한 후 각서에서 정한 경영권 포기 사유가 발생하더라도 금융채권자들이 기존 경영자에게 실제로 경영권 포기를 요구하는 경우는 드물다. 이는 경영권 포기각서에 근거하여 기존 경영자의 경영권을 박탈하는 사례가 누적될 경우 사적 도산절차 자체를 위축시켜 궁극적으로 금융채권자들의 채권회수에 부정적 영향을 끼칠 것을 우려하기 때문으로 보인다. 다음으로 출자전환 약정의 경우 금융채권자들의 선호도가 낮다. 사적 도산절차에 참가하는 대부분의 금융채권자들은 채무를 조정함에 있어서 변제기를 유예하거나 이자를 감면하는 것에 그치려 하고 원금을 감면하거나 출자전환을 하는 것에는 소극적이다. 반면, 회생절차에서는 채권액 중 현금변제를 하지 못하는 액수에 대하여 출자전환을 하는 실무가 확립되어있다. 때문에 경영권

만약 채권금융기관과 채무조정에 관하여 합의에 이를 가능성이 있다면 자율협약을 시도해 볼 수 있을 것이다. 그러나 자율협약은 유동성 위기의 초기국면에서 선제적으로 추진하지 않으면 성공 가능성이 그리 높지 않고, 국내 은행들은 중소기업의 자율협약에 소극적인 태도를 보이고 있다.[16] 다음으로 유동성 위기 상황에서 만기가 도래하는 어음 등 상거래채무를 변제할 여력은 있지만, 금융기관의 차입금을 상환하는 것이 어렵다면 기촉법에 의한 공동관리절차를 통해 일정기간 동안 금융기관 차입금의 상환을 유예하는 방안을 고려해 볼 수 있다. 이는 기존 경영자의 경영권을 유지하면서 회사의 유동성 위기를 극복할 수 있는 유력한 방안이 될 수 있다. 마지막으로 금융기관의 차입금 상환은 물론 상거래채무도 변제하기 어려운 상황이라면 회생절차에서 다수결에 의해 강제적인 채무조정을 도모할 수밖에 없다. 다만 이 경우에도 재건형 회생계획을 통해 회생할 것인지, M&A 방식을 취할 것인지 결정하여야 한다.

사적 도산절차를 통한 구조조정이 진행되는 동안에도 기업가치의 감소는 불가피하다. 사적 도산절차가 실패한 후 회생절차개시신청을 하였으나 그 시점의 기업가치가 과소하여 회생절차의 목적을 달성하지 못하는 경우가 많으므로 절차의 선택에 신중을 기해야 한다.[17]

유지를 희망하는 기존 경영자는 대부분 사적 도산절차를 우선적으로 고려한다.

16) 실제로 자율협약을 활용한 것은 한진해운, 현대상선, 대우조선해양, STX조선해양, 성동조선해양, 아시아나항공, 금호석유화학 등 대부분 채무 규모가 큰 대기업이나 도산처리의 향방이 국가경제 내지 지역경제에 큰 영향을 끼칠 수 있는 기업들이었다.

17) 회생절차와 워크아웃의 장단점의 구체적 비교에 관하여는 임치용, 한국의 워크아웃제도 — 회생절차와의 비교, 도산법연구 제4권 제2호, 사단법인 도산법연구회, 2014, 24-28면 참조.

Ⅱ. 기촉법에 의한 공동관리절차

1. 개요

가. 기촉법의 연혁

1997년 외환위기 이후 부실기업에 대한 워크아웃의 활용도가 높아짐에 따라 1998. 6. 25. 은행, 종금사, 증권사, 투신사, 보험사, 리스사, 할부금융사 등 대부분의 국내 금융기관들이 부실기업에 대한 워크아웃과 채권단의 의사결정 절차 등에 관한 '기업구조조정 촉진을 위한 금융기관협약'을 체결하고 이에 기반하여 워크아웃을 시행하였다. 이 협약에 의한 워크아웃은 금융시스템의 안정에 상당한 기여를 하였다는 평가를 받았으나, 협약에 참가하지 않은 금융기관의 무임승차와 채권자 간의 이견으로 인한 절차의 지연이라는 문제를 드러냈다. 이후 이러한 문제점을 해결하고 워크아웃에 법적 효력을 부여하기 위하여 기촉법이 한시법으로 제정되어 2001. 9. 15.부터 2005. 12. 31.까지 시행되었고(제1차 기촉법), 다소간의 조항수정을 거치면서 2007. 11. 4.부터 2010. 12. 31.까지(제2차 기촉법), 2011. 5. 19.부터 2013. 12. 31.까지(제3차 기촉법), 2014. 1. 1.부터 2015. 12. 31.까지 시행되었다(제4차 기촉법). 2016. 3. 18. 적용대상을 신용공여액 합계 500억 원 이상인 기업에서 모든 기업으로, 채권자의 범위를 채권금융기관에서 모든 금융채권자로 확대한 기촉법이 제정되어 2018. 6. 30.까지 시행되었고(제5차 기촉법), 그 후 다시 유효기간 5년으로 제정되어 2018. 10. 16.부터 현재까지 시행되고 있다(제6차 기촉법).

나. 기촉법의 활용

기촉법에 의한 공동관리절차는 회생절차에 비하여 절차의 진행이 신속하고, 금융기관으로부터 신규로 자금지원을 받을 수 있으며, 협력업체의 상거래채권은 조정의 대상이 아니기 때문에 절차가 진행되는 동안 협력업체와의 정상거래가 가능하다는 점 등에서 도산기업에게 유리하다.[18] 한편 기촉법에 의한 공동관리

18) 이완식, 워크아웃 절차 개요 및 회생절차와 비교, 서울대학교 금융법센터, 2015년도 금융법무과정 제8기, 35면.

절차에서는 금융채권자들이 절차를 주도하고,[19] 일반적으로 채권회수율이 회생절차에 비하여 높다. 때문에 금융채권자들은 도산기업을 기촉법에 의한 공동관리절차로 유도하는 경향이 있다. 그런데 기촉법에 의한 공동관리절차가 개시된 이후 금융채권자들과 채무조정에 합의하지 못할 경우 회생절차개시신청의 시기를 놓치고 재기에 실패할 위험이 있으므로 도산기업은 이에 유의하여야 한다.

2. 적용대상

가. 기업

제1차 기촉법부터 제4차 기촉법까지는 적용대상을 채권금융기관으로부터 합계 500억 원 이상의 신용공여를 받은 회사로 한정하고 있었다(제2조 제4호).[20] 이로 인하여 신용공여액이 500억 원 미만인 대부분의 중소기업은 기촉법을 활용할 수 없었다. 이에 제5차 기촉법은 적용대상을 신용공여액 규모와 무관하게 모든 기업으로 확대하면서 '기업'이란 상법에 따른 회사와 그 밖에 영리활동을 하는 자로서, 공공기관의 운영에 관한 법률에 따른 공공기관, 금융회사와 그 밖에 금융업무를 하는 자로서 대통령령으로 정하는 자, 외국법에 따라 설립된 기업, 그 밖에 신용위험 평가대상에 포함되지 아니한 자로서 대통령령으로 정하는 자가 아닌 자로 정의하였고 제6차 기촉법도 동일하게 규정하고 있다(제2조 제6호).

나. 금융채권자

'금융채권'이란 기업 또는 타인에 대한 신용공여로 해당 기업에 대하여 행사할 수 있는 채권을 말하고, '금융채권자'란 금융채권을 보유한 자를 말한다(제2조 제1호, 제2호). 금융기관이 아닌 자도 금융채권을 보유하고 있으면 금융채권자가

19) 자본시장에서 자금의 수요·공급을 매개하는 채권금융기관에게 기업의 구조조정을 담당하는 역할을 요구하는 것은 시장기능을 본질적으로 침해한다는 견해로는 김주학, 기업도산법 제2판, 법문사, 2012, 96면 참조.

20) 이하 "Ⅱ.절(기촉법에 의한 공동관리절차)"에서 조문을 인용함에 있어서 법률명을 기재하지 않은 것은 '기촉법'의 조문을 가리킨다.

된다.[21)]

'신용공여'란 ① 대출, ② 어음 및 채권 매입, ③ 시설대여, ④ 지급보증, ⑤ 지급보증에 따른 대지급금의 지급, ⑥ 기업의 지급불능 시 거래상대방에 손실을 초래할 수 있는 직접적·간접적 금융거래, ⑦ ①부터 ⑥까지에 해당하는 거래는 아니나 실질적으로 그에 해당하는 결과를 가져올 수 있는 거래로서 금융위원회가 정하는 범위의 것을 말한다(제2조 제8호).

3. 기관

가. 금융채권자협의회

(1) 금융채권자협의회의 구성과 업무 및 소집

부실징후기업[22)]의 원활한 기업개선을 도모하기 위하여 해당 기업의 금융채권자로 구성된 금융채권자협의회(이하 '협의회')를 둔다(제22조 제1항). 금융채권자는 협의회의 구성원이 된다. 주채권은행[23)]은 협의회의 소집 및 운영을 주관하며, 협의회가 의결한 사항에 관하여 협의회를 대표한다(제22조 제2항). 주채권은행은 제23조 제1항이 정하는 공동관리절차의 개시, 연장, 중단 및 종료 등의 사항을 심의·의결하기 위하여 협의회를 소집할 수 있다. 주채권은행이 아닌 금융채권자는 단독 또는 다른 금융채권자와 합하여 공동관리기업에 대한 금융채권액이 협의회를 구성하는 금융채권자가 보유한 총 금융채권액(이하 '협의회 총금융채권액')의 4분의 1을 초과하는 경우 주채권은행에 대하여 협의회의 소집을 요청할 수 있으며, 요청을 받은 주채권은행은 지체 없이 협의회 소집에 필요한 조치를

21) 제4차 기촉법까지는 적용대상을 채권금융기관에 한정하고 있었기 때문에 채권금융기관이 아닌 금융채권자의 경우 종전의 채권을 그대로 행사할 수 있었고 신규 신용공여의 부담을 지지 않았는데 이는 형평에 어긋난다는 지적이 있었다. 제5차 기촉법에서 이러한 지적을 수용하여 적용대상을 모든 금융채권자로 확대하였다.

22) '부실징후기업'이란 주채권은행이 신용위험평가를 통하여 통상적인 자금차입 외에 외부로부터의 추가적인 자금유입 없이는 금융채권자에 대한 차입금 상환 등 정상적인 채무이행이 어려운 상태에 있다고 인정한 기업을 말한다(제2조 제7호).

23) '주채권은행'이란 해당 기업의 주된 채권은행(주된 채권은행이 없는 경우에는 신용공여액이 가장 많은 은행)을 말한다(제2조 제5호).

하여야 한다(제22조 제3항).

(2) 협의회의 업무

협의회는 ① 공동관리절차의 개시, 연장, 중단 및 종료, ② 채권행사 유예기간의 결정, 연장 및 중단, ③ 적용배제 금융채권자의 선정, ④ 기업개선계획의 수립 및 변경, ⑤ 약정의 체결, ⑥ 약정 이행실적에 대한 점검 및 조치, ⑦ 해당 기업의 경영정상화 가능성에 대한 점검·평가 및 조치, ⑧ 채무조정 또는 신규 신용공여 계획의 수립, ⑨ 기업개선계획을 이행하지 아니하는 금융채권자에 대한 위약금의 부과, ⑩ 기업개선계획의 이행을 위한 약정의 미이행으로 인한 손해배상 예정액의 책정, ⑪ 협의회 운영규정의 제정·개정, ⑫ ①부터 ⑪까지와 관련된 사항, ⑬ 그 밖에 기촉법에 따라 협의회의 의결이 필요한 사항을 심의·의결한다(제23조 제1항).

(3) 협의회의 의결방법

협의회는 서면으로 의결할 수 있다(제24조 제1항). 협의회는 기촉법 또는 협의회의 의결에 다른 정함이 있는 경우를 제외하고 협의회 총금융채권액 중 4분의 3 이상의 금융채권액을 보유한 금융채권자의 찬성으로 의결한다. 다만, 단일 금융채권자가 보유한 금융채권액이 협의회 총금융채권액의 4분의 3 이상인 경우에는 해당 금융채권자를 포함하여 협의회를 구성하는 총 금융채권자 수의 5분의 2 이상의 찬성으로 의결한다(제24조 제2항).[24]

협의회가 위약금 부과를 의결하는 경우에는 위약금 부과의 대상이 되는 금융채권자 및 그가 보유하는 금융채권은 위 각 비율을 산정함에 있어서 포함되지 아니한다(제24조 제3항). 협의회는 그 의결로 구체적인 사안의 범위를 정하여 의결방법을 다르게 정할 수 있다(제24조 제4항).

---

24) 신용공여액 합계 500억 원 이상이라는 제한이 없어져 적용대상이 확대됨에 따라 단일 채권자의 금융채권액 비중이 4분의 3을 초과할 가능성이 높아졌기 때문에 기존의 총금융채권액의 4분의 3 이상 찬성이라는 요건에 더하여 단일 채권자의 금융채권액 비중이 4분의 3 이상인 경우 총금융채권자 수의 5분의 2 이상의 찬성을 추가적으로 요구하는 것이다.

(4) 의결의 효력

신용공여 계획의 수립에 관한 협의회의 의결은 협의회와 부실징후기업 사이의 해당 기업의 경영을 정상화하기 위한 계획의 이행을 위한 약정에 포함될 경영정상화계획의 내용을 결정하기 위한 것으로서 특별한 사정이 없는 한 금융채권자 사이의 신용공여 계획 이행에 관한 청구권을 설정한 것으로 볼 수 없으므로, 신용공여 계획에 관한 협의회의 의결을 이행하지 아니하는 금융채권자가 다른 금융채권자에 대하여 손해배상책임을 부담하게 될 수 있음은 별론으로 하고, 협의회의 의결 자체로 금융채권자가 다른 금융채권자에 대하여 신용공여 계획의 이행을 청구할 권리를 갖게 된다고 할 수는 없다.[25]

금융채권자로 하여금 신규 신용공여를 하도록 하기 위해 협의회를 소집하면서 해당 금융채권자에 대하여 회의 개최 예정일의 7일 전까지 회의 일시·장소 및 목적 등에 관한 사항을 통지하지 않았다면, 그러한 협의회의 의결은 해당 금융채권자의 참석권과 의결권의 적정한 행사가 방해받지 않았다고 볼 만한 특별한 사정이 없는 한 기촉법을 위반한 것으로서 하자가 있어 해당 금융채권자에 대하여 그 효력이 미치지 않는다.[26]

(5) 협의회 의결취소의 소

협의회의 소집절차 또는 의결방법이 기촉법에 위반된 때에는 금융채권자 또는 공동관리기업은 협의회의 의결이 있었던 날부터 14일 이내에 주채권은행을 상대로 법원에 의결취소의 소를 제기할 수 있다(제25조 제1항). 채무조정 또는 신규 신용공여에 관한 협의회의 의결이 기촉법에 위반된 때에는 금융채권자 또는 공동관리기업은 협의회의 의결이 있었던 날부터 1개월 이내에 주채권은행을 상대로 법원에 의결취소의 소를 제기할 수 있다(제25조 제2항).

협의회 의결취소의 소는 주채권은행의 주된 사무소를 관할하는 지방법원의 관할에 전속한다(제25조 제4항 전문). 협의회의 의결을 취소하는 판결은 협의회를 구성하는 금융채권자와 제3자에 대하여도 그 효력이 있다(제25조 제3항, 제4항 후문, 상법 제190조 본문).

---

25) 대법원 2014. 9. 4.자 2013마1998 결정.

26) 대법원 2019. 4. 3. 선고 2016다40910 판결.

나. 금융채권자조정위원회

(1) 구성

부실징후기업의 효율적이고 공정한 기업개선과 금융채권자 간의 이견조정 등을 위하여 금융채권자조정위원회(이하 '조정위원회')를 둔다(제29조 제1항). 조정위원회는 ① 금융기관 또는 금융 관련 분야에서 10년 이상 근무한 경험이 있는 사람, ② 변호사 또는 공인회계사의 자격을 가진 사람, ③ 금융 또는 법률 관련 분야의 석사 이상의 학위 소지자로서 연구기관·대학에서 연구원·조교수 이상의 직에서 10년 이상 근무한 경험이 있고 기업구조조정에 관한 전문성이 있는 사람, ④ 기업구조조정 업무에 3년 이상 종사한 경험이 있는 사람으로서 대통령령으로 정하는 바에 따라 선임되는 7명의 위원으로 구성한다(제29조 제2항).

(2) 업무

조정위원회는 ① 금융채권자 간의 자율적 협의에도 불구하고 해소되지 아니하는 이견(협의회가 의결한 후에 조정을 신청한 이견은 제외)의 조정으로서 대통령령령으로 정하는 사항에 대한 조정, ② 반대채권자의 주식매수청구권 행사에 따른 채권의 매수가액 및 조건에 대한 조정, ③ 위약금과 손해배상 예정액에 대한 조정, ④ 부실징후기업고충처리위원회의 권고사항에 대한 협조, ⑤ 협의회 의결사항의 위반 여부에 대한 판단과 그 이행에 대한 결정, ⑥ 조정위원회의 운영과 관련한 규정의 제정·개정, ⑦ 그 밖에 협의회의 운영과 관련하여 대통령령으로 정하는 사항의 업무를 수행한다(제29조 제5항).

(3) 의결방법

조정위원회는 재적위원 3분의 2 이상의 찬성으로 의결한다. 거래관계가 있어 조정위원회 업무에서 배제된 경우 해당 조정위원회 위원은 재적위원 수에서 제외된다(제29조 제8항).

(4) 조정신청 및 조정결정

금융채권자는 협의회의 심의사항과 관련하여 이의가 있는 경우 조정위원회에

서면으로 조정신청을 할 수 있는데, 조정신청을 하는 자는 자율협의를 위한 노력을 다하였음을 소명하여야 한다(제31조 제1항, 제2항). 조정위원회는 조정신청에 대한 조정결정의 내용을 지체 없이 해당 금융채권자 및 협의회에 통지하여야 하고, 조정위원회의 조정결정은 협의회의 의결과 동일한 효력을 가진다(제32조 제1항, 제2항). 조정결정에 불복하는 자는 조정결정이 있었던 날부터 1개월 이내에 법원에 변경결정을 청구할 수 있다(제32조 제3항).

다. 부실징후기업고충처리위원회

부실징후기업의 고충을 처리하기 위하여 부실징후기업고충처리위원회(이하 '고충처리위원회')를 둔다(제30조 제1항). 고충처리위원회는 위원장 1명을 포함한 6명의 위원으로 구성되며, 위원장은 조정위원회의 위원장이 겸임하고, 위원은 정부·금융감독기관·금융채권자 및 부실징후기업에 종사하는 사람을 제외하고 제29조 제2항 각 호의 어느 하나에 해당하는 사람 중에서 대통령령으로 정하는 바에 따라 선임되는 자로 한다(제30조 제2항).

고충처리위원회는 부실징후기업의 고충 및 애로사항 수렴 등의 업무를 수행한다(제30조 제4항). 고충처리위원회는 업무를 수행하기 위하여 해당 기업 및 금융채권자에게 출석을 요구하여 의견을 들을 수 있다(제30조 제5항).

고충처리위원회는 재적위원 3분의 2 이상의 찬성으로 의결한다(제30조 제6항). 협의회는 고충처리위원회가 권고하는 처리방안 등이 의결될 수 있도록 노력하여야 한다(제30조 제8항).

4. 공동관리절차

공동관리절차의 흐름을 도표로 정리하면 아래와 같다.

[공동관리절차 흐름도]

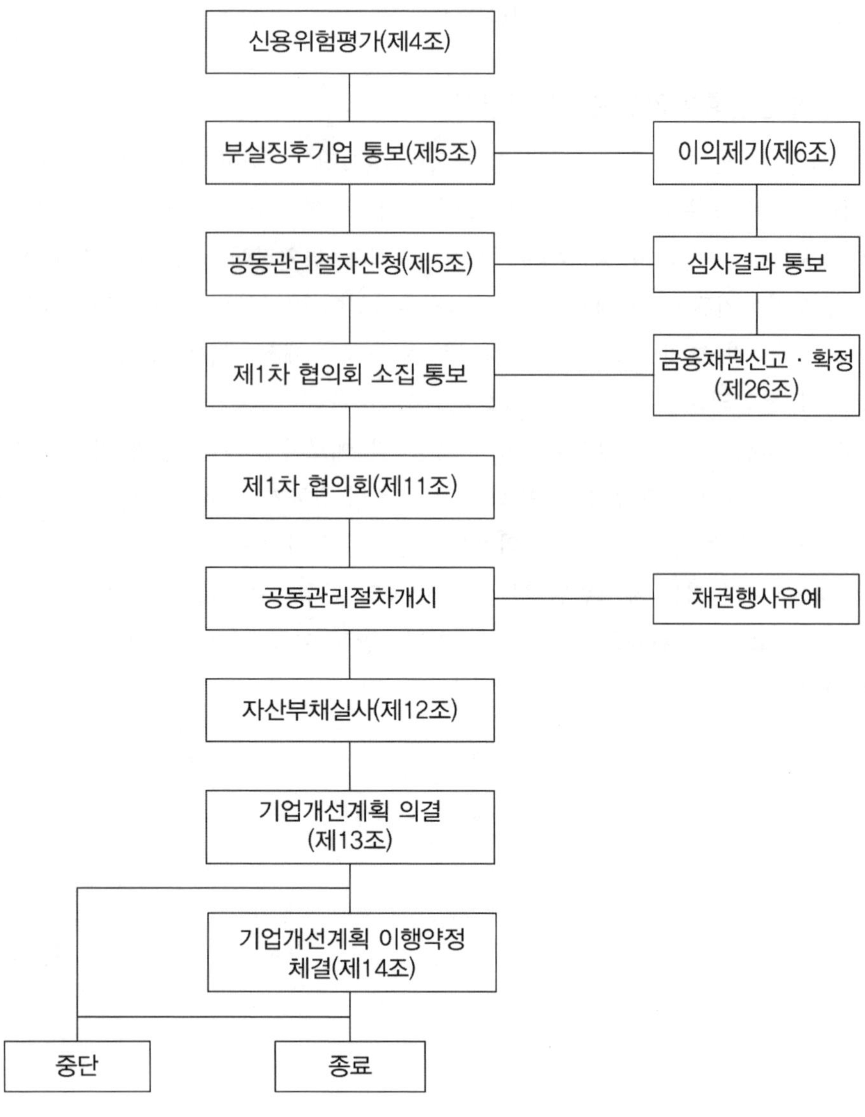

가. 신용위험평가

주채권은행은 거래기업에 대한 신용위험을 평가하여야 한다(제4조 제1항). 주채권은행이 아닌 채권은행은 거래기업의 신용위험을 평가한 결과 부실징후기업에 해당된다고 판단할 경우 그 사실을 지체 없이 주채권은행에 통보하여야 한다(제4조 제2항). 통보를 받은 주채권은행은 해당 거래기업의 부실징후 유무에 대하여 판단하여야 한다. 이 경우 주채권은행은 해당 채권은행에 대하여 필요한 자료의 제출 등 협조를 요청할 수 있다(제4조 제3항). 신용위험평가의 대상 및 시기, 그 밖에 필요한 사항은 대통령령으로 정한다(제4조 제4항).

나. 신용위험평가결과의 통보

주채권은행은 거래기업의 신용위험을 평가한 결과 부실징후가 있다고 판단하는 경우 그 사실과 이유를 해당 기업에 통보하여야 한다(제5조 제1항).

다. 이의제기

부실징후기업으로 통보받은 기업이 평가결과에 대하여 이의가 있는 경우 통보받은 날부터 14일 이내에 주채권은행에 이의를 제기할 수 있다. 이 경우 대통령령으로 정하는 바에 따라 이의제기 사유를 제시하여야 한다(제6조 제1항). 부실징후기업으로 통보받은 기업이 이의제기 사유를 제시하는 경우 해당 기업은 채무상환능력을 검증할 수 있는 자료를 제출하여야 한다(시행령 제5조). 주채권은행은 이의제기를 받은 날부터 1개월 이내에 이의제기에 대한 심사 결과를 해당 기업에게 통보하여야 한다(제6조 제2항).

라. 부실징후기업에 대한 점검과 조치

주채권은행은 부실징후기업으로 통보받은 기업이 정당한 사유 없이 3개월 이내에 기촉법에 따른 관리절차나 채무자회생법에 따른 회생절차를 신청하지 아니하는 경우 부실징후기업의 신용위험으로 인하여 금융시장의 안정이 훼손되지 아니하도록 해당 기업의 신용위험 및 채무상환능력의 변화 등을 지속적으로 점검하여 필요한 조치를 강구하여야 한다(제7조, 시행령 제6조).[27] 필요한 조치로는 여

27) 제2차 기촉법까지는 절차개시의 주체가 주채권은행이었는데 이에 대하여 기업 경영활동의

신회수, 여신한도축소, 공동관리절차 개시, 회생절차개시신청 등을 들 수 있다. 주채권은행이 필요한 조치를 강구하지 않을 경우 금융위원회는 일정한 기간을 정하여 그 시정을 요구할 수 있다(제35조 제1항 제3호).

마. 공동관리절차의 신청

(1) 신청권자

주채권은행으로부터 통보를 받은 부실징후기업은 주채권은행에 대하여 기업개선을 위한 자구계획서와 금융채권자의 목록을 첨부하여 협의회에 의한 공동관리절차의 개시를 신청할 수 있다(제5조 제2항 제1호).

(2) 협의회 소집 통보

주채권은행은 부실징후기업으로부터 공동관리절차의 신청을 받은 날부터 14일 이내에 공동관리절차의 개시 여부를 결정하기 위한 협의회(이하 '제1차 협의회')의 소집을 통보하여야 한다. 다만, 주채권은행 관리절차를 통하여 해당 기업의 부실징후가 해소될 수 있다고 판단하거나 공동관리절차를 통하여도 해당 기업의 부실징후가 해소될 수 없다고 판단하는 경우에는 제1차 협의회의 소집을 통보하지 아니할 수 있다(제9조 제1항).

주채권은행이 제1차 협의회를 소집하는 때에는 금융채권자 및 해당 기업에게 ① 회의의 일시 및 장소, ② 회의의 안건, ③ 금융채권자의 목록에 관한 사항, ④ 그 밖에 협의회의 소집 및 진행에 필요한 사항을 통보하여야 한다(제9조 제2항).

주채권은행이 협의회 회의의 일시 및 장소 등의 통보를 하는 경우에는 금융채권자에게 제1차 협의회의 종료 시까지 해당 기업에 대한 금융채권의 행사(상계, 담보권 행사, 추가 담보 취득을 포함하나, 시효중단을 위한 어음교환 회부는 제외)를 유예하도록 요구할 수 있다(제9조 제3항). 이러한 금융채권행사 유예요구에는 금융채권자를 구속하는 법적 효력이 없다.[28] 금융채권의 행사유예를 요구받은 금융채

자유를 침해할 소지가 있다는 지적이 있었다. 이에 제3차 기촉법부터 절차개시 신청권을 기업에 부여하면서 기업이 절차개시 신청을 하지 않을 경우 주채권은행이 필요한 조치를 강구하도록 하였다.

28) 대법원 2005. 9. 15. 선고 2005다15550 판결. 그러나 공동관리절차개시 후 원상회복의무가 부과되므로(제9조 제4항), 금융채권자가 채권행사 유예요구를 거부하는 것은 현실적으로 어렵다.

권자가 금융채권을 행사한 때에는 공동관리절차의 개시 후 지체 없이 원상을 회복하여야 하며, 주채권은행은 협의회의 의결에 따라 해당 금융채권자에게 원상회복의 이행을 요청할 수 있다(제9조 제4항).

주채권은행은 신속하고 원활한 공동관리절차의 진행을 위하여 필요한 경우 ① 금융업을 영위하지 아니하는 금융채권자, ② 금융채권자의 목록에 기재된 총 금융채권액의 100분의 1 미만인 소액금융채권자(소액금융채권자가 둘 이상인 경우에는 그 금융채권의 합계액이 금융채권자의 목록에 기재된 총 금융채권액의 100분의 5를 초과하지 아니하는 소액금융채권자에 한정), ③ 그 밖에 공동관리절차에 참여할 필요성 등을 고려하여 대통령령으로 정하는 금융채권자[주채권은행이 신속하고 원활한 공동관리절차의 진행을 위하여 협의회의 구성에서 배제할 필요가 있다고 판단하는 금융채권자(시행령 제7조 제2항)] 중 어느 하나에 해당하는 자에 대해서는 제1차 협의회의 소집을 통보하지 아니할 수 있다(제9조 제5항).

소집을 통보받지 못한 금융채권자가 협의회에 참여를 원하는 경우 주채권은행은 해당 금융채권자를 협의회에서 배제할 수 없다. 이 경우 해당 금융채권자는 제1차 협의회의 소집을 통보받은 금융채권자로 보되, 그 전날까지 이루어진 협의회의 의결에 대하여 대항할 수 없다(제9조 제6항).

제1차 협의회의 소집을 통보받은 금융채권자가 해당 기업에 대하여 보유하고 있는 금융채권을 제3자에게 양도한 경우 양도인은 그 사실을 지체 없이 주채권은행에게 통보하여야 한다. 이 경우 양수인은 협의회 의결로 달리 정하지 아니하는 한 기촉법에 따른 양도인의 지위를 승계한다(제9조 제7항). 그럼에도 불구하고 금융채권의 양도 전에 기촉법 또는 협의회의 의결에 따라 양도인에게 발생한 의무는 양도인이 부담한다. 다만, 협의회는 양도인과 양수인이 함께 요청하는 경우 그 의결로 양도인의 의무를 양수인이 승계하도록 할 수 있다(제9조 제8항).

바. 금융채권의 신고 및 확정

(1) 신고의무

주채권은행으로부터 제1차 협의회의 소집을 통보받은 금융채권자는 통보받은 날부터 5일 이내에 주채권은행에게 소집통보일 직전일을 기준으로 해당 기업에 대한 금융채권의 내용과 금액을 신고하여야 한다(제26조 제1항). 금융채권자는 신고된 금융채권액에 비례하여 협의회에서 의결권을 행사한다(제26조 제2항).

(2) 미신고 등의 경우의 처리

제1차 협의회의 소집을 통보받은 금융채권자가 신고기간에 금융채권을 신고하지 아니한 경우에는 그 신고가 있을 때까지 해당 기업이 제출한 금융채권자의 목록에 기재된 금융채권액에 비례하여 의결권을 행사한다(제26조 제3항). 신고기간이 경과한 후에 금융채권액을 신고하는 자는 그 금액이 확정된 날부터 의결권을 행사할 수 있으며, 그 확정일 전 협의회의 의결에 대하여 대항할 수 없다(제26조 제6항). 해당 기업이 제출한 금융채권자의 목록에 누락되어 금융채권액을 신고하지 못한 금융채권자에 대해서도 기촉법이 적용된다. 이 경우 반대채권자의 채권매수청구기간은 금융채권액이 확정된 날부터 계산한다(제26조 제7항).

(3) 금융채권의 존부에 대하여 다툼이 있는 경우

협의회는 금융채권자가 신고한 금융채권의 존재 여부 등에 관하여 다툼이 있는 경우 그 존재 여부 등이 확정될 때까지[29] 그 의결권 행사를 제한할 수 있다(제26조 제4항). 의결권 행사가 제한된 금융채권자는 금융채권의 존재 여부 등이 확정된 날부터 의결권을 행사할 수 있으며, 그 확정일 전 협의회의 의결에 대하여 대항할 수 없다. 이 경우 반대채권자의 채권매수청구기간은 금융채권의 존재 여부 등이 확정된 날부터 계산한다(제26조 제5항).

사. 제1차 협의회의 의결

금융채권자는 소집의 통보를 받은 날부터 3개월의 범위에서 대통령령으로 정하는 기간[30]에 개최되는 제1차 협의회에서 ① 공동관리절차에 참여할 금융채권자의 구성, ② 공동관리절차의 개시, ③ 부실징후기업에 대한 채권행사유예[31]

---

29) 채권액에 관하여 다툼이 있는 경우 기촉법에는 채무자회생법의 채권조사확정재판과 같은 절차가 없으므로 채권금액의 확정은 통상의 민사소송에 의하여야 한다.

30) 주채권은행으로부터 소집 통보를 받은 날부터 14일 이내의 기간을 말한다. 다만, 공동관리절차에 참여할 금융채권자의 구성을 의결하기 위하여 필요한 경우에는 28일 이내로 할 수 있다(시행령 제8조).

31) 유예되는 채권의 행사의 범위에 관하여 제9조 제3항이 '상계, 담보권 행사, 추가 담보 취득

여부 및 유예기간의 결정, ④ 그 밖에 공동관리절차의 개시를 위하여 필요한 사항을 의결할 수 있다(제11조 제1항). 공동관리절차에 참여할 금융채권자의 구성에 관한 의결은 제1차 협의회의 소집을 통보받은 금융채권자의 총 금융채권액 중 4분의 3 이상의 금융채권액을 보유한 금융채권자의 찬성으로 한다(제11조 제4항). 그 외의 사항에 대한 의결에 관하여는 제24조 제2항에 의한다.

채권행사 유예기간은 공동관리절차 개시일부터 1개월(제12조에 따른 자산부채의 실사가 필요한 경우에는 3개월)을 초과하지 아니하는 범위로 하되, 1회에 한정하여 1개월의 범위에서 협의회의 의결을 거쳐 연장할 수 있다(제11조 제2항).

협의회의 의결에 따라 공동관리절차에 참여하지 아니하는 금융채권자에 대하여는 기촉법에 따른 공동관리절차가 적용되지 아니한다(제11조 제3항).

아. 공동관리절차의 개시

금융채권자는 부실징후기업으로부터 공동관리절차의 신청이 있는 때에는 자구계획서, 금융채권자의 수 및 금융채권의 규모 등을 평가하여 기업개선의 가능성이 있다고 판단하는 경우 협의회의 의결을 거쳐 공동관리절차를 개시할 수 있다. 금융채권자는 이에 관한 판단을 위하여 필요한 경우 주채권은행을 통하여 해당 기업이 제출한 자료의 보완을 요청할 수 있다(제8조 제1항, 제2항).

자. 자산부채실사

협의회는 공동관리절차가 개시된 기업(이하 '공동관리기업')에 대하여 그 기업과 협의하여 선임한 회계법인 등 외부전문기관으로부터 자산부채실사 및 계속기업으로서의 존속능력평가 등을 받도록 요청할 수 있다(제12조 제1항). 공동관리기업은 외부전문기관의 실사 및 평가에 대하여 필요한 자료를 제출하는 등 적극 협조하여야 한다(제12조 제2항).

실사 기관은 자산부채에 대한 실사, 계속기업가치와 청산가치의 산정 및 비교, 기업정상화방안의 실현 가능성에 대한 의견제시 등의 업무를 수행한다. 실

을 포함하며, 시효중단을 위한 어음교환 회부는 제외한다'라고 정하고 있는 점에 비추어 볼 때 제1차 협의회에서 부실징후기업에 대한 채권행사 유예를 의결한 경우 그 유예기간 동안 상계가 금지되는 것으로 해석된다. 이는 회생절차개시 이후 제한적으로 상계를 허용하는 회생절차와 다른 점이라고 할 수 있다.

사 기관의 자산부채실사 등의 결과는 채무조정, 신규 신용공여 등 기업개선계획을 작성하는데 기초자료가 된다.

차. 기업개선을 위한 계획의 작성 등

(1) 기업개선을 위한 계획의 작성

주채권은행은 공동관리기업에 대한 외부전문기관의 자산부채실사 결과 등을 고려하여 공동관리기업의 기업개선을 위한 계획(이하 '기업개선계획')을 작성하여 협의회에 제출하여야 한다. 이 경우 주채권은행은 기업개선계획에 대하여 사전에 해당 기업과 협의하여야 하며, 기업개선계획에는 해당 기업의 부실에 상당한 책임 있는 자 간의 공평한 손실분담 방안이 포함되어야 한다(제13조 제1항).

(2) 기업개선계획의 내용

기업개선계획에는 ① 채무조정, ② 신규 신용공여, ③ 공동관리기업의 자구계획, ④ 채무조정 및 신규 신용공여를 이행하지 아니하는 금융채권자에게 부과하는 위약금, ⑤ 그 밖에 공동관리기업의 기업개선을 위하여 필요한 사항을 포함할 수 있다(제13조 제2항).

(가) 채무조정

'채무조정'이란 금융채권자가 보유한 금융채권에 대하여 상환기일 연장, 원리금 감면, 채권의 출자전환 및 그 밖에 이에 준하는 방법으로 채무의 내용을 변경하는 것을 말한다(제2조 제9호).[32] 금융채권자는 공동관리기업의 기업개선을 위하여 필요하다고 판단하는 경우 협의회의 의결에 따라 해당 기업에 대한 채무조정을 할 수 있다. 이 경우 채무조정에 관한 협의회의 의결은 권리의 순위를 고려하여 공정하고 형평에 맞게 이루어져야 한다(제17조 제1항). 채무조정에 관한 협의회의 의결은 금융채권자의 담보채권(해당 자산의 청산가치 범위에서 유효담보가액에 해당하는 채권) 총액 중 4분의 3 이상의 담보채권을 보유한 금융채권자가 찬성하여야 그 효력이 있다(제17조 제2항).[33] 채무조정 중 금융채권의 상환기일 연

32) 실무상 채무조정은 대부분 상환기일 연장과 이자율 인하에 그치고 원금을 감면하는 경우는 드물다.

33) 채무조정에 관한 협의회의 의결에 대하여 제24조 제2항을 배제하고 있지 않으므로 채무조정에 관한 협의회의 의결은 총금융채권액 중 4분의 3 이상의 금융채권을 보유한 금융채권자의 찬성과

장 및 원리금 감면은 협의회 의결로 달리 정하지 아니하는 한 그 의결이 공동관리기업에 통보되는 때부터 효력을 발생한다(제17조 제3항).

(나) 신규 신용공여

금융채권자는 공동관리기업의 기업개선을 위하여 필요하다고 판단하는 경우 협의회의 의결에 따라 해당 기업에 대하여 신규 신용공여(기존 신용공여조건의 변경은 제외)를 할 수 있다. 이 경우 신규 신용공여 금액은 협의회 의결로 달리 정하지 아니하는 한 신고된 금융채권액에 비례하여 정한다(제18조 제1항).

신규 신용공여로 인한 금융채권은 법정담보권 다음으로 협의회를 구성하는 다른 금융채권자(공동관리절차에 참여하는 금융채권자)의 금융채권에 우선하여 변제받을 권리를 가진다(제18조 제2항). 이는 금융채권자 사이에서 무담보채권에 대한 우선권을 인정한 것에 불과하고 금융채권자 외의 다른 일반 채권자(예를 들어 상거래채권자)에게는 효력이 미치지 않는다. 즉, 공동관리절차가 진행되는 동안 금융채권자는 채무조정 결과에 따라 변제를 받게 되고 신규 신용공여로 인한 채권은 기존의 채권에 비해 우선권이 있으므로 기존의 채권보다는 우선하여 변제를 받지만, 금융채권자 외의 다른 채권자들은 변제기 유예 없이 변제기가 되면 변제를 받게 되므로 금융채권자가 갖는 신규 신용공여로 인한 우선권이 있는 채권으로부터 아무런 영향을 받지 않는다.[34]

협의회가 공동관리기업에 대한 신규 신용공여를 의결하는 때에는 신규 신용공여를 하지 아니하는 금융채권자가 신규 신용공여를 하는 금융채권자에 대하여 부담하는 손실분담에 관한 사항을 정할 수 있다. 이 경우 신규 신용공여에 따른 손실분담은 공정하고 형평에 맞게 이루어져야 한다(제18조 제3항).

금융채권자가 공동관리기업에 대하여 신규 신용공여를 할 의무는 금융채권자가 해당 기업과 신규 신용공여에 관한 약정을 체결하는 때에 발생한다(제18조 제4항).

(3) 기업개선계획의 의결

협의회는 기촉법 또는 협의회의 의결에 다른 정함이 있는 경우를 제외하고 협의회 총금융채권액 중 4분의 3 이상의 금융채권액을 보유한 금융채권자의 찬성으

담보채권 총액의 4분의 3 이상의 담보채권을 보유한 금융채권자의 찬성이 있어야 효력이 있다.

34) 노영보, 도산법 강의, 박영사, 2018, 675면.

로 기업개선계획을 의결한다. 다만, 단일 금융채권자가 보유한 금융채권액이 협의회 총금융채권액의 4분의 3 이상인 경우에는 해당 금융채권자를 포함하여 협의회를 구성하는 총 금융채권자 수의 5분의 2 이상의 찬성으로 의결한다(제24조 제2항).

채무조정에 관한 협의회의 의결은 위 요건에 추가하여 금융채권자의 담보채권(해당 자산의 청산가치 범위에서 유효담보가액에 해당하는 채권) 총액 중 4분의 3 이상의 담보채권을 보유한 금융채권자가 찬성하여야 그 효력이 있다(제17조 제2항).

협의회가 채권행사 유예기간에 기업개선계획을 의결하지 못한 경우 그 다음 날부터 공동관리기업에 대한 공동관리절차는 중단된 것으로 본다(제13조 제3항).

(4) 기업개선계획의 변경

주채권은행은 기업개선계획이 의결된 후에도 공동관리기업의 기업개선을 위하여 필요하다고 판단하는 경우 협의회의 의결에 따라 기업개선계획을 변경할 수 있다(제13조 제4항).

카. 기업개선계획의 이행을 위한 약정

(1) 약정 체결

협의회는 기업개선계획을 의결한 날부터 1개월 이내에 공동관리기업과 기업개선계획의 이행을 위한 약정을 체결하여야 한다(제14조 제1항). 약정에는 협의회가 의결한 기업개선계획 외에 공동관리기업의 기업개선 등을 위하여 매출액·영업이익 등 해당 기업의 경영 목표수준 등의 사항을 포함할 수 있다(제14조 제2항).

협의회가 기업개선계획을 의결한 날부터 1개월 이내에 약정을 체결하지 못한 경우 그 다음 날부터 공동관리절차는 중단된 것으로 본다. 이 경우 기업개선계획에 포함된 채무조정 및 신규 신용공여에 관한 사항은 소급적으로 효력을 상실한다(제14조 제3항).

(2) 약정의 효력

(가) 일반적 효력

금융채권자들 사이에 채무자인 기업에 부실징후가 발생할 경우 법원이 관여하는 회생절차에 들어가는 대신 주채권은행 주도하에 기업개선작업에 착수하여 해당 기업에 대한 금융채권자들로 구성된 협의회를 소집하여 채권액 기준 3/4 이상의 채권을 보유한 금융채권자의 찬성으로 채권재조정 등을 내용으로 하는 기업개선계획을 의결하고, 나아가 주채권은행이 협의회 소속 다른 금융채권자들의 대리인 겸 본인으로서 해당 기업과 위와 같이 확정된 의결 내용을 이행하기 위한 기업개선계획의 이행을 위한 약정을 체결하는 방식의 일종의 사적 정리에 관한 사전합의가 이루어진 상태에서, 채무자인 특정 기업에 대하여 부실징후가 발생하여 주채권은행이 사전합의된 바에 따라 관련된 금융채권자들의 협의회를 소집하여 기업개선계획을 의결하고 이어 주채권은행과 해당 기업 사이에 그 의결 사항의 이행을 위한 기업개선계획의 이행을 위한 약정이 체결되었다면, 이는 위와 같은 사전합의에 따른 것이어서 달리 무효로 볼 만한 특별한 사정이 없는 한 그 약정에 따른 채권재조정 등 권리변경의 효력은 협의회의 구성원으로서 결의에 참여하여 기업개선계획에 반대한 금융채권자에게도 당연히 미친다.[35]

협의회가 부실징후기업과 체결한 이행약정에 정해진 사항이 채무조정과 같이 이행약정 자체로서 권리, 의무를 설정하거나 변경 또는 소멸시키는 것에 해당하지 아니하고 대출계약이나 지급보증계약의 체결에 의한 신용공여와 같이 향후 별도의 계약 체결을 예정한 계획에 해당하는 경우에는, 특별한 사정이 없는 한 이행약정의 당사자 사이에서 이행약정만으로 경영정상화계획으로 예정된 별도의 계약이 체결된 것이나 다름없는 법적 구속력을 부여하려는 의사가 있었다고 볼 수 없으므로, 부실징후기업이나 금융채권자가 이행약정에 기하여 다른 금융채권자에 대하여 신용공여 계획의 이행으로서 대출계약 등을 체결하거나 그에 관한 의사표시를 하도록 청구할 권리를 갖는다고 할 수도 없다.[36]

(나) 보증인에 대한 효력

금융채권자들과 재무적 곤경에 처한 주채무자인 기업 사이에 기업의 경영정상화를 도모하고 금융채권자들의 자산 건전성을 제고하기 위하여 일부 채권을 포기하거나 채무를 면제하는 등 채무조건을 완화하여 주채무를 축소·감경하는 내용의 기업개선계획의 이행을 위한 약정을 체결한 경우, 이를 규율하는 기촉법

---

35) 대법원 2007. 4. 27. 선고 2004다41996 판결.

36) 대법원 2014. 9. 4.자 2013마1998 결정.

에서 보증채무의 부종성에 관한 예외규정을 두고 있지 아니할 뿐만 아니라, 기업개선계획의 이행을 위한 약정은 법원의 관여 없이 금융채권자들과 기업 사이의 사적 합의에 의하여 이루어지고 그러한 합의의 내용에 따른 효력을 갖는 것으로서, 법원의 관여하에 전체 채권자들을 대상으로 하여 진행되고 법에서 정해진 바에 따른 효력을 갖는 회생절차와 동일시할 수 없어 여기에 부종성의 예외를 정한 채무자회생법 규정이 유추적용된다고 할 수도 없으므로, 보증인으로서는 원래의 채무 전액에 대하여 보증채무를 부담한다는 의사표시를 하거나 금융채권자들과 사이에 그러한 내용의 약정을 하는 등의 특별한 사정이 없는 한, 보증채무의 부종성에 의하여 기업개선계획의 이행을 위한 약정에 의하여 축소·감경된 주채무의 내용에 따라 보증채무를 부담한다.[37)]

타. 약정의 이행점검

약정의 당사자는 체결된 약정을 성실히 준수하여야 한다(제15조 제1항). 주채권은행은 약정의 이행실적을 분기별(공동관리기업이 중소기업기본법 제2조에 따른 중소기업인 경우에는 협의회가 정하는 시기별)로 점검하여 그 결과를 협의회에 보고하여야 하며, 대통령령으로 정하는 바에 따라 기업개선계획의 진행상황을 연 1회 이상 공개하여야 한다(제15조 제2항 본문).

주채권은행은 점검을 위하여 필요한 업무 또는 재산에 관한 보고 등을 공동관리기업에 요청할 수 있으며, 요청받은 기업은 정당한 사유가 없으면 이에 따라야 한다(제15조 제3항). 주주나 노동조합 등 제14조 제2항 제4호에 따른 동의서를 제출한 자는 약정의 이행상황 및 계획에 대한 설명을 대통령령으로 정하는 방법에 따라 공동관리기업을 통하여 주채권은행에 요청할 수 있으며, 주채권은행과 해당 기업은 정당한 사유가 없으면 지체 없이 이에 응하여야 한다(제15조 제4항).

파. 공동관리절차의 평가 및 공개

(1) 평가

공동관리기업과 약정을 체결한 날부터 3년이 경과하는 날까지 공동관리절차

---

37) 대법원 2004. 12. 23. 선고 2004다46601 판결.

가 종료되지 아니한 경우 주채권은행은 대통령령으로 정하는 바에 따라 경영평가위원회를 구성하여 공동관리절차의 효율성, 해당 기업의 기업개선 가능성, 공동관리절차의 지속 필요성 등을 평가하고 그 결과를 협의회에 보고하여야 한다. 다만, 공동관리기업이 중소기업인 경우에는 주채권은행이 협의회의 의결에 따라 공동관리절차의 평가시기를 달리 정할 수 있다(제16조 제1항).

(2) 공개

주채권은행은 협의회에 대한 보고일부터 7일 이내에 그 평가결과를 대통령령으로 정하는 방법에 따라 공개하여야 한다(제16조 제2항 본문).

하. 공동관리절차의 중단과 종료

(1) 공동관리절차의 중단

(가) 당연중단

공동관리절차가 개시된 뒤에도 해당 기업 또는 금융채권자는 채무자회생법에 따른 회생절차 또는 파산절차를 신청할 수 있다. 이 경우 해당 기업에 대하여 회생절차의 개시결정 또는 파산선고가 있으면 공동관리절차는 중단된 것으로 본다(제11조 제5항).

협의회가 채권행사 유예기간에 기업개선계획을 의결하지 못한 경우 그 다음 날부터 공동관리기업에 대한 공동관리절차는 중단된 것으로 본다(제13조 제3항). 협의회가 기업개선계획을 의결한 날부터 1개월 이내에 기업개선약정을 체결하지 못한 경우 그 다음 날부터 공동관리절차는 중단된 것으로 본다(제14조 제3항).

(나) 협의회의 의결에 의한 중단

협의회는 ① 공동관리기업이 제출한 금융채권자의 목록이나 자구계획서에 중요한 사항에 관하여 고의적인 누락이나 허위 기재가 있는 경우, ② 공동관리기업이 정당한 사유 없이 제12조에 따른 외부전문기관의 실사 및 평가에 협조하지 아니하는 경우, ③ 공동관리기업이 정당한 사유 없이 약정의 중요한 사항을 이행하지 아니하였거나 약정이 이행되기 어렵다고 판단되는 경우, ④ 기업개선계획의 이행을 위한 약정의 이행점검 또는 공동관리절차의 평가의 결과 공동관리절차를 지속하는 것이 적절하지 아니하다고 판단되거나 공동관리기업의 부실징후가 해소될 가망이 없다고 판단되는 경우, ⑤ 공동관리기업이 중단을 요청하는 경우, ⑥ 그 밖에 약정에서 정한 공동관리절차의 중단 사유가 발생한 경우에는 그 의결에 따라 공동관리절차를 중단할 수 있다(제19조).

(다) 중단으로 종전에 양보한 권리가 원상회복되는지 여부

사적 정리절차에 따른 기업개선계획의 이행을 위한 약정은 민법상 화해계약에 유사한 성질을 갖는 것이어서 금융채권자들이 양보한 권리는 기업개선계획의 이행을 위한 약정의 효력이 발생한 시점에 소멸하고 해당 기업 등은 그에 갈음하여 그 약정에 따른 새로운 권리를 취득하게 되는 것이므로, 보통 금융채권자들이 기업개선작업의 성공을 기대하면서 양보를 하기 마련이라고 하더라도 금융채권자들과 해당 기업 사이에 기업개선작업의 중단이 기존 양보한 권리에 미치는 효과에 관하여 달리 특별한 합의를 하였던 경우를 제외하고는 기업개선작업이 중단되었다는 사정만으로 금융채권자들이 종전에 양보한 권리가 당연히 되살아난다고 할 수는 없다.[38] 그러므로 금융채권자들이 공동관리절차가 중단되는 경우 금융채권자들의 권리를 그 이전 상태로 회복시키기를 원한다면 그러한 특별한 합의를 기업개선계획 결의 시 명확하게 규정하여야 할 필요가 있다.[39]

(2) 공동관리절차의 종료

협의회는 ① 공동관리기업의 부실이 해소되었다고 판단한 경우, ② 약정이 계획대로 이행된 경우, ③ 공동관리기업이 종료를 요청하는 경우, ④ 그 밖에 약정에서 정한 공동관리절차의 종료사유가 발생한 경우 그 의결에 따라 공동관리절차를 종료할 수 있다(제20조).

---

38) 대법원 2007. 4. 27. 선고 2004다41996 판결.

39) 대법원은 채권자가 화의채무자의 채무를 일부 감경해 주는 채무변제약정을 체결하면서 그 약정에 회생절차개시신청 등 화의채무자의 신용상태에 중대한 변동이 발생하는 경우 채권자는 약정을 해제할 수 있고 약정해제 시 채권채무는 원상회복된다고 규정하였는데, 그 후 화의채무자가 회생절차개시신청을 하였음을 이유로 채권자가 약정해제권을 행사한 것은 신의성실의 원칙에 반하는 권리행사라고 볼 수 없다고 판시한 바 있다(대법원 2011. 2. 10. 선고 2009다68941 판결).

5. 주채권은행의 관리절차

통보를 받은 부실징후기업은 주채권은행에 대하여 기업개선을 위한 자구계획서와 금융채권자의 목록을 첨부하여 주채권은행에 의한 관리절차의 개시를 신청할 수 있다(제5조 제2항 제2호). 주채권은행은 부실징후기업으로부터 주채권은행 관리절차의 신청이 있어 자구계획서 등을 평가하여 기업개선의 가능성이 있다고 판단하는 경우 단독으로 해당 기업에 관한 관리절차를 개시할 수 있다(제21조 제1항).

공동관리절차는 일부 배제 대상 금융채권자 이외에 모든 금융채권자가 참여하는 구조조정절차임에 반하여, 주채권은행의 관리절차는 주채권은행만 단독으로 참여하는 구조조정절차이다. 주채권은행의 관리절차가 개시되는 경우 제11조 제5항, 제12조 내지 제15조, 제17조 내지 제20조가 준용되고, 이 경우 "협의회"는 "주채권은행"으로 본다(제21조 제2항).

6. 금융채권자의 법적 지위

가. 금융채권자의 손해배상책임

금융채권자는 협의회가 의결한 사항을 성실히 이행하여야 한다(제28조 제1항). 협의회는 금융채권자에 대하여 의결사항의 이행을 요구할 수 있다(제28조 제2항).

협의회는 의결사항을 이행하지 아니하는 금융채권자에 대하여 그 의결에 따라 위약금을 부과할 수 있다(제28조 제3항). 금융채권자는 협의회의 의결사항 또는 기업개선계획의 이행을 위한 약정을 이행하지 아니하여 다른 금융채권자에게 손해를 발생시킨 경우 다른 금융채권자가 받은 손해의 범위에서 연대하여 손해를 배상할 책임이 있다(제28조 제4항). 협의회는 의결사항의 불이행에 따르는 손해배상 예정액을 의결로 정할 수 있다(제28조 제5항).

나. 반대채권자의 채권매수청구권

(1) 채권매수청구권 행사

① 공동관리절차의 개시, ② 기업개선계획의 수립 및 변경, ③ 채무조정, ④ 신규

신용공여, ⑤ 공동관리절차의 연장, ⑥ 그 밖에 협의회의 의결로 정하는 사항에 대하여 협의회의 의결이 있는 경우 그 의결에 반대한 금융채권자(이하 '반대채권자')는 협의회의 의결일부터 7일 이내(이하 '매수청구기간')에 주채권은행에 대하여 채권의 종류와 수를 기재한 서면으로 자기의 금융채권 전부를 매수하도록 청구할 수 있다. 이 경우 채권의 매수를 청구할 수 있는 금융채권자는 협의회의 의결일까지 반대의 의사를 서면으로 표시한 자에 한정하며, 매수청구기간에 채권을 매수하도록 청구하지 아니한 자는 해당 협의회의 의결에 찬성한 것으로 본다(제27조 제1항).

반대채권자의 채권매수청구권은 반대채권자의 일방적 의사표시로 채권에 관한 매매계약을 성립하게 하는 형성권이므로 반대채권자가 협의회의 의결일부터 7일 이내에 찬성채권자에 대하여 채권의 종류와 수를 기재한 서면으로 자신의 채권을 매수하도록 청구하면, 찬성채권자의 승낙 여부와 관계없이 반대채권자와 찬성채권자 사이에 채권에 관한 매매계약이 성립한다.[40]

반대채권자가 채권매수청구권을 행사한 후 부실징후기업에 대한 기업개선약정이 체결되지 못하는 등의 이유로 공동관리절차가 중단되었다고 하더라도 이미 이루어진 반대채권자의 채권매수청구권 행사의 효력에는 아무런 영향을 미치지 않는다.[41]

(2) 찬성채권자의 채권 매수

찬성채권자는 매수청구기간이 종료하는 날부터 6개월 이내에 연대하여 해당 채권을 매수하여야 한다. 다만, 반대채권매매의 당사자가 조정위원회에 조정을 신청하거나 법원에 이의를 제기한 경우에는 그러하지 아니하다(제27조 제2항). 찬성채권자는 반대채권자와 합의한 경우 해당 기업 또는 제3자로 하여금 반대채권자의 채권을 매수하도록 할 수 있다(제27조 제4항).

(3) 채권매수가액의 결정

반대채권자가 매수를 청구한 채권의 매수가액 및 조건은 찬성채권자와 채권의 매수를 청구한 반대채권자가 합의하여 결정한다. 이 경우 매수가액은 반대채권자가 해당 기업의 청산을 통하여 변제받을 수 있는 금액보다 불리하지 아니하도록 해당 기

---

40) 대법원 2019. 2. 28. 선고 2016다215134 판결.

41) 서울고등법원 2016. 4. 21. 선고 2015나2045268 판결(확정).

업의 가치 등 대통령령으로 정하는 사항을 고려한 공정한 가액으로 한다(제27조 제3항).

합의가 이루어지지 아니하는 경우 찬성채권자 또는 채권의 매수를 청구한 반대채권자는 조정위원회에 대하여 채권의 매수가액 및 조건에 대한 조정을 신청할 수 있다. 이 경우 조정위원회는 찬성채권자와 채권의 매수를 청구한 반대채권자가 합의하여 선임한 회계전문가가 해당 기업의 가치와 재산상태, 약정의 이행가능성 및 그 밖의 사정을 참작하여 산정한 결과를 고려하여 공정한 가액으로 이를 결정하여야 한다(제27조 제5항).

7. 금융위원회의 채권금융기관[42]에 대한 감독

금융위원회는 채권금융기관이 ① 제4조 제1항 또는 제3항을 위반하여 신용위험을 평가하지 아니한 때, ② 제5조 제1항을 위반하여 정당한 사유 없이 통보를 하지 아니한 때, ③ 제7조를 위반하여 필요한 조치를 강구하지 아니한 때, ④ 제9조 제1항을 위반하여 정당한 사유 없이 협의회를 소집하지 아니한 때, ⑤ 제15조 제2항을 위반하여 약정의 이행을 점검하지 아니하거나 기업개선계획의 진행상황을 공개하지 아니한 때, ⑥ 제15조 제4항을 위반하여 정당한 사유 없이 약정의 이행상황 및 계획에 대한 설명 요청에 응하지 아니한 때, ⑦ 제16조 제1항 또는 제2항을 위반하여 경영평가위원회의 평가를 거치지 아니하거나 평가 결과를 공개하지 아니한 때에는 일정한 기간을 정하여 그 시정을 요구할 수 있다(제35조 제1항).

시정요구를 받은 채권금융기관이 정당한 사유 없이 기간 내에 시정요구를 이행하지 아니하면 금융위원회는 해당 채권금융기관에 대하여 ① 채권금융기관 또는 그 임직원에 대한 주의·경고·견책 또는 감봉, ② 임원의 직무정지 또는 임원의 직무를 대행하는 관리인의 선임, ③ 그 밖에 ① 및 ②에 준하는 조치로서 위반사항의 시정을 위하여 필요하다고 인정되는 조치를 요구하거나 명할 수 있다(제35조 제2항).

---

42) 채권금융기관이란 금융채권자 중 금융위원회의 설치 등에 관한 법률 제38조 각호에 해당하는 기관 및 그 밖에 법률에 따라 금융업무 또는 기업구조조정업무를 행하는 기관으로서 대통령령으로 정하는 자를 말한다(제2조 제3호).

8. 공동관리절차와 회생절차의 관계

가. 공동관리절차 진행 중의 변제를 부인할 수 있는지 여부

제1차 기촉법과 제2차 기촉법 제3조는 “이 법은 기업구조조정 등에 관하여 규정하고 있는 다른 법률에 우선하여 적용한다”라고 정하고 있었다. 이 조항과 관련하여 기촉법에 의한 공동관리절차가 종료되거나 중단된 이후 그 기업에 대하여 회생절차가 개시된 경우 공동관리절차 진행 중에 이루어진 변제를 부인할 수 있는지 문제 되었다.

대법원은 “기촉법에 근거하는 기업개선작업은 재무적 곤경에 처했으나 경제적으로는 회생 가능성이 있는 기업을 대상으로 채권단과 해당 기업이 협력하여 재무구조와 사업구조를 조정함으로써 기업회생과 채권회수 증대를 꾀하는 일련의 과정으로서 민법상 화해계약에 유사한 성질을 갖는 사적 정리절차인바, 원칙적으로 채권금융기관협의회의 구성원에게만 그 약정에 따른 채권재조정 등 권리변경의 효력이 미치는 점에서 기촉법 제3조가 채권금융기관뿐만 아니라 상거래채권자 등 모든 파산채권을 법원이 관여하는 법정 정리절차에서 집단적으로 취급하는 채무자회생법상 파산절차 중 채권자평등을 주된 목적으로 하는 부인권 규정을 배제한다고 볼 수 없다”라고 판시하였다.[43] 이 판결 이후 제3차 기촉법은 위 조항을 “이 법은 기업구조조정 등에 관하여 다른 법률(채무자회생법을 제외한다)에 우선하여 적용한다”라고 개정하였다.

나. 공동관리절차와 회생절차의 연계

도산기업은 기촉법에 의한 공동관리절차와 회생절차를 연계함으로써 신속하고 효율적인 회생을 도모할 수 있다. 현재 시행되고 있는 사전계획안 회생절차와 자율구조조정 프로그램(Autonomous Restructuring Support Program)은 이를 위한 제도적 기반이 될 수 있다. 이러한 제도의 틀 내에서 도산기업의 상황과 채권자들과의 관계 등 제반 사정을 고려하여 도산기업에 최적화된 연계 방안을 마련할 필요가 있다.

---

43) 대법원 2010. 6. 10. 선고 2010다6024 판결.

㈜대한은 유동성 위기가 심화되어 채권금융기관과 채무조정에 관하여 합의를 하는 것이 불가능한 상황이었기 때문에 자율협약을 단념하였다. 그리고 당시 70억 원이 넘는 상거래채무를 부담하고 있었는데 이를 변제하기에 충분한 유동성을 확보하지 못하고 있었기 때문에 기촉법에 의한 공동관리절차도 적절한 대안이 될 수 없었다. 이에 ㈜대한은 재정적 파탄을 극복하기 위하여 회생절차개시신청을 검토하기로 하였다.

Ⅲ. 회생절차의 개요

1. 회생절차의 의의

채무자회생법은 재건형 도산절차로 제2편 회생절차와 제4편 개인회생절차를 두고 있다. 회사정리법, 화의법, 파산법을 통합하여 채무자회생법을 제정하는 과정에서 화의법이 폐지되고 회사정리절차가 개선되어 제2편 회생절차로 일원화되었다. 제4편 개인회생절차는 장래소득이 예상되는 개인채무자의 회생을 위하여 제정된 개인채무자회생법이 채무자회생법에 편입된 것이다.

채무자회생법은 회생절차를 재정적 어려움으로 인하여 파탄에 직면해 있는 채무자에 대하여 채권자·주주·지분권자 등 이해관계인의 법률관계를 조정하여 채무자 또는 그 사업의 효율적인 회생을 도모하는 절차라고 정의하고 있다(제1조).

회생절차가 개시된 이후에는 채권자 등 이해관계인들의 권리행사가 상당 부분 제한된다(제58조, 제131조, 제141조 제2항 등). 이처럼 이해관계인들의 권리행사를 제한하면서 도산기업에게 재기의 기회를 부여하는 것은 회생절차가 도산기업과 채권자들은 물론 사회 전체적으로도 유익하기 때문이다. 따라서 회생절차는 원칙적으로 경제성이 있지만 일시적인 재정적 파탄(financial distress)에 처한 기업, 즉 계속 존속하면서 사업을 할 때 얻는 이익(계속기업가치)이 해체·청산할 때의 이익(청산가치)보다 큰 기업을 대상으로 한다(제286조 제2항, 경제성의 원칙). 반면 경제성이 결여되어 회생 가능성이 없는 도산기업은 사업을 계속하더라도 파산절차에서의 배당액 이상의 금액을 변제할 가능성이 없어 회생절차를 진행할 실익이 없으므로 파산절차를 통해 채무를 정리하여야 한다.

실무상 채무자회생법 제2편 중 법인을 대상으로 하는 절차를 '법인회생', 개인을 대상으로 하는 절차를 '일반회생'이라고 부르고 있다. 그런데 기업은 법인과 개인을 포괄하는 개념이므로 이하에서는 채무자회생법 제2편이 적용되는 절차를 '기업회생'으로 통칭하기로 한다.

2. 회생절차의 흐름

회생절차의 흐름을 도표로 정리하면 아래와 같다.

[회생절차 흐름도]

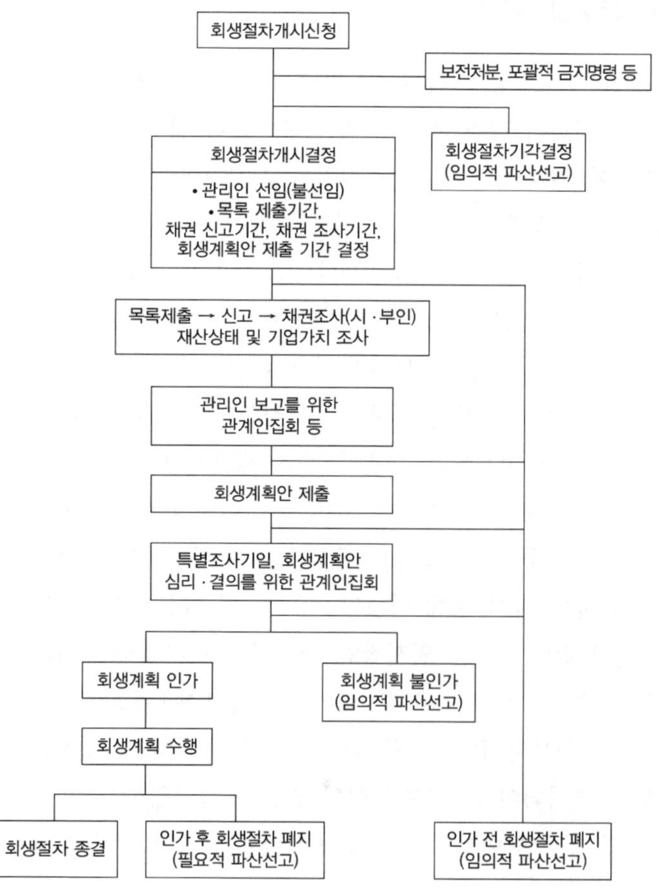

가. 회생절차개시신청

채무자는 ① 사업의 계속에 현저한 지장을 초래하지 아니하고는 변제기에 있는 채무를 변제할 수 없는 경우(변제불능)와 ② 채무자에게 파산의 원인이 생길 염려가 있는 경우(파산염려) 법원에 회생절차개시의 신청을 할 수 있다(제34조 제1항). ②의 경우에는 채무자 이외에 일정액 이상의 채권을 가진 채권자 또는 일정한 비율 이상의 주식을 가진 주주도 회생절차개시신청을 할 수 있다(제34조 제2항). 회생절차개시신청은 서면으로 하여야 하고(제36조), 신청인은 회생절차개시의 원인인 사실을 소명하여야 한다(제38조 제1항).

나. 보전처분, 중지 · 취소명령, 포괄적 금지명령

법원은 이해관계인의 신청에 의하거나 직권으로 회생절차개시신청에 대한 결정이 있을 때까지 채무자의 업무 및 재산에 관하여 가압류 · 가처분 그 밖에 필요한 보전처분을 명할 수 있다(제43조 제1항). 이는 채무자의 재산이 산일되는 것을 방지함으로써 채무자의 효율적 회생을 도모하기 위함이다. 실무상 법원은 이해관계인의 신청이 있는 경우 통상 신청일로부터 1주일 전후로 보전처분 결정을 하고 있는데 보정명령이 내려지는 경우에는 시간이 더 소요되기도 한다.

보전처분은 채무자의 일정한 행위를 제한할 뿐 회생채권자와 회생담보권자의 권리행사를 금지하지는 않는다. 법원은 필요하다고 인정하는 때에는 이해관계인의 신청에 의하거나 직권으로 회생절차개시신청에 대한 결정이 있을 때까지 회생채권 또는 회생담보권에 기한 채무자의 재산에 대한 강제집행, 가압류, 가처분 또는 담보권실행을 위한 경매 등의 절차의 중지 또는 취소를 명할 수 있다(제44조). 이를 '중지 · 취소명령'이라 한다.

법원은 중지명령에 의하여는 회생절차의 목적을 충분히 달성하지 못할 우려가 있다고 인정할 만한 특별한 사정이 있는 때에는 이해관계인의 신청에 의하거나 직권으로 회생절차개시신청에 대한 결정이 있을 때까지 모든 회생채권자 및 회생담보권자에 대하여 회생채권 또는 회생담보권에 기한 강제집행등의 금지를 명할 수 있다(제45조). 이를 '포괄적 금지명령'이라 한다.

다. 비용예납명령

회생절차개시신청인은 회생절차의 비용을 미리 납부하여야 한다(제39조 제1항). 법원은 회생절차개시신청서에 기재된 자산을 기준으로 산정된 조사위원의 기준보수 금액에 절차비용을 가산한 금액의 예납을 명한다.

라. 대표자심문과 현장검증

회생절차개시신청이 있는 때에는 법원은 채무자 또는 그 대표자를 심문하여야 한다(제41조 제1항). 법원은 대표자심문에서 채무자의 재무상태와 회생절차개시신청에 이르게 된 경위 등에 대하여 심문한다. 대표자심문은 심문사항을 신청대리인에게 이메일로 보낸 후 그에 대한 답변서를 미리 제출받아 그 내용을 확인한 후 추가로 심문하는 방식으로 진행한다.

현장검증은 실무상 제조업을 영위하는 회사에 대하여 실시하는 경우가 많다. 현장검증은 먼저 대표자로부터 회사의 현황 등에 대하여 보고를 받은 후 사무소와 공장을 둘러보며 회사의 실태를 확인하는 방식으로 진행된다. 현장검증을 실시하는 경우 통상 대표자심문을 함께 진행한다.

마. 회생절차개시결정

법원은 회생절차개시원인(제34조 제1항)이 소명되고 신청기각사유(제42조)가 없으면 회생절차개시결정(제49조)을 한다. 회생절차개시결정을 하면서 관리인과 조사위원을 선임한다(제74조, 제87조). 대표이사는 회생절차개시결정일에 출석하여야 한다. 회생절차개시결정과 함께 대표이사가 관리인으로 선임되거나 관리인 선임 결정이 내려지지 않아 관리인으로 간주되는 경우 법원으로부터 관리인 선임증 내지 증명서를 수여받는다. 그 후 주심판사 또는 관리위원이 회생절차에 대하여 안내하면서 당부사항을 전한다. 재판부에 따라서는 회생절차의 주요 사항의 일정을 기재한 진행일정표를 교부하기도 한다.

회생절차개시결정이 내려지고 관리인이 선임되면 채무자는 업무수행권과 재산의 관리·처분권을 상실하고 이러한 권한은 관리인에게 전속한다(제56조 제1항). 회생절차개시결정이 내려진 이후에는 회생채권자와 회생담보권자는 원칙적으로 회생계획에 규정된 바에 따르지 아니하고는 변제를 받을 수 없다(제131조, 제141조 제2항).

바. 회생채권 등의 확정

회생절차는 채무자로 하여금 사업을 계속하도록 하고 그 과정에서 채무자가 창출하는 수익으로 회생채권과 회생담보권을 변제하는 절차이다. 그러므로 회생절차의 진행을 위해서는 회생채권 등 변제대상 채권이 확정되어야 한다.

회생채권 등의 확정은 관리인의 회생채권자·회생담보권자·주주·지분권자 목록 제출 → 회생채권자·회생담보권자·주주·지분권자의 신고 → 관리인 등의 채권조사(시·부인)의 순서로 진행된다. 시인된 회생채권 등은 확정되고, 관리인 등에 의하여 이의가 제기된 회생채권 등은 채권조사확정재판 및 채권조사확정재판에 대한 이의의 소를 통해 확정된다.

사. 채무자의 재산상태조사와 기업가치의 평가

채무자가 회생할 가능성이 있는지, 회생채권자와 회생담보권자에 대한 채무변제계획을 어떻게 수립할 것인지 결정하기 위해서는 채무자의 재산상태와 기업가치에 대한 정확한 평가가 선행되어야 한다.[44] 채무자의 재산상태의 평가를 위하여 관리인은 취임 후 지체 없이 채무자에게 속하는 모든 재산의 회생절차개시 당시의 가액을 평가하고(제90조), 회생절차개시 당시 채무자의 재산목록 및 재무상태표를 작성하여 법원에 제출하여야 한다(제91조). 법원은 필요하다고 인정하는 때에는 조사위원을 선임한 후 조사위원으로 하여금 채무자에게 속하는 모든 재산의 회생절차개시 당시의 가액을 평가하고, 회생절차개시 당시 채무자의 재산목록 및 재무상태표를 작성하여 법원에 제출하게 할 수 있다(제87조 제1항, 제3항). 관리인이 단독으로 재산상태조사 등의 업무를 수행하기 어렵기 때문에 법원은 대부분의 사건에서 회계전문가인 조사위원을 선임하여 그로 하여금 재산상태조사 등의 업무를 수행한 후 조사보고서를 통해 보고하도록 하고 있다.

회생절차개시신청인은 신청서에서 채무자의 계속기업가치가 청산가치를 초과한다는 점을 소명할 필요가 있다. 그러나 법원과 회생채권자 등 이해관계인들은

44) 서울회생법원 재판실무연구회, 회생사건실무(상), 박영사, 2019, 18면.

신청인이 회생절차개시신청서에서 제시한 계속기업가치와 청산가치를 신뢰하지 않는 경향이 있다. 회생절차개시 이후 조사위원이 채무자의 계속기업가치와 청산가치를 평가하는데, 그 평가결과는 회생절차를 계속 진행할지 여부에 대한 법원의 판단 및 회생계획안 작성의 기준이 된다.

아. 채무자 재산의 유지 · 확보

채무자의 효율적인 회생을 위해서는 채무자의 재산이 유지 · 확보되어야 한다. 채무자가 책임재산을 절대적으로 감소시켜 회생채권자 등에게 손해를 끼치는 사해행위 및 다른 회생채권자 등과의 평등을 해하는 편파행위를 하였을 경우 관리인은 부인권을 행사하여 채무자로부터 일탈한 재산을 원상회복시킬 수 있다(제100조 이하).

그리고 채무자의 이사 등이 위법행위를 하여 채무자에게 손해를 입힌 경우 등에는 이사 등에 대한 손해배상청구권 등의 조사확정재판을 신청하여 손해배상청구권 등의 존부와 액수를 확정할 수 있다(제114조 이하). 그 외 채무자의 재산을 유지 · 확보하기 위한 제도로 쌍방미이행 쌍무계약의 해제 · 해지 또는 이행 선택권(제119조), 상계의 제한(제144조, 제145조) 등이 있다.

자. 관리인 보고를 위한 관계인집회 등

법원은 관리인으로 하여금 채권자, 주주 · 지분권자 등에게 회생절차의 개시에 이르게 된 사정과 채무자의 업무 및 재산에 관한 사항 등에 대하여 보고하고, 채권자, 주주 · 지분권자 등에게 회생절차에 관하여 의견을 진술할 기회를 부여하기 위하여 관리인 보고를 위한 관계인집회를 개최할 수 있다. 관리인 보고를 위한 관계인집회에서 관리인은 채무자가 회생절차의 개시에 이르게 된 사정, 채무자의 업무 및 재산에 관한 사항, 채무자의 이사 등에 대한 손해배상청구권 등에 관한 보전처분 또는 조사확정재판을 필요로 하는 사정의 유무, 기타 회생에 관하여 필요한 사항을 보고하여야 한다(제98조 제1항, 제92조 제1항). 조사위원은 조사경과, 채무자의 업무 및 재산의 관리, 채무자에 대하여 회생절차를 계속함이 적정한지 여부 등 조사명령을 받은 사항에 관한 조사결과와 그 밖의 의견을 보고한다.

관리인 보고를 위한 관계인집회를 개최할 필요성이 인정되지 않는 경우 법원은 관리인에게 다른 조치를 취하도록 할 수 있는데, 실무상 이를 '대체절차'라고 한다. 대체절차로는 주요 사항 요지의 통지, 관계인설명회의 개최, 그 밖에 법원이 필요하다고 인정하는 적절한 조치가 있다(제98조 제2항). 실무상 법원은 대부분의 사건에서 주요 사항 요지의 통지를 명하고 있다.

차. 회생계획안 제출

관리인은 법원이 정한 기간 안에 회생계획안을 작성하여 법원에 제출하여야 한다(제220조 제1항). 회생계획안의 핵심적인 내용은 회생계획 수행기간 동안 채무자가 사업을 계속함으로써 거둘 것으로 예상되는 수익과 그 수익을 회생채권자 등에게 배분하는 방법이다. 회생계획안에는 회생계획 수행기간 동안의 사업계획서, 추정손익계산서, 추정자금수지표 등을 첨부하는데 이는 통상 조사위원이 작성한 제1차 조사보고서의 매출액, 매출원가, 판매비 및 관리비, 영업이익 등을 토대로 작성한다.

한편 법원은 채무자의 청산가치가 계속기업가치보다 크다고 인정하는 때에는 채무자 등의 신청에 의하여 청산(영업의 전부 또는 일부의 양도, 물적 분할 포함)을 내용으로 하는 회생계획안의 작성을 허가할 수 있다(제222조).

카. 특별조사기일 및 회생계획안의 심리 및 결의를 위한 관계인집회

채권신고기간 이후에 추후 보완신고된 회생채권 등을 조사하기 위하여 특별조사기일을 개최한다(제162조). 회생계획안의 심리를 위한 관계인집회는 관리인이 회생계획안의 내용에 대하여 설명한 다음 회생채권자 등 이해관계인으로부터 의견을 듣는 절차이다. 회생계획안의 결의를 위한 관계인집회는 회생채권자, 회생담보권자, 주주·지분권자가 회생계획안에 대하여 동의하는지 여부를 묻는 절차이다. 실무적으로 특별조사기일과 회생계획안의 심리 및 결의를 위한 관계인집회는 병합하여 진행한다(제39조의2 제2항 제4호, 제186조).

타. 회생계획 수행

회생계획이 인가되면, 관리인은 지체 없이 회생계획을 수행하여야 한다(제257

조 제1항).

파. 회생절차의 종료

회생계획이 인가된 경우에는 회생절차의 종결결정, 회생절차의 폐지결정의 확정에 의하여 회생절차는 종료된다. 회생계획에 따른 변제가 시작되면, 법원은 회생계획의 수행에 지장이 있다고 인정되지 않는 한 관리인, 목록에 기재되어 있거나 신고한 회생채권자 또는 회생담보권자 중 어느 하나에 해당하는 자의 신청에 의하거나 직권으로 회생절차종결결정을 한다(제283조 제1항). 회생계획인가결정이 있은 후 회생계획을 수행할 수 없는 것이 명백하게 된 때에는 법원은 관리인이나 목록에 기재되어 있거나 신고한 회생채권자 또는 회생담보권자의 신청에 의하거나 직권으로 회생절차폐지결정을 하여야 한다(제288조 제1항). 회생계획인가결정이 있은 후 회생절차폐지결정이 확정되면 법원은 그 채무자에게 파산의 원인이 되는 사실이 있다고 인정하는 때에는 직권으로 파산을 선고하여야 한다(제6조).

3. 회생절차의 최근 트렌드

가. 패스트트랙 기업회생절차

회생절차개시신청을 한 채무자 회사는 낙인효과(bankruptcy stigma)에 따른 신용하락으로 운영자금조달에 어려움을 겪게 되는데, 이는 주요 거래처의 거래 중단 및 임직원의 퇴사 등과 어우러져 회생에 막대한 지장을 초래할 수 있다.[45) 채무자 회사의 신용하락은 시간이 갈수록 심해지기 때문에 채무자 회사의 효율적 회생을 위해서는 회생절차를 최단기간 내에 마무리할 필요가 있다. 한편 채무자 회사의 신속하고 효율적인 회생을 위해서는 이해관계인, 특히 채권자들이 회생절차에 적극적으로 참여하는 것이 필수적이다. 채무자회생법은 기존 경영자 관리인 제도(DIP)를 도입하면서 채권자협의회가 기존 경영자 관리인을 견제하기 위하여 회생절차에 적극적으로 참여할 것을 기대하였으나 채권자협의회는 기대

45) 서울회생법원 재판실무연구회, 회생사건실무(상), 박영사, 2019, 24면.

만큼 활성화되지 않았다.[46)]

법원은 이러한 문제를 해결하기 위하여 2011년부터 패스트트랙(Fast Track) 기업회생절차를 시행하고 있다. 패스트트랙 기업회생절차의 도입 목적은 ① 회생절차 진행기간을 획기적으로 단축하고, ② 이해관계인, 특히 채권자의 절차 참여를 확대하며, ③ 시장의 요구에 맞춘 효율적 법적 절차를 제공하기 위한 것으로, 그 특징은 회생계획인가 전에는 신속한 절차 진행, 회생계획인가 후에는 조기종결이라고 할 수 있다.[47)]

이를 위해 패스트트랙에서는 ① 관리인 불선임을 통해 기존 경영자를 관리인으로 간주하는 관리인 불선임 제도를 확대 실시하고, ② 채권자협의회가 기업가치평가, 회생계획안 작성 및 검토 등의 단계에서 적극적으로 참여할 수 있도록 하기 위하여 채권자협의회에 자금관리위원[48)] 파견 권한 또는 구조조정담당임원(CRO) 추천 권한을 부여하며, ③ 회생계획인가 후 주주총회를 통해 출자전환 주주가 기업지배권을 행사할 수 있도록 하고, ④ 회생절차의 조기종결을 활성화하며, ⑤ 종결 파이낸싱(Exit Financing)을 통한 자금조달을 추진하고, ⑥ 관리인으로 하여금 채권자협의회와의 협력을 통해 M&A를 추진할 수 있는 여건을 마련하고 있다.[49)]

나. 중소기업 회생컨설팅

채무자회생법 시행 이후 중소기업의 회생절차에 대하여는, 회생절차를 진행하기 위한 신청대리인 선임비용, 조사위원 보수 등의 절차비용을 위한 예납금 등 상당한 비용이 필요한데 이는 경제적 파탄 상태에 있는 중소기업에게 상당한 부담이 되는 점, 중소기업의 경우 기업가치가 상대적으로 낮고, 경제성이 인정되더라도 변제율이 낮아 채권금융기관들이 중소기업의 회생 여부에 대하여 관심이

---

46) 서울회생법원 재판실무연구회, 회생사건실무(상), 박영사, 2019, 24면.

47) 정준영, 기업회생절차의 신속처리 방식: 패스트트랙 기업회생절차, 도산법연구 제3권 제2호, 사단법인 도산법연구회, 2012, 144－145면.

48) 자금관리위원은 채권자협의회 소속 채권금융기관의 직원으로서 채권자협의회와 채무자 회사가 법원의 허가를 얻어 체결한 자금관리약정에 따라 채무자 회사에 파견되어 자금수지 및 자금집행의 적정성을 점검하는 업무를 수행한다. 자금관리위원의 보수는 통상 파견하는 채권금융기관이 부담하는데 이러한 이유로 주로 대기업 회생사건에서 활용된다.

49) 주석 채무자회생법 제2편 회생절차 총설(차승환 집필), 한국사법행정학회, 2021.

적은 점, 회생 가능성을 높이기 위하여는 기업경영의 이상징후를 조기에 발견하여 회생절차를 통한 구조조정 또는 채무조정으로 나아가 빠른 시일 내에 기업경영을 정상화하여야 하나, 중소기업은 보유한 자금을 거의 소진한 이후에야 비로소 회생절차개시신청을 대안으로 고려하는 경우가 많고, 긴급성이나 회생절차에 대한 정보부족 등으로 회생절차에 관하여 부실한 자문을 받아 결국 적절한 회생계획을 수립하지 못하여 회생에 실패할 확률이 높은 점 등이 문제로 지적되어 왔다.[50] 이에 법원은 중소기업의 신속하고 효율적인 회생을 위하여 중소벤처기업부와 업무협약을 체결하여 중소기업 회생컨설팅 제도를 시행하고 있다.

중소벤처기업부는 중소벤처기업진흥공단을 주관기관으로 하여 중소벤처기업의 위기극복(turn−around) 지원사업을 시행하고 있다. 이 지원사업은 진로제시컨설팅과 회생컨설팅으로 나눌 수 있다. 진로제시컨설팅은 경영위기에 처한 기업에 대하여 도산전문가로 하여금 대상 기업의 현황 및 경영위기에 이르게 된 경위와 경제성 등을 평가하도록 한 후 회생 가능성이 낮은 기업은 청산 또는 파산절차를 통한 사업의 정리를 권유하고, 회생 가능성이 높은 기업은 회생절차개시신청을 하도록 유도하는 것이다.[51] 회생컨설팅은 진로제시컨설팅을 실시한 결과, 회생 가능성이 높은 것으로 판명된 중소기업을 대상으로 하여 회생컨설턴트로 하여금 회생절차개시신청부터 회생계획인가 시까지 회생절차의 수행을 지원하도록 하는 것이다.[52] 진로제시컨설팅을 거치지 않고 회생절차개시신청을 한 중소기업도 소정의 심의를 통하여 회생 가능성이 있다고 인정되는 경우에는 회생컨설팅 지원대상으로 선정될 수 있다.

지원대상으로 선정된 중소기업은 회생컨설팅 수행기관인 회생컨설턴트로부터 조사보고서 작성 등의 조력을 받을 수 있고,[53] 회생절차개시결정 당시 조사위원을 선임하지 않는 것을 원칙으로 한다[서울회생법원 실무준칙(이하 '실무준칙') 제202호 제4조]. 법원은 진로제시컨설팅의 지원대상으로 선정된 후 회생절차개시신청

50) 서울회생법원 재판실무연구회, 회생사건실무(상), 박영사, 2019, 26면.

51) 구회근, 중소기업 회생절차 개선방안: 회생컨설팅을 중심으로, 도산법연구 제4권 제2호, 사단법인 도산법연구회, 2014, 107면.

52) 구회근, 중소기업 회생절차 개선방안: 회생컨설팅을 중심으로, 도산법연구 제4권 제2호, 사단법인 도산법연구회, 2014, 109면.

53) 회생컨설턴트 비용은 중소벤처기업진흥공단이 3천만 원 한도에서 지원하고 있다.

을 한 중소기업에 대하여는(진로제시컨설팅 연계유형) 조사위원 보수를 제외한 절차비용만을 예납금으로 납부하게 할 수 있다(실무준칙 제202호 제3조). 회생절차개시신청을 하고 조사위원 보수가 포함된 예납금을 납부한 후 회생컨설팅 지원대상으로 선정되어 회생컨설턴트가 업무를 수행하고 그 업무수행이 적절하다고 판단되는 경우(협업법원 연계유형), 중소기업의 신청에 따라 예납금 중 일부를 환급할 수 있다(실무준칙 제202호 제6조).

중소벤처기업의 위기극복(turn－around) 지원사업의 지원대상으로 선정될 경우 예납금의 대부분을 차지하는 조사위원 보수를 부담하지 않아도 되고 회생컨설턴트의 조력을 받을 수 있다. 뿐만 아니라 진로제시컨설팅을 거칠 경우 신청대리인 선임비용도 지원받을 수 있으므로 유동성이 소진된 중소기업에게는 유용한 제도이다. 다만 예산이 소진된 경우 지원을 받지 못할 수 있으므로 지원신청 전에 미리 중소기업진흥공단에 예산 여력이 있는지 여부를 확인할 필요가 있다.

다. 사전계획안 회생절차

채무자의 부채의 2분의 1 이상에 해당하는 채권을 가진 채권자 또는 이러한 채권자의 동의를 얻은 채무자는 회생절차개시신청이 있은 때부터 회생절차개시 전까지 회생계획안을 작성하여 제출할 수 있다(제223조 제1항). 이처럼 회생절차 개시 전에 제출되는 회생계획안을 '사전계획안'이라고 한다. 사전계획안을 제출하거나 사전계획안에 동의한다는 의사를 표시한 채권자는 결의를 위한 관계인집회에서 그 사전계획안을 가결하는 때에 동의한 것으로 보고(제223조 제7항 본문), 사전계획안을 서면결의에 부친 경우에도 사전계획안을 제출하거나 제240조 제2항의 회신기간 전에 그 사전계획안에 동의한다는 의사를 표시한 채권자는 회신기간 안에 동의한 것으로 본다(제223조 제8항).

채무자는 회생절차개시신청을 준비하는 과정에서 미리 주요 채권자들과 채무조정 내지 구조조정 방안에 관하여 협의를 하고 그 협의 결과를 토대로 사전계획안을 작성한 다음 사전계획안에 대하여 채권자 대다수의 사전 동의를 얻어서 회생절차개시신청을 함과 동시에 또는 회생절차개시신청 직후 사전계획안을 제출할 수 있다. 사전계획안 회생절차를 진행할 경우 회생절차 진행 기간을 단축시킬 수 있을 뿐만 아니라 채무자 회사의 회생 가능성을 제고할 수 있다. 사전

계획안 회생절차는 워크아웃 절차와 회생절차를 결합한 하이브리드 회생절차라고 할 수 있다.[54)]

실무에서는 사전계획안 회생절차가 미국 연방파산법 Chapter 11 절차 중 프리패키지드 플랜(Pre-Packaged Plan) 절차와 유사하다는 점에 주목하여 'P-Plan 회생절차'라고도 부른다.[55)]

라. 자율구조조정 프로그램

'자율구조조정 프로그램(Autonomous Restructuring Support Program)'이란 회생절차개시신청 이후 법원이 보전처분과 회생절차개시결정 등을 보류하고 채무자와 채권자가 자율적으로 구조조정에 관하여 협의를 진행하는 것을 지원하는 제도이다. 회생절차개시신청 이후 채무자나 채권자의 요청이 있을 경우 법원은 특정 시점까지 보전처분과 회생절차개시결정을 보류하고 법원, 채무자, 주요 채권자, 회계법인 등으로 '회생절차관계인협의회'를 구성하여 자율구조조정 방안이나 회생절차 진행 방향 등에 대하여 의견을 교환할 수 있도록 지원한다.[56)] 회생절차관계인협의회에서의 협의를 통해 채무자와 채권자가 자율구조조정에 대한 합의에 이르면 회생절차개시신청을 취하한 후 그 합의에 따라 구조조정을 진행하고, 자율구조조정에 대한 합의에 이르지 못할 경우 법원은 보전처분과 회생절차개시결정 등 이후의 절차를 본격적으로 진행한다.

자율구조조정 프로그램은 채무자와 채권자 사이의 신뢰관계가 유지되고 있는 경우에 적극적으로 고려해 볼 수 있는 방안이다. 그러나 활용방법에 따라서는 채무자와 채권자 사이의 신뢰관계가 붕괴된 상태에서 채무자가 채권자들을 협상테이블로 유인할 수 있는 실효성 있는 수단이 될 수도 있다.

---

54) 서울회생법원 재판실무연구회, 회생사건실무(상), 박영사, 2019, 30면.

55) 미국 연방파산법의 프리패키지드 플랜(Pre-Packaged Plan) 절차는 채무자가 회생절차개시신청 전에 사전실사보고서, 사전계획안의 사본 및 투표용지 등을 의결권자들에게 미리 송부하여 회생절차개시신청 전에 미리 가결요건을 충족하는 동의서를 확보한 후 법원에 회생절차개시신청과 동시에 사전계획안을 제출하는 제도이다. 미국 연방파산법의 프리패키지드 플랜 절차는 사적 채무조정절차와 파산법원 관여하의 회생절차의 혼합형태로서, 회생계획안에 부동의하는 채권자를 구속하는 파산법원 관여하의 회생절차의 장점을 취하면서도 절차의 신속한 진행을 도모하기 위하여 1978년 미국 연방파산법 개정 때 도입되어 시행되고 있다.

56) 전대규, 채무자회생법 제5판, 법문사, 2021, 84면.

마. Sale & Lease Back

대부분의 회생담보권자는 회생계획안에 동의를 해 주는 조건으로 조기변제를 요구한다. 그러나 회생절차가 진행 중인 채무자가 영업수익으로 회생담보권을 조기변제하는 것은 현실적으로 어렵고, 조기변제 금액을 일시에 차입하는 것도 사실상 불가능하다. 이러한 경우 채무자 회사는 영업용 자산(공장용 건물과 토지 등)을 매각하고 그 매각대금으로 회생담보권을 조기변제하는 방안을 고려할 수 있는데 영업용 자산을 매각하면 채무자가 사업을 계속할 수 없게 되는 문제가 발생한다. 이러한 문제를 해결하기 위하여 공장용 건물 등 부동산을 보유한 채무자는 최근 한국자산관리공사(캠코) 등에 그 부동산을 매각한 후 재임차하는 계약을 체결함으로써 사업을 계속하는데 이를 'Sale & Lease Back'이라 한다. Sale & Lease Back은 최근 실무에서 활용빈도가 높다.

실무팁 신청대리인과 회계법인 선임 기준

회생절차개시신청을 위하여 신청대리인과 회계법인을 선임할 때는 아래와 같은 점들을 고려하여야 한다.

● 기업회생 사건 수행 경험

채무자회생법 시행 이후 도산법 전문가가 증가하고 있다. 그런데 기업회생은 채무자회생법에 정통한 것만으로 성공을 담보할 수 없다. 기업회생은 법률 이외에 회계, 경영, 경제 등의 분야에 대한 지식과 경험을 요구하기 때문이다. 또한 기업회생절차에서는 다양한 변수가 돌출하기 때문에 사건 수행 경험이 부족할 경우 그런 변수를 극복하는 데 한계가 있을 수밖에 없다. 따라서 신청대리인과 회계법인을 선임하기에 앞서 그들의 사건 수행 경험을 확인해야 한다. 나아가 기업회생 사건 수행 건수를 확인하는 데 그치지 않고 법률 및 회계자문 서비스를 제공받은 회사가 회생절차를 성공적으로 마무리하고 시장에 복귀하여 정상적으로 사업을 계속하고 있는지 여부를 반드시 확인할 필요가 있다.

● 시뮬레이션을 통한 절차에 대한 전망

회생절차개시신청 전에 시뮬레이션을 통해 채무자 회사의 계속기업가치와 청산가치, 회생계획인가 후 변제해야 할 채무액, 회생계획인가 후 CEO의 지분율 등을 추정한 후 이를 토대로 회생절차의 전망을 구체적으로 제시해 줄 수 있는 신청대리인과 회계법인을 선임하여야 한다. 그리고 회생절차에서 어떤 이슈가 발생할 것으로 예상되는지, 그 이슈를 해결할 어떤 대안을 가지고 있는지 확인해야 한다. 이러한 점들에 대한 사전 준비 없이 회생절차개시신청을 할 경우에는 회생절차를 성공적으로 마무리하기 어렵다.

실무팁 워크아웃과 회생절차의 선택 기준

유동성 위기에 처한 기업의 CEO는 이를 극복하기 위하여 여러 가지 방안을 동원한다. 초기에는 사재 출연, 친지로부터의 차입 등을 통해 자금을 마련하여 채무를 변제하다가 더 이상 자력으로 해결하기 어려운 시점에 이르면 전문가에게 도움을 요청한다. 이 단계에서 도산기업은 유동성 위기를 극복하기 위하여 어떤 절차를 밟을 것인지를 선택해야 한다. 이는 대부분 워크아웃과 회생절차 중 어느 하나를 선택하는 문제로 귀결된다. 선택의 기준으로 가장 핵심적인 것은 회사의 재무상태이다. 금융기관의 차입금을 상환하는 것은 어렵지만 상거래채무를 변제할 여력이 있다면 워크아웃을 우선적으로 고려해 볼 수 있을 것이나, 금융기관의 차입금 상환은 물론 상거래채무도 변제하기 어려운 상황이라면 회생절차에 의하여야 할 것이다. 다음으로 CEO의 의사도 고려해야 한다. 도산기업의 CEO는 회사를 회생시키는 것 못지않게 자신의 경영권을 유지하는 것을 원하기 때문에 회생 가능성에 큰 차이가 없다면 대부분 경영권을 유지할 수 있는 방안을 선호한다. 때로는 성공 가능성이 상대적으로 낮더라도 경영권 유지 가능성이 높은 회생방안을 요구하기도 한다. 요컨대, 도산기업은 재무상태와 CEO의 경영권 유지 가능성 등을 종합적으로 고려하여 최적의 방안을 선택해야 한다. 아래에서 저자들이 법률대리와 회계자문을 한 회사의 사례들을 소개한다.

A사는 비상장법인이었는데 회생절차개시신청을 하자 주채권은행이 집요하게 워크아웃을 권유하였다. 그런데 A사가 부담하고 있는 상거래채무의 액수가 상당히 컸다. A사가 속한 산업의 단기 전망이 부정적이었기 때문에 워크아웃을 진행할 경우 초기 영업이익의 대부분이 상거래채무 변제에 충당되어야 하고 회사의 주요 자산을 매각하여 금융채권을 변제해야 하는 상황이 도래할 것으로 예상되었다. 이는 사실상 파산을 의미하는 것이었기 때문에 A사는 주채권은행의 권유를 거부하고 회생절차를 계속 진행하였다. A사는 상거래채권자들과 다른 금융기관채권자들을 설득하는 데 성공하여 관계인집회에서의 가결을 거쳐 회생계획인가결정을 받았고, 회생계획에 따라 회생채권을 변제하여 회생절차종결결정을 받고 원만히 시장에 복귀할 수 있었다.

상장법인인 B사의 CEO는 최대주주이자 창업자였다. 유동성 위기에 처한 B사의 재무상태를 고려할 때 회생절차는 성공 가능성이 높았지만 워크아웃의 성공은 장담할 수 없는 상황이었다. 그런데 시뮬레이션을 실시한 결과 회생절차에서 회생채권이 출자전환될 경우 CEO의 지분이 1%에도 미치지 못하는 것으로 추정되었다. 상장법인의 특성상 회생계획인가 이후 CEO가 다시 주식을 매수해서 경영권을 확보하는 것은 현실적으로 불가능하였다. 경영권을 포기할 수 없었던 CEO는 결국 워크아웃을 신청하였는데 우여곡절 끝에 상거래채권자들과 분할변제에 대하여 합의를 한 후 위기를 극복할 수 있었다.

C사는 비상장법인이었는데 회생절차개시신청을 하자 협력업체들이 CEO가 비위행위를 저질렀다는 취지의 탄원서를 회생법원에 제출하였다. 그러자 회생법원은 개시 전 조사명령을 내렸고 조사위원이 개시 전 조사를 실시하였다. 개시 전 조사의 진행 상황을 지켜본 결과 제3자 관리인이 선임될 가능성이 높다는 결론에 이르렀다. 제3자 관리인이 선임되면 CEO가 경영권을 유지하는 것이 현실적으로 불가능하기 때문에 C사는 급히 방향을 전환하여 주채권은행에 워크아웃신청을 하였다. C사는 가까스로 상거래채권자들의 동의를 얻어 회생절차개시신청을 취하한 다음 상거래채권자들과 분할변제에 합의하고 워크아웃을 성공적으로 마무리하였다.

실무팁 자율구조조정 프로그램을 활용하여 워크아웃과 회생절차를 연계한 사례

D사는 대규모 적자로 유동성이 고갈되어 가는 과정에서 협력업체와의 대금지급 약속을 수차례 지키지 못하였다. 이로 인하여 협력업체들은 D사를 불신하기 시작하였고 급기야 대표이사가 횡령을 저질렀다는 의심을 하기에 이르렀다. 이 상태에서 D사가 회생절차개시신청을 할 경우 협력업체들의 반발로 회생절차가 원활하게 진행되기 어려울 것으로 예상되었다. 당시 D사가 보유하고 있는 자금으로는 2개월 후 변제기가 도래하는 B2B를 결제하는 것도 힘들었기 때문에 워크아웃도 대안이 될 수 없었다. 이러한 상황에서 저자들은 D사에 대하여 시뮬레이션을 실시한 결과 회생절차와 워크아웃 두 제도의 이점을 전략적으로 활용하지 않고서는 당면한 유동성 위기를 극복할 수 없다고 판단하였다. 이에 D사는 저자들과 함께 아래와 같이 단계를 나누어 회생절차와 워크아웃을 병행하는 모험을 감행하기로 하였다.

단 계	회생절차	워크아웃
1	회생절차개시신청	
2	포괄적 금지명령	
3		워크아웃 신청
4	회생절차개시결정 보류 요청	
5		협력업체(상거래채권자)와 협약 체결
6	회생절차개시신청 취하	
7		워크아웃 실사
8		워크아웃협약 (기업개선계획 이행을 위한 약정) 체결

D사는 법원에 회생절차개시신청을 하고 포괄적 금지명령이 내려진 직후 협력업체들을 상대로 관계인설명회를 개최하였다. 그 자리에서 D사는 협력업체들에 대한 채무를 전액 변제하는 것이 불가능하고 향후 10년간 원금의 30% 정도를 분할하여 변제하는 것이 최선임을 알리고 양해를 구하였으나 협력업체들은 강력하게 반발하였다. 관계인설명회 말미에 D사 대

표이사가 가능성이 높지는 않지만 주채권은행이 협조해 줄 경우 워크아웃 절차를 진행할 수 있는데 그렇게 되면 10년보다 짧은 기간 동안 채무 전액을 변제하는 것이 가능하다고 설명하였다. 그러자 태도가 다소 누그러진 협력업체 측에서 워크아웃에 대한 설명을 요구하였고 저자들은 워크아웃에 대하여 설명을 해 주었다. 워크아웃에 대한 설명을 들은 이후 협력업체들의 태도가 다소 변하기 시작하였다. 이후 D사는 협력업체들을 설득한 끝에 채무의 100%를 3년에 걸쳐 전액 변제하기로 하는 협약을 체결하였다. 협력업체들과 협약을 체결한 이후 D사는 회생절차개시신청을 취하하고 워크아웃 실사를 거쳐 금융채권자들과 워크아웃협약(기업개선계획 이행을 위한 약정)을 체결함으로써 유동성 위기를 성공적으로 극복할 수 있었다.

만약 당시 상황에서 D사가 워크아웃을 먼저 신청했다면 실사과정에서 협력업체에 대한 상거래채권액이 과다하여 금융기관에 대한 채무조정만으로는 회사의 존속이 불가능하다는 결론이 내려질 가능성이 높았다. 이러한 결론이 내려졌다면 그 상황에서 협력업체들도 D사와 3년 분할변제 협약을 체결하지 않았을 것이다. 반대로 D사가 워크아웃과의 병행을 염두에 두지 않고 회생절차개시신청을 하였다면 협력업체들의 반발로 절차가 원만하게 진행되기 어려웠을 것이다. 때문에 D사는 먼저 회생절차개시신청을 함으로써 협력업체들과의 협상에서 유리한 고지를 점한 이후 워크아웃이라는 대안을 제시하여 3년 분할변제 협약을 이끌어 내는 방식을 취함으로써 구조조정을 성공적으로 마무리할 수 있었다.

제2장
기업가치의 평가

Ⅰ. 기업가치 평가의 필요성

회생절차에 의함이 채권자 일반의 이익에 적합하지 아니한 경우 회생절차개시신청은 기각된다(제42조 제3호). 청산가치가 계속기업가치를 초과함이 명백하게 밝혀진 경우에는 회생절차를 진행하기보다 파산절차를 진행하는 것이 변제율과 변제기 등의 면에서 채권자 일반의 이익에 부합하므로 회생절차개시신청은 기각된다.[1] 회생절차개시결정이 내려진 이후에도 회생계획안의 제출 전 또는 그 후에 청산가치가 계속기업가치보다 크다는 것이 명백하게 밝혀진 때에는 법원은 회생절차폐지결정을 할 수 있다(제286조 제2항). 그리고 법원은 채권자가 동의하지 않는 한 회생계획안의 변제방법이 채무자의 사업을 청산할 때 각 채권자에게 변제하는 것보다 불리하지 아니하게 변제하는 내용인 경우에 한하여 회생계획을 인가할 수 있다(제243조 제1항 제4호. 청산가치보장의 원칙). 요컨대, 회생절차의 각 단계에서 청산가치가 계속기업가치를 초과하는 것이 밝혀진 경우에는 회생절차가 그 목적을 달성하지 못하고 좌절될 수 있다. 그러므로 재정적 파탄에 직면한 채무자 회사는 회생절차개시신청 여부를 결정하기 전에 계속기업가치가 청산가치를 초과하는지를 미리 검토할 필요가 있다.

1) 다만 청산가치가 계속기업가치를 초과함이 명백하게 밝혀진 경우라 하더라도 회생절차개시신청인이 신청서에 회생계획인가 전 M&A 추진 의사를 강력하게 밝히면 회생계획인가 전 M&A를 전제로 회생절차개시결정이 내려질 수는 있다.

Ⅱ. 청산가치의 산정

1. 의의

‘청산가치’란 채무자가 파산적 청산을 통하여 해체·소멸하는 경우, 채권자를 비롯한 이해관계인의 변제재원이 되는 채무자의 모든 개별 자산을 분리하여 처분할 때를 가정한 처분금액을 합계한 금액을 말한다.[2] 회생사건의 처리에 관한 예규(재민2006-5)(이하 ‘예규’) 제9조 제1항은 “청산가치란 채무자가 청산을 통하여 해체·소멸되는 경우에 기업을 구성하는 개별 재산을 분리하여 처분할 때의 가액을 합산한 금액으로서 청산재무상태표상의 개별 자산의 가액을 기준으로 하여 산정한다. 다만 유형고정자산은 법원의 부동산경매절차의 평균 매각가율을 적용하여 할인한 가액을 기준으로 산정한다”라고 정하고 있다.

청산가치를 산정한다는 것은 재무상태표의 자산항목에 대한 파산적 청산 시의 처분가치를 산정하는 문제로 귀결되는데, 채무자의 자산을 개별적으로 처분한다고 가정하였을 때 개별 자산이 어느 정도 회수될 수 있는지 명확한 기준이 없으므로 실무상으로는 채무자의 사정과 영업의 성격 등을 고려하여 자산을 구성하고 있는 개별 자산의 성격에 따라 각각 어느 정도 청산손실을 인정하여야 할 것인지를 평가할 수밖에 없다.[3] 청산손실을 인정함에 있어서는 청산기간 동안 지출될 비용, 즉 각종 절차비용과 개별 재산 매각에 필수적으로 수반되는 파산관재인의 보수, 인건비, 임대료, 제세공과금 등을 고려하여야 한다.[4]

2. 청산가치의 산정방법

가. 구체적 산정방법

예규 제9조 제1항은 토지나 건물 등 유형고정자산의 청산가치는 그 자산의 실사가치를 기준으로 하여 법원의 부동산경매절차의 평균 매각가율을 적용하여

2) 대법원 2007. 10. 11.자 2007마919 결정.
3) 주석 채무자회생법 제92조(곽동준 집필), 한국사법행정학회, 2021.
4) 서울회생법원 재판실무연구회, 회생사건실무(상), 박영사, 2019, 310면.

산정한다고 정하고 있는데 그 외의 자산에 관하여는 규정이 없다. 매출채권·재고자산 등 유동자산과 부동산 이외의 유형자산 및 무형자산은 청산에 따른 손실과 비용을 고려하여 청산가치를 산정한다. 그러나 이때 그 손실이 어느 정도일지에 관한 명확한 기준이 없기 때문에 결국 개별 채무자의 사정과 거래처의 재무상태, 자산의 성격 등 여러 가지 사정을 고려하여 개별적으로 판단하여야 한다.[5)]

청산가치는 우선 채무자 회사가 제시하는 재무상태표 자산 계정의 가액에 대하여 실사조정[6)] 작업을 거쳐 실사가치를 산정한 다음 각 자산별로 청산조정을 실시하는 방식으로 산정한다. 실무상 주요 자산별 청산조정의 기준은 아래와 같다.

① 현금 및 현금성자산은 그 성격상 청산에도 불구하고 전액 회수 가능하므로 실사가치를 전액 청산가치로 인정한다.

② 매출채권은 거래상대방의 부도 여부, 채권 발생 시점, 과거 대손 실적 등을 고려하여 산정하되, 회수부대비용, 회수기간 등을 반영하여 감액 조정한다.[7)] 미수금은 그 성격과 거래상대방 등에 따라 감액 조정한다. 부가가치세 예정신고 환급액은 전액 청산가치로 인정한다.

③ 재고자산은 상품, 제품, 반제품, 재공품, 원자재, 부자재, 소모품 등의 구분에 따른 활용도와 매각 가능성 및 회수비용, 재고자산의 불량 여부, 진부화 정도, 거래시장의 형성 여부 등을 고려하여 감액 조정한다.[8)]

④ 건설회사가 보유하는 건설공제조합 등에 대한 출자유가증권은 전액 회수 가능하므로 실사가치를 전액 청산가치로 인정한다.[9)] 상장주식의 경우 회생절차 개시결정일의 시가를 청산가치로 인정할 수 있으나, 보유 주식 수가 많을 경우에는 대량 매각에 따른 시세 하락분을 고려하여 감액 조정한다. 비상장주식은 주당 순자산가치법 등 합리적인 주식가치 산정법에 따라 그 가액을 산정하여야 한다. 비상장주식의 경우 회수가 어렵거나 회수가치가 낮다면 극단적으로 청산

---

5) 서울회생법원 재판실무연구회, 회생사건실무(상), 박영사, 2019, 310면.

6) 채무자 회사가 제시한 재무상태표를 기준으로 자산의 적정성을 조사하여 실제와 일치하지 않는 부분을 실제와 일치하도록 가감하는 것을 의미한다.

7) 김택수·이동준, 기업회생 이론과 실무, 삼일인포마인, 2019, 521면.

8) 김택수·이동준, 기업회생 이론과 실무, 삼일인포마인, 2019, 521면.

9) 윤덕주, 사례중심 기업회생, 박영사, 2019, 52면.

가치를 0원으로 평가할 수도 있다.[10]

나. 영업양도대금을 청산가치로 인정할 수 있는지 여부

제3자와 사이에 채무자 회사 전체에 대한 포괄적인 인수 작업이 진행되고 있을 때의 협상가액은 채무자 회사의 존속을 전제로 하고 있는 것으로 채무자의 계속기업가치가 반영되어 있기 때문에 이를 청산가치의 기초로 삼는 것은 부적절하다.[11] 대법원은 영업양도금액은 공장을 중심으로 조직화된 유기적 일체로서의 기능적 재산에 대한 대가로서, 청산가치를 산정함에 적절한 금액이라 할 수 없으므로 청산가치는 영업양도 금액에 의하여 산정하여서는 안 되고 원칙적으로 청산 재무상태표상의 개별 자산의 가액을 기준으로 하여 산정하되, 유형고정자산은 예규에 따라 법원의 부동산입찰절차의 평균낙찰률을 적용하여 할인한 가액을 기준으로 산정하여야 한다고 판시하였다.[12]

III. 계속기업가치의 산정

1. 의의

'계속기업가치'란 기업의 경영활동이 미래에도 계속된다는 가정, 즉 계속기업(Going Concern)의 가정하에 산정된 기업의 가치를 의미한다. 계속기업가치의 산정방법은 크게 절대가치법과 상대가치법으로 구분된다. 절대가치법이란 회사의 자산 또는 이익을 토대로 회사의 계속기업가치를 산정하는 방법이다. 절대가치법에는 채무자의 순자산가액을 평가하여 가치를 측정하는 순자산접근법과 회사가 창출할 것으로 예상되는 수익을 토대로 가치를 측정하는 수익가치법이 있다. 수익가치법에는 현금흐름할인모형, 배당할인모형, 초과이익모형 등이 있는데 이

10) 윤덕주, 계속기업가치 · 청산가치의 측정과 적용, 변호사 제49집, 서울지방변호사회, 2017, 282면; 주석 채무자회생법 제92조(곽동준 집필), 한국사법행정학회, 2021.

11) 서울회생법원 재판실무연구회, 회생사건실무(상), 박영사, 2019, 310면.

12) 대법원 2004. 12. 10.자 2002그121 결정.

중 평가대상 기업의 미래현금흐름을 현재가치로 할인하는 현금흐름할인모형의 활용도가 가장 높다. 상대가치법은 평가대상 기업과 재무위험 및 영업위험이 유사한 비교대상 기업을 선정한 후 비교대상 기업의 순자산규모 및 순익규모 등을 비교하여 평가대상 기업의 가치를 산출하는 방법이다.

그런데 회생절차가 진행 중인 회사는 부채초과 상태여서 절대가치법 중 순자산접근법으로 평가하는 것이 곤란한 경우가 많다. 그리고 회생절차가 진행 중인 회사와 유사한 비교 대상 기업을 발굴하는 작업이 쉽지 않아 상대가치법도 대안이 되기 어렵다. 수익가치법 중 현금흐름할인모형의 경우 채무자 회사의 미래현금흐름에 대한 예측이 용이하지 않고, 할인율 책정에 주관적 평가가 개입할 여지가 있다는 한계가 있지만 채권자들에게 채무자 회사의 미래의 현금흐름과 자금수지에 관한 정보를 제공할 수 있다는 장점이 있다.[13] 예규 제9조 제2항은 "계속기업가치란 채무자의 재산을 해체·청산함이 없이 이를 기초로 하여 기업활동을 계속할 경우의 가치로서 채무자의 미래 수익흐름을 현재가치로 할인하는 현금흐름할인법에 의하여 산정한다"라고 정하고 있다. 실무상 법원은 이 조항을 근거로 현금흐름할인법에 의하여 계속기업가치를 산정하고 있다.

2. 현금흐름할인법에 의한 계속기업가치의 산정

현금흐름할인법에 의한 계속기업가치는 미래현금흐름의 현재가치(영업가치)와 비영업용 자산의 가치를 합하여 산정한다. 미래현금흐름의 현재가치(영업가치)는 회생절차기간 동안의 현금흐름의 현재가치와 회생절차기간 이후의 현금흐름의 현재가치(잔존가치)로 구성된다.

계속기업가치 = 미래현금흐름의 현재가치(회생절차기간 동안의 현금흐름의 현재가치
+ 회생절차기간 이후의 현금흐름의 현재가치) + 비영업용 자산의 가치

13) 서울회생법원 재판실무연구회, 회생사건실무(상), 박영사, 2019, 313면.

가. 미래현금흐름의 현재가치

(1) 미래현금흐름의 추정

미래현금흐름은, 우선 매출 및 매출원가 추정 등 손익추정을 통해 산출한 세후영업이익에 감가상각비 등 비현금비용을 더하고 순운전자본증감액을 차감(가산)한 다음,[14] 여기에 투자소요금액(자본적 지출)을 차감하여 도출한다. 비현금비용은 감가상각비와 무형자산상각비와 같이 현금지출을 수반하지 않는 비용을 의미한다. 투자소요금액(자본적 지출)은 향후 영업이익 창출에 직접적으로 기여할 유형자산, 무형자산 및 영업 관련 투자자산에 대한 투자금액을 의미한다.[15]

미래현금흐름 = 세후영업이익 + 감가상각비 등 비현금비용 ± 순운전자본증감액 − 투자소요금액

(2) 추정기간

미래현금흐름의 추정은 개별 예측에 의한 추정기간과 추정기간 이후의 기간으로 구분하여 추정한다. 실무상 회생계획에 의해 채무의 기한을 유예하는 최장기간(제195조)인 10년을 개별 예측에 의한 추정기간으로 정하고 있고, 추정기간 이후의 현금흐름은 고정성장률을 적용하여 추정한다. 추정기간 이후의 현금흐름 산출 시의 고정성장률은 대부분 보수적인 관점에서 0%로 추정하고 있다. 고정성장률을 높게 책정할 경우 전체 미래현금흐름에서 추정기간 이후의 현금흐름의 비중이 지나치게 커지기 때문이다.

---

14) 발생주의에 따라 추정된 영업이익을 현금흐름할인법의 기초인 현금주의로 조정하기 위하여 순운전자본증감액을 차감(가산)한다. 순운전자본은 매출채권, 재고자산, 선급비용 등 영업활동관련 자산에서 매입채무, 미지급비용, 선수금 등 영업활동관련 부채를 차감하여 계산한다. 해당연도 말의 순운전자본을 산정한 후, 직전연도 말의 순운전자본가액 대비 증감을 계산하여 해당연도 말 순운전자본이 감소(증가)한 만큼 현금흐름에 가산(차감)하는 과정을 거친다.

15) 기업은 매출 성장을 위하여 생산설비가 필요하고 이를 확보하기 위해 자본적 지출을 발생시켜 영업에 필요한 투자 지출을 하게 되는데, 매출 성장을 위한 목적이 아니더라도 현재 수준의 영업을 유지하기 위해서는 감가상각 재투자 성격의 투자를 하여야 한다(박대준, Valuation, 삼일인포마인, 2018, 68면).

(3) 적정할인율

미래현금흐름을 산출한 이후에는 그 금액에 기업의 위험도를 반영한 적정할인율을 적용하여 현재가치로 환산하여야 한다. 적정할인율은 투자자가 투자를 함으로써 발생하는 위험을 보상받고자 하는 미래의 기대수익률을 의미하는데 이러한 기대수익률은 투자위험이 없는 금융자산에 투자하는 무위험이자율에 위험프리미엄을 가산하여 정한다. 법원은 회생절차개시결정일의 3년 만기 국고채 수익률을 기본할인율로 하고, 기본할인율을 초과하는 위험프리미엄의 범위는 2.5%~6.5%의 범위 내에서 조사위원이 결정하도록 권고하고 있다. 실무상 대부분의 조사위원은 보수적인 관점에서 권고 범위 내 위험프리미엄의 상한인 6.5%를 적용하고 있다.[16]

나. 비영업용 자산의 가치

계속기업가치는 미래현금흐름의 현재가치에 비영업용 자산의 가치를 합산하여 산정한다. 비영업용 자산은 영업용 자산으로 활용하지 않는 것을 전제로 하므로 실무상 청산가치를 적용하고 있다. 이러한 자산은 조사 시점에 그 매각 시기를 특정하는 것이 곤란하므로 일응 조사 시점에 관념적으로 처분하는 것을 전제로 하여 산정한다.[17] 따라서 비영업용 자산의 처분대금에 대하여는 현재가치 환산을 위한 할인율을 적용하지 않는다. 결국 비영업용 자산의 처분대금은 해당 자산의 청산가치와 동일한 액수가 된다.

---

16) 재정적 파탄에 빠지기 전 채무자의 재무상태와 경영 성과, 회생절차개시신청에 이른 경위 등 제반 사정을 종합적으로 고려하지 않고 모든 채무자에게 일률적으로 위험프리미엄의 상한인 6.5%를 적용하는 것은 부적절하다는 지적이 있다.

17) 서울회생법원 재판실무연구회, 회생사건실무(상), 박영사, 2019, 316면.

Ⅳ. (주)대한의 기업가치

1. ㈜대한의 청산가치

가. ㈜대한의 실사가치

㈜대한의 20□9. 9. 30.[18] 기준 실사가치는 다음과 같다.

(단위: 원)

과 목	회사제시	실사조정	실사가치
자산			
Ⅰ. 유동자산	10,034,065,653	(1,716,972,344)	8,317,093,309
(1) 당좌자산	6,957,272,581	(1,716,972,344)	5,240,300,237
현금	243,703	–	243,703
당좌예금	(305,304,739)	305,304,739	–
보통예금	(266,080,837)	267,843,833	1,762,996
외화보통예금	16,677,866	–	16,677,866
단기금융상품	28,000,000	(28,000,000)	–
외상매출금	3,584,240,525	807,375,250	4,391,615,775
단기대여금	14,250,000	(14,250,000)	–
미수금	768,418,318	(488,083,282)	280,335,036
선급금	3,097,221,503	(2,561,911,894)	535,309,609
선급비용	12,881,452	–	12,881,452
선납세금	1,473,590	210	1,473,800
전도금	5,251,200	(5,251,200)	–
(2) 재고자산	3,076,793,072	–	3,076,793,072

18) ㈜대한은 20×0. 1월 회생절차개시신청을 준비하여 20×0. 2. 15. 회생절차개시신청을 하였는데 신청일까지 20□9. 12. 31.을 기준으로 한 결산이 이루어지지 않은 상태였기 때문에 20□9. 9. 30.을 기준으로 ㈜대한의 가치를 평가하였다.

과 목	회사제시	실사조정	실사가치
상품	20,000,000	–	20,000,000
제품	869,000,000	–	869,000,000
원재료	1,900,000,000	–	1,900,000,000
저장품	220,793,072	–	220,793,072
재공품	67,000,000	–	67,000,000
II. 비유동자산	24,306,446,549	(6,169,450,009)	18,136,996,540
(1) 투자자산	8,963,089,866	(6,666,035,353)	2,297,054,513
매도가능증권	6,058,478,134	(3,933,290,421)	2,125,187,713
장기대여금	2,687,744,932	(2,687,744,932)	–
장기금융상품	216,866,800	(45,000,000)	171,866,800
(2) 유형자산	15,335,971,081	496,585,344	15,832,556,425
토지	11,398,320,000	562,880,000	11,961,200,000
건물	3,125,119,346	2,948,344	3,128,067,690
구축물	69,243,000	(69,243,000)	–
기계장치	172,005,278	–	172,005,278
차량운반구	8,000	–	8,000
공구와기구	497,107,524	–	497,107,524
비품	26,532,933	–	26,532,933
미착기계	47,612,000	–	47,612,000
시설장치	23,000	–	23,000
(3) 무형자산	3,301,202	–	3,301,202
특허권	2,352,962	–	2,352,962
상표권	943,240	–	943,240
실용신안권	4,000	–	4,000
의장권	1,000	–	1,000

과 목	회사제시	실사조정	실사가치
(4) 기타비유동자산	4,084,400	–	4,084,400
임차보증금	1,300,000	–	1,300,000
보증금	2,784,400	–	2,784,400
자산총계	**34,340,512,202**	**(7,886,422,353)**	**26,454,089,849**

나. ㈜대한의 청산가치

(1) 청산가치 합계 : 18,032,904,568원

(단위: 원)

과 목	실사가치	청산조정	청산가치
자산			
Ⅰ. 유동자산	8,317,093,309	(5,758,173,723)	3,373,446,635
(1) 당좌자산	5,240,300,237	(3,003,059,958)	3,051,767,328
현금	243,703	–	243,703
보통예금	1,762,996	–	1,762,996
외화보통예금	16,677,866	–	16,677,866
외상매출금	4,391,615,775	(2,408,977,347)	1,982,638,428
미수금	280,335,036	(45,891,550)	1,045,121,842
선급금	535,309,609	(535,309,609)	–
선급비용	12,881,452	(12,881,452)	–
선납세금	1,473,800	–	5,322,493
(2) 재고자산	3,076,793,072	(2,755,113,765)	321,679,307
상품	20,000,000	(4,000,000)	16,000,000
제품	869,000,000	(782,100,000)	86,900,000
원재료	1,900,000,000	(1,710,000,000)	760,000,000

과 목	실사가치	청산조정	청산가치
저장품	220,793,072	(198,713,765)	22,079,307
재공품	67,000,000	(60,300,000)	6,700,000
Ⅱ. 비유동자산	18,136,996,540	(3,476,538,607)	15,722,668,669
(1) 투자자산	2,297,054,513	(1,062,593,857)	1,234,460,656
매도가능증권	2,125,187,713	(2,125,187,713)	-
장기금융상품	171,866,800	-	171,866,800
(2) 유형자산	15,832,556,425	(1,347,741,252)	14,484,815,173
토지	11,961,200,000	(709,299,160)	11,251,900,840
건물	3,128,067,690	(185,494,414)	2,942,573,276
기계장치	172,005,278	(10,199,913)	161,805,365
차량운반구	8,000	(6,400)	1,600
공구와기구	497,107,524	(397,686,019)	99,421,505
비품	26,532,933	(21,226,346)	5,306,587
미착기계	47,612,000	(23,806,000)	23,806,000
시설장치	23,000	(23,000)	-
(3) 무형자산	3,301,202	(3,301,202)	-
특허권	2,352,962	(2,352,962)	-
상표권	943,240	(943,240)	-
실용신안권	4,000	(4,000)	-
의장권	1,000	(1,000)	-
(4) 기타비유동자산	4,084,400	(308,440)	2,775,960
임차보증금	1,300,000	(130,000)	1,170,000
보증금	2,784,400	(178,440)	1,605,960
자산총계	**26,454,089,849**	**(9,234,712,330)**	**18,032,904,568**

(2) 계정과목별 청산가치 산정기준

(가) 현금, 보통예금, 외화보통예금

청산에도 불구하고 전액 회수 가능하므로 실사가치를 전액 청산가치로 인정하였다.

(나) 외상매출금

국내 외상매출금은 30%, 해외 외상매출금은 60%를 각 청산손실로 가정하여 청산가치를 산정하였다.

(다) 미수금

미수금 중 ○○세무서 부가가치세 예정신고 환급액은 전액 회수되어 실사가치를 전액 청산가치로 인정하였고, 자회사인 ㈜○○에 대한 미수금은 청산 시 회수가 불가능하므로 청산가치를 0원으로 평가하였다.

(라) 선급금, 선급비용

선급금은 물품대금 계약금 등이고 선급비용은 선급보험료와 선급할인료 등으로 구성되어 있는데, 모두 청산 시 회수가 불가능하므로 청산가치를 0원으로 평가하였다.

(마) 재고자산

재고자산 중 상품은 20%, 그 외 재고자산은 90%를 각 청산손실로 가정하여 청산가치를 산정하였다.

(바) 매도가능증권

매도가능증권으로 자회사의 주식이 있으나 청산 시 전액 회수 불가능한 것으로 보아 청산가치를 0원으로 평가하였다.

(사) 장기금융상품, 퇴직연금운용자산

장기금융상품과 퇴직연금운용자산은 전액 회수 가능한 것으로 보아 실사가치를 전액 청산가치로 인정하였다.

(아) 유형자산

유형자산 중 토지와 건물, 기계장치의 경우 인포케어(www.infocare.co.kr)에서 최근 해당 부동산 소재지 평균 낙찰가율로 청산가치를 평가하였다. 차량운반구와 공구, 기구 및 비품은 실사가치의 20%를 청산가치로 인정하였고 미착기계는 실사가치의 50%를 청산가치로 인정하였다.

(자) 무형자산

무형자산으로 특허권, 상표권, 실용신안권, 의장권 등이 있으나 청산가치를 0원으로 평가하였다.

(차) 임차보증금

임차보증금은 실사가치의 10%를 청산손실로 가정하여 청산가치를 산정하였다.

(카) 보증금

보증금은 실사가치의 10%를 청산손실로 가정하여 청산가치를 산정하였다.

2. ㈜대한의 계속기업가치

가. 향후 사업계획 및 손익추정

(1) 손익추정 대상 기간

20□9년을 준비연도로 하고, 20×0년부터 20×9년까지의 10년간을 회생절차기간으로 하여 손익을 추정하였다.

(2) ㈜대한의 영업 현황

㈜대한은 기계식 및 전기식 펌프의 제조 판매업을 영위하고 있다. 향후 내연기관 자동차에 대한 수요가 감소하는 반면 전기차에 대한 수요가 증가할 것으로 예상됨에 따라 펌프 매출은 감소하고 전기차 매출이 증가할 것으로 추정하였다. ㈜대한은 초소형 전기차 시장에 진출할 준비를 완료하였고, 경영정상화를 위해 본사 건물과 대지를 매각하여 회생담보권을 변제하고 본사를 이전함으로써 경비를 절감할 계획이다.

(3) 매출액의 추정

㈜대한의 매출액 중 연료펌프 매출은 준비연도에는 과거 연평균 매출액 수준을 유지하는 것으로 추정하였고, 준비연도 이후에는 기존의 연료펌프 매출은 제6차연도까지 지속적으로 연 5%씩 하락하는 것으로 추정하였다. 방위사업청 매출은 제1차연도부터 수익이 발생하여 제6차연도까지 연 5%씩 성장하고 이후에는 일정하다고 추정하였다. 초소형 전기차 매출은 제1차연도부터 수익이 발생하여 제6차연도까지는 연 5%씩 성장하고, 제7차연도 이후부터는 연 10%씩 성장하는 것으로 추정하였다. 로열티 수익의 경우 제1차연도부터 수익이 발생하여 제10차연도까지 연 10%씩 상승하는 것으로 추정하였다. 향후 10년간의 추정매출액은 다음과 같다.

(단위: 천 원)

구 분	준비연도	제1차연도	제2차연도	제3차연도	제4차연도	제5차연도
	20□9년	20×0년	20×1년	20×2년	20×3년	20×4년
제품매출	6,049,286	27,170,615	26,152,084	25,201,480	24,315,256	23,494,036
로열티 수익	–	1,000,000	1,050,000	1,102,500	1,157,625	1,215,506
매출액 계	**6,049,286**	**28,170,615**	**27,202,084**	**26,303,980**	**25,473,881**	**24,709,542**

구 분	제6차연도	제7차연도	제8차연도	제9차연도	제10차연도	합계
	20×5년	20×6년	20×7년	20×8년	20×9년	
제품매출	22,732,606	23,115,490	23,536,663	23,999,954	24,509,573	250,278,048
로열티 수익	1,276,281	1,340,095	1,407,100	1,477,455	1,551,328	12,577,892
매출액 계	**24,008,888**	**24,455,586**	**24,943,764**	**25,477,409**	**26,060,901**	**262,855,940**

(4) 매출원가의 추정

매출원가는 20□7년부터 20□9년 9월까지의 평균 매출원가율 92%를 적용하여 추정하였다. 다만 로열티 수익의 경우 매출원가가 발생하지 않는 것으로 추정하였다. 향후 10년간의 추정매출원가는 다음과 같다.

(단위: 천 원)

구 분	준비연도	제1차연도	제2차연도	제3차연도	제4차연도	제5차연도
	20□9년	20×0년	20×1년	20×2년	20×3년	20×4년
제품매출원가	5,564,009	24,990,973	24,054,149	23,179,803	22,365,592	21,609,331

구 분	제6차연도	제7차연도	제8차연도	제9차연도	제10차연도	합계
	20×5년	20×6년	20×7년	20×8년	20×9년	
제품매출원가	20,908,983	21,261,153	21,648,539	22,074,663	22,543,401	230,200,599

(5) 판매비와 관리비의 추정

판매비와 관리비는 20□7년부터 20□9년 9월까지의 평균 판관비율 8%를 적용하여 추정하였다. 향후 10년간의 추정판매비와 관리비는 다음과 같다.

(단위: 천 원)

구 분	준비연도	제1차연도	제2차연도	제3차연도	제4차연도	제5차연도
	20□9년	20×0년	20×1년	20×2년	20×3년	20×4년
판관비	483,943	2,253,649	2,176,167	2,104,318	2,037,911	1,976,763

구 분	제6차연도	제7차연도	제8차연도	제9차연도	제10차연도	합계
	20×5년	20×6년	20×7년	20×8년	20×9년	
판관비	1,920,711	1,956,447	1,995,501	2,038,193	2,084,872	21,028,475

(6) 영업외손익의 추정

영업외손익 중 이자비용은 계속기업가치 산정 시 할인율에 반영되므로 편의상 발생하지 않는 것으로 추정하였다. 기타 영업외손익 항목은 일관성이 없는 점을 감안하여 발생하지 않는 것으로 추정하였다.

(7) 법인세등 추정

현행 법인세율을 반영하여 추정하였고, 제10차연도 이후 영구현금흐름의 현재 가치를 반영할 때도 법인세율을 반영하여 추정하였다. 다만 20□8년 말 이월결손금 잔액이 약 67억 원임을 감안하여 준비연도부터 제6차연도까지 법인세 비용이 발생하지 않는 것으로 추정하였다.

(단위: 천 원)

구 분	준비연도	제1차연도	제2차연도	제3차연도	제4차연도	제5차연도
	20□9년	20×0년	20×1년	20×2년	20×3년	20×4년
법인세등	–	–	–	–	–	–

구 분	제6차연도	제7차연도	제8차연도	제9차연도	제10차연도	합계
	20×5년	20×6년	20×7년	20×8년	20×9년	
법인세등	–	144,311	263,939	278,201	293,178	979,630

(8) 추정손익계산서

향후 10년간의 추정손익계산서는 다음과 같다.

(단위: 천 원)

구 분	준비연도	제1차연도	제2차연도	제3차연도	제4차연도	제5차연도
	20□9년	20×0년	20×1년	20×2년	20×3년	20×4년
매출액	6,049,286	28,170,615	27,202,084	26,303,980	25,473,881	24,709,542
매출원가	5,564,009	24,990,973	24,054,149	23,179,803	22,365,592	21,609,331
매출총이익	485,277	3,179,642	3,147,935	3,124,177	3,108,289	3,100,211
판매비와관리비	483,943	2,253,649	2,176,167	2,104,318	2,037,911	1,976,763
영업이익	1,334	925,993	971,768	1,019,859	1,070,378	1,123,448
법인세등	–	–	–	–	–	–
당기순이익	1,334	925,993	971,768	1,019,859	1,070,378	1,123,448

구 분	제6차연도	제7차연도	제8차연도	제9차연도	제10차연도	합계
	20×5년	20×6년	20×7년	20×8년	20×9년	
매출액	24,008,888	24,455,587	24,943,764	25,477,409	26,060,901	262,855,938
매출원가	20,908,983	21,261,153	21,648,539	22,074,664	22,543,401	230,200,599
매출총이익	3,099,904	3,194,434	3,295,225	3,402,745	3,517,500	32,655,339
판매비와관리비	1,920,711	1,956,447	1,995,501	2,038,193	2,084,872	21,028,475
영업이익	1,179,193	1,237,987	1,299,724	1,364,553	1,432,628	11,626,865
법인세등	-	(144,311)	(263,939)	(278,202)	(293,178)	(979,630)
당기순이익	1,179,193	1,093,676	1,035,785	1,086,351	1,139,450	10,647,235

나. ㈜대한의 계속기업가치

정상적인 영업활동이 지속된다는 가정하에 향후 유입될 것으로 기대되는 순영업현금흐름을 적절한 할인율로 할인하여 계속기업가치를 평가하였다. 계산구조는 다음과 같다.

○ 영업현금흐름[19] = 영업이익 - 법인세등 + 감가상각비 - 운전자본투자액 − 자본적지출액

○ 계속기업가치 = 영업현금흐름의 현재가치[20] + 비영업용 자산의 가치

(1) 영업이익

매출액에서 매출원가와 판매비 및 관리비를 차감한 금액으로 추정손익계산서상의 영업이익과 동일하다.

(2) 법인세등

앞서 본 바와 같이 준비연도부터 제6차연도까지 법인세가 발생하지 않는 것으로 추정하였다.

19) 현금흐름은 연말에 이루어지는 것으로 가정하였다.

20) 영업현금흐름의 현재가치 = 영업현금흐름 ÷ 할인율(현재가치 조정계수)

(3) 감가상각비 및 무형자산상각비

감가상각비 및 무형자산상각비는 과거 유·무형자산 투자액에 대한 기간 배분의 비용으로서 현금지출이 수반되지 않으므로 영업현금흐름에 가산하였다.

연도별 감가상각비 및 무형자산상각비는 다음과 같다.

(단위: 천 원)

구 분	준비연도	제1차연도	제2차연도	제3차연도	제4차연도	제5차연도
	20□9년	20×0년	20×1년	20×2년	20×3년	20×4년
감가상각비	115,889	558,674	180,000	260,000	340,000	415,000
무형자산상각비	70	292	–	–	–	
감가비계	115,960	558,966	180,000	260,000	340,000	415,000

구 분	제6차연도	제7차연도	제8차연도	제9차연도	제10차연도	합계
	20×5년	20×6년	20×7년	20×8년	20×9년	
감가상각비	400,000	400,000	400,000	400,000	400,000	3,869,564
무형자산상각비	–	–	–	–	–	363
감가비계	400,000	400,000	400,000	400,000	400,000	3,869,927

(4) 자본적 지출액

자본적 지출액은 회사의 운영에 필요한 고정자산 등에 대한 투자액을 말한다. ㈜대한은 대규모 투자 없이 현재의 고정자산 등을 보유하며 제품을 생산하는 것이 가능하므로 최소한의 필수 투자인 연간 감가상각비 수준으로 재투자되는 것을 가정하였다.

이러한 가정에 따른 연도별 자본적 지출액은 다음과 같다.

(단위: 천 원)

구 분	준비연도	제1차연도	제2차연도	제3차연도	제4차연도	제5차연도
	20□9년	20×0년	20×1년	20×2년	20×3년	20×4년
자본적 지출액	**100,000**	**400,000**	**400,000**	**400,000**	**400,000**	**400,000**

구 분	제6차연도	제7차연도	제8차연도	제9차연도	제10차연도	합계
	20×5년	20×6년	20×7년	20×8년	20×9년	
자본적 지출액	**400,000**	**400,000**	**400,000**	**400,000**	**400,000**	**4,100,000**

(5) 회생절차기간 종료 이후의 현금흐름추정

제10차연도 이후의 현금흐름은 고정성장률 0%를 적용하여 추정하였다.

(6) 할인율

할인율은 20□9. 9. 30. 현재 3년 만기 국고채수익률 2.11%를 기본할인율로 하고 위험프리미엄은 서울회생법원의 위험프리미엄의 범위인 2.5%~6.5%의 상한 6.5%를 적용하여 8.61%로 추정하였다.

(7) 계속기업가치의 산정

20□9. 9. 30. 기준 ㈜대한의 계속기업가치는 약 266억 원으로 그 내역은 다음과 같다.

(단위: 천 원)

구 분	금 액	비 율
회생계획기간 동안의 영업현금흐름의 가치	**6,563,924**	**24.7%**
회생계획기간 이후의 영업현금흐름의 가치	**5,674,752**	**21.3%**
비영업용 자산의 가치	**14,366,340**	**54.0%**
합계	**26,605,016**	**100.0%**

(가) 회생계획기간 동안의 현금흐름의 현재가치

회생계획기간 동안의 현금흐름의 현재가치의 내역은 다음과 같다.

(단위: 천 원)

구 분	준비연도	제1차연도	제2차연도	제3차연도	제4차연도	제5차연도
	20□9년	20×0년	20×1년	20×2년	20×3년	20×4년
영업이익	1,334	925,993	971,768	1,019,859	1,070,378	1,123,448
법인세등	–	–	–	–	–	–
세후영업이익	1,334	925,993	971,768	1,019,859	1,070,378	1,123,448
감가상각비	115,961	558,967	180,000	260,000	340,000	415,000
자본적지출액	(100,000)	(400,000)	(400,000)	(400,000)	(400,000)	(400,000)
영업현금흐름	17,295	1,084,960	751,768	879,859	1,010,378	1,138,448
자본할인율	0.0861	0.0861	0.0861	0.0861	0.0861	0.0861
현재가치계수	0.9794	0.9018	0.8303	0.7645	0.7038	0.6481
현금흐름의 현재가치	16,939	978,369	624,171	672,609	711,154	737,773

구 분	제6차연도	제7차연도	제8차연도	제9차연도	제10차연도	합계
	20×5년	20×6년	20×7년	20×8년	20×9년	
영업이익	1,179,193	1,237,987	1,299,724	1,364,553	1,432,628	11,626,865
법인세등	–	(144,311)	(263,939)	(278,202)	(293,178)	(979,630)
세후영업이익	1,179,193	1,093,675	1,035,785	1,086,351	1,139,450	10,647,234
감가상각비	400,000	400,000	400,000	400,000	400,000	3,869,928
자본적지출액	(400,000)	(400,000)	(400,000)	(400,000)	(400,000)	(4,100,000)
영업현금흐름	1,179,193	1,093,675	1,035,785	1,086,351	1,139,450	10,417,162

자본할인율	0.0861	0.0861	0.0861	0.0861	0.0861	
현재가치계수	0.5967	0.5494	0.5058	0.4657	0.4288	
현금흐름의 현재가치	703,599	600,840	523,926	505,942	488,603	6,563,924

(나) 회생계획기간 이후의 현금흐름의 현재가치

회생계획기간 이후의 현금흐름의 현재가치는 다음과 같다.

(단위: 천 원)

구 분	금 액
1. 20×9년의 영업현금흐름	1,139,450
2. 자본할인율	8.61%
3. 고정성장율	0.00%
4. 영구현금흐름의 20×9년 말의 현재가치[1÷(2–3)]	13,234,030
5. 20×9년의 현가계수	0.4288
6. 회생계획기간 이후의 현금흐름의 현재가치(4×5)	5,674,752

(다) 비영업용 자산의 가치[21)]

비영업용 자산의 가치는 다음과 같다.

(단위: 천 원)

구 분	청산가치
토지	11,251,900
건물	2,942,573
장기금융상품	171,866
합계	14,366,340

㈜대한은 계속기업가치가 약 26,605,016,000원이고 청산가치가 18,032,904,568원으로, 계속기업가치가 청산가치를 초과하므로 회생절차를 통한 회생 가능성이 있는 것으로 판단되어 회생절차개시신청을 하기로 하였다.

21) ㈜대한은 영업현금흐름 추정액만으로는 청산가치 이상의 계속기업가치가 산출되지 않았다. 그런데 토지와 건물의 비중이 청산가치의 80%에 육박하고 있었기 때문에 토지와 건물을 비영업용 자산으로 분류할 경우 계속기업가치가 청산가치를 상회하였다. 이에 ㈜대한은 토지와 건물을 비영업용 자산으로 분류하여 Sale & Lease Back 계약을 체결하는 것을 전제로 사업계획을 수립하고 이러한 사업계획을 토대로 회생절차개시신청을 하기로 하였다.

제3장
회생절차개시신청

Ⅰ. 신청원인

1. 사업의 계속에 현저한 지장을 초래하지 아니하고는 변제기에 있는 채무를 변제할 수 없는 경우(변제불능: 제34조 제1항 제1호)

제305조 제1항의 보통파산원인인 '지급불능'은 채무자가 변제능력이 부족하여 즉시 변제하여야 할 채무를 일반적·계속적으로 변제하는 것이 불가능한 상태를 말하는 것으로,[1] 채무자의 재산·신용 및 기능을 종합하여도 변제능력이 계속적으로 결여되어 이행기가 도래한 채무 일반을 순조롭게 변제할 수 없는 객관적 상태를 의미한다. 이에 반하여 제34조 제1항 제1호의 '변제불능'은 그 정도로 심각한 상태에 이를 것을 요구하는 것은 아니지만 적어도 채무자가 변제기에 있는 채무를 변제하거나 변제를 위한 자금을 조달하려고 하면 사업의 계속에 현저한 지장이 초래되는 상태에 이를 것을 요구한다. 예를 들어 채무변제를 위한 자금조달을 위하여 가동 중인 공장 또는 특허권의 처분, 원재료의 매각, 제품의 염가판매, 단기간 내에 반환 가망이 없는 고리채의 이용 등의 방법을 동원하여야 하는 경우 등이 이에 해당한다.[2] 회생절차개시신청원인으로 파산원인인 지급불능이 아닌 '변제불능'을 정하고 있는 이유는 채무자가 재무적 파탄의 초기에 회생절차에 진입하도록 함으로써 효율적인 회생을 도모하도록 하기 위함이다.

---

1) 대법원 2012. 3. 20.자 2010마224 결정.

2) 서울회생법원 재판실무연구회, 회생사건실무(상), 박영사, 2019, 132면.

2. 채무자에게 파산의 원인인 사실이 생길 염려가 있는 경우 (파산염려: 제34조 제1항 제2호)

파산원인에는 자연인과 법인에 공통적으로 적용되는 파산원인인 지급불능(제305조)과 법인에만 적용되는 파산원인인 부채초과(제306조)가 있다. 지급불능이란 앞서 본 바와 같이 채무자의 재산, 신용, 기능 등을 종합적으로 고려하여 판단할 때 변제기에 있는 채무를 일반적·계속적으로 변제하는 것이 불가능한 상태를 의미한다. 지급정지의 경우 지급불능인 것으로 추정한다(제305조 제2항). 부채초과란 소극재산(부채)이 적극재산(자산)을 초과하는 상태를 말한다. 부채초과는 채무자의 신용, 기능 등을 고려하지 않고 채무자의 자산과 부채의 액수만을 비교하여 판단한다.

파산의 원인인 사실이 현존하고 있을 것을 요구하지 않고, 그것이 생길 염려가 있으면 된다. 따라서 경제적 상황에 비추어 지급불능 내지 부채초과가 될 것이 객관적으로 예상되는 경우에도 회생절차개시신청을 할 수 있다.[3)]

3. 신청원인 상호 간의 관계

채무자가 제34조 제1항 제1호(변제불능)에 기하여 신청한 경우 법원은 제34조 제1항 제1호의 원인은 없으나 제34조 제1항 제2호(파산염려)의 원인이 존재한다고 인정할 때에는 그에 기하여 개시결정을 할 수 있다. 채무자가 제34조 제1항 제2호에 기하여 신청을 하였지만 제34조 제1항 제2호의 원인은 없으나 제34조 제1항 제1호의 원인이 존재한다고 인정하는 경우도 마찬가지이다. 도산절차는 기본적으로 비송절차로 변론주의가 적용되지 않기 때문이다. 반면 채권자 또는 주주·지분권자가 제34조 제1항 제2호에 기하여 신청하였는데 제34조 제1항 제2호의 원인은 없으나 제34조 제1항 제1호의 원인은 존재한다고 인정되는 경우에는 개시결정을 할 수 없다. 아래에서 보는 바와 같이 제34조 제1항 제1호를 원인으로 한 신청은 채무자만 할 수 있기 때문이다.

---

3) 전병서, 도산법 제4판, 박영사, 2019, 485면.

4. 신청원인 사실의 소명

재무상태표상 부채가 자산을 초과한다면 회생절차개시신청원인 사실이 소명되었다고 볼 수 있으므로 신청서에 재무상태표를 소명자료로 첨부하여 파산원인사실이 이미 발생하였음을 이유로 회생절차개시신청을 하면 된다. 분식 등의 사유로 재무상태표가 자산초과 상태로 작성되어 있으나 실사 결과 부채초과로 드러날 경우 수정한 재무상태표를 소명자료로 첨부하여 회생절차개시신청을 하면 된다. 실사를 거친 이후에도 자산초과 상태라면 변제불능 사실(제34조 제1항 제1호) 또는 지급불능·부채초과가 생길 염려가 있다는 사실(제34조 제1항 제2호)을 소명하여야 한다.

Ⅱ. 신청권자

1. 신청원인에 따른 신청권자의 구분

변제불능을 원인으로 회생절차개시신청을 할 수 있도록 규정한 이유는 채무자 회사의 상태가 파산상태에 이르기 전에 가급적 일찍 회생절차에 진입하도록 유도하기 위한 것이다. 그런데 변제불능을 원인으로 한 회생절차개시신청은 채권자 또는 주주·지분권자가 정상적으로 운영되는 기업을 상대로 남용할 우려가 있기 때문에 신청권자를 채무자로 한정하고 있다.[4] 파산염려를 원인으로 한 회생절차개시신청은 채무자뿐만 아니라 채권자, 주주·지분권자도 할 수 있다(제34조).

2. 채무자

채무자[5]는 변제불능과 파산염려를 원인으로 회생절차개시신청을 할 수 있다.

4) 오수근·한민·김성용·정영진, 도산법, 한국사법행정학회, 2012, 71면.

5) 구 회사정리법은 채무자를 주식회사로 한정하였는데(구 회사정리법 제1조), 채무자회생법은 채무자의 자격을 특별히 제한하고 있지 않으므로 민사소송법상 당사자능력이 있으면 회생절차의 채무자가 될 수 있다(제33조). 따라서 주식회사는 물론 자연인, 법인, 법인격 없는 사

채무자가 법인인 경우 법령과 정관 등이 정하는 절차를 거쳐 회생절차개시신청을 하여야 한다.

가. 주식회사의 이사회 결의가 필요한지 여부

실무상 법원은 주식회사가 회생절차개시신청을 하는 경우 회사의 진정한 의사를 확인하기 위하여 이사회 의사록의 제출을 요구하고, 이사회 결의 없이 회생절차개시신청을 한 경우 신청을 각하하고 있다.

대법원은 "상법 제393조 제1항은 주식회사의 중요한 자산의 처분 및 양도 등 회사의 업무집행은 이사회의 결의로 한다고 규정함으로써 주식회사의 이사회는 회사의 업무집행에 관한 의사결정권한이 있음을 밝히고 있으므로, 주식회사의 중요한 자산의 처분 및 양도뿐만 아니라 이사회가 일반적·구체적으로 대표이사에게 위임하지 않은 업무로서 일상 업무[6]에 속하지 아니한 중요한 업무에 대해서는 이사회의 결의를 거쳐야 한다. 주식회사가 회생절차를 신청할 경우 개시결정 전에도 그 신청사실은 금융위원회 등에 통지되고(제40조), 법원의 보전처분을 통해 채무자의 업무 및 재산에 관한 처분 권한이 통제되는(제43조) 등 채무자에 미치는 영향이 적지 않다. 주식회사에 대하여 회생절차가 개시되는 경우 이를 이유로 한 계약의 해지 및 환취권 행사 등으로 인하여 회사의 영업 또는 재산에 상당한 변동이 발생하게 된다. 또한 본래 주식회사의 업무집행권은 대표이사에게 부여되고, 정관이나 법률이 정한 사항 내지 중요한 자산의 처분 및 양도 등에 관한 의사결정권은 주주총회 내지 이사회가 가지고 있으나 회생절차가 개시되면 주식회사의 업무수행권과 재산의 관리·처분권이 관리인에게 전속하게 되고, 관리인이 재산의 처분이나 금전의 지출 등 일정한 행위를 하기 위해서는 미리 법원의 허가를 받아야 하는 등(제56조 제1항, 제61조 등) 회사의 경영에 근본적

단 등도 민사소송법상의 당사자능력이 있는 한 회생절차의 채무자가 될 수 있다. 반면 민법상 조합 등 당사자능력이 없는 경우에는 회생절차의 채무자가 될 수 없다.

6) 일상 업무를 줄여서 '상무'라고 하는데 상법 제408조 제1항이 규정하는 회사의 '상무'라 함은 일반적으로 회사에서 일상 행해져야 하는 사무, 회사가 영업을 계속함에 있어서 통상 행하는 영업 범위 내의 사무 또는 회사경영에 중요한 영향을 주지 않는 통상의 업무 등을 의미하고, 어느 행위가 구체적으로 상무에 속하는지는 해당 회사의 기구, 업무의 종류·성질, 기타 제반 사정을 고려하여 객관적으로 판단하여야 한다(대법원 2007. 6. 28. 선고 2006다62362 판결).

0인 변화가 발생하는 등 회생절차개시신청 여부에 관한 결정이 회사에 미치는 영향이 크다. 이와 같은 주식회사에서의 이사회의 역할 및 주식회사에 대한 회생절차개시결정의 효과 등에 비추어 보면 주식회사의 회생절차개시신청은 대표이사의 업무 권한인 일상 업무에 속하지 아니한 중요한 업무에 해당하여 이사회 결의가 필요하다고 보아야 한다"라고 판시하였다.[7]

대표이사가 이사회 결의 없이 회사를 채무자로 하는 회생절차개시신청을 하여 회사에 손해를 입힌 경우 대표이사는 회사에 대하여 손해배상책임을 부담한다.[8]

나. 주주총회 결의를 요구하는 정관규정이 있는 경우

주식회사 정관에 회생절차개시신청 시 주주총회 결의를 거쳐야 한다는 규정이 있다면 그 정관은 유효하고 이 경우 당연히 주주총회 결의를 거쳐야 한다.[9] 주주총회 결의를 요구하는 규정이 있음에도 불구하고 주주총회 결의를 거치지 않은 채 대표이사가 회생절차개시신청을 할 경우 이러한 신청은 부적법하다.

3. 채권자 및 주주 · 지분권자

채권자 및 주주·지분권자는 파산염려를 원인으로 회생절차개시신청을 할 수 있는데 이들의 신청에는 일정한 제한이 있다.

가. 채무자가 주식회사 또는 유한회사인 때

채무자가 주식회사 또는 유한회사인 때에는 ① 자본의 10분의 1 이상에 해당하는 채권을 가진 채권자, ② 자본의 10분의 1 이상에 해당하는 주식 또는 출자지분을 가진 주주·지분권자는 회생절차개시신청을 할 수 있다(제34조 제2항 제1호).

---

7) 대법원 2019. 8. 14. 선고 2019다204463 판결. 한편 대법원은 자본금 총액이 10억 원 미만으로 이사가 1명 또는 2명인 소규모 주식회사에서는 대표이사가 특별한 사정이 없는 한 이사회 결의를 거칠 필요 없이 파산신청을 할 수 있는데, 이러한 소규모 주식회사는 각 이사(정관에 따라 대표이사를 정한 경우에는 그 대표이사)가 회사를 대표하고 상법 제393조 제1항에 따른 이사회의 기능을 담당하기 때문이라고 판시하였다(대법원 2021. 8. 26.자 2020마5520 결정). 이러한 법리는 회생절차에도 그대로 적용될 수 있을 것이다.

8) 대법원 2019. 8. 14. 선고 2019다204463 판결.

9) 주석 채무자회생법 제34조(백숙종 집필), 한국사법행정학회, 2021.

여기서 자본은 채무자 회사 재무상태표의 자본총액이 아니라 자본금, 즉 발행주식의 액면총액(상법 제451조 제1항)을 의미한다.

반드시 1인의 채권자나 주주·지분권자가 자본의 10분의 1 이상의 채권이나 주식 또는 출자지분을 가져야 하는 것은 아니다. 2인 이상의 채권자의 채권액 또는 2인 이상의 주주·지분권자의 주식 또는 출자지분을 합하여 자본의 10분의 1 이상을 보유하는 경우 그 2인 이상의 채권자나 주주·지분권자는 공동으로 회생절차개시신청을 할 수 있다. 주식의 경우 서로 종류가 다른 주식이거나 의결권 없는 주식이라도 무방하고[10] 우선주인지 여부도 불문한다.[11] 다만 채권자와 주주의 혼합적 신청(예를 들어, 자본의 5%에 해당하는 채권을 가진 채권자와 자본의 5%에 해당하는 주식을 가진 주주의 공동신청)은 허용되지 않는다.[12]

나. 채무자가 주식회사 또는 유한회사가 아닌 때

채무자가 주식회사 또는 유한회사가 아닌 때에는 ① 5천만 원 이상의 금액에 해당하는 채권을 가진 채권자, ② 합명회사·합자회사 그 밖의 법인 또는 이에 준하는 자에 대하여는 출자총액의 10분의 1 이상의 출자지분을 가진 지분권자는 회생절차개시신청을 할 수 있다(제34조 제2항 제2호).

다. 채권액 등의 소명

채권자나 주주·지분권자가 회생절차개시신청을 함에 있어서는 신청서에 채권의 액과 원인, 주식 또는 출자지분의 수 또는 액을 기재하여야 하고(제36조 제10호, 제11호), 채권의 액 또는 주식이나 출자지분의 수 또는 액을 소명하여야 한다(제38조 제2항).

신청인에 관한 요건은 회생절차개시결정 시를 기준으로 갖추고 있어야 한다. 회생절차개시신청 시에는 신청인에 관한 요건을 갖추고 있었으나 회사절차개시결정 시 요건을 충족하지 못하게 된 경우 회생절차개시신청은 각하된다.

---

10) 박형준, 회사정리실무상 주주의 취급, 남효순·김재형 공편, 도산법강의, 법문사, 2005, 575면.

11) 온주(로앤비), 채무자회생법 제34조(김성용 집필), 2015.

12) 서울회생법원 재판실무연구회, 회생사건실무(상), 박영사, 2019, 76면.

라. 공익채권자의 신청

공익채권자가 회생절차개시신청을 할 수 있는지 문제 되는데 대법원은 "제34조 제2항 제1호 가목은 '주식회사인 채무자에 대하여 자본의 10분의 1 이상에 해당하는 채권을 가진 자는 회생절차개시의 신청을 할 수 있다'라고 규정할 뿐, 여기에 다른 제한을 두고 있지 않다. 한편, 임금·퇴직금 등의 채권자에게도 채무자에게 파산의 원인인 사실이 생길 염려가 있는 경우에는 회생절차를 통하여 채무자 또는 그 사업의 효율적인 회생을 도모할 이익이 있고,[13] 개별적인 강제집행절차 대신 회생절차를 이용하는 것이 비용과 시간 면에서 효과적일 수 있다. 따라서 주식회사인 채무자에 대한 임금·퇴직금 등의 채권자도 제34조 제2항 제1호 가목에서 정한 요건을 갖춘 이상 회생절차개시의 신청을 할 수 있고, 이는 그 임금 등의 채권이 회생절차에 의하지 아니하고 수시로 변제하여야 하는 공익채권이라고 하여 달리 볼 수 없다"라고 판시하였다.[14]

마. 채권자 등에 대한 자료 제출 명령

채권자·주주·지분권자가 회생절차개시신청을 한 때에는 법원은 채무자에게 경영 및 재산상태에 관한 자료를 제출할 것을 명할 수 있고(제34조 제3항), 정당한 사유 없이 자료제출을 거부·기피 또는 방해하거나 허위의 자료를 제출한 채무자는 1년 이하의 징역 또는 1천만 원 이하의 벌금에 처한다(제649조 제2호). 채권자·주주·지분권자가 회생절차개시신청을 하는 경우 신청원인 사실의 존재를 소명하기 위하여 채무자의 재산 및 업무 진행 상황 등에 관한 자료를 제출하여야 하는데, 채무자가 이러한 자료를 제공하지 않을 경우 법원이 제출을 명함으로써 채권자·주주·지분권자의 회생절차개시 신청권을 실질적으로 보장하기 위한 것이다.

---

13) 민사집행법에 따른 강제집행을 하거나 파산절차에 의하는 경우에는 기업의 가치가 훼손되어 공익채권을 전액 변제받지 못하거나 변제받는 기간이 길어질 수 있는데, 회생절차를 통하여 기업가치를 보전하거나 확대하여 공익채권자가 완전히 변제받을 수 있다면 일반 민사집행절차보다 회생절차가 더 유리하다(오수근, 공익채권자의 회생절차 신청 적부, 도산판례백선, 사단법인 도산법연구회 도산판례백선 편집위원회, 박영사, 2021, 3면).

14) 대법원 2014. 4. 29.자 2014마244 결정.

4. 청산 중이거나 파산선고를 받은 회사의 회생절차개시신청

채무자가 청산 중인 경우 청산인은 다른 법률에 의하여 파산을 신청하여야 하는 때에도 회생절차개시신청을 할 수 있고(제35조 제1항), 파산선고를 받은 회사도 회생절차개시신청을 할 수 있다(제35조 제2항).15) 다른 법률에 의하여 채무자에 대하여 파산을 신청하여야 하는 때란 청산중 법인의 재산이 그 채무를 완제하기에 부족한 것이 분명하게 된 때를 의미한다(민법 제93조 제1항).

다만 청산 중이거나 파산선고를 받은 회사는 회생절차개시신청을 함에 있어 주식회사의 경우 상법 제434조의 주주총회 특별결의(출석한 주주의 의결권의 3분의 2 이상의 수와 발행주식총수 3분의 1 이상의 수로써 하는 결의)를 거쳐야 한다(제35조 제2항, 상법 제519조, 제434조). 파산선고를 받아 파산관재인이 선임되어 있는 회사의 경우 파산관재인이 아니라 회사의 대표자가 회생절차개시신청을 하여야 한다. 파산재단의 관리·처분권은 파산관재인에게 전속하지만(제384조), 회사의 조직법적 활동에 대하여는 파산관재인의 권한이 미치지 않기 때문이다.

실무상 채권자가 파산신청을 한 이후 채무자가 이에 대응하기 위하여 회생절차개시신청을 하는 경우가 있다. 이러한 경우 법원은 조사위원을 선임하여 청산가치보장의 원칙이 준수될 수 있는지, 수행가능성 있는 회생계획안의 작성이 가능한지 등을 조사하게 한 후 그 조사결과를 토대로 회생절차개시 여부를 결정한다.

III. 관할 및 이송

1. 관할

관할이란 여러 법원 중 어떤 법원이 어떤 사건을 처리할 것인지 재판권의 분담관계를 정해 놓은 것이다. 신청인은 관할이 인정되는 법원에 회생절차개시신청을 하여야 한다.

---

15) 제35조는 재건형 절차인 회생절차가 청산형 절차인 파산절차보다 우선함을 보여주는 규정이라고 할 수 있다.

가. 직무관할

직무관할이란 취급하는 직무의 차이를 기준으로 법원 사이에 재판권의 분담관계를 정해 놓은 것이다. 회생사건은 도산전문법원인 회생법원의 직무관할에 속한다(제3조 제1항, 제5항). 회생법원은 회생사건을 담당하는 기관으로서의 법원을 말한다. 회생법원이 설치되지 아니한 지역은 회생법원이 설치될 때까지 관할 지방법원 또는 지방법원 본원을 회생법원으로 본다[부칙(2016. 12. 27. 법률 제14472호) 제2조]. 따라서 서울특별시는 서울회생법원이, 서울특별시 이외의 지역은 지방법원 또는 지방법원 본원이 회생법원이다.

나. 토지관할

토지관할이란 소재지를 달리하는 같은 종류의 법원 사이에 재판권(특히 제1심 사건)의 분담관계를 정해 놓은 것을 말한다.

(1) 제3조 제1항에 의한 관할(원칙적 토지관할)

회생사건은 ① 채무자의 보통재판적이 있는 곳, ② 채무자의 주된 사무소나 영업소가 있는 곳 또는 채무자가 계속하여 근무하는 사무소나 영업소가 있는 곳을 관할하는 회생법원의 관할에 속한다(제3조 제1항 제1호, 제2호).

법인의 보통재판적은 주된 사무소 또는 영업소가 있는 곳에 따라 정하고, 사무소나 영업소가 없는 경우에는 주된 업무담당자의 주소에 따라 정하므로(제33조, 민사소송법 제5조 제1항), 법인의 경우 제3조 제1항 제2호는 별다른 의미가 없다.[16] 외국법인의 보통재판적은 대한민국에 있는 사무소·영업소 또는 업무담당자의 주소에 따라 정한다(민사소송법 제5조 제2항).

주된 사무소 또는 영업소는 채무자의 법인등기사항전부증명서의 본점 소재지가 아니라 채무자의 영업활동의 실질적인 본거지(경영진 및 인사·관리 인력 등이 상주하면서 법인의 주요한 의사결정이 실제로 이루어지는 곳)인지 여부를 기준으로 판단한다.[17]

---

16) 서울회생법원 재판실무연구회, 회생사건실무(상), 박영사, 2019, 37면.

17) 구 회사정리법 제6조에서는 회사의 본점 소재지를 기준으로 관할을 정하였고, 본점은 법인등기사항전부증명서를 기준으로 판단하였는데, 우리나라 기업의 경우 영업의 주된 활동은

위와 같은 토지관할이 없는 경우에는 채무자의 재산이 있는 곳(채권의 경우에는 재판상의 청구를 할 수 있는 곳)을 관할하는 회생법원에 관할이 인정된다(제3조 제1항 제3호). 제1호나 제2호에 해당하는 곳이 없는 경우에 인정되는 보충적인 관할이다.

(2) 제3조 제2항에 의한 관할(광역관할)

회생사건은 채무자의 주된 사무소 또는 영업소의 소재지를 관할하는 고등법원 소재지의 회생법원에도 신청할 수 있다. 전문성이 있고 업무처리의 노하우가 축적된 재판부가 존재하는 고등법원 소재지의 회생법원에 관할을 인정한 것이다.[18]

이 조항에 따라 경기도(수원시 제외), 강원도, 인천 등에 채무자의 주된 사무소 또는 영업소가 있는 경우에는 그 관할구역의 고등법원인 서울고등법원의 소재지의 회생법원인 서울회생법원에도, 청주지방법원의 관할구역에 속하는 충북에 채무자의 주된 사무소 또는 영업소가 있는 경우에는 그 관할구역의 고등법원인 대전고등법원의 소재지의 대전지방법원에도, 울산지방법원의 관할구역에 속하는 울산광역시와 양산시, 창원지방법원 관할구역에 속하는 경남(양산시 제외)에 채무자의 주된 사무소 또는 영업소가 있는 경우에는 그 관할구역의 고등법원인 부산고등법원의 소재지의 부산지방법원에도, 전주지방법원의 관할구역에 속하는 전북, 제주지방법원의 관할에 속하는 제주에 채무자의 주된 사무소 또는 영업소가 있는 경우에는 그 관할구역의 고등법원인 광주고등법원의 소재지의 광주지방법원에도 회생절차개시신청을 할 수 있다.

서울 등 대도시에서 이루어짐에도 불구하고 각종 행정법규의 제약으로 말미암아 본점을 다른 곳에 두고 있는 경우가 적지 않아 도산사건의 처리 경험이 많은 법원에 회사정리절차개시신청을 하지 못하고, 본점 소재지 법원에 신청해야 하는 경우가 있었는데 이러한 문제를 해결하기 위하여 채무자회생법은 채무자의 주된 사무소 또는 영업소 소재지에 토지관할을 인정하였다(노영보, 도산법 강의, 박영사, 2018, 22-23면).

전국 회생법원의 절차 진행속도의 차이가 감소하는 추세이기는 하나 여전히 존재하는 것이 현실이다. 때문에 회생절차를 신속하게 진행하기를 원하는 채무자 회사의 경우 절차 진행속도가 빠른 것으로 알려진 회생법원의 관할 구역에 사무소나 영업소를 설치한 후 일시적으로 영업활동의 본거지로 활용하면서 이를 근거로 그 회생법원에 회생절차개시신청을 하기도 한다.

18) 서울회생법원 재판실무연구회, 회생사건실무(상), 박영사, 2019, 39면.

(3) 제3조 제3항에 의한 관할

(가) 계열회사에 대한 회생사건 등이 계속 중인 회생법원(제1호)

독점규제 및 공정거래에 관한 법률(이하 '공정거래법') 제2조 제12호에 따른 계열회사에 대한 회생사건 또는 파산사건이 계속되어 있는 경우 계열회사 중 다른 회사에 대한 회생절차개시신청은 그 계열회사에 대한 회생사건 또는 파산사건이 계속되어 있는 회생법원에 할 수 있다.

공정거래법 제2조 제12호는 "계열회사란 둘 이상의 회사가 동일한 기업집단에 속하는 경우에 이들 각각의 회사를 서로 상대방의 계열회사라 한다"라고 정하고 있고, 같은 조 제11호는 "기업집단이란 동일인이 다음 각 목의 구분에 따라 대통령령으로 정하는 기준에 따라 사실상 그 사업내용을 지배하는 회사의 집단을 말한다"라고 정하면서, 각 목으로, 동일인이 회사인 경우 그 동일인과 그 동일인이 지배하는 하나 이상의 회사의 집단과 동일인이 회사가 아닌 경우 그 동일인이 지배하는 둘 이상의 회사의 집단을 규정하고 있다.

이는 서로 밀접한 관련성이 있고 경제적으로도 연관된 사업활동을 영위하는 복수의 법인에 관하여 동일한 법원을 관할법원으로 하여 실질적으로 하나의 절차로 진행할 수 있도록 하여 비용과 시간을 절약하고 채권자에게 공평, 신속한 처우를 하기 위함이다.[19]

(나) 법인에 대한 회생사건 등이 계속 중인 회생법원(제2호)

법인 대표자의 경우 그 법인에 대한 회생사건 또는 파산사건이 계속되어 있는 회생법원에 회생절차개시신청을 할 수 있다. 법인회생사건과 그 법인의 대표자에 대한 회생사건은 채권자가 동일한 경우가 많아 병행처리할 필요가 크기 때문이다.[20]

(다) 주채무자 및 보증인 등에 대한 회생사건 등이 계속 중인 회생법원(제3호)

주채무자 및 보증인, 채무자 및 그와 함께 동일한 채무를 부담하는 자, 부부인 관계의 어느 하나에 해당하는 자에 대한 회생사건, 파산사건 또는 개인회생사건이 계속되어 있는 회생법원에도 관할이 인정된다.

---

19) 노영보, 도산법 강의, 박영사, 2018, 23면.

20) 주석 채무자회생법 제3조(심태규 집필), 한국사법행정학회, 2021.

서로 관련이 있는 채무자들이 동일한 회생법원에 회생절차개시신청을 할 수 있게 하여 관련 사건의 병합처리를 가능하게 함으로써 회생절차의 효율성을 높이기 위하여 관할을 인정한 것이다.[21]

(4) 제3조 제4항에 의한 관할(대규모 사건관할)

채권자의 수가 300인 이상으로서 500억 원 이상의 채무를 부담하는 법인 채무자의 회생사건은 서울회생법원에 회생절차개시신청을 할 수 있다(제3조 제4항, 시행령 제1조의2).

다. 사물관할

사물관할이란 제1심 소송사건을 다루는 지방법원 단독판사와 지방법원 합의부 사이에서 사건의 경중을 기준으로 재판권의 분담관계를 정해 놓은 것을 말한다. 개인이 아닌 채무자의 회생사건은 회생법원의 합의부가 담당하고,[22] 개인인 채무자의 회생사건은 단독판사가 담당한다(제3조 제5항).

라. 관할의 표준이 되는 시기

법원의 관할은 회생절차개시신청을 한 때를 표준으로 정한다(제33조, 민사소송법 제33조). 따라서 회생절차개시신청 시에 관할이 있었다면 그 후 관할 인정의 근거가 소멸하여도 관할이 인정된다.

2. 이송

가. 이송사유

(1) 관할위반으로 인한 이송

법원은 직권으로 관할을 조사한 결과 관할이 없다고 인정되면 관할법원으로 이송하여야 한다(제33조, 민사소송법 제34조 제1항).

---

21) 서울회생법원 재판실무연구회, 회생사건실무(상), 박영사, 2019, 39면.

22) 원래 지방법원의 심판권은 단독판사가 행사하는 것이 원칙이나(법원조직법 제7조 제4항), 개인이 아닌 채무자에 대한 회생사건의 중요성을 감안하여 합의부가 담당하도록 하였다.

(2) 현저한 손해나 지연을 피하기 위한 이송

법원은 관할이 인정된다고 하더라도 현저한 손해 또는 지연을 피하기 위하여 필요하다고 인정하는 때에는 직권으로 ① 채무자의 다른 영업소 또는 사무소나 채무자 재산의 소재지를 관할하는 회생법원, ② 채무자의 주소 또는 거소를 관할하는 회생법원, ③ 제3조 제2항 또는 제3항에 따른 회생법원, ④ 제3조 제2항 또는 제3항에 따라 해당 회생법원에 회생사건이 계속되어 있는 때에는 제3조 제1항에 따른 회생법원으로 이송할 수 있다(제4조).

나. 이송의 효과

수이송법원은 사건을 반송하거나 다른 법원에 재이송할 수 없다(제33조, 민사소송법 제38조). 다만 관할위반을 이유로 이송받은 법원이 제4조에 의하여 다시 이송하는 것은 허용된다고 해석된다.[23]

이송결정이 있으면 처음부터 수이송법원에 회생절차개시신청이 있었던 것으로 보게 되므로(제33조, 민사소송법 제40조 제1항), 각종 기간계산은 최초 이송법원에 회생절차개시신청을 한 때를 기준으로 한다. 채권자의 회생절차개시신청에도 시효중단의 효력이 인정되므로 시효중단의 효력 역시 채권자가 최초 이송법원에 회생절차개시신청을 한 때 발생한다.

Ⅳ. 신청서의 기재사항과 첨부서류

1. 서면신청

회생절차개시신청은 서면으로 해야 한다(제36조).

23) 三ヶ月章 등, 條解 會社更生法(上), 弘文堂, 2001, 169－170면.

2. 신청서의 기재사항

회생절차개시신청서에는 다음의 사항을 기재하여야 한다(제36조).

가. 신청인 및 그 법정대리인의 성명 및 주소(제1호)

나. 채무자가 개인인 경우에는 채무자의 성명 · 주민등록번호(주민등록번호가 없는 사람의 경우에는 외국인등록번호 또는 국내거소번호) 및 주소(제2호)

다. 채무자가 개인이 아닌 경우에는 채무자의 상호, 주된 사무소 또는 영업소(외국에 주된 사무소 또는 영업소가 있는 때에는 대한민국에 있는 주된 사무소 또는 영업소)의 소재지, 채무자의 대표자(외국에 주된 사무소 또는 영업소가 있는 때에는 대한민국에서의 대표자)의 성명(제3호)

라. 신청의 취지(제4호)

"채무자에 대하여 회생절차를 개시한다.는 재판을 구합니다"라고 기재한다.

마. 회생절차개시의 원인(제5호)

제34조 제1항의 회생절차개시신청원인을 구체적으로 기재한다.

바. 채무자의 사업목적과 업무의 상황(제6호)

사. 채무자의 발행주식 또는 출자지분의 총수, 자본의 액과 자산, 부채 그 밖의 재산상태(제7호)

아. 채무자의 재산에 관한 다른 절차 또는 처분으로서 신청인이 알고 있는 것(제8호)

채무자에 대한 파산절차와 채무자의 재산에 대한 강제집행, 가압류, 가처분, 담보권실행을 위한 경매절차, 체납처분 등이 진행되고 있는 경우 기재한다.

자. 회생계획에 관하여 신청인에게 의견이 있는 때에는 그 의견(제9호)

차. 채권자가 회생절차개시를 신청하는 때에는 그가 가진 채권의 액과 원인(제10호)

카. 주주 · 지분권자가 회생절차개시를 신청하는 때에는 그가 가진 주식 또는 출자지분의 수 또는 액(제11호)

위 사항 외에도 통상 채무자의 회생 가능성에 관한 사항, 채무자의 자구계획 및 회생방안, 관리인 선임에 관한 의견 등을 기재한다. 채무자의 계속기업가치와 청산가치는 신청서의 필요적 기재사항은 아니다. 그러나 청산가치가 계속기업가치를 초과하는 것이 명백한 경우에는 회생절차보다 파산절차를 진행하는 것이 채권자 일반의 이익에 부합하므로 제42조 제3호의 개시신청 기각사유에 해당한다. 그러므로 신청인은 회생절차개시신청서에서 개시신청 당시의 객관적 자료를 토대로 채무자의 계속기업가치가 청산가치를 초과한다는 점을 소명할 필요가 있다.

3. 첨부서류[24)]

가. 채무자의 업무현황 및 조직 관련 서류

(1) 정관, 법인등기사항전부증명서, 사업자등록증, 사업경력서, 주주명부, 채무자의 조직일람표

(2) 노동조합의 명칭, 주요 임원의 성명 및 종업원의 가입현황, 단체협약, 취업규칙 기타 사규·규칙

(3) 계열회사 또는 관계회사의 현황(자산, 부채, 업종, 채무자의 출자현황, 현재 영업상태)

(4) 향후 사업계획서, 자금조달계획서 및 수지예상표

나. 자산 및 부채 관련 서류

(1) 재무상태표 및 손익계산서(가장 최근의 결산보고에 기한 것. 다만 신청 시까지 상당한 기간이 경과한 때에는 신청 시까지 가결산한 것을 제출한다. 분식결산된 것이 있으면 이를 수정하여 제출한다)

(2) 과거 3년간의 비교재무상태표 및 비교손익계산서

(3) 주요 자산목록(보전처분과 회생절차개시결정은 등기·등록부에 공시되므로 등기·등

24) 간이회생절차(제293조의4 제3항), 파산절차(제302조 제2항), 개인회생절차(제589조 제2항)와 달리 회생절차의 경우 신청서에 첨부할 서류에 관한 조항을 두고 있지 않고, 예규 제4조에서 채권자·주주·지분권자 신청 사건에서 법원이 채무자에게 제출을 명할 수 있는 서류를 정하고 있을 뿐이다. 실무상 채무자 신청 사건의 경우에도 예규 제4조를 참고하여 신청서에 아래와 같은 서류를 첨부하고 있다.

록으로 공시되는 자산의 목록을 작성하고 등기·등록부 등본도 첨부한다)

(4) 현재 진행 중인 강제집행, 가압류, 가처분, 담보권실행을 위한 경매, 체납처분, 소송이 진행 중인 물건 목록과 채권자, 청구액, 법원 및 사건번호

(5) 최근 1년간 이상의 월별 자금운용실적표

(6) 주요 매출처, 매입처 명부(상호나 회사명, 주소나 소재지, 전화번호, 팩시밀리 번호를 기재한다)

(7) 채권자명부(회생채권자와 회생담보권자로 분류하여 이름, 주소, 채권금액을 기재하되, 회생담보권자에 대하여는 담보의 목적물과 피담보채권의 내용을, 회생채권자에 대하여는 채권의 내용을 기재한다. 다만 금융기관 채권자의 경우에는 그 전화번호, 팩시밀리 번호 등을 기재하되 기재순서는 가능한 한 다액채권자부터 기재한다)

(8) 채무자명부(이름, 주소, 채무의 종류, 금액을 기재한다)

다. 신청인 자격 등에 관한 자료

이사회 의사록, 채권의 존재를 증명하는 서류, 주권의 사본 등

라. 감독행정청 등의 명칭과 주소

채무자가 주식회사인 경우 채무자의 업무를 감독하는 행정청, 금융위원회, 관할 세무서장, 관세청장에게 회생절차개시신청의 뜻을 통지하도록 되어 있으므로(제40조 제1항), 위 통지에 필요한 감독행정청 등의 명칭과 주소도 기재하거나 첨부하여야 한다.

㈜대한의 회생절차개시신청서

회생절차개시신청서

신청인 겸 채 무 자 　주식회사 대한
서울 ○○구 ○○대로 ○○○
대표이사 김민국
신청인의 대리인 변호사 ○○○
서울 ○○구 ○○대로 ○○○
전화 : 02－123－4567 팩스 : 02－123－4568

신 청 취 지

채무자에 대하여 회생절차를 개시한다.
는 재판을 구합니다.

신 청 원 인

I. 신청인 회사의 개요

1. 상호

주식회사 대한

2. 사업목적

수송기계·기구 부품(연료펌프 및 필터) 제조 및 판매업
전자부품(연료펌프) 제조 및 판매업
부동산임대업

위 각 호에 부대하는 사업 일체

3. 본점 소재지

서울 ○○구 ○○대로 ○○○

4. 설립연월일

1995. 8. 30.

5. 대표이사

성명 : 김민국

주소 : 서울 ○○구 ○○대로 ○○○

6. 연혁

1995. ㈜대한 설립

1996. H자동차 협력업체 선정

1997. ㈜D공업 농기계용 펌프 및 필터 공급사로 선정

1998. 미국 M사 펌프 및 필터 공급사로 선정

2005. 자회사 ㈜개성○○ 설립

2007. 독일 B사 EFI 모듈 공급사로 선정

2010. 미국 D사 연료펌프 공급사로 선정

2013. 미국 G사 연료펌프 공급사로 선정

2016. 세계일류 상품 인증 획득(산업통상자원부)

2018. A대 산학협력단과 초소형 전기자동차 기술개발 업무 협약 체결

7. 업종 및 현황

가. 주요 사업 부문과 매출 현황

신청인 회사는 자동차, 농기계 및 선박의 엔진 부품인 연료펌프 및 필터 제품을 제조·판매하는 것을 주업으로 하고 있습니다. 주 생산처인 개성공단 폐쇄로 매출은 20□6년 307억 원에서 20□7년 252억 원으로 감소하였으나 20□9년 9월 기준 약 181억 원의 매출을 기록하며 회복세를 보이고 있습니다.

나. 주요 거래처

1) 매출거래처(20□9년 9월 기준)

(단위: 원)

구 분	회사명	매출액
1	A	2,348,235,719
2	B	1,714,725,586
3	㈜○○홀딩스	1,024,829,547
4	C	958,939,111
5	D	815,225,865
6	㈜대한○○○	805,572,121
7	E	789,272,969
8	F	682,601,742
9	G	657,209,027
10	H	469,536,202

2) 매입거래처(20□9년 9월 기준)

(단위: 원)

구 분	회사명	매입액
1	㈜대한○○○	4,262,242,813
2	○○산업	688,494,606
3	○○상사㈜	550,000,000
4	㈜○○	498,460,877
5	○○산업	491,953,516
6	㈜○○다이케스팅	409,667,936
7	W○○○ Z○○○ ELECTRONICAL	350,960,331

8	ㅇㅇ케미칼	288,705,692
9	ㅇㅇ전자	278,628,283
10	ㅇㅇ산업	263,629,147

8. 임원 현황 및 조직기구 현황

가. 임원 현황

구 분	성 명	생년월일	취임일	비 고
대표이사	김민국	생략	1995. 8. 30.	
사내이사	김ㅇㅇ	생략	20□1. 9. 30.	
사내이사	이ㅇㅇ	생략	20□7. 10. 10.	

나. 조직

· 본 사 : 서울 ○○구 ○○대로 ○○○

· 연구소 : 서울 ○○구 ○○대로 ○○○

· 조직도

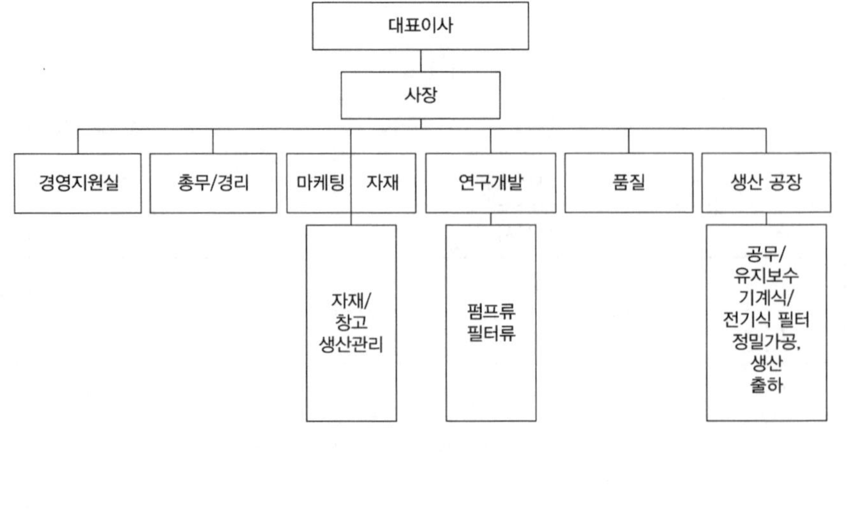

9. 종업원 현황

가. 임직원의 수 및 현황(신청일 현재)

1) 임직원의 수 : 총 101명

2) 현황

(단위: 명)

구 분	관 리	생 산	합 계
상근 등기 임원	3	–	3
상근 비등기 임원	6	–	6
직원	16	76	92
합계	25	76	101

3) 노조설립 여부 : 노조는 설립되어 있지 않습니다.

나. 임금 및 퇴직금의 체불 여부와 체불 금액

신청일 현재 체불 임금 및 퇴직금은 없습니다.

다. 회생을 위한 종업원들의 노력

종업원들은 회사를 회생시키는데 적극 협조할 의사로 큰 동요 없이 정상 근무하고 있습니다.

10. 관계회사 현황

가. 회사 현황

상 호	소재지	업 종	관 계	비 고
○○테크㈜	서울	PU현가장치 제조	35.27% 관계회사 / 최대주주	
㈜개성○○	개성	펌프및필터 제조	100% 자회사	

㈜대한○○○	당진	필터 제조	97% 관계회사	
S○○○○ D○○○○ AUTOMOTIVES	인도	펌프및필터 제조	50% 관계회사	
㈜○○○코리아	안산	와이퍼 제조	50% 관계회사	
㈜○○	개성	현가장치부품 제조	○○테크㈜의 100% 자회사	
㈜○○	인천	자동차부품 재제조	○○테크㈜의 50% 관계회사	
U○○ Vietnam	베트남	현가장치 제조	○○테크㈜의 50% 관계회사	

나. 재무 현황

(기준: 20□8. 12. 31. 단위: 백만 원)

상 호	자 산	부 채	자 본	매출액	비 고
○○테크㈜	20,415	12,213	8,202	1,554	
㈜개성○○	$ 3,152,963	$ 4,636,466	$ (1,483,503)	$ 2,722,921	
㈜대한○○○	8,381	8,296	85	7,794	
S○○○○ D○○○○ AUTOMOTIVES	–	–	–	–	
㈜○○○코리아	69	23	46	95	
㈜○○	$ 5,251,193	$ 3,941,576	$ 1,309,617	$ 2,091,564	
㈜○○	644	608	36	413	
U○○ Vietnam	$ 4,360,239	$ 2,724,216	$ 1,636,023	$ 491,249	

11. 자본금 및 주식에 관한 현황

가. 수권 및 발행 자본금의 현황

자본금 : 600,000,000원

발행예정주식총수 : 500,000주

1주의 금액 : 금 5,000원

발행주식총수 : 120,000주

나. 상장 여부

신청인 회사는 비상장법인입니다.

다. 자본금 변동내역

신청인 회사의 설립 후 개시신청일 현재까지 자본금 변동내역은 아래와 같습니다.

(단위: 원)

구 분	원 인	종 류	자본금
1995. 8.	설립	보통주	100,000,000
1999. 12.	증자	보통주	160,000,000
2001. 12.	증자	보통주	200,000,000
2005. 12.	증자	보통주	400,000,000
2008. 12.	증자	보통주	600,000,000

라. 주주 현황

(단위: 주)

성 명	주식수	비 율	비 고
○○테크㈜	57,600	48.0%	
김민국	25,200	21.0%	대표이사

유○○	12,600	10.5%	
손○○	12,000	10.0%	
김○○	6,600	5.5%	
이○○	6,000	5.0%	
합계	120,000	100.0%	

마. 주주 변동

신청인 회사는 설립 후 수 차례에 걸쳐 증자를 하였고, 수 차례에 걸친 주주 간의 주식 양도 및 증여로 인하여 주주가 변동되었습니다.

바. 최근 3년간 주주 배당금 총액 및 배당률

최근 3년간 주주에 대하여 배당을 실시하지 않았습니다.

사. 주권 발행 여부

주권 실물은 발행하지 않았습니다.

12. 거래금융기관

가. 주거래은행

신청인 회사의 주거래은행은 ㈜하나은행이며, 기준일 현재 약 92억 원의 채무를 부담하고 있습니다.

나. 기타

기준일 현재 ㈜신한은행에 약 29억 원, 중소기업진흥공단에 약 20억 원, 한국수출입은행에 약 15억 원, 중소기업은행에 약 11억 원의 채무를 부담하고 있습니다.

13. 부도 발생 여부

신청인 회사는 신청일까지 4,850,351,710원의 전자어음을 발행하였고, 20×0.

1. 31. 996,345,886원의 부도가 발생하였습니다.

14. 운전자금 소요 현황

향후 회생절차 진행 중 회생채권 등에 대한 변제가 금지되고, 구조조정을 하는 것을 전제로 월간 약 20억 원의 운영자금이 필요할 것으로 예상합니다.

15. 조세체납 여부

신청일 현재 체납된 조세는 없습니다.

16. 진행 중인 소송 등의 현황

신청일 현재 진행 중인 보전처분, 소송, 체납처분은 없습니다.

17. 외부감사 해당 여부 및 담당회계법인

최근 3년간 외부감사인 및 감사의견은 다음과 같습니다.

연 도	감사인	감사의견
20□8	ㅇㅇ회계법인	적정
20□7	ㅇㅇ회계법인	적정
20□6	ㅇㅇ회계법인	적정

Ⅱ. 신청인 회사의 자산, 부채 및 손익 상황

1. 자산 상황

가. 자산의 개요(20□9. 9. 30. 현재)

(단위: 원)

과 목	제시금액	실사조정	실사가액
Ⅰ. 유동자산	10,034,065,653	(1,716,972,344)	8,317,093,309
(1) 당좌자산	6,957,272,581	(1,716,972,344)	5,240,300,237
(2) 재고자산	3,076,793,072	–	3,076,793,072

II. 비유동자산	24,306,446,549	(6,169,450,009)	18,136,996,540
(1) 투자자산	8,963,089,866	(6,666,035,353)	2,297,054,513
(2) 유형자산	15,335,971,081	496,585,344	15,832,556,425
(3) 무형자산	3,301,202	-	3,301,202
(4) 기타비유동자산	4,084,400	-	4,084,400
자산총계	**34,340,512,202**	**(7,886,422,353)**	**26,454,089,849**

나. 20□9. 9. 30. 기준 및 과거 3년간 자산 현황

(단위: 원)

자산내역	20□6. 12. 31.	20□7. 12. 31.	20□8. 12. 31.	20□9. 9. 30.
유동자산	11,475,908,390	8,776,836,544	8,886,706,742	8,317,093,309
비유동자산	19,353,475,542	23,997,511,167	23,193,715,354	18,136,996,540
자산총계	**30,829,383,932**	**32,774,347,711**	**32,080,422,096**	**26,454,089,849**

2. 부채 상황

가. 부채의 개요(20□9. 9. 30. 현재)

(단위: 원)

구 분	금 액	비 고
1. 회생담보권	9,161,473,924	㈜하나은행
2. 회생채권(금융기관대여금채권)	7,469,288,417	㈜신한은행, 중소기업은행, 중소기업진흥공단, 한국수출입은행
3. 회생채권(상거래채권)	7,355,661,937	ㅇㅇ상사㈜ 외
4. 회생채권(특수관계인채권)	6,560,900,551	㈜대한ㅇㅇㅇ, ㈜ㅇㅇ ㈜ㅇㅇ코리아, 김민국, ㅇㅇ테크㈜, ㈜개성ㅇㅇ, 이ㅇㅇ

5. 회생채권(조세등채권)	7,738,512	국민연금, ○○구청
6. 회생채권(미발생보증채권)	150,000,000	㈜신한은행
7. 공익채권	2,480,651,733	직원급여, 퇴직급여, 기타
합계	33,185,715,074	

나. 20□9. 9. 30. 기준 및 과거 3년간 부채 현황

(단위: 원)

부채내역	20□6. 12. 31.	20□7. 12. 31.	20□8. 12. 31.	20□9. 9. 30.
유동부채	23,068,544,165	14,763,523,921	20,242,165,027	–
비유동부채	1,791,508,913	9,418,048,464	7,424,626,235	33,185,715,074
합계	24,860,053,078	24,181,572,385	27,666,791,262	33,185,715,074

※ 20□9. 9. 30. 부채 현황은 회생절차의 진행을 전제로 전액 비유동부채로 분류하였습니다.

다. 우발채무의 발생가능성

발생할 것으로 예상되는 우발채무는 없습니다.

3. 손익 상황

(단위: 원)

구 분	20□6	20□7	20□8	20□9. 9
Ⅰ. 매출액	30,751,785,346	25,231,287,269	26,468,766,749	18,147,859,416
Ⅱ. 매출원가	26,501,956,844	22,821,784,371	23,877,150,632	17,290,321,300
Ⅲ. 매출총이익	4,249,828,502	2,409,502,898	2,591,616,117	857,538,116
Ⅳ. 판매비와관리비	3,066,248,562	2,635,073,661	3,234,050,992	1,864,672,225
Ⅴ. 영업이익	1,183,579,940	(225,570,763)	(642,434,875)	(1,007,134,109)
Ⅵ. 영업외수익	402,962,380	524,798,836	255,520,483	164,141,069

Ⅶ. 영업외비용	1,064,775,854	1,404,863,601	3,792,230,100	785,989,059
Ⅷ. 세전손익	521,766,466	(1,105,635,528)	(4,179,144,492)	(1,628,982,099)
Ⅸ. 법인세비용	–	–	–	–
Ⅹ. 당기순이익	521,766,466	(1,105,635,528)	(4,179,144,492)	(1,628,982,099)

Ⅲ. 신청인 회사가 재정적 파탄에 이르게 된 원인

1. 개성공단 폐쇄에 따른 투자손실 발생

신청인 회사는 설립 이후 기술력을 인정받으며 연료펌프 시장에서 입지를 확보해 나갔으나 세계시장에서의 지속성장을 위하여는 전후방 연관 제품을 생산할 필요가 있음을 절감하였습니다. 연료펌프의 연관 제품 중 필터의 경우 기존 판매망을 활용하기가 용이하였으나 국내의 높은 인건비로 인하여 적정 수준의 마진을 확보하기가 어려웠습니다. 신청인 회사는 정부가 추진하던 개성공단이 절호의 기회가 될 수 있다고 판단하였습니다. 신청인 회사는 면밀한 준비 끝에 개성공단 입주 기업으로 선정되어 개성공단에 ㈜개성○○을 설립한 후 수년에 걸쳐 약 100억 원에 가까운 자금을 투자하여 최신의 설비라인을 구축하고 이를 바탕으로 세계시장에서 경쟁력 있는 필터 제품을 생산하며 사세를 확장해 나갔습니다.

그러던 중 정부의 급작스러운 개성공단 폐쇄조치로 신청인 회사는 ㈜개성○○에 약 70억 원에 이르는 자산(대여금, 미수금, 투자주식)을 회수하지 못하여 유동성이 악화되었고, 기존 고객사들에게 약속한 필터 제품의 납기를 지키지 못함으로 인하여 오랜 시간 세계시장에서 구축해온 신뢰가 손상되는 피해를 입었습니다.

2. ㈜개성○○을 대체하기 위한 인수 및 투자

신청인 회사는 고객사들과의 거래 관계를 유지하기 위하여 ㈜개성○○을 대신하여 필터 제품을 생산할 수 있는 국내 회사를 물색하였습니다. 그 결과 충남 당진에 소재한 필터 제조사의 지분을 인수한 후 ㈜대한○○○라는 상호로 필터를 생산하였습니다. 그런데 ㈜대한○○○의 설비가 노후화되어 신청인 회사는 합계 약 30억 원의 자금을 추가로 투자해야 했습니다. 그러나 개성공단 대비 높은 인건비와 기타 비용부담의 증가로 원가율이 상승하여 ㈜대한○○○은 상당 기간 영업손실을 기록하였고 이로 인하여 신청인 회사의 유동성은 지속적으로 악화되었습니다.

3. 대표이사의 사재 출연 등 자구노력의 실패

신청인 회사는 유동성 위기를 극복하기 위하여 부동산 매각을 시도하였습니다. 그러나 부동산 경기침체로 인하여 신청인 회사의 부동산 매각이 지연되었습니다. 이러한 상황에서 대표이사 김민국은 42억 원의 사재를 출연하여 협력업체의 물품대금을 결제하는 등 위기를 극복하기 위하여 최선을 다하였습니다. 그러나 공교롭게도 해외 고객사 담당자들 대부분이 연말 장기간 휴가를 떠나는 등의 사유로 20×0년 1월 마지막 주에 지급받기로 되어 있던 매출채권의 회수가 지연되었고, 부동산 매각이 끝내 성사되지 않으면서 20×0. 1. 31. 만기가 도래하는 약 10억 원의 전자어음이 부도 처리되었습니다.

4. 회생절차개시원인의 존재

위와 같은 사정에 비추어 보면 신청인 회사는 사업의 계속에 현저한 지장을 초래하지 아니하고는 변제기에 있는 채무를 변제할 수 없을 뿐만 아니라, 신청인 회사의 부채의 총액이 자산의 총액을 초과하므로 채무자회생법 제34조 제1항에서 정한 회생절차개시의 원인이 존재한다고 할 것입니다.

Ⅳ. 신청인 회사의 경제적 가치

신청인 회사의 계속기업가치는 약 266억 원이고, 청산가치는 약 180억 원으로, 계속기업가치가 청산가치를 약 86억 원 상회합니다(별지 1,2).

Ⅴ. 채무상환계획의 이행 가능성

1. 사업전망

가. 신청인 회사의 강점

신청인 회사는 해외 매출 비중이 약 80%에 이를 정도로 세계시장에서의 입지가 확고하고, 신청인 회사의 연료펌프의 수요처는 자동차, 농기계, 선박 등으로 다원화되어 있으며, AS 시장 매출 또한 약 40%에 달하고 있습니다. 요컨대, 신청인 회사는 국내의 다른 자동차부품 제조사와는 근본적으로 다른 체질을 보유하고 있습니다. 더욱이 신청인 회사는 미래 성장잠재력이 큰 인도에 2백만 불(22억 원)을 투자하여 전기차 시장에 대한 대비를 해왔기에 시장의 변화에도 흔들리지 않는 사업 포트폴리오를 갖추고 있습니다.

나. 향후 사업 방향 및 사업목표

신청인 회사는 조속한 시일 내에 부동산 매각을 추진하여, 회생담보권 전액을 변제하고 임대 건물로 이전하여 금융비용을 절감할 계획입니다. 그리고 신청인 회사는 4차 산업혁명에 대비하고자 ICS연구소에서 개발 중인 ICBS(관성제어브레이크시스템)부품 개발이 거의 완료된 상황이기에 이를 조기에 상품화할 예정이고, 새롭게 진출하고 있는 방위산업 분야에서도 매출을 신장시켜 현금흐름을 극대화하고자 합니다.

2. 향후 10년간의 변제계획

신청인 회사의 20□9. 9. 30. 현재 회생담보권은 약 92억 원, 회생채권은 약 197억 원, 공익채권은 약 14억 원입니다. 신청인 회사의 총 채무액은 모두 약 331억 원에 달하는바, 신청인 회사는 갱생을 위하여 위 부채를 영업에 따른 수익금으로 별지 3. 채무변제계획과 같이 변제할 계획입니다.

현재 신청인 회사의 가장 큰 경영상 압박요인은 변제기가 도래한 차입금 상환과 상거래채권 회수 압박 등이나 이는 일시적인 유동성 위기에 불과합니다. 신청인 회사에 대하여 회생계획인가결정이 내려져 채무의 원리금 변제 일정이 조정된다면, 신청인 회사는 별지 3. 채무변제계획에서 보는 바와 같이 정상적인 영업활동을 통하여 조달한 자금으로 20×9년까지 조정된 상거래채무 및 금융기관 등에 대한 채무의 원리금을 변제하고 건전한 재무구조를 가진 회사로 발돋움할 것입니다.

Ⅵ. 결어

신청인 회사에게는 회생절차개시원인사실이 존재하고, 신청인 회사의 계속기업가치는 약 266억 원인 반면, 청산가치는 약 180억 원에 불과합니다. 신청인 회사의 계속기업가치가 청산가치를 초과하는 점, 회생절차를 통한 채무상환계획의 이행 가능성이 높은 점, 회생절차가 채권자 일반의 이익에 부합하는 점 등을 고려하시어 신청인 회사에 대하여 회생절차개시결정을 내려주시기 바랍니다.

Ⅶ. 채권자협의회 구성에 대한 의견

채권자협의회는 채권액 순으로 선정하는 것이 적절할 것으로 사료되는바, 채권액 상위 3명의 채권자는 다음과 같습니다.

(단위: 원)

채권자명	채권금액	주 소	대표자
㈜하나은행	9,161,473,924	서울 중구 을지로 35	○○○
㈜신한은행	2,770,610,308	서울 중구 세종대로9길 20	○○○
중소기업진흥공단	2,016,200,000	진주시 동진로 430	○○○

위 채권자들 중 ㈜하나은행이 신청인 회사의 주거래은행이자 채권액이 가장 크므로, 대표채권자로 ㈜하나은행을 추천합니다.

Ⅷ. 관리인 선임에 대한 의견

신청인 회사의 재정적 파탄의 원인이 회사의 이사 등 경영진의 재산의 유용 또는 은닉이나 중대한 책임이 있는 부실경영에 기인하는 때에 해당하지 아니하므로, 신청인에 대하여 회생절차가 개시되는 경우 관리인으로 채무자회생법 제74조 제2항에 의하여 채무자의 대표자를 관리인으로 선임해야 하는 경우에 해당합니다. 따라서 신청인 회사의 관리인으로 대표이사 김민국이 선임되는 것이 신청인 회사의 회생을 위하여 바람직할 것으로 사료됩니다.

소 명 방 법

1. 별지 1　　실사 및 청산가치 산정내역
1. 별지 2　　계속기업가치 산정내역
1. 별지 3　　채무변제계획
1. 소갑 제1호증　　법인등기부등본
1. 소갑 제2호증　　사업자등록증
1. 소갑 제3호증　　정관
1. 소갑 제4호증　　취업규칙
1. 소갑 제5호증　　주주명부
1. 소갑 제6호증　　임원 이력서
1. 소갑 제7호증　　회사소개서
1. 소갑 제8호증　　이사회 의사록
1. 소갑 제9호증　　주요 매출거래처 명세표
1. 소갑 제10호증　　주요 매입거래처 명세표
1. 소갑 제11호증　　부동산등기부등본

1. 소갑 제12호증 차량등록증
1. 소갑 제13호증 과거 3년간(2015년~2017년)의 감사보고서
1. 소갑 제14호증 과거 5년간의 재무제표
1. 소갑 제15호증 채권자별 배당률 산정표
1. 소갑 제16호증 채권자 명부

첨 부 서 류

1. 위 소명방법 각 1통
1. 위임장 1통

20×0. 2. 15.
신청인의 대리인
변호사 ○○○

서울회생법원 귀중

V. 비용예납

회생절차개시의 신청을 하는 때에는 신청인은 회생절차의 비용을 미리 납부하여야 한다(제39조 제1항). 예납할 비용은 회생절차개시신청서에 기재한 자산을 기준으로 산정하는 조사위원의 기준보수(예규 제8조 별표)에 10%의 부가가치세와 기타 절차비용을 가산한 금액이다.

조사위원 보수 기준표

조사 당시의 자산 총액	기준보수
50억 원 미만	1,500만 원
50억 원 이상 80억 원 미만	1,800만 원
80억 원 이상 120억 원 미만	2,700만 원
120억 원 이상 200억 원 미만	3,200만 원
200억 원 이상 300억 원 미만	3,900만 원
300억 원 이상 500억 원 미만	4,500만 원
500억 원 이상 1,000억 원 미만	5,000만 원
1,000억 원 이상 3,000억 원 미만	5,700만 원
3,000억 원 이상 5,000억 원 미만	7,700만 원
5,000억 원 이상 7,000억 원 미만	9,200만 원
7,000억 원 이상 1조 원 미만	10,000만 원
1조 원 이상 2조 원 미만	11,000만 원
2조 원 이상	12,000만 원 (1조 원당 1,200만 원씩 추가)

기타 절차비용은 송달료와 공고비용으로 구성되나 송달료는 회생절차개시신청과 동시에 납부하고 공고는 실무상 대부분 인터넷 공고를 활용하고 있어 별도의 공고비용이 필요하지 않으므로 기타 절차비용은 사실상 의미가 없다.[25] 그런

25) 서울회생법원 재판실무연구회, 회생사건실무(상), 박영사, 2019, 88면.

데 조사위원의 기준보수는 조사의 기간·난이도 등을 고려하여 증액할 수 있기 때문에 위 별표의 기준보다 많은 금액의 예납명령이 나올 수 있으므로 자금을 여유 있게 준비할 필요가 있다.

비용예납명령에 대하여는 항고할 수 없다(제13조 제1항, 제39조). 예납금을 납입하지 않는 것은 회생절차개시신청 기각사유(제42조 제1호)이므로 반드시 납부하여야 한다. 법원이 정한 기간 내에 예납비용을 마련하는 것이 어렵지만 길지 않은 시간 내에 예납비용을 마련할 수 있는 경우에는 그 사유를 소명하여 예납기간 연장신청을 하여야 한다(제39조, 제33조, 민사소송법 제172조 제1항).

채무자 외의 신청인이 미리 납부한 금액은 회생절차가 개시된 경우에는 그 절차비용을 공익채권으로 우선적으로 상환받을 수 있고(제39조 제3항, 제4항, 제179조), 신청이 취하되어 회생절차개시에 이르지 아니한 경우에 미사용분은 반환된다.[26]

Ⅵ. 대표자심문과 현장검증

1. 대표자심문

회생절차개시의 신청이 있는 때에는 법원은 채무자 또는 그 대표자를 심문하여야 한다(제41조 제1항). 필요에 따라 주요 채권자, 주거래은행, 대주주 등을 함께 심문하기도 한다.[27] 대표자심문은 재판부가 채무자의 자산과 부채, 회생절차개시요건 충족 여부, 대표이사 등의 인적사항 등에 대하여 작성한 심문사항을 이메일로 신청인 또는 신청대리인에게 보내고 그에 대한 답변서를 제출받아 확인한 후 실제 대표자심문에서 추가 질문을 하는 방식으로 진행한다. 대표자심문은 재판부의 주심판사가 수명법관이 되어 진행한다. 수명법관의 심문 이후 관리위원이 추가 심문을 한다.

대표자심문은 법원이 대표자의 회생 의지를 직접 확인하는 자리이므로 대표

---

26) 노영보, 도산법 강의, 박영사, 2018, 90면.

27) 주석 채무자회생법 제41조(백숙종 집필), 한국사법행정학회, 2021.

자는 단정한 복장으로 출석하여 성실하게 심문에 응하여야 한다. 대표자심문 내용에는 재무 관련 사항이 다수 포함되어 있고 답변서 기재 내용에 대한 추가 질문이 있을 수 있으므로 재무 담당자를 배석시키는 것이 바람직하다.

실무상 채무자 신청사건의 경우 사건의 신속한 진행을 위하여 보전처분 및 포괄적 금지명령을 발령함과 동시에 대표자심문기일을 지정하고 있다. 채권자 신청사건의 경우 통상 채권자를 먼저 심문한 후 채무자 또는 그 대표자를 심문하는데, 필요에 따라서는 채권자심문과 채무자 또는 그 대표자심문을 함께 진행하기도 한다.[28)]

2. 현장검증

현장검증은 공장의 가동현황, 설비 자재의 유무 및 관리상황, 생산공정, 작업환경, 재고자산, 임직원들의 자구 의지 등을 파악하기 위해 사무소, 공장 및 영업시설을 둘러보는 절차로 주심 판사가 주재한다. 현장검증의 경우 주로 대규모 공장에서 제조업을 영위하는 채무자를 대상으로 하고 소규모 사업체나 비제조업을 영위하는 회사에 대하여는 실시하지 않는 경우가 많다. 현장검증을 실시하는 경우에는 대표자심문을 같은 날, 같은 장소에서 진행한다. 현장검증에 대비하여 주심 판사를 안내할 동선을 미리 점검해 둘 필요가 있다.

Ⅶ. 회생절차개시 전 조사

1. 의의

법원은 ① 채무자가 아닌 자가 회생절차개시신청을 한 사건으로 재무상태표상 자산이 부채를 초과하고 있고, 채무자가 회생절차개시의 원인이 없다고 개시요건을 다투는 경우, ② 재신청 사건 중 종전의 회생개시 기각사유나 회생절차폐지사유(부결된 사유 제외)가 해소되었다는 점에 관한 소명이 부족한 경우, ③

28) 주석 채무자회생법 제41조(백숙종 집필), 한국사법행정학회, 2021.

그 밖에 채무자에 대한 개시 전 조사가 불가피한 합리적인 사정이 있는 경우[29]에는 회생절차개시결정을 하기에 앞서 조사위원을 선임하여 채무자에 대하여 조사를 하게 할 수 있다(실무준칙 제231호 제2조, 이하 '개시 전 조사').

2. 조사기간

채무자에 대한 개시 전 조사의 기간은 충실한 조사에 필요한 시간, 신속한 개시여부 결정에 관한 이해관계인의 이익 등을 종합적으로 고려하여 합리적인 범위 내에서 정한다(실무준칙 제231호 제3조).

3. 개시 전 조사사항

개시 전 조사사항은 ① 제90조 내지 제92조에서 정한 사항, ② 채무자의 사업을 계속할 때의 가치가 채무자의 사업을 청산할 때의 가치보다 큰지 여부 및 회생절차를 진행함이 채권자 일반의 이익을 해하는지 여부, ③ 채무자의 부채액에 산입되지 아니한 채무자의 제3자에 대한 보증채무의 금액, 내용 및 보증책임의 발생가능성, ④ 채무자의 이사나 이에 준하는 사람 또는 지배인의 중대한 책임이 있는 행위로 인하여 회생절차개시의 원인이 발생하였는지 여부 및 위와 같은 이사 등의 중대한 책임이 있는 행위에 지배주주 및 그 친족 기타 시행령이 정하는 범위의 특수관계에 있는 주주가 상당한 영향력을 행사하였는지 여부, ⑤ 제100조 내지 제104조의 규정에 의하여 부인할 수 있는 행위의 존부, ⑥ 기타 법원이 필요에 의하여 조사를 명한 내용이다(실무준칙 제231호 제4조).

29) 채무자 회사의 계속기업가치가 청산가치에 미달할 것으로 예상되는 경우, 채무자 회사의 대표자에게 제74조 제2항의 사유가 존재하는 것으로 의심되는 경우 등이 이에 해당한다.

실무팁 사전전략 수립의 중요성

재정적 파탄에 직면한 회사의 CEO는 당장의 위기를 모면하기 위하여 별다른 전략 없이 서둘러 회생절차개시신청을 하는 경우가 많다. 그런데 이런 회사들은 회생절차개시신청이 기각되거나, 회생절차개시결정이 내려지더라도 회생계획안이 가결되지 않거나, 회생계획안이 가결된 후 인가되더라도 회생계획을 수행하지 못하여 회생절차가 폐지되는 등 회생절차를 성공적으로 마무리하지 못할 가능성이 높다. 회생절차개시신청 이후 관계인집회에서 회생계획안이 가결되어 인가결정을 받고, 회생계획을 정상적으로 수행함으로써 회생절차를 성공적으로 마무리하기 위하여는 개시신청에 앞서 치밀한 전략을 수립하는 것이 필수적이다. 전략의 수립이 필요한 사항은 다음과 같다.

첫째, 사전 시뮬레이션을 통해 채무자 회사의 계속기업가치와 청산가치를 추정해 보아야 한다. 계속기업가치가 청산가치를 상회하는 경우에만 재건형 회생계획을 통한 회생이 가능하다. 청산가치가 계속기업가치를 상회함이 명백한 경우에는 인가 전 M&A를 추진하지 않는 이상 회생절차개시신청이 기각되거나 회생절차가 폐지될 가능성이 높으므로 다른 대안을 모색해야 한다.

둘째, 회생계획인가 후 변제해야 할 채권액을 미리 추정해 보아야 한다. 현실적으로 회생계획의 수행가능성은 회생채권과 회생담보권의 변제예정액에 반비례한다. 채무자 회사의 변제예정액이 많으면 많을수록 회생계획의 수행가능성이 낮아지고, 변제예정액이 적으면 적을수록 회생계획의 수행가능성이 높아진다. 그러므로 회생계획에 의하여 변제해야 할 채권액이 회사의 실질적인 변제능력 이상으로 과다해지지 않도록 하기 위한 대응책을 사전에 수립해 두어야 한다.

셋째, 관계인집회에서 회생계획안이 가결되기 위해서는 재건형 회생계획안의 경우 의결권을 행사할 수 있는 회생채권자의 의결권의 총액의 3분의 2 이상에 해당하는 의결권을 가진 자의 동의와 의결권을 행사할 수 있는 회생담보권자의 의결권의 총액의 4분의 3 이상에 해당하는 의결권을 가진 자의 동의가 있어야 한다(제237조). 가결요건을 충족하기 위하여 반드시 동의를 받아야 하는 회생채권자와 회생담보권자들의 경우 신청 이후는 물론 필요에 따라서는 신청 이전 단계부터 세심하게 배려하며 우호적인 관계를 유지할 필요가 있다. 회생절차의 채권자들은 많게는 수백, 수천 명에 이르는데 시간과 자원이 한정된 채무자 회사가 모든 채권자를 관리하는 것은 불가능하므로 선택과 집중이 필요하다. 시간에 쫓겨 급히 회생절차개시신청을 하고 신청 이후 폭주하는 업무를 다급하게 처리하는 과정에서 다액의 채권을 보유한 채권자들을 배려하지 못하여 이들과의 관계가 악화되면 관계인집회에서 회생계획안에 대한 동의를 얻는 데 어려움을 겪을 수 있다.

넷째, CEO가 경영권의 유지를 원하는 경우에는 사전 시뮬레이션을 통해 회생계획인가 이후 CEO와 특수관계인의 지분 합계가 어느 정도 될지 추정하고 경영권을 유지하기 위한 대책을 수립할 필요가 있다. 경영권 유지를 위한 방안으로는 회생계획안의 지분보유조항, 출자전환 주주와의 약정, 출자전환 주주로부터의 주식매수, M&A 인수인과의 약정 등을 고려할 수 있는데 이들 방안 중 채무자 회사에 가장 적합한 방안을 찾아야 할 것이다.

실무팁 CEO의 회생절차 병행 여부

CEO가 회사의 주요 채무에 대하여 연대보증을 한 경우 회사가 유동성 위기에 처하면 CEO 역시 재정적 파탄을 면하기 어렵다. 이러한 경우 회사뿐만 아니라 CEO에 대한 회생절차도 진행하여야 할 필요가 있다. 그런데 CEO에 대한 회생절차개시신청을 어느 시점에 하여야 회생을 성공적으로 마무리할 수 있을까?

채권자가 중소벤처기업진흥공단, 신용보증기금, 기술보증기금인 경우에는 중소기업이 회생계획인가결정을 받은 시점에 주채무가 감경 또는 면제될 경우 연대보증채무도 동일한 비율로 감경 또는 면제된다(중소기업진흥에 관한 법률 제74조의2, 신용보증기금법 제30조의3, 기술보증기금법 제37조의3 제1항). 그러므로 중소기업인 회사의 중소벤처기업진흥공단 등에 대한 채무에 대하여 CEO가 연대보증을 한 경우에는 회사에 대한 회생계획인가결정 이후에 CEO의 회생절차를 진행하는 것이 유리하다.

이러한 점 이외에도 저자들의 경험에 의하면 회사의 회생절차와 CEO의 회생절차를 동시에 신청하거나 병행하여 진행하는 경우, 채권자들 특히 금융기관 채권자들이 부정적인 반응을 보이는 경향이 있었다. 이는 CEO가 회사를 회생시키려 하기보다 자신의 책임을 면하는 데 급급해한다는 선입견을 갖게 되었기 때문으로 보인다. 실제로 CEO의 회생절차에서 제출된 회생계획안의 변제율이 평균 수준을 상회하였음에도 CEO의 회생절차개시신청에 부정적인 인상을 갖게 된 금융기관 채권자들이 동의를 해주지 않아 관계인집회에서 회생계획안이 부결되는 경우가 있었다. 반면 회사의 회생절차를 마무리한 후 CEO의 회생절차를 진행하는 경우에는 회사에 대한 회생절차개시신청 직후의 충격에서 어느 정도 벗어난 금융기관 채권자들이 상대적으로 회생절차에 협조적이었다. 저자들의 이러한 경험을 무리하게 일반화할 수는 없을 것이다. 하지만 CEO에 대한 채권자들의 신뢰가 유지되고 있지 못한 상황에서는 회사의 회생절차와 함께 CEO의 회생절차를 동시에 신청하는 방안에 대하여는 신중한 접근이 요구된다. 다만 회사의 회생절차가 마무리된 이후 CEO가 회생절차개시신청을 하는 경우에는 신청이 늦어진 시간만큼 이자 및 지연손해금이 증가하는 것은 감수하여야 할 것이다.

실무팁 회생절차개시신청 단계에서 필요한 현금 등

● 회생절차개시신청 단계에서 필요한 현금

회생절차개시신청을 하기 위해서는 현금이 필요하다. 먼저, 신청대리인과 회계법인 등에 보수를 지급하여야 하고, 법원 예납금도 납부하여야 한다. 그리고 회생절차개시신청 이후에도 근로자들에게 임금을 지급하고 원자재를 구입하며 사업을 계속해 나가야 하므로 운영자금이 필요하다. 회생절차개시결정이 내려지기까지 통상 1개월 정도의 시간이 소요되므로 최소 1개월분의 운영자금은 확보하고 있어야 한다.

그런데 현금을 지나치게 많이 보유한 상태에서 회생절차개시신청을 하는 것은 오히려 불리하게 작용할 수 있다. 실제로 E사의 경우 회생절차개시신청 이후에는 외상거래가 힘들기 때문에 현금을 많이 보유하고 있어야 한다는 주위의 조언을 듣고 현금을 최대한으로 확보해 둔 상태에서 회생절차개시신청을 하였다. 그런데 회생절차개시 당시 보유하고 있는 현금은 전액 청산가치로 인정되기 때문에 조사위원의 조사보고서상 E사의 청산가치가 매우 높게 산정되었다. 청산가치가 높게 산정되어 계속기업가치를 상회할 경우 인가 전 폐지의 가능성이 높아진다. 다행히 계속기업가치가 청산가치를 상회한다고 하더라도 이는 그만큼 회생계획상 변제금액이 커짐을 의미하므로 채무자 회사가 회생계획을 수행하는 데 부담으로 작용한다. 만약 E사가 회생절차개시신청 전 적정 수준의 현금만 보유하고 그 수준을 넘는 현금으로 원자재 등을 구입한 상태에서 회생절차개시신청을 하였다면 이러한 어려움을 피할 수 있었을 것이다.

● 은행의 예대상계

회생절차개시신청 사실이 공개되면 대부분의 은행은 예대상계를 이유로 채무자 회사의 예금에 대하여 지급정지조치를 한 후 반환을 거부한다. 이러한 지급정지조치는 채무자 회사의 유동성을 악화시켜 회생절차의 진행에 큰 지장을 초래할 수 있다. 실제로 모 자동차 회사의 경우 회생절차개시신청 당시 보유하고 있던 유동성의 80%에 달하는 은행예금에 대하여 지급정지조치가 내려짐으로 인하여 근로자 등의 임금을 지급하지 못하는 등 회생절차의 진행에 큰 어려움을 겪기도 하였다. 은행의 지급정지조치로 인하여 채무자 회사의 운영자금이 고갈되는 것을 예방하기 위하여 회생절차개시신청 전에 대출채무가 없는 다른 은행으로 예금을 미리 이체해 두는 등의 대비책이 필요하다.

예대상계는 은행의 불법적인 '꺾기' 관행 등으로 인하여 대부분의 채무자 회사가 거래 은행에 반대예금을 보유하고 있고, 예대상계를 하면 이후 회복이 불가능하며, 은행은 예대상계를 이유로 채무자 회사에 대한 채권보다 훨씬 많은 예금액에 대하여 지급정지조치를 취하고 있음에도 이에 대한 대응이 사실상 불가능하기 때문에 회생절차의 원활한 진행에 큰 장애요소로 작용하고 있어 개선이 필요하다는 의견이 있다.[30)]

30) 최효종, 기업회생절차 실무의 현황과 개선방안(쌍용자동차 사례를 중심으로), 회생과 파산 Vol. 1, 한국도산법학회, 사법발전재단, 2012, 476면.

실무팁 회생절차개시신청 시점

회생절차개시신청을 하면 통상 1개월 정도 후에 회생절차개시 여부가 결정된다. 회생절차개시결정이 내려지면 채무자 회사의 업무수행권 및 재산의 관리 · 처분권이 관리인에게 전속하고, 회생채권자 등의 개별적인 권리행사가 금지된다. 그리고 원칙적으로 회생절차개시결정일을 기준으로 채권자의 채권이 회생채권이 될지, 공익채권이 될지 결정된다. 또한 조사위원은 회생절차개시결정일을 기준으로 채무자 회사의 계속기업가치와 청산가치를 산정한다. 이처럼 회생절차개시결정일은 회생절차의 향방에 큰 영향을 미친다. 따라서 회생절차개시신청을 어느 시점에 할 것인지 결정하는 것은 매우 중요하다. 이에 대한 고려 없이 급히 회생절차개시신청을 하면 이후 진행되는 절차에서 어려움을 겪거나 회생이라는 종국적인 목적을 달성하지 못할 수 있다. 회생절차개시신청 시점을 정함에 있어서는 다음과 같은 점들을 고려하여야 한다.

① 먼저, 채무자 회사의 사업기반이 와해되거나 수익력이 본격적으로 하락하기 전에 신청하여야 한다. 회사의 유동성이 고갈되거나, 계속기업가치가 감소하여 청산가치를 하회할 때까지 신청을 미루어서는 안 된다. 경영자의 자존심이나 사업에 대한 미련 등 여러 가지 이유로 신청을 미루다가 계속기업가치가 거의 소진된 이후에야 신청을 준비하는 회사들이 적지 않다. 이러한 상태에서 뒤늦게 신청을 하면 회생절차를 성공적으로 마무리하기 어렵다.

② 계속기업가치가 일정 정도 유지되고 있는 상황이라면 회사의 현금흐름을 주시하면서 채무부담을 최소화할 수 있는 시점을 선택하여야 한다. 이와 관련하여 우선적으로 고려하여야 하는 것은 공익채권의 액수이다. 제179조 제1항 제9호가 정하는 조세로서 회생절차개시 당시 아직 납부기한이 도래하지 않은 것은 공익채권에 해당하는데, 그 액수가 클 경우 회생절차 진행 과정에서 채무자 회사의 자금수지에 부담이 될 수 있다. 제179조 제1항 제9호의 조세의 납부기한이 도래한 이후에 회생절차개시결정이 내려진다면 그 조세채권을 회생채권으로 만들 수 있으므로 회생절차개시신청 시점을 늦추는 것을 고려할 필요가 있다. 그리고 제179조 제1항 제8호의2에 따라 회생절차개시신청 전 20일 이내에 채무자 회사가 계속적이고 정상적인 영업활동으로 공급받은 물건에 대한 대금청구권도 공익채권에 해당하는데, 이 대금청구권의 액수가 다액일 경우에도 회생절차개시신청 시점을 늦추는 것을 검토하여야 할 것이다.

이러한 점들과 채무자 회사의 고유한 사정을 종합적으로 고려하여 회생절차개시신청 시점을 판단하여야 할 것이다.

실무팁 회생절차개시신청에 대한 보안 유지 필요성

회생절차개시신청을 준비하는 회사는 보전처분이나 포괄적 금지명령을 통해 채권자들이 그 사실을 알게 될 때까지 보안을 유지하는 것이 중요하다. 회생절차개시신청을 사전에 알게 된 채권자들이 강제집행이나 가압류, 가처분 등을 할 경우 이에 대응해야 하는 번거로움이 발생한다. 더 큰 문제는 회사가 회생절차개시신청을 준비하고 있거나 이미 신청을 하였다는 사실을 알게 된 채권자들이 회생절차의 진행에 차질을 야기할 수 있다는 것이다. 가장 치명적인 것은 은행의 예대상계이다. 회사가 예금을 보유하고 있는 은행들이 회생절차개시신청 사실을 알게 되면 그 즉시 지급정지조치를 한 후 예대상계를 한다. 실제로 F사의 CFO는 은행 지점장들과 긴밀한 친분을 유지하고 있었는데 회생절차개시신청 하루 전에 은행의 지점장들과 간담회를 하던 중 회생절차개시신청을 할 예정이라는 것을 알리고 양해를 구하였다. 그 말을 듣고 놀란 지점장들이 즉시 각자의 은행에 그 사실을 알리고 은행들이 곧바로 F사의 예금에 대하여 지급정지조치를 한 후 예대상계를 하는 바람에 F사는 회생절차 진행 과정에서 큰 어려움을 겪었다. 그리고 채권자들이 막무가내식 행동을 함으로써 사업의 계속에 지장을 초래하는 경우도 있다. 실제로 원자재를 납품한 협력업체 직원들이 다짜고짜 회사에 찾아와서 원자재의 반출을 시도하거나, 회사로부터 제품의 운송을 위탁받은 운송업체가 운송을 거부하고 제품을 유치한 채 대금의 완납을 요구하는 일도 있었다. 물론 이러한 행위는 적법하지 않은 것이지만 법적 대응을 통해 분쟁을 해결하기까지 적지 않은 시간이 소요되기 때문에 회사는 사업에 지장을 받을 수밖에 없다. 이러한 사태의 발생은 미연에 방지하여야 하는데 이를 위해서는 회생절차개시신청에 대한 보안 유지가 필수적이다. 저자들의 경험에 비추어 보면 F사 CFO의 사례에서 보는 것처럼 회사 내에서 거래처와 긴밀한 관계를 유지해 온 임직원들이 회생절차개시신청 사실을 사전에 유출하는 경우가 많으므로 각별한 주의가 요구된다. 한편, 사업의 계속을 위하여 우호적인 관계를 유지할 필요가 있거나 채권액이 커서 회생계획안의 가결에 결정적인 역할을 할 수 있는 채권자들의 경우 회생절차개시신청 직후 그 사실을 고지하고 미리 양해를 구해 두는 것이 회생절차의 원활한 진행과 회생계획안의 가결에 도움이 될 수 있다.

제4장
채무자의 재산의 보전

Ⅰ. 회생절차개시결정 전 채무자의 재산 보전의 필요성

회생절차개시결정이 있는 때에는 채무자의 업무수행권과 재산의 관리 · 처분권은 관리인에게 전속하고(제56조 제1항), 채권자의 강제집행 등 권리행사는 금지 · 중지된다(제58조). 그러나 이러한 효과는 회생절차개시결정 이전에는 발생하지 않는다. 채무자가 회생절차개시신청을 한 이후 회생절차개시결정이 내려지기 전까지 통상 1개월의 시간이 걸리는 데 그사이 채무자가 재산을 임의로 처분하고 방만한 경영을 계속하거나 채권자들이 강제집행 등 권리행사를 하게 되면 회생절차개시결정 이후에 재건의 토대가 되어야 할 채무자의 재산이 산일되어 채무자의 효율적인 회생이라는 회생절차의 목적을 달성하지 못할 우려가 있다.

채무자회생법은 채무자의 효율적 회생이라는 목적을 달성하기 위하여 회생절차개시결정이 내려지기 전까지 채무자의 재산처분 등과 채권자의 권리행사를 제한하기 위하여 보전처분, 중지 · 취소명령, 포괄적 금지명령 제도를 두고 있다.[1)]

---

1) 미국과 캐나다 등의 도산법제에서는 신청인이 회생절차개시신청을 하면 법원의 별도의 명령 없이 그 즉시 채무자의 재산처분과 채권자의 권리행사가 금지되는데 이를 '자동중지주의'(automatic stay)라고 한다. 반면 채무자회생법과 독일, 일본의 도산법제에서는 회생절차개시결정이 내려진 시점부터 채무자의 재산처분과 채권자의 권리행사를 금지하는데 이를 '결정중지주의'라고 한다. 결정중지주의는 채무자가 채권자의 권리행사를 저지하기 위한 의도로 회생절차를 남용하는 것을 방지하기 위한 제도이다. 채무자회생법 제정과정에서 종전 실무에 따르면 정리절차개시신청이 있으면 대체로 5일 이내에 보전처분이 발령되었고, 보전처분 신청이 기각되는 예가 그리 많지 않았던 점에 비추어 자동중지주의를 도입하는 것이 더 간명하고 시장에 예측가능성을 부여할 수 있으며, 재정적 파탄에 직면한 회사의 회생절차로의 조기 진입을 유도하여 경제적 회생의 가능성을 높일 수 있다는 도입찬성론과 자동중지주의를 도입하면 법원의 판단 없이 채무자의 회생절차개시신청만으로 채권자의 권리행사가 제한되는데, 이는 재산권의 침해로 볼 수 있고, 남용의 우려가 있다는 반대론이 대립하며 합의

보전처분이 내려지면 채무자는 변제금지 · 처분금지 · 차재금지 · 채용금지 등의 제한을 받는다. 중지 · 취소명령, 포괄적 금지명령이 내려지면 채권자들은 강제집행, 가압류, 가처분, 담보권실행을 위한 경매 등을 할 수 없다.

Ⅱ. 보전처분

1. 개요

가. 의의

채무자회생법은 두 가지의 보전처분 제도를 두고 있다. 첫 번째는 채무자의 업무 및 재산에 관하여 가압류 · 가처분 그 밖에 필요한 보전처분을 명하는 것으로 이를 '협의의 보전처분'이라고 한다(제43조 제1항). 이는 민사집행법상의 보전처분과 다른 특수한 보전처분이다.[2] 두 번째는 보전관리인에 의한 관리를 명하는 것인데 이를 '보전관리명령'이라고 한다(제43조 제3항).

나. 신청권자

보전처분은 이해관계인의 신청이나 법원의 직권에 의하여 명하여진다(제43조 제1항). 실무상 신청인은 회생절차개시신청과 동시에 보전처분신청을 한다.

에 이르지 못하여 결국 자동중지주의가 채택되지 않았다(전병서, 도산법 제4판, 박영사, 2019, 492면). 결정중지주의에 의할 경우 회생절차개시신청 이후 회생절차개시결정이 내려지기 전까지 채무자의 재산이 산일될 위험이 상존한다. 이 기간 동안 채무자의 재산처분과 채권자의 권리행사를 제한함으로써 그러한 위험의 발생을 예방하여 채무자의 효율적 회생을 도모하기 위한 제도가 보전처분, 중지 · 취소명령, 포괄적 금지명령이다.

2) 임채홍 · 백창훈, 회사정리법(상) 제2판, 한국사법행정학회, 2002, 230면.

2. 업무 및 재산에 관한 보전처분(협의의 보전처분)

가. 보전처분 발령 시기

이해관계인이 보전처분을 신청한 때에는 법원은 신청일부터 7일 이내에 보전처분 여부를 결정하여야 한다(제43조 제2항). 실무상 법원은 신청일부터 1주일 전후로 보전처분 발령 여부를 결정하고 있는데 보정명령이 내려지는 경우에는 시간이 더 소요되기도 한다. 법원은 회생절차개시신청서, 첨부서류, 보전처분신청서의 내용에 비추어 채무자의 회생 가능성이 없음이 명백하지 않는 한 보전처분을 발령한다. 다만 채권자가 회생절차개시신청을 한 경우에는 법원은 채권자와 채무자의 대표자에 대한 심문을 거친 후 신중하게 발령 여부를 결정하고 있다.[3]

법원은 보전처분을 하기 전에 그 일시를 신청대리인에게 통보한다. 채무자는 통보받은 일시에 재무 담당자 등 주요 임원과 함께 법원에 출석하여야 한다. 보전처분 이후 관리위원이 보전처분의 효력과 업무처리요령 및 회생절차에 대하여 안내한다.

나. 보전처분의 내용

(1) 변제금지 보전처분

변제금지 보전처분은 법원이 채무자에게 변제금지라는 부작위를 명하는 것으로 변제금지 보전처분이 내려지면 채무자는 변제 등 채무를 소멸시키는 행위를 할 수 없다. 채무자가 변제금지 보전처분에 반하여 변제 등 채무를 소멸시키는 행위를 한 경우 그 효력이 문제 되는데 채권자가 선의인 경우 그 변제 등은 유효하나 악의인 경우에는 무효로 보는 데 별다른 이론이 없다.[4]

변제금지 보전처분은 채무의 변제기가 도래하는 것을 막지 못한다. 그렇다면 변제기가 도래한 이후 채무자가 변제금지 보전처분을 이유로 채무를 변제하지 않는 경우 이행지체 책임을 물을 수 있는지 문제 된다. 대법원은 변제금지 보전처분의 효력은 원칙적으로 채무자에게만 미치므로 채무자가 채권자에게 임의로

---

3) 서울회생법원 재판실무연구회, 회생사건실무(상), 박영사, 2019, 97면.

4) 서울회생법원 재판실무연구회, 회생사건실무(상), 박영사, 2019, 100면; 임채홍·백창훈, 회사정리법(상) 제2판, 한국사법행정학회, 2002, 250면.

변제하는 것이 금지될 뿐 채무자의 채권자가 이행지체에 따른 해지권을 행사하는 것까지 금지되는 것은 아니라고 판시한 바 있다.[5] 이에 대하여는 변제금지 보전처분에 의하여 채무변제가 금지된 경우 그 채무를 변제하지 않더라도 채무자에게 귀책사유가 있다고 볼 수 없으므로 채무자에게 이행지체에 기한 손해배상책임을 묻거나 계약을 해제·해지할 수 없다는 반대견해가 있다.[6]

변제금지 보전처분은 채권자가 채무자의 재산에 대하여 강제집행을 하는 것까지 금지하는 것은 아니므로 변제금지 보전처분만 내려진 경우에는 채권자에 의한 상계는 허용된다.[7] 채권자의 강제집행을 막기 위해서는 채무자가 중지·취소명령이나 포괄적 금지명령을 받아야 한다.

변제금지 보전처분의 효력은 원칙적으로 채무자에게만 미치고, 채무자의 보증인, 물상보증인 등 제3자에 대하여는 미치지 않는다. 채권자는 언제든지 채무자의 보증인 등 제3자에 대하여 이행청구를 할 수 있다.[8] 그리고 약속어음의 발행인에 대하여 변제금지 보전처분이 내려진 경우 어음 소지인은 배서인을 상대로 상환청구권을 행사할 수 있다. 변제금지 보전처분이 내려진 후 금융기관이 그 보전처분에 따른 지급제한에 따라 수표를 부도 처리한 경우에는 부정수표단속법상의 처벌대상이 되지 아니한다.[9]

유가증권시장 상장규정 제48조 제1항 제11호와 코스닥시장 상장규정 제54조 제1항 제2호는 어음·수표의 부도를 상장폐지 사유로 정하고 있으나 변제금지 보전처분의 지급제한에 따른 어음·수표의 부도는 상장폐지 사유에 해당하지 않는다. 그러므로 도산위기에 처한 상장법인이 상장을 유지하기 위해서는 어음·수표의 만기일이 도래하기 전에 반드시 보전처분을 받아야 한다.

채무자에 대하여 변제금지 보전처분이 내려진 경우 임금 지급을 포함하여 일

---

5) 대법원 2007. 5. 10. 선고 2007다9856 판결.

6) 전대규, 채무자회생법 제5판, 법문사, 2021, 212면; 한민, 미이행쌍무계약에 관한 우리 도산법제의 개선방향, 선진상사법률연구 제53호, 법무부, 2011, 73－76면. 다만, 이 견해에 의하더라도 금전채무불이행의 경우 채무자는 과실 없음을 항변하지 못하므로(민법 제397조), 이행지체로 인한 손해배상책임을 면하기 어려울 것이다. 이 경우 손해배상책임을 면하기 위해서는 법원의 허가를 받아 변제를 하여야 한다.

7) 대법원 1993. 9. 14. 선고 92다12728 판결.

8) 대법원 1993. 8. 24. 선고 93다25363 판결.

9) 대법원 2010. 1. 28. 선고 2009도12457 판결, 대법원 2012. 11. 29. 선고 2012도11242 판결.

체의 변제행위가 금지되기 때문에 보전처분 이후에 임금이나 퇴직금을 지급하지 않았다고 하더라도 근로기준법이나 근로자퇴직급여보장법상의 처벌대상이 되지 아니한다.[10)]

(2) 처분금지 보전처분

처분금지 보전처분이란 채무자의 재산의 산일을 방지하기 위하여 채무자의 재산처분행위를 금지하는 보전처분이다. 금지되는 재산처분행위에는 은닉과 같은 사실상의 처분뿐만 아니라 담보제공, 임대와 같은 법률상의 처분도 포함된다.

보전처분은 채무자의 모든 재산을 대상으로 하여 발령되고 있고, 이로써 채무자의 모든 재산의 처분이 금지된다. 다만 보전처분은 채무자의 재산의 잠정적 유지와 회생에 지장을 주는 재산처분행위를 방지함을 목적으로 한 것이고, 회생절차는 사업의 계속을 전제로 하는 절차이므로, 보전처분이 있었다고 하여 채무자의 계속적이고 정상적인 사업을 가능하게 하는 영업활동에 해당하는 물품납품계약의 이행까지 금지되는 것은 아니다.[11)] 실무상 법원은 보전처분 주문에 "계속적이고 정상적인 영업활동에 해당하는 제품, 원재료 등의 처분행위는 예외"라고 기재하고 있다.

법인 채무자의 경우 처분금지 액수는 통상 회생절차개시결정에서 채무자의 지출행위 중 법원의 허가가 필요한 금액과 동일한 기준으로 정하고 있다(법원의 허가를 필요로 하는 금액의 기준은 실무준칙 제212호 별표 1에서 정하고 있다. 연간 매출액을 기준으로 100억 원 이하는 500만 원, 100억 원 초과 500억 원 이하는 1,000만 원, 500억 원 초과 1,000억 원 이하는 2,000만 원, 1,000억 원 초과 5,000억 원 이하는 3,000만 원, 5,000억 원 초과는 5,000만 원이다).

처분금지 보전처분에 위반한 행위의 효력이 문제 된다. 등기·등록의 대상인 재산에 관하여 처분금지 보전처분이 공시된 이후 그에 위반하여 재산이 처분된 경우에는 양수인을 보호할 필요가 없으므로 그 처분은 무효로 보아야 한다. 처분금지 보전처분이 등기·등록되기 전에 처분되었거나 등기·등록의 대상이 아닌 재산이 처분된 경우에는 상대방이 악의인 경우에만 무효라고 해석된다.[12)]

---

10) 수원지방법원 2016. 4. 21. 선고 2014고단5468 판결.

11) 대법원 1991. 9. 24. 선고 91다14239 판결.

12) 서울회생법원 재판실무연구회, 회생사건실무(상), 박영사, 2019, 103면.

(3) 자금의 차입 금지 보전처분

자금을 차입하는 등의 이유로 채무가 증가하면 채무자의 회생을 저해할 수 있으므로 이를 금지하는 보전처분이다. 단순한 금전 차입뿐만 아니라 어음할인, 융통어음의 발행도 포함한다. 다만 자금의 차입 금지 보전처분이 내려진 경우라도 채무자가 법원의 허가를 얻으면 자금을 차입할 수 있고 그 채권은 공익채권으로 취급된다(제179조 제1항 제12호). 회생절차개시신청 후 법원의 허가를 받아 차입한 자금에 관한 채권은 다른 공익채권보다 우선적으로 변제한다(제180조 제7항).

(4) 채용금지 보전처분

회생절차개시신청을 한 채무자 회사는 불필요한 인원을 감축함으로써 인건비를 절감해야 하는데 임직원을 신규 채용할 경우 인건비 부담의 증가로 효율적인 회생에 장애가 될 수 있으므로 이를 방지하기 위한 보전처분이다. 다만 노무직이나 생산직은 채무자의 회생을 위하여 필수적인 경우가 많으므로 금지대상에서 제외한다.

3. 보전관리인에 의한 관리명령(보전관리명령)

가. 의의

보전관리명령은 회생절차개시신청 이후 법원이 협의의 보전처분 외에 필요하다고 인정하는 때에 보전관리인을 임명하여 채무자로부터 업무수행권과 재산의 관리·처분권을 박탈한 후 이를 보전관리인에게 전속시키도록 명하는 것이다(제43조 제3항). 그런데 채무자회생법이 회생절차개시신청일부터 1월 이내에 법원이 회생절차개시 여부를 결정하여야 한다고 규정하고 있어(제49조 제1항), 보전관리인을 선임할 필요가 있을 경우에는 바로 회생절차개시결정을 하고 관리인을 선임하면 되므로 실무상 보전관리명령을 하는 경우는 드물다.

나. 보전관리인의 선임

법원은 관리위원회와 채권자협의회의 의견을 들어 보전관리인의 직무를 수행함에 적합한 자를 보전관리인으로 선임하여야 한다(제86조 제1항, 제74조). 보전관리명령은 채무자의 기존 경영자로부터 채무자의 업무수행권과 재산의 관리·처분권을 박탈하기 위한 조치이므로 채무자의 기존 경영자를 채무자의 관리인으로 선임하도록 하는 제74조 제2항은 준용되지 않는다. 따라서 보전관리명령을 발하는 경우에는 특별한 사정이 없는 한 기존 경영자 이외의 제3자를 보전관리인으로 선임할 수 있다.

다. 보전관리인의 지위

보전관리명령이 있는 때에는 회생절차개시결정 전까지 채무자의 업무수행권과 재산의 관리·처분권은 보전관리인에게 전속한다(제85조). 채무자의 기존 대표이사, 이사, 감사 등 임원은 업무수행권과 재산의 관리·처분권을 상실하고, 주주총회나 이사회를 소집하거나 개최하는 등의 권한만을 갖게 된다.

보전관리인은 정당한 사유가 있는 때에는 법원의 허가를 받아 사임할 수 있고, 법원은 보전관리인을 해임할 수 있다(제86조 제1항, 제83조 제1항, 제2항). 회생절차개시결정이 있으면 보전관리인의 지위는 당연히 소멸한다.

라. 보전관리명령이 소송절차 등에 미치는 영향

보전관리명령이 내려진 경우 채무자의 재산에 관한 소송에서는 보전관리인이 당사자가 된다(제86조 제1항, 제78조). 보전관리명령이 내려진 경우 채무자의 재산에 관한 소송절차는 중단되고, 보전관리인 또는 상대방이 이를 수계할 수 있다(제86조 제2항, 제59조 제1항, 제2항).

마. 보전처분에 반하는 행위의 효력

보전처분이 내려지면 채무자의 처분행위 등이 금지되는데 보전관리인은 채무자의 업무수행권과 재산의 관리·처분권을 행사하는 기관이므로 보전처분의 효력을 받는다.[13] 실무상 보전처분에서 금지하는 행위를 보전관리인이 법원의 허가를 받아 할 수 있는 행위로 다시 정하고 있고, 그 밖의 사항도 법원의 허가를 받아 한 행위는 유효한 것으로 본다. 보전관리인이 보전처분이 금지하는 행위를

13) 임채홍·백창훈, 회사정리법(상) 제2판, 한국사법행정학회, 2002, 255면.

법원의 허가를 받지 않고 한 경우 그 행위는 무효이나, 선의의 제3자에게는 대항하지 못한다(제86조 제1항, 제61조 제3항).

4. 보전처분 결정의 효력

협의의 보전처분 결정은 채무자에게 고지된 때에 효력이 발생하고, 보전관리명령은 채무자와 보전관리인에게 고지된 때에 효력이 발생한다. 처분대상인 채무자의 재산에 속하는 권리로서 등기·등록된 것에 관하여 협의의 보전처분이 있는 때에는 법원사무관 등은 직권으로 지체 없이 그 보전처분의 등기·등록을 촉탁하여야 한다(제24조 제1항 제2호, 제27조). 법인인 채무자에 대하여 보전관리명령의 처분이 있는 때에는 법원사무관 등은 직권으로 지체 없이 채무자의 각 사무소 및 영업소의 소재지의 등기소에 그 처분의 등기를 촉탁하여야 한다(제23조 제2항).

보전처분을 위반한 채무자의 행위는 상대방이 채무자에 대하여 보전처분이 내려진 것을 몰랐던 경우에는 유효이지만, 보전처분이 내려진 것을 안 경우에는 무효이다.

5. 보전처분의 변경 · 취소 · 실효

법원은 회생절차개시결정 또는 회생절차개시신청의 각하 및 기각결정이나 회생절차개시신청의 취하허가에 이르기까지 언제든지 관리위원회의 의견을 들어 보전처분을 변경 또는 취소할 수 있다(제43조 제4항). 법원이 보전처분을 변경 또는 취소하거나 회생절차개시결정,[14] 회생절차개시신청의 각하 내지 기각결정, 회생절차개시신청의 취하허가결정이 있는 경우 보전처분은 실효된다.

---

14) 보전처분이 있은 후 회사정리절차개시의 결정이 있으면 그때부터는 회사사업의 경영과 재산의 관리·처분권은 관리인에게 전속하게 되고, 또 이해관계인의 회사에 대한 개별적인 권리행사가 허용되지 않게 되므로 이로써 보전처분은 그 목적을 달성하여 별도의 취소결정이 없더라도 당연히 그 효력이 소멸한다고 보아야 한다(대법원 1991. 2. 8. 선고 90다카23387 판결).

6. 보전처분에 대한 불복

협의의 보전처분결정과 보전관리명령 및 그의 변경·취소 결정, 보전처분신청 기각결정에 대하여는 즉시항고를 할 수 있다(제43조 제6항). 협의의 보전처분결정, 협의의 보전처분결정의 변경·취소 결정, 보전처분신청 기각결정에 대한 항고기간은 결정의 고지가 있은 날, 즉 결정정본 송달일부터 1주일 이내이다(제33조, 민사소송법 제444조). 공고가 필요한 보전관리명령과 보전관리명령의 변경·취소 결정에 대한 항고기간은 공고가 있은 날부터 14일이다(제13조 제2항). 이러한 즉시항고에는 집행정지의 효력이 없다(제43조 제7항).

㈜대한의 보전처분신청서

보전처분신청서

사　　건　20×0회합100001 회생
신청인 겸　주식회사 대한
채 무 자　서울 ○○구 ○○대로 ○○○
대표이사 김민국
신청인의 대리인 변호사 ○○○
서울 ○○구 ○○대로 ○○○
전화 : 02－123－4567 팩스 : 02－123－4568

신 청 취 지

이 사건에 관하여 회생절차개시신청에 대한 결정이 있을 때까지 채무자는 아래 1. 내지 4.의 각 행위를 하여서는 아니 된다. 다만 미리 법원의 허가를 받았을 때에는 그 제한을 받지 아니한다.

1. 이 사건 보전처분결정 이전의 원인으로 생긴 일체의 금전채무에 관한 변

제 또는 담보제공

2. 부동산, 자동차, 중기, 특허권 등 등기 또는 등록의 대상이 되는 채무자 소유의 일체의 재산 및 금 10,000,000원 이상의 기타 재산에 관한 소유권의 양도, 담보권·임차권의 설정 기타 일체의 처분(그러나 계속적이고 정상적인 영업활동에 해당하는 제품, 원재료 등의 처분행위는 예외)
3. 명목 여하를 막론한 일체의 자금의 차입(어음할인 포함)
4. 노무직, 생산직을 제외한 임직원의 채용.

는 재판을 구합니다.

신 청 원 인

회생절차개시신청서 신청원인 Ⅰ.항(신청인 회사의 개요) 내지 Ⅴ.항(채무상환계획의 이행 가능성)을 원용합니다.

Ⅵ. 결어

신청인 회사는 채무자 회생 및 파산에 관한 법률 제34조 제1항의 회생절차개시원인이 존재하고 갱생의 가치가 있어 회생절차개시신청을 하였습니다. 신청인 회사의 효율적 회생을 위하여 회생절차개시신청에 대한 결정이 있을 때까지 채무자의 재산처분 등을 제한할 필요가 있으므로 이 사건 신청을 합니다.

소 명 방 법

회생절차개시신청서에 첨부한 별지와 소명방법을 원용합니다.

20×0. 2. 15.

신청인의 대리인

변호사 ○ ○ ○

서울회생법원 귀중

Ⅲ. 중지명령, 취소명령

1. 중지명령

가. 의의

법원은 회생절차개시의 신청이 있는 경우 필요하다고 인정하는 때에는 이해관계인의 신청에 의하거나 직권으로 회생절차개시의 신청에 대한 결정이 있을 때까지 ① 채무자에 대한 파산절차, ② 회생채권 또는 회생담보권에 기한 강제집행, 가압류, 가처분 또는 담보권실행을 위한 경매절차(이하 '회생채권 또는 회생담보권에 기한 강제집행 등')로서 채무자의 재산에 대하여 이미 행하여지고 있는 것, ③ 채무자의 재산에 관한 소송절차, ④ 채무자의 재산에 관하여 행정청에 계속되어 있는 절차, ⑤ 국세징수법 또는 지방세징수법에 의한 체납처분, 국세징수의 예(국세 또는 지방세 체납처분의 예 포함)에 의한 체납처분 또는 조세채무담보를 위하여 제공된 물건의 처분의 중지를 명할 수 있다(제44조 제1항). 이러한 명령을 '중지명령'이라 한다.

중지명령은 보전처분과 마찬가지로 채무자의 재산의 산일을 방지하는 것을 목적으로 하는 제도이다. 다만 채무자의 재산의 산일을 방지하기 위하여 보전처분은 채무자의 일정한 행위를 제한함에 반해 중지명령은 회생채권자와 회생담보권자의 권리행사를 금지한다는 점에서 차이가 있다.

나. 중지명령의 신청권자

이해관계인의 신청이나 법원의 직권으로 발령한다.

다. 중지명령의 요건

(1) 필요하다고 인정하는 때

필요하다고 인정하는 때란 강제집행 등 절차를 중지하지 않고 계속 진행하면 채무자의 효율적인 회생을 저해하는 경우로서, 채무자 영업의 계속에 장애를 가져오거나, 개별 채권자의 권리만 충족되어 총채권자 사이의 형평을 해하는 경우를 의미한다.[15] 이는 회생절차개시의 요건을 포함하는 개념이므로,[16] 회생절차개시신청이 기각될 가능성이 높다면 이 요건이 충족된다고 보기 어려울 것이다.

(2) 부당한 손해를 끼칠 염려가 없을 것

회생채권 또는 회생담보권에 기한 강제집행 등의 경우 회생채권자 또는 회생담보권자에게 부당한 손해를 끼칠 염려가 없어야 한다(제44조 제1항 단서). 부당한 손해란 그 절차의 중지에 의하여 보호되는 채무자의 이익보다 중지로 인하여 입는 채권자의 손해가 과도하게 큰 경우를 가리킨다. 구체적으로 강제집행을 하지 못하면 채권자 자신이 도산할 우려가 있는 경우,[17] 채무자의 회생절차개시신청이 불성실하기 때문에 중지명령을 하게 되면 채권자에게 불필요한 손해를 주게 되는 경우[18]가 이에 해당한다.

(3) 징수권자의 의견을 들을 것

국세징수법 또는 지방세징수법에 의한 체납처분, 국세징수의 예(국세 또는 지방세 체납처분의 예 포함)에 의한 체납처분 또는 조세채무담보를 위하여 제공된 물건의 처분의 중지를 명하는 경우에는 징수권자의 의견을 들어야 한다(제44조 제1항 제5호 후문).

라. 중지명령의 대상

(1) 파산절차

채무자의 재산을 공정하게 환가·배당하는 것을 목적으로 하는 파산절차는 채무자의 회생을 목적으로 하는 회생절차와 양립할 수 없다. 파산절차는 회생절차가 개시되면 당연히 중지되지만(제58조 제2항 제1호), 그 이전에 채무자의 재산이 파산절차에서의 환가·배당에 의하여 산일될 수 있기 때문에 이를 방지하기 위하여 회생절차개시신청 단계에서 파산절차를 중지시킬 수 있도록 하고 있는 것

15) 주석 채무자회생법 제44조(백숙종 집필), 한국사법행정학회, 2021.
16) 노영보, 도산법 강의, 박영사, 2018, 104면.
17) 노영보, 도산법 강의, 박영사, 2018, 104면.
18) 전병서, 도산법 제4판, 박영사, 2019, 490면.

이다.[19]

(2) 회생채권 또는 회생담보권에 기한 강제집행 등

회생채권 또는 회생담보권에 기한 강제집행 등을 중지할 수 있다. 채권질권자의 직접 추심(민법 제353조), 질물에 의한 변제충당(민법 제338조), 양도담보권의 실행행위,[20] 대물변제예약에 의한 가등기담보권자의 예약완결 등도 중지할 수 있다고 해석된다.[21]

하도급거래 공정화에 관한 법률 제14조 제1항[22]에 의한 수급사업자의 발주자에 대한 하도급대금 직접지급청구는 회생채권에 기한 강제집행에 해당하지 않으므로,[23] 중지명령의 대상이 될 수 없다. 환취권이나 공익채권에 기한 강제집행 등도 중지할 수 없다.

(3) 채무자의 재산에 관한 소송절차

채무자의 재산에 관한 소송절차를 중지할 수 있다. 재산에 관한 소송인 이상, 회

---

19) 노영보, 도산법 강의, 박영사, 2018, 100면.

20) 대법원 2011. 5. 26. 선고 2009다90146 판결.

21) 노영보, 도산법 강의, 박영사, 2018, 103면.

22) **하도급거래 공정화에 관한 법률 제14조 제1항**
발주자는 다음 각 호의 어느 하나에 해당하는 사유가 발생한 때에는 수급사업자가 제조·수리·시공 또는 용역수행을 한 부분에 상당하는 하도급대금을 그 수급사업자에게 직접 지급하여야 한다.
1. 원사업자의 지급정지·파산, 그 밖에 이와 유사한 사유가 있거나 사업에 관한 허가·인가·면허·등록 등이 취소되어 원사업자가 하도급대금을 지급할 수 없게 된 경우로서 수급사업자가 하도급대금의 직접 지급을 요청한 때
2. 발주자가 하도급대금을 직접 수급사업자에게 지급하기로 발주자·원사업자 및 수급사업자 간에 합의한 때
3. 원사업자가 제13조 제1항 또는 제3항에 따라 지급하여야 하는 하도급대금의 2회분 이상을 해당 수급사업자에게 지급하지 아니한 경우로서 수급사업자가 하도급대금의 직접 지급을 요청한 때
4. 원사업자가 제13조의2 제1항 또는 제2항에 따른 하도급대금 지급보증 의무를 이행하지 아니한 경우로서 수급사업자가 하도급대금의 직접 지급을 요청한 때

23) 대법원 2007. 6. 28. 선고 2007다17758 판결. 이러한 법리는 하도급거래 공정화에 관한 법률 제14조 제1항과 동일한 취지의 건설산업기본법 제35조 제2항에 의한 하수급인의 발주자에 대한 하도급대금 직접지급청구에도 동일하게 적용될 수 있다.

생채권 또는 회생담보권으로 될 채권에 관한 소송뿐만 아니라 공익채권에 관한 소송, 채무자가 당사자로 되지 않은 채권자대위소송, 채권자취소소송도 중지할 수 있다. 이러한 점에서 제2호의 강제집행 등과 구별된다. 재산에 관한 소송이 아닌 해산의 소, 설립무효의 소, 주주총회결의 무효의 소, 합병무효의 소 등은 중지할 수 없다.

(4) 채무자의 재산에 관하여 행정청에 계속되어 있는 절차

조세심판원에 계속 중인 사건, 특허청에 계속 중인 심판절차, 공정거래위원회에 계속 중인 심판사건, 행정심판법에 의한 불복신청사건, 노동위원회에 계속 중인 심사·알선·조정·중재 등 사건[24] 등이 이에 해당한다.

(5) 체납처분·조세담보물의 처분

제44조 제1항 제5호의 '국세징수법 또는 지방세징수법에 의한 체납처분'은 관세 기타 특별한 법률에 의하여 규정된 것 이외의 국세 또는 지방세가 체납된 경우에 세무공무원이 체납자의 재산에 대하여 행하는 조세징수를 위한 강제처분을 말한다. '국세징수의 예(국세 또는 지방세 체납처분의 예 포함)에 의한 체납처분'은 공법상의 금전지급채무의 강제이행에 있어서와 같이 국세징수법 등이 정하는 바에 의하여 행하는 강제적인 징수행위를 말한다. '조세채무담보를 위하여 제공된 물건의 처분'은 조세징수권자가 징수를 확보하기 위하여 필요하다고 인정하여 제공을 명한 담보물건에 관하여 조세를 납기 내에 완납하지 않은 것 등을 이유로 이를 환가하여 조세에 충당하는 처분을 말한다. 이 경우 징수의 권한을 가진 자의 의견을 들어야 한다. 다만 의견을 듣는 것으로 족하고 동의를 얻을 것까지 요구하는 것은 아니다.

포괄적 금지명령이 내려진 경우에도 체납처분은 중지되지 않으므로(제45조 제3항), 체납처분의 중지가 필요한 경우 별도로 중지명령을 신청하여야 한다.

마. 중지명령의 효력

중지명령이 내려진 절차는 그 상태에서 동결되어 더 이상 진행할 수 없다. 중지명령의 효력은 절차를 계속 진행하는 것을 금지하는 것에 그치므로 새로이 동

24) 노영보, 도산법 강의, 박영사, 2018, 103면.

종의 절차에 대한 개시신청을 하는 것까지 금지할 수는 없다. 새로운 절차의 개시신청을 금지하기 위하여는 포괄적 금지명령을 신청하여야 한다(제45조). 중지명령에 반하여 진행된 절차는 무효이나, 집행 또는 집행행위의 외관을 제거하기 위해서는 즉시항고 등을 제기하여야 한다.

중지명령은 집행의 일시적 정지를 명하는 재판이므로, 중지명령정본은 민사집행법 제49조 제2호의 '강제집행의 일시정지를 명한 취지를 적은 재판의 정본'에 해당한다. 따라서 집행을 정지시키기 위하여는 채무자가 중지명령정본을 집행기관에 제출하여야 한다.

중지명령의 효력은 회생절차개시신청에 대한 결정이 있을 때까지 존속한다. 회생절차개시결정이 있으면 제58조 제2항, 제3항, 제59조에 의하여 파산절차 등이 중지된다.

바. 중지명령의 변경 · 취소 및 불복

법원은 중지명령을 변경하거나 취소할 수 있다(제44조 제3항). 중지명령에 대하여는 즉시항고할 수 없다(제13조).

2. 취소명령

가. 의의

법원은 채무자의 회생을 위하여 특히 필요하다고 인정하는 때에는 채무자(보전관리인이 선임되어 있는 때에는 보전관리인)의 신청에 의하거나 직권으로 중지된 회생채권 또는 회생담보권에 기한 강제집행 등의 취소를 명할 수 있다(제44조 제4항). 이러한 명령을 '취소명령'이라 한다.

매출채권 또는 예금반환채권에 대하여 가압류 등 강제집행이 이루어져 운영자금으로 사용할 수 없거나, 원자재나 상품 재고에 대하여 강제집행이 이루어져 생산공정을 진행하지 못하거나 상품을 판매할 수 없는 경우 채무자는 사업에 큰 타격을 받게 된다. 이 경우 제58조 제5항에 의하여 강제집행을 취소할 수 있으나 이는 회생절차개시결정 이후에야 가능하다. 회생절차개시결정 이전에 채무자의 사업에 대한 장애를 제거하기 위한 제도가 제44조 제4항의 취소명령이다. 그러나 실무상 통상 1월 이내에 회생절차개시 여부가 결정되는데 취소명령 발령 이후 회생절차개시신청이 기각되는 경우 채권자가 부당한 손해를 입게 되므로 법원은 취소명령 발령 여부를 신중하게 결정하고 있다.

나. 취소명령의 요건

(1) 신청권자

채무자(보전관리인이 선임되어 있는 때에는 보전관리인)의 신청에 의하거나 직권으로 발령한다.

(2) 채무자의 회생을 위하여 특히 필요하다고 인정하는 때

취소명령이 내려진 이후 회생절차개시신청이 기각될 경우 채권자가 회복할 수 없는 손해를 입게 되므로 채무자의 회생을 위하여 '특히 필요한 경우'에 취소명령을 발령할 수 있도록 하고 있다. 채무자의 회생을 위하여 특히 필요하다고 인정하는 때란 강제집행 등이 유지될 경우 채무자의 회생이라는 목적을 달성하기 어려운 경우를 말한다.[25)]

(3) 담보제공 여부

법원은 회생채권자 또는 회생담보권자가 손해를 입는 것을 방지하기 위하여 필요한 경우 담보를 제공하게 할 수 있다(제44조 제4항 후문).

다. 취소명령의 대상

취소대상은 회생채권 또는 회생담보권에 기하여 채무자의 재산에 대하여 행하여진 강제집행, 가압류, 가처분 또는 담보권실행을 위한 경매절차이다. 강제집행 등을 취소하기 위해서는 먼저 중지명령에 의하여 위와 같은 절차가 중지되어 있어야 한다. 강제집행 등에 대한 중지명령 없이 바로 취소명령을 하는 것은 허용되지 않는다.

---

25) 서울회생법원 재판실무연구회, 회생사건실무(상), 박영사, 2019, 119면.

라. 취소명령의 효력

강제집행 등은 소급하여 그 효력을 잃는다. 취소명령에 대하여는 즉시항고할 수 없다(제13조).

Ⅳ. 포괄적 금지명령

1. 의의

법원은 회생절차개시의 신청이 있는 경우 중지명령에 의하여는 회생절차의 목적을 충분히 달성하지 못할 우려가 있다고 인정할 만한 특별한 사정이 있는 때에는[26] 이해관계인의 신청에 의하거나 직권으로 회생절차개시신청에 대한 결정이 있을 때까지 모든 회생채권자 및 회생담보권자에 대하여 회생채권 또는 회생담보권에 기한 강제집행 등의 금지를 명할 수 있다(제45조 제1항). 이러한 명령을 '포괄적 금지명령'이라 한다.

실무상 법원은 채권자의 수가 적거나 개별적인 중지명령으로 충분하다고 인정되는 예외적인 경우를 제외하고는 대부분의 사건에서 보전처분과 함께 포괄적 금지명령을 발령하고 있다.

포괄적 금지명령에 의하여 금지 또는 중지되는 것은 회생채권 또는 회생담보권에 기한 강제집행, 가압류, 가처분 또는 담보권실행을 위한 경매절차이다. 국세징수법 또는 지방세징수법에 의한 체납처분, 국세징수의 예에 의한 체납처분, 조세채무담보의 목적으로 제공된 물건의 처분은 포괄적 금지명령에 의해서도 절차의 진행이 금지·중지되지 않으므로(제45조 제1항, 제3항), 필요한 경우 별도로 중지명령을 받아야 한다.

---

26) 채무자의 재산과 채권자들이 전국에 산재해 있는 상황에서 채권자들이 동시다발적으로 강제집행을 신청할 경우 모든 강제집행에 대하여 일일이 중지명령으로 대응하는 것은 업무량의 폭증을 야기한다. 이는 채무자의 사업의 수행에 지장을 초래하여 채무자의 효율적 회생이라는 채무자회생법의 목적을 달성하지 못하는 결과로 이어질 수 있다.

2. 포괄적 금지명령의 요건

가. 이해관계인의 신청 또는 직권

포괄적 금지명령은 이해관계인의 신청 또는 직권으로 발령한다. 신청인은 통상 회생절차개시신청을 할 때 보전처분과 포괄적 금지명령을 함께 신청한다.

나. 채무자의 주요한 재산에 관하여 보전처분 또는 보전관리명령이 이미 행하여 졌거나 포괄적 금지명령과 동시에 보전처분 또는 보전관리명령을 행할 것

포괄적 금지명령에 의하여 채권자의 권리행사가 제한되는데도 채무자가 재산의 관리 · 처분에 관하여 아무런 제한을 받지 않는다면 채무자에 의한 재산 산일의 위험은 여전히 남게 되고 형평에도 어긋난다. 따라서 보전처분 또는 보전관리명령으로 업무 및 재산에 관한 채무자의 행위에 제한을 가하는 것을 포괄적 금지명령의 요건의 하나로 정하고 있다.

다. 중지명령에 의하여는 회생절차의 목적을 충분히 달성하지 못할 우려가 있다고 인정할 만한 특별한 사정이 있을 것

중지명령에 의하여는 회생절차의 목적을 충분히 달성하지 못할 우려가 있다고 인정할 만한 특별한 사정이 있는지 여부는 구체적 사건에서 여러 사정을 종합하여 판단하여야 한다. 채무자의 재산이 여러 곳에 흩어져 있고 채권자도 전국적으로 퍼져 있거나,[27] 채권자가 어떠한 자산에 대해 어떠한 권리행사를 할 것인지 알 수 없고 집행권원을 가진 채권자가 상당수 존재하는 경우[28] 등이 이에 해당할 것이다.

실무상 개별적 중지명령보다 포괄적 금지명령을 발령하는 것이 채권자들 사이의 형평을 해할 우려가 적고 실무 처리도 간명한 점, 채무자의 재산에 대한 보전처분이 발령되는 경우 이에 대응하여 채권자들의 권리행사를 포괄적으로 금지하는 것이 회생절차의 원활한 진행을 위해 필요한 경우가 많은 점, 회생절차

---

27) 김형두, 통합도산법의 과제와 전망 Ⅱ, 저스티스 통권 제85호, 한국법학원, 2005, 32면.
28) 서울회생법원 재판실무연구회, 회생사건실무(상), 박영사, 2019, 122면.

개시신청 후 회생절차개시결정 시까지의 기간이 그다지 길지 않아 포괄적 금지명령이 회생절차개시 전 채권자들의 권리행사를 부당하게 제한한다고 볼 경우가 많지 않은 점, 필요한 경우 개별 채권자에 대한 포괄적 금지명령을 배제하는 결정을 할 수 있는 점 등을 이유로 법원은 포괄적 금지명령을 발령할 수 있는 특별한 사정을 넓게 해석하고 있다.[29]

3. 포괄적 금지명령의 대상

포괄적 금지명령의 대상은 회생채권 또는 회생담보권에 기한 강제집행, 가압류, 가처분 또는 담보권실행을 위한 경매절차이다. 양도담보권의 실행행위는 회생담보권에 기한 강제집행에 포함된다.[30] 환취권이나 공익채권으로 될 채권에 기한 강제집행 등은 금지의 대상이 아니다. 체납처분이나 조세채무담보를 위하여 제공된 물건의 처분도 포괄적 금지명령의 대상이 아니다.[31]

4. 포괄적 금지명령의 효력

가. 효력발생 시점

포괄적 금지명령은 채무자에게 결정서가 송달된 때부터 효력이 발생한다(제46조 제2항). 채권자가 아니라 채무자에게 송달된 때를 효력발생 시점으로 한 것은 회생절차 초기 단계에서 모든 채권자들을 파악하기 어렵고, 채권자에게 송달된 때를 효력발생 시점으로 하게 되면 채권자마다 송달 시점이 다를 경우 포괄적 금지명령의 효력의 발생 시점이 달라져 법률관계가 복잡해지기 때문이다.

나. 강제집행 등의 금지 · 중지

회생채권자 등은 채무자의 모든 재산에 대하여 회생채권 또는 회생담보권에

29) 서울회생법원 재판실무연구회, 회생사건실무(상), 박영사, 2019, 122면.

30) 대법원 2011. 5. 26. 선고 2009다90146 판결.

31) 이에 대하여는 입법론적으로 문제라는 비판이 있다. 일본 회사갱생법은 국세체납처분 등도 포괄적 금지명령의 대상으로 하고 있다.

기한 강제집행 등을 할 수 없다(제45조 제1항). 채무자의 재산에 대하여 이미 행하여진 강제집행 등은 당연히 중지된다(제45조 제3항). 포괄적 금지명령에 반하여 이루어진 회생채권에 기한 보전처분이나 강제집행은 무효이고, 회생절차폐지결정에는 소급효가 없으므로, 이와 같이 무효인 보전처분이나 강제집행 등은 사후적으로 회생절차폐지결정이 확정되더라도 여전히 무효이다.[32)]

포괄적 금지명령은 중지명령과 달리 채무자의 재산의 산일 방지와 채권자 사이의 형평을 도모함으로써 회생절차의 목적을 달성하기 위하여 이를 획일적으로 정한 법률의 규정에 따라 발생하는 것으로 법정의 집행장애사유에 해당하므로 별도로 그 정본을 제출하지 않더라도 집행법원에 대하여 당연히 그 효력이 미친다.[33)]

다. 시효의 정지

포괄적 금지명령이 있는 때에는 그 명령이 효력을 상실한 날의 다음 날부터 2월이 경과하는 날까지 회생채권 및 회생담보권에 대한 시효는 완성되지 아니한다(제45조 제8항).

라. 취소명령

법원은 채무자의 사업의 계속을 위하여 특히 필요하다고 인정하는 때에는 채무자(보전관리인이 선임되어 있는 때에는 보전관리인)의 신청에 의하여 포괄적 금지명령에 따라 중지된 강제집행 등의 취소를 명할 수 있다. 이 경우 법원은 채무자에게 담보를 제공하게 할 수 있다(제45조 제5항). 취소명령은 강제집행 등의 중지보다 채권자의 권리를 침해할 위험이 크기 때문에 담보를 제공할 수 있게 한 것이다.

5. 포괄적 금지명령 등에 대한 불복

포괄적 금지명령, 이를 변경하거나 취소하는 결정, 중지된 강제집행 등의 취소명령에 대하여는 즉시항고를 할 수 있다(제45조 제6항). 이러한 즉시항고에는

32) 대법원 2016. 6. 21.자 2016마5082 결정.

33) 서울고등법원 2013. 6. 28. 선고 2013나12442 판결.

집행정지의 효력이 없다(제45조 제7항).

6. 포괄적 금지명령의 적용 배제

가. 의의

법원은 포괄적 금지명령이 있는 경우 회생채권 또는 회생담보권에 기한 강제집행 등의 신청인인 회생채권자 또는 회생담보권자에게 부당한 손해를 끼칠 우려가 있다고 인정하는 때에는 그 회생채권자 또는 회생담보권자의 신청에 의하여 그 회생채권자 또는 회생담보권자에 대하여 결정으로 포괄적 금지명령의 적용을 배제할 수 있다(제47조 제1항 전문). 포괄적 금지명령이 내려지면 회생채권자 등의 권리가 크게 제약되므로 그 적용 배제에 관한 사후적 구제수단을 두고 있는 것이다.

부당한 손해를 끼칠 우려가 있는 경우란 포괄적 금지명령에 의하여 채무자 및 다른 채권자 등 이해관계인이 받게 될 이익보다 그 절차의 신청인인 회생채권자 등이 입을 손해가 현저히 큰 경우를 말한다. 회생채권자 등이 도산할 우려가 있거나, 담보목적물이 채무자의 회생을 위하여 직접적으로 필요하지 않은 반면 담보목적물의 가치가 감소할 가능성이 높은 경우 등이 이에 해당한다. 반면 통상의 손해, 예컨대 이행의 지연에 의한 재투자 기회의 상실에 의한 손해 등은 채권자가 수인해야 할 것으로 적용배제를 인정할 사유가 되지 못한다.[34]

적용이 배제된 회생채권자 또는 회생담보권자는 채무자의 재산에 대하여 회생채권 또는 회생담보권에 기한 강제집행 등을 할 수 있으며, 포괄적 금지명령이 있기 전에 그 회생채권자 또는 회생담보권자가 행한 회생채권 또는 회생담보권에 기한 강제집행 등의 절차는 속행된다(제47조 제1항 후문).

나. 시효의 정지

포괄적 금지명령의 적용 배제 결정을 받은 회생채권자 또는 회생담보권자에 대한 소멸시효 정지의 기산점은 '포괄적 금지명령이 효력을 상실한 날'이 아니

34) 노영보, 도산법 강의, 박영사, 2018, 108면.

라 '포괄적 금지명령의 적용 배제 결정이 있은 날'이다(제47조 제2항). 그러므로 포괄적 금지명령의 적용 배제 결정을 받은 회생채권자 또는 회생담보권자에 대하여는 그 결정일로부터 2월이 경과하는 날까지 시효가 정지된다.

㈜대한의 포괄적 금지명령 신청서

포괄적금지명령신청서

사　　건　　20×0회합100001 회생
신청인 겸　　주식회사 대한
채 무 자　　서울 ○○구 ○○대로 ○○○
대표이사 김민국
신청인의 대리인 변호사 ○○○
서울 ○○구 ○○대로 ○○○
전화 : 02－123－4567 팩스 : 02－123－4568

신 청 취 지

이 사건에 관하여 회생절차개시신청에 대한 결정이 있을 때까지, 모든 회생채권자 및 회생담보권자에 대하여 회생채권 또는 회생담보권에 기한 강제집행, 가압류, 가처분 또는 담보권실행을 위한 경매절차를 금지한다.
는 재판을 구합니다.

신 청 원 인

회생절차개시신청서 신청원인 Ⅰ.항(신청인 회사의 개요) 내지 Ⅴ.항(채무상환계획의 이행 가능성)을 원용합니다.

Ⅵ. 결어

신청인 회사는 채무자 회생 및 파산에 관한 법률 제34조 제1항에서 정한 회생절차개시원인이 존재하고 갱생의 가치가 있어 회생절차개시신청을 하였습니다. 신청인 회사에는 채권자들의 권리행사에 대하여 채무자 회생 및 파산에 관한 법률 제44조 제1항의 규정에 의한 중지명령에 의하여는 회생절차의 목적을 충분히 달성하지 못할 우려가 있다고 인정할 만한 특별한 사정이 있으므로 이 사건 신청을 합니다.

소 명 방 법

회생절차개시신청서에 첨부한 별지와 소명방법을 원용합니다.

20×0. 2. 15.
신청인의 대리인
변호사 ○ ○ ○

서울회생법원 귀중

제5장
회생절차개시결정

Ⅰ. 회생절차개시신청 취하

회생절차개시의 신청을 한 자는 회생절차개시결정 전에 한하여 그 신청을 취하할 수 있다(제48조 제1항).[1] 회생절차개시결정이 내려진 이후에는 회생절차개시신청을 취하할 수 없다. 회생절차개시결정이 내려지면 확정을 기다리지 않고 그 시점부터 채무자의 업무수행권과 재산의 관리 · 처분권이 관리인에게 이전되고, 파산절차, 회생채권 또는 회생담보권에 기한 강제집행 등이 금지 · 중지되는 등 이해관계인의 법률관계에 근본적인 변동이 생기는데(제49조 제3항), 그 후 회생절차개시신청 취하를 인정할 경우 이해관계인의 법적 지위에 심대한 불안을 야기할 수 있기 때문이다. 회생절차개시결정 전이라고 하더라도 보전처분, 보전관리명령, 중지명령, 포괄적 금지명령 등의 결정이 있은 후에는 법원의 허가를 받지 아니하면 회생절차개시신청 및 보전처분신청을 취하할 수 없다(제48조 제2항). 이는 신청인이 보전처분, 보전관리명령을 통해 채무 변제유예의 효과를 누리거나 중지명령, 포괄적 금지명령을 통해 회생채권 또는 회생담보권에 기한 강제집행 등을 금지 · 중지시켜 일시적 위기를 넘긴 다음 회생절차개시신청을 취하하는 방식으로 제도를 악용하는 것을 막기 위한 것이다.[2]

---

1) 회생절차개시신청이 각하 또는 기각되어 사건이 항고심에 계속 중인 때에는 취하가 가능하나, 회생절차개시결정에 대한 즉시항고에 의하여 항고심에 계속됨으로 인하여 회생절차개시결정이 미확정이라고 하더라도 취하는 불가능하다(노영보, 도산법 강의, 박영사, 2018, 94면).

2) 서울회생법원 재판실무연구회, 회생사건실무(상), 박영사, 2019, 129면.

법원은 채권자나 주주 등 이해관계인의 의사, 회생절차개시신청 이후 신청인이 취하를 신청할 만한 사정이 발생하였는지 여부,[3] 회생절차진행이 채무자뿐만 아니라 채권자 등 이해관계인 모두의 이익에 부합하는지 여부 등 여러 가지 사정을 종합하여 취하 허가 여부를 결정한다.[4] 보전처분 등이 있은 후 법원이 회생절차개시신청의 취하신청을 허가하면 보전처분 등은 즉시 실효된다.

Ⅱ. 회생절차개시신청 기각결정

1. 기각사유

가. 회생절차개시원인의 부존재

제34조 제1항의 회생절차개시원인이 존재하지 않는 경우 개시신청이 기각된다.

나. 필요적 기각사유의 존재

제42조의 필요적 기각사유가 존재하는 경우 개시신청이 기각된다.

(1) 회생절차의 비용을 미리 납부하지 아니한 경우(제1호)

회생절차개시신청이 있으면 법원은 일정한 기간을 정하여 비용예납을 명하는데 그 기간 내에 비용을 예납하지 않으면 개시신청이 기각된다.

3) 회생절차를 진행하기 위해 관계유지가 필수적인 주요 거래처와의 관계가 신청 이후 극도로 악화된 경우, 주요 현장의 도급인이 타절 정산을 요구하는 경우, 신청 이후 근로자들이 조업을 거부하는 경우, 연구개발 중심기업의 핵심 기술인력이 퇴사한 경우, 보증기관이 보증서 발급을 거부하는 경우 등에는 취하를 신청할 만한 사유가 발생한 것으로 볼 수 있을 것이다(윤덕주, 사례중심 기업회생, 박영사, 2019, 181면).

4) 주석 채무자회생법 제48조(백숙종 집필), 한국사법행정학회, 2021.

(2) 회생절차개시신청이 성실하지 아니한 경우(제2호)[5]

(가) 채무자의 회생이 아닌 다른 목적으로 회생절차개시신청을 한 경우

채권자가 회생절차개시신청을 하면서 신청의 취하를 교환조건으로 하여 자신의 채권을 우선적으로 만족하려고 하거나 금전 기타의 이익을 강요할 목적으로 신청하는 것과 같이 채무자의 회생이 아닌 다른 목적으로 회생절차개시신청을 한 경우,[6] 채권자 일반의 이익을 고려하지 않은 채 특정 채권자나 주주에게 유리한 인수계약 등을 통해 채무자의 인수를 확정하는 등 공정·형평의 원칙에 맞게 이해관계인의 이익을 두루 고려해야 하는 회생절차의 근본취지에 반하는 경우[7] 등을 예로 들 수 있다.

채무자의 회생을 통한 채무변제를 위해 회생절차에서 대주주와 경영진을 교체할 수 있는데 이러한 방법은 일반 민사집행절차에서는 기대할 수 없는 도산절차의 특색이므로 미지급 임금채권을 가진 종업원이 대주주 및 경영자의 교체를 주된 목적으로 회생절차개시신청을 하였다고 하여 이를 신청이 성실하지 않은 경우라고 단언할 수는 없다.[8]

(나) 회생절차의 부수적 효과만을 목적으로 회생절차개시신청을 한 경우

일시적으로 다른 절차의 중지명령, 보전처분을 받아 시간을 확보한 다음 자금을 융통하고 신청을 취하하려는 경우, 부정수표단속법위반죄로 처벌받지 않기 위해 회생절차개시신청을 하는 경우 등을 예로 들 수 있다.[9]

---

5) 구 회사정리법 제38조가 규정하고 있던 기각사유 중 "2. 채권자 또는 주주가 정리절차개시의 신청을 하기 위하여 그 채권 또는 주식을 취득한 때, 3. 파산 회피의 목적 또는 채무면탈을 주된 목적으로 신청한 때, 6. 조세채무의 이행을 회피하거나 기타 조세채무의 이행에 관하여 이익을 얻을 것을 주된 목적으로 신청한 때, 8. 기타 신청이 성실하지 아니한 때"를 채무자회생법 제정과정에서 회생절차개시신청이 성실하지 아니한 경우로 통합하였다.

6) 대법원 2004. 5. 12.자 2003마1637 결정.

7) 서울회생법원 재판실무연구회, 회생사건실무(상), 박영사, 2019, 136면.

8) 오수근, 공익채권자의 회생절차 신청 적부, 도산판례백선, 사단법인 도산법연구회 도산판례백선 편집위원회, 박영사, 2021, 3면.

9) 서울회생법원 재판실무연구회, 회생사건실무(상), 박영사, 2019, 137면.

(3) 그 밖에 회생절차에 의함이 채권자 일반의 이익에 적합하지 아니한 경우(제3호)[10]

회생절차는 원칙적으로 파산절차에 우선한다(제44조 제1항 제1호, 제58조 제1항 제1호, 제256조 제1항, 제600조 제1항 제1호). 그러나 청산가치가 계속기업가치를 초과함이 명백하게 밝혀진 경우에는 회생절차를 진행하기보다 파산절차를 진행하는 것이 변제율과 변제기 등에 있어서 채권자 일반의 이익에 부합하므로 개시신청이 기각될 수 있다.[11] 그러므로 신청인은 회생절차개시신청서에서 채무자의 계속기업가치가 청산가치를 초과한다는 점을 소명할 필요가 있다.

일부 채권자 또는 특정 채권자 집단이 주도하는 사적 도산절차가 진행되는 경우 그 절차가 채권자 일반의 이익에 부합한다고 단정하기 어려우므로 이러한 절차가 진행 중이라거나 다수의 채권자들이 이러한 절차의 진행을 원한다고 하더라도 이를 이유로 회생절차개시신청을 기각할 수는 없다.[12]

다. 재도의 회생절차개시신청

재도의 회생절차개시신청이란 채무자가 회생절차폐지결정 또는 회생계획 불인가결정이 확정된 이후 다시 회생절차개시신청을 하는 것을 말한다. 재도의 회생절차개시신청이 제42조 제2호, 제3호의 기각사유에 해당하는지 여부가 문제된다.

재도의 회생절차개시신청의 경우 제42조 제2호, 제3호의 기각사유가 존재하는지 여부를 판단함에 있어서는 종전 회생절차의 종료 시점과 새로운 회생절차개시신청 사이의 기간, 종전 회생절차의 폐지 사유가 소멸하거나 회생계획에 대한 불인가사유가 소멸하는 등 그사이에 사정변경이 발생하였는지 여부, 채무자

---

10) 구 회사정리법 제38조 제4호에서 "법원에 파산절차, 화의절차가 계속하고 있으며 그 절차에 의함이 채권자 일반의 이익에 적합한 때"라고 정하고 있던 것을 채무자회생법에서 그 요건을 확장하였다.

11) 구 회사정리법 제38조 제5호는 정리절차 기각사유의 하나로 "회사를 청산할 때의 가치가 회사를 계속 존속시킬 때의 가치보다 큰 것이 명백한 경우"를 정하고 있었으나, 채무자회생법은 적극적인 회생절차개시신청을 유도하고 회생절차가 신속하게 진행되도록 하기 위하여 이를 삭제하였다. 이러한 채무자회생법의 태도에 비추어 청산가치가 계속기업가치보다 큰 것이 명백함을 이유로 회생절차개시신청을 기각하려면 그 사유가 충분히 소명되었다고 볼 수 있어야 할 것이다.

12) 노영보, 도산법 강의, 박영사, 2018, 80면.

의 영업상황이나 재정상황, 채권자들의 의사 등의 여러 사정을 고려하여야 한다.[13] 실무상 재도의 회생절차개시신청이 있는 경우 법원은 개시 전 조사위원을 선임하여 회생절차를 진행하는 것이 적절한지 여부에 대하여 조사를 하게 한 후 개시 여부를 결정한다.

종전 회생절차에서 회생계획이 부결되어 폐지결정이 내려진 경우와 관련하여 채무자가 종전과 다른 회생계획을 입안하여 채권자들과 협의할 가능성도 없는 상태에서 채권자들을 다시 설득해 보겠다고 하면서 회생절차개시를 신청하였다면 이러한 신청은 채권자 일반의 이익에 적합하지 아니한 경우에 해당한다고 볼 여지가 크다. 다만 종전과 다른 회생계획으로 다시 채권자들과 이해관계를 적절히 조정하여 회생을 도모할 가능성이 있다는 등의 사정변경이 있거나, 채권자들 전원 또는 절대다수의 채권자들이 재도의 회생절차개시에 대하여 동의를 하여 권리행사의 제약을 감수하겠다는 의사를 명백히 하고 있는 경우 등에는 재도의 회생절차개시신청이 제42조 제2호, 제3호의 기각사유에 해당한다고 보기 어려울 것이다.[14]

2. 회생절차개시신청 기각결정에 대한 불복

회생절차개시신청 기각결정에 대하여는 즉시항고를 할 수 있다(제53조 제1항). 회생절차개시신청 기각결정에 대하여 신청인은 이해관계를 가진 자로서 즉시항고할 수 있고(제13조 제1항), 즉시항고기간은 기각결정이 신청인에게 고지된 때로부터 1주 이내이다(제33조, 민사소송법 제444조 제1항). 이러한 즉시항고에는 집행정지의 효력이 없다(제53조 제3항).

---

13) 대법원 2009. 12. 24.자 2009마1137 결정.

14) 서울회생법원 재판실무연구회, 회생사건실무(상), 박영사, 2019, 143−144면. 대법원 2009. 12. 24.자 2009마1137 결정은 회생계획의 수행가능성은 채무자 회사의 변제재원 증대뿐만 아니라 회생계획의 변제조건 하향 조정에 따라서도 영향을 받는 것인데, 채무자 회사가 재도의 회생절차개시신청을 하면서 1차 회생계획에 비하여 채권자들에 대한 변제율을 낮추는 방향으로 새로운 회생계획을 마련하고 이에 대하여 가결요건을 넘는 채권자들의 동의를 받을 수 있다면 1차 회생계획 불인가결정 당시와 비교하여 사정변경이 발생하였다고 볼 여지가 있다고 판시하였다.

III. 회생절차개시결정

1. 회생절차개시결정

채무자가 회생절차개시를 신청한 때에는 법원은 회생절차개시의 신청일부터 1월 이내에 회생절차개시 여부를 결정하여야 한다(제49조 제1항).[15] 제34조 제1항의 회생절차개시원인이 존재하고 제42조의 회생절차개시신청 기각사유가 존재하지 않으면 회생절차개시결정이 내려진다.

개시결정 이유에는 통상 채무자의 개요 및 현황, 회생절차개시원인이 존재하고 회생절차개시신청 기각사유가 존재하지 않는다는 것 등이 기재된다. 회생절차개시결정은 각종 법률관계에 중대한 영향을 미치므로 개시결정서에는 결정의 연·월·일·시를 기재하여야 한다(제49조 제2항).

실무상 법원은 회생절차개시결정을 하기 전에 미리 신청대리인에게 개시결정 일시를 통보한다. 제3자 관리인이 선임되지 않는 경우 대표이사는 관리인으로 선임되거나 관리인으로 간주되므로 신청대리인과 함께 시간에 맞추어 법원에 출석하여야 한다. 개시결정 당일 재판장이 대표이사에게 관리인 선임증 또는 관리인 간주 증명서를 수여하고, 주심 판사 또는 관리위원이 회생절차개시결정의 효력과 향후 절차에 대하여 안내를 한다. 회생절차개시결정은 확정을 기다리지 않고 그 결정 시부터 효력이 생긴다(제49조 제3항).

---

15) 이 규정은 훈시규정이므로 신청일부터 1월이 경과한 후에 한 회생절차개시 여부의 결정을 위법하다고 볼 수는 없다[김형두, 회사정리절차 개시에 있어서의 문제점, 재판자료 제86집, 법원도서관, 2000, 103면; 온주(로앤비), 채무자회생법 제49조(김희중 집필), 2015].

㈜대한에 대한 회생절차개시결정

서 울 회 생 법 원

제 1 부

결 정

사 건 20×0회합100001 회생

신청인 겸 주식회사 대한

채 무 자 서울 ○○구 ○○대로 ○○○

대표이사 김민국

신청대리인 변호사 ○○○

주 문

1. 채무자에 대하여 회생절차를 개시한다.
2. 채무자에 대하여 관리인을 선임하지 아니하고 채무자의 대표이사를 채무자의 관리인으로 본다.
3. 회생채권자, 회생담보권자 및 주주의 목록 제출기간을 20×0. 3. 14.부터 20×0. 3. 29.까지로 한다.
4. 회생채권, 회생담보권 및 주식의 신고기간을 20×0. 3. 30.부터 20×0. 4. 12.까지로 한다.
5. 회생채권, 회생담보권의 조사기간을 20×0. 4. 13.부터 20×0. 4. 26.까지로 한다.
6. 회생계획안의 제출기간을 20×0. 6. 19.까지로 한다.

이 유

1. 인정사실

이 사건 기록과 채무자의 대표자심문 결과에 의하면 다음 사실을 인정할 수 있다.

가. 사업의 목적

채무자는 1995. 8. 30. 설립된 법인으로, 주요사업으로 수송기계·기구 부품(연료펌프), 전자부품(연료펌프) 제조 및 판매업 등을 영위하고 있다.

나. 자본과 주주

채무자의 발행주식수는 보통주 120,000주(1주당 금액 5,000원)이고, 납입자본금은 600,000,000원이다. 채무자의 주식 보유 내역은 다음과 같다.

주 주	주식수	금 액	지분율
○○테크㈜	57,600	288,000,000	48.00%
김민국	25,200	126,000,000	21.00%
유○○	12,600	63,000,000	10.50%
손○○	12,000	60,000,000	10.00%
김○○	6,600	33,000,000	5.50%
이○○	6,000	30,000,000	5.00%
합계	120,000	600,000,000	100%

다. 자산·부채 현황 및 매출·손익 현황

채무자의 이 사건 개시신청 무렵까지의 자산·부채 현황 및 매출·손익 현황은 별지기재와 같다(별지 생략).

라. 회생절차에 이르게 된 주요 원인

채무자는 개성공단 폐쇄로 인하여 특수관계회사인 주식회사 개성○○의 자산 약 70억 원이 동결되었고, 물품 공급에 차질이 발생하며 유동성이 악화되기 시작하였다. 이를 대체하기 위하여 주식회사 대한○○○를 인수하였으나 추가 투자가 필요하였고, 임금인상 등으로 인하여 자금경색이 심화되었다. 이로 인하여 채무자는 재정적 파탄상태에 이르게 되어 변제기에 있는 채무를 변제할 수 없는 유동성 위기에 빠지게 되었다.

2. 판 단

위 인정사실에 의하면, 채무자는 사업의 계속에 현저한 지장을 초래하지 아니하고는 변제기에 있는 채무를 변제할 수 없는 상황에 처해 있을 뿐만 아니라, 채무자에게 파산의 원인인 사실이 생길 염려가 있으므로, 채무자 회생 및 파산에 관한 법률(이하 '법'이라고 한다) 제34조 제1항에서 정한 회생절차개시 원인이 있고, 한편 법 제42조 각호에서 정한 회생절차개시신청의 기각사유가 있다고 볼 만한 자료가 없다.

3. 결 론

그렇다면 이 사건 신청은 이유있으므로 채무자에 대하여 회생절차를 개시하기로 하고, 관리인의 선임에 관하여는 법 제74조 제3항, 제4항을, 회생채권자·회생담보권자·주주 목록의 제출기간, 회생채권·회생담보권·주식의 신고기간, 회생채권·회생담보권의 조사기간, 회생계획안 제출기간에 관하여는 법 제50조 제1항을 적용하여 주문과 같이 결정한다.

20×0. 3. 14. 14:30

재판장 판사 ○○○
판사 ○○○
판사 ○○○

2. 회생절차개시결정에 대한 불복

회생절차개시결정에 대하여는 공고가 있은 날부터 14일 이내에 즉시항고를 할 수 있다(제51조 제1항, 제53조 제1항). 이러한 즉시항고에는 집행정지의 효력이 없다(제53조 제3항).

회생절차개시의 요건을 충족하고 있는지 여부는 개시신청 당시를 기준으로 하여 판단하는 것이 원칙이나, 개시결정에 대하여 즉시항고가 제기된 경우에는 항고심의 속심적 성격에 비추어 개시결정 후에 발생한 사정까지 고려하여 항고심 결정 시를 기준으로 판단하여야 하는 것이므로, 개시결정 이후에 채무자가 제출한 새로운 회생계획안에 대한 인가결정을 받은 경우라면 항고심으로서는 그와 같은 사정을 참작하여 제42조 제2호, 제3호에 정한 사유의 존부를 판단하여야 하고, 이를 위해서는 새로 제출된 회생계획의 수행가능성 및 회생담보권자 등에 대한 청산가치 보장 여부 등도 참작하여야 한다.[16)]

채권자 등의 신청에 의해 회생절차개시결정이 내려진 때에는 채무자가 이해관계인으로서 즉시항고를 할 수 있는데, 이때 채무자가 법인인 경우에는 채무자의 기존 대표자가 채무자를 대표하여 즉시항고를 제기할 수 있다. 만일 기존 대표자가 채무자를 대표하여 즉시항고를 제기할 수 없다면, 채무자로서는 회생절차개시결정에 대하여 사실상 다툴 수 없게 되기 때문이다.[17)]

항고법원은 즉시항고가 이유있다고 인정하는 때에는 원심법원의 결정을 취소하고 사건을 원심법원에 환송하여야 한다(제53조 제5항). 항고법원은 원심결정을 취소하는 데에 그쳐야 하고, 회생절차개시신청에 대하여 스스로 개시결정 또는 개시신청의 각하 또는 기각의 재판을 할 수 없다.

---

16) 대법원 2009. 12. 24.자 2009마1137 결정.

17) 대법원 2021. 8. 13.자 2021마5663 결정.

3. 회생절차개시결정과 동시에 정하여야 할 사항

가. 필수적 결정사항

(1) 관리인 선임 또는 불선임 결정

법원은 회생절차개시결정과 동시에 관리위원회와 채권자협의회의 의견을 들어 1인 또는 여럿의 관리인을 선임하여야 한다(제50조 제1항). 그러나 채무자가 개인, 중소기업, 그 밖에 대법원 규칙(이하 '규칙')[18]이 정하는 자인 경우에는 관리인을 선임하지 아니할 수 있다(제74조 제3항). 관리인이 선임되지 아니한 경우에는 채무자(개인이 아닌 경우에는 그 대표자)를 관리인으로 본다(제74조 제4항). 관리인 불선임 결정에 의하여 관리인으로 보는 채무자 또는 그 대표자를 실무상 '법률상 관리인'이라고 한다. 실무상 채무자가 중소기업이거나 규칙 제51조에 해당하고 제74조 제2항 각 호의 사유가 없는 경우에는 관리인 불선임 결정을 하고 있다.

(2) 회생채권자 · 회생담보권자 · 주주 · 지분권자의 목록 제출기간

목록 제출기간은 회생절차개시결정일부터 2주 이상 2월 이하이어야 한다(제50조 제1항 제1호). 통상 회생절차개시결정일부터 2~3주 전후로 정하고 있다.

---

18) **채무자 회생 및 파산에 관한 규칙 제51조(관리인을 선임하지 아니할 수 있는 채무자)**
법 제74조 제3항에서 "그 밖에 대법원규칙이 정하는 자"라 함은 다음 각 호의 어느 하나에 해당하는 자를 말한다.
1. 비영리 법인 또는 합명회사 · 합자회사
2. 회생절차개시신청 당시 증권거래법 제2조 제13항에서 규정된 상장법인과 같은 조 제15항에서 규정된 코스닥 상장법인에 해당하는 채무자
3. 회생절차개시 당시 재정적 부실의 정도가 중대하지 아니하고 일시적인 현금 유동성의 악화로 회생절차를 신청한 채무자
4. 회생절차개시 당시 일정한 수준의 기술력, 영업력 및 시장점유율을 보유하고 있어 회생절차에서의 구조조정을 통하여 조기 회생이 가능하다고 인정되는 채무자
5. 회생절차개시결정 당시 주요 회생담보권자 및 회생채권자와 사이에 회생계획안의 주요 내용에 관하여 합의가 이루어진 채무자
6. 회생절차개시 당시 자금력 있는 제3자 또는 구 주주의 출자를 통하여 회생을 계획하고 있다고 인정되는 채무자
7. 그 밖에 관리인을 선임하지 아니하는 것이 채무자의 회생에 필요하거나 도움이 된다고 법원이 인정하는 채무자

(3) 회생채권 · 회생담보권 · 주식 또는 출자지분의 신고기간

신고기간은 목록 제출기간의 말일부터 1주 이상 1월 이하이어야 한다(제50조 제1항 제2호). 통상 목록 제출기간의 말일부터 2주 전후로 정하고 있다.

(4) 회생채권 · 회생담보권의 조사기간

조사기간은 신고기간의 말일부터 1주 이상 1월 이하이어야 한다(제50조 제1항 제3호). 통상 신고기간의 말일부터 2주 전후로 정하고 있다.

(5) 회생계획안 제출기간

회생계획안 제출기간은 조사기간의 말일부터 4개월 이하(채무자가 개인인 경우에는 조사기간의 말일부터 2개월 이하)여야 한다(제50조 제1항 제4호).

나. 임의적 결정사항

통상 회생절차개시결정과 함께 다음 사항도 결정하고 있다.

(1) 관리인이 법원의 허가를 받아야 할 행위의 지정

법원은 필요하다고 인정하는 때에는 관리인이 ① 재산의 처분, ② 재산의 양수, ③ 자금의 차입 등 차재,[19] ④ 쌍방미이행 쌍무계약의 해제 또는 해지, ⑤ 소의 제기,[20] ⑥ 화해 또는 중재계약, ⑦ 권리의 포기, ⑧ 공익채권 또는 환취권의 승인, ⑨ 그 밖에 법원이 지정하는 행위를 하고자 하는 때에 법원의 허가를 받도록 할 수 있다(제61조 제1항). 실무상 법원은 회생절차개시결정 시 예외 없이 관리인이 법원의 허가를 받아야 할 사항을 정하고 있다. 이러한 허가사항에 대한 법원의 결정은 회생계획인가 이후에도 그대로 유지된다.

실무상 법원은 제61조 제1항 제9호에 근거하여 채무자에 중대한 영향을 미치

---

19) 물품공급계약에서의 선급금은 향후 공급받을 물품의 대금 명목으로 미리 지급한 돈을 의미하므로, 차재와 선급금의 수령은 그 성격을 달리하고, 선급금의 수령행위를 차재 행위로 볼 수 없다(대법원 2015. 9. 10. 선고 2014다68303 판결).

20) 관리인이 원고로서 소를 제기하는 경우를 의미하고, 관리인이 피고가 되어 응소하는 경우는 포함하지 않으며, 회생절차개시 이후에 소를 제기하는 경우에 한하고, 수계하는 것은 이에 해당하지 않는다[주석 채무자회생법 제61조(심태규 집필), 한국사법행정학회, 2021].

는 행위들에 대하여 법원의 허가를 받도록 하고 있다. 대표적인 것이 항목당 일정액을 초과하는 금원의 지출 및 계약의 체결인데, 이와 관련하여 법원의 허가를 필요로 하는 금액의 기준은 실무준칙 제212호 별표 1에서 정하고 있다. 매출액을 기준으로 100억 원 이하는 500만 원, 100억 원 초과 500억 원 이하는 1,000만 원, 500억 원 초과 1,000억 원 이하는 2,000만 원, 1,000억 원 초과 5,000억 원 이하는 3,000만 원, 5,000억 원 초과는 5,000만 원이다.

채무자의 영업을 위하여 반복적으로 계속되는 행위의 경우 매번 허가를 받는 것은 채무자에게 부담이 되는 점을 고려하여 실무준칙은 포괄허가를 할 수 있도록 정하고 있다. 법원은 ① 제조업체의 경우 원자재 구입, 외식업체의 경우 식자재 구입 등 채무자의 영업을 위하여 지속적, 반복적으로 이루어지는 지출행위, ② 거래의 특성상 현장에서 즉시 현금결제가 이루어지는 지출행위, ③ 근로자의 급여(임원 급여 제외) 지급, 사무실과 공장의 월 차임 지급행위와 같은 채무자의 영업을 위한 일상적 지출행위, ④ 기타 회생절차의 효율적 진행을 위해 포괄적 허가가 필요한 지출행위에 대하여는 사전에 포괄적으로 허가할 수 있다(실무준칙 제212호 제4조 제1항).

관리인이 법원의 허가를 받아야 하는 행위를 허가를 받지 아니하고 행한 경우 3년 이하의 징역 또는 3천만 원 이하의 벌금에 처한다(제648조 제1항).

(2) 재산목록과 재무상태표의 제출기간(제91조)

실무상 회생절차개시결정 시에 채무자의 재산목록 및 재무상태표의 제출기간을 정하고 있는데 그 기간은 조사위원의 조사보고서 제출기간과 동일하다. 통상 관리인은 조사위원이 작성한 조사보고서의 재산목록과 재무상태표를 그대로 원용하여 제출한다.

(3) 그 밖의 보고서 제출기간(제93조)

회생절차개시결정 시부터 관리인의 업무에 대한 감독을 위하여 채무자의 업무와 재산의 관리상태 기타 부수 사항에 관한 월간보고서와 분기보고서, 결산보고서, 연간보고서 등을 제출하도록 하고 있다.

(4) 관리인 보수(제30조 제1항)

법원은 관리인을 선임할 때 관리인이 받을 보수를 정하여야 한다. 실무상 관리인 불선임 결정에 의하여 관리인으로 간주되는 법률상 관리인에 대하여는 보수를 별도로 정하지 않고 있다.

(5) 조사위원 관련사항(제87조, 제92조)

개시결정과 동시에 조사위원 선임결정을 별도로 하고 있으며, 위 결정문에 조사명령 · 조사보고서 제출기간을 함께 정하고 있다.

법원의 허가사항과 위임사항에 관한 결정

서 울 회 생 법 원

제 1 부

결 정

사 건	20×0회합100001 회생
채 무 자	주식회사 대한
	서울 ○○구 ○○대로 ○○○
법률상관리인	대표이사 김민국

주 문

1. 법률상 관리인이 다음의 각 행위를 함에는 이 법원의 허가를 얻어야 한다.
   가. 부동산 · 자동차 · 중기 · 특허권 등 등기 또는 등록의 대상이 되는 일체의 재산에 대한 소유권의 양도, 담보권 · 임차권의 설정 기타 일체의 처분행위.

나. 시가 1,000만 원 이상의 재산에 대한 소유권의 양도, 담보권·임차권의 설정 기타 일체의 처분행위. 다만, 계속적이고 정상적인 영업활동에 해당하는 상품, 제품, 원재료 등의 처분행위는 예외로 하나, 매월(월간보고서) 그 거래 내역을 보고해야 한다.

다. 1,000만 원 이상의 재산의 양수.

라. 항목당 1,000만 원 이상의 금원 지출. 다만, 회생담보권 및 회생채권에 대한 변제는 1,000만 원 미만의 금원 지출도 포함하고, 반면 국세, 지방세, 전기료, 수도료, 가스료, 전화료, 국민연금, 장애인고용분담금, 직업훈련분담금, 개발부담금 등 제세공과금과 건강보험료, 고용보험료, 산재보험료 중 공익채권에 해당하는 지출은 제외하나, 매월(월간보고서) 그 지출상황을 보고하여야 한다.

마. 1,000만 원 이상의 지출이 예상되는 증여, 매매, 교환, 소비대차, 임대차, 고용, 도급, 위임, 임치 등 계약의 체결 또는 의무부담행위.

바. 명목이나 방법 여하를 막론한 차재.

사. 어음·수표계좌의 설정, 어음·수표용지의 수령 및 발행행위.

아. 채무자 회생 및 파산에 관한 법률 제119조에 의한 계약의 해제 또는 해지.

자. 소의 제기, 소송대리인의 선임, 화해 기타 일체의 소송행위. 다만, 미수채권회수를 위하여 상대방의 물건 및 채권에 대하여 하는 가압류·가처분 신청행위는 제외하되, 다만 매 3개월(분기보고서) 그 가압류·가처분 상황을 법원에 보고하여야 한다.

차. 과장급 이상의 인사 및 보수결정.

카. 권리의 포기.

타. 회생담보권, 회생채권 등에 대한 이의의 철회.

파. 공익채권과 환취권의 승인.

하. 관리인의 자기 또는 제3자를 위한 채무자와의 거래.

거. 경영상 이유에 의한 근로자의 해고.

너. 자본의 감소, 신주나 사채의 발행, 합병, 해산, 채무자의 조직변경이나 계속 또는 이익이나 이자의 배당 기타 상무에 속하지 아니하는 행위.

2. 법률상 관리인이 이 법원의 허가를 얻어야 할 수 있는 위 각 목의 행위 중 '나'목 내지 '마'목, '사'목 내지 '차'목에 대한 허가사무를 이 법원 관리위원회 소속 관리위원에게 위임한다. 다만, 아래의 행위에 대한 허가사무는 위임하지 아니한다.
   가. '다'목 중 제3자의 영업의 양수.
   나. '라'목 중 회생담보권 및 회생채권의 변제.
   다. '자'목 중 소 및 상소의 제기 여부의 결정, 소송대리인의 선임, 소 및 상소의 취하, 조정, 화해, 청구의 포기·인낙, 소송탈퇴, 조정을 갈음하는 결정에 대한 이의신청 여부 및 화해권고결정에 대한 이의신청 여부의 결정.
   라. '차'목 중 임원의 인사 및 보수결정.
3. 채무자 회생 및 파산에 관한 법률 제91조의 규정에 의한 재산목록과 대차대조표의 제출기간, 제92조의 규정에 의한 조사보고서의 제출기간을 각 20×0. 5. 10.까지로 한다.
4. 법률상 관리인은 회생절차개시결정일로부터 매월 채무자의 업무 및 재산의 관리상태 기타 부수 사항에 관한 보고서(월간보고서)를 작성하여 다음 달 20.까지 이 법원에 제출하여야 한다. 다만, 매 3개월째의 보고서(분기보고서)에는 대차대조표 및 손익계산서 등본을 첨부하여야 한다.
5. 법률상 관리인은 회생절차개시결정일부터 매년 채무자의 결산보고서, 채무자 현황 및 연간보고서를 작성하여 매년 회계연도 종료일로부터 3월 이내에 이 법원에 제출하여야 한다. 다만 개시결정일이 속하는 해당 연도에 제출하여야 할 채무자 현황 및 연간보고서는 개시결정일로부터 2월 이내에 제출하여야 한다.

이 유

채무자 회생 및 파산에 관한 법률 제61조, 제18조, 제91조, 제92조, 제93조에 의하여 주문과 같이 결정한다.

20×0. 3. 14. 14:30

재판장 판사 ○○○
판사 ○○○
판사 ○○○

조사위원 선임결정 및 조사 · 제출 · 보고명령

서 울 회 생 법 원
제 1 부
결 정

사 건 20×0회합100001 회생
채 무 자 주식회사 대한
서울 ○○구 ○○대로 ○○○
법률상관리인 대표이사 김민국

주 문

1. ○○회계법인(대표이사: ○○○, 본점: 서울 ○○구 ○○대로 ○○○)을 채무자의 조사위원으로 선임한다.
2. 조사위원은 다음 사항에 대한 조사결과 또는 의견을 20×0. 5. 10.까지 이 법원에 제출하여야 한다.
   가. 채무자 회생 및 파산에 관한 법률 제90조 내지 제92조 소정의 사항에 관한 의견을 붙인 조사결과

나. 채무자의 사업을 계속할 때의 가치가 채무자의 사업을 청산할 때의 가치보다 큰지의 여부 및 회생절차를 진행함이 적정한지의 여부에 관한 의견

다. 채무자의 부채액에 산입되지 아니한 채무자의 제3자에 대한 보증채무의 금액, 내용 및 보증책임의 발생가능성

라. 채무자의 이사나 이에 준하는 자 또는 지배인의 중대한 책임이 있는 행위로 인하여 회생절차개시의 원인이 발생하였는지 여부 및 위와 같은 이사 등의 중대한 책임이 있는 행위에 지배주주 및 그 친족 기타 채무자 회생 및 파산에 관한 법률 시행령이 정하는 범위의 특수관계에 있는 주주가 상당한 영향력을 행사하였는지 여부

마. 채무자 회생 및 파산에 관한 법률 제100조 내지 제104조의 규정에 의하여 부인할 수 있는 행위의 존부 및 범위

3. 채무자에 대하여 회생계획안이 제출된 경우, 조사위원은 심리를 위한 관계인집회의 5일 전까지 다음 사항을 조사하여 그 결과 또는 의견을 이 법원에 보고하여야 한다.

가. 회생계획안에 의한 변제방법이 채무자의 사업을 청산할 때 각 채권자에게 변제하는 것보다 불리하지 아니하게 변제하는 내용인지 여부

나. 회생계획안의 수행이 가능한지 여부

이 유

채무자 회생 및 파산에 관한 법률 제87조 제1항 내지 제4항에 의하여 주문과 같이 결정한다.

20×0. 3. 14.

재판장 판사 ○○○

판사 ○○○

판사 ○○○

4. 회생절차개시결정의 취소

회생절차개시결정에 대한 즉시항고에 대하여 원심법원이 재도의 고안으로 취소결정을 하거나 항고법원이 즉시항고를 받아들여 원심결정을 취소하고 사건을 원심법원에 환송할 수 있는데 이로써 회생절차개시결정의 취소결정은 확정된다. 회생절차개시결정의 취소결정이 확정되면 회생절차개시결정은 소급적으로 효력을 상실한다. 그러나 회생절차개시결정 이후 관리인이 그 권한에 기하여 한 행위는 효력을 유지한다. 관리인의 행위의 효력을 상실시킬 경우 관리인과 새로이 법률관계를 형성한 제3자가 불측의 손해를 입을 수 있기 때문이다.[21]

관리인은 회생절차개시결정을 취소하는 결정이 확정된 때에는 공익채권을 변제하여야 하며, 이의있는 공익채권의 경우에는 그 채권자를 위하여 공탁하여야 한다(제54조 제3항).

Ⅳ. 회생절차개시결정의 효과

1. 업무수행권과 재산의 관리 · 처분권 및 당사자적격의 이전

가. 업무수행권과 재산의 관리 · 처분권의 이전

회생절차개시결정이 있는 때에는 채무자의 업무수행권과 재산의 관리 · 처분권은 관리인에게 전속한다(제56조 제1항). 사업경영의 주체가 채무자에서 관리인으로 바뀌므로 제3자와의 법률관계에서 당사자는 채무자가 아니라 관리인이 된다.[22] 회생절차개시 전에 채무자가 제3자와 맺은 법률관계는 회생절차개시로 단절되는 것이 아니라 관리인과 제3자 사이의 관계로 변경된다. 따라서 회생절차개시결정이 있는 경우 채무자 회사의 대표이사가 아니라 관리인이 근로관계상

21) 서울회생법원 재판실무연구회, 회생사건실무(상), 박영사, 2019, 149면.

22) 회생절차개시결정 이후 관리인은 채무자 회사의 대리인 내지 대표자가 아니라 스스로 사업경영의 주체로서 경영행위를 하는 것으로 해석된다[三ヶ月章 등, 條解 會社更生法(上), 弘文堂, 2001, 494면].

사용자의 지위에 있게 된다.[23] 근로기준법 제109조 제1항 위반죄는 임금 등 지급사유 발생일부터 14일이 경과하는 때에 성립하므로, 14일이 경과하기 전에 회사에 대해 회생절차개시결정이 내려짐으로 인하여 그 지급 권한을 상실하게 된 대표자는 특별한 사정이 없는 한 그 죄책을 지지 않는다.[24]

개인인 채무자 또는 개인이 아닌 채무자의 이사는 관리인의 권한을 침해하거나 부당하게 그 행사에 관여할 수 없다(제56조 제2항). 개인이 아닌 채무자의 이사는 관리인의 권한 행사에 관여할 수 없으므로 관리인은 이사회의 결의가 필요한 행위도 이사회의 결의 없이 할 수 있다.[25]

관리인은 회생절차가 진행되는 동안 채무자와 채권자 및 주주 등 모든 이해관계인을 위하여 선량한 관리자의 주의로써 직무를 수행하여야 한다(제82조 제1항). 관리인이 이러한 주의를 게을리하여 이해관계인에게 손해를 입힌 경우에는 그 손해를 배상할 책임이 있다(제82조 제2항).

나. 당사자적격의 이전

채무자의 재산에 관한 소송에서는 관리인이 당사자가 된다(제78조). 채무자의 재산의 관리·처분권이 관리인에게 전속하므로 그에 따라 소송의 당사자적격도 관리인에게 이전되는 것이다. 채무자의 재산에 관한 소송에는 채무자의 상표등록취소를 구하는 심판,[26] 채무자와 관련된 특허의 등록 무효를 구하는 심판,[27] 채무자에 대한 조세부과처분을 다투는 항고소송[28]도 포함된다. 이러한 심판과 소송에서 채무자에게는 당사자적격이 없고 관리인에게만 당사자적격이 인정된다.

---

23) 대법원 2001. 1. 19. 선고 99다72422 판결.
24) 대법원 2010. 5. 27. 선고 2009도7722 판결, 대법원 2020. 1. 16. 선고 2019도10818 판결 등.
25) 주석 채무자회생법 제56조(심태규 집필), 한국사법행정학회, 2021.
26) 대법원 1999. 1. 26. 선고 97후3371 판결.
27) 대법원 2016. 12. 29. 선고 2014후713 판결.
28) 대법원 1983. 7. 12. 선고 83누180 판결.

2. 회생절차개시 후의 채무자의 행위 등의 효력

가. 회생절차개시 후의 채무자의 행위

채무자가 회생절차개시 이후 채무자의 재산에 관하여 법률행위를 한 때에는[29] 회생절차와의 관계에 있어서는 그 효력을 주장하지 못한다(제64조 제1항). 채무자가 한 법률행위의 상대방은 그 법률행위의 효력을 관리인에게 주장하지 못하지만, 관리인이 법률행위가 유효함을 주장하는 것은 금지되지 않는다. 상대방의 선의·악의는 불문한다. 채무자가 회생절차개시결정일에 행한 법률행위는 회생절차개시 이후에 한 것으로 추정한다(제64조 제2항).

채무자가 한 법률행위의 효력이 관리인에 의하여 부인되었으나 상대방이 채무자에게 반대급부를 이미 이행한 상태라면 상대방은 관리인에게 부당이득반환청구권을 행사할 수 있는데 이러한 부당이득반환청구권은 공익채권이다(제179조 제1항 제6호).

나. 회생절차개시 후의 권리취득

회생절차개시 이후 회생채권 또는 회생담보권에 관하여 채무자의 재산에 대한 권리를 채무자의 행위에 의하지 아니하고 취득한 때에도 회생절차와의 관계에 있어서는 그 효력을 주장하지 못한다(제65조 제1항). 회생절차개시결정일에 권리를 취득한 경우에는 회생절차개시 이후에 취득한 것으로 추정한다(제65조 제2항).

제64조가 회생절차개시 이후 새로운 회생채권의 발생을 인정하지 않는 조항이라면 제65조의 취지는 기존의 회생채권 또는 회생담보권의 변동을 인정하지 않겠다는 것이다.[30] 회생채권 또는 회생담보권에 관하여 권리를 취득한다는 것은 해당 채권에 대하여 상사유치권과 우선특권 등의 우선권 있는 권리를 취득하는 것을 의미하고 채무자의 행위에 의하지 아니하고 권리를 취득한다는 것은 대

29) 채무자가 개인인 경우에는 채무자 본인이, 채무자가 개인이 아닌 경우에는 회생절차개시결정 이전에 대표자였던 자 또는 대표자로부터 대리권을 부여받은 자가 채무자를 대표 내지 대리하는 경우를 의미한다[주석 채무자회생법 제64조(심태규 집필), 한국사법행정학회, 2021].

30) 주석 채무자회생법 제65조(심태규 집필), 한국사법행정학회, 2021.

리상의 상사유치권(상법 제91조)과 같이 법률상 당연히 발생하는 경우 등을 말한다.[31] 권리를 취득한 자가 회생절차개시 사실에 관하여 선의였는지 여부는 묻지 않는다.

다. 회생절차개시 후의 등기와 등록

부동산 또는 선박에 관하여 회생절차개시 전에 생긴 등기원인으로 회생절차개시 후에 한 등기 및 가등기는 회생절차와의 관계에 있어서는 그 효력을 주장하지 못한다. 다만 등기권리자가 회생절차개시의 사실을 알지 못하고 한 본등기는 그러하지 아니하다(제66조 제1항). 제66조 제1항은 권리의 설정·이전 또는 변경에 관한 등록 또는 가등록에 관하여 준용한다(제66조 제2항). 제66조의 취지는 회생절차개시 후의 등기 등의 효력을 원칙적으로 인정하지 않음으로써 채무자의 재산을 가능한 한 확보하고, 회생절차개시결정 시를 기준으로 채권자들을 일률적·획일적으로 취급함으로써 채권자 상호 간의 형평을 기하고자 하는 것이다.[32]

제66조를 적용함에 있어서 회생절차개시의 공고 전에는 그 사실을 알지 못한 것으로 추정하고, 공고 후에는 그 사실을 안 것으로 추정한다(제68조).

라. 회생절차개시 후의 채무자에 대한 변제

회생절차개시 이후 그 사실을 알지 못하고 한 채무자에 대한 변제는 회생절차와의 관계에 있어서도 그 효력을 주장할 수 있다(제67조 제1항). 회생절차개시 후에는 채무자가 재산의 관리·처분권을 상실하므로 채무자에 대하여 채무를 부담하는 자는 관리인에게 변제를 하여야 한다. 민법 제472조에 따르면 회생절차개시 후에 채무자에게 한 변제는 변제를 수령할 권한이 없는 자에 대한 변제로 채무자가 그 변제에 의하여 얻은 이익의 한도에서만 효력이 있다. 그러나 채무자에 대하여 채무를 부담하는 자는 통상 채무자의 재무상태에 대하여 주의를 기울이지 않으므로 채무자에 대하여 회생절차가 개시된 사실을 알지 못한 채 채무를 변제하는 경우가 있을 수 있는데 이러한 선의의 변제자를 보호하기 위하여 변제

---

31) 주석 채무자회생법 제65조(심태규 집필), 한국사법행정학회, 2021.

32) 온주(로앤비), 채무자회생법 제66조(정문경 집필), 2015.

의 효력을 인정하는 것이다.[33] 회생절차개시 후 그 사실을 알고 채무자에게 변제한 경우에는 채무자의 재산이 받은 이익의 한도에서만 회생절차와의 관계에 있어서 그 효력을 주장할 수 있다(제67조 제2항). 악의의 변제를 전부 무효로 하는 경우에는 변제자가 변제수령자로부터 변제한 것을 전부 반환받은 다음에 관리인에게 전액을 다시 변제하여야 하는 것이 되어 법률관계가 복잡해지고 불필요한 과정을 거치게 되므로 채무자의 재산이 이익을 받은 한도에서는 악의의 변제자도 그 효력을 주장할 수 있게 한 것이다.[34]

제67조를 적용함에 있어서 회생절차개시의 공고 전에는 그 사실을 알지 못한 것으로 추정하고, 공고 후에는 그 사실을 안 것으로 추정한다(제68조).

3. 기존 법률관계에 미치는 영향

가. 쌍방미이행 쌍무계약

쌍무계약의 일방 당사자에 대하여 회생절차가 개시되었는데 그 당시 채무자와 상대방 모두 그 쌍무계약의 이행을 완료하지 않은 경우, 관리인은 채무자의 회생을 위하여 유리한 계약은 존속되기를 원하고 불리한 계약은 종료되기를 원할 것이다. 채무자회생법은 이러한 쌍방미이행 쌍무계약과 관련하여 관리인에게 계약을 해제 또는 해지할 것인지 또는 상대방에게 채무의 이행을 청구할 것인지 선택할 수 있게 함과 동시에 상대방 보호에 관한 규정을 두어(제119조, 제121조) 채무자의 효율적인 회생과 채무자와 상대방 사이의 형평을 도모하고 있다.

대법원은 쌍방미이행 쌍무계약에 관한 제119조, 제121조 등은 쌍방의 채무가 법률적·경제적으로 상호 관련성을 가지고 원칙적으로 서로 담보의 기능을 하고 있는 쌍무계약에 관하여 쌍방 당사자가 아직 이행을 완료하지 아니한 상태에서 당사자인 일방의 채무자에 대하여 회생절차가 개시된 경우, 관리인에게 계약을 해제할 것인가 또는 상대방 채무의 이행을 청구할 것인가의 선택권을 부여함으로써 회생절차의 원활한 진행을 도모함과 아울러, 관리인이 계약의 해제를 선택한 경우 이에 따른 원상회복의무도 이행하도록 함으로써 양 당사자 사이에 형평

33) 임채홍·백창훈, 회사정리법(상) 제2판, 한국사법행정학회, 2002, 303면.
34) 주석 채무자회생법 제67조(심태규 집필), 한국사법행정학회, 2021.

을 유지하기 위한 취지에서 만들어진 쌍무계약의 통칙이라고 판시하였다.[35]

헌법재판소는 제119조 제1항에 관하여, 회생절차를 원활하게 진행함으로써 채무자의 신속한 경제적 재건을 돕고 회생채권자들 전체의 이익을 균형 있게 조정하기 위한 것으로서 입법목적의 정당성이 인정되고, 관리인에게 쌍방미이행 쌍무계약에 대한 해제권을 부여하여 종전에 형성된 계약관계를 조기에 확정할 수 있도록 하는 것은 이러한 목적을 달성하기 위한 적절한 수단이며, 상대방을 보호하기 위한 법적 장치들을 충분히 마련하고 있으므로 침해의 최소성과 법익의 균형성도 갖추고 있어 계약의 자유를 침해하지 않고, 회생절차가 폐지된 경우나 소수주주의 주식매수청구권에 근거하여 체결된 계약에 대하여 예외를 마련하지 않고 있다는 이유만으로 회생절차의 목적에 반한다거나 소수주주의 보호라는 상법의 취지를 몰각시킨다고 볼 수도 없다고 판시하였다.[36]

(1) 요건

(가) 쌍무계약

쌍무계약이란 양쪽 당사자가 서로 대가관계에 있는 채무를 부담하는 계약으로서, 양쪽 당사자의 채무 사이에 성립·이행·존속상 견련성을 갖고 있어서 서로 담보로서 기능하는 것을 가리킨다.[37] 쌍방의 채무가 경제적으로 동등한 가치를 지니고 있을 필요는 없다.[38] 쌍방의 채무 사이에 이러한 법률적·경제적 견련관계가 없는데도 당사자 사이의 특약으로 쌍방의 채무를 상환 이행하기로 한 경우는 여기서 말하는 쌍무계약이라 할 수 없다.[39]

---

35) 대법원 2017. 4. 26. 선고 2015다6517, 6524, 6531 판결.

36) 헌법재판소 2016. 9. 29. 선고 2015헌바28 결정.

37) 대법원 2021. 1. 14. 선고 2018다255143 판결.

38) 대법원 2003. 6. 13. 선고 2002다59771 판결.

39) 대법원 2007. 3. 29. 선고 2005다35851 판결. 쌍방미이행 쌍무계약 제도는 쌍무계약의 상대방의 채권을 공익채권으로 격상시켜 인정함으로써 이해관계인 사이의 권리의 우선순위를 정하는 강행규정이므로 그 적용 범위는 엄격하게 해석하여야 하고, 계약 당사자의 의사에 따라 적용 범위를 달리하는 것은 도산절차의 통일적인 진행을 도모하고자 하는 입법 취지에 어긋날 뿐만 아니라 다른 이해관계인들과의 형평의 관점에서도 부적절하기 때문이다[박병대, 파산절차가 계약관계에 미치는 영향, 파산법의 제문제(상), 재판자료 제82집, 법원도서관, 1999, 438면].

형성권의 행사로 쌍무계약이 성립된 경우도 포함된다. 상법 제374조의2에서 규정하고 있는 영업양도 등에 대한 반대 주주의 주식매수청구권 행사로 성립한 주식매매계약에 관하여 제119조 제1항의 적용을 제외하는 취지의 규정이 없는 이상, 쌍무계약인 위 주식매매계약에 관하여 회사와 주주가 모두 이행을 완료하지 아니한 상태에서 회사에 대하여 회생절차가 개시되었다면, 관리인은 제119조 제1항에 따라 주식매매계약을 해제하거나 회사의 채무를 이행하고 주주의 채무 이행을 청구할 수 있다.[40)]

매매예약[41)]과 쌍무계약의 특질을 가진 공법상 계약(사회기반시설에 대한 민간투자법상 실시협약)[42)]에도 쌍방미이행 쌍무계약의 해지에 관한 규정이 유추적용된다.

(나) 쌍방미이행

회생절차개시결정 당시 채무자와 상대방 모두 이행을 완료하지 아니한 '쌍방' 미이행의 쌍무계약이어야 한다. '이행을 완료하지 아니한 때'에는 전부 불이행뿐만 아니라 채무의 일부를 이행하지 아니한 경우도 포함하나,[43)] 미이행 액수가 극히 미미하거나 단순히 부수적인 채무가 미이행된 경우에는 쌍무계약의 대가관계가 유지되고 있다고 보기 어려우므로 쌍방미이행이라고 볼 수 없다.[44)] 이행을

40) 대법원 2017. 4. 26. 선고 2015다6517, 6524, 6531 판결.

41) 회생절차개시 당시에 매매계약을 체결할 권리가 존재하였고 회생절차가 개시된 이후에 비로소 상대방의 권리행사에 의하여 매매계약이 성립되거나 장차 매매계약이 성립될 수 있어 아직 쌍방의 채무가 이행되지 아니한 경우에도 쌍방미이행 쌍무계약에 관한 조항이 유추적용된다(대법원 2007. 9. 6. 선고 2005다38263 판결).

42) 대법원 2021. 5. 6. 선고 2017다273441 전원합의체 판결. 이 판결은 A사가 C광역시와 체결한 민간투자법상 실시협약에 따라 지하주차장을 건축·기부채납한 후 설정받은 지하주차장의 관리운영권을 B사에 양도하고, B사가 C광역시와 종전과 동일한 실시협약을 체결하였는데 B사에 대하여 파산이 선고된 후 B사의 파산관재인이 C광역시와의 실시협약이 쌍방미이행 쌍무계약에 해당한다고 주장하며 제355조에 의하여 해지통보를 한 사안에 관한 것이다. 대법원 다수의견은 쌍무계약의 특질을 가진 민간투자법상 실시협약에도 제355조가 적용 내지 유추적용되나, ① B사와 C광역시 사이의 법률관계는 상호 대등한 대가관계에 있는 법률관계라고 할 수 없고 ② B사와 C광역시 사이의 법률관계 사이에 성립·이행·존속상 법률적·경제적 견련성이 없으며, ③ 파산선고 이전에 C광역시가 B에게 관리운영권을 설정해 줌으로써 서로 담보로서 기능하는 채무의 이행을 완료하였다고 봄이 타당하므로 B사의 파산관재인의 해지권이 인정되지 않는다고 판시하였다.

43) 대법원 2014. 9. 4. 선고 2013다204140, 204157 판결.

44) 대법원 2013. 9. 26. 선고 2013다16305 판결. 계약상의 의무 가운데 주된 채무와 부수적 채무를 구별함에 있어서는 급부의 독립된 가치와는 관계없이 계약을 체결할 때 표명되었거나

완료하지 아니한 이유는 묻지 아니하므로 채무자가 자신의 귀책사유로 채무를 이행하지 않은 경우도 쌍방미이행에 해당하고,45) 기한 미도래에 의한 경우는 물론 동시이행의 항변권이 행사된 경우도 포함된다.46)

(2) 관리인의 선택권

관리인은 쌍방미이행 쌍무계약을 해제 또는 해지하거나 채무자의 채무를 이행하고 상대방의 채무이행을 청구할 수 있다. 법원은 필요하다고 인정할 경우 관리인이 계약의 해제 또는 해지를 선택할 때 법원의 허가를 받도록 할 수 있다(제61조 제1항 제4호). 실무상 법원은 회생절차개시결정을 하면서 쌍방미이행 쌍무계약의 해제 또는 해지를 허가사항으로 정하고 있다.47) 법원의 허가를 받지 않은 관리인의 제119조에 의한 해제는 무효이다.48)

관리인의 선택권 행사방법은 상대방에 대한 일방적 의사표시로 한다. 의사표시에 특별한 방식을 요하지 않으며, 명시적인 의사표시뿐만 아니라 묵시적인 의사표시로도 가능하다. 대법원은 매도인에 대한 회생절차가 개시될 당시 쌍방미이행 상태에 있던 부동산 매매계약에 대하여 관리인이 회생절차개시 후 상대방에게 마쳐진 부동산의 소유권이전등기가 원인무효임을 다투며 상대방 앞으로 마쳐진 등기의 말소를 구하고 있다면 관리인은 매매계약의 이행을 선택할 의사가 없고, 오히려 그 계약의 해제를 선택하는 것, 즉 소장부본의 송달로 상대방에게 해제의 의사표시를 한 것이라고 판시하였다.49)

관리인이 쌍방미이행 쌍무계약의 해제 또는 해지권을 행사할 수 있는 기한은 회생계획안의 심리를 위한 관계인집회가 끝나기 전 또는 제240조의 규정에 의한 서면결의에 부치는 결정이 있기 전까지이다(제119조 제1항 단서). 회생계획안

그 당시 상황으로 보아 분명하게 객관적으로 나타난 당사자의 합리적 의사에 의하여 결정하되, 계약의 내용·목적·불이행의 결과 등의 여러 사정을 고려하여야 한다(대법원 2012. 3. 29. 선고 2011다102301 판결).

45) 대법원 2017. 4. 26. 선고 2015다6517, 6524, 6531 판결.

46) 윤재윤, 건설분쟁관계법 전면개정판, 박영사, 2012, 563면.

47) 이행의 선택은 법원의 허가사항이 아니라 보고사항이다.

48) 서울고등법원 2010. 9. 7. 선고 2009나95211 판결.

49) 대법원 1992. 2. 28. 선고 91다30149 판결.

의 심리를 위한 관계인집회가 끝난 후 또는 제240조의 규정에 의한 서면결의에 부치는 결정이 있은 후에는 회생채권의 추후 보완신고를 할 수 없기 때문에(제152조 제3항), 해제 · 해지권 행사를 위 시점으로 제한함으로써 해제 · 해지권 행사로 인하여 발생하는 상대방의 손해배상청구권(제121조 제1항)에 대한 추후 보완신고 기회를 보장하기 위함이다.

쌍방미이행 쌍무계약의 운명은 관리인의 선택권 행사에 관한 재량에 따르게 되어 있고, 상대방은 관리인이 계약의 이행을 선택하거나 계약의 해제 · 해지권이 포기된 것으로 간주되기까지는 임의로 변제를 하는 등 계약을 이행하거나 관리인에게 계약의 이행을 청구할 수 없다.[50] 따라서 관리인이 채무를 이행하지 않더라도 관리인의 귀책사유로 인한 이행지체라고 할 수 없으므로 상대방은 채무불이행을 이유로 계약을 해제할 수 없다.

(3) 상대방의 최고권

상대방은 관리인에 대하여 계약의 해제나 해지 또는 그 이행의 여부를 확답할 것을 최고할 수 있다. 이 경우 관리인이 그 최고를 받은 후 30일 이내에 확답을 하지 아니하는 때에는 관리인은 그 해제권 또는 해지권을 포기한 것으로 본다(제119조 제2항). 이는 상대방의 법적 지위가 장기간 불안정하게 되는 것을 방지하기 위함이다.[51] 상대방의 관리인에 대한 쌍무계약의 해제나 해지 또는 그 이행 여부에 관한 확답의 최고는 그 대상인 계약을 특정하여 명시적으로 하여야 한다.[52]

법원은 관리인 또는 상대방의 신청에 의하거나 직권으로 위 기간을 늘이거나 줄일 수 있다(제119조 제3항). 기간 연장의 횟수를 제한하는 규정은 없으나, 계약 상대방의 지위를 불안정하게 한다는 점에서 실무상 법원은 2회 이상의 연장에는 신중을 기하고 있다.[53]

---

50) 대법원 1992. 2. 28. 선고 91다30149 판결.

51) 주석 채무자회생법 제119조(민지현 집필), 한국사법행정학회, 2021.

52) 대법원 2003. 5. 16. 선고 2000다54659 판결.

53) 서울회생법원 재판실무연구회, 회생사건실무(상), 박영사, 2019, 170면.

(4) 효과

(가) 관리인이 이행을 선택한 경우

관리인이 쌍방미이행 쌍무계약의 이행을 선택한 경우 관리인은 회생절차개시 당시 채무자의 계약상 지위를 승계한다.[54] 이 경우 상대방이 채무자에 대하여 가지는 채권은 회생절차개시 전의 원인에 의하여 발생한 것이지만 공익채권으로 인정된다(제179조 제1항 제7호). 이는 관리인이 상대방의 이행을 청구하려고 하는 경우에는 채무자의 계약상 채무도 이를 이행하도록 함으로써 양 당사자 사이에 형평을 유지하도록 하자는 취지이다.[55]

공사 도급계약에 있어서 기성고에 따라 대금을 지급받기로 하는 약정이 있다고 하더라도 수급인이 완성하여야 하는 공사는 원칙적으로 불가분이므로 도급계약에서 정한 공사가 일부 이루어졌고 그 기성공사 부분에 대하여 수급인에게 대금청구권이 발생한 경우에도 전체 공사가 끝나지 않았다면 그 기성공사 부분을 따로 떼어내 그 부분에 대한 수급인의 채무가 이행 완료되었다고 할 수 없다. 따라서 기성공사 부분에 대한 대금을 지급하지 못한 상태에서 도급인인 회사에 대하여 회생절차가 개시되고, 관리인이 채무의 이행을 선택한 때에는 상대방의 기성공사 부분에 대한 대금청구권은 관리인이 채무의 이행을 하는 경우에 상대방이 가진 청구권(제179조 제1항 제7호)에 해당하게 되어 공익채권이 된다.[56]

관리인이 이행을 선택한 경우 관리인은 회생절차개시 당시 상대방에 대하여 주장할 수 있었던 권리를 상대방에게 주장할 수 있고, 상대방 역시 회생절차개시 당시 채무자에 대하여 주장할 수 있었던 권리를 관리인에게 주장할 수 있다. 따라서 상대방은 계약상 또는 채무의 성질상 선급부의무를 부담하는 경우가 아닌 한 관리인의 이행청구에 대하여 동시이행의 항변권을 행사할 수 있다.[57]

---

54) 서경환, 회사정리절차가 계약관계에 미치는 영향, 재판자료 제86집, 법원도서관, 2000, 653면.

55) 대법원 2013. 9. 26. 선고 2013다16305 판결.

56) 대법원 2004. 8. 20. 선고 2004다3512, 3529 판결. 이러한 대법원 판례에 따르더라도 전체 공사를 독립적 가치를 가진 복수의 공정(터파기공사, 골조공사, 마무리공사 등)으로 구분하고 공정별 공사대금을 따로 정하는 등 수급인의 일을 가분적으로 볼 수 있는 도급계약에서 각 공정이 완성된 경우 완성된 공정에 대한 기성고 대금청구권은 회생채권이 될 수 있다(최종길, 도급공사의 기성공사부분에 대한 대금청구 채권이 회사정리법상 공익채권에 해당하는 경우, 대법원 판례해설 제52호, 법원도서관, 2004, 200면).

57) 서경환, 회사정리절차가 계약관계에 미치는 영향, 재판자료 제86집, 법원도서관, 2000, 647면.

회생절차개시 전에 상대방이 채무자에 대하여 이미 취득한 법정해제권 또는 약정해제권은 회생절차개시로 인하여 당연히 소멸하는 것은 아니다. 즉 상대방은 회생절차개시 전에 법정 또는 약정해제권 발생의 요건사실을 모두 갖추고 있는 경우에는 관리인이 제119조 제1항에 의하여 쌍무계약의 이행을 청구하더라도 계약을 해제할 수 있다.[58]

(나) 관리인이 계약의 해제 또는 해지를 선택한 경우

쌍무계약의 채무의 일부가 이행되지 아니한 경우에도, 일부 미이행된 부분이 상대방의 채무와 서로 대등한 대가관계에 있다고 보기 어려운 경우가 아닌 이상, 관리인은 일부 미이행된 부분뿐만 아니라 계약의 전부를 해제할 수 있다.[59] 쌍방미이행 쌍무계약을 해제함에 있어서는 성질상 해제의 불가분성에 관한 민법 제547조의 제한을 받지 아니한다.[60]

제119조의 규정에 의하여 계약이 해제 또는 해지된 때에는 상대방은 손해배상에 관하여 회생채권자로서 그 권리를 행사할 수 있다(제121조 제1항). 손해배상청구권은 회생채권이므로 채권자가 신고를 하지 않을 경우 회생계획인가결정으로 실권될 수 있다. 원상회복과 관련하여서는, 채무자가 받은 반대급부가 채무자의 재산 중에 현존하는 때에는 상대방은 그 반환을 청구할 수 있으며,[61] 현존하지 아니하는 때에는 상대방은 그 가액의 상환에 관하여 공익채권자로서 그 권리를 행사할 수 있다(제121조 제2항).

대법원은 "도급인이 파산선고를 받은 경우에는 민법 제674조 제1항에 의하여 수급인 또는 파산관재인이 계약을 해제할 수 있고, 이 경우 수급인은 일의 완성된 부분에 대한 보수와 보수에 포함되지 아니한 비용에 대하여 파산재단의 배당에 가입할 수 있다. 이와 같은 도급계약의 해제는 해석상 장래에 향하여 도급의 효력을 소멸시키는 것을 의미하고 원상회복은 허용되지 아니하므로 쌍방미이행 쌍무계약의 해제 또는 이행에 관한 제337조가 적용될 여지가 없다. 회생절차와

58) 서경환, 회사정리절차가 계약관계에 미치는 영향, 재판자료 제86집, 법원도서관, 2000, 653면; 임채홍·백창훈, 회사정리법(상) 제2판, 한국사법행정학회, 2002, 360면.

59) 대법원 2017. 4. 26. 선고 2015다6517, 6524, 6531 판결.

60) 대법원 2003. 5. 16. 선고 2000다54659 판결.

61) 이러한 반환청구권은 환취권에 해당한다.

파산절차는 절차개시 전부터 채무자의 법률관계를 조정 · 처리하여야 한다는 점에서 공통되고, 쌍방미이행 쌍무계약에 관한 규정인 제121조와 제337조의 규율 내용도 동일하므로 파산절차에 관한 특칙인 민법 제674조 제1항은 공사도급계약의 도급인에 대하여 회생절차가 개시된 경우에도 유추적용할 수 있다. 따라서 도급인의 관리인이 도급계약을 쌍방미이행 쌍무계약으로 해제한 경우 그때까지 일의 완성된 부분은 도급인에게 귀속되고, 수급인은 제121조 제2항에 따른 급부의 반환 또는 그 가액의 상환을 구할 수 없고 일의 완성된 부분에 대한 보수청구만 할 수 있다. 이때 수급인이 갖는 보수청구권은 특별한 사정이 없는 한 기성비율 등에 따른 도급계약상의 보수에 관한 것으로서 주요한 발생원인이 회생절차개시 전에 이미 갖추어져 있다고 봄이 타당하므로, 회생채권에 해당한다"라고 판시하였다.[62] 만일 수급인이 기성고 부분을 점유하고 있다면 유치권을 행사할 수 있고, 그 범위 내에서 회생담보권자가 될 것이다.[63]

회생절차가 폐지되기 전에 관리인이 제119조 제1항에 따라 계약을 해제하였다면 이후 회생절차폐지의 결정이 확정되어 제6조 제1항에 의한 직권 파산선고에 따라 파산절차로 이행되었다고 하더라도 해제의 효력에는 아무런 영향을 미치지 아니한다.[64]

(5) 예외

(가) 단체협약

단체협약에 관하여는 쌍방미이행 쌍무계약에 관한 제119조 제1항 내지 제3항이 적용되지 아니한다(제119조 제4항).[65] 이는 종래 노사관계의 기본구조를 유지

62) 대법원 2017. 6. 29. 선고 2016다221887 판결. 기성부분의 소유권은 채무자 회사에 귀속되는 반면 수급인은 회생채권자로서 기성고 대금청구권의 권리변경을 감수하여야 하는 결과가 되는데 관리인이 이러한 점을 이용하여 합리적인 이유 없이 오로지 수급인의 기성고 대금청구권을 회생채권으로 만들 목적으로 도급계약을 해제한 것으로 인정될 경우 그 해제권 행사는 권리남용에 해당할 가능성이 높다(윤재윤, 건설분쟁관계법 전면개정판, 박영사, 2012, 567－568면).

63) 임치용, 건설회사에 대하여 회생절차가 개시된 경우의 법률관계, 사법 제18호, 사법발전재단, 2011, 70면.

64) 대법원 2017. 4. 26. 선고 2015다6517, 6524, 6531 판결.

65) 외환위기 이후 구조조정과정에서 노동조합이 구조조정 직전 채무자 회사에 불리한 단체협약

하는 것이 채무자 회사의 효율적 회생이라는 회생절차의 목적에 부합하고 관리인에게 단체협약 해지권을 인정하면 오히려 노사관계를 불안정하게 하여 회생에 부정적인 영향을 미칠 우려가 있기 때문이다.[66] 사용자인 채무자에 대하여 회생절차가 개시된 이후 관리인은 회생절차개시 이전에 채무자와 노동조합이 체결한 단체협약이 회생에 장애가 된다고 하더라도 쌍방미이행 쌍무계약임을 이유로 단체협약을 해제·해지할 수 없다. 그러므로 단체협약의 유효기간이 경과하거나 새로운 단체협약을 체결하지 않는 한 기존 단체협약의 규범적 부분(근로조건에 관한 부분)은 효력이 지속되고, 관리인은 이를 준수하여야 한다.[67]

(나) 근로계약

근로계약에 대하여 쌍방미이행 쌍무계약에 관한 제119조 제1항 내지 제3항이 적용되는지가 문제 되는데, 근로계약에 대하여 제119조의 적용을 배제하는 규정이 없음을 이유로 긍정하는 견해가 있다.[68] 다만, 이 견해는 관리인은 근로계약상 사용자의 지위에 있으므로 제119조에 따라 근로계약의 해지를 하는 경우에도 근로기준법 제23조, 제24조 등 해고에 관한 규정이 적용되고,[69] 회생절차개시 이후에도 기존 단체협약은 구속력을 가지므로(제119조 제4항), 단체협약의 해

을 체결하여 구조조정이 지연되는 사례가 있었고 이를 이유로 채무자회생법 제정과정에서 제119조 제4항을 삭제하는 방안이 논의되었으나, 관계부처 의견조회 과정에서 노동부의 반대로 존치되었다(법무부, 채무자 회생 및 파산에 관한 법률 해설, 2006, 43면). 회생절차개시 직전에 채무자 회사의 대표이사가 노동조합에 일방적으로 유리한 내용의 단체협약을 체결하는 경우에 대비할 필요가 있으므로 입법론으로 채무자 회사의 회생을 위하여 필요한 경우 법원의 허가를 받아 단체협약의 일부 또는 전부를 해지하는 것을 허용할 필요가 있다는 견해로는 임치용, 회생절차의 개시가 근로관계에 미치는 영향, 파산법연구 5, 박영사, 2020, 203면; 최준규, 계약법과 도산법－민법의 관점에서 도산법 읽기－, 경인문화사, 2021, 347면.

66) 이홍재, 도산절차와 근로관계, 남효순·김재형 공편, 도산법강의, 법문사, 2005, 208－209면.

67) 서경환, 회사정리절차가 계약관계에 미치는 영향, 재판자료 제86집, 법원도서관, 2000, 646면.

68) 노영보, 도산법 강의, 박영사, 2018, 240면; 서경환, 회사정리절차가 계약관계에 미치는 영향, 재판자료 제86집, 법원도서관, 2000, 659면; 양형우, 회생·파산절차개시가 근로계약과 단체협약에 미치는 영향, 노동정책연구 제8권 제4호, 노동정책연구원, 2008, 92면; 전대규, 채무자회생법 제5판, 법문사, 2021, 270면.

69) 서경환, 회사정리절차가 계약관계에 미치는 영향, 재판자료 제86집, 법원도서관, 2000, 660면; 양형우, 회생·파산절차개시가 근로계약과 단체협약에 미치는 영향, 노동정책연구 제8권 제4호, 노동정책연구원, 2008, 92면.

고에 관한 규정도 적용되는 것으로 해석한다.[70)]

그러나 회생절차가 진행 중인 회사의 근로관계에도 근로기준법과 단체협약의 규정이 적용된다면 쌍방미이행 쌍무계약에 관한 제119조의 규정에 의한 근로계약의 해지를 긍정할 실익이 있는지 의문이다. 입법자가 단체협약에 대한 쌍방미이행 쌍무계약에 관한 규정의 적용을 배제한 것은 단체협약의 하위규범인 근로계약에 대하여도 동 규정의 적용을 배제하는 것을 전제하고 있는 것으로 해석하는 것이 합리적이다. 쌍방미이행 쌍무계약에 관한 조항은 근로계약에 적용되지 않고 근로계약의 해지, 즉 해고의 정당성에 관해서는 근로기준법에 의하여 판단하는 것이 타당하다.[71)] 다만, 근로계약에 대한 쌍방미이행 쌍무계약에 관한 규정의 적용 여부에 관하여 어느 견해에 의하더라도 실제 사건에서 해고의 정당성에 대한 결론이 달라지지는 않을 것이므로 논의의 실익은 크지 않다.

회생계획안에서 인원 삭감 규모에 대하여 검토가 이루어지고 법원이 회생계획을 인가한 후 법원의 허가를 받아 정리해고를 시행하는 경우에도 근로기준법의 정리해고 제한의 법리는 적용된다.[72)]

(다) 임대차

임대인인 채무자에 대하여 회생절차가 개시된 경우 임차인이 주택임대차보호법 제3조 제1항의 대항요건을 갖춘 때나 상가건물 임대차보호법 제3조의 대항요건을 갖춘 때에는 쌍방미이행 쌍무계약에 관한 제119조를 적용하지 아니한다(제124조 제4항). 대항요건을 구비한 임차권에는 물권적 효력이 인정되므로 쌍방미이행 쌍무계약임을 이유로 해제·해지하지 못하도록 하고 있는 것이다.

나. 계속적 공급계약

채무자에 대하여 계속적 공급의무를 부담하는 쌍무계약의 상대방은 회생절차개시신청 전의 공급으로 발생한 회생채권 또는 회생담보권을 변제하지 아니함을 이유로 회생절차개시신청 후 그 의무의 이행을 거부할 수 없다(제122조 제1항).

70) 노영보, 도산법 강의, 박영사, 2018, 240면.

71) 박승두, 통합도산법상 각 절차의 진행이 근로관계에 미치는 영향, 남효순·김재형 공편, 통합도산법, 법문사, 2006, 616-618면.

72) 서울고등법원 2014. 2. 7. 선고 2012나14427, 74290 판결.

이는 전기, 가스, 수도 등 채무자의 사업을 영위하는데 필요한 독점적 공공재나 원자재의 계속적 공급을 목적으로 하는 쌍무계약에서 공급자가 채무자의 대금 미변제 등을 이유로 회생절차개시신청 후에 공급을 중단함으로써 채무자의 회생을 저해하는 것을 방지하기 위한 것이다.[73)]

계속적 공급의무를 부담하는 쌍무계약의 상대방이 회생절차개시신청 후 회생절차개시결정 전까지 한 공급으로 생긴 청구권은 공익채권이다(제179조 제1항 제8호). 이는 계속적 공급의무를 부담하는 쌍무계약의 상대방에 대하여 제122조 제1항에 의하여 회생절차개시신청 이후에도 의무의 이행을 강제하면서 그로 인하여 발생한 채권을 회생채권으로 취급할 경우 그 상대방에게 가혹할 뿐만 아니라 회생절차개시신청 이후 즉시 신용거래를 중단할 수 있는 다른 채권자와 비교할 때 형평에 어긋나는 결과를 초래할 수 있으므로 상대방의 청구권을 공익채권으로 인정함으로써 채무자와 상대방의 지위의 균형을 유지하려는 것이다.[74)]

채무자 회사가 회생절차개시신청 전 미납된 전기요금을 납부하지 않음을 이유로 한국전력공사가 회생절차개시신청 후 전기공급을 중단하거나 거부하는 것은 제122조 제1항에 반하는 것으로 위법하다.[75)]

한국전력공사가 기본공급약관 제79조 제1항 제4호[76)]와 전기공급약관 시행세칙 제61조 제2항 제5호[77)] 등을 근거로 회생절차가 개시된 채무자 회사에 대하

---

73) 임채홍 · 백창훈, 회사정리법(상) 제2판, 한국사법행정학회, 2002, 363면.

74) 임채홍 · 백창훈, 회사정리법(상) 제2판, 한국사법행정학회, 2002, 364면.

75) 그럼에도 불구하고 한국전력공사 단전반 직원들이 회생절차개시신청 후 채무자 회사를 방문하여 단전을 시도하는 경우가 간혹 있는데, 이러한 경우에는 제122조 제1항을 근거로 퇴거를 요구하면 된다. 만약 이들이 퇴거요구에 불응하며 단전을 시도할 경우 물리적으로 막더라도 이는 민법 제761조 제1항과 형법 제21조의 정당방위에 해당한다.

76) **기본공급약관 제79조(요금의 보증)**
① 한전은 다음 중의 하나에 해당하는 고객에게 수급개시, 재사용 또는 공급계속의 조건으로 예상월액 3개월분(요금납부 실적이 있는 경우에는 최근 1년 이내의 기간 중 보증설정일로부터 가까운 정상가동월 기준으로 산정한 3개월분 요금)에 상당하는 금액을 기준으로 보증조치를 요구할 수 있습니다.
1. 내지 3.(생략)
4. 전기사용장소, 고객 신용상태 등 요금납부에 대한 보증이 필요한 경우

77) **전기공급약관 시행세칙 제61조(요금의 보증)**
② 약관 제79조(요금의 보증) 제1항 제4호의 "요금납부에 보증이 필요한 고객"이란 다음의 고객을 말한다.

여 3개월분 전기요금을 기준으로 한 보증조치를 요구한 사안에서 기본공급약관 제79조 제1항 제4호와 전기공급약관 시행세칙 제61조 제2항 제5호는 회생절차에 있는 채무자 회사에 대하여 계속적 급부를 보장하고 있는 제122조 제1항에 정면으로 반하고 고객에게 부당하게 불리한 조항으로 공정성을 잃은 것이어서 약관의 규제에 관한 법률 제6조에 의하여 무효이므로 보증조치 요구는 위법하다고 본 하급심 결정례가 있다.[78)]

채무자 회사의 전기요금 미납을 이유로 전기사용계약이 적법하게 해지되어 전기공급이 중단된 상태에서 채무자 회사에 대한 회생절차가 개시되어 미납전기요금이 회생채권으로 신고되고 그 후 채무자 회사의 관리인이 전기공급을 요청한 사안에서, 대법원은 채무자 회사에 대한 회생절차의 개시로 인하여 한국전력공사도 회생채권인 전기요금채권을 바로 행사하지 못하고, 채무자 회사도 그 미납전기요금을 임의로 지급할 수 없게 되었다면, 비록 채무자 회사가 전기요금을 납부하지 않아 전기사용계약이 적법하게 해지되어 전기공급이 중단되었다고 하더라도, 한국전력공사가 미납전기요금의 미변제를 이유로 채무자 회사에 대한 전기공급을 거부하는 것은, 전기사업자로서의 독점적 지위를 이용하여 회생절차 개시로 그 권리행사가 제한되어 있는 체납전기요금에 대한 즉시 변제를 강요하는 것이 되고, 나아가 다른 회생채권자의 권리를 해하는 결과에 이르게 되므로, 한국전력공사가 전기공급을 거부할 수 있는 전기사업법 제14조의 '정당한 사유'에 해당하지 않는다고 판시하였다.[79)]

---

1. 내지 4.(생략)
5. 부도, 회생절차개시결정으로 보증 설정이 필요한 고객

78) 서울중앙지방법원 2016. 12. 6.자 2016회합100140 결정. 한국전력공사는 최근 전기공급약관 시행세칙 제61조 제2항 제5호를 "부도, 회생절차개시결정으로 보증 설정이 필요한 고객. 다만, 중소기업기본법 시행령 제3조에 따른 중소기업으로서 법원 판결에 의해 회생개시가 결정된 경우 연체가 없는 공익채권에 대해서는 보증설정을 하지 않는다"로 개정하였다. 따라서 중소기업에 해당하는 채무자 회사에 대하여 회생절차개시결정이 내려진 이후에는 전기요금이 연체되지 않는 한 한국전력공사가 보증조치를 요구하기 어렵게 되었다.

79) 대법원 2010. 2. 11.자 2009마1930 결정. 이 결정은 한국전력공사의 전기공급 거부가 전기사업법 제14조에 위반된다고만 판시하였을 뿐 채무자회생법 제122조 제1항에 위반되는지 여부에 대하여는 명시적으로 판단하지 않았다. 이와 관련하여 ① 채무자회생법 제122조의 취지는 전기 등 독점적 공공재의 계속적 공급을 목적으로 하는 쌍무계약에서 공급자가 채무자 회사의 요금 미납을 이유로 회생절차개시신청 후 전기 등의 공급을 중단함으로써 채무자 회사의 회생을 저해하는 것을 방지하기 위한 것이라는 점, ② 회생절차개시신청 전에 공급

제122조 제1항의 규정은 단체협약에 관하여는 적용하지 아니한다(제122조 제2항). 그러므로 단체협약을 체결한 근로자는 사용자인 채무자가 회생절차개시 전에 제공된 근로에 대한 임금을 체불할 경우 근로의 제공을 거절할 수 있다. 다만 임금은 공익채권으로 보호를 받으므로(제179조 제1항 제10호), 근로자들이 제122조 제2항을 주장할 실익은 크지 않다.

다. 임대차계약 등

(1) 임대차계약

임대인인 채무자에 대하여 회생절차가 개시된 때에는 차임의 선급 또는 차임채권의 처분은 회생절차가 개시된 때의 당기와 차기에 관한 것을 제외하고는 회생절차의 관계에서는 그 효력을 주장할 수 없다(제124조 제1항). 회생절차의 관계에서 차임의 선급 또는 차임채권의 처분의 효력을 주장할 수 없다는 것은 임차인이 관리인에 대하여 차차기 이후의 기간에 관한 차임의 선급 또는 차임채권의 처분으로 인하여 임차인의 차임지급의무가 소멸하였다고 주장할 수 없음을 의미한다. 임차인이 임대인과 통모하거나 임대인의 도산을 예상하였는지 여부 등을 묻지 않는다.[80] 이는 임대인(채무자), 임차인 및 제3자가 통모하여 채무자의 재산에 귀속되어야 할 차임채권을 사전에 유출하는 것을 방지함으로써 다른 채권자들과의 형평을 도모하기 위한 규정이다. 임차인은 임대인에 대한 회생절차개시결정일이 속한 당기와 차기의 것을 제외하고는 임대인에게 미리 차임을 지급하였거나 차임채권을 양도 등 처분하였다고 하더라도 임대차계약이 종료될 때까지 본래의 임대차계약에서 정한 바에 따라 관리인에게 그 차임을 다시 지급하여

계약이 해지되었음을 이유로 채무자회생법에 따른 계속적 공급의무가 없다고 해석한다면 전기공급은 채무자 회사의 회생을 위하여 필수적 요소임에도 한국전력공사의 공급 외에 달리 대체적 공급처가 없어 사실상 채무자 회사의 회생을 무력화시킬 수 있는 점, ③ 회생절차개시신청 후 회생절차개시결정 전까지의 공급으로 생긴 청구권은 공익채권으로 보호되고, 한국전력공사의 회생채권도 회생계획에 따라 변제되어야 함에도 회생절차개시신청 이전에 계속적 공급계약이 해지되었음을 이유로 공급을 거부할 수 있다면 사실상 한국전력공사의 회생채권에 대한 우선 변제를 강요하는 것이 되는 점 등을 근거로 한국전력공사의 전기공급 거부는 채무자회생법 제122조 제1항에 위반된다는 견해로는 전대규, 채무자회생법 제5판, 법문사, 2021, 279면.

80) 주석 채무자회생법 제124조(민지현 집필), 한국사법행정학회, 2021.

야 한다. 이로 인하여 손해를 입은 임차인 또는 차임채권의 양수인은 회생채권자로서 손해배상청구권을 행사할 수 있다(제124조 제2항).

회생채권자 또는 회생담보권자의 회생절차개시 후의 차임채무에 관하여는 당기와 차기의 것에 한하여 상계할 수 있다(제144조 제2항 본문). 변제기가 도래하지 않은 장래의 차임채무에 대하여 제한 없이 상계를 허용할 경우 회생채권자는 전액을 변제받는 결과가 되어 채권자들 사이의 형평에 반하고, 채무자는 임대한 재산의 사용대가를 지급받지 못하여 회생에 차질이 발생할 수 있기 때문이다.[81] 이는 제124조 제1항과 그 궤를 같이하는 조항으로 평가할 수 있다. 다만, 보증금이 있는 때에는 그 후의 차임채무에 관하여도 상계할 수 있다(제144조 제2항 단서). 보증금에 상당하는 부분은 사실상 채무자가 차임을 선급받은 것과 동일하고, 채무자가 임차인과 통모하여 채무자의 재산의 충실을 해할 우려가 없기 때문에 당기와 차기 이후의 차임에 대하여도 상계를 인정하는 것이다.

(2) 상호계산

상호계산은 상인 간 또는 상인과 비상인 간에 상시 거래관계가 있는 경우에 일정한 기간의 거래로 인한 채권채무의 총액에 관하여 상계하고 그 잔액을 지급할 것을 약정하는 계약이다(상법 제72조). 상호계산은 당사자 일방에 관하여 회생절차가 개시된 때에는 종료한다. 이 경우 각 당사자는 계산을 폐쇄하고 잔액의 지급을 청구할 수 있다(제125조 제1항). 상호계산의 일방 당사자에 대하여 회생절차가 개시되면 통상 당사자 사이의 신뢰관계가 붕괴하므로 이를 종료하는 것이 상호계산의 본래 취지와 당사자의 의사에 부합하기 때문이다.[82] 채무자의 상대방이 갖게 되는 청구권은 회생채권이다(제125조 제2항).

라. 공유관계

채무자가 타인과 공동하여 재산권을 가진 경우 회생절차개시가 있은 때에는 관리인은 채무자와 그 타인 사이에 분할을 하지 아니한다는 약정이 있는 때에도 분할을 청구할 수 있다(제69조 제1항). 이 경우 다른 공유자는 상당한 보상을 지

81) 서울회생법원 재판실무연구회, 회생사건실무(상), 박영사, 2019, 400면.
82) 주석 채무자회생법 제125조(민지현 집필), 한국사법행정학회, 2021.

급하고 채무자의 지분을 취득할 수 있다(제69조 제2항). 공유물 분할로 채무자의 재산을 현금화하여 회생을 위한 자금을 마련할 수 있도록 하기 위하여 분할금지 약정에도 불구하고 관리인에게 공유물분할청구권을 인정함과 동시에 그로 인한 불이익을 방지하기 위하여 공유자에게 지분 취득권을 인정하고 있다.

민법 제215조의 구분소유의 경우에 그 물건과 그 부속물 중 공유하는 부분, 민법 제239조의 상린자의 공유로 추정되는 경계선상에 설치된 경계표 등, 집합건물의 소유 및 관리에 관한 법률 제8조에 의하여 구분소유권의 목적인 건물이 속하는 1동의 건물의 대지 중 그 건물의 사용에 필요한 범위 내의 대지 등과 같이 법률로써 분할이 금지된 경우에는 본조에 의하여도 분할청구를 할 수 없다.[83)]

다른 공유자의 채무자 지분 취득권은 매도청구의 방식으로 행사하는 형성권으로 보아야 하므로 관리인에 대하여 매도청구의 의사표시를 함으로써 채무자의 지분에 관하여 매매계약이 성립한다.[84)]

마. 환취권

회생절차개시는 채무자에게 속하지 아니하는 재산을 채무자로부터 환취할 권리에 영향을 미치지 아니한다(제70조).

바. 도산해지조항

계약 당사자들 사이에 일방 당사자의 재무상태가 악화될 때를 대비하여 지급정지나 파산, 회생절차개시신청, 회생절차개시 등 일정한 사실이 그 당사자에게 발생하는 경우 상대방에게 그 계약의 해지권이 발생하는 것으로 정하거나 계약의 당연해지 사유로 정하는 특약을 두는 경우가 있는데, 이와 같은 약정을 '도산해지조항(Ipso Facto Clause)'이라 한다.

도산해지조항은 실무상 리스계약에서 자주 볼 수 있는데 ① 리스회사는 최고 없이 통지만으로 리스계약을 해지할 수 있고, 리스계약이 해지된 경우 리스 이용자는 리스물건을 즉시 리스회사에 반환하고 약정 손해금을 지급하여야 한다거

---

83) 온주(로앤비), 채무자회생법 제69조(박상구 집필), 2015.
84) 주석 채무자회생법 제69조(심태규 집필), 한국사법행정학회, 2021.

나, ② 리스회사는 리스 이용자의 기한의 이익을 상실시켜서 잔존 리스료 전액의 일괄 변제청구를 할 수 있다고 정하고 있는 경우가 많다.[85)]

도산해지조항의 효력을 인정할 경우 채무자의 회생절차에 지장을 초래할 수 있어 그 효력에 관하여 유효설과 무효설이 대립하고 있다. 대법원은 "민법은 몇 가지 계약 유형에 관하여 일방 당사자에게 선고된 파산이 계약에 미치는 영향에 관한 규정을 두고 있을 뿐 도산해지조항의 효력과 관련하여서는 별다른 규정을 두고 있지 아니하고, 구 회사정리법이나 그 후속 입법에 해당하는 현행 채무자회생법에서도 도산해지조항을 일반적으로 금지하는 규정은 찾아볼 수 없다. 그리고 도산해지조항의 적용 결과가 정리절차개시 후 정리회사에 미치는 영향이라는 것은 해당 계약의 성질, 그 내용 및 이행 정도, 해지사유로 정한 사건의 내용 등의 여러 사정에 따라 달라질 수밖에 없다. 따라서 도산해지조항을 일반적으로 금지하는 법률이 존재하지 않는 상태에서 그와 같은 구체적인 사정을 도외시한 채 도산해지조항은 어느 경우에나 회사정리절차의 목적과 취지에 반한다고 하여 일률적으로 무효로 보는 것은 계약자유의 원칙을 심각하게 침해하는 결과를 낳을 수 있을 뿐만 아니라 상대방 당사자가 채권자의 입장에서 채무자의 도산으로 초래될 법적 불안정에 대비할 보호가치 있는 정당한 이익을 무시하는 것이 될 수 있다. 이와 같은 사정과 아울러 회사정리법상 관리인은 회사정리절차개시 당시에 존재하는 채무자의 재산에 대한 관리·처분권을 취득하는 데에 불과하므로 채무자인 회사가 사전에 지급정지 등을 정지조건으로 하여 처분한 재산에 대하여는 처음부터 관리·처분권이 미치지 아니한다는 점을 생각해 보면, 도산해지조항이 회사정리법에서 규정한 부인권의 대상이 되거나 공서양속에 위반된다는 등의 이유로 효력이 부정되어야 할 경우를 제외하고, 도산해지조항으로 인하여 회생절차개시 후 채무자에 영향을 미칠 수 있다는 사정만으로는 그 조항이 무효라고 할 수는 없다. 그리고 쌍방미이행의 쌍무계약의 경우에는 계약의 이행 또는 해제에 관한 관리인의 선택권을 부여한 구 회사정리법 제103조(채무자회생법 제119조)의 취지에 비추어 도산해지조항의 효력을 무효로 보아야 한다거나 아니면 적어도 정리절차개시 이후 종료 시까지의 기간 동안에는 도산해지조항의 적용 내지는 그에 따른 해지권의 행사가 제한된다는 등으로 해석할 여지가 없지는

85) 서경환, 회사정리절차가 계약관계에 미치는 영향, 재판자료 제86집, 법원도서관, 2000, 671면.

않을 것이다"라고 판시한 바 있다.[86)]

쌍방미이행 쌍무계약에 관하여 도산해지조항의 효력을 인정한다면 상대방에게 회생절차개시 이전에 항상 해지권이 발생하여 채무자회생법이 관리인에게 계약에 관하여 이행 또는 해지의 선택권을 부여한 의미가 몰각되므로 이러한 경우에는 도산해지조항의 효력을 원칙적으로 부정함이 타당하다는 하급심 결정이 있다.[87)]

4. 다른 절차에 미치는 영향

가. 파산 · 회생절차개시신청의 금지 · 중지

회생절차개시결정이 있는 때에는 파산신청을 할 수 없다(제58조 제1항 제1호). 채무자의 회생을 목적으로 하는 회생절차는 채무자의 재산을 환가 · 배당하는 것을 목적으로 하는 파산절차보다 우선하기 때문이다. 그리고 회생절차개시결정이 있는 때에는 다시 회생절차개시신청을 할 수 없다(제58조 제1항 제1호). 채무자에 대하여 2중으로 회생절차를 진행할 이유가 없기 때문이다. 회생절차개시결정이 있는 때에는 그 채무자에 대하여 진행 중인 파산절차는 중지된다(제58조 제2항 제1호).

나. 회생채권 또는 회생담보권에 기한 강제집행 등의 금지 · 중지

회생절차개시결정이 있는 경우 회생채권 또는 회생담보권에 기하여 채무자의 재산에 대하여 강제집행 등을 할 수 없다(제58조 제1항 제2호). 이를 허용하면 채무자의 회생을 저해하기 때문이다.[88)] 채무자의 재산에 대하여 이미 행한 회생채권 또는 회생담보권에 기한 강제집행 등은 중지된다(제58조 제2항 제2호).

원사업자에 대하여 회생절차가 개시된 경우 하도급거래 공정화에 관한 법률 제14조 제1항에 의한 수급사업자의 발주자에 대한 하도급대금 직접지급청구는 제58조 제2항이 금지하는 강제집행에 해당하지 않는다.[89)]

---

86) 대법원 2007. 9. 6. 선고 2005다38263 판결.

87) 서울중앙지방법원 2013. 7. 17.자 2012회확1735 회생채권조사확정 결정(2012회합72 회생).

88) 회생절차에서는 회생담보권자의 담보권실행도 금지되는 점에서 별제권 실행이 가능한 파산절차와 구별된다.

89) 대법원 2007. 6. 28. 선고 2007다17758 판결. 이 판결에 대하여 회생절차는 파산절차와 달리 재건절차로서 영업의 계속을 전제로 수익을 통해 채권을 변제하는 제도인데 수급사업자

회생절차개시결정이 있는 때에 금지되는 제58조 제1항 제2호의 '회생담보권에 기한 강제집행'에는 양도담보권의 실행행위도 포함되고, 채권이 담보 목적으로 양도된 후 채권양도인인 채무자에 대하여 회생절차가 개시되었을 경우 채권양수인인 양도담보권자가 제3채무자를 상대로 그 채권의 지급을 구하는 이행의 소를 제기하는 행위는 회생절차개시결정으로 인하여 금지되는 양도담보권의 실행행위에 해당한다.90)

채무자 소유 부동산에 관하여 경매절차가 진행되어 부동산이 매각되고 매각대금이 납부되었으나, 배당기일이 열리기 전에 채무자에 대하여 회생절차가 개시되었다면 집행절차는 중지되고, 만약 이에 반하여 집행이 이루어졌다면 이는 무효이며, 이후 채무자에 대한 회생계획인가결정이 있은 때에 중지된 집행절차는 효력을 잃게 된다.91)

회생채권 또는 회생담보권에 기한 강제집행 등이 금지·중지되는 것은 채무자의 재산에 대한 강제집행 등에 한하므로 연대채무자, 보증인, 물상보증인 등 제3자의 재산에 대한 강제집행 등은 금지·중지되지 않는다.

다. 체납처분 등의 금지·중지

(1) 징수우선순위가 일반 회생채권에 우선하지 않는 것

국세징수의 예에 의하여 징수할 수 있는 청구권으로서 그 징수우선순위가 일반 회생채권보다 우선하지 아니한 것에 기한 체납처분은 할 수 없고(제58조 제1항 제3호), 회생절차개시결정 당시 진행 중인 체납처분은 중지된다(제58조 제2항 제3호).

(2) 징수우선순위가 일반 회생채권에 우선하는 것

회생채권 또는 회생담보권에 기한 채무자의 재산에 대한 국세징수법 또는 지방세징수법에 의한 체납처분, 국세징수의 예에 의하여 징수할 수 있는 청구권으로서 그 징수우선순위가 일반 회생채권보다 우선하는 것에 기한 체납처분과 조

의 발주자에 대한 하도급대금 직접지급청구를 허용할 경우 관리인의 자금조달을 통한 회생절차의 목적달성을 어렵게 한다는 이유로 반대하는 견해로는 임치용, 건설회사에 대하여 회생절차가 개시된 경우의 법률관계, 사법 제18호, 사법발전재단, 2011, 86-87면 참조.

90) 대법원 2020. 12. 10. 선고 2017다256439, 256446 판결.

91) 대법원 2018. 11. 29. 선고 2017다286577 판결.

세채무담보를 위하여 제공된 물건의 처분은 ① 회생절차개시결정이 있는 날부터 회생계획인가가 있는 날까지, ② 회생절차개시결정이 있는 날부터 회생절차가 종료되는 날까지, ③ 회생절차개시결정이 있는 날부터 2년이 되는 날까지의 기간 중 말일이 먼저 도래하는 기간 동안 할 수 없고 이미 행한 처분은 중지된다. 이 경우 법원은 필요하다고 인정하는 때에는 관리인의 신청에 의하거나 직권으로 1년 이내의 범위에서 그 기간을 늘일 수 있다(제58조 제3항). 중지된 체납처분 등은 위 기간이 경과하면 절차를 속행할 수 있다. 회생계획이 인가된 이후 그 회생계획이 정한 징수의 유예기간이 지난 회생채권인 체납세금에 기하여 이루어진 국세징수법에 의한 압류처분은 적법하다.[92]

회생절차개시결정에 의하여 금지되는 것은 회생채권 또는 회생담보권인 조세 등 청구권에 기한 것이므로 공익채권인 조세 등 청구권에 기한 체납처분 등은 금지·중지되지 않는다.

라. 절차의 금지·중지의 효력

금지되는 절차를 신청하는 것은 부적법하므로 각하된다. 이에 위반하여 개시된 절차는 무효이다. 진행 중인 절차의 중지는 개시결정에 의하여 당연히 중지되는 것이고 중지를 위하여 법원이 별도의 재판을 하여야 하는 것은 아니다. 절차의 중지는 진행 중인 절차가 그 시점에서 중지되고 속행이 허용되지 않는다는 의미이다.

회생절차의 개시는 집행장애사유에 해당하고 집행장애사유의 존재는 집행기관의 직권조사사항이므로,[93] 집행기관은 채무자에 대하여 회생절차개시결정이 있은 사실을 발견한 때에는 개시결정 정본의 제출 등을 기다릴 필요 없이 직권으로 집행절차를 정지하여야 한다. 집행법원은 집행개시 전에 회생절차가 개시된 경우에는 집행의 신청을 각하 또는 기각하여야 하고, 집행장애사유가 존재함에도 간과하고 집행절차를 개시한 다음 이를 발견한 때에는 이미 한 집행절차를 직권으로 취소하여야 한다.[94] 집행장애사유가 있는데도 집행기관이 집행을 개시

---

92) 대법원 2012. 7. 12. 선고 2012다23252 판결.

93) 법원실무제요 민사집행 Ⅰ, 법원행정처, 2014, 248면.

94) 대법원 2000. 10. 2.자 2000마5221 결정.

하거나 집행을 정지하지 아니하고 집행처분을 한 경우에는 이해관계인은 가압류·가처분에 대한 이의신청 또는 집행에 대한 이의신청, 즉시항고 등을 하여 그 취소를 구할 수 있다.[95)]

회생계획인가결정이 있은 때에는 중지된 파산절차, 강제집행, 가압류, 가처분, 담보권실행을 위한 경매절차는 그 효력을 잃는다(제256조 제1항). 일반 회생채권보다 우선하는 조세 등 청구권에 기한 체납처분 등은 효력을 잃지 않는다. 국세징수의 예에 의하여 징수할 수 있는 청구권으로서 일반 회생채권보다 우선하지 아니하는 것에 기한 체납처분 등의 경우 제256조 제1항이 명시적으로 열거하지 않고 있는 이상 효력을 잃는다고 보기 어렵고 중지된 상태에서 제58조 제5항에 의하여 취소할 수 있다고 해석된다.[96)] 회생계획인가결정 전에 회생절차가 폐지되거나 회생계획불인가결정이 확정된 경우에는 중지된 절차가 속행된다.

신청금지의 효력이 지속되는 기간은 회생절차의 종료 시까지이다(제292조 제2항). 따라서 회생절차가 종료되지 아니한 경우에는 회생채권 등이 회생계획인가결정으로 권리변경이 확정된 후 채무자가 변제기에 이를 변제하지 않아도 강제집행 등을 신청할 수 없다.

마. 절차의 속행명령과 취소명령

(1) 속행명령

법원은 회생에 지장이 없다고 인정하는 때에는 관리인이나 국세징수법 또는 지방세징수법에 의하여 징수할 수 있는 청구권(국세징수의 예에 의하여 징수할 수 있는 청구권으로서 그 징수우선순위가 일반 회생채권보다 우선하거나 우선하지 않는 것 포함)에 관하여 징수의 권한을 가진 자의 신청에 의하거나 직권으로 중지한 절차 또는 처분의 속행을 명할 수 있다. 다만 파산절차에 관하여는 속행을 명할 수 없다(제58조 제5항).

속행을 명할 수 있는 중지한 절차 또는 처분에는 ① 채무자의 재산에 대하여 이미 행한 회생채권 또는 회생담보권에 기한 강제집행 등(제58조 제2항 제2호), ② 국세징수의 예에 의하여 징수할 수 있는 청구권으로서 그 징수우선순위가 일

95) 법원실무제요 민사집행 Ⅰ, 법원행정처, 2014, 273면.

96) 서울회생법원 재판실무연구회, 회생사건실무(상), 박영사, 2019, 182면.

반 회생채권보다 우선하지 아니한 것에 기한 체납처분(제58조 제2항 제3호), ③ 국세징수법 또는 지방세징수법에 의한 체납처분, 국세징수의 예에 의하여 징수할 수 있는 청구권으로서 그 징수우선순위가 일반 회생채권보다 우선하는 것에 기한 체납처분(제58조 제3항)이다.[97)]

(2) 취소명령

법원은 회생을 위하여 필요하다고 인정하는 때에는 관리인의 신청에 의하거나 직권으로 담보를 제공하게 하거나 제공하게 하지 아니하고 중지한 절차 또는 처분의 취소를 명할 수 있다(제58조 제5항). 취소명령에 의하여 강제집행 등을 취소하는 경우 이후 회생절차개시결정이 취소되거나 회생절차가 폐지될 경우 채권자가 심각한 손해를 입을 우려가 있으므로 회생을 위하여 필요한 경우로 제한하고 있다.

회생을 위하여 필요하다고 인정하는 때란 회생계획인가 전에 그 절차의 대상이 된 재산을 관리인이 환가하여 운전자금으로 사용하거나 집행관이 점유하는 동산을 사업의 계속을 위하여 채무자에게 가지고 올 필요가 있는 경우 등을 말한다.[98)]

취소할 수 있는 중지한 절차 또는 처분은 ① 채무자의 재산에 대하여 이미 행한 회생채권 또는 회생담보권에 기한 강제집행 등(제58조 제2항 제2호), ② 국세징수의 예에 의하여 징수할 수 있는 청구권으로서 그 징수우선순위가 일반 회생

97) 제58조 제5항 본문 전단은 같은 조 제2항만을 인용하고 있어 '국세징수의 예에 의하여 징수할 수 있는 청구권으로서 그 징수우선순위가 일반 회생채권보다 우선하지 아니하는 청구권' 만을 대상으로 하고 있는 것처럼 해석될 여지가 있다. 그러나 제58조 제5항 본문 전단이 그 규정 대상으로서 '국세징수의 예에 의하여 징수할 수 있는 청구권으로서 그 징수우선순위가 일반 회생채권보다 우선하는 청구권'을 포함하는 규정인 제140조 제2항을 인용하고 있는 점, 구 회사정리법이 조세 등 청구권에 기한 체납처분 절차의 속행을 인정하고 있었던 점, 징수우선순위가 일반 회생채권보다 우선하지 아니하는 것의 속행을 구할 수 있음에도 징수우선순위가 일반 회생채권보다 우선하는 것의 속행을 구할 수 없다는 것은 불합리한 점 등을 근거로 제58조 제5항 본문 전단에서 인용하는 '제2항'은 '제2항, 제3항'의 오기라고 보는 것에 이론이 없는 것으로 보인다[서울회생법원 재판실무연구회, 회생사건실무(상), 박영사, 2019, 183면; 전대규, 채무자회생법 제5판. 법문사, 2021, 295면; 주석 채무자회생법 제58조(심태규 집필), 한국사법행정학회, 2021].

98) 주석 채무자회생법 제58조(심태규 집필), 한국사법행정학회, 2021.

채권보다 우선하지 아니한 것에 기한 체납처분(제58조 제2항 제3호), ③ 국세징수법 또는 지방세징수법에 의한 체납처분, 국세징수의 예에 의하여 징수할 수 있는 청구권으로서 그 징수우선순위가 일반 회생채권보다 우선하는 것에 기한 체납처분[99]이다. 파산절차에 관하여는 취소를 명할 수 없다.

실무상 매출채권이나 원자재에 대한 가압류에 대하여 발하는 경우가 많다. 채권가압류와 달리 부동산에 대한 가압류는 실무상 부동산을 처분할 때 취소하므로 처분 직전에 취소명령을 신청하여야 한다.[100]

5. 계속 중인 소송 등에 미치는 영향

가. 소송절차의 중단

회생절차개시결정이 있는 때에는 채무자의 재산에 관한 소송절차는 중단된다(제59조 제1항). 민사소송, 행정소송,[101] 특허소송, 비송사건 등 소송의 종류에 관계없이 채무자의 재산에 관한 소송이면 모두 중단되고, 채무자가 원고인지, 피고인지 여부를 불문한다.[102] 회생채권 · 회생담보권에 관한 소송절차에 국한되지 않고, 공익채권 · 환취권 등에 기한 것이라도 채무자의 재산에 관한 소송이면 중단된다.[103] 중단되는 것은 회생절차개시결정 당시 소장 부본이 송달되어 소송 계속 중인 소송이므로 소 제기 이후 소장 부본이 송달되기 전에 회생절차개시결정이 있는 경우 그 소송은 중단되지 않고, 부적법하게 된다.[104]

채무자의 조직법적 · 사단적 활동에 관한 권한은 여전히 채무자가 보유하고 채

99) 국세징수법 또는 지방세징수법에 의한 체납처분, 국세징수의 예에 의하여 징수할 수 있는 청구권으로서 그 징수우선순위가 일반 회생채권보다 우선하는 것에 기한 체납처분은 회생절차개시결정 이후 일정 기간 동안만 금지 · 중지되고, 회생계획인가결정으로 체납처분 등이 당연히 속행되는 것이 아니라 회생계획에 따라 징수유예 또는 환가유예가 될 수 있으며, 회생절차개시결정 전에도 취소의 대상이 아니라는 이유로 제58조 제5항의 취소 대상이 되지 않는다는 반대 견해로는 전대규, 채무자회생법 제5판, 법문사, 2021, 297－298면.

100) 윤덕주, 사례중심 기업회생, 박영사, 2019, 220면.

101) 대법원 2012. 9. 27. 선고 2012두11546 판결.

102) 주석 채무자회생법 제59조(심태규 집필), 한국사법행정학회, 2021.

103) 서울회생법원 재판실무연구회, 회생사건실무(상), 박영사, 2019, 205면.

104) 주석 채무자회생법 제59조(심태규 집필), 한국사법행정학회, 2021.

무자의 대표자에게 그 소송수행권이 있기 때문에 회생절차개시결정 이후에도 이에 관한 소송절차(이사회·주주총회·사원총회 등의 결의의 무효확인 또는 취소의 소, 주주 지위 확인의 소, 주식 명의개서 청구의 소 등)는 중단되지 않고 채무자의 대표자가 계속 소송을 수행하여야 한다.

소수 주주의 회계장부 등 열람·등사청구 가처분 또는 본안 사건 절차의 중단 여부가 문제 된다. 이를 채무자의 재산에 관한 소송절차로 볼 수는 없으나 이러한 소송절차를 수행하는 것은 회사의 업무수행권에 속하므로 제56조 제1항에 따라 관리인이 수계함이 상당하다는 견해가 있다.[105]

나. 소송절차의 수계

회생절차개시결정에 의하여 중단한 채무자의 재산에 관한 소송절차 중 회생채권 또는 회생담보권과 관계없는 것은 관리인 또는 상대방이 이를 수계할 수 있다(제59조 제2항). 회생채권 또는 회생담보권과 관계없는 소송절차란 환취권과 공익채권에 관한 소송, 채무자가 가지는 권리에 기한 이행 또는 적극적 확인을 구하는 소송 등을 의미한다. 수계에 의하여 관리인은 채무자의 소송상 지위를 승계한다. 이 경우 채무자에 대한 소송비용청구권은 공익채권으로 한다(제59조 제2항).[106]

105) 이 견해는 현재 채무자회생법상 '채무자의 재산에 관한 소송은 아니지만 채무자의 업무 수행에 관한 소송'에 대하여는 소송절차의 중단과 수계에 관한 규정이 없는데, 이는 관리인에게 재산의 관리·처분권뿐만 아니라 업무수행권까지 부여한 것과 모순되는 입법의 공백으로 보이므로 현재로서는 제59조의 유추적용을 통해 해결할 수밖에 없다고 주장한다[주석 채무자회생법 제44조(백숙종 집필), 한국사법행정학회, 2021]. 한편, 채무자회생법이 회생절차개시결정이 있는 때에는 채무자의 업무수행권 및 재산의 관리·처분권이 관리인에게 전속한다고 정하고 있는데(제56조 제1항), 회계장부 등의 관리는 전형적인 채무자의 업무수행이라고 볼 수 있는 점, 소수 주주의 열람·등사청구권은 궁극적으로 채무자의 재산 관계와 관련성이 적지 않은 점, 현실적으로도 회생절차개시 후에는 관리인이 채무자의 회계장부 등을 관리하고 있는 점, 관리인은 공적 수탁자로서 열람·등사의 허용 여부를 적절히 판단할 수 있는 지위에 있다고 볼 수 있는 점 등을 고려할 때 비록 주주의 권리행사이기는 해도 조직법적·사단적 활동이라는 범주에 넣어 채무자로 하여금 소송을 수행하게 하기보다는 관리인이 수계하여 소송을 수계하게 하는 것이 타당하다는 주장으로는 이진웅, 소수주주의 회계장부 등 열람·등사청구권과 회생절차, 도산판례백선, 사단법인 도산법연구회 도산판례백선 편집위원회, 박영사, 2021, 40면.

106) 제59조 제2항 전문에 따라 관리인이 중단된 채무자의 재산에 관한 소송절차를 수계한 경

회생채권 또는 회생담보권에 관한 소송절차는 즉시 수계하지 아니하고, 회생채권 등의 조사절차를 거쳐야 한다. 조사절차에서 이의가 있는 경우에 회생채권자 또는 회생담보권자가 그 권리의 확정을 구하고자 하는 때에는 이의자 전원을 그 소송의 상대방으로 하여 소송절차를 수계하여야 한다(제172조 제1항). 수계 이후 회생채권자 또는 회생담보권자는 권리확정을 구하는 것으로 청구취지를 변경하여야 한다.

소송 계속 중 일방 당사자에 대하여 회생절차개시결정이 있었는데 법원이 그 사실을 알지 못한 채 관리인의 소송수계가 이루어지지 아니한 상태 그대로 소송절차를 진행하여 판결을 선고하였다면, 그 판결은 일방 당사자의 회생절차개시결정으로 소송절차를 수계할 관리인이 법률상 소송행위를 할 수 없는 상태에서 심리되어 선고된 것이므로, 여기에는 마치 대리인에 의하여 적법하게 대리되지 아니하였던 경우와 마찬가지의 위법이 있으나, 이를 당연무효라고 할 수는 없고 대리인에 의하여 적법하게 대리되지 않았던 경우와 마찬가지로 대리권 흠결을 이유로 한 상소 또는 재심에 의하여 그 취소를 구할 수 있고, 상소심에서 수계절차를 거친 경우에는 이러한 절차상의 하자는 치유되고 그 수계와 상소는 적법하게 된다.[107] 한편 변론종결 후에 채무자 회사에 대하여 회생절차개시결정이 있었다고 하더라도 채무자 회사에 대한 판결선고는 적법하다.[108]

회생절차개시결정으로 중단된 회생채권 또는 회생담보권과 관계없는 소송절차를 관리인 또는 상대방이 수계하기 전에 회생절차가 종료한 때에는 채무자는 당연히 소송절차를 수계한다(제59조 제3항).

회생절차개시결정으로 중단된 소송절차를 관리인 또는 상대방이 수계한 후에 회생절차가 종료한 때에는 소송절차는 다시 중단되고, 채무자가 소송절차를 수계하여야 한다(제59조 제4항). 이 경우 채무자가 수계하지 않고 있는 동안에는 상대방도 소송절차를 수계할 수 있다(제59조 제5항).

우, 상대방이 소송에서 승소한 경우에 채무자에 대하여 가지는 소송비용상환청구권은 제59조 제2항 후문에 의하여 관리인이 소송절차를 수계한 이후의 소송비용뿐만 아니라 관리인의 소송수계 이전에 채무자가 소송을 수계한 때의 소송비용까지 포함하여 공익채권으로 된다(대법원 2016. 12. 27.자 2016마5762 결정).

107) 대법원 2016. 12. 27. 선고 2016다35123 판결.

108) 대법원 2008. 9. 25. 선고 2008다1866 판결.

다. 행정청에 계속한 사건의 중단과 수계

채무자의 재산에 관한 사건으로서 회생절차개시 당시 행정청에 계속한 것에 관하여 회생절차개시결정이 있은 때에는 절차는 중단되고(제59조 제6항, 제1항),[109] 중단한 절차 중 회생채권 또는 회생담보권과 관계없는 것은 관리인 또는 상대방이 이를 수계할 수 있다(제59조 제6항, 제2항). 행정청에 계속한 사건이 회생채권이나 회생담보권에 관한 것이라면 관리인이 채무자가 할 수 있는 방법으로 불복을 신청할 수 있는데(제157조 제1항), 회생절차개시 당시 소송이 계속하는 경우에는 관리인이 소송절차를 수계하여야 한다(제157조 제2항, 제172조 제1항). 이 경우 해당 불복 신청 및 수계는 조사기간의 말일 또는 특별조사기일로부터 1월 이내에 하여야 한다(제157조 제2항, 제172조 제2항, 제170조 제2항).

라. 채권자취소소송 등

회생채권자가 민법 제406조에 기하여 제기한 채권자취소소송, 신탁법 제8조에 기하여 제기한 사해신탁취소소송 또는 파산절차에 의한 부인의 소송이 회생절차개시 당시 계속되어 있는 때에는 소송절차는 중단된다(제113조 제1항). 중단된 소송절차는 관리인 또는 상대방이 이를 수계할 수 있다(제113조 제2항, 제59조 제2항). 관리인은 수계 이후 청구취지를 부인의 소로 변경하여야 한다.

마. 채권자대위소송

회생채권자가 민법 제404조에 기해 채무자를 대위하여 제3채무자를 상대로 제기한 채권자대위소송도 채무자가 당사자적격을 상실한 이상 회생절차의 개시로 중단된다고 보아야 한다.[110] 대법원은 민법 제404조의 규정에 의하여 파산채권자가 제기한 채권자대위소송이 채무자에 대한 파산선고 당시 법원에 계속되어 있는 때에는 다른 특별한 사정이 없는 한 소송절차는 중단되고 파산관재인이 수계할 수 있다고 판시한 바 있다.[111]

---

109) 대법원은 공정거래위원회의 과징금 부과 및 액수를 다투는 소송은 채무자회생법 제59조 제1항의 '채무자의 재산에 관한 소송'에 해당하므로 회생절차개시결정으로 중단된다고 판시하였다(대법원 2012. 9. 27. 선고 2012두11546 판결).

110) 임채홍 · 백창훈, 회사정리법(상) 제2판, 한국사법행정학회, 2002, 425－426면.

111) 대법원 2013. 3. 28. 선고 2012다100746 판결.

바. 주주대표소송

발행주식총수의 100분의 1 이상에 해당하는 주식을 가진 주주는 회사에 대하여 이사 또는 감사의 책임을 추궁할 소의 제기를 청구할 수 있는데, 회사가 그 청구를 받은 날로부터 30일 내에 소를 제기하지 아니한 때에는 그 주주는 즉시 회사를 위하여 소를 제기할 수 있다(상법 제403조, 제415조, 주주대표소송). 주주대표소송이 계속되어 있는 상태에서 회사에 대한 회생절차가 개시되면 주주가 대표소송을 통해 이사, 감사에 대하여 행사하는 손해배상청구권의 관리·처분권도 관리인에게 전속하게 되므로 채권자대위소송과 마찬가지로 주주대표소송은 중단된다고 보아야 한다. 관리인은 중단된 주주대표소송을 수계하거나 제115조에 의한 조사확정재판을 신청할 수 있다.

사. 이송의 청구

회생계속법원은 회생절차개시 당시 채무자의 재산에 관한 소송이 다른 법원에 계속되어 있는 때에는 결정으로써 그 이송을 청구할 수 있다. 회생절차개시 후 다른 법원에 계속되어 있게 된 것에 관하여도 또한 같다(제60조 제1항). 이는 채무자의 재산에 관한 소송을 회생계속법원에 집중시킴으로써 회생절차를 신속하게 진행하기 위함이다. 이송의 청구를 받은 법원은 소송을 회생계속법원에 이송하여야 한다(제60조 제2항). 이송은 소송절차의 중단 또는 중지 중에도 할 수 있다(제60조 제3항). 다만 제60조 제1항 내지 제3항의 규정은 상소심법원에 계속되어 있는 소송에 관하여는 적용하지 아니한다(제60조 제4항). 회생계속법원이 회생사건의 제1심법원이므로, 상소심법원에 계속 중인 사건에 대하여 이송을 청구하는 것은 동일한 제1심법원이 아닌 제2심 또는 제3심법원의 권한을 행사하는 것이어서 타당하지 않기 때문이다.[112]

이송이 되면 소송은 처음부터 수이송법원에 계속된 것으로 본다(제33조, 민사소송법 제40조 제1항).

112) 주석 채무자회생법 제60조(심태규 집필), 한국사법행정학회, 2021.

제6장
회생절차의 기관

Ⅰ. 관리인

1. 기존 경영자 관리인 제도

관리인은 회생절차의 핵심적인 기관이다. 관리인은 채무자의 업무수행권과 재산의 관리·처분권을 행사하고(제56조), 채무자와 채권자 등으로 구성되는 이해관계인 단체의 공적 수탁자로서 채권자·주주·지분권자 등의 법률관계를 조정하여 채무자의 효율적인 회생을 도모하는 업무를 수행한다.

제74조는 원칙적으로 기존 경영자를 관리인으로 선임하거나, 개인 채무자·중소기업 등의 경우 관리인을 선임하지 아니하고 개인 채무자 또는 법인 채무자의 대표자를 관리인으로 간주하는 기존 경영자 관리인 제도(Debtor in possession, DIP)[1]를 규정하고 있다. 채무자회생법이 기존 경영자 관리인 제도를 도입한 이유는 ① 구 회사정리법이 1996. 12. 12. 개정 이전까지 기존 경영자의 관리인 선임을 금지하였고, 개정 이후에도 법원 실무가 대부분의 사건에서 관리인을 선

---

1) 미국 연방파산법상의 DIP는 채무자 회사 자체를 말하는 것인 반면 채무자회생법은 채무자 회사의 대표자를 관리인으로 선임하거나 관리인으로 간주하여 채무자 회사의 업무수행권과 재산의 관리·처분권을 전속시키는 점에서 양자의 법적 성격이 다르고, DIP는 회사의 경영에 관하여 U.S. Trustee의 관리·감독을 받고 법원은 관리인 선임 청구, 파산절차로의 이행, 절차의 기각 등과 같은 사항에 관한 사법적 권한만 갖는 반면 채무회생법은 관리인에 대한 모든 관리·감독 권한을 법원이 가지고 있는 점에서 양자의 자율성 보장의 범위가 다르나, 원칙적으로 기존 경영자가 회생절차에서 경영주체로 남게 된다는 점에서 양 제도는 기본적 이념이 유사한 제도라고 평가할 수 있다[주석 채무자회생법 제74조(노현미 집필), 한국사법행정학회, 2021].

임함에 있어서 기존 경영자를 배제함으로 인하여 기존 경영자가 경영권 상실을 우려하여 회생절차개시신청을 기피하는 부작용이 발생하였는데, 이러한 우려를 불식시켜 재정적 파탄의 초기 단계에서 회생절차개시신청을 하도록 유도하고, ② 기존 경영자의 경영 노하우를 적극적으로 활용하여 계속기업가치의 하락을 막음으로써 사회 전체적인 자원 배분의 효율성을 증진시키며,[2] ③ 기존 거래처와의 계속적인 거래 관계를 유지함으로써 채무자의 효율적이고 신속한 회생이라는 회생절차의 목적을 달성하기 위해서이다.[3]

다만, 제74조 제2항 각호 및 제3항 단서는 채무자의 재정적 파탄의 원인이 기존 경영자의 재산의 유용 또는 은닉이나 그에게 중대한 책임이 있는 부실경영에 기인하는 때, 채권자협의회의 요청이 있는 경우로서 상당한 이유가 있는 때, 그 밖에 채무자의 회생에 필요한 때에는 예외적으로 기존 경영자 이외의 제3자를 관리인으로 선임하도록 하고 있다.

2. 기존 경영자 관리인의 선임과 해임

가. 기존 경영자 관리인 선임의 원칙

법원은 원칙적으로 법인 채무자의 대표자,[4] 즉 기존 경영자를 관리인으로 선임하여야 한다(제74조 제2항).

나. 제3자 관리인 선임 사유

채무자의 재정적 파탄의 원인이 개인인 채무자, 법인 채무자의 이사, 채무자의 지배인이 행한 재산의 유용 또는 은닉이나 그에게 중대한 책임이 있는 부실경영에 기인하는 때, 채권자협의회의 요청이 있는 경우로서 상당한 이유가 있는 때, 그 밖에 채무자의 회생에 필요한 때에는 제3자를 관리인으로 선임한다(제74조 제2항, 제3항 단서).

---

2) 노영보, 도산법 강의, 박영사, 2018, 36면.

3) 서울회생법원 재판실무연구회, 회생사건실무(상), 박영사, 2019, 221면.

4) 주식회사와 유한회사의 대표이사, 합명회사의 대표사원, 합자회사의 무한책임사원, 사단법인과 재단법인의 대표자로 등기된 사람이 이에 해당한다.

(1) 제1호

'재산의 유용 또는 은닉'은 법원이나 채권자가 구체적으로 파악하기 어렵기 때문에 회생절차개시결정 단계에서 드러나는 경우는 드물고 대부분 회생절차개시결정 이후 조사위원이 제출하는 조사보고서를 통해 밝혀진다. 회생절차개시결정 당시 기존 경영자를 관리인으로 선임한 이후 조사위원의 조사보고서를 통해 기존 경영자의 재산의 유용 또는 은닉 사실이 밝혀지면 기존 경영자 관리인은 해임될 수 있다.[5)]

채무자의 재정적 파탄의 원인이 '중대한 책임이 있는 부실경영'에 기인하는 때에만 기존 경영자를 관리인으로 선임하지 않으므로 부실경영이 중대하지 않은 경우에는 기존 경영자를 관리인으로 선임하여야 한다. 회생절차개시신청 자체가 그 기업의 경영부실을 전제로 하는 것이므로 단순한 부실경영이 있는 경우에까지 제3자 관리인을 선임하는 것은 기존 경영자 관리인 제도의 취지에 반하기 때문이다.[6)] 중대한 책임이 있는 부실경영이라 함은 이사가 법령이나 정관에 위반하여 회사에 중대한 손해를 발생하게 한 경우나, 악의 또는 중대한 과실로 인하여 그 임무를 게을리하여 제3자에게 중대한 손해를 발생시킨 경우를 말한다.

제74조 제2항 제1호의 '이사'의 개념에는 상법 제401조의2 제1항이 유추적용되므로 상업등기부에 이사나 지배인으로 등기된 자 이외에 회사에 대한 자신의 영향력을 이용하여 이사에게 업무집행을 지시한 자, 이사의 이름으로 직접 업무를 집행한 자, 이사가 아니면서 명예회장·회장·사장·부사장·전무·상무·이사 기타 회사의 업무를 집행할 권한이 있는 것으로 인정될 만한 명칭을 사용하여 회사의 업무를 집행한 자도 포함된다.[7)]

(2) 제2호

채권자협의회는 채권자들의 대표기구로서 회생절차에 가장 큰 이해관계가 있기 때문에 채무자의 업무수행권과 재산의 관리·처분권을 누가 갖는가에 큰 관심을 가지고 있다. 이러한 채권자협의회의 요청이 있는 경우로서 상당한 이유가

---

5) 서울회생법원 재판실무연구회, 회생사건실무(상), 박영사, 2019, 230－231면.
6) 서울회생법원 재판실무연구회, 회생사건실무(상), 박영사, 2019, 232면.
7) 주석 채무자회생법 제74조(노현미 집필), 한국사법행정학회, 2021.

있는 경우 법원은 제3자를 관리인으로 선임한다. 상당한 이유가 있는지 여부는 채무자회생법이 도입한 기존 경영자 관리인 제도의 취지와 채권자협의회의 이익 등을 비교형량하여 기존 경영자를 관리인으로 선임하지 아니하는 것이 객관적으로 채무자 또는 그 사업의 효율적 회생에 적합한지를 여러 사정을 종합적으로 고려하여 판단한다.[8] 채권자협의회는 제3자 관리인을 선임하여야 할 상당한 이유에 관하여 주장·소명을 하여야 한다. 실무상 채권자협의회가 제3자 관리인 선임을 요청하는 경우가 종종 있으나 기존 경영자의 횡령·배임에 대한 의혹 제기나 형사고소에 그치고 상당한 이유에 대하여 소명을 하지 못하는 경우가 많은데 이러한 경우에는 제3자 관리인이 선임되지 않는다.

(3) 제3호

제3호의 사유는 포괄적인 규정으로 법원에 대하여 제3자를 관리인으로 선임할 수 있는 재량권을 부여한 것이다. 이 사유를 너무 폭넓게 인정할 경우 기존 경영자 관리인 제도의 취지에 반할 수 있으므로 실무상 법원은 제3호의 적용에 신중을 기하고 있다.

다. 기존 경영자 관리인의 해임

법원은 관리인 선임 후 그 관리인에게 제74조 제2항 제1호의 사유가 발견된 때, 관리인이 제82조 제1항의 규정에 의한 선량한 관리자의 주의의무를 위반한 때, 관리인이 경영능력이 부족한 때, 그 밖에 상당한 이유가 있는 때에는 이해관계인의 신청에 의하거나 직권으로 관리인을 해임할 수 있다. 이 경우 법원은 그 관리인을 심문하여야 한다(제83조 제2항).

3. 관리인 불선임 결정

법원은 채무자가 개인, 중소기업, 그 밖에 규칙이 정하는 자인 경우에는 관리인을 선임하지 아니할 수 있다. 이 경우 채무자 또는 법인 채무자의 대표자를 관리인으로 본다(제74조 제3항, 제4항). 실무상 법원은 제3자 관리인 선임 사유가

---

8) 서울회생법원 재판실무연구회, 회생사건실무(상), 박영사, 2019, 236면.

없는 경우에는 원칙적으로 관리인을 선임하지 않고 있다. 관리인 불선임 결정이 있을 경우 관리인으로 보는 채무자 또는 법인 채무자의 대표자를 실무상 '법률상 관리인'이라 부른다.

법원은 회생절차개시결정문에 "채무자에 대하여 관리인을 선임하지 아니하고 채무자의 대표자를 관리인으로 본다"라고 기재하여 채무자의 대표자가 업무수행권과 재산의 관리·처분권을 갖고 있음을 명시하고 있다. 다만 간이회생사건의 경우 관리인을 선임하지 않는 것이 원칙이므로(제293조의6 제1항), 간이회생절차개시결정문에는 "채무자에 대하여 관리인을 선임하지 아니한다"라고만 기재한다.

법률상 관리인은 그 지위의 취득, 상실이 채무자 회사의 내부의 절차에 의하여 결정되고 법원은 그 선임 내지 해임에 관여하지 아니한다. 법률상 관리인은 회생절차개시 후 채무자 회사의 대표자 지위를 상실하면 관리인의 지위를 상실한다. 채무자 회사의 대표자의 지위는 회생절차개시 후 인가 전 단계에서는 채무자 회사 내부의 대표자 선임절차인 주주총회결의 또는 이사회결의에 의하여, 회생계획인가 후 회생절차종결 전 단계에서는 회생계획에서 정한 대표자의 선임절차(제203조, 제263조)에 의하여 변경될 수 있다.

관리인 불선임 결정에 의하여 채무자의 대표자를 관리인으로 보게 된 경우 회생절차 진행 중에 제74조 제2항 각호의 사유가 있다고 인정되는 경우에는 법원은 제3자를 관리인으로 선임할 수 있다(제74조 제3항 단서). 법률상 관리인은 제3자 관리인 선임 결정에 의하여 업무수행권과 재산의 관리·처분권을 상실한다.

4. 공동관리인

법원이 관리인을 복수로 선임하거나 공동대표로 운영되는 회사에 대하여 관리인 불선임 결정을 함으로써 관리인이 복수인 때에는 그 복수의 관리인은 공동으로 그 직무를 행한다(제75조 제1항). 이러한 복수의 관리인을 '공동관리인'이라 한다. 공동관리인은 공동명의로 법률행위를 하여야 하고, 법원에 대한 허가신청도 공동으로 하여야 한다. 공동관리인은 법원의 허가를 받아 직무를 분장할 수 있는데(제75조 제1항), 직무를 분장한 경우 그 범위 내에서 관리인은 독립하여 직무를 수행할 수 있다. 제3자의 의사표시는 공동관리인 중 1명에 대하여 하면 된다(제75조 제2항). 수동적인 법률행위의 경우 관리인의 권한남용의 우려가 없기 때문이다.

채무자에 대한 회생절차가 개시되었을 때 관리인이 2인 이상인 경우에는 법원의 허가를 얻어 직무를 분장하였다는 등의 특별한 사정이 없는 한 그 복수의 관리인 전원이 채무자의 업무수행권과 재산의 관리·처분권을 갖기 때문에 채무자의 업무와 재산에 관한 소송에서는 관리인 전원이 소송당사자가 되어야 하고 그 소송은 필수적 공동소송에 해당한다.[9)]

공동관리인 제도는 기존 경영자 관리인과 제3자 관리인을 공동으로 선임함으로써 효율적인 조직 장악과 경영의 지속성 확보라는 기존 경영자 관리인 제도의 장점을 최대한 살리면서도 공동관리인 상호 간에 권한남용과 직무위배에 대한 견제와 감시를 하도록 하여 경영의 투명성과 공정성을 도모하는 방안이 될 수 있다.[10)] 구체적으로 회사의 규모가 크고 내부 사정이 복잡하며, 기존 경영자에게 전적으로 경영을 맡기기에는 거래나 회계의 투명성 측면에서 적절하지 않은 경우에 활용될 수 있다.[11)]

5. 선임증 등의 교부

법원은 회생절차개시결정일 당일 관리인을 법원에 출석하도록 하여 관리인으로 선임된 것을 증명하는 서면을 교부하여야 한다(제81조 제2항). 실무상 관리인 선임 결정에 의하여 선임된 관리인에게는 '선임증'을, 관리인 불선임 결정에 의하여 관리인으로 보게 되는 채무자나 법인 채무자의 대표자에게는 '증명서'를 교부한다.

법원은 관리인에게 선임증과 증명서를 수여할 때 법원의 감독하에 업무를 수행하는 공적 수탁자로서 공명정대하게 업무를 수행하고 채무자의 효율적인 회생과 채권자 등 이해관계인의 권익보호를 위하여 노력하겠다는 내용의 각서를 받

9) 대법원 2014. 4. 10. 선고 2013다95995 판결.

10) 서울회생법원 재판실무연구회, 회생사건실무(상), 박영사, 2019, 241면; 온주(로앤비), 채무자회생법 제75조(오영준 집필), 2015.

11) 서울회생법원 재판실무연구회, 회생사건실무(상), 박영사, 2019, 241면.

는다(실무준칙 제211호 제2조 제2항).

6. 관리인의 지위

관리인은 채무자의 업무수행권과 재산의 관리 · 처분권을 갖는다(제56조 제1항). 또한 관리인은 회생계획안을 작성 · 제출하여야 하고(제220조 제1항), 회생계획이 인가되면 회생계획을 수행하여야 한다(제257조 제1항).

관리인은 채무자나 그의 기관 또는 대표자가 아니고 채무자와 채권자 등으로 구성되는 이른바 이해관계인 단체의 관리자로서 일종의 공적 수탁자에 해당하고, 채권자 · 주주 · 지분권자 등 이해관계인의 법률관계를 조정하여 채무자 또는 그 사업의 효율적인 회생을 도모하기 위하여 업무를 수행한다.[12)]

회생절차개시결정이 내려지면 채무자 회사의 업무수행권 및 재산의 관리 · 처분권은 관리인에게 전속되지만, 그 이외의 단체로서의 활동은 여전히 채무자 회사에 의하여 영위된다. 따라서 종전의 이사와 감사는 회생절차개시결정 이후에도 그 지위를 유지하고, 채무자 회사는 주주총회 및 이사회를 개최할 수 있으며, 임원의 선임 또는 해임, 주식 명의개서 및 주주명부의 작성, 정관의 변경 등의 활동을 할 수 있는 것이다.[13)] 그러나 이러한 활동을 제한 없이 허용하면 간접적으로 채무자 회사의 재산상태의 변동을 초래하여 채무자 또는 그 사업의 효율적 회생이라는 회생절차의 목적을 달성하는 데 지장을 초래할 수 있다. 이에 채무자회생법은 회생절차의 원활한 진행을 위하여 채무자 회사의 조직법적 활동에 일정한 제한을 가하고 있다.

회생절차개시 이후 회생절차종료 시까지 채무자는 회생절차에 의하지 아니하고는 자본 또는 출자액의 감소, 지분권자의 가입, 신주 또는 사채의 발행, 자본

---

12) 대법원 2013. 3. 28. 선고 2010다63836 판결.

13) 주식회사에 대하여 회생절차개시결정이 내려져 있는 경우라고 하더라도 적법하게 선임되어 있는 대표이사가 있는 한 그 대표이사가 형사소송법 제27조 제1항에 의하여 피고인인 회사를 대표하여 소송행위를 할 수 있고, 채무자 회사의 관리인은 채무자 회사의 기관이거나 그 대표자가 아니고 채무자 회사와 그 채권자 및 주주로 구성되는 이해관계인 단체의 관리자로서 일종의 공적 수탁자이므로 관리인이 형사소송에서 피고인인 채무자 회사의 대표자가 된다고 볼 수 없다(대법원 1994. 10. 28.자 94모25 결정).

또는 출자액의 증가, 주식의 포괄적 교환 또는 주식의 포괄적 이전, 합병·분할·분할합병 또는 조직변경, 해산 또는 회사의 계속, 이익 또는 이자의 배당을 할 수 없다(제55조 제1항). 이들 사항은 주주총회 결의사항이지만, 회생절차개시 이후 회생절차종료 시까지 이러한 사항은 주주총회의 결의가 아닌 회생절차에 의하여서만, 즉 회생계획에 의하여서만 할 수 있다.

회생절차개시결정 이후 회생절차가 종료될 때까지 회생절차에 의하지 아니하고 법인인 채무자의 정관을 변경하고자 하는 때에는 법원의 허가를 받아야 한다(제55조 제2항). 상법상 정관변경은 주주총회 결의사항이므로 이는 주주총회 결의사항에 제한을 가한 것이다. 상법 제434조는 정관의 변경은 주주총회 특별결의에 의하여야 하는 것으로 정하고 있는데 채무자회생법에 상법 제434조를 배제하는 규정이 없으므로, 회생절차개시결정 이후 회생절차종료 이전까지 채무자가 정관을 변경하고자 하는 때에는 주주총회 특별결의를 거친 후 법원의 허가를 받아야 한다.[14)]

회생계획을 수행함에 있어서는 법령 또는 정관의 규정에도 불구하고 법인인 채무자의 창립총회·주주총회 또는 사원총회(종류주주총회 또는 이에 준하는 사원총회 포함) 또는 이사회의 결의를 하지 아니하여도 된다(제260조). 이로써 회생계획인가 후 회생계획 수행 단계에서는 주주총회와 이사회의 기능이 사실상 무력화된다고 볼 수 있다.

7. 관리인의 권한과 책무

가. 업무수행권 및 재산의 관리·처분권

회생절차개시결정이 있는 때에는 채무자의 업무수행권과 재산의 관리·처분권

---

14) 주석 채무자회생법 제55조(심태규 집필), 한국사법행정학회, 2021. 제55조 제2항은 회생절차와 무관한 영업 목적의 변경, 본점의 이전, 공고방법의 변경, 임원 수의 감소 등을 위한 정관변경에 대하여만 적용된다. 이에 반하여 정관변경이 회생절차의 일환으로 이루어지는 경우, 예를 들어 출자전환이나 제3자 배정 신주인수에 대비하여 발행예정주식 총수를 변경하기 위하여 정관을 변경하는 경우는 제193조 제1항 제1호의 회생채권자 등의 권리의 변경에 관한 사항에 해당하므로 회생계획인가결정이 있는 때에 정관이 변경되고(제262조), 주주총회 특별결의를 거칠 필요가 없다.

은 관리인에게 전속한다(제56조 제1항). 관리인은 취임 후 즉시 채무자의 업무와 재산의 관리에 착수하고(제89조), 재산가액을 평가하며(제90조), 재산목록과 재무상태표를 작성하여 법원에 제출하여야 한다(제91조).

(1) 직무수행

관리인은 선량한 관리자의 주의로써 직무를 수행하여야 한다. 관리인이 그 주의를 게을리한 때에는 이해관계인에게 손해를 배상할 책임을 부담한다(제82조).

회생절차가 개시되면 채무자의 재산의 관리·처분권이 관리인에게 전속하므로 관리인은 적극재산과 소극재산을 확인하여 일실되는 재산이 없도록 주의하여야 하고, 이를 게을리하면 이해관계인에게 손해배상책임을 부담할 수 있다.[15] 관리인이 회생채권의 존재 또는 그러한 회생채권이 주장되고 있는 사실을 알고 있거나 이를 쉽게 알 수 있었음에도 회생채권자 목록에 기재하지 아니하였는데, 관리인이 회생채권자 목록에 회생채권을 기재하지 아니한 과실과 회생채권의 실권 사이에 상당인과관계가 있는 경우에는 관리인의 불법행위책임이 성립할 수 있다.[16]

회생절차개시결정에 의하여 관리인이 선임되어 있으면 채무자 회사의 업무수행과 재산의 관리·처분권은 관리인에게 전속하며 그 종업원과의 관계도 채무자 회사 대 종업원의 관계로부터 관리인 대 종업원의 관계로 변경되므로 채무자 회사의 대표이사가 사실상 채무자 회사의 운영에 관여하여 왔다고 하더라도 회생절차개시 후에 퇴직하는 근로자의 퇴직금 및 임금지급기일에 지급될 임금을 지급하여야 할 사용자로서의 법적 책임은 관리인에게 있다.[17]

기업이 불황이라는 사유만으로 사용자가 근로자에 대한 임금이나 퇴직금을 체불하는 것은 허용되지 아니하지만, 모든 성의와 노력을 다했어도 임금이나 퇴직금의 체불이나 미불을 방지할 수 없었다는 것이 사회통념상 긍정할 정도가 되

15) 주석 채무자회생법 제82조(노현미 집필), 한국사법행정학회, 2021.

16) 대법원 2014. 9. 4. 선고 2013다29448 판결. 다만 이 판결에서는 회생채권자가 회생절차에 대하여 알게 되어 회생채권의 신고를 통한 권리보호조치를 취할 수 있었는데도 이를 하지 아니함으로써 회생채권이 실권되어, 관리인의 과실과 회생채권의 실권 사이에 상당인과관계가 인정되지 않아 관리인의 불법행위책임이 인정되지 않았다.

17) 대법원 1989. 8. 8. 선고 89도426 판결.

어 사용자에게 더 이상의 적법행위를 기대할 수 없거나 불가피한 사정이었음이 인정되는 경우에는 그러한 사유는 근로기준법이나 근로자퇴직급여보장법에서 정하는 임금 및 퇴직금 등의 기일 내 지급의무 위반죄의 책임조각사유가 된다.[18]

관리인이 채무자회생법 등에 따라 이해관계인의 법률관계를 조정하여 채무자 또는 사업의 효율적인 회생을 도모하는 업무를 수행하는 과정에서 자금 사정의 악화나 관리인의 업무수행에 대한 법률상의 제한 등에 따라 불가피하게 근로자의 임금 또는 퇴직금을 지급기일 안에 지급하지 못한 것이라면 임금 및 퇴직금 등의 기일 내 지급의무 위반죄의 책임조각사유로 되는 하나의 구체적인 징표가 될 수 있다. 나아가 관리인이 그 업무수행 과정에서 임금이나 퇴직금을 지급기일 안에 지급할 수 없었던 불가피한 사정이 있었는지 여부는 채무자가 회생절차의 개시에 이르게 된 사정, 법원이 관리인을 선임한 사유, 회생절차개시결정 당시 채무자의 업무 및 재산의 관리상태, 회생절차개시결정 이후 관리인이 채무자 또는 그 사업의 회생을 도모하기 위하여 한 업무수행의 내용과 근로자를 포함한 이해관계인과의 협의 노력, 회생절차의 진행 경과 등 제반 사정을 종합하여 개별·구체적으로 판단하여야 한다.[19] 관리인이 법원의 감독을 받아 정상적으로 업무를 수행하였음에도 불가피한 사정으로 임금 등을 지급하지 못하였다면 책임조각사유에 해당될 수 있고, 특히 기존 경영자 관리인보다는 제3자 관리인이 좀 더 책임조각사유에 해당될 여지가 많다고 볼 수 있다.[20]

(2) 법원의 허가를 요하는 행위

관리인은 법원의 허가를 받지 아니하고는 채무자의 영업 또는 재산을 양수하는 행위, 채무자에 대하여 자기의 영업 또는 재산을 양도하는 행위, 그 밖에 자기 또는 제3자를 위하여 채무자와 거래하는 행위를 하지 못한다(제61조 제2항).

법원은 필요하다고 인정하는 때에는 관리인이 재산의 처분, 재산의 양수, 자금의 차입 등 차재, 제119조의 규정에 의한 계약의 해제 또는 해지, 소의 제기,

---

18) 대법원 2008. 10. 9. 선고 2008도5984 판결.

19) 대법원 2015. 2. 12. 선고 2014도12753 판결.

20) 김희중, 2015년 상반기 도산법 관련 대법원 판례 소개, 도산법연구 제6권 제2호, 사단법인 도산법연구회, 2015, 5면.

화해 또는 중재계약, 권리의 포기, 공익채권 또는 환취권의 승인, 그 밖에 법원이 지정하는 행위를 하고자 할 때는 법원의 허가를 받게 할 수 있다(제61조 제1항).

관리인이 법원의 허가를 받지 아니하고 한 행위는 무효이다.[21] 다만, 선의의 제3자에게 대항하지 못한다(제61조 제3항). 여기서 선의는 관리인이 법원의 허가를 받지 않은 사실을 모른 것을 의미한다. 선의이면 족하고 과실 유무는 묻지 아니한다.[22]

회생절차개시결정과 동시에 발령하는 '허가사항 및 위임사항에 관한 결정'에 따라 주무관리위원에게 위임된 사항은 주무관리위원의 전결사항이다. 관리인은 업무수행 과정에서 어떤 행위가 허가사항인지, 허가사항이라면 재판부 허가사항인지, 주무관리위원 전결사항인지 숙지하고 있어야 한다. 재판부 허가사항의 경우 통상 주무관리위원의 허가사항에 비하여 허가를 받는데 시간이 많이 소요되므로 시간적 여유를 두고 신청하여야 한다.

나. 재산가액의 평가 및 조사보고

관리인은 취임 후 지체 없이 채무자에게 속하는 모든 재산의 회생절차개시 당시[23]의 가액을 평가하여야 한다. 이 경우 지체될 우려가 있는 때를 제외하고는 채무자가 참여하도록 하여야 한다(제90조). 관리인은 취임 후 지체 없이 회생절차개시 당시 채무자의 재산목록 및 재무상태표를 작성하여 법원에 제출하여야 한다(제91조). 관리인이 채무자의 재산목록 및 재무상태표를 작성하는 때에는 일반적으로 공정·타당하다고 인정되는 회계관행에 따라야 한다(제94조 제1항). 여기서 공정·타당하다고 인정되는 회계관행이란 기업회계기준이나 회계학에서 정립된 방식을 의미하는데, 주식회사 등의 외부감사에 관한 법률에서 정하고 있는

21) 채무자 회사의 관리인이 일체의 소송행위에 대하여 법원의 허가를 받도록 명한 법원의 결정에 반하여 법원의 허가를 받지 아니한 채 집행증서를 작성한 경우, 채무자회생법 제61조 제3항이 정하는 바에 따라 그 집행증서는 무효라고 볼 수밖에 없으므로 채권자가 그 집행증서를 채무명의로 하여 채무자의 재산에 대하여 한 압류는 무효이다(대법원 1999. 9. 7. 선고 98다47283 판결).

22) 주석 채무자회생법 제61조(심태규 집필), 한국사법행정학회, 2021.

23) 평가의 기준시점을 회생절차개시 당시로 한 것은 관념적 청산의 입장에서 회생절차개시 시로 하는 것이 이론적으로 타당하고, 회생담보권의 범위(제141조 제1항)와 시간적으로 대응시키기 위한 것이다(노영보, 도산법 강의, 박영사, 2018, 488면).

회계처리기준이 대표적인 예이다. 따라서 채무자의 재산목록 및 재무상태표의 각 구성항목을 평가·작성할 때에는 기업회계기준(회계처리기준)[24]과 회계감사기준에 따라야 한다. 채무자의 재산 상황에 대한 정확한 평가는 적정한 회생계획안의 작성을 위하여 필수적이다.

관리인은 지체 없이 채무자가 회생절차개시에 이르게 된 사정, 채무자의 업무 및 재산에 관한 사항, 제114조 제1항에 의한 보전처분 또는 제115조 제1항에 의한 조사확정재판을 필요로 하는 사정의 유무, 그 밖에 채무자의 회생에 관하여 필요한 사항을 조사하여 법원과 관리위원회에 보고하여야 한다(제92조 제1항 본문).

실무상 회생절차개시결정과 동시에 관리인에게 위와 같은 사항에 대한 조사보고서의 제출을 명하고 있고, 그 제출기한은 조사위원의 조사보고서 제출기한과 동일하게 정하고 있다. 비전문가인 관리인이 위와 같은 업무를 단독으로 수행하는 것은 사실상 불가능하므로 통상 관리인은 조사위원이 제출한 조사보고서의 내용을 그대로 원용한 조사보고서를 제출하고 있다.

다. 당사자적격 등

회생절차개시결정이 있으면 채무자의 재산에 관한 소송절차는 중단되고, 중단된 소송절차 중 회생채권과 회생담보권과 관계없는 것은 관리인 또는 상대방이 이를 수계한다(제59조 제1항, 제2항). 채무자의 재산에 관한 소송에서는 관리인이 당사자가 된다(제78조). 채무자의 재산에 관한 강제집행, 가압류, 가처분 등의 절차에 있어서도 관리인이 절차상의 당사자가 된다.

라. 보고요구·검사권

관리인은 개인인 채무자나 그 법정대리인, 법인 채무자의 이사·감사·청산인

---

24) 현재 우리나라의 기업회계기준에는 한국채택국제회계기준, 일반기업회계기준, 중소기업회계기준이 있다. 주권상장법인(코넥스시장 상장법인 제외)과 주식회사 등의 외부감사에 관한 법률 시행령 제6조 제1항 각 호에서 정한 금융회사는 의무적으로 한국채택국제회계기준을 적용해야 한다. 이에 해당하지 않는 기업도 한국채택국제회계기준의 적용을 선택할 수 있다. 그 이외의 외부감사 대상 기업이 한국채택국제회계기준을 선택하지 않는 경우에는 일반기업회계기준을 적용한다. 한국채택국제회계기준 또는 일반기업회계기준을 적용하지 않아도 되는 기업의 경우 세무보고의 편의를 위해 주로 세법상의 기준을 적용하여 회계처리를 하도록 하는 중소기업회계기준을 적용할 수 있다.

및 이에 준하는 자, 채무자의 지배인 또는 피용자에 대하여 채무자의 업무와 재산의 상태에 관하여 보고를 요구할 수 있고, 채무자의 장부 · 서류 · 금전 그 밖의 물건을 검사할 수 있다(제79조 제1항). 관리인은 필요한 경우 법원의 허가를 받아 감정인을 선임하여 감정을 하게 할 수 있다(제79조 제2항).

마. 관리인의 임무 종료와 계산보고의무

관리인의 임무가 종료된 때에는 관리인 또는 그 승계인은 지체 없이 법원에 계산에 관한 보고를 하여야 한다(제84조 제1항).

8. 보수 및 특별보상금

가. 보수

관리인을 선임할 때에는 관리인이 받을 보수를 결정하여야 한다(제30조 제1항). 실무상 법률상 관리인의 경우에는 기존 보수가 과다하지 않은 이상 법원은 별도로 보수를 결정하지 않는다.

나. 특별보상금

관리인이 재직 중에 제3자 인수를 성공시키거나, 회생절차를 종결시킬 수 있는 기반을 마련하는 등 그 공로가 인정되는 경우에는 법원이 직권으로 재직기간 동안의 경영실적을 평가하여 관리인에게 특별보상금을 정하여 지급한다.

Ⅱ. 관리위원회

1. 구성

회생절차를 적정 · 신속하게 진행하기 위하여 규칙이 정하는 회생법원에 관리위원회를 둔다(제15조). 관리위원회는 위원장 1인을 포함한 3인 이상 15인 이내의 관리위원으로 구성한다(제16조 제1항). 관리위원은 변호사 또는 공인회계사의 자격이 있는 자, 은행법에 의한 금융기관 그 밖에 대통령령이 정하는 법인에서 15년 이상 근무한 경력이 있는 자, 상장기업의 임원으로 재직한 자, 법률학·경영학·경제학 또는 이와 유사한 학문의 석사 학위 이상을 취득한 자로서 이와 관련된 분야에서 7년 이상 종사한 자, 그 밖에 이에 준하는 자로서 학식과 경험을 갖춘 자 중에서 회생법원장이 위촉한다(제16조 제3항). 위원장은 관리위원회 소속 관리위원 중에서 회생법원장이 지명하고 그 임기는 1년으로 한다(규칙 제15조 제1항).

관리위원회는 전문지식을 갖춘 관리위원들로 하여금 회생법원의 전문성을 보완하도록 하고, 법원의 허가 업무 등의 일부를 위임받아 처리하도록 함으로써 회생절차의 신속하고 적정한 진행을 도모하기 위한 제도이다.

2. 업무 및 권한

가. 제17조 제1항의 업무

(1) 관리인 등의 선임에 관한 의견의 제시(제1호)

(2) 관리인 등의 업무수행의 적정성에 대한 감독 및 평가(제2호)

(3) 회생계획안에 대한 심사(제3호)

(4) 채권자협의회의 구성과 채권자에 대한 정보의 제공(제4호)

(5) 회생절차의 진행상황에 대한 평가(제5호)

(6) 관계인집회 등과 관련된 업무(제6호)

(7) 관리인의 부인권 행사, 회생채권·회생담보권에 대한 이의 제출 및 회생계획안의 작성에 관한 지도 또는 권고(제7호, 규칙 제22조 제1호)

(8) 그 밖에 회생절차에 관한 필요한 의견의 제시(제7호, 규칙 제22조 제2호)

나. 개별 규정에서 정하고 있는 업무

(1) 회생절차개시신청의 기각결정에 대한 의견제시(제42조)

(2) 채무자의 업무 및 재산에 대한 보전처분 및 그 변경·취소 등에 대한 의

견제시(제43조 제1항, 제4항)

(3) 회생계획인가 전 영업 등의 양도의 허가에 대한 의견제시(제62조 제2항)

(4) 법인의 이사 등의 책임에 기한 손해배상청구권 등을 보전하기 위한 보전처분의 변경 또는 취소에 대한 의견제시(제114조 제4항)

(5) 회생채권의 변제허가에 대한 의견제시(제132조 제3항)

다. 업무의 위임

관리위원회는 업무를 효율적으로 수행하기 위하여 관리위원에게 업무의 일부를 위임할 수 있다(제17조 제2항). 채무자회생법은 원칙적으로 관리위원회를 합의체 방식으로 운영하도록 정하고 있으나 실무상 제17조 제2항을 근거로 하나의 사건에 관한 대부분의 업무를 1인의 주무 관리위원에게 위임하여 수행하도록 하고 있다.

3. 관리위원에 대한 허가사무의 위임

법원은 제61조 제1항 각호의 행위 중 아래와 같은 통상적인 업무에 관한 허가사무를 관리위원에게 위임할 수 있다(제18조). 실무상 법원은 회생절차개시결정과 동시에 관리위원에게 위임하는 사항을 정하고 있다. 관리위원에게 위임할 수 있는 허가사무는 다음과 같다(규칙 제29조 제1항).

(1) 재산의 처분행위(다만, 등기 또는 등록의 대상이 되는 재산의 처분행위 제외)(제1호)

(2) 재산의 양수(다만, 제3자의 영업을 양수하는 경우 제외)(제2호)

(3) 자금의 차입 등 차재(제3호)

(4) 제119조의 규정에 의한 계약의 해제 또는 해지(제4호)[25]

(5) 소의 제기, 소송대리인의 선임 그 밖의 소송행위(다만, 소의 취하, 상소권의 포기, 화해 또는 중재계약, 청구의 포기·인낙, 소송탈퇴의 경우 제외)(제5호)[26]

(6) 임원을 제외한 모든 직원의 인사 및 보수결정(제6호)

---

25) 실무상 제119조에 의한 계약의 해제 또는 해지가 채무자와 상대방에게 미치는 영향을 고려하여 관리위원에게 위임하지 않고 있다.

26) 실무상 소송 관련 허가사무도 관리위원에게 위임하지 않고 있다.

(7) 계약의 체결 그 밖의 의무부담행위(제7호)

(8) 어음·수표계좌의 설정 및 어음·수표용지의 수령행위(제8호)

(9) 운영자금의 지출(제9호)

(10) 그 밖에 법원이 지정하는 허가사무(제10호)

4. 관리위원과의 우호적 관계 유지의 필요성

관리위원은 회생절차 진행 중 법원의 허가 업무 등의 일부를 위임받아 처리하면서 채무자 회사와 재판부 사이에서 가교 역할을 한다고 볼 수 있다. 채무자 회사로서는 관리위원의 요청 사항에 대하여 기간을 엄수하여 응하는 등 적극적으로 협조하면서 우호적 관계를 유지할 필요가 있다.

III. 구조조정담당임원

1. 의의

구조조정담당임원(Chief Restructuring Officer, CRO)은 기업의 영업부문과 별도로 기업구조조정과 관련된 업무를 전담하는 임원을 말한다.[27)]

2. 도입배경

회생절차개시 이후 채무자는 기존 경영자를 중심으로 회생절차를 추진하기를 원하는 반면, 채권자는 기존 경영자의 업무 특히 채무자의 자금 관련 업무를 감독하며 최대한 많은 금액을 변제받기를 원한다. 양측의 이러한 요구를 조화시키기 위하여 채무자회생법은 기존 경영자에게 재산의 유용 또는 은닉, 중대한 부실경영이 인정되지 않는 한 기존 경영자를 관리인으로 선임하거나 관리인으로 보게 하는 한편 채권자협의회의 권한을 강화하여 기존 경영자 관리인을 견제하

---

27) 서울회생법원 재판실무연구회, 회생사건실무(상), 박영사, 2019, 266면.

도록 하였다.[28] 그러나 채권자협의회의 활동이 활발한 것은 대규모 기업회생 사건의 경우에 국한되었고, 대부분의 중소기업 회생 사건에서는 그 활동이 미미하거나 소극적이어서 기대하였던 채권자협의회의 기존 경영자 관리인에 대한 견제기능이 제대로 발휘되지 못하였다.[29] 이러한 한계를 극복함과 동시에 기존 경영자의 회생절차 진행과 관련한 업무를 지원하는 방안으로 도입된 것이 구조조정담당임원 제도이다.[30]

3. 선임절차

채무자가 구조조정담당임원과 위촉계약을 체결한 후 법원의 허가를 받는다. 관리인은 특별한 사정이 없는 한 회생절차개시결정일부터 14일 이내에 법원의 허가를 받아 구조조정담당임원을 위촉한다(실무준칙 제219호 제2조). 구조조정담당임원의 보수는 관리인이 법원의 허가를 받아 채무자의 자산 및 부채의 규모, 자금 사정 등을 고려하여 정한다(실무준칙 제219호 제4조). 실무상 월 200만 원 내지 300만 원 사이에서 책정하고 있다.

구조조정담당임원의 임기는 회생계획인가 전 회생절차폐지결정이 확정된 날 또는 회생계획인가 후 감사가 선임된 날까지로 한다(실무준칙 제219호 제5조).

4. 지위와 역할

구조조정담당임원은 채권자협의회의 추천(채권자협의회의 추천이 없을 경우 법원의 추천)을 받아 채무자의 임원으로 채용되어 한편으로는 채무자의 회생을 위한 조언자로서, 다른 한편으로는 감시자로서 서로 상반되는 역할을 수행한다. 통상 주채권은행 지점장 경력자가 추천되나 간혹 전직 공무원이 추천되는 경우도 있다.

구조조정담당임원은 구체적으로 ① 회생절차에 대한 자문업무(회생채권자 등

28) 정준영, 기업회생절차의 신속처리 방식: 패스트트랙 기업회생절차, 도산법연구 제3권 제2호, 사단법인 도산법연구회, 2012, 154－155면.

29) 서울회생법원 재판실무연구회, 회생사건실무(상), 박영사, 2019, 266면.

30) 서울중앙지방법원 파산부의 CRO 제도의 도입과 CRO의 역할에 대하여는 박사랑, CRO제도의 현황과 과제, 도산법연구 제3권 제2호, 사단법인 도산법연구회, 2012, 283－309면 참조.

목록 작성, 시·부인표 작성, 회생계획안 작성 등에 대한 검토 및 조언, 조사보고서·관리인 보고서 검토 및 조언, 법원에 제출할 각종 허가신청서 검토 및 조언, 각종 보고서 작성 요령 지도 등)를 수행하고, ② 자금수지를 점검하여 이를 법원과 채권자협의회에 정기적으로 보고하며, ③ 채권자협의회와의 소통을 위한 가교역할을 함으로써 원활하고 효율적인 회생절차 진행이 가능하도록 하는(회생절차 전반에 관한 설명과 안내, 채무자 회사의 재무상태 및 조사위원 조사결과 브리핑, 회생계획안 작성시 채권자의 요구사항 반영 및 채권자들에 대한 회생계획안에 관한 설명 등) 등의 업무를 수행한다.

5. 구조조정담당임원과의 관계 설정

구조조정담당임원은 회생전문가로서 경영에 간섭하지 않으면서 회생절차와 관련한 실질적 도움을 주고, 채권자와의 지속적인 의사소통을 통해 회생계획안의 인가 가능성을 높여주는 조력자이다. 그리고 회생절차가 개시됨으로 인한 불안감을 감소시키고 임직원들이 영업에 집중할 수 있게 함으로써 분위기 쇄신 및 조직안정에 기여하는 역할도 한다. 실제로 구조조정담당임원이 채무자 회사의 성공적 회생에 큰 기여를 하는 사례도 있다. 그러므로 채무자 회사로서는 구조조정담당임원을 회생절차의 동반자 내지 조력자로 생각하며 우호적 관계를 유지할 필요가 있다.

㈜대한의 구조조정담당임원 위촉계약서

구조조정담당임원 위촉계약서

주식회사 대한의 법률상 관리인 김민국(이하 "갑"이라 한다)은 회생절차와 관련한 조언 및 협력, 자금수지상황의 점검, 회생법원 및 채권자협의회에 대한 자금수지상황의 보고 등의 업무를 담당하도록 하기 위해 ○○○(이하 "을"이라 한다)을 구조조정담당임원으로 위촉하기로 하여, 다음과 같이 계약(이하

"본 계약"이라 한다)을 체결한다.

제1조(업무의 내용)

"을"의 업무는 다음과 같다.

① 회생절차와 관련하여 "갑"이 회생법원에 제출하는 각종 허가신청서, 채권자 목록, 시·부인표, 회생계획안 등에 대한 사전점검 및 조언("을"이 이의가 있는 경우에는 그 이의내용을 허가신청서 등에 기재하거나 다른 방법으로 회생법원에 의견을 제시하는 행위 포함)

② "갑"의 자금수지상황 점검

③ 회생법원 및 채권자협의회에 대한 자금수지상황 보고(정기보고는 매주로 하고, 기타 특이사항이 있을 때는 수시로 보고)

④ 기타 "갑"이 회생법원의 허가를 받아 요청하는 사항

제2조(보수)

제1조의 업무에 대한 보수는 월 이백만 원(₩2,000,000)으로 하고, 보수 이외의 수당이나 퇴직금은 지급하지 아니한다.

제3조("을"의 의무)

① "을"은 본 계약에서 정한 업무를 수행함에 있어서 선량한 관리자로서의 주의의무를 다하여야 한다.

② "을"은 본 계약에서 정한 업무를 수행하는 과정에서 알게 된 정보, 기타 "갑"의 영업상의 비밀을 정당한 이유 없이 본 계약에서 정한 목적 이외의 목적으로 제3자에게 공개하거나 "갑" 이외의 자를 위하여 사용하여서는 아니 된다.

제4조("갑"의 의무)

① "갑"은 "을"이 업무를 수행하기 위하여 필요한 장소, 비품, 인력, 기타 지원을 하고, 필요경비를 부담한다.

② "갑"은 "을"이 업무를 수행하기 위하여 필요하다고 인정되는 정보를 제공

하고, 장부, 전표, 기타 서류 등(재고 등 물건 포함)을 열람, 복사, 확인할 수 있도록 협조하여야 한다.

제5조(계약의 효력)

① 본 계약은 계약체결 후 회생법원으로부터 허가를 받은 때부터 효력이 발생한다.

② 본 계약의 유효기간은 다음 각 호 중 먼저 도래하는 날까지로 한다.

1. 회생법원이 회생계획의 인가 후에 "갑"의 감사를 선임한 날
2. 회생계획인가 전 폐지결정이 확정된 날

제6조(계약의 해지)

① "갑"은 "을"이 본 계약에서 정한 의무를 이행하지 아니할 경우 회생법원의 허가를 얻어 본 계약을 해지할 수 있다.

② "을"은 "갑"이 본 계약에서 정한 의무를 이행하지 아니하거나 기타 부득이 한 사정이 있는 경우에 본 계약을 해지할 수 있다.

계약 당사자인 "갑"과 "을"은 이 계약의 내용을 충분히 숙지하였고, 이를 증명하기 위하여 본 계약서 2통을 작성하여 각각 서명날인 후 1부씩을 보관한다.

20×0년 3월 ×일

갑 : 주식회사 대한
법률상 관리인 김민국 (인)
서울 ○○구 ○○대로 ○○○

을 : ○ ○ ○ (인)
주민등록번호 : ○○○○○○-○○○○○○○
서울 ○○구 ○○대로 ○○○

<별첨>

구조조정담당임원(CRO) 윤리강령

1. 목적

본 윤리강령은 구조조정담당임원의 올바른 행동과 가치판단 기준 및 이와 관련한 절차를 정함으로써 선량한 관리자로서의 주의의무를 다하도록 함에 그 목적이 있다.

2. 적용대상

본 윤리강령은 회생절차 진행 중인 채무자와 구조조정담당임원에 대하여 적용한다.

3. 기본윤리

가. 구조조정담당임원은 채무자 회생 및 파산에 관한 법률 및 관련 법령의 목적에 따른 원활한 회생절차의 진행과 채무자의 회생에 기여한다는 긍지와 자부심을 가지고, 항상 정직하고 성실한 자세를 견지한다.

나. 구조조정담당임원은 높은 윤리적 가치관을 가지고 그 역할에 맞는 명예를 유지한다.

다. 구조조정담당임원은 공사(公私)의 구별을 엄격히 하여 채무자의 물적 재산, 지적재산권, 영업비밀 등을 보호하고, 개인적인 목적을 위해 사용하지 않는다.

라. 구조조정담당임원은 직무와 무관하게 정보를 취득하지 않고, 직무와 관련되어 취득한 정보를 임의로 사용하거나 누설하지 아니한다.

4. 직무수행

가. 구조조정담당임원은 관련 법령 및 제 규정을 숙지하고 그에 따라 맡은 바 직무를 공정하고 투명하며 합리적으로 수행한다.

나. 구조조정담당임원은 주어진 권한과 책임을 명확히 인식하고 그 권한 내에서 의사를 결정하고 행동한다.

다. 구조조정담당임원은 이해관계인에게 관련 법령 및 제 규정에 부합하지 않는 업무를 요청할 수 없고, 구조조정담당임원이 그와 같은 업무를 요청받은 경우 그 업무수행을 거부한다.

5. 사적 이익추구행위 금지

구조조정담당임원은 다음의 행위를 하지 않는다.

가. 업무상 이해관계가 있는 자로부터 직무수행상 공정성을 의심받을 수 있는 금품, 향응, 기타 편의 등 형태를 불문한 경제적 이익을 제공받거나 그 제공을 요구하는 행위

나. 업무상 이해관계가 있는 자로부터 구조조정담당임원 퇴직 후 피고용을 약속받거나 이를 요구하는 행위

다. 업무상 이해관계가 있는 자와 사이에 임대차, 금전소비대차계약 등 개인적인 목적의 계약을 체결하거나 거래를 하는 행위

라. 직무수행상 취득한 비공개정보를 이용한 증권, 부동산 기타 자산의 매매 등 부당한 거래행위

마. 기타 그 지위를 이용하여 행하는 사적 이익추구행위

6. 정보유출행위 금지

가. 구조조정담당임원은 그 직무와 관련하여 취득한 채무자에 관한 정보를 보호하고, 관계법령 등이 정한 적법하고 정당한 절차나 채무자의 동의 없이는 이를 제3자에게 공개하지 않는다.

나. 구조조정담당임원은 그 직무를 수행함에 있어 채무자와 거래관계에 있는 자의 영업비밀이 관계 법령 등이 정한 적법하고 정당한 절차나 그의 동의 없이 제3자에게 공개되지 않도록 한다.

Ⅳ. 채권자협의회

1. 의의

채권자는 회생절차개시결정 이후 개별적 권리행사가 금지되고 채무자의 계속기업가치를 분배받는 방식으로 채권을 회수할 수밖에 없으므로 채무자의 계속기업가치의 평가 및 회생계획의 내용(특히 권리의 변경 및 변제방법에 관한 조항)에 관하여 긴밀한 이해관계를 가진다. 채무자회생법은 채권자들이 자신들의 의사를 결집하여 회생절차에 반영함으로써 스스로 권리를 보호할 수 있도록 하는 한편 회생절차의 적정성을 보장하기 위하여 채권자협의회 제도를 두고 있다.[31] 채권자들의 회생절차에 대한 적극적인 참여는 채무자 회사의 신속하고 효율적인 회생이라는 회생절차의 목적을 달성하기 위하여도 필수적이다.

2. 구성

관리위원회(관리위원회가 설치되지 아니한 때에는 법원)는 회생절차개시신청이 있은 후 채무자의 주요 채권자를 구성원으로 하는 채권자협의회를 구성하여야 한다(제20조 제1항). 채무자는 주무 관리위원에게 채권자협의회 구성을 위해 필요한 채권자 명단, 채권자 연락처, 법인 채권자의 경우 담당부서와 직원, 각 채권의 액수, 채권의 성질 등을 기재한 서류를 지체 없이 제출하여야 한다(실무준칙 제216호 제2조 제2항). 다만, 채무자가 개인 또는 중소기업기본법 제2조 제1항의 규정에 의한 중소기업자인 경우에는 채권자협의회를 구성하지 아니할 수 있다(제20조 제1항 단서). 간이회생사건의 경우 원칙적으로 채권자협의회를 구성하지 아니한다(실무준칙 제201호 제6조). 채권자협의회는 10인 이내로 구성한다(제20조 제2항). 관리위원회는 필요하다고 인정하는 때에는 소액채권자를 채권자협의회의 구성원으로 참여하게 할 수 있다(제20조 제3항). 회생절차에 의하여 상대적으로 큰 영향을 받으면서도 절차에서 소외되기 쉬운 소액채권자들의 의사를 반영하기 위한 것이다.

---

31) 서울회생법원 재판실무연구회, 회생사건실무(상), 박영사, 2019, 278면.

관리위원회는 회생절차개시신청 사실을 법원으로부터 통지받은 후 1주일 이내에 채권자협의회를 구성한 후 이를 채권자협의회 구성원들에게 통지하고 법원에 보고하여야 한다(규칙 제34조 제1항). 채권자협의회는 채권자협의회 구성통지를 받은 날부터 5영업일 이내에 대표채권자를 지정하여 법원 및 관리위원회에 신고하여야 한다(규칙 제35조 제1항). 위 기간 내에 대표채권자 지정의 신고가 없는 경우 관리위원회는 대표채권자를 지정하여 그 내역을 채권자협의회에 통지하고 지체 없이 주심판사에게 알린다(실무준칙 제216호 제2조 제5항). 법원 또는 관리위원회의 채권자협의회에 대한 의견조회는 대표채권자에 대하여 한다(규칙 제35조 제4항).

3. 소집 및 의사결정

대표채권자는 회생절차와 관련하여 필요한 경우 회의를 소집할 수 있고, 법원 또는 관리위원회로부터 의견을 요청받거나 구성원 4분의 1 이상의 요구가 있을 때에는 5영업일 이내에 회의를 소집하여야 한다(규칙 제36조 제1항). 채권자협의회의 의사는 출석한 구성원 과반수의 찬성으로 의결한다(제21조 제2항). 채권자협의회의 구성원이 아닌 채권자도 관리위원회의 허가를 얻어 채권자협의회의 회의에 참석하여 발언할 수 있으나 의결권은 없다(규칙 제36조 제3항).

4. 업무

가. 법원에 대한 의견제시 등

채권자협의회는 채권자 간의 의견을 조정하여 다음의 행위를 할 수 있다(제21조 제1항).

(1) 회생절차에 관한 의견의 제시(제1호)

(2) 관리인 및 보전관리인의 선임 또는 해임에 관한 의견의 제시(제2호)

(3) 법인인 채무자의 감사 선임에 대한 의견의 제시(제3호)

(4) 회생계획인가 후 회사의 경영상태에 관한 실사의 청구(제4호)

(5) 그 밖에 법원이 요구하는 회생절차에 관한 사항(제5호)

(6) 그 밖에 대통령령이 정하는 행위(제6호)

나. 제21조 제1항 이외의 규정에 의한 업무

(1) 회생계획인가 전 영업 등의 양도의 허가에 대한 의견의 제시(제62조 제2항)

(2) 제3자 관리인 선임에 대한 의견의 제시(제74조 제1항)

(3) 회생채권의 변제허가에 대한 의견의 제시(제132조 제3항)

(4) 채무자 등의 신규 자금차입에 대한 의견의 제시(제179조 제2항)

5. 자료 제공 및 설명요구

법원은 회생절차의 신청에 관한 서류·결정서·감사보고서 그 밖에 규칙이 정하는 주요 자료의 사본을 채권자협의회에 제공하여야 한다(제22조 제1항). 관리인은 법원에 대한 보고서류 중 법원이 지정하는 주요서류를 채권자협의회에 분기별로 제출하여야 한다(제22조 제2항). 채권자협의회는 규칙이 정하는 바에 따라 관리인에게 필요한 자료의 제공을 청구할 수 있다(제22조 제3항). 채권자협의회에 속하지 않은 채권자의 자료 제공 요청이 있는 경우, 채권자협의회는 그 채권자의 비용으로 자료의 사본을 제공하여야 한다(제22조 제5항, 규칙 제41조).

6. 활동비용

법원은 결정으로 채권자협의회의 활동에 필요한 비용을 채무자에게 부담시킬 수 있는데(제21조 제3항), 이 비용의 지급청구권은 공익채권이다(제179조 제1항 제13호). 채권자협의회는 채권자 일반의 이익을 위하여 필요한 때에는 법원의 허가를 받아 변호사, 법무법인, 회계사, 회계법인 그 밖의 전문가를 선임하여 조력을 받을 수 있는데(규칙 제42조 제1항), 법원은 이들 전문가의 선임비용을 채무자에게 부담시킬 수 있다(제21조 제3항). 이로써 채권자협의회가 채무자의 비용으로 변호사나 회계사를 선임하여 전문적인 서비스를 받을 수 있게 되었다.

7. 회생절차의 조기 종결 후 채무자에 대한 감독

회생계획에 따른 변제가 시작되면 법원은 회생계획의 수행에 지장이 있다고 인정되지 않는 한 회생절차를 종결할 수 있다(제283조). 회생절차가 조기 종결될 경우 채무자는 더 이상 법원의 감독을 받지 않는다. 법원의 감독에서 벗어난 채무자의 회생계획 수행을 확보하기 위하여 법원은 회생절차의 종결과 동시에 소멸하는 채권자협의회를 대신하여 채권자들의 협의체로 하여금 채무자의 회생계획 수행을 감독하게 할 수 있다.

법원은 필요하다고 판단하는 경우 관리인에게 채권자협의체를 구성하도록 권고할 수 있다. 채권자협의체의 구성원은 특별한 사정이 없는 한 채권자협의회 구성원으로 하되, 채권자협의회 구성원이 아닌 자도 구성원이 될 수 있도록 하고 있다(실무준칙 제251호 제4조). 관리인은 법원의 권고가 있을 경우 채권자협의체와 사이에 채권자협의체 내부의 구성과 운영, 활동범위에 관하여 필요한 사항을 정하는 협약을 체결하는데 그 내용은 정기적인 보고서의 제출, 중요 자산의 처분에 관한 보고 등 회생계획의 적정한 수행을 감독하기 위하여 필요한 한도 내에서 정하도록 한다(실무준칙 제251호 제5조).

8. 채권자협의회와의 우호적 관계 유지의 필요성

채권자협의회의 의견에 따라 회생절차의 향방이 크게 달라지는 경우가 있으므로 채무자 회사는 회생절차개시신청 준비단계에서 채권자협의회가 어떻게 구성될지 미리 검토할 필요가 있다. 채권자협의회의 구성원 중 대표채권자(주로 주채권은행이 선정)의 의견이 채권자협의회의 의견을 좌우하는 경우가 많으므로 회생절차개시신청 후 주채권은행을 직접 방문하여 업무상 협조를 구해 두는 것이 바람직하다.

V. 조사위원

1. 의의

관리인은 취임 후 지체 없이 채무자에게 속하는 모든 재산의 회생절차개시 당시의 가액을 평가하여야 하고(제90조), 회생절차개시 당시 채무자의 재산목록 및 재무상태표를 작성하여 제출하여야 하며(제91조), 채무자가 회생절차의 개시에 이르게 된 사정, 채무자의 업무 및 재산에 관한 사항, 제114조 제1항에 의한 이사 등의 재산에 대한 보전처분 및 제115조 제1항에 의한 이사 등의 책임에 기한 손해배상청구권 등의 조사확정재판을 필요로 하는 사정의 유무, 그 밖에 채무자의 회생에 필요한 사정을 조사하여 법원에 보고하여야 한다(제92조).

그러나 이러한 업무는 회계, 경영, 경제 등에 관한 전문지식이 요구되는 것이어서 관리인이 단독으로 수행하기 어렵다. 법원은 필요하다고 인정하는 때에는 조사위원을 선임하여 위와 같은 사항을 조사하게 하고 회생절차를 계속 진행함이 적정한지 여부에 관한 의견을 제출하게 하거나 기타 필요한 사항을 조사하여 보고하게 할 수 있다(제87조 제1항 내지 제4항). 조사위원의 조사사항은 회생절차의 진행에 중요한 판단자료가 되므로 실무상 법원은 특별한 사정이 없는 한 조사위원을 선임하고 있다.

2. 조사위원의 자격 및 선임

조사위원은 조사에 필요한 학식과 경험이 있는 자로서 그 회생절차에 이해관계가 없는 자 중에서 선임하여야 한다(제87조 제2항). 조사위원에게 조사를 명할 사항이 고도의 경제적·경영적 지식과 판단능력이 요구되는 경우에는 공인회계사, 회계법인 또는 신용평가기관을 조사위원으로 선임하되, 다만 법적인 검토가 필요한 경우에는 변호사를 공동 선임할 수 있다(예규 제6조 제1항). 법원은 한국공인회계사회, 대한변호사협회 등으로부터 조사위원 선정대상자를 추천받아 일정한 평가를 거쳐 미리 적임자 명단을 작성하여야 한다(예규 제6조 제2항). 실무준칙 제217호는 국내 신용평가기관(규모가 3위 이내에 드는 기관)이나 국내 회계법인(소속 공인회계사가 30인 이상) 중에서 한국공인회계사회, 대한변호사협회 등으로부터 추천을 받아 조사위원 적임자 명단을 작성한다고 정하고 있다. 실무상 법원은 통상 조사위원 적임자 명단의 순번에 따라 조사위원을 선임한다. 회생절차에 이해관계가 없는 자 중에서 선임하여야 하므로 채무자 회사의 주주, 지분권자, 채권자, 이사, 감사는 물론 최근 채무자 회사에 대하여 외부회계감사 및 경영컨설팅 등을 한 자는 배제하여야 한다.[32] 법원은 조사위원을 선임하기 전에 채권자협의회 및 관리위원회의 의견을 들어야 한다(제87조 제1항).

법원은 회생절차개시결정과 동시에 조사위원을 선임한다. 그러나 ① 채무자 아닌 자가 회생절차개시신청을 한 사건으로 재무상태표상 자산이 부채를 초과하고 있고, 채무자가 회생절차개시의 원인이 없다고 다투는 경우, ② 재신청 사건 중 종전의 회생개시 기각사유나 회생절차 폐지사유(부결된 사유 제외)가 해소되었다는 점에 관한 소명이 부족한 경우, ③ 그 밖에 채무자에 대한 개시 전 조사가 불가피한 합리적인 사정이 있는 경우로서 법원이 필요하다고 인정하는 때에는 개시 전 조사를 위해 조사위원을 선임할 수 있다(실무준칙 제231호 제1조, 제2조).

3. 조사위원의 조사사항

가. 제90조 내지 제92조에 규정된 사항

법원은 조사위원을 선임한 때에는 기간을 정하여 조사위원에게 제90조 내지 제92조에 규정된 사항을 조사하게 할 수 있다(제87조 제3항). 조사위원은 채무자에게 속하는 모든 재산의 회생절차개시 당시의 가액을 평가하고(제90조), 회생절차개시 당시 채무자의 재산목록 및 재무상태표를 작성하여야 한다(제91조). 조사위원은 회생절차개시결정일을 기준으로 채무자가 제시하는 재무제표와 부속명세서를 기초로 하여 일반적으로 인정되는 회계감사기준과 준칙 등을 적용하여 채무자의 자산과 부채의 액수를 조사한다.[33] 자산 중 매출채권의 경우 회수 가

32) 예규 제6조 제3항은 최근 3년간 채무자를 외부감사하였거나 경영컨설팅 등을 한 적이 있는 등 채무자와 업무상 관련성이 있었던 자는 원칙적으로 조사위원으로 선임하지 아니한다고 정하고 있다.

33) 김택수 · 이동준, 기업회생 이론과 실무, 삼일인포마인, 2019, 520－521면.

능성, 상대방의 재무상태 등을 고려하여 가치를 평가하고, 부채 역시 일반적인 회계감사기준에 따라 존재 여부를 검토하고 관리인이 제출한 회생채권자 등의 목록, 채권자들의 채권신고서 등과 대조작업을 거친다.

이외에도 조사위원은 채무자가 회생절차의 개시에 이르게 된 사정, 채무자의 업무 및 재산에 관한 사항, 제114조 제1항에 의한 보전처분 및 제115조 제1항에 의한 조사확정재판을 필요로 하는 사정의 유무, 그 밖에 채무자의 회생에 필요한 사항을 조사하여야 한다(제92조).

구 회사정리법 제179조 제3호는 회사의 사업을 계속할 때의 가치가 회사의 사업을 청산할 때의 가치보다 큰지 여부를 관리인의 조사사항으로 정하고 있었으나, 채무자회생법은 이를 조사사항으로 정하고 있지 않다. 그러나 청산가치와 계속기업가치의 산정은 회생계획인가 전 폐지 여부, 청산형 회생계획안 작성 허가 여부, 재건형 회생계획안의 기초가 되는 향후 사업계획 및 변제계획의 작성 또는 M&A를 내용으로 하는 회생계획안의 기초가 되는 적정 인수대금 결정, 회생계획의 수행가능성 판단, 회생계획안의 청산가치보장의 원칙 준수 여부의 판단, 부결된 회생계획안에 대한 강제인가 시 권리보호조항의 설정 등에 있어서 중요한 자료가 될 수 있으므로 실무상 법원은 제92조 제1항 제4호에 속하는 사항으로 보아 조사하도록 명하고 있다. 예규 제7조 제1호에서도 법원이 조사위원에게 계속기업가치가 청산가치를 초과하는지 여부에 관하여 조사하게 할 수 있다고 정하고 있다.

나. 회생절차를 진행함이 적정한지 여부에 관한 의견

법원은 조사위원에게 회생절차를 계속 진행함이 적정한지의 여부에 관한 의견을 제출하게 할 수 있다(제87조 제3항). 실무상 법원은 조사위원에게 채무자의 청산가치와 계속기업가치의 비교, 향후 채무조정의 필요성 및 정도, 추정영업이익에 기반한 채무자의 상환능력 등을 종합하여 회생절차를 진행함이 적정한지 여부에 관한 의견을 제출하게 하고 있다.[34]

---

34) 서울회생법원 재판실무연구회, 회생사건실무(상), 박영사, 2019, 299면.

다. 법원이 조사·보고를 명하는 사항

법원은 필요하다고 인정하는 때에는 제87조 제3항에 규정된 사항 외에 다음과 같은 사항을 조사하여 보고하게 할 수 있다(제87조 제4항, 예규 제7조).

(1) 채무자의 사업을 계속할 때의 가치가 채무자의 사업을 청산할 때의 가치보다 큰 지의 여부 및 회생절차를 진행함이 적정한지의 여부(제1호)
(2) 채무자의 부채액에 산입되지 아니한 채무자의 제3자에 대한 보증채무의 금액, 내용 및 보증책임의 발생가능성(제2호)
(3) 채무자의 이사나 이에 준하는 자 또는 지배인의 중대한 책임이 있는 행위로 인하여 회생절차개시의 원인이 발생하였는지 여부 및 위와 같은 이사 등의 중대한 책임이 있는 행위에 지배주주 및 그 친족 기타 시행령이 정하는 범위의 특수관계에 있는 주주가 상당한 영향력을 행사하였는지 여부(제3호)
(4) 제100조 내지 제104조의 규정에 의하여 부인할 수 있는 행위의 존부 및 범위(제4호)
(5) 회생계획안에 의한 변제방법이 채무자의 사업을 청산할 때 각 채권자에게 변제하는 것보다 불리하지 아니하게 변제하는 내용인지 여부(제5호)
(6) 회생계획안의 수행이 가능한지 여부(제6호)

라. 채무자에게 자금을 대여하려는 자의 자료 요청 관련 사항

법원은 회생절차개시 후 채무자에게 자금을 대여하려는 자가 채무자의 업무 및 자산·부채, 그 밖의 재산상태에 관한 자료를 요청하는 경우 그 자금차입이 채무자의 사업을 계속하는 데 필요하고 자료 요청에 상당한 이유가 있다고 인정하는 때에는 조사위원에게 그 요청과 관련한 사항을 조사하여 보고하게 한 후 조사결과의 전부 또는 일부를 자금차입에 필요한 범위에서 자료요청자에게 제공할 수 있다(제87조 제6항). 이는 채무자에 대한 실사를 채무자가 비용을 부담하는 조사위원의 조사로 대체할 수 있게 함으로써 신규 자금조달을 원활하게 하기 위함이다.[35]

---

35) 온주(로앤비), 채무자회생법 제87조(이제정 집필), 2015.

마. 회생계획인가 이후 채무자에 대한 실사

법원은 회생계획인가 이후 ① 채무자가 회생계획을 제대로 수행하지 못하는 경우, ② 회생절차의 종결 또는 폐지 여부의 판단을 위하여 필요한 경우, ③ 회생계획의 변경을 위하여 필요한 경우에는 채권자협의회의 신청에 의하거나 직권으로 조사위원으로 하여금 채무자의 재산 및 영업상태를 실사하게 할 수 있다(제259조).

4. 조사보고서

가. 조사보고서의 구성과 증명력

(1) 제1차 조사보고서와 제2차 조사보고서의 구성

법원은 회생절차개시결정과 동시에 조사위원에게 제87조 제3항에 규정된 사항(제90조 내지 제92조에 규정된 사항)과 회생절차를 계속 진행함이 적정한지 여부에 관한 의견 및 ① 계속기업가치가 청산가치보다 큰 지 여부, ② 채무자의 부채액에 산입되지 아니한 채무자의 제3자에 대한 보증채무의 금액, 내용 및 보증책임의 발생가능성, ③ 채무자의 이사나 이에 준하는 자 또는 지배인의 중대한 책임이 있는 행위로 인하여 회생절차개시의 원인이 발생하였는지 여부 및 위와 같은 이사 등의 중대한 책임이 있는 행위에 지배주주 및 그 친족 기타 시행령이 정하는 범위의 특수관계에 있는 주주가 상당한 영향력을 행사하였는지 여부, ④ 부인할 수 있는 행위의 존부 및 범위에 대한 조사보고서를 회생절차개시결정일로부터 소정의 기한 내에 제출할 것을 명하는데, 이를 '제1차 조사보고서'라 한다.

회생계획안에 의한 변제방법이 채무자의 사업을 청산할 때 각 채권자에게 변제하는 것보다 불리하지 아니하게 변제하는 내용인지 여부와 회생계획안의 수행이 가능한지 여부에 대한 조사보고서는 회생계획안의 심리를 위한 관계인집회 전에 제출할 것을 명하는데, 이를 '제2차 조사보고서'라 한다.

(2) 조사보고서의 증명력

조사위원은 제90조 내지 제92조 및 예규 제7조에서 정한 사항을 조사할 의무가 있고, 조사사항에는 채무자가 회생절차개시에 이르게 된 사정, 회생절차개시 당시 채무자의 부채와 자산의 액수도 포함되는바, 위와 같은 의무가 있는 조사위원이 작성한 조사보고서에 기재된 채무자가 회생절차개시에 이르게 된 사정에 관한 보고는 그 기재가 진실에 반한다는 등의 특별한 사정이 없는 한 그 내용의 증명력을 쉽게 배척할 수 없다.[36]

나. 제1차 조사보고서

제1차 조사보고서는 대체로 아래와 같은 순서로 구성된다.

(1) 조사결과의 요약 및 조사위원의 의견
(2) 채무자 회사의 개요
(3) 회생절차의 개시에 이르게 된 사정
(4) 지배주주 및 임원들의 책임
(5) 채무자의 재산상태
(6) 채무자의 채무 현황
(7) 우발채무의 내역
(8) 부인대상 행위 등의 존부 및 범위
(9) 채무자의 청산가치
(10) 채무자 사업의 수익성 분석 및 계속기업가치
(11) 채무변제계획안
(12) 회생절차를 계속 진행함이 적정한지 여부에 관한 의견

36) 대법원 2018. 5. 18.자 2016마5352 결정.

㈜대한에 대한 제1차 조사보고서 개요

(조사기준일 20×0. 3. 14.)

1. ㈜대한의 개요

(생략)

2. ㈜대한이 회생절차개시에 이르게 된 사정

(생략)

3. 지배주주 및 임원들의 책임

제114조 제1항에 의한 보전처분 또는 제115조 제1항에 의한 조사확정재판을 필요로 하는 사정이 없고, 제205조 제4항에 따라 지배주주 등의 주식 3분의 2 이상을 소각하거나 3주 이상을 1주로 병합하는 방법으로 자본을 감소할 사정이 없음.

4. 부인대상 행위 등의 존부 및 범위

부인대상 행위는 발견되지 않음.

5. ㈜대한의 재산상태

(단위: 원)

구 분	채무자 회사 제시금액	실사조정	실사가치
Ⅰ. 유동자산	**7,474,938,812**	**188,602,074**	**7,663,540,886**
당좌자산	4,743,796,729	362,337,380	5,106,134,109
재고자산	2,731,142,083	(173,735,306)	2,557,406,777
Ⅱ. 비유동자산	**17,891,721,299**	**(1,170,380,563)**	**16,721,340,736**
투자자산	2,689,652,989	(1,635,460,156)	1,054,192,833
유형자산	15,135,959,366	529,849,710	15,665,809,076
무형자산	2,024,544	(685,717)	1,338,827
기타비유동자산	64,084,400	(64,084,400)	–

자산총계	25,366,660,111	(981,778,489)	24,384,881,622
Ⅰ. 유동부채	26,164,655,547	886,702,316	27,051,357,863
Ⅱ. 비유동부채	8,273,790,018	374,262,870	8,648,052,888
부채총계	34,438,445,565	1,260,965,186	35,699,410,751
Ⅰ. 자본금	600,000,000	–	600,000,000
Ⅱ. 기타포괄손익누계액	10,288,455,338	–	10,288,455,338
Ⅲ. 결손금	(19,960,240,792)	(2,242,743,675)	(22,202,984,467)
자본총계	(9,071,785,454)	(2,242,743,675)	(11,314,529,129)
부채 및 자본총계	25,366,660,111	(981,778,489)	24,384,881,622

6. ㈜대한의 청산가치

(단위: 원)

구 분	실사가치	청산조정	청산가치
Ⅰ. 유동자산	**7,663,540,886**	**(3,707,551,190)**	**3,955,989,696**
당좌자산	5,106,134,109	(1,938,648,588)	3,167,485,521
재고자산	2,557,406,777	(1,768,902,602)	788,504,175
Ⅱ. 비유동자산	**16,721,340,736**	**(4,381,539,775)**	**12,339,800,961**
투자자산	1,054,192,833	(722,965,937)	331,226,896
유형자산	15,665,809,076	(3,657,235,011)	12,008,574,065
무형자산	1,338,827	(1,338,827)	–
자산총계	**24,384,881,622**	**(8,089,090,965)**	**16,295,790,657**

7. ㈜대한의 계속기업가치

가. 계속기업가치 산정내역

(단위: 원)

구 분	금 액	비 율
회생기간 동안의 영업현금흐름의 가치	4,516,434,264	23.32%
회생기간 이후의 영업현금흐름의 가치	2,938,215,966	15.17%
비영업용 자산의 청산가치	11,916,538,809	61.52%
계속기업가치	**19,371,189,039**	**100.0%**

나. 비영업용 자산의 구성

(단위: 원)

구 분	소유자	청산가치	비 고
서울 ㅇㅇ구 ㅇㅇ대로 ㅇㅇㅇ 토지	㈜대한	9,670,525,860	
서울 ㅇㅇ구 ㅇㅇ대로 ㅇㅇㅇ 건물	㈜대한	2,246,012,949	
합계		**11,916,538,809**	

다. 회생기간 동안의 영업현금흐름의 가치 추정내역

(단위: 천 원)

구 분	20×0년	20×1년	20×2년	20×3년	20×4년	20×5년
매출액	**14,023,082**	**17,981,733**	**18,444,582**	**18,919,991**	**19,406,960**	**19,907,110**
매출원가	11,855,470	15,211,681	15,596,989	15,994,668	16,404,090	16,825,919
매출총이익	2,167,612	2,770,052	2,847,593	2,925,323	3,002,870	3,081,191
판매관리비	1,714,038	2,480,348	2,241,166	2,292,947	2,347,053	2,403,381
영업이익	**453,574**	**289,704**	**606,427**	**632,376**	**655,817**	**677,810**
법인세비용	–	–	–	–	–	–

세후영업이익	453,574	289,704	606,427	632,376	655,817	677,810
감가상각비	108,754	132,457	85,820	75,800	68,213	62,524
운전자본투자	110,727	(60,964)	(68,403)	(70,623)	(72,246)	(74,143)
유무형자산투자	(10,875)	(26,468)	(25,727)	(30,304)	(34,093)	(37,502)
영업현금흐름	662,180	334,729	598,117	607,249	617,691	628,689
현재가치계수	1.0000	0.9234	0.8527	0.7874	0.7271	0.6714
현금흐름현가	662,179	309,095	510,017	478,152	449,128	422,117

구 분	20×6년	20×7년	20×8년	20×9년	20×10년	합 계
매출액	**20,419,526**	**20,945,364**	**21,485,099**	**22,039,421**	**22,607,766**	**216,180,634**
매출원가	17,259,484	17,705,186	18,163,872	18,635,404	19,119,540	182,772,303
매출총이익	3,160,042	3,240,178	3,321,227	3,404,017	3,488,226	33,408,331
판매관리비	2,461,778	2,522,221	2,584,693	2,649,208	2,715,749	26,412,582
영업이익	**698,264**	**717,957**	**736,534**	**754,809**	**772,477**	**6,995,749**
법인세비용	–	–	–	12,246	147,945	160,191
세후영업이익	**698,264**	**717,957**	**736,534**	**742,563**	**624,532**	**6,835,558**
감가상각비	58,352	55,431	53,581	52,685	52,684	806,301
운전자본투자	(75,897)	(77,848)	(79,851)	(81,987)	(84,027)	(635,262)
유무형자산투자	(40,835)	(44,335)	(48,213)	(52,676)	(52,684)	(403,712)
영업현금흐름	**639,884**	**651,205**	**662,051**	**660,585**	**540,505**	**6,602,885**
현재가치계수	0.6200	0.5725	0.5287	0.4882	0.4508	
현금흐름현가	**396,733**	**372,834**	**350,017**	**322,496**	**243,666**	**4,516,434**

* 할인율은 조사기준일인 20×0. 3. 14. 현재 3년 만기 국고채수익률 1.79%를 기본할인율로 하고, 위험프리미엄은 서울회생법원의 위험프리미엄의 범위인 2.5%~6.5%의 상한 6.5%를 적용하여 8.29%로 추정.

8. 채무변제계획안

가. ㈜대한의 채무 현황

(단위: 원)

구 분	원 금	개시전이자 등	시인액
1. 회생담보권			
금융기관대여금채권	8,769,161,153	58,212,851	8,827,374,004
소계	**8,769,161,153**	**58,212,851**	**8,827,374,004**
2. 회생채권			
회생채권시인액	3,286,710,020	3,066,540	3,289,776,560
금융기관대여금채권	4,201,330,970	89,010,196	4,290,341,166
전환사채권	916,630,000	75,218,746	991,848,746
일반대여금채권	290,000,000	–	290,000,000
미발생구상채권	110,567,085	–	110,567,085
상거래채권	7,736,770,017	29,980	7,736,799,997
특수관계인채권	6,664,101,295	–	6,664,101,295
조세등채권	90,627,910	7,434,830	98,062,740
소계	**23,296,737,297**	**174,760,292**	**23,471,497,589**
3. 공익채권			
공익채권			3,400,539,158
소계			**3,400,539,158**
합계	**32,065,898,450**	**232,973,143**	**35,699,410,751**

나. 채무변제계획안[37)]

<table>
<tr><th colspan="2">구 분</th><th>변제계획</th></tr>
<tr><td>회생담보권</td><td>금융기관대여금채권</td><td>회생담보권 금융기관대여금채권은 시인된 원금 및 개시전이자의 100%를 제1차연도(20×1년)에 변제하고, 개시후이자의 4%를 제1차연도(20×1년)에 추가 변제</td></tr>
<tr><td rowspan="8">회생채권</td><td>회생채권시인액</td><td rowspan="5">시인된 원금 및 개시전이자의 56.5%를 출자전환하고 43.5%를 현금 변제하되, 제1차연도(20×1년)에 24%, 제2차연도(20×2년)부터 제10차연도(20×10년)까지 매년 3%씩 변제</td></tr>
<tr><td>금융기관대여금채권</td></tr>
<tr><td>전환사채권</td></tr>
<tr><td>일반대여금채권</td></tr>
<tr><td>상거래채권</td></tr>
<tr><td>미발생구상채권</td><td>미발생구상채권은 구상채권이 현실화할 경우 회생채권 구상채권과 동일하게 권리변경 후 동일한 방법으로 변제하되, 구상채권이 발생하여 변제시기가 경과된 변제예정액은 구상채권이 발생한 해당연도 말에 변제</td></tr>
<tr><td>특수관계인채권</td><td>회생채권 특수관계인채권은 시인된 원금 및 개시전이자의 100%를 출자전환</td></tr>
<tr><td>조세등채권</td><td>조세등채권은 제1차연도(20×1년)부터 3년 동안 균등 분할 상환</td></tr>
<tr><td>공익채권</td><td>공익채권</td><td>운전자본을 통해 수시변제를 가정한 공익채권을 제외한 공익채권의 경우 제1차연도(20×1년)부터 제10차연도(20×10년)까지 매년 변제할 금액의 10%씩 변제</td></tr>
</table>

37) 조사위원은 제1차 조사보고서에서 채무자의 10년간의 자금조달계획을 토대로 회생채권 등에 대한 변제조건을 제시한다. 그러나 이 변제조건은 조사위원이 채무자 회사에 필요하다고 판단한 차기 자금 이월액을 제외한 모든 금액을 변제에 사용한다는 가정하에 작성된 것이므로 관리인이 회생계획안을 작성하면서 이를 그대로 따를 필요는 없다. 그러나 제1차 조사보고서에서 제시된 변제조건과 회생계획안의 변제조건의 차이가 크면 채권자들이 회생계획안에 부정적인 태도를 보이는 경우가 많다. 때문에 조사위원의 조사 과정 내지 제1차 조사보고서 초안 보고 과정에서 적절하게 의견을 개진하여 제1차 조사보고서에서 제시된 변제조건과 회생계획안의 변제조건 사이의 차이가 과다해지지 않도록 할 필요가 있다.

다. 채무변제계획안에 따라 변제할 총금액

(단위: 원)

구 분	원 금	개시전후이자	합 계
회생담보권			
금융기관대여금채권	9,119,927,599	60,541,365	9,180,468,964
소계	**9,119,927,599**	**60,541,365**	**9,180,468,964**
회생채권			
회생채권시인액	1,676,222,112	1,563,935	1,677,786,047
금융기관대여금채권	2,142,678,795	45,395,200	2,188,073,995
전환사채권	467,481,297	38,361,560	505,842,857
일반대여금채권	147,900,000	–	147,900,000
미발생구상채권	미확정	미확정	미확정
상거래채권	3,945,752,709	15,290	3,945,767,999
특수관계인채권	–	–	–
조세등채권	90,627,910	7,434,830	98,062,740
소계	**8,470,662,823**	**92,770,815**	**8,563,433,638**
합계	**17,590,590,422**	**153,312,180**	**17,743,902,602**

9. 회생절차를 계속 진행함이 적정한지 여부에 관한 의견

회생절차를 계속 진행함이 적정함.

다. 제2차 조사보고서

(1) 제2차 조사보고서의 제출

회생계획안이 제출되면 조사위원은 제1차 조사보고서상의 청산배당액과 회생계획안의 연도별 변제예정액을 현재가치로 환산한 금액을 비교하여 청산가치보장 여부를 검토하고, 채무자의 변제기간 동안의 자금수지를 분석하여 회생계획안이 수행가능한지 여부를 검토한 결과를 기재한 제2차 조사보고서를 회생계획안의 심리를 위한 관계인집회기일 전까지 제출한다.

(2) 청산가치보장 여부에 대한 조사

(가) 청산배당액과 청산배당률

청산배당액이란 채무자의 사업을 청산하여 채권자들에게 청산가치를 분배할 경우, 각 채권자들이 분배받을 금액을 말한다. 청산배당률은 채권자들의 채권금액 대비 청산배당액의 비율을 말한다.

(나) 변제액의 현재가치 및 적정할인율

변제액의 현재가치란 회생계획안에 의하여 채권자들이 변제기간 동안 분할하여 지급받을 변제액을 적정한 할인율로 할인하여 현재 시점의 가치로 환산한 금액을 말한다.

연도별 변제예정금액을 현재가치로 환산하는데 적용되는 할인율이 높을수록 청산가치를 보장하기 위해서 채권자들에게 변제해야 하는 금액이 커지고, 할인율이 낮을수록 채권자들에게 변제해야 하는 금액이 적어지므로 할인율을 어떻게 책정할 것인지는 매우 중요하다. 채무자가 속한 업종에 채권자가 대출 또는 투자를 하였을 경우 적용되는 평균적인 위험도를 반영한 시장이자율을 적용하여야 한다는 것이 일반적인 견해이다. 실무상 조사보고서 작성일 기준 한국은행의 예금은행대출 평균금리를 적용하는 경우가 많다.

(다) 청산배당액과 변제액의 현재가치의 비교

청산배당액과 변제액의 현재가치를 비교하여 제243조 제1항 제4호에서 정한 청산가치보장의 원칙 준수 여부를 기재한다. 출자전환을 내용으로 하는 회생계획의 경우 원칙적으로 출자전환 주식의 가치도 변제액에 포함시켜야 하나 대부분의 채무자들은 부채초과 상태로 출자전환 주식의 실질적 가치가 없고 그 평가도 어렵기 때문에 실무상 조사위원은 변제액의 현재가치를 산정함에 있어 출자전환 주식의 가치는 고려하지 않는다.

(3) 회생계획안의 수행가능성에 대한 조사

(가) 변제할 채무 내역의 완전성

채권조사절차를 통하여 확정된 채무자의 총 채무액 중 채무자가 자신의 자금으로 상환하여야 할 채무액이 회생계획안에 적절하게 반영·기재되어 있는지 여부를 기재한다.

(나) 변제할 채무

회생계획안의 각 채권별 변제조건을 요약하여 기재하고, 변제조건에 의할 경우 변제할 채무를 조별로 분류하여 기재한다.

(다) 변제자금의 조달 가능성

회생계획안에서 예정하고 있는 영업활동을 통한 자금의 조달, 비영업용 자산매각을 통한 자금의 조달, 신규차입을 통한 자금의 조달의 가능성을 검토한다. 조사위원은 회생계획안이 제1차 조사보고서에서 예정한 자금조달능력의 범위내에서 작성되었는지를 주로 검토하는데 그 검토 결과에 대한 근거로 추정손익계산서와 추정자금수지표를 첨부한다.

라. 조사보고서 중간보고

법원은 조사위원이 조사보고서를 정식으로 제출하기 전에 조사보고서 초안의 내용을 중간보고하도록 하는데 그 자리에 관리인, 구조조정담당임원, 채권자협의회 대표채권자 등 이해관계인들을 참여시키고 있다. 중간보고 과정에서 조사보고서 초안의 내용이 일반적인 회계감사기준과 다르거나 오류가 발견된 경우에는 이를 지적하여 바로잡을 필요가 있다.

실무팁 조사위원 조사에 대한 대응

● 조사위원 조사에 대한 적극적 대응의 필요성

예규 제8조는 조사위원의 기본보수는 별표의 기준에 의하여 산정하되, 조사의 내용 · 기간 · 난이도 및 성실성 등을 고려하여 상당한 범위 내에서 가감할 수 있고, 조사를 위하여 외부기관의 감정이 필요하거나 그 밖에 이에 준하는 경우에는 그에 소요된 비용을 별도로 지급할 수 있다고 정하고 있다. 위 별표의 기준은 2006년 1월 이후 개정된 적이 없기 때문에 물가상승률을 감안하면 액수가 너무 적다는 지적이 있다. 조사의 내용 등에 따라 가감할 수 있다고 하더라도 보수액이 조사위원에게 만족스러운 수준이 되기는 어렵다. 때문에 조사위원이 조사업무에 적극성을 발휘하여 회사의 가치를 적정하게 산정해 줄 것으로 기대하며 조사위원의 조사에 수동적으로 대응하는 것은 바람직하지 않다. 채무자 회사는 조사위원의 조사에 적극적으로 대응하며 조사결과가 적정하게 도출되는지를 예의 주시하여야 한다.

● 청산가치 산정 관련

청산가치는 낮을수록 채무자 회사에 유리하다. 그러므로 조사위원 조사과정에서 청산가치가 과대평가되는 것을 경계해야 한다. 특히 재고자산의 경우 실무상 조사위원이 과거 유사사례에서의 청산가치 산정방식을 무리하게 적용하려 하는 경향이 있으므로 주의가 필요하다. 만약 재고자산의 특성상 처분이 곤란하거나 청산가치가 극히 낮은 경우에는 조사위원에게 그 사정을 적극적으로 설명하여 청산가치가 합당하게 산정되도록 유도하여야 한다.

● 계속기업가치 산정 관련

채무자 회사의 계속기업가치는 미래현금흐름의 현재가치(회생계획기간 동안의 현금흐름의 현재가치 + 회생계획기간 이후의 현금흐름의 현재가치)와 비영업용 자산의 가치의 합계이다. 재건형 회생계획안을 작성하기 위해서는 채무자 회사의 계속기업가치가 청산가치를 상회하여야 한다. 만약 회생절차개시신청 전에 사전 시뮬레이션을 통해 회생절차개시결정일을 기준으로 한 비영업용 자산의 가치를 포함한 회사의 청산가치를 추정해 두었다면, 회생계획기간 동안의 현금흐름의 현재가치와 회생계획기간 이후의 현금흐름의 현재가치를 추정함으로써 채무자 회사의 계속기업가치가 청산가치를 상회하는지 여부를 판단할 수 있을 것이다

그런데 계속기업가치와 청산가치의 차액이 클 경우 회생계획의 수행에 부담이 될 수 있다. 회생계획의 추정손익과 자금수지는 채무자 회사의 장래의 사업에 대한 수많은 예측과 가

정에 기반하고 있는데 이러한 예측과 가정이 어긋날 가능성은 상존한다. 이러한 사정을 감안하면 계속기업가치가 청산가치를 크게 상회하는 것은 채무자 회사 입장에서 그리 바람직한 상황이 아니라고 할 수 있다. 이러한 경우에는 계속기업가치 산정의 기초가 된 매출액과 매출원가, 판매비와 관리비를 추정하는 과정에서 무리한 예측과 가정이 개입하지 않았는지 점검함으로써 미래현금흐름의 현재가치가 적정한 수준으로 산정되도록 유도할 필요가 있다. 실제로 계속기업가치를 높게 평가받아야 한다는 사고에 매몰되어 조사위원 조사과정에서 무리하게 추정된 매출액과 매출원가를 토대로 작성된 사업계획을 제시함으로써 계속기업가치가 과다하게 산정되고 그 결과 회생계획안의 변제액 또한 회사가 감당할 수 없는 수준에 이르게 되어 인가 이후 회생계획을 수행하지 못하고 회생절차가 폐지된 후 파산하는 사례가 드물지 않다.

제7장
채무자의 재산의 확보

Ⅰ. 채무자의 재산

1. 채무자의 재산의 의의

청산형 절차인 파산절차의 경우 파산선고 시를 기준으로 하여 청산의 대상이 될 채무자의 재산을 확정하고 그 관리·처분권을 파산관재인에게 부여하여 관리·환가하게 한 후 재단채권의 변제 및 파산채권자에 대한 배당을 할 필요가 있으므로 파산재단의 범위를 확정하는 것이 중요하다. 반면 재건형 절차는 채무자가 보유하는 재산을 이용하여 사업을 계속하는 것을 전제로 하므로 채무자와 분리된 재단을 둘 필요가 없다. 따라서 채무자회생법은 제2편 회생절차에서 별도로 회생재단이라는 개념을 두고 있지 않다.[1)]

회생절차개시결정이 있는 때에는 채무자의 재산의 관리·처분권은 관리인에게 전속하고(제56조 제1항), 관리인은 취임 후 즉시 채무자의 재산의 관리에 착수하여야 한다(제89조). 관리인은 이러한 관리·처분권을 적절하게 행사하면서 채무자의 사업을 계속하고 그로부터 창출되는 수익을 회생채권자 등에게 배분함으로써 채무자 또는 그 사업의 회생이라는 회생절차의 목적을 달성하기 위하여 노력하여야 한다. 채무자회생법은 채무자의 재산의 의의와 범위에 관한 명시적인 조항을 두고 있지는 않으나 회생절차가 개시된 채무자가 소유하는 모든 재산을 채

---

1) 제4편 개인회생절차에서는 제2편 회생절차와는 달리 개인회생재단이라는 개념을 두고 있다(제580조). 다만 파산재단은 원칙적으로 파산선고 당시 채무자가 보유한 재산에 국한되는 데 반해(고정주의), 개인회생재단은 개시결정 당시 채무자가 가진 모든 재산은 물론 개인회생절차 진행 중에 채무자가 취득한 재산 및 소득도 개인회생재단에 속한다(팽창주의).

무자의 재산이라고 한다. 채무자의 재산은 파산절차의 파산재단(제382조)과 개인회생절차의 개인회생재단(제580조)에 대응하는 개념이라고 할 수 있다.[2)]

2. 채무자의 재산의 범위

파산재단은 파산선고 당시에 채무자가 가진 재산에 국한되나(제382조 제1항, 고정주의), 채무자의 재산에는 회생절차개시 당시 채무자가 가진 재산뿐만 아니라 회생절차개시 후에 채무자가 취득하는 재산도 포함된다(팽창주의).

파산절차에서 채무자의 재산 중 파산재단에 속하지 않아 채무자가 자유롭게 처분할 수 있는 재산을 '자유재산'이라고 한다. 압류금지재산, 파산선고 후에 채무자가 새롭게 취득한 신득재산 등이 이에 해당한다. 반면 회생절차에서의 채무자의 재산에는 자유재산이 존재하지 않는다.

II. 부인권

1. 개요

가. 부인권의 의의

부인권이란 채무자가 회생절차개시 전에 회생채권자 또는 회생담보권자를 해하는 것을 알고 한 행위 또는 다른 회생채권자 또는 회생담보권자와의 평등을 해하는 변제, 담보제공 등의 행위를 한 경우 회생절차개시 후에 관리인이 그 행위의 효력을 부인하고 채무자로부터 일탈한 재산을 원상회복시키는 권리를 말한다(제100조).

재정적 파탄에 직면한 채무자는 채권자들로부터 변제독촉을 받고 이들에게 변제 또는 대물변제를 하거나 담보를 제공하는 경우가 있다. 그런데 채무자의 이러한 행위는 채무자의 회생을 저해할 뿐만 아니라 회생절차개시 후 권리행사

---

2) 대법원 판결에서 '회생재단'이라는 표현이 등장하는 경우가 있는데(대법원 2019. 4. 11. 선고 2018다203715 판결 등), 이는 채무자의 재산과 동일한 의미로 사용된 것으로 볼 수 있다.

가 제한되고 회생계획에 의하여만 변제를 받을 수 있는 다른 회생채권자 또는 회생담보권자와의 관계에서 불공평을 초래한다. 부인권은 회생절차개시결정 이전에 부당하게 처분된 채무자의 재산을 회복함으로써 채무자 또는 그 사업의 효율적인 회생을 달성하기 위하여, 즉 회생절차의 목적을 달성하기 위하여 인정된 채무자회생법상의 특유한 제도이다.[3)]

파산절차에서의 부인권은 일탈된 재산을 회복한 후 이를 환가하여 채권자 사이의 공평을 도모함과 동시에 채권자에게 더 많이 배당하는 것을 목적으로 하는 반면, 회생절차에서의 부인권은 일탈된 재산을 원상회복시킴으로써 채무자의 손상된 수익력과 기업가치를 복원하는 것을 목적으로 한다. 그러나 회생절차에서의 부인권의 최종목적 또한 채무자의 수익력 회복을 통하여 채권자에게 보다 많은 변제를 하는 것이므로, 양자는 종국적인 목적은 같지만 방법이 다를 뿐이라고 이해되고 있다.[4)]

나. 채권자취소권과의 관계

부인권과 채권자취소권은 총채권자의 이익을 위하여 채무자의 사해행위에 의하여 일탈된 공동담보의 회복을 도모한다는 점에서 제도적 취지를 같이 한다.[5)] 채권자취소권은 집단적인 채무처리절차의 개시를 전제로 하지 않고 개별적으로 채권자에게 인정되는 권리로서, 취소의 대상이 되는 행위나 행사방법 등이 매우 제한적인 반면, 집단적 채무처리절차인 회생절차상의 부인권은 채권자 사이의 공평한 처우를 기본으로 하여 채무자의 회생을 도모하기 위한 권리로서, 행사권한이 관리인에게 전속하고 대상행위, 요건, 행사방법 등이 완화된 강력한 권리라고 할 수 있다.[6)]

채무자에 대하여 회생절차가 개시된 이후에는 관리인이 총채권자에 대한 평등변제를 목적으로 하는 부인권을 행사하여야 하고, 채권자는 개별적 강제집행을 전제로 하여 개개의 채권에 대한 책임재산의 보전을 목적으로 하는 채권자취

3) 대법원 2016. 4. 12. 선고 2014다68761 판결.
4) 서울회생법원 재판실무연구회, 회생사건실무(상), 박영사, 2019, 333-334면.
5) 남효순 · 김재형 공편, 통합도산법, 법문사, 2006, 95면.
6) 남효순 · 김재형 공편, 통합도산법, 법문사, 2006, 95면.

소소송을 제기할 수 없다.[7)]

채권자가 채무자의 사해행위를 원인으로 채권자취소소송을 제기한 후 그 소송계속 중에 채무자에 대하여 회생절차가 개시되면 소송절차는 중단되고, 관리인이 이를 수계할 수 있다(제113조, 제59조 제2항). 관리인은 수계를 하지 않고 부인의 청구나 부인의 소를 제기할 수도 있다.

다. 기존 경영자 관리인 제도에서의 부인권 행사

(1) 신의칙 위반 여부

기존 경영자를 관리인으로 선임하거나 불선임 결정에 의하여 관리인으로 보게 되는 경우, 자신이 회생절차개시 전에 행한 행위를 회생절차개시 후에 부인하는 것은 신의칙에 위배되지 않는지 의문이 제기될 수 있다. 그러나 부인 대상행위를 한 것은 채무자이고 부인권을 행사하는 것은 채무자의 관리인으로서 양자는 별개의 존재이고, 부인권을 행사하는 것은 회생절차가 개시되기 전의 채무자의 채무변제행위 등을 부인하기 위한 관리인의 고유권한이므로 관리인이 부인권을 행사하는 것이 신의칙에 위반된다거나 권리남용에 해당한다고 할 수 없다.[8)]

(2) 부인권행사명령제도

특정 회생채권자 또는 회생담보권자가 채무자 회사 또는 기존 경영자 관리인에 대하여 막대한 영향력을 행사할 경우 기존 경영자 관리인이 그를 상대방으로 하는 부인권 행사에 소극적인 태도를 보일 수 있다. 그리고 제3자 관리인이 선임된 사건에서 회생절차개시결정 전 부인 대상행위가 있었음에도 구 경영자 측이 그러한 사실을 은닉할 경우 관리인이 부인권을 행사하지 못할 수도 있다. 이러한 경우 법원은 회생채권자·회생담보권자·주주·지분권자의 신청에 의하거나 직권으로 관리인에게 부인권의 행사를 명할 수 있다(제105조 제2항).

---

7) 대법원 2010. 9. 9. 선고 2010다37141 판결. 이 판결은 개인회생절차에 관한 것이나 회생절차에도 적용될 수 있다.

8) 대법원 1997. 3. 28. 선고 96다50445 판결.

2. 부인권의 유형[9)]

가. 고의부인

고의부인이란 채무자가 회생채권자 또는 회생담보권자를 해하는 것을 알고 한 행위를 부인하는 것이다. 다만 이로 인하여 이익을 받은 자가 그 행위 당시 회생채권자 또는 회생담보권자를 해하는 사실을 알지 못한 경우에는 부인할 수 없다(제100조 제1항 제1호).

채무자의 사해의사를 주관적 요건으로 하는 점에 착안하여 고의부인이라고 한다. 고의부인은 채무자의 사해의사를 요건으로 한다는 점에서 채권자취소권과 그 실질이 같은 것으로 이해된다. 다른 부인유형과 달리 행위의 시기에 제한을 두고 있지 않다는 점에서도 채권자취소권과 동일하다.

나. 위기부인

위기부인이란 채무자가 지급의 정지, 회생절차개시의 신청 또는 파산의 신청(이하 '지급의 정지 등')이 있은 후에 한 회생채권자 또는 회생담보권자를 해하는 행위와 담보의 제공 또는 채무의 소멸에 관한 행위를 부인하는 것이다.

(1) 본지행위 위기부인

채무자가 지급의 정지 등이 있은 후에 한 회생채권자 또는 회생담보권자를 해하는 행위와 담보의 제공 또는 채무의 소멸에 관한 행위를 부인하는 것이다. 다만 이로 인하여 이익을 받은 자가 그 행위 당시 지급의 정지 등이 있는 것 또는 회생채권자나 회생담보권자를 해하는 사실을 알고 있는 경우에만 부인할 수 있다(제100조 제1항 제2호).

---

9) 고의부인은 이중의 주관적 요건, 즉 채무자의 사해의사와 상대방의 악의를 모두 요구하는 반면, 위기부인은 채무자의 사해의사는 묻지 않고 상대방의 악의만을 요구하고, 무상부인은 채무자의 사해의사는 물론 상대방의 악의도 요구하지 않는다는 점에서, 고의부인은 주관주의, 위기부인은 완화된 주관주의, 무상부인은 순수한 객관주의에 입각한 부인유형으로 볼 수 있다(김진현, 우리 도산법상의 부인권에 관한 연구, 강원법학 제11권, 강원대학교 비교법학연구소, 1999, 6-7면).

(2) 비본지행위 위기부인

채무자가 지급의 정지 등이 있은 후 또는 그 전 60일 이내에 한 담보의 제공 또는 채무의 소멸에 관한 행위로서 채무자의 의무에 속하지 아니하거나 그 방법이나 시기가 채무자의 의무에 속하지 아니한 것을 부인하는 것이다. 다만 채권자가 그 행위 당시 채무자가 다른 회생채권자 또는 회생담보권자와의 평등을 해하게 되는 것을 알지 못한 경우(그 행위가 지급의 정지 등이 있은 후에 행한 것인 때에는 지급의 정지 등이 있은 것도 알지 못한 경우에 한함)에는 부인하지 못한다(제100조 제1항 제3호).

다. 무상부인

무상부인이란 채무자가 지급의 정지 등이 있은 후 또는 그 전 6월 이내에 한 무상행위 및 이와 동일시할 수 있는 유상행위를 부인하는 것이다(제100조 제1항 제4호).

라. 부인의 유형 상호간의 관계

채무자회생법은 고의부인, 위기부인, 무상부인 등을 별도로 요건을 정하여 규정하고 있지만, 이들은 상호 배타적인 관계에 있는 것이 아니므로 1개의 행위가 각 부인의 유형에 해당하는 경우 어느 것이라도 주장하여 부인할 수 있고, 부인 사유를 선택적 또는 예비적으로 주장할 수도 있다.[10] 법원도 당사자가 주장하는 부인의 유형에 구속되지 않고 당사자의 주장과 다른 유형의 부인을 인정할 수 있다.[11]

3. 부인권의 성립요건

가. 일반적 성립요건

(1) 적극적 요건

(가) 채무자의 행위

제100조 제1항 제1호 내지 제4호는 "채무자가 … 한 행위"라고 정하고 있으

10) 서울회생법원 재판실무연구회, 회생사건실무(상), 박영사, 2019, 337면.

11) 三ヶ月章 등, 條解 會社更生法(中), 弘文堂, 2001, 20면.

므로 부인대상은 원칙적으로 채무자의 행위이다. 다만, 채무자의 행위가 없었다고 하더라도 채무자와의 통모 등 특별한 사정이 있어서 채권자 또는 제3자의 행위를 채무자의 행위와 동일시할 수 있는 사유가 있는 경우에는 예외적으로 그 채권자 또는 제3자의 행위도 부인의 대상으로 할 수 있다.[12]

다만, 집행행위를 제104조 후단, 제100조 제1항 제2호에 의하여 부인하는 경우에는, 집행기관에 의한 집행절차상 결정에 의한 경우를 당연히 예정하고 있는데 그러한 경우에는 채무자의 행위가 개입할 여지가 없고, 제100조 제1항 각호에서 부인권의 행사 대상인 행위의 주체를 채무자로 규정한 것과 달리 제104조에서는 아무런 제한을 두고 있지 않으므로 부인 대상인 집행행위를 채무자의 행위와 같이 볼 만한 특별한 사정이 있어야 하는 것은 아니다.[13]

부인대상은 부동산·동산의 매도, 증여, 채권양도, 채무면제 등과 같은 법률행위에 한하지 않고,[14] 변제, 채무승인, 법정추인, 채권양도의 통지·승낙, 등기·등록, 동산의 인도 등과 같은 법률효과를 발생시키는 일체의 행위를 포함한다. 그리고 사법상의 행위에 한하지 않고 시효중단의 해태,[15] 지급명령에 대한 이의신청의 부제기, 변론기일 불출석, 공격방어방법의 부제출, 소송법상의 행위인 재판상의 자백, 청구의 포기 및 인낙, 재판상의 화해, 소·상소의 취하, 상소권의 포기, 지급거절증서의 미작성, 공정증서의 작성, 염가의 경매 등도 부인의 대상이 되고, 공법상의 행위도 부인의 대상이 될 수 있다.

부인의 대상이 되는 행위는 반드시 법률적으로 유효한 것일 필요는 없고, 허위표시, 착오, 공서양속 위반의 법률행위 등과 같이 무효, 취소 사유가 있는 행위라도 부인의 대상이 될 수 있다. 채무자가 이행한 급부의 원인이 불법원인급여에 해당하여 채무자가 그 급부의 반환을 청구할 수 없다고 하더라도 관리인은

---

12) 대법원 2011. 10. 13. 선고 2011다56637, 56644 판결.

13) 대법원 2018. 7. 24. 선고 2018다210348 판결.

14) 민법상 채권자취소권은 취소의 대상을 '재산권을 목적으로 하는 법률행위'(민법 제406조 제1항)로 정하고 있으나, 채무자회생법 제100조 제1항은 부인의 대상을 '행위'로 정하고 있다.

15) 시효중단 행위를 하지 않은 채무자의 부작위를 관리인이 부인하는 경우 시효중단행위를 한 것으로 되지는 않지만, 시효중단행위의 해태에 따른 채권의 소멸시효 완성이라는 효과는 채무자와의 관계에서 상실되게 되어 관리인은 상대방에게 채무자에 대한 채무의 이행을 청구할 수 있다(박성철, 회사정리절차 및 화의절차에 있어서의 부인권, 재판자료 제86집, 법원도서관, 2000, 701면).

부인권을 행사할 수 있다.[16)]

(나) 행위의 유해성

부인대상은 회생채권자 또는 회생담보권자를 해하는 행위여야 한다.[17)] 회생채권자 또는 회생담보권자를 해하는 행위에는 총채권자의 공동담보가 되는 채무자의 일반재산을 절대적으로 감소시키는 사해행위뿐만 아니라 특정한 채권자에 대한 변제와 같이 다른 회생채권자들과의 공평에 반하는 편파행위도 포함된다.[18)] 일체로 이루어진 행위에 대한 부인권 행사의 요건으로서의 유해성은 그 행위 전체가 채권자에게 미치는 영향을 기준으로 판단해야 하고, 그 전체를 통틀어서 판단할 때 채권자에게 불이익을 주는 것이라면 유해성이 인정되므로,[19)] 청산절차를 가정하여 그 행위로 인하여 다른 채권자들의 배당률이 낮아지면 그 행위의 유해성은 인정된다고 볼 수 있다.[20)] 부인대상 행위가 회생채권자 등을 해하는 행위인지는 행위 당시를 기준으로 판단하여야 하고, 이는 특별한 사정이 없는 한 그 행위가 정지조건부인 경우에도 마찬가지이다.[21)]

① 부동산 매각

채무자가 변제자력이 부족한 상태에서 부동산을 염가로 매각하는 것은 부인의 대상이 된다. 채무자가 유일한 재산인 부동산을 적정가격으로 매각한 행위에 대하여 채권자가 채권자취소권을 행사한 사안에서 대법원은 채무자가 자기의 유일한 재산인 부동산을 매각하여 소비하기 쉬운 금전으로 바꾸는 경우, 매각 목적이 채무를 변제하거나 변제자력을 얻기 위한 것이고 대금이 부당한 염가가 아니며 실제 이를 채권자에 대한 변제에 사용하거나 변제자력을 유지하고 있는 때에는 채무자가 일부 채권자와 통모하여 다른 채권자를 해할 의사를 가지고 있는

---

16) 박성철, 회사정리절차 및 화의절차에 있어서의 부인권, 재판자료 제86집, 법원도서관, 2000, 700면.

17) 제100조 제1항 제1호, 제2호는 '회생채권자 또는 회생담보권자를 해'하는 행위, 제3호는 '회생채권자 또는 회생담보권자와의 평등을 해'하는 행위라는 표현을 사용하고 있고, 제4호의 무상행위는 그 자체가 회생채권자 또는 회생담보권자를 해하는 행위이다.

18) 대법원 2020. 6. 25. 선고 2016다257572 판결.

19) 대법원 2002. 9. 24. 선고 2001다39473 판결.

20) 서울회생법원 재판실무연구회, 회생사건실무(상), 박영사, 2019, 340면.

21) 대법원 2018. 10. 25. 선고 2017다287648, 287655 판결.

변제를 하는 등의 특별한 사정이 없는 한, 사해행위에 해당한다고 볼 수 없다고 판시한 바 있다.[22] 적정가격에 의한 부동산 매각이 부인대상이 되는지에 관한 대법원 판결은 찾아볼 수 없으나, 동일한 법리가 적용될 수 있을 것으로 본다.[23]

② 본지변제

채무자가 지급의 정지 등이 있은 후에 한 채무의 소멸에 관한 행위는 채무자의 의무에 속한 것이라도 부인할 수 있다(제100조 제1항 제2호, 본지행위 위기부인). 그러나 회생절차개시신청이 있은 날부터 1년 전에 한 행위는 지급정지의 사실을 안 것을 이유로 하여 부인하지 못한다(제111조). 따라서 채무자의 의무에 속한 변제(본지변제)가 지급정지 등이 있은 후에 이루어진 때에는 위기부인의 대상이 되지만, 그로부터 1년 이내에 회생절차개시신청을 하지 않거나 본지변제가 지급정지 등이 있기 전에 이루어진 경우에는 변제 당시 채무자가 이미 재정적 파탄 상태에 있었다고 하더라도 제100조 제1항 제2호에 의한 부인의 대상이 될 수 없다. 그런데 제100조 제1항 제1호는 채무자가 회생채권자 등을 해하는 것을 알고 한 행위에 대하여는 행위의 시점을 묻지 않고 부인할 수 있는 것으로 정하고 있고, 지급정지 사실을 안 것을 이유로 하는 부인이 아니므로 제111조가 적용될 여지도 없는바, 본지변제가 채무자의 위기시기에 이루어진 경우 제100조 제1항 제1호의 고의부인의 대상이 될 수 있는지 문제 된다.

대법원은 본지변제가 편파행위로서 위기부인의 대상이 될 수 있음은 물론 회생채권자 등을 해하는 행위로서 고의부인의 대상도 될 수 있음을 인정하고 있다. 다만 고의부인의 주관적 요건인 사해의사가 인정되기 위해서는 단순히 채권

---

22) 대법원 2021. 10. 28. 선고 2018다223023 판결.

23) 부인권 행사에 관한 최근의 실무 동향도 적정가격에 의한 부동산 매각을 부인의 대상으로 볼 경우 채무자의 자체적인 구조조정을 봉쇄하여 채무자가 도산절차 밖에서 재정적 위기를 극복할 길을 막아 버려 기업을 파탄에 빠뜨리게 할 우려가 있으므로 그 매각이 염가에 이루어진 것이 아닌 한 그 매각의 목적, 대금의 사용처 등을 종합적으로 판단하여 행위의 부당성 여부를 신중하게 결정할 필요성이 있다는 입장을 취하고 있다[서울회생법원 재판실무연구회, 회생사건실무(상), 박영사, 2019, 340-341면; 주석 채무자회생법 제100조(심영진 집필), 한국사법행정학회, 2021]. 입법론으로 부인권 행사가 재정적 파탄에 처한 채무자의 자체적인 구조조정에 장애가 되지 않도록 정당한 대가로 한 매각행위를 원칙적으로 부인대상에서 제외하고 예외적으로만 부인을 인정하여야 한다는 견해로는 오수근, 도산법의 개선방향, BFL 제34호, 서울대학교 금융법센터, 2009, 18면.

자를 해한다는 인식만으로는 부족하고, 채권자평등의 원칙을 회피하기 위하여 '특정 채권자에게 변제한다는 인식'이 필요하다고 보았다.[24] 한편 대법원은 채무자의 특정 채권자에 대한 변제 등 채무소멸행위가 새로운 역무 제공 등과 실질적으로 동시 교환적으로 행하여진 것으로 볼 수 있고, 채무자가 받은 급부의 가액과 해당 행위에 의하여 소멸한 채무액 사이에 합리적인 균형을 인정할 수 있는 경우에는 채권자를 해하는 행위로 볼 수 없으므로 부인 대상이 아니라고 판시한 바 있다.[25]

채무자가 제3자에게 자금을 차입하여 특정 채권자에게 변제한 경우 다른 채권자와의 평등을 해하는 것으로서 원칙적으로 부인의 대상이 된다. 다만 제3자와 채무자가 차입금을 특정 채무를 소멸시키는 데 사용하기로 약정하고, 실제 그와 같은 약정에 따라 특정 채무에 대한 변제 등이 이루어졌으며, 차입과 변제 등이 이루어진 시기와 경위, 방법 등 제반 사정에 비추어 실질적으로 특정 채무의 변제 등이 해당 차입금에 의하여 이루어진 것이라고 볼 수 있고, 이자, 변제기, 담보제공 여부 등 차입금의 차입 조건이나 차입금을 제공하는 제3자와 채무자의 관계 등에 비추어 차입 이전과 비교할 때 변제 등 채무 소멸이 이루어진 이후에 채무자의 재산이 감소되지 아니한 등의 사정이 인정된다면, 해당 변제 등 채무소멸행위는 전체적으로 보아 회생채권자 등을 해하지 아니하여 부인의 대상이 되지 아니한다.[26] 이러한 차입금에 의한 변제는 실질적으로 채권자의 변경에 불과하기 때문이다.

기존채무에 대한 담보권 설정은 다른 회생채권자와의 평등을 해하는 편파행위에 해당하므로 부인대상이 된다. 그러나 채무자가 지급불능 상태에서 특정 채권자에게 담보를 제공한 행위가 신규차입과 동시에 교환적으로 행하여졌고, 차입금과 담보 목적물의 가격 사이에 합리적인 균형을 인정할 수 있으며, 차입금의 은닉 또는 증여 등 채권자를 해하는 처분을 할 우려를 생기게 하는 것이 아니라면 채권자를 해하는 행위로 볼 수 없어 부인할 수 없다.[27] 또한 계속적인

24) 대법원 2020. 6. 25. 선고 2016다257572 판결.
25) 대법원 2018. 10. 25. 선고 2017다287648, 287655 판결.
26) 대법원 2018. 4. 12. 선고 2016다247209 판결.
27) 대법원 2017. 9. 21. 선고 2015다240447 판결.

거래관계에 있는 구입처로부터 외상매입대금채무에 대한 담보를 제공하지 않으면 사업에 필요한 물품의 공급을 중단하겠다는 통보를 받고 물품을 공급받아 사업을 계속 추진하는 것이 채무 변제력을 갖게 되는 최선의 방법이라고 생각하고 물품을 공급받기 위하여 부득이 부동산을 특정 채권자에게 담보로 제공하고 그로부터 물품을 공급받았다면 채무자의 담보 설정행위는 부인대상이 되지 않으나, 다만 사업의 계속 추진과는 아무런 관계가 없는 기존 채무를 아울러 피담보채무 범위에 포함시켰다면 그 부분은 부인대상이 될 수 있다.[28)]

(2) 소극적 요건: 행위의 상당성

회생절차상 부인의 대상이 되는 행위가 회생채권자 등에게 유해하다고 하더라도 행위 당시의 개별적·구체적 사정에 따라서는 해당 행위가 사회적으로 필요하고 상당하였다거나 불가피하였다고 인정되어 회생채권자 등이 채무자 회사 재산의 감소나 불공평을 감수하여야 한다고 볼 수 있는 경우가 있을 수 있고, 그와 같은 예외적인 경우에는 채권자평등, 채무자의 보호와 이해관계의 조정이라는 법의 지도이념이나 정의 관념에 비추어 부인권 행사의 대상이 될 수 없다고 보아야 한다. 여기서 그 '행위의 상당성' 여부는 행위 당시의 채무자 회사의 재산 및 영업 상태, 행위의 목적·의도와 동기 등 채무자 회사의 주관적 상태를 고려함은 물론, 변제행위에 있어서는 변제자금의 원천, 채무자 회사와 채권자와의 관계, 채권자가 채무자 회사와 통모하거나 채무자 회사에게 변제를 강요하는 등의 영향력을 행사하였는지 여부 등을 기준으로 하여 신의칙과 공평의 이념에 비추어 구체적으로 판단하여야 한다. 그리고 그와 같은 부당성의 요건을 흠결하였다는 사정에 대한 주장·입증책임은 상대방인 수익자에게 있다.[29)]

---

28) 대법원 2002. 3. 29. 선고 2000다25842 판결.

29) 대법원 2020. 6. 25. 선고 2016다257572 판결. 이러한 대법원의 입장은 '행위의 부당성'을 부인권 발생의 독립한 요건이 아니라 '행위의 상당성', 즉 부당성의 흠결을 부인권의 소극적 성립요건 내지 부인권 발생의 조각사유로 보고 있는 것으로 평가할 수 있다[주석 채무자회생법 제100조(심영진 집필), 한국사법행정학회, 2021]. 대법원 2007. 9. 21. 선고 2005다22398 판결은 양도담보권 설정행위가 채무자 회사의 정상화 가능성을 염두에 두고 이루어졌고 그 시점이 채무자 회사의 부도 시점과 비교하여 차이가 있는 점, 재고자산에 대하여 처음으로 담보제공을 한 점 등을 근거로 재고자산에 대한 양도담보 설정행위가 신의칙과 공평의 이념에 비추어 상당성이 있는 행위라고 판시한 바 있다.

다만, 무상행위의 부인은 그 대상인 행위가 대가를 수반하지 않는 것으로서 채무자의 수익력과 회생채권자 일반의 이익을 해할 위험이 특히 현저하기 때문에 채무자와 수익자의 주관적 사정을 고려하지 않고 오로지 행위의 내용과 시기에 착안하여 특수한 부인유형으로서 규정되어 있는 점에 비추어, 그 행위의 상당성 여부의 판단에 있어서도 행위의 목적·의도와 동기, 수익자와의 통모 여부 등 채무자와 수익자의 주관적 상태보다는 행위 당시 채무자의 재산 및 영업 상태, 행위의 사회경제적 필요성, 행위의 내용 및 금액과 이로 인한 채무자의 경제적 이익 등 객관적 요소를 종합적으로 고려하여 판단하여야 한다.[30)]

(3) 벌금 등의 예외

회생절차개시 전의 벌금·과료·형사소송비용·추징금·과태료(제140조 제1항)와 국세징수법 또는 지방세징수법에 의하여 징수할 수 있는 청구권(국세징수의 예에 의하여 징수할 수 있는 청구권으로서 그 징수우선순위가 일반 회생채권보다 우선하는 것 포함)(제140조 제2항)에 관하여 그 징수의 권한을 가진 자에 대하여 한 담보의 제공 또는 채무의 소멸에 관한 행위는 부인하지 못한다(제100조 제2항). 이는 국가 형벌권의 실현, 행정의 실효성 확보, 조세채권의 확보 등을 위한 정책적 고려에 따른 것이다.[31)] 제140조 제2항의 반대해석상 국세징수의 예에 의하여 징수할 수 있는 청구권으로서 그 징수우선순위가 일반 회생채권에 우선하지 아니하는 청구권은 부인할 수 있다.

나. 개별적 성립요건

(1) 고의부인

고의부인의 성립요건은 ① 채무자가 회생채권자 또는 회생담보권자를 해하는 행위를 하였을 것(사해행위), ② 채무자가 회생채권자 또는 회생담보권자를 해하는 것을 알았을 것(사해의사)이다(제100조 제1항 제1호 본문). 사해행위와 사해의사에 대한 증명책임은 관리인에게 있다.

사해행위에는 총채권자의 공동담보가 되는 채무자의 일반재산을 절대적으로

---

30) 대법원 2015. 5. 29. 선고 2012다87751 판결.
31) 김기진, 도산법 Ⅰ, 경상대학교 출판부, 2015, 138면.

감소시키는 사해행위뿐만 아니라 특정한 채권자에 대한 변제와 같이 다른 회생채권자들과의 공평에 반하는 편파행위도 포함된다.[32] 사해의사란 채무자가 자신의 행위로 인하여 회생채권자 등에게 손해를 생기게 한 원인인 사실에 대한 인식이 있으면 족하고, 회생채권자 등에 대한 적극적인 가해의사 내지 의욕까지 필요한 것은 아니다.[33] 편파행위의 경우 회생절차가 개시되는 경우에 적용되는 채권자평등의 원칙을 회피하기 위하여 '특정 채권자에게만 변제한다는 인식'이 필요하다.[34]

상대방인 수익자가 행위 당시 회생채권자 등을 해하는 사실을 알지 못한 경우에는 그 행위를 부인할 수 없는데(제100조 제1항 제1호 단서), 수익자의 악의는 추정되므로, 수익자 자신이 선의에 대한 증명책임을 부담한다.[35] 선의인 것으로 족하고 과실 유무는 불문한다. 수익자가 거래할 때 상대방의 재무상태에 대하여 주의를 기울여야 할 의무는 없기 때문이다.

(2) 위기부인

위기부인은 채무자의 지급정지 등 위기상태에서의 행위를 대상으로 하는 것으로서 채무자의 사해의사를 요건으로 하지 않는다. 위기시기에 담보의 제공 또는 채무의 소멸에 관한 행위 등을 하는 채무자는 채권자를 해하는 것을 알고 있는 것이 통상적이므로 위기부인에 있어서는 사해의사의 존재를 간주한 것으로 볼 수 있다.[36]

(가) 본지행위 위기부인

본지행위에 대한 위기부인의 대상은 채무자의 의무에 속하는 행위이다. 성립요건은 ① 채무자가 회생채권자 또는 회생담보권자를 해하는 행위와 담보의 제공 또는 채무의 소멸에 관한 행위를 하였을 것, ② 지급의 정지 등이 있은 후에 채무자가 그 행위를 하였을 것, ③ 수익자가 행위 당시 지급의 정지 등이 있는

---

32) 대법원 2016. 1. 14. 선고 2014다18131 판결.
33) 대법원 2016. 1. 14. 선고 2014다18131 판결.
34) 대법원 2020. 6. 25. 선고 2016다257572 판결.
35) 대법원 2020. 6. 25. 선고 2016다257572 판결.
36) 전병서, 도산법 제4판, 박영사, 2019, 280면.

것 또는 회생채권자나 회생담보권자를 해하는 사실을 알고 있었을 것이다(제100조 제1항 제2호). 증명책임은 관리인이 부담한다.

여기서 '회생채권자 또는 회생담보권자를 해하는 행위'란 담보의 제공 또는 채무의 소멸을 제외한 총채권자를 해하는 행위, 즉 일반재산의 감소행위를 말한다. 담보의 제공 또는 채무의 소멸에 관한 행위란 편파행위를 가리키는 것으로 채무자의 의무에 속하는 것에 한한다.[37] 지급의 정지라 함은 채무자가 변제기에 있는 채무를 자력의 결핍으로 인하여 일반적, 계속적으로 변제할 수 없다는 것을 명시적, 묵시적으로 외부에 표시하는 것을 말하고, 여기서 자력의 결핍이란 단순한 채무초과 상태를 의미하는 것이 아니라 채무자에게 채무를 변제할 수 있는 자산이 없고, 변제의 유예를 받거나 또는 변제하기에 족한 융통을 받을 신용도 없는 것을 말한다.[38] 일반적으로 채무자가 어음을 발행한 후 은행이나 어음교환소로부터 당좌거래정지처분을 받은 때에는 특별한 사정이 없는 한 지급정지 상태에 있는 것으로 본다.[39] 지급의 정지는 그것이 발생하여 회생절차개시에 이르기까지 계속하고 있을 것을 요하고, '회생절차개시의 신청 또는 파산의 신청이 있은 후'라는 것은 이러한 절차가 모두 부인권이 행사되는 회생절차에 직결되어 있을 것을 요한다.[40] 즉 지급의 정지 등에 기하여 실제로 회생절차가 개시되어야 부인이 가능하고, 일단 지급정지가 해소되거나 회생절차개시신청 또는 파산신청이 취하되면 나중에 재차 지급정지, 회생절차개시신청 또는 파산신청이 있어도 이를 이유로 하여서는 부인할 수 없다.[41]

(나) 비본지행위 위기부인

비본지행위에 대한 위기부인의 대상은 채무자의 의무에 속하지 않는 행위이다. 비본지행위는 본지행위에 비하여 회생채권자 등의 이익을 해할 위험이 크기 때문에 부인대상을 지급정지 등이 있기 이전 60일 이내에 이루어진 행위까지 확대하고, 선의에 대한 증명책임도 수익자에게 부담시키고 있다.

---

37) 노영보, 도산법 강의, 박영사, 2018, 354면.
38) 대법원 2007. 8. 24. 선고 2006다80636 판결.
39) 대법원 2002. 11. 8. 선고 2002다28746 판결.
40) 서울고등법원 2005. 10. 21. 선고 2004나73469 판결.
41) 박성철, 회사정리절차 및 화의절차에 있어서의 부인권, 재판자료 제86집, 법원도서관, 2000, 710－711면.

비본지행위에 대한 위기부인의 성립요건은 ① 채무자가 담보의 제공 또는 채무의 소멸에 관한 행위로서 그 행위 자체 또는 방법이나 시기가 채무자의 의무에 속하지 아니하는 행위를 하였을 것, ② 채무자가 지급의 정지 등이 있은 후 또는 그 전 60일 내에 그 행위를 하였을 것이다(제100조 제1항 제3호 본문). 증명책임은 관리인이 부담한다.

행위 자체가 채무자의 의무에 속하지 아니하는 예로는 채무자가 기존의 채무에 대하여 담보를 제공하기로 하는 약속이 없음에도 담보제공을 하는 경우, 변제기한의 유예를 받거나 집행을 면하기 위하여 담보를 제공하는 경우를, 방법이 의무에 속하지 아니하는 예로는 본래 약정이 없음에도 대물변제를 하는 경우를, 시기가 의무에 속하지 아니하는 예로는 변제기 전에 채무를 변제하는 경우를 들 수 있다.[42]

'채무자의 의무에 속한다'라고 함은 일반적·추상적 의무로는 부족하고 구체적 의무를 부담하여 채권자가 그 구체적 의무의 이행을 청구할 권리를 가지는 경우를 의미하는데, "채무자의 신용변동, 담보가치의 감소, 기타 채권 보전상 필요하다고 인정될 상당한 사유가 발생한 경우에는 채무자는 채권자의 청구에 의하여 채권자가 승인하는 담보나 추가담보의 제공 또는 보증인을 세우거나 이를 추가한다"라는 여신거래기본약관의 규정은 채무자에게 일반적·추상적 담보제공 의무를 부담시키는 것에 불과하고, 구체적인 담보제공의무를 부담시키는 것은 아니어서 채무자가 이에 불응하여도 채권자는 그의 이행을 소구할 수 없고 단지 약관의 규정 등에 따라 채무에 대한 기한의 이익이 상실되어 바로 채권을 회수할 수 있음에 불과하므로 그 약관 규정에 따른 담보제공은 채무자의 의무에 속하는 행위라고 볼 수 없다.[43]

수익자(채권자)가 행위 당시 채무자가 다른 회생채권자 등과의 평등을 해하게 되는 것을 알지 못하였다는 사실을 증명하거나, 행위가 지급의 정지 등이 있은 후에 행한 것일 때에는 지급정지 등이 있은 것도 알지 못하였다는 사실을 증명하는 경우에는 부인할 수 없다(제100조 제1항 제3호 단서).

---

42) 서울회생법원 재판실무연구회, 회생사건실무(상), 박영사, 2019, 350면.
43) 대법원 2000. 12. 8. 선고 2000다26067 판결.

(3) 무상부인

무상부인은 채무자가 한 무상행위 또는 이와 동일시할 수 있는 유상행위를 부인하는 것이다. 무상부인은 그 대상 행위가 대가를 수반하지 않는 것으로 부인의 유형 중 채무자의 수익력과 회생채권자 등의 이익을 해할 위험이 가장 크기 때문에 채무자의 사해의사 및 수익자의 악의를 고려하지 않고 행위의 내용 및 시기 등 객관적 요건만을 기준으로 부인할 수 있도록 정하고 있다.

무상부인의 성립요건은 ① 채무자가 무상행위 또는 이와 동일시할 수 있는 유상행위를 하였을 것, ② 채무자가 지급정지 등이 있은 후 또는 그 전 6월 이내에 그 행위를 하였을 것이다(제100조 제1항 제4호). 증명책임은 관리인이 부담한다.

무상행위라 함은 채무자가 대가를 받지 않고 적극재산을 감소시키거나 소극재산 즉 채무를 증가시키는 일체의 행위를 말하고, 이와 동일시하여야 할 행위란 상대방이 반대급부로서 출연한 대가가 지나치게 근소하여 사실상 무상행위와 다름없는 경우를 말한다.[44]

무상행위 여부는 수익자가 아니라 채무자를 기준으로 판단한다. 회생절차의 채무자가 주채무자를 위하여 보증을 제공한 것이 채권자의 주채무자에 대한 출연의 직접적인 원인이 되는 경우에도 채무자의 보증행위와 이로써 이익을 얻은 채권자의 출연과의 사이에는 사실상의 관계가 있음에 지나지 않고 채무자가 취득하게 될 구상권이 언제나 보증행위의 대가로서의 경제적 이익에 해당한다고 볼 수도 없으므로, 달리 채무자가 보증의 대가로서 직접적이고도 현실적인 경제적 이익을 받지 아니하는 한 그 보증행위의 무상성을 부정할 수는 없다.[45] 이는 채무자가 주채무자인 계열회사를 위하여 보증을 한 경우에도 동일하다.[46]

채권자와 주채무자 사이의 계속적 거래관계로 인하여 발생하는 채무를 근보증한 행위를 부인하는 경우 근보증행위가 이루어진 시점은 주채무가 실질적으로 발생하여 구체적인 보증채무가 발생한 때를 기준으로 할 것은 아니고 보증의 의사표시 당시를 기준으로 하여야 한다.[47] 따라서 채무자의 근보증행위가 '지급의

---

44) 대법원 2015. 5. 29. 선고 2012다87751 판결.
45) 대법원 2009. 2. 12. 선고 2008다48117 판결.
46) 대법원 2008. 11. 27. 선고 2006다50444 판결.
47) 대법원 2002. 7. 9. 선고 99다73159 판결.

정지 등이 있은 후 또는 그 전 6개월 내'에 이루어진 것이 아닌 경우에는 근보증에 의하여 담보되는 주채무가 이 기간 내에 발생하였다고 하더라도 채무자의 근보증행위를 무상부인할 수 없다.

금융기관과 채무자가 새로운 자금의 실질적 수수 없이 문서상으로만 신규대출의 형식을 구비하여 기존 채무를 변제한 것으로 처리하는 이른바 대환은 특별한 사정이 없는 한 실질적으로는 기존 채무의 변제기의 연장에 불과하고 이렇게 대환이 이루어진 경우에는 기존 채무가 동일성을 유지한 채 존속하는 것이므로, 최초의 어음할인과 이에 관한 채무자 회사의 연대보증 등 대출거래가 있은 후 이와 같은 대환에 의하여 변제기가 연장되어옴에 따라 최초의 대출거래 시기가 채무자 회사의 지급정지일로부터 6월 이전에 해당하게 된 경우에는 채무자 회사의 연대보증행위는 무상부인의 대상이 될 수 없다.[48]

다. 특수관계인을 상대방으로 한 행위에 대한 특칙[49]

(1) 본지행위 위기부인

수익자가 채무자와 시행령[50]이 정하는 범위의 특수관계에 있는 자(이하 '특수

48) 대법원 2001. 11. 13. 선고 2001다55222, 55239 판결.

49) 채무자회생법은 특수관계인에 대한 부인권 행사를 완화하는 특칙을 신설하였는데, 이는 자기거래가 많고 계열회사 간의 거래가 공정하지 못한 우리나라의 현실을 반영한 것이다(법무부, 채무자 회생 및 파산에 관한 법률 해설, 2006, 110면).

50) **채무자회생법 시행령 제4조(특수관계인)** 법 제101조 제1항, 법 제218조 제2항 각 호 및 법 제392조 제1항에서 "대통령령이 정하는 범위의 특수관계에 있는 자"라 함은 다음 각 호의 어느 하나에 해당하는 자를 말한다.

1. 본인이 개인인 경우에는 다음 각 목의 어느 하나에 해당하는 자

가. 배우자(사실상의 혼인관계에 있는 자를 포함한다. 이하 같다)

나. 8촌 이내의 혈족이거나 4촌 이내의 인척

다. 본인의 금전 그 밖의 재산에 의하여 생계를 유지하는 자이거나 본인과 생계를 함께하는 자

라. 본인이 단독으로 또는 그와 가목 내지 다목의 관계에 있는 자와 합하여 100분의 30 이상을 출자하거나 임원의 임면 등의 방법으로 법인 그 밖의 단체의 주요 경영사항에 대하여 사실상 영향력을 행사하고 있는 경우에는 당해 법인 그 밖의 단체와 그 임원

마. 본인이 단독으로 또는 그와 가목 내지 라목의 관계에 있는 자와 합하여 100분의 30 이상을 출자하거나 임원의 임면 등의 방법으로 법인 그 밖의 단체의 주요 경영사항에 대하여 사실상 영향력을 행사하고 있는 경우에는 당해 법인 그 밖의 단체와 그 임원

2. 본인이 법인 그 밖의 단체인 경우에는 다음 각 목의 어느 하나에 해당하는 자

가. 임원

관계인')인 경우 그 특수관계인이 행위 당시 지급의 정지 등이 있은 것과 회생채권자 등을 해하는 사실을 알고 있었던 것으로 추정한다(제101조 제1항). 따라서 수익자가 선의에 대한 증명책임을 부담한다. 이는 특수관계인은 채무자의 재산상태 등을 잘 알고 있는 것이 통상적이고, 채무자로부터 얻은 정보를 이용하여 다른 채권자를 해하는 행위를 할 가능성이 큰 점을 고려한 것이다.[51]

(2) 비본지행위 위기부인

수익자가 특수관계인인 경우 시기적 요건을 지급정지 등이 있은 후 또는 그 전 1년 이내에 한 행위로 연장하고(제101조 제2항 전단), 특수관계인은 행위 당시 채무자가 다른 회생채권자 등과의 평등을 해하게 되는 것을 알았던 것으로 추정한다(제101조 제2항 후단). 따라서 수익자가 선의에 대한 증명책임을 부담한다.[52]

(3) 무상부인의 특칙

수익자가 특수관계인인 경우 시기적 요건을 완화하여 지급의 정지 등이 있기 전 1년 이내에 한 무상행위 등까지 부인의 대상으로 하고 있다(제101조 제3항).

부인대상이 연대보증행위인 경우에는 그 연대보증행위의 직접 상대방으로서 보증에 관한 권리를 취득하여 이를 행사하는 채권자가 채무자의 특수관계인인 경우를 말하며, 비록 주채무자가 채무자와 특수관계에 있다고 하더라도 연대보증행위의 상대방인 채권자가 채무자의 특수관계인이 아닌 경우에는 해당되지 않

나. 계열회사(독점규제 및 공정거래에 관한 법률 제2조 제3호에 따른 계열회사를 말한다) 및 그 임원

다. 단독으로 또는 제1호 각 목의 관계에 있는 자와 합하여 본인에게 100분의 30 이상을 출자하거나 임원의 임면 등의 방법으로 본인의 주요 경영사항에 대하여 사실상 영향력을 행사하고 있는 개인 및 그와 제1호 각 목의 관계에 있는 자와 법인 그 밖의 단체(계열회사를 제외한다. 이하 이 호에서 같다) 및 그 임원

라. 본인이 단독으로 또는 그와 가목 내지 다목의 관계에 있는 자와 합하여 100분의 30 이상을 출자하거나 임원의 임면 등의 방법으로 단체의 주요 경영사항에 대하여 사실상 영향력을 행사하고 있는 경우에는 당해 법인 그 밖의 단체 및 그 임원

51) 김기진, 도산법 Ⅰ, 경상대학교 출판부, 2015, 120면; 노영보, 도산법 강의, 박영사, 2018, 361면.

52) 제100조 제1항 제3호가 비본지행위에 대한 위기부인의 경우 이미 수익자에게 선의의 증명책임을 부담시키고 있으므로 제101조 제2항 후단은 무의미하다.

는다.[53]

4. 부인권의 특수한 유형

가. 어음금채무지급에 대한 부인의 제한

채무자로부터 어음의 지급을 받은 자가 그 지급을 받지 아니하면 채무자의 1인 또는 여러 명에 대한 어음상의 권리를 상실하게 된 경우 그 어음채무 변제는 부인의 대상이 되지 아니한다(제102조 제1항). 여기서 '1인 또는 여러 명에 대한 어음상의 권리'는 상환청구권을 의미한다.[54]

어음 소지인이 채무자에게 지급제시기간 내에 지급제시를 하여 어음금을 지급받았는데 채무자에 대하여 회생절차가 개시된 후 관리인이 어음금 지급을 부인하면 어음 소지인이 채무자에게 어음금을 반환하고 어음을 반환받더라도 그 시점에는 이미 지급거절증서 작성기간이 경과하여 어음 소지인은 상환청구권을 행사할 수 없게 된다. 또한 채무자가 만기에 어음금을 지급하는데도 어음 소지인이 사후 부인당할 것을 우려하여 어음금의 수령을 거절할 경우 어음 소지인은 상환청구권을 상실하게 된다.[55] 결국 어음 소지인은 채무자로부터 어음금 수령 여부와 무관하게 상환청구권을 행사할 수 없게 되는데, 이는 어음 소지인에게 가혹할 뿐만 아니라 거래의 안전을 해한다. 채무자회생법은 이러한 불합리한 결과를 예방하기 위하여 어음의 지급에 대한 부인권 행사를 제한하고 있다.

최종의 상환의무자 또는 어음의 발행을 위탁한 자가 그 발행 당시 지급의 정지 등이 있는 것을 알았거나 과실로 인하여 알지 못한 때에는 관리인은 그로 하여금 채무자가 지급한 금액을 상환하게 할 수 있다(제102조 제2항). 이는 채권자

53) 대법원 2009. 2. 12. 선고 2008다48117 판결.

54) '상환청구권'이란 어음이 만기에 지급거절되거나, 만기 전에 인수거절되거나 지급 가능성이 현저하게 감소되었을 때에 어음 소지인이 전자(발행인, 배서인, 보증인 등)에 대하여 어음금액 기타 비용을 청구하는 권리로서 '소구권'이라고도 한다. 어음의 지급이란 약속어음의 발행인, 환어음의 지급인과 인수인, 수표의 지급인의 지급을 말한다. 만기 후의 지급거절을 이유로 상환청구권을 행사하기 위해서는 ① 어음 소지인이 지급제시기간 내에 적법하게 어음을 지급제시하였으나 지급인 등이 지급을 거절하고, ② 지급거절증서를 작성하여야 한다.

55) 상환청구권의 요건인 지급거절이 없기 때문이다.

가 제102조 제1항을 악용하여 간접적으로 자신의 채권을 변제받는 것을 막기 위한 것이다. 예를 들어, 채무자의 회생절차개시신청 사실을 아는 채권자가 자기를 수취인으로 한 약속어음을 채무자에게 발행하도록 한 다음 제3자에게 배서양도하여 대가를 받고 제3자는 채무자에게 어음을 제시하여 어음금을 지급받은 경우 관리인은 채권자에게, 채무자가 제3자에게 지급한 금액을 상환하게 할 수 있다.[56)]

나. 권리변동의 성립요건 내지 대항요건의 부인

지급의 정지 등이 있은 후 권리의 설정·이전 또는 변경을 제3자에게 대항하기 위하여 필요한 행위 내지 권리취득의 효력을 발생시키는 등기 또는 등록(이하 '성립요건 내지 대항요건 구비행위')을 한 경우 그 성립요건 내지 대항요건 구비행위가 권리의 설정·이전 또는 변경이 있은 날부터 15일을 경과한 후에 지급의 정지 등이 있음을 알고 한 것인 때에는 이를 부인할 수 있다(제103조 제1항 본문, 제2항). 이는 채무자가 그 소유의 재산을 다른 사람에게 매도하는 등의 원인행위를 한 후 상당 기간 성립요건 내지 대항요건 구비행위를 하지 않으면 채무자의 일반 채권자들로서는 아무런 거래관계가 없는 것으로 신뢰하게 되는데, 지급정지 등이 있은 후에 갑자기 성립요건 내지 대항요건 구비행위를 할 경우 일반 채권자들이 예상하지 못한 손해를 입을 수 있으므로 부인의 대상으로 한 것이다.

제103조가 성립요건 내지 대항요건 구비행위 자체를 독자적인 부인의 대상으로 규정하고 있는 취지는 성립요건 내지 대항요건 구비행위도 제100조의 일반규정에 의한 부인의 대상이 되어야 하지만, 권리변동의 원인이 되는 행위를 부인할 수 없는 경우에는 가능한 한 성립요건 내지 대항요건을 구비시켜 당사자가 의도한 목적을 달성시키면서 제103조의 엄격한 요건을 충족시키는 경우에만 특별히 이를 부인할 수 있도록 한 것이라고 해석되므로, 성립요건 내지 대항요건 구비행위는 제103조 소정의 엄격한 요건을 충족시키는 경우에만 부인의 대상이 될 뿐이지, 이와 별도로 같은 제100조에 의한 부인의 대상이 될 수는 없다.[57)]

성립요건 내지 대항요건 구비행위의 부인의 요건은 ① 채무자가 지급의 정지

56) 임채홍·백창훈, 회사정리법(상) 제2판, 한국사법행정학회, 2002, 457면.
57) 대법원 2004. 2. 12. 선고 2003다53497 판결.

등이 있은 후 성립요건 내지 대항요건 구비행위를 하였을 것, ② 권리의 설정·이전 또는 변경이 있은 날로부터 15일을 경과한 후에 성립요건 내지 대항요건 구비행위를 하였을 것,[58] ③ 수익자가 지급의 정지 등이 있음을 알고 있었을 것이다. 증명책임은 관리인이 부담한다.

다만 지급정지 등이 있기 전에 가등기 또는 가등록을 한 후 이에 의하여 본등기 또는 본등록을 한 경우에는 부인할 수 없다(제103조 제1항 단서). 지급정지 등이 있기 전에 이미 가등기 등이 경료된 경우에는 그 가등기 경료 시에 채무자의 특정재산이 그의 일반재산으로부터 일탈될 가능성(일반가등기의 경우) 내지 가등기담보권자의 특정재산에 대한 우선변제권(담보가등기의 경우)의 존재가 대외적으로 이미 공시되어 있으므로 지급정지 등이 된 이후에 그러한 사실을 알고 본등기를 경료하더라도 일반 채권자의 신뢰를 해한다고 볼 수 없기 때문이다.[59]

다. 집행행위의 부인

부인권은 부인하고자 하는 행위에 관하여 집행력 있는 집행권원이 있는 때 또는 그 행위가 집행행위에 의한 것인 때에도 행사할 수 있다(제104조).

제104조 전단은 채무자의 행위가 회생채권자 등을 해하는 행위로서 부인의 요건을 구비하고 있는 때에는 상대방이 그 채무에 관하여 집행권원을 가지고 있다고 하더라도 회생채권자에 대한 유해성이라는 측면에서는 아무런 차이가 없으므로, 그러한 경우에도 채무자의 행위를 부인하는 데 지장이 없다는 것을 주의적, 확인적으로 규정한 것이다.[60] 제104조 전단에 속하는 행위는 ① 집행권원의 내용을 이루는 의무를 발생시키는 채무자의 원인 행위, ② 집행권원의 내용을

58) 15일의 기산시점은 원인 행위가 이루어진 날이 아니라 원인 행위의 효력이 발생한 날이다(대법원 2004. 2. 12. 선고 2003다53497 판결). 제103조가 성립요건 내지 대항요건 구비행위를 부인의 대상으로 하는 취지는 이를 구비할 수 있음에도 불구하고 이를 해태한 경우에 이를 신뢰한 일반 채권자를 보호하기 위한 것인데, 성립요건 내지 대항요건은 원인 행위의 효력이 발생하여야 구비할 수 있기 때문이다(박성철, 회사정리절차 및 화의절차에 있어서의 부인권, 재판자료 제86집, 법원도서관, 2000, 725－726면).

59) 박성철, 회사정리절차 및 화의절차에 있어서의 부인권, 재판자료 제86집, 법원도서관, 2000, 726면. 담보가등기는 제103조 제1항 단서의 가등기에서 제외된다는 견해로는 서울회생법원 재판실무연구회, 회생사건실무(상), 박영사, 2019, 356면.

60) 박성철, 회사정리절차 및 화의절차에 있어서의 부인권, 재판자료 제86집, 법원도서관, 2000, 727면.

이루는 의무를 이행하는 채무자의 행위, ③ 집행권원 자체를 성립시킨 채무자의 소송행위를 들 수 있다.[61]

제104조 후단의 취지에 관하여 대법원은 "제100조 제1항 각호에서 부인권의 행사 대상인 행위의 주체를 채무자로 규정한 것과 달리 제104조에서는 아무런 제한을 두지 않고 있다. 부인하고자 하는 행위가 '집행행위에 의한 것인 때'에는 집행법원 등 집행기관에 의한 집행절차상의 결정에 의한 경우를 당연히 예정하고 있는데, 그러한 경우에는 채무자의 행위가 개입할 여지가 없기 때문이다. 그러므로 집행행위를 제100조 제1항 각호에 의하여 부인함에는 반드시 그것을 채무자의 행위와 같이 볼 만한 특별한 사정이 있을 것을 요하지 아니한다고 볼 것이다. 다만 집행행위에 대하여 부인권을 행사할 경우에도 행위주체의 점을 제외하고는 제100조 제1항 각호 중 어느 하나에 해당하는 요건을 갖추어야 한다"라고 판시하였다(예외적 규정설).[62]

제104조 후단의 '집행행위'에 강제집행 외에 담보권 실행행위도 포함되는지 문제 되는데, 대법원은 제104조 후단의 집행행위는 '집행권원이나 담보권의 실행에 의한 채권의 만족적 실현을 직접적인 목적으로 하는 행위'를 의미한다고 판시하여 이를 긍정하였고 나아가 대법원은 집행행위는 원칙적으로 집행기관의 행위를 가리키는 것이지만, 집행기관에 의하지 아니하고 질권자가 직접 질물을 매각하거나 스스로 취득하여 피담보채권에 충당하는 등의 행위에 대해서도 집행기관에 의한 집행행위의 경우를 유추하여 제100조 제1항 제2호에 의한 부인권 행사의 대상이 될 수 있다고 보아야 한다고 판시하였다.[63]

---

61) 임채웅, 사해행위로서의 소송행위의 취소 및 부인에 관한 연구, 민사재판의 제문제 제16권, 한국사법행정학회, 2007, 308면에 의하면 ①은 원인 행위 이후 그에 관한 집행권원이 발생된 경우에도 원인 행위가 부인될 수 있는지의 문제이고, ②는 집행권원 성립 이후의 변제도 부인될 수 있느냐의 문제이며, ③은 변론기일 불출석, 공격방어방법의 부제출, 지급명령에 대한 이의신청의 부제기, 판결에 대한 소송 부제기 등 전형적인 소송행위만이 대상이 될 것이라고 한다.

62) 대법원 2018. 7. 24. 선고 2018다210348 판결.

63) 대법원 2011. 11. 24. 선고 2009다76362 판결.

라. 전득자에 대한 부인

(1) 취지

관리인이 부인권을 행사하면 그 효과는 상대방과의 사이에서 상대적으로 발생하고 제3자에 대하여는 효력이 미치지 않는다. 따라서 채무자로부터 수익자에게 이전된 재산이 다시 전득자에게 이전된 경우 전득자를 상대로 부인의 효력을 주장하기 위해서는 전득자를 상대로 부인권을 행사할 수 있어야 한다. 그런데 전득자를 상대로 아무런 제한 없이 부인권을 행사할 수 있게 한다면 거래의 안전을 해할 우려가 있다. 이에 제110조는 부인권 행사의 실효성을 확보하면서도 거래의 안전을 보호하기 위하여 일정한 요건하에 전득자를 상대로 부인권을 행사할 수 있도록 정하고 있다.

(2) 전득자에 대한 부인의 성립요건

① 전득자가 전득 당시 각각 그 전자에 대하여 부인의 원인이 있음을 안 때, ② 전득자가 제101조의 규정에 의한 특수관계인인 때(다만, 전득 당시 각각 그 전자에 대하여 부인의 원인이 있음을 알지 못한 때에는 그러하지 아니함), ③ 전득자가 무상행위 또는 그와 동일시할 수 있는 유상행위로 인하여 전득한 경우 각각 그 전자에 대하여 부인의 원인이 있는 때 관리인은 전득자에 대하여도 부인권을 행사할 수 있다(제110조 제1항). 여기서 전득자는 특정승계인을 의미하고 포괄승계인은 포함하지 않는다.

①의 경우 특별한 사정이 없는 한 전득자의 악의에 대한 증명책임은 관리인에게 있고,[64] ②의 경우 전득자가 전득 당시 수익자에 대하여 부인의 원인이 있음을 알지 못하였음을 증명하면 부인권을 행사할 수 없다.

전득자에 대한 부인의 공통적인 요건은 전득자의 전자에 대하여 부인의 원인이 있어야 한다는 것이다. 중간전득자가 있을 경우에는 그 중간전득자에게 제110조의 요건이 충족되어야 한다. 그러므로 최종 전득자에 대한 부인은 수익자에 대하여 부인의 원인이 있어야 하고 중간전득자 전원에 대하여 전득자 부인의 요건이 충족되어야 한다.

---

64) 대법원 2011. 5. 13. 선고 2009다75291 판결.

(3) 전득자에 대한 부인의 효과

채무자와 수익자 사이의 행위가 그 효력을 소급적으로 상실하게 됨에 따라 전득자도 원상회복의무를 부담한다. 무상행위 또는 그와 동일시할 수 있는 유상행위로 인한 전득자가 그 행위 당시 선의였던 경우에는 이익이 현존하는 한도 내에서만 상환하면 된다(제110조 제2항, 제1항 제3호, 제108조 제2항).

마. 신탁행위의 부인에 관한 특칙

(1) 의의

채무자가 신탁법에 따라 위탁자로서 한 신탁행위의 부인에 대하여는 그동안 제100조 제1항 등 부인권에 관한 일반규정을 적용해 왔으나, 이러한 일반규정만으로 신탁을 둘러싼 법률관계를 규율하는 데는 한계가 있다는 지적이 있었다. 여기에 개정 신탁법(2012. 7. 26. 시행)이 사해신탁의 취소에 관한 제8조를 전면 개정함에 따라 신탁행위의 부인에 대한 특별 규정 도입의 필요성이 커졌다. 이에 채무자회생법은 개정 신탁법의 취지를 반영하여 제113조의2 신탁행위의 부인에 관한 특칙을 신설하였다.

(2) 신탁행위의 부인의 상대방

채무자가 신탁법에 따라 위탁자로서 한 신탁행위를 부인할 때에는 수탁자, 수익자 또는 그 전득자를 상대방으로 한다(제113조의2 제1항). 여기서 수익자는 신탁법상의 수익자를 의미하고, 전득자는 수탁자의 특정승계인, 수익권의 특정승계인, 신탁재산의 전득자를 의미한다.[65]

(3) 신탁행위의 부인의 요건

(가) 수탁자를 상대로 한 부인

신탁행위가 제100조 제1항 제1호, 제2호 또는 제3호의 행위에 해당하여 수탁자를 상대방으로 하여 신탁행위를 부인할 때에는 같은 조 제1항 제1호 단서, 제

65) 서울회생법원 재판실무연구회, 회생사건실무(상), 박영사, 2019, 377면; 한민, 사해신탁의 취소와 부인 - 채무자회생법 개정안에 관한 주요 논점을 중심으로 –, BFL 제53호, 서울대학교 금융법센터, 2012, 16면.

2호 단서 또는 제3호 단서를 적용하지 아니한다(제113조의2 제2항). 이는 수탁자를 상대방으로 하여 부인권을 행사할 경우 수탁자의 선의 여부를 묻지 않는다는 의미이다.[66)]

관리인은 수익자(수익권의 전득자가 있는 경우에는 그 전득자) 전부에 대하여 부인의 원인이 있을 때에만 수탁자에게 수탁재산의 원상회복을 청구할 수 있다(제113조의2 제4항 전문). 수익자가 복수인 경우 그중 1명이라도 선의인 때에는 수탁자를 상대로 원상회복을 청구할 수 없다. 수익자 전부에 대하여 부인의 원인이 있어 수탁자를 상대로 한 신탁재산의 원상회복 청구가 인정되는 경우에도, 부인의 원인이 있음을 알지 못한 수탁자에게는 현존하는 신탁재산의 범위 내에서만 원상회복을 청구할 수 있다(제113조의2 제4항 후문).

(나) 수익자 또는 수익권의 전득자를 상대로 한 부인

신탁행위가 제100조 제1항 제1호 또는 제2호의 행위에 해당하여 수익자를 상대방으로 하여 신탁행위를 부인하는 경우 위 각호의 단서를 적용할 때에는 '이로 인하여 이익을 받은 자'를 부인의 상대방인 수익자로 본다(제113조의2 제3항). 따라서 복수의 수익자가 있는데 그중 일부가 수익권 취득 당시 채권자를 해함을 알지 못한 경우에는 악의의 수익자만을 상대로 부인권을 행사할 수 있다.[67)] 관리인은 수익권 취득 당시 부인의 원인이 있음을 알고 있는 수익자(전득자가 있는 경우 전득자 포함)에게 그가 취득한 수익권을 채무자의 재산으로 반환할 것을 청구할 수 있다(제113조의2 제5항).

(다) 신탁재산의 전득자를 상대로 한 부인

수탁자나 수익자로부터 신탁재산을 취득한 신탁재산의 전득자에 대하여 부인권을 행사하기 위하여는 전득자 이전의 신탁재산 취득자 전원에게 부인의 원인이 있어야 하고(제110조 제1항), 전득자가 무상행위 또는 그와 동일시할 수 있는 유상행위로 인하여 전득한 경우를 제외하고는 전득 당시 그 전자에 대하여 부인의 원인이 있음을 알고 있어야 한다.

---

66) 이는 신탁법 제8조 제1항이 수탁자의 선의 여부와 상관없이 사해신탁을 취소할 수 있도록 정하고 있는 데 따른 것이다.

67) 한민, 사해신탁의 취소와 부인 - 채무자회생법 개정안에 관한 주요 논점을 중심으로 -, BFL 제53호, 서울대학교 금융법센터, 2012, 17면.

(4) 선의의 채권자 보호

채무자가 위탁자로서 한 신탁행위가 부인되어 신탁재산이 원상회복된 경우 그 신탁과 관련하여 수탁자와 거래한 선의의 제3자는 그로 인하여 생긴 채권을 원상회복된 신탁재산의 한도에서 공익채권자로서 행사할 수 있다(제113조의2 제6항). 신탁과 관련하여 수탁자와 거래한 신탁채권자는 신탁재산을 책임재산으로 하는 신탁채권을 가지고 있는데, 사해신탁이 부인되어 원상회복되면 불측의 손해를 입을 수 있으므로, 선의의 신탁채권자를 보호하기 위하여 위탁자에게 원상회복된 신탁재산의 한도 내에서 선의의 제3자에 대하여 책임을 지도록 한 것으로 개정 신탁법 제8조 제4항과 그 취지를 같이 한다.[68]

5. 부인권의 행사

가. 부인권의 행사권자

부인권은 관리인이 행사한다(제105조 제1항).[69] 회생채권자와 회생담보권자가 부인권을 대위행사할 수 없다.[70] 법원은 회생채권자 · 회생담보권자 · 주주 · 지분권자의 신청에 의하거나 직권으로 관리인에게 부인권의 행사를 명할 수 있다(제105조 제2항).

회생절차개시 전에 채무자가 체결한 부제소합의의 효력은 관리인이 부인권을 행사하고 그 법률관계의 확인을 구하는 소에는 미치지 않는다.[71] 채권조사기간 안에 또는 특별조사기일에 관리인 등으로부터 이의가 제기되지 아니하여 회생채권 등이 그대로 확정된 경우에는 더 이상 부인권을 행사하여 그 채권의 존재를 다툴 수 없다.[72]

---

68) 법무부 상사법무과, 신탁법 개정안 해설, 법무부, 2010, 80-81면.

69) 보전관리인은 부인권을 행사할 수 없다.

70) 박성철, 회사정리절차 및 화의절차에 있어서의 부인권, 재판자료 제86집, 법원도서관, 2000, 736면.

71) 대법원 2020. 3. 12. 선고 2016다203759 판결.

72) 대법원 2003. 5. 30. 선고 2003다18685 판결.

나. 부인권의 행사절차

부인권은 부인의 소, 부인의 청구 또는 항변의 방법으로 행사한다(제105조 제1항). 부인권은 소 이외에 부인의 청구 또는 항변으로도 행사할 수 있다는 점에서, 반드시 소 제기에 의하여야 하는 채권자취소권과 구별된다. 세 가지 방법 중 어떤 방법을 택할 것인지는 관리인이 결정한다.

(1) 부인의 소

실무상 법원은 부인소송의 소송물을 부인의 효과로서 발생한 권리관계에 기한 이행청구권 또는 확인청구권으로 보고 있다(이행·확인소송설). 따라서 부인의 소장 또는 부인의 청구서의 청구원인에 부인권을 행사한다는 주장을 하고 청구취지에는 금전의 반환 또는 부인의 등기절차이행 등 부인권 행사로 인하여 발생하는 법률효과를 구하면 된다.

부인권의 행사에 있어서 부인의 요건은 공격방어방법에 해당하므로 관리인은 3가지 부인 유형 중 어느 것이라도 주장하여 부인 대상 행위를 부인할 수 있고, 법원은 당사자의 주장에 구속되지 않고 다른 유형의 부인을 인정할 수 있다. 그러나 부인의 유형에 따라 그 요건과 효과가 다르기 때문에 관리인은 어떤 유형의 부인권 행사인지를 명확히 하고, 부인 유형에 따라 주위적·예비적·택일적으로 주장을 구성하여야 한다.

부인의 소는 회생계속법원의 관할에 전속한다(제105조 제3항). 회생계속법원이란 회생사건이 계속되어 있는 회생법원을 말한다(제60조 제1항). 회생계속법원에 전속관할을 인정한 이유는 부인권 행사와 관련이 있는 사건을 회생계속법원에 집중시켜 회생절차의 신속하고 적정한 진행을 도모하고자 하는 데 있다.[73]

대법원은 민사집행법과 채무자회생법의 관할 규정의 문언과 취지, 배당이의의 소와 부인의 소의 본질과 관계, 당사자 간의 공평이나 편의, 예측가능성, 배당이의의 소와 부인의 소가 배당을 실시한 집행법원이 속한 지방법원이나 파산계속법원에서 진행될 때 기대가능한 재판의 적정, 신속, 판결의 실효성 등을 고려하면, 파산관재인이 부인권을 행사하면서 원상회복으로서 배당이의의 소를 제기한

73) 대법원 2017. 5. 30. 선고 2017다205073 판결.

경우에는 배당을 실시한 집행법원이 속한 지방법원에 전속관할이 있다고 보는 것이 타당하다고 판시하였다.[74)]

(2) 부인의 청구

부인의 청구는 채무자회생법이 인정하는 부인권의 간이한 행사절차이다. 관리인은 부인의 청구를 하는 때에는 그 원인인 사실을 소명하여야 한다(제106조 제1항). 법원은 상대방을 심문한 후 이유를 붙인 결정으로 부인의 청구를 인용하거나 기각한다(제106조 제2항, 제3항).

부인의 청구를 인용하는 결정에 불복하는 자는 1월 이내에 이의의 소를 제기할 수 있다(제107조 제1항). 이의의 소는 회생계속법원의 관할에 전속한다(제107조 제3항). 이의의 소에 대한 판결에서는 결정을 인가·변경 또는 취소한다(제107조 제4항). 부인의 청구를 인용하는 결정에 대하여 1월 이내에 이의의 소가 제기되지 아니한 때, 취하된 때 또는 각하된 때, 결정을 인가하는 판결이 확정된 때에는 그 결정은 확정판결과 동일한 효력을 가진다(제107조 제5항).

부인의 청구는 간이·신속한 절차이기 때문에 부인권의 성립요건 충족이 명백하여 상대방이 다투지 않을 것으로 예상되는 경우에는 부인의 청구를 하여 조기에 분쟁을 해결을 하여야 할 것이나, 상대방이 다툴 의사를 명확히 한 경우에는 부인의 청구를 인용하여도 이의의 소를 제기하여 결국 소송으로 이행될 가능성이 높으므로 곧바로 부인의 소를 제기하는 것이 바람직하다.[75)]

(3) 부인의 항변

부인대상 행위가 유효함을 전제로 한 소가 관리인을 상대로 제기된 경우 관리인은 그 소송에서 그 행위를 부인하는 항변을 제출함으로써 청구의 기각을 구할 수 있다.

다. 부인권의 행사와 채권조사절차

조사기간 또는 특별조사기일 당시 유효하게 존재하였던 채권에 대하여 관리

---

74) 대법원 2021. 2. 16.자 2019마6102 결정.

75) 전대규, 채무자회생법 제5판, 법문사, 2021, 395면.

인 등으로부터 이의가 없는 채로 회생채권자표가 확정되어 그에 대하여 불가쟁의 효력이 발생한 경우에는 관리인으로서는 더 이상 부인권을 행사하여 그 채권의 존재를 다툴 수 없다.[76] 관리인 등이 집행력 있는 집행권원 또는 종국판결이 있는 채권에 관하여 제174조에 의한 이의의 주장 또는 수계를 하지 아니하여 불가쟁의 효력이 발생한 경우에도 동일하다.[77]

따라서 관리인이 부인권을 행사할 예정인 경우에는 조사기간 안에 또는 특별조사기일에 그 회생채권 또는 회생담보권에 대하여 이의를 하여야 하고, 그 이의채권이 집행력 있는 집행권원이나 종국판결이 있는 채권인 경우에는 제174조에 의한 이의의 주장 또는 수계를 하여야 한다.[78]

라. 사해행위취소소송 등과 부인소송

(1) 사해행위취소소송과 부인소송

회생채권자가 제기한 사해행위취소소송이 회생절차개시 당시에 계속 중인 경우에는 소송절차는 중단되고, 관리인이 이를 수계할 수 있다(제113조, 제59조 제2항). 이러한 중단·수계는 책임재산의 범위를 둘러싼 분쟁의 주체가 개별 채권자로부터 총채권자의 이익을 대변하는 관리인으로 변경된 점에 기인하는 것으로서, 관리인은 회생채권자 전체의 이익을 대표하여 소송을 수계한다.[79] 관리인은 사해행위취소소송을 수계하지 아니하고 부인의 청구나 부인의 소를 제기할 수도 있다.[80] 채권자취소소송을 수계한 관리인은 청구취지를 부인의 소로 변경할 수 있다.

관리인이 회생채권자가 제기한 사해행위취소소송을 수계하여 청구변경의 방법으로 부인권을 행사하는 경우에도 제105조 제3항이 적용되므로 사해행위취소소송이 계속 중인 법원이 회생계속법원이 아닐 경우 그 법원은 관할법원인 회생

---

76) 대법원 2003. 5. 30. 선고 2003다18685 판결.

77) 대법원 2018. 7. 24. 선고 2018다210348 판결.

78) 주석 채무자회생법 제105조(심영진 집필), 한국사법행정학회, 2021.

79) 정준영, 파산절차가 계속중인 민사소송에 미치는 영향 – 판결절차와 집행절차를 포함하여 –, 재판자료 제83집(하), 법원도서관, 1999, 169면.

80) 서울회생법원 재판실무연구회, 회생사건실무(상), 박영사, 2019, 366면.

계속법원으로 사건을 이송하여야 한다.[81] 그러나 회생채권자가 제기한 사해행위취소소송이 항소심에 계속된 이후에는 관리인이 소송을 수계하여 부인권을 행사하더라도 제105조 제3항이 적용되지 않으므로 항소심법원이 그 소송을 심리·판단할 권한을 계속 가진다.[82]

채무자에 대하여 회생절차가 개시된 이후에는 관리인이 총채권자에 대한 평등변제를 목적으로 하는 부인권을 행사하여야 하고, 채권자는 개별적 강제집행을 전제로 하여 개개의 채권에 대한 책임재산의 보전을 목적으로 하는 채권자취소소송을 제기할 수 없다.[83] 따라서 회생절차개시 이후 회생채권자가 사해행위취소소송을 제기한 경우 이는 부적법하므로 각하된다. 그러나 이처럼 부적법한 사해행위취소소송이라고 하더라도 관리인이 소송절차를 수계한 후 청구변경의 방법으로 부인권을 행사할 수 있는지는 별개의 문제이다. 대법원은 파산선고 후에 파산채권자에 의하여 제기된 사해행위취소소송을 파산관재인이 수계한 후 부인의 소로 변경한 사안에서, 파산채권자가 파산선고 후에 제기한 채권자취소의 소가 부적법하더라도 파산관재인은 이러한 소송을 수계한 다음 청구변경의 방법으로 부인권을 행사할 수 있다고 하여 이를 긍정하였다.[84]

(2) 파산절차의 부인소송과 회생절차의 부인소송

파산절차 진행 중에 채무자에 대하여 회생절차가 개시되면 파산절차는 중지된다(제58조 제2항). 파산절차의 부인소송이 회생절차개시 당시 계속되어 있는 때에는 소송절차는 중단되고, 관리인 또는 상대방이 이를 수계할 수 있다(제113조 제1항). 다만, 수계가 있기 전에 회생절차가 종료한 때에는 파산관재인이 당연히 소송절차를 수계하고(제59조 제3항 준용), 수계가 있은 후에 회생절차가 종료한 때에는 소송절차가 다시 중단되고 파산관재인 또는 상대방이 이를 수계한다(제59조 제4항 준용).

---

81) 대법원 2018. 6. 15. 선고 2017다265129 판결.
82) 대법원 2017. 5. 30. 선고 2017다205073 판결.
83) 대법원 2010. 9. 9. 선고 2010다37141 판결.
84) 대법원 2018. 6. 15. 선고 2017다265129 판결.

마. 회생절차의 종료와 부인권의 운명

채무자회생법은 회생채권자가 제기한 채권자취소소송이나 사해신탁취소소송 또는 파산절차의 부인의 소송이 회생절차개시로 관리인에 의하여 수계된 후 회생절차가 종료한 경우 그 소송은 중단되고 회생채권자 또는 파산관재인이 수계한다고 정하고 있다(제113조 제2항, 제59조 제4항). 그리고 회생절차폐지결정이 확정된 후 파산선고가 있는 경우에는 관리인이 수행하는 소송절차는 중단되고 파산관재인이 수계할 수 있다고 정하고 있다(제6조 제6항, 제1항, 제2항).

그러나 관리인이 제기한 부인소송 또는 부인의 청구 절차의 계속 중에 ① 회생절차폐지결정이 확정된 후 파산이 선고되지 않은 경우와 ② 회생절차가 종결된 경우 부인소송 또는 부인의 청구 절차를 어떻게 처리할 것인지에 대하여 채무자회생법은 아무런 규정을 두고 있지 않다.

전자의 경우에는 부인권이 소멸하고 부인소송 또는 부인의 청구 절차가 종료된다는 것에 대하여 별다른 이견이 없는 것으로 보인다.[85] 그러나 후자의 경우에는 부인소송 등의 종료 여부, 채무자에 의한 수계의 허용 여부에 관하여 의견이 일치되어 있지 않다. 대법원은, 부인권은 회생절차개시결정 이전에 부당하게 처분된 채무자의 재산을 회복함으로써 채무자 또는 그 사업의 효율적인 회생을 달성하기 위하여 인정된 특유한 제도로서 회생절차의 진행을 전제로 관리인만이 행사할 수 있는 권리이므로 회생절차의 종결에 의하여 소멸하고, 비록 회생절차 진행 중에 부인권이 행사되었다고 하더라도 이에 기하여 채무자에게로 재산이 회복되기 이전에 회생절차가 종료한 때에는 부인권 행사의 효과로서 상대방에 대하여 재산의 반환을 구하거나 또는 그 가액의 상환을 구하는 권리 또한 소멸한다고 보아야 하며,[86] 따라서 부인의 소 또는 부인의 청구 절차의 계속 중에 회생절차종결결정이 확정되어 회생절차가 종료한 경우에는 관리인의 자격이 소멸함과 동시에 해당 소송에 관계된 권리 또한 절대적으로 소멸하고 어느 누구도

---

85) 회생절차폐지결정이 확정된 경우에는 일탈된 재산을 회복하여 채무자의 재산의 충실을 도모하고 회생채권자 등의 공평을 실현하고자 하는 부인권 행사의 목적이 무의미해지고, 채무자는 이해관계인을 위하여 업무를 수행하여야 하는 제3자의 지위에 있지 않기 때문이다(김정만, 회생절차 종료가 부인권 행사에 미치는 효력, 도산법연구 창간호, 사단법인 도산법연구회, 2010, 48면).

86) 대법원 2016. 4. 12. 선고 2014다68761 판결.

승계할 수 없다고 판시하였다(수계부정설).[87)]

이러한 대법원의 입장에 대하여는 ① 회생절차가 종결되는 경우 채무자는 회생계획에서 정하는 대로 채무를 변제하는 등 회생계획을 계속하여 수행하여야 할 의무를 부담하는데, 그 범위 내에서 관리인의 지위를 승계한 것으로 볼 수 있으므로 채무자를 부인권 행사의 주체로 보는 데 이론적으로 문제가 없고, ② 회생절차가 조기 종결되더라도 회생계획에 따른 변제는 계속되어야 하는데, 부인권 행사로 인하여 회복된 재산은 채무자의 다른 재산과 함께 변제의 재원으로 사용되므로 회복된 재산이 주주에게 귀속되는 것이라고 할 수 없을 뿐만 아니라, 부인권 행사로 인하여 채무자의 재산이 회복될 것이 예상되는 경우 회복된 재산으로 회생채권자 등에게 추가 변제할 것을 회생계획에 정할 수도 있으며, ③ 회생계획인가 전 M&A의 경우 조기 종결의 필요성이 큰데 수계부정설에 의할 경우 회생계획인가 전 M&A에 장애가 될 뿐만 아니라, ④ 수계부정설에 의하면 상대방은 우연한 사정으로 부당한 이익을 반환하지 않아도 되는 망외의 소득을 얻게 될 것인데 이는 상대방에게 회생절차의 종결 시까지 부인소송을 의도적으로 지연시킬 유인을 제공하고, ⑤ 회생절차개시 전에 제기된 사해행위취소소송은 회생절차개시로 관리인에 의하여 수계된 후 회생절차가 종결되면 회생채권자가 수계할 수 있는 점을 감안하면 수계부정설은 부인소송을 사해행위취소소송보다 열등한 취급을 하는 것인데 이는 채무자회생법이 관리인에게 사해행위취소소송보다 부인권을 폭넓게 인정하는 취지에 반하며, ⑥ 수계부정설에 의하면 회생절차종결 전에 부인소송이 종료되어 재산이 회복된 경우와 부인소송이 소송지연 등으로 인해 종료되지 않고 있다가 회생절차종결로 종료되는 경우 사이에 형평에 어긋나는 결과가 발생하는 점 등을 근거로 채무자에 의한 수계(항변 등의 경우에는 승계)를 허용하여야 한다는 비판이 제기되고 있다.[88)]

---

87) 대법원 2007. 2. 22. 선고 2006다20429 판결. 대법원 판례와 이를 지지하는 견해는 ① 제105조 제1항이 부인권 행사의 주체를 관리인으로 정하고 있는 점, ② 회생절차 종료 이후의 부인권 행사를 인정할 경우 부인의 효과로 회복된 재산이 주주에게 귀속되어 공정·형평의 원칙에 반하는 점, ③ 부인권 행사로 회복될 재산은 회생계획에 반영되어 있지 않으므로 회생절차종결결정으로 부인권이 소멸된다고 하더라도 회생계획의 수행에 영향이 없는 점 등을 주요한 논거로 하고 있다(장상균, 회사정리절차의 종결이 관리인의 부인권 행사에 미치는 영향, 대법원 판례해설 제63호, 2006, 791−794면).

88) 김정만, 회생절차 종료가 부인권 행사에 미치는 효력, 도산법연구 창간호, 사단법인 도산법

부인의 소 내지 부인의 청구에 의하여 일탈된 채무자의 재산이 원상회복되면 그 재산은 회생채권 등의 추가 변제재원으로 사용되거나 채무자의 운영자금으로 사용될 수 있다. 그런데 대법원 판례에 따라 회생절차가 종결되었다는 이유만으로 이전부터 진행되고 있던 부인의 소 내지 부인의 청구 절차를 실효시키는 것은 회생채권자 등의 이익을 침해할 소지가 있다. 이에 실무에서는 회사분할을 통해 부인의 소 내지 부인의 청구 절차를 수행할 회생계획 수행기구(Postconfirmation Liquidation Vehicles, PCLV)를 만들어 부인의 소 내지 부인의 청구 절차 진행과 회생채권 등에 대한 변제 업무를 수행하도록 하고 채무자에 대하여는 회생절차를 종결하여 시장으로 복귀시키고 있다.[89)]

6. 부인권 행사의 효과

가. 원상회복

부인권의 행사는 채무자의 재산을 원상으로 회복시킨다(제108조 제1항). 관리인의 부인권 행사에 의하여 일탈되었던 재산은 상대방의 행위를 기다리지 않고 당연히 채무자에게 복귀한다(물권적 효과설). 다만 그 효과는 회생절차 내에서 관리인과 상대방과의 사이에서 상대적으로 발생할 뿐이고 제3자에 대하여는 효력이 미치지 않는다(상대적 무효설).[90)]

부인권 행사의 효력발생 시기에 관하여 명시적으로 판단한 대법원 판결은 찾기 어려우나, 하급심 판결은 대체로 부인권 행사의 효력은 판결의 확정을 기다리지 않고 그 의사표시의 효력이 상대방에게 도달한 때(부인의 취지가 기재된 소

연구회, 2010, 47－60면; 박형준, 법정관리기업 인수·합병(M&A)의 실무와 전망, 사법논집 제44집, 법원도서관, 2007, 625－626면; 원호신, 회생절차의 종결과 부인권 관련 소송의 운명, 재판과 판례 제16집, 대구판례연구회, 2008, 537－541면; 오수근, 회생절차의 종료와 부인권, 상사법연구 제30권 제1호, 2011, 254－258면, 263면; 임치용, 판례를 통하여 본 부인권의 효과, 법조 제57권 제8호, 법조협회, 2008, 44면 참조.

89) 전대규, 채무자회생법 제5판, 법문사, 2021. 이 경우 부인권 소송과 관련된 자산과 부채만 분할에 의하여 회생계획 수행기구에 이전된다(최효종, Case Study 1 - 일반기업 사안, 서울대학교 금융법센터, 2015년 금융법무과정 제8기, 5면 이하).

90) 대법원 2005. 12. 22. 선고 2003다55059 판결.

장, 준비서면 등이 상대방에게 송달된 때) 발생한다고 보고 있다.

부인대상 행위가 변제 등 금전교부행위인 경우 상대방은 관리인에게 채무자로부터 교부받은 금전과 동일한 액수의 금전을 반환할 의무를 진다. 채무자의 채권자에 대한 변제행위가 부인된 결과 채권자가 변제받은 금액을 반환하는 경우 변제받은 날부터 발생한 법정이자 역시 과실로서 함께 반환되어야 한다.[91] 금전교부행위가 상행위에 기하여 이루어진 경우, 즉 부인의 대상이 되는 행위가 상행위인 경우에는 상법 제54조의 상사법정이율이 적용된다.[92]

나. 가액배상

부인권 행사 당시 일탈된 재산이 멸실되었거나 상대방이 그 재산을 제3자에게 처분하여 원상회복이 불가능하다면 관리인은 그 가액의 배상을 청구할 수 있다.[93] 대법원은 사해행위취소에 따른 원상회복으로서 가액배상을 하는 경우 배상액 산정의 기준시점을 사실심 변론종결 시로 보고 있는데,[94] 부인권에 관하여는 명시적으로 판단한 대법원 판결을 찾기 어렵다. 하급심은 부인권 행사의 효력발생일, 즉 부인의 의사표시가 상대방에게 도달한 때를 기준으로 배상액을 산정하는 판결이 다수인 것으로 보인다.

다. 무상부인 시 선의의 상대방 보호

제100조 제1항 제4호의 규정에 의하여 부인권이 행사된 경우(무상부인의 경우) 상대방이 그 행위 당시 지급정지 등을 알지 못한 때에는 이익이 현존하는 한도 안에서 상환하면 된다(제108조 제2항). 무상으로 이익을 받은 선의의 수익자가 그 이익을 소비하여 버린 경우까지 채무자에 대하여 완전한 원상회복의무를 부담시키는 것은 지나치게 가혹하기 때문이다.[95] 수익자가 행위 당시에는 선의였다고 하더라도 사후에 그와 같은 사실을 알고 난 이후에 받은 이익을 소비한 경우에

---

91) 대법원 2014. 9. 25. 선고 2014다214885 판결.

92) 박성철, 회사정리절차 및 화의절차에 있어서의 부인권, 재판자료 제86집, 법원도서관, 2000, 756면.

93) 대법원 2003. 2. 28. 선고 2000다50275 판결.

94) 대법원 2010. 4. 29. 선고 2009다104564 판결.

95) 대법원 2009. 5. 28. 선고 2005다56865 판결.

는 그 가액 전부를 상환하여야 한다.[96] 전득자도 전득 당시 선의였다면 이익이 현존하는 범위 내에서 상환하면 된다(제110조 제2항, 제108조 제2항).

라. 부인 상대방의 지위

(1) 반대급부의 반환청구

(가) 채무자가 받은 반대급부가 채무자의 재산 중에 현존하는 때에는 상대방은 그 반대급부의 반환을 청구할 수 있다(제108조 제3항 제1호). 부인에 의하여 반대급부의 소유권이 당연히 상대방에게 복귀하고, 상대방은 그 반대급부에 대하여 환취권을 가지기 때문이다.[97] 상대방의 원상회복의무와 관리인의 반대급부 반환의무는 동시이행의 관계에 있다.[98]

(나) 채무자가 받은 반대급부 자체는 현존하지 않으나 그 반대급부에 의하여 생긴 이익의 전부가 채무자의 재산 중에 현존하는 때에는 상대방은 공익채권자로서 현존이익의 반환을 청구할 수 있다(제108조 제3항 제2호). 부당이득으로 취득한 것이 금전상의 이득인 때에는 그 금전은 이를 취득한 자가 소비하였는지 여부를 불문하고 현존하는 것으로 추정되므로,[99] 채무자가 부인행위 상대방으로부터 취득한 반대급부가 금전상의 이득인 때에는, 특별한 사정이 없는 한 반대급부에 의하여 생긴 이익이 현존하는 것으로 추정되고, 설령 채무자가 그 금전을 사용하여 기존 채권자 중 일부에게 편파변제를 하였더라도 그 편파변제가 다시 부인권의 대상이 될 뿐 반대급부로 인한 이익이 현존하지 않는다고 볼 수 없다.[100] 이 경우에도 반대급부가 현존하는 경우와 마찬가지로 상대방은 관리인에 대하여 동시이행의 항변권을 행사할 수 있고, 서로 상계할 수도 있다.[101]

---

96) 박성철, 회사정리절차 및 화의절차에 있어서의 부인권, 재판자료 제86집, 법원도서관, 2000, 760–761면.

97) 박성철, 회사정리절차 및 화의절차에 있어서의 부인권, 재판자료 제86집, 법원도서관, 2000, 762면.

98) 박성철, 회사정리절차 및 화의절차에 있어서의 부인권, 재판자료 제86집, 법원도서관, 2000, 762면.

99) 대법원 2009. 5. 28. 선고 2007다20440, 20457 판결.

100) 대법원 2022. 8. 25. 선고 2022다211928 판결.

101) 박성철, 회사정리절차 및 화의절차에 있어서의 부인권, 재판자료 제86집, 법원도서관, 2000, 762–763면.

(다) 반대급부에 의하여 생긴 이익이 현존하지 않는 때에는 상대방은 회생채권자로서 반대급부의 가액의 상환을 청구할 수 있다(제108조 제3항 제3호).[102] 이 경우 상대방은 관리인의 원상회복청구에 대하여 동시이행의 항변을 할 수 없고, 상계도 할 수 없다.[103]

(라) 채무자가 받은 반대급부에 의하여 생긴 이익의 일부가 채무자의 재산 중에 현존하는 때에는 공익채권자로서 그 현존이익의 반환을 청구하고 회생채권자로서 반대급부와 현존이익과의 차액의 상환을 청구할 수 있다(제108조 제3항 제4호).

(2) 상대방의 채권의 원상회복

채무자의 행위가 부인된 경우 상대방이 그가 받은 급부를 반환하거나 그 가액을 상환한 때에는 상대방의 채권은 원상으로 회복된다(제109조 제1항). 여기서 '채무자의 행위'는 급부의 제공으로 상대방의 채권을 소멸시킨 행위, 즉 변제 등 채무 소멸에 관한 행위를 말한다. 채무 소멸에 관한 행위가 부인되어 그 효력이 소급적으로 상실되면 그 행위로 소멸하였던 상대방의 채권도 당연히 원상으로 회복되어야 한다. 그러나 상대방이 변제 등으로 받은 급부를 반환하기 전에 상대방의 채권이 회복되면, 채무자로부터 일탈된 재산이 원상회복되지 않은 상태에서 상대방이 그 권리를 행사할 수 있게 되어 다른 채권자와의 사이에서 불공평한 결과가 발생할 수 있으므로, 상대방이 자신의 급부를 먼저 반환하거나 그 가액을 상환하여야 비로소 상대방의 권리가 부활하도록 한 것이다.[104] 따라서 상대방의 반환, 상환의무와 부활하는 채권 사이에는 동시이행의 관계가 성립하지 않는다.[105] 채무자의 행위가 부인된 이후 상대방이 급부를 반환하거나 그 가

---

102) 쌍방미이행 쌍무계약이 해제·해지되는 경우에는 채무자가 받은 반대급부가 채무자의 재산 중에 현존하지 않으면 상대방은 그 가액의 상환에 관하여 공익채권자로서 그 권리를 행사할 수 있는 반면(제121조 제2항), 채무자의 행위가 부인된 경우에는 채무자가 받은 반대급부로 인하여 생긴 이익이 채무자의 재산 중에 현존하여야만 그 가액의 상환에 관하여 공익채권자로서 그 권리를 행사할 수 있고, 그 이익이 현존하지 않는 경우에는 회생채권자로서 그 권리를 행사할 수 있을 뿐이라는 점에서 차이가 있다. 쌍방미이행 쌍무계약의 상대방은 계약의 해제·해지에 대하여 아무런 귀책사유가 없기 때문에 부인 상대방보다 두텁게 보호해야 한다는 취지로 해석된다.

103) 김기진, 도산법 Ⅰ, 경상대학교 출판부, 2015, 155면.

104) 서울회생법원 재판실무연구회, 회생사건실무(상), 박영사, 2019, 371면.

105) 박성철, 회사정리절차 및 화의절차에 있어서의 부인권, 재판자료 제86집, 법원도서관,

액을 상환하지 않았다면 상대방의 채권은 아직 부활하지 않았으므로 이처럼 부활하지 않은 채권을 자동채권으로 하는 상계는 상계적상을 흠결한 것으로 부적법하다.[106]

상대방이 채무자로부터 받은 급부를 반환하거나 그 가액을 상환하면 상대방의 채권은 변제 등 부인된 행위가 없었던 원상태로 회복된다. 이자 및 지연손해금 등 이에 부수하는 채권도 원상회복된다.[107]

채무자의 행위가 회생계획안의 심리를 위한 관계인집회가 끝난 후 또는 제240조의 규정에 의한 서면결의에 부치는 결정이 있은 후에 부인된 때에는 제152조 제3항의 규정에 불구하고 상대방은 부인된 날부터 1월 이내에 신고를 추후 보완할 수 있다(제109조 제2항). 회생계획에는 제109조 제2항에 의하여 신고할 수 있는 채권에 관하여 적당한 조치를 정하여야 한다(제197조 제2항).

제109조 제2항의 '부인된 날'의 의미가 문제 되는데, 제109조가 소송상 행사되는 부인권이 인정되는 것을 전제로 하여 그로 인해 부활되는 채권의 추완신고에 관하여 규정하고 있고, 부인의 의사표시의 존부에 대한 판단이 용이하지 않은 점을 고려하여 실무상 부인소송이 확정된 날을 기준으로 하고 있다.[108]

7. 부인권의 소멸과 제한

부인권은 회생절차개시일부터 2년이 경과한 때에는 행사할 수 없다(제112조 전문). 부인 대상 행위를 한 날부터 10년이 경과한 때에도 또한 같다(제112조 후문). 법률관계를 조속히 확정하여 거래의 안전을 도모하기 위함이다.

회생절차개시의 신청이 있은 날부터 1년 전에 한 행위는 지급정지의 사실을 안 것을 이유로 부인할 수 없다(제111조). 지급정지와 회생절차개시신청 사이에 1년 이상의 시간적 간격이 있는 경우에는 양자 사이에 인과관계가 인정된다고 보기 어렵고, 수익자를 장기간 불안정한 상태에 방치하는 것은 부당하기 때문

2000, 763-764면.

106) 대법원 2007. 7. 13. 선고 2005다71710 판결.

107) 임채홍·백창훈, 회사정리법(상) 제2판, 한국사법행정학회, 2002, 491면.

108) 서울회생법원 재판실무연구회, 회생사건실무(상), 박영사, 2019, 372면.

이다. 따라서 지급정지가 있은 후에 행하여진 행위를 수익자가 행위 당시 지급정지가 있은 사실을 알았음을 이유로 부인하기 위하여는 그로부터 1년 내에 회생절차개시의 신청이 있어야 한다. 제111조는 제100조 제1항 제2호 및 제3호뿐만 아니라 제103조, 제104조의 경우에도 지급정지의 사실을 안 것을 이유로 하여 부인하는 이상 모두 적용될 수 있다.[109] 다만, 이 규정은 '지급정지의 사실'을 안 것을 이유로 하여 부인하는 경우에만 적용되므로, '회생채권자 등을 해하는 사실'을 안 것을 이유로 하여 부인하는 경우나 '회생절차개시의 신청 또는 파산의 신청이 있는 것'을 안 것을 이유로 하여 부인하는 경우에는 적용되지 않는다.[110]

8. 부인의 등기

등기원인인 행위가 부인된 때에는 관리인은 부인의 등기를 신청하여야 한다. 등기가 부인된 때에도 같다(제26조 제1항).

부인의 등기는 부인에 의하여 부동산이 회생절차 내에서 관리인과 상대방 사이에서 상대적으로 복귀하고 그 효력이 제3자에게 미치지 아니하는 특수한 물권변동을 공시하기 위하여 회생절차가 인정하는 특수한 등기이다(특수등기설). 부인의 등기가 경료되면 회생절차가 종료되지 않는 한 그 재산은 채무자의 재산에 속하는 것으로 취급된다.

109) 주석 채무자회생법 제111조(심영진 집필), 한국사법행정학회, 2021.
110) 주석 채무자회생법 제111조(심영진 집필), 한국사법행정학회, 2021.

실무팁 부인의 청구서 기재례[111)]

부인의 청구

청 구 인 채무자 주식회사 ○○○의 법률상 관리인 대표이사 ○○○
서울 ○○구 ○○대로 ○○○
청구인의 대리인 변호사 ○○○
서울 ○○구 ○○대로 ○○○
전화 : 02-123-4567 팩스 : 02-123-4568

상 대 방 ○○증권 주식회사
서울 ○○구 ○○대로 ○○○
대표이사 ○○○

부인의 청구

청 구 취 지

1. 상대방은 신청인에게 금 1,742,333,387원 및 그중 200,000,526원에 대하여는 20×0. 1. 1.부터, 금 400,000,920원에 대하여는 20×0. 1. 10.부터, 금 279,997,860원에 대하여는 20×0. 1. 24.부터, 금 286,265,223원에 대하여는 20×0. 3. 4.부터, 금 287,457,514원에 대하여는 20×0. 4. 4.부터, 금 288,611,344원에 대하여는 20×0. 5. 5.부터 이 사건 청구서 부본 송달일까

111) ㈜대한의 경우 부인 대상 행위가 존재하지 않아 부인권이 행사되지 않았다. 회생절차에서 부인권이 차지하는 비중을 감안하여 저자들이 진행한 다른 사건의 부인의 청구서를 참고용으로 게재한다.

지는 연 6%의, 각 그다음 날부터 다 갚는 날까지는 연 12%의 각 비율에 의한 금원을 지급하라.

2. 상대방과 채무자 사이에 20×0. 2. 5. 체결된 전환상환우선주 상환일정 조정에 관한 합의는 무효임을 확인한다.
3. 청구비용은 상대방의 부담으로 한다.

는 결정을 구합니다.

청 구 원 인

1. 채무자 주식회사 ○○○의 지위

채무자 주식회사 ○○○(이하 '채무자 회사'라 합니다)은 20×0. 5. 7. 회생절차개시신청을 하여 20×0. 5. 27. 서울회생 20×0회합100002호로 회생절차개시결정을 받았습니다.

2. 전환상환우선주의 발행과 일부매수 및 분할매수 합의

가. 전환상환우선주의 발행 및 그 조건

채무자 회사는 20□7. 5. 25. 상대방 ○○증권 주식회사(이하 '상대방'이라 합니다)와 전환상환우선주 투자계약을 체결하였습니다. 투자계약의 내용은 채무자 회사가 전환상환우선주 1,200,000주(이하 '이 사건 주식'이라 합니다)를 발행하여 상대방에게 배정하고 상대방은 1주당 6,500원, 총액 7,800,000,000원에 인수하는 것이었습니다. 상대방은 20□7. 6. 1. 이 사건 주식 인수대금을 전액 납입하였고 채무자 회사는 상대방에게 이 사건 주식을 배정하고 주식명의개서절차를 완료하였습니다. 이 사건 주식 투자계약서의 주요 내용은 아래와 같습니다.

(생략)

나. 이 사건 주식 일부매수 및 분할매수 합의의 경위와 그 내용

상대방은 이 사건 주식을 인수하면서 채무자 회사가 20□8. 12. 31.까지 IPO를 하는 것을 조건으로 내걸었습니다. 상대방은 IPO를 하기 위해서는 매출과 시장점유율을 비약적으로 끌어올려야 한다며 공격적인 영업을 할 것을 채무자 회사에 요구하였습니다. 채무자 회사는 이에 부응하여 상대방으로부터 투자받은 자금력을 앞세워 외형적 성장에 치중하면서 수익성에 대한 면밀한 검토 없이 다수의 공사를 무리하게 수주하였습니다. 이로 인하여 채무자 회사의 수익률이 큰 폭으로 떨어지기 시작하였고 20□9년부터 경영실적은 점점 내리막길을 걸었습니다.

상대방은 20□9. 12. 31. 채무자 회사가 20□8. 12. 31.까지 IPO를 하지 못했다는 이유로 이 사건 주식 투자계약서 제24조 (1)항 (1)목을 근거로 20×0. 1. 31.까지 이 사건 주식을 전량매수해 줄 것을 요구하였습니다. 채무자 회사는 자금사정이 여의치 않아 한 달 내에 이 사건 주식을 전량매수하는 것은 곤란하다고 하였습니다. 상대방은 그렇다면 20×0. 1. 31.까지 이 사건 주식의 10%인 120,000주라도 우선 매수하라고 독촉하였습니다. 이에 채무자 회사는 20□9. 12. 31. 금 200,000,526원을, 20×0. 1. 9. 금 400,000,920원을, 20×0. 1. 23. 금 279,997,860원을 각 지급하고 이 사건 주식 119,025주를 매수하였습니다(이하 '이 사건 주식 제1매수'라 합니다).

그 후 채무자 회사와 상대방은 채무자 회사의 자금사정을 고려할 때 채무자 회사가 단기간에 이 사건 주식을 전량 매수하는 것이 사실상 불가능하다는 데 의견을 같이하여 20×0. 2. 5. 채무자 회사의 미래 자금수지를 추정하여 2년 이상의 기간에 걸쳐 이 사건 주식을 분할매수하기로 합의하였습니다(이하 '이 사건 주식 분할매수 합의'라 합니다). 당시 작성된 합의서에 의하여 채무자 회사는 20×0. 3. 3.부터 20×2. 7. 3.까지 매월 3일(3일이 휴일일 경우 그 이후 가장 가까운 영업일) 38,461주의 발행가액 금 249,996,500원(최후 상환일 20×2. 7. 3.은 4,067주의 발행가액 금 26,435,500원)및 연 복리 5%의 비율에 의한 금원을 지급하여야 할 의무를 부담하게 되었습니다. 채무자 회사는 이 사건 주식 분할매수

합의에 따라 20×0. 2. 27. 금 339,902,788원을, 20×0. 3. 3. 금 286,265,223원을, 20×0. 4. 3. 금 287,457,514원을, 20×0. 5. 4. 금 288,611,344원을, 20×0. 5. 6. 금 119,975,904원을 각 지급하고 이 사건 주식 중 177,059주를 매수하였습니다(이하 '이 사건 주식 제2매수'라 합니다).

3. 채무자회생법 제100조 제1항 제3호에 의한 부인권 행사

가. 상대방의 주식매수청구에 응할 의무의 부재

상대방의 채무자 회사에 대한 이 사건 주식 매수청구의 근거조항인 이 사건 주식 투자계약서 제24조의 주요 내용은 아래와 같습니다.

(생략)

그런데 상법상 주식매수청구권은 주식의 포괄적 교환, 주식의 포괄적 이전, 영업양도 등, 합병, 분할합병의 경우에 인정됩니다. 주식회사가 위와 같이 법률에 규정된 사유들 이외의 행위를 함에 있어서 주주에게 임의적으로 주식매수청구권을 부여할 수 있는지 문제 되나 주식매수청구권은 자본충실, 출자환급금지 등 우리 회사법상의 기본 원칙들에 대한 중대한 예외로서 인정되는 특별절차인 점을 감안하면, 실정법상 명문의 규정 없이 회사가 임의로 이를 인정할 수 없다고 보아야 합니다. 이 사건 주식투자계약서 제24조는 상법상 아무런 근거 없이 상대방에게 주식매수청구권을 인정하고 있으므로 무효입니다. 채무자 회사는 무효인 조항에 근거한 상대방의 이 사건 주식 매수청구에 응할 의무가 없습니다.

나. 이 사건 주식 제2매수 중 일부에 대한 부인

이처럼 채무자 회사는 상대방의 이 사건 주식매수청구에 응할 의무가 없었음에도 불구하고 이에 응하여 20×0. 4. 3. 금 287,457,514원을, 20×0. 5. 4. 금 288,611,344원을, 20×0. 5. 6. 금 119,975,904원을 각 지급하고 이 사건 주식

92,906주를 매수하였는바, 이는 채무자회생법 제100조 제1항 제3호에서 정한 부인의 대상으로 되는 행위인 '채무자가 지급의 정지 등이 있기 전 60일 이내에 한 채무의 소멸에 관한 행위로서 채무자의 의무에 속하지 아니하거나 그 방법이나 시기가 채무자의 의무에 속하지 아니한 것'에 해당합니다.

상대방은 이 사건 주식 투자계약서 제11조에 의하여 채무자 회사로부터 매월 월별 경영계획 대비 실적 및 자금수지 실적을, 매분기 분기영업보고서 및 경영상태점검을, 매년 결산재무제표와 사업실적 보고서 등을 각 제출받았습니다. 그리고 상대방은 이 사건 주식 투자계약서 제8조에 근거하여 자신의 직원 ○○○를 사외이사로 선임하여 채무자 회사의 이사회에 참석시키고 사외이사 ○○○를 통하여 채무자 회사의 재무상태와 경영실적으로 속속들이 파악하고 있었습니다. 뿐만 아니라 상대방은 20□9. 12. 31. 이 사건 주식매수청구를 한 직후부터 채무자 회사가 회생절차개시신청을 하기 전까지 수시로 상대방의 이사 ○○○를 채무자 회사로 보내 채무자 회사의 자금수지표를 확인하도록 하거나 전자우편으로 자금수지표를 메일로 송부받는 방법으로 채무자 회사의 자금사정을 손바닥 들여다보듯이 확인하고 있었습니다. 이러한 사정에 비추어 볼 때 상대방도 위 주식매수가 회생채권자 또는 회생담보권자와의 평등을 해하게 되는 것을 알고 있었다 하겠습니다.

이에 청구인은 채무자 회사가 상대방에게 20×0. 4. 3. 금 287,457,514원을, 20×0. 5. 4. 금 288,611,344원을, 20×0. 5. 6. 금 119,975,904원을 각 지급하고 이 사건 주식 92,906주를 매수한 행위를 부인합니다.

다. 이 사건 제1, 2매수 및 부합매수 합의에 대한 부인

(1) 이 사건 주식 투자계약서 제8조에 근거하여 채무자 회사의 사외이사로 선임된 ○○○는 20□8. 7월부터 채무자 회사의 정기 이사회에 매번 참석하여 다수의 안건에 대하여 상대방의 의견을 개진하고 대부분의 의견을 관철시켰습니다. 구체적으로 ○○○는 2012. 10월 정기 이사회에 참석하여 "저가입찰로 인한 출혈경쟁은 피할 수 없다", "운영자금으로 경쟁업체를 먼저 제거하여 시장확보에 유리한 고지를 점령하여야 할 공격적 영업이 필요한 시점이 도래하였

다", "입찰참여에 마진을 줄이고 매출을 높여야 한다"라는 의견을 피력하고 이를 관철시켜 채무자 회사가 외형적 성장에 치중하면서 수익성에 대한 면밀한 검토 없이 다수의 공사를 무리하게 수주하는 것을 조장하였습니다. 이러한 사정을 비추어 볼 때 상대방은 채무자회생법 제101조 제2항 및 같은 법 시행령 제4조 제2호 다목의 '단독으로 임원의 임면 등의 방법으로 본인의 주요 경영사항에 대하여 사실상 영향력을 행사하고 있는 법인'으로서 채무자 회사의 특수관계인에 해당한다 하겠습니다.

(2) 채무자 회사는 상대방의 이 사건 주식매수청구에 응할 의무가 없음에도 불구하고 이에 응하여 이 사건 제1, 2매수 및 분할매수 합의를 하였는바, 이는 채무자회생법 제100조 제1항 제3호, 같은 법 제101조 제2항 및 같은 법 시행령 제4조 제2호 다목에서 정한 부인의 대상으로 되는 행위인 '채무자가 지급의 정지 등이 있기 전 1년 이내에 한 채무의 소멸에 관한 행위로서 채무자의 의무에 속하지 아니하거나 그 방법이나 시기가 채무자의 의무에 속하지 아니한 것'에 해당합니다.

상대방은 앞서 본 바와 같이 이 사건 주식 투자계약서 제11조에 의하여 채무자 회사로부터 매월 월별 경영계획 대비 실적 및 자금수지 실적을, 매분기 분기영업보고서 및 경영상태점검을, 매년 결산재무제표와 사업실적 보고서 등을 각 제출받았고 채무자 회사의 이사회에 매번 참석한 ○○○를 통하여 채무자 회사의 재무상태와 경영실적으로 속속들이 알고 있었습니다. 뿐만 아니라 상대방은 20□9. 12. 31. 이 사건 주식매수청구를 한 직후부터 채무자 회사가 회생절차개시신청을 하기 전까지 수시로 상대방의 이사 ○○○를 채무자 회사로 보내 채무자 회사의 자금수지표를 확인하도록 하거나 전자우편으로 자금수지표를 메일로 송부받는 방법으로 채무자 회사의 자금사정을 손바닥 들여다보듯이 확인하고 있었는바, 상대방도 이 사건 주식 제1, 2매수 및 분할매수 합의 당시 회생채권자 또는 회생담보권자와의 평등을 해하게 되는 것을 알고 있었다 하겠습니다. 이에 청구인은 이 사건 주식 제1, 2매수 및 분할매수 합의를 부인합니다.

4. 채무자회생법 제100조 제1항 제1호에 의한 부인권 행사

가. 가사, 백보를 양보하여 이 사건 주식 제1, 2매수 및 분할상환 합의가 '채무자의 의무에 속하지 아니하거나 그 방법이나 시기가 채무자의 의무에 속하지 아니한 것'에 해당하지 않는다고 하더라도, 이 사건 주식 제1, 2매수 및 분할상환 합의는 '채무자가 회생채권자 또는 회생담보권자를 해하는 것을 알고 한 행위'에 해당하므로 청구인은 채무자회생법 제100조 제1항 제1호에 의하여 부인권을 행사합니다.

나. 채무자 회사의 영업현금활동흐름은 20□9년에 (−) 4,107,427천 원, 20□8년에 (−) 3,566,037천 원을 각 기록하였고 채무자 회사의 20×0. 4. 6.자 20□9년 회계연도에 대한 감사보고서 강조사항에 부의 영업현금흐름 발생, 금 23,810,920천 원의 유동부채를 근거로 계속기업으로서의 존속능력에 유의적 의문을 일으킬 만한 중요한 불확실성이 존재한다고 기재되어 있는 점 등을 종합하여 보면 20□9. 12월 기준으로 채무자 회사에 상당한 재무적 위험이 존재하고 있었던 것으로 추정할 수 있습니다. 채무자 회사는 20□9. 12. 31. 상대방으로부터 이 사건 주식 전량의 매수청구를 받고서 한 달 내에 이 사건 주식을 전량매수하는 것은 불가능하다고 하였습니다. 그러자 상대방은 일시 전량 매수가 힘들다면 이 사건 주식의 10%라도 우선적으로 매수하라고 독촉하였고 채무자 회사는 20□9. 12. 31.부터 20×0. 1. 23.까지 합계 금 879,999,306원을 지급하고 이 사건 주식 119,025주를 매수하였습니다. 그 직후 채무자 회사는 자금 부족으로 하도급업체들에게 기성대금을 지급하는 방식을 기존의 세금계산서 발행액을 기준으로 지급하던 방식에서 수금된 금액한도 내에서만 지급하는 방식으로 변경하고 이를 하도급업체들에게 통보하였습니다. 그리하여 채무자 회사는 20×0. 2월 말 기존의 기성대금 지급방식에 의하면 금 48억 원을 하도급업체에 지급하여야 했으나 위와 같이 변경된 지급방식에 의하여 금 22억 원밖에 지급하지 못하였습니다. 이러한 사정을 고려할 때 채무자 회사는 이 사건 주식 제1매수 및 이 사건 주식 분할매수 합의 당시 회생채권자 또는 회생담보권자를 해하는 것을 알고 있었다 하겠습니다.

채무자 회사는 이 사건 주식 제2매수에 즈음한 20×0. 4. 9. 채무자 회사 대리인과 회생신청대리업무 등에 대한 위임계약을 체결하고 20×0. 5. 7. 귀원에 회생절차개시신청을 하였습니다. 이러한 사정에 비추어 보면 채무자 회사는 이 사건 주식 제2매수 당시 회생채권자 또는 회생담보권자를 해하는 것을 알고 있었다 하겠습니다.

다. 상대방은 앞서 본 바와 같이 채무자 회사로부터 매월 월별 경영계획 대비 실적 및 자금수지 실적을, 매분기 분기영업보고서 및 경영상태 점검을, 매년 결산재무제표와 사업실적 보고서 등을 각 제출받았습니다. 그리고 상대방은 채무자 회사의 이사회에 매번 참석한 사외이사 ○○○와 20□9. 12. 31. 이후 수시로 채무자 회사를 방문한 ○○○ 이사를 통하여 채무자 회사의 재무상태와 경영실적으로 속속들이 알고 있었습니다. 뿐만 아니라 채무자 회사는 상대방의 요구로 20×0. 1. 1. 이후 거의 매일 채무자 회사의 자금수지표를 송부해 주었습니다. 그리하여 상대방은 그즈음 채무자 회사의 자금사정을 손바닥 들여다보듯이 알고 있었는바, 상대방도 이 사건 주식 제1, 2매수 및 분할매수 합의가 회생채권자 또는 회생담보권자를 해하는 것을 알고 있었다 하겠습니다.

라. 그렇다면 이 사건 주식 제1, 2매수 및 분할매수 합의는 채무자회생법 제100조 제1항 제1호에서 정한 부인의 대상으로 되는 행위인 '채무자가 회생채권자 또는 회생담보권자를 해하는 것을 알고 한 행위'에 해당합니다. 이에 청구인은 이 사건 주식 제1, 2매수 및 분할매수 합의를 부인합니다.

5. 결어

그렇다면 상대방은 그 원상회복으로서 청구인에게 금 1,742,333,387원 및 그 중 200,000,526원에 대하여는 20×0. 1. 1.부터, 금 400,000,920원에 대하여는 20×0. 1. 10.부터, 금 279,997,860원에 대하여는 20×0. 1. 24.부터, 금 286,265,223원에 대하여는 20×0. 3. 4.부터, 금 287,457,514원에 대하여는 20×0. 4. 4.부터, 금 288,611,344원에 대하여는 20×0. 5. 5.부터, 금 119,975,904원에 대하여는 20×0. 5. 7.부터 이 사건 청구서 부본 송달일까지는 상법이 정하는 연 6%, 각 그다음 날부터 다 갚는 날까지는 소송촉진 등에 관한 특례법이 정하는 연 12%

의 각 비율에 의한 지연손해금을 지급할 의무가 있고, 이 사건 주식 분할매수 합의는 무효가 되었다고 할 것입니다. 이에 청구인은 위 금원의 지급과 이 사건 주식 분할매수 합의의 무효 확인을 구하기 위하여 이 사건 청구를 합니다.

첨 부 서 류

(생략)

20×0. 7. 20.
청구인의 대리인
변호사 ○○○

서울회생법원 귀중

III. 법인의 이사 등에 대한 손해배상청구권 등

1. 개요

재정적 어려움으로 파탄에 직면한 회사의 경우 파탄에 이르기까지 회사의 이사 등이 출자이행의무를 해태하거나 업무수행 과정에서의 위법행위[112] 등으로 회사에 손해를 가한 경우가 있다. 이러한 경우 회사로서는 이사 등을 상대로 신속히 그 책임을 추궁함으로써 채무자 회사의 재산을 확보하여야 한다. 그러나 이사 등을 상대로 출자이행청구 내지 손해배상청구 소송을 제기할 경우 적지 않은 시간과 비용이 소요된다. 이에 채무자회생법은 비송사건의 일종으로 법원이 간이·신속하게 법인의 이사 등에 대한 손해배상청구권 등의 존재·내용을 확정하고, 이사 등에 대한 손해배상 등을 명하는 조사확정재판제도를 두고 있다(제114조 내지 제117조).

이사 등이 출자이행책임 내지 손해배상책임을 인정하거나 그 책임을 부인하지만 그 책임의 원인사실을 입증하는 것이 용이한 경우에는 조사확정재판 신청은 실효성 있는 방안이 될 수 있다. 그러나 이사 등이 자신의 책임을 부인하거나 책임을 인정하는 결정이 내려진다고 하더라도 이의의 소가 제기될 것이 분명한 경우에는 조사확정재판을 신청하는 것이 분쟁의 간이·신속한 해결이라는 면에서 비효율적이므로 관리인은 이러한 점들을 고려하여 조사확정재판 신청 여부를 결정하여야 한다.[113]

2. 법인의 이사 등의 재산에 대한 보전처분

가. 신청권자 및 요건

법원은 법인인 채무자에 대하여 회생절차개시결정이 있는 경우 필요하다고 인정하는 때에는 관리인의 신청에 의하거나 직권으로 채무자의 발기인·이사(상

112) 임원상여금 유출과 분식회계에 의한 위법배당이 문제 되는 경우가 많다.

113) 전대규, 채무자회생법 제5판, 법문사, 2021, 410면.

법 제401조의2 제1항에 의하여 이사로 보는 자 포함)·감사·검사인 또는 청산인(이하 '이사 등')에 대한 출자이행청구권 또는 이사 등의 책임에 기한 손해배상청구권을 보전하기 위하여 보전처분을 할 수 있다(제114조 제1항). 필요하다고 인정하는 때란 조사확정재판 등을 거쳐 강제집행을 할 때까지 상대방이 재산을 은닉·처분 등을 함으로써 강제집행의 실효성이 확보되지 않을 염려가 있는 경우를 말한다.

관리인은 이사 등에 대한 출자이행청구권이나 이사 등의 책임에 기한 손해배상청구권이 있음을 알게 된 때에는 법원에 보전처분을 신청하여야 한다(제114조 제2항).

법원은 긴급한 필요가 있다고 인정하는 때에는 회생절차개시결정 전이라도 채무자(보전관리인이 선임되어 있는 때에는 보전관리인)의 신청에 의하거나 직권으로 제114조 제1항의 규정에 의한 보전처분을 할 수 있다(제114조 제3항). 긴급한 필요라 함은 회생절차개시신청의 주된 원인이 이사 등의 책임이 있는 행위에 기인하는 등 이사 등에 대한 책임추궁의 필요성이 크고, 책임 있는 이사 등의 재산이 단기간 내에 은닉, 처분 또는 제3자에 의한 강제집행 등으로 산일될 가능성이 높은 경우를 의미한다.[114]

나. 보전처분의 내용

이사 등에 대한 출자이행청구권 또는 이사 등의 책임에 기한 손해배상청구권이라는 금전채권의 보전을 목적으로 하므로 통상 가압류의 형태를 취한다. 그러나 제114조에 의한 보전처분은 채무자의 이사 등에 대한 권리를 보전하기 위하여 행하는 특수한 보전처분이므로 민사집행법상의 가압류, 가처분에 한정되지 않고 그 밖에 적당한 처분을 명할 수 있다.

다. 불복방법

제114조에 의한 보전처분이나 그 변경, 취소 결정에 대하여는 즉시항고를 할 수 있으나(제114조 제5항), 즉시항고에는 집행정지의 효력이 없다(제114조 제6항).

114) 주석 채무자회생법 제114조(민지현 집필), 한국사법행정학회, 2021.

3. 법인의 이사 등에 대한 손해배상청구권 등의 조사확정재판

가. 조사확정재판절차의 개시

(1) 법원은 법인인 채무자에 대하여 회생절차개시결정이 있는 경우 필요하다고 인정하는 때에는 관리인의 신청에 의하거나 직권으로 이사 등에 대한 출자이행청구권이나 이사 등의 책임에 기한 손해배상청구권의 존부와 그 내용을 조사확정하는 재판을 할 수 있다(제115조 제1항). 관리인이 조사확정재판을 신청한 때에는 이사 등에 대한 출자이행청구권이나 이사 등의 책임에 기한 손해배상청구권의 원인되는 사실을 소명하여야 한다(제115조 제3항).

회생절차에서 법인인 채무자의 이사 등에 대한 책임추궁은 채무자의 업무수행권 및 재산의 관리·처분권을 보유하고 있는 관리인의 중요한 직무 중 하나이고, 이것을 적절하게 행사하지 않는 것은 의무위반이 될 수 있다. 따라서 관리인은 이사 등에 대한 청구권이 있음을 알게 된 때에는 법원에 조사확정재판을 신청하여야 한다(제115조 제2항).

법원은 직권으로 조사확정절차를 개시하는 때에는 그 취지의 결정을 하여야 한다(제115조 제4항). 이는 절차의 개시시기 및 시효중단의 시기를 명확하게 하기 위함이다.

관리인이 조사확정재판의 신청을 하거나 법원이 조사확정절차개시결정을 한 때에는 시효의 중단에 관하여는 재판상의 청구가 있는 것으로 본다(제115조 제5항).

(2) 회생절차가 개시된 이후 채무자 회사의 주주가 상법 제403조, 제415조에 따라 이사 또는 감사의 책임을 추궁하는 대표소송을 제기할 수 있는지 문제 된다. 채무자회생법이 법원이 간이·신속하게 법인의 이사와 감사에 대한 손해배상청구권의 조사확정재판제도를 두고 있는 점, 채무자의 업무수행권과 재산의 관리·처분권이 관리인에게 전속하는 점, 소송의 당사자적격도 관리인에게 이전되는 점 등에 비추어 회생절차개시 후 주주의 대표소송 제기는 부적법하다고 보는 것이 일반적이다.[115)]

115) 서울중앙지방법원 파산부 실무연구회, 도산절차와 소송 및 집행절차, 박영사, 2013, 55면.

대법원은 파산절차가 진행 중인 회사의 주주가 회사의 이사와 감사를 상대로 대표소송을 제기한 사건에서 "상법 제399조, 제414조에 따라 회사가 이사 또는 감사에 대하여 그들이 선량한 관리자의 주의의무를 다하지 못하였음을 이유로 손해배상책임을 구하는 소는 회사의 재산관계에 관한 소로서 회사에 대한 파산선고가 있으면 파산관재인이 당사자적격을 가진다고 할 것이고, 파산절차에 있어서 회사의 재산을 관리·처분하는 권리는 파산관재인에게 속하며, 파산관재인은 법원의 감독하에 선량한 관리자의 주의로써 그 직무를 수행할 책무를 부담하고 그러한 주의를 해태한 경우에는 이해관계인에 대하여 책임을 부담하게 되기 때문에 이사 또는 감사에 대한 책임을 추궁하는 소에 있어서도 이를 제기할 것인지의 여부는 파산관재인의 판단에 위임되어 있다고 해석하여야 할 것이고, 따라서 이사 또는 감사에 대한 책임추궁을 게을리할 것을 예상하여 마련된 주주의 대표소송의 제도는 파산절차가 진행 중인 경우에는 그 적용이 없고, 주주가 파산관재인에 대하여 이사 또는 감사에 대한 책임을 추궁할 것을 청구하였는데 파산관재인이 이를 거부하였다고 하더라도 주주가 상법 제403조, 제415조에 근거하여 대표소송으로서 이사 또는 감사의 책임을 추궁하는 소를 제기할 수 없다고 보아야 할 것이며, 이러한 이치는 주주가 회사에 대하여 책임추궁의 소의 제기를 청구하였지만 회사가 소를 제기하지 않고 있는 사이에 회사에 대하여 파산선고가 있은 경우에도 마찬가지이다"라고 판시하였다.[116)]

나. 조사확정재판절차

조사확정재판의 대상이 되는 것은 회사의 이사 등에 대한 출자이행청구권이나 이사 등의 책임에 기한 손해배상청구권이다. 출자이행청구권은 이사의 인수담보책임에 기한 청구권(상법 제428조 제1항), 발기인에 대한 출자이행청구권(상법 제321조)을 의미한다. 손해배상청구권은 이사나 청산인이 고의 또는 과실로 법령 또는 정관에 위반한 행위를 하거나 그 임무를 게을리 한 경우 발생하는 손해배상청구권(상법 제399조, 제567조, 제265조), 발기인이 회사의 설립에 관하여 그 임무를 해태한 경우 발생하는 손해배상청구권(상법 제322조 제1항), 감사가 그 임무를 해태한 경우 발생하는 손해배상청구권(상법 제414조 제1항, 제570조), 검사인이

---

116) 대법원 2002. 7. 12. 선고 2001다2617 판결.

악의 또는 중대한 과실로 그 임무를 해태한 때 발생하는 손해배상청구권(상법 제325조) 등을 의미한다.

신청인은 조사확정재판을 신청할 때 금액을 특정하여 구하지만, 사건의 비송적 성격상 법원은 그 금액에 구속되지 않고 자유롭게 손해배상액을 조사확정할 수 있다.

조사확정의 재판과 조사확정의 신청을 기각하는 결정을 하는 때에는 미리 이해관계인을 심문하여야 한다(제115조 제7항). 법원은 심리결과 조사확정재판 대상 청구권의 존재가 소명되면 결정으로 이사 등에 대한 손해배상청구권 등을 확정하는 재판을 하고, 청구권의 존재가 소명되지 않으면 조사확정의 신청을 기각하는 재판을 한다. 조사확정의 재판과 조사확정의 신청을 기각하는 재판은 모두 이유를 붙인 결정으로 하여야 한다(제115조 제6항).

조사확정재판에 불복이 있는 자는 결정을 송달받은 날부터 1월 이내에 이의의 소를 제기할 수 있다(제116조 제1항). 이의의 소의 대상은 이사 등의 책임에 기한 손해배상청구권의 존부와 내용을 확정하는 조사확정결정이고, 조사확정의 신청을 기각하는 재판에 대하여는 이의의 소를 제기할 수 없다. 조사확정의 신청을 기각하는 재판은 조사확정이라는 간이한 방법으로는 손해배상 등을 명할 수 없음을 확인하는 재판으로 손해배상청구권 등이 존재하지 않음을 확인하는 재판이 아니므로 기판력이 없다.[117] 이에 대하여는 통상의 손해배상청구소송을 제기하여 다시 다툴 수 있다.

조사확정재판에 대하여 불복하는 이의의 소가 조사확정재판을 송달받은 날부터 1월 이내에 제기되지 아니하거나 취하된 때 또는 각하된 때에는 조사확정재판은 확정된다. 이 경우 조사확정재판은 이행을 명한 확정판결과 동일한 효력이 있다(제117조). 따라서 확정된 조사확정재판은 기판력과 집행력을 가진다.

다. 손해배상청구권 등의 조사확정재판에 대한 이의의 소

조사확정의 재판에 불복이 있는 자는 결정을 송달받은 날부터 1월 이내에 이의의 소를 제기할 수 있다(제116조 제1항). 이의의 소의 대상이 되는 조사확정재판은 이사 등에게 손해배상 등을 명하는 재판을 가리킨다.

---

117) 서울회생법원 재판실무연구회, 회생사건실무(상), 박영사, 2019, 387면.

이의의 소는 회생계속법원의 관할에 전속한다(제116조 제4항). 이의의 소를 제기할 수 있는 자는 조사확정의 재판에 불복이 있는 자이다(제116조 제1항). 조사확정재판을 받은 이사 등은 물론이고, 조사확정의 신청이 일부 인용(기각)된 경우 조사확정재판의 신청인도 이의의 소를 제기할 수 있다.

조사확정재판 계속 중 조사확정결정이 있기 전에 회생절차가 종료한 때에는 조사확정절차도 종료한다(제115조 제8항). 조사확정재판절차는 회생절차의 목적을 달성하기 위하여 회생절차 계속 중에 한하여 인정되는 특수한 책임추궁절차이기 때문이다. 이러한 경우 채무자 회사는 스스로 원고가 되어 이사 등을 상대로 손해배상청구 등의 소를 제기하여 이사 등의 책임을 추궁할 수 있다.

조사확정결정이 이미 있는 경우에는 절차경제의 관점에서 회생절차가 종료되더라도 조사확정절차는 종료하지 않고(제115조 제8항), 회생절차가 종료할 때에 조사확정결정이 미확정인 경우에는 회생절차종료 후라도 이의의 소를 제기할 수 있다.

이의소송의 변론은 조사확정결정을 송달받은 날부터 1월을 경과한 후가 아니면 개시할 수 없다(제116조 제4항). 조사확정재판 신청이 일부 인용되어 쌍방으로부터 이의의 소가 제기된 경우 등 복수의 이의의 소가 동시에 계속되어 있는 때에는 법원은 변론을 병합하여야 한다(제116조 제5항).

이의소송에서는 이의소송을 제기한 원고가 관리인이든 이사 등이든 불문하고 손해배상청구권 등에 대한 주장 및 증명책임은 조사확정재판의 신청인 측, 즉 손해배상청구권의 존재를 주장하는 당사자가 부담한다.

이의의 소에 대한 판결은 부적법 각하하는 경우를 제외하고 조사확정재판결정을 인가·변경 또는 취소하는 형태로 판단을 한다(제116조 제6항). 조사확정의 결정을 인가하거나 변경한 판결은 강제집행에 관하여는 이행을 명한 확정판결과 동일한 효력이 있다(제116조 제7항). 이의의 소가 기간 안에 제기되지 아니하거나 취하·각하된 때에도 조사확정의 재판은 이행을 명한 확정판결과 동일한 효력이 있다(제117조). 조사확정을 취소하는 판결이 확정된 경우에는 손해배상청구권의 부존재에 관하여 기판력이 생긴다.

Ⅳ. 환취권

1. 의의

회생절차개시결정으로 인하여 채무자는 업무수행권과 재산의 관리·처분권을 상실하고, 채무자가 점유하는 재산은 관리인이 점유하게 된다. 그런데 관리인이 채무자로부터 점유를 이전받은 재산 중에는 채무자에게 속하지 않는 재산이 포함되어 있을 수 있다. 환취권이란 관리인이 채무자에게 속하지 아니한 재산을 점유하고 있을 경우 그 재산의 반환을 청구할 수 있는 권리이다(제70조). 환취권은 ① 실체법에 의하여 인정되는 환취권과 ② 채무자회생법에 의하여 인정되는 환취권이 있다.

2. 실체법에 의하여 인정되는 환취권

실체법에 의하여 채무자가 점유하고 있는 재산의 반환을 청구할 수 있는 권리를 말한다.

가. 소유권, 무체재산권,[118] 점유권, 물건의 점유·사용을 내용으로 하는 용익물권(지상권, 전세권 등)이나 담보물권(질권, 유치권 등),[119] 채권적 청구권(예컨대 전대차계약 종료를 원인으로 한 목적물반환청구권)은 환취권의 기초가 될 수 있다. 다만 채무자 이외의 자의 소유에 속하는 재산을 채무자가 점유할 권리(질권, 임차권 등)가 있는 경우에는 환취권을 행사할 수 없다.

소유권의 귀속이 제3자의 선의·악의 여부에 의해 결정되는 경우 환취권을 행사할 수 있는지 여부가 문제 된다. 예컨대 허위표시의 무효는 선의의 제3자에게 대항할 수 없는데(민법 제108조 제2항), 허위표시에 의하여 물건을 다른 사람에게 매도한 후 매수인에게 회생절차개시결정이 내려진 경우 매도인이 허위표시임을 이유로 그 물건을 환취할 수 있는지가 문제 되는 것이다. 이 경우 관리인이 민

---

118) 김기진, 도산법 Ⅰ, 경상대학교 출판부, 2015, 164면; 전병서, 도산법 제4판, 박영사, 2019, 318면.

119) 노영보, 도산법 강의, 박영사, 2018, 276면; 전병서, 도산법 제4판, 박영사, 2019, 319면.

법 제108조 제2항의 제3자에 해당하는지, 관리인이 제3자에 해당한다면 선의·악의 여부는 관리인을 기준으로 판단할 것인지, 채권자 전원을 기준으로 판단할 것인지가 문제 된다. 대법원은 채무자가 파산선고 전에 상대방과 통정한 허위의 의사표시를 통하여 가장 대출채권을 보유하고 있다가 파산이 선고된 사안에서, "파산채무자가 상대방과 통정한 허위의 의사표시를 통하여 가장채권을 보유하고 있다가 파산이 선고된 경우 그 가장채권도 일단 파산재단에 속하게 되고, 파산선고에 따라 파산채무자와는 독립한 지위에서 파산채권자 전체의 공동의 이익을 위하여 직무를 행하게 된 파산관재인은 그 허위표시에 따라 외형상 형성된 법률관계를 토대로 실질적으로 새로운 법률상 이해관계를 가지게 된 민법 제108조 제2항의 제3자에 해당하고, 그 선의·악의도 파산관재인 개인의 선의·악의를 기준으로 할 수는 없고, 총파산채권자를 기준으로 하여 파산채권자 모두가 악의로 되지 않는 한 파산관재인은 선의의 제3자라고 할 수밖에 없다"라고 판시하였다.[120] 이러한 법리는 회생절차의 관리인에게도 그대로 적용될 수 있는데, 모든 회생채권자와 회생담보권자가 채무자와 상대방의 거래에 대하여 인지하고 있을 가능성이 지극히 낮은 점을 고려하면 대부분의 회생절차에서 관리인이 선의의 제3자로 인정되어 상대방이 관리인에게 통정허위표시의 무효를 주장하지 못할 가능성이 높다. 이러한 판례의 법리에 대하여는 사실상 제3자의 선의 여부를 묻지 않겠다는 것과 동일한 것으로 신뢰보호라는 기본 이념과 동떨어진 것이라는 비판이 있다.[121]

나. 사해행위취소권은 사해행위로 이루어진 채무자의 재산처분행위를 취소하고 사해행위에 의해 일탈된 채무자의 책임재산을 수익자 또는 전득자로부터 채무자에게 복귀시키기 위한 것이므로 환취권의 기초가 될 수 있다. 수익자 또는

120) 대법원 2013. 4. 26. 선고 2013다1952 판결.

121) 윤진수, 이용훈 대법원의 민법 판례, 정의로운 사법, 사법발전재단, 2011, 20면. 관리인을 기준으로 선의·악의를 판단하여야 한다는 견해로는 서울회생법원 재판실무연구회, 회생사건실무(상), 박영사, 2019, 392면; 전대규, 채무자회생법 제5판, 법문사, 2021, 345면. 그런데 관리인을 기준으로 선의·악의를 판단할 경우 대부분의 사건에서 기존 경영자 관리인이 선임되는 실무에서 관리인을 악의로 볼 수밖에 없고, 법원에서 기존 경영자 관리인을 선임하는지, 제3자 관리인을 선임하는지에 따라 선의·악의 여부가 달라져 상대방의 법적 지위가 불안정해지는 문제점이 발생할 수 있다[주석 채무자회생법 제70조(권민재 집필), 한국사법행정학회, 2021].

전득자에 대하여 회생절차가 개시된 경우 채무자의 채권자가 사해행위의 취소와 함께 회생채무자로부터 사해행위의 목적인 재산 그 자체의 반환을 청구하는 것은 환취권의 행사에 해당하여 회생절차개시의 영향을 받지 아니한다. 따라서 채무자의 채권자는 사해행위의 수익자 또는 전득자에 대하여 회생절차가 개시되더라도 관리인을 상대로 사해행위의 취소 및 그에 따른 원물반환을 구하는 사해행위취소의 소를 제기할 수 있다.[122]

다. 양도담보권설정자에 대하여 회생절차가 개시된 경우 양도담보권은 회생담보권이므로(제141조), 양도담보권자는 환취권을 행사할 수 없다. 가등기담보권자도 마찬가지다.

동산의 소유권유보부매매의 경우 매도인이 유보한 소유권은 담보권의 실질을 가지고 있으므로 담보 목적의 양도와 마찬가지로 매수인에 대한 회생절차에서 회생담보권으로 취급함이 타당하고, 매도인은 매매목적물인 동산에 대하여 환취권을 행사할 수 없다.[123]

3. 채무자회생법에 의하여 인정되는 환취권[124]

가. 운송 중인 매도물의 환취권

매도인이 매매의 목적인 물건을 매수인에게 발송하였으나 매수인이 그 대금의 전액을 지급하지 아니하고, 도달지에서 그 물건을 수령하지 아니한 상태에서

122) 대법원 2014. 9. 4. 선고 2014다36771 판결. 한편 사해행위취소로 인한 원상회복은 원물반환의 방법에 의하는 것이 원칙이지만, 원물반환이 불가능하거나 현저히 곤란한 사정이 있는 때에는 원물반환에 대신하여 금전적 배상으로서의 가액배상이 허용되는데, 사해행위취소에 기한 가액배상청구권은 제179조 제1항 제6호의 '부당이득으로 인하여 회생절차개시 이후 채무자에 대하여 생긴 청구권'인 공익채권에 해당한다(대법원 2019. 4. 11. 선고 2018다203715 판결).

123) 대법원 2014. 4. 10. 선고 2013다61190 판결.

124) 제70조에 규정된 환취권은 목적물에 대하여 제3자에게 실체법상 권리가 인정되는 것을 근거로 한다는 점에서 강학상 일반환취권이라고 하는 반면, 제71조 내지 제73조에 의하여 인정되는 환취권은 실체법상 권리와 무관하게 거래의 안전을 도모하거나 이해관계인의 공평을 도모하기 위하여 채무자회생법이 특별한 고려에서 창설한 것이라는 점에서 강학상 특별환취권이라고 한다(전병서, 도산법 제4판, 박영사, 2019, 325면).

매수인에 관하여 회생절차가 개시된 때에는 매도인은 그 물건을 환취할 수 있다(제71조 제1항 전문). 격지자 사이의 거래에 있어서 매수인에 대하여 회생절차가 개시된 경우 매도인을 보호하기 위하여 인정된 환취권이다. 그러나 이 경우 매도인은 운송인에 대하여 운송중지와 목적물의 반환을 요구할 수 있으므로(상법 제139조), 실제 환취권을 행사할 여지는 거의 없다.

관리인은 법원의 허가를 얻어 대금 전액을 지급하고 물건의 인도를 청구할 수 있고, 매도인은 이를 거절하지 못한다(제71조 제1항 단서).

관리인은 제119조의 요건이 충족되어 있으면 위 조항에 따라 계약을 해제하거나 대금을 지급하고 목적물의 인도를 청구하는 것 중 하나를 선택할 수 있고(제71조 제2항), 관리인이 이행을 선택하면 매도인은 매매대금을 공익채권으로 변제받는다(제179조 제1항 제7호).

나. 위탁매매인의 환취권

물건매수의 위탁을 받은 위탁매매인이 그 물건을 위탁자에게 발송한 경우에도 제71조 제1항을 준용하여 환취권이 인정된다(제72조). 물건매수의 위탁을 받은 위탁매매인이 위탁받은 물건을 위탁자에게 발송하였으나 위탁자가 그 대금의 전액을 지급하지 아니하고, 위탁자가 도달지에서 그 물건을 수령하지 않은 상태에서 위탁자에 대하여 회생절차가 개시된 때에는 위탁매매인은 그 물건을 환취할 수 있다. 위탁매매인과 위탁자의 계약은 민법상 위임에 해당하지만, 경제적으로는 격지자 사이의 매매와 유사한 관계로 볼 수 있으므로 운송 중인 매도물의 환취권을 준용하고 있는 것이다.[125)]

다. 대체적 환취권

채무자가 회생절차개시 전에 환취권의 목적인 재산을 양도하거나 회생절차개시 후에 관리인이 환취권의 목적인 재산을 양도하였으나 제3자가 반대급부를 아직 이행하지 않은 때에는 환취권자는 관리인에 대하여 반대급부의 이행청구권의 이전을 청구할 수 있다(제73조 제1항). 이러한 경우 관리인은 통상 지명채권양도의 방법(민법 제450조)에 의하여 채권양도의 의사표시 및 대항요건으로서 통지를

---

125) 주석 채무자회생법 제72조(권민재 집필), 한국사법행정학회, 2021.

할 의무가 있고, 환취권자는 이를 요구할 수 있다.[126)]

관리인이 반대급부의 이행을 받았는데 반대급부로 받은 재산이 특정성을 가지고 있는 경우에는 환취권자는 그 재산의 반환을 청구할 수 있다(제73조). 반대급부로 받은 재산에 특정성이 없는 경우에는 반대급부로 받은 재산 상당액에 관하여 부당이득반환청구권이 발생하는데, 이는 제179조 제1항 제6호의 공익채권에 해당한다.[127)]

4. 환취권의 행사

환취권은 회생절차에 의하지 않고 재판상 또는 재판 외에서 관리인에 대하여 행사할 수 있다. 환취권은 실체법상의 권리를 회생절차상으로 아무런 제약 없이 그대로 승인하려는 것이므로 환취권 행사의 방법이나 절차에 대하여 특별한 제한은 없다. 회생절차에 의하지 않고 행사하거나, 재판상으로도 행사할 수 있고, 재판 외의 방법으로도 행사할 수 있다.[128)] 관리인은 채무자가 행사할 수 있는 방어방법으로 이에 대항할 수 있다.

관리인이 채무자의 재산을 임의로 인도하는 것을 방지하기 위하여 환취권의 승인에는 법원의 허가를 받도록 할 수 있는데(제61조 제1항 제8호), 실무상 대부분의 사건에서 허가사항으로 정하고 있다.

V. 상계의 제한

1. 회생절차에서의 상계

상계는 채권자와 채무자가 서로 같은 종류를 목적으로 하는 채권·채무를 가지는 경우에 그 채권·채무를 대등액에 관하여 소멸시키는 일방적 의사표시이다

126) 전병서, 도산법 제4판, 박영사, 2019, 331면.
127) 주석 채무자회생법 제72조(권민재 집필), 한국사법행정학회, 2021.
128) 전병서, 도산법 제4판, 박영사, 2019, 324면.

(민법 제492조). 상계제도의 취지는 서로 대립하는 두 당사자 사이의 채권·채무를 간이한 방법으로 원활하고 공평하게 처리하려는 데 있다.[129] 일반적으로 상계에는 당사자들이 서로 현실적으로 급부를 주고받아야 함에 따르는 비용과 위험을 피할 수 있는 채권결제수단으로서의 기능과 자력이 악화된 채무자의 채무불이행이 있는 경우 채권자가 상계를 함으로써 대등액에 관하여 우선변제를 받을 수 있는 담보적 기능이 있는 것으로 인정된다.[130]

파산절차에서는 상계가 폭넓게 인정된다. 구체적으로 파산채권인 자동채권은 파산선고 시에 변제기가 도래된 것으로 간주되고(제425조), 파산절차 진행 중에도 파산절차에 의하지 않고 상계할 수 있으며(제416조), 파산채권이 파산선고 시에 해제조건부 채권인 경우뿐만 아니라 비금전채권인 경우에도 상계가 인정되고(제417조), 상계의 의사표시에 관한 제한도 없다. 채무자의 재산을 공정하게 환가·배당하는 것을 목적으로 하는 파산절차에서는 상계의 담보적 기능에 대한 채권자의 기대를 존중해 주어야 하기 때문이다.

반면 회생절차에서는 상계에 상당한 제한을 가하고 있다. 회생절차개시결정이 내려지면 회생채권 또는 회생담보권에 관하여는 원칙적으로 회생계획에 규정된 바에 따르지 아니하고는 변제하거나 변제받는 등 이를 소멸시키는 행위를 할 수 없는데(제131조), 상계에도 채권소멸의 효과가 있으므로 회생채권자 또는 회생담보권자의 상계를 허용하는 것은 제131조의 취지에 반한다. 그런데 회생채권자 또는 회생담보권자의 상계를 전면 금지할 경우 이들은 회생계획에 따라서만 변제를 받을 수 있는 반면, 자신들이 채무자에게 부담하는 채무는 전액 변제하여야 하는데 이는 형평에 반한다.[131] 이에 채무자회생법은 회생채권자 또는 회생담보권자가 회생절차개시 당시 채무자에 대하여 채무를 부담하는 경우 그 채무를 수동채권으로 하는 상계를 허용하되, 회생채권 또는 회생담보권의 신고기간 만료일까지 변제기가 도래하여야만 상계적상을 인정하고, 상계의 의사표시도 신고기간 만료일까지 하도록 하여 상계권 행사에 제한을 가하고 있다(제144조 제1항). 이처럼 상계를 제한하는 이유는 제한 없이 상계를 인정할 경우 회생채권자

129) 대법원 2011. 4. 28. 선고 2010다101394 판결.

130) 지원림, 민법강의 제14판, 홍문사, 2016, 973면.

131) 임채홍·백창훈, 회사정리법(상) 제2판, 한국사법행정학회, 2002, 541면.

또는 회생담보권자의 상계로 인하여 채무자의 재산이 감소되어 회생을 저해할 수 있기 때문이다.[132]

2. 회생채권자 등에 의한 상계

가. 상계의 요건

(1) 자동채권

자동채권, 즉 회생채권 또는 회생담보권은 회생채권 등의 신고기간 만료 전까지 변제기가 도래하여야 한다. 자동채권은 해제조건부 채권이라도 상관없지만, 정지조건부 채권이나 비금전채권에 의한 상계는 인정되지 않는다.[133] 회생절차에서는 파산절차와 달리 채권의 현재화, 금전화가 이루어지지 않기 때문이다.

회생채권 또는 회생담보권을 신고기간 내에 신고하지 않고도 상계할 수 있다. 상계는 신고기간 만료 전까지 회생절차에 의하지 않고 할 수 있기 때문이다.

(2) 수동채권

수동채권, 즉 회생채권자 또는 회생담보권자가 채무자에 대하여 부담하고 있는 채무는 신고기간 만료 시까지 그 변제기가 도래하지 않더라도 회생채권자 또는 회생담보권자가 기한의 이익을 포기함으로써 상계적상에 있게 할 수 있으므로,[134] 자동채권이 신고기간 만료 시까지 이행기에 이르렀다면 상계가 허용된다(제144조 제1항 제2문). 수동채권이 정지조건부 채권인 경우에도 회생채권자 등은 조건 불성취의 이익을 포기하고 상계할 수 있다.[135]

수동채권이 회생절차개시 후의 차임채무 또는 지료채무인 경우에는 당기와 차기의 것에 한하여 상계가 허용된다(제144조 제2항 본문, 제3항). 즉 회생채권자는 회생절차개시 시점을 기준으로 당기 및 차기의 차임 또는 지료에 대하여만 상계할 수 있다. 이는 변제기 미도래의 차임 또는 지료에 관하여 기한의 이익을

132) 서울회생법원 재판실무연구회, 회생사건실무(상), 박영사, 2019, 398면.
133) 임채홍·백창훈, 회사정리법(상) 제2판, 한국사법행정학회, 2002, 541면.
134) 대법원 2017. 3. 15. 선고 2015다252501 판결.
135) 오수근·한민·김성용·정영진, 도산법, 한국사법행정학회, 2012, 269면.

포기한 것으로 보아 상계를 제한 없이 허용할 경우 그 회생채권자 또는 회생담보권자는 전액 변제를 받을 수 있게 되어 다른 채권자와의 형평을 해하고 채무자의 재산의 충실을 해하기 때문이다.[136] 다만 보증금이 있는 때에는 차차기 이후의 차임채무 또는 지료 채무에 관하여도 보증금액에 상당한 액까지는 상계할 수 있다(제144조 제2항 단서, 제3항). 채무자는 보증금 상당액의 차임을 미리 지급받은 것과 실질적으로 차이가 없고, 채무자와 회생채권자 등이 통모하여 채무자의 재산의 충실을 해할 위험도 없기 때문이다. 이 경우의 상계의 자동채권은 임대차보증금반환채권이 아니라 기존의 회생채권 또는 회생담보권이다. 임대차보증금반환채권은 임대차 종료 후 임차건물을 명도할 때 연체차임 등 모든 피담보채무를 공제한 잔액이 있을 것을 조건으로 하여 발생하는 것인데,[137] 이 경우는 임대차의 계속을 전제로 하는 것이기 때문이다.

(3) 상계적상

회생채권자 또는 회생담보권자가 회생절차개시 당시 채무자에 대하여 가지는 채권(자동채권)과 채무자가 회생채권자 또는 회생담보권자에 대하여 가지는 채권(수동채권) 쌍방이 회생채권 등의 신고기간 만료 전에 상계할 수 있게 된 때에는 회생채권자 또는 회생담보권자는 그 기간 안에 한하여 상계할 수 있다(제144조 제1항).

나. 상계권의 행사

상계의 의사표시는 회생채권 등의 신고기간 만료 전에 하여야 한다(제144조 제1항).[138] 신고기간 만료 후에 상계의 의사표시를 한 경우에는 비록 신고기간 만료 전에 상계적상에 있었다고 하더라도 상계의 효력이 인정되지 않는다. 상계권의 행사 시기를 제한하는 이유는 회생채권 등의 액과 채무자의 채권액을 조기에 확정하고 이를 토대로 회생계획안의 작성 등 후속 절차를 진행할 필요가 있기 때문이다.[139] 회생채권 등이 정지조건부 채권인 경우 그 조건이 회생채권 등의

136) 서울회생법원 재판실무연구회, 회생사건실무(상), 박영사, 2019, 400면.

137) 대법원 1999. 3. 26. 선고 98다22918, 22925 판결.

138) 대법원 2003. 3. 14. 선고 2002다20964 판결.

139) 임채홍 · 백창훈, 회사정리법(상) 제2판, 한국사법행정학회, 2002, 544면.

신고기간 만료 전에 성취되지 아니한 때에는 상계할 수 없다. 회생채권 등의 신고기간이 개시되기 전에도 상계할 수 있고, 회생절차개시신청 이후 회생절차가 개시되기 전에도 상계할 수 있다.[140)]

상계의 의사표시는 관리인에 대하여 하여야 한다. 회생절차개시 후에는 채무자의 업무수행권과 재산의 관리·처분권이 관리인에게 전속하기 때문이다.[141)] 대법원은 회생절차에서 상계를 제한하는 취지는, 회생채권자들의 무분별한 상계권 행사가 채무자의 회생을 위한 노력을 곤란하게 하고 회생계획의 작성 등 절차 진행에 지장을 초래하는 것을 방지함으로써 채무자의 회생이라는 목적을 실현하려는 데 있으므로 회생절차가 종결된 경우 회생계획에서 달리 정함이 없는 한 회생채권자들의 개별적인 권리행사가 가능해짐을 고려하면, 회생절차가 종결된 때에는 상계에 대한 위와 같은 제약도 해소된다고 판시하였다.[142)]

상계가 제100조의 부인권 행사의 대상이 될 수 있는지 문제 된다. 채무자회생법상의 부인은 원칙적으로 채무자의 행위를 대상으로 하는 것인데, 회생채권자의 상계권 행사는 채무자의 행위와 동일시할 수 없으므로 부인권 행사의 대상이 될 수 없다.[143)] 다만 상계적상의 원인이 된 채무자의 행위가 부인되어 그 행위에 기한 상계의 효력이 상실될 수는 있다.[144)]

다. 상계권 행사의 효과

상계의 효력은 의사표시가 있는 때가 아니라 상계적상에 달한 때에 생기며 그 시점에서 채권채무가 소멸한다(민법 제493조 제2항).

라. 상계와 공제

공제는 하나의 계약관계에서 발생한 채권채무 관계를 상호 가감하여 정산하는 것으로서, 별개의 계약관계에서 발생한 채권채무 관계를 소멸시키기 위한 상

---

140) 대법원 2000. 2. 11. 선고 99다10424 판결.
141) 대법원 2019. 5. 10. 선고 2018다291033 판결.
142) 대법원 2009. 1. 30. 선고 2008다49707 판결.
143) 대법원 2002. 7. 9. 선고 99다73159 판결.
144) 대법원 2011. 11. 24. 선고 2009다79362 판결.

계와 구별된다.[145] 공제는 특별한 약정이 없는 한 당사자 쌍방의 채권이 서로 상계적상에 있는지 여부와 관계없이 가능하고 공제를 위하여 별도의 의사표시를 필요로 하지도 않는다.[146]

보험약관 대출금의 경제적 실질은 보험회사가 장차 지급하여야 할 보험금이나 해약환급금을 미리 지급하는 선급금과 같은 성격이라고 보아야 하므로, 약관에서 비록 '대출'이라는 용어를 사용하고 있더라도 이는 일반적인 대출과는 달리 소비대차로서의 법적 성격을 가지는 것은 아니며, 보험금이나 해약환급금에서 대출 원리금을 공제하고 지급한다는 것은 보험금이나 해약환급금의 선급금의 성격을 가지는 위 대출 원리금을 제외한 나머지 금액만을 지급한다는 것으로 민법상의 상계와는 성격이 다르므로 채무자회생법의 상계제한규정은 적용될 여지가 없다.[147]

이러한 법리는 임대차보증금에서 연체 차임을 공제하거나,[148] 기성 공사대금에서 선급금을 공제하는 경우[149]에도 적용될 수 있다. 공동이행방식의 공동수급체의 구성원들 사이에서 금전을 출자하기로 한 구성원이 그 출자를 지연하는 경우 그 구성원이 지급받을 이익분배금에서 출자금과 그 연체이자를 공제하기로 하는 특약을 할 수 있고, 이러한 특약이 있으면 공동수급체는 그 특약에 따라 출자의무를 불이행한 구성원에게 지급할 이익분배금에서 출자금과 그 연체이자를 공제할 수 있는데, 이러한 '공제'는 특별한 약정이 없는 한 당사자 쌍방의 채권이 서로 상계적상에 있는지 여부와 관계없이 가능하고, 출자의무를 이행하지 않은 구성원에 대하여 회생절차가 개시되었더라도 그 개시 이전에 이러한 특약을 하였다면 특별한 사정이 없는 한 그에 따른 공제의 법적 효과가 발생함에는 아무런 영향이 없다.[150]

145) 김주학, 기업도산법 제2판, 법문사, 2012, 396면.
146) 대법원 2018. 1. 24. 선고 2015다69990 판결.
147) 대법원 2007. 9. 28. 선고 2005다15598 판결.
148) 대법원 2012. 9. 27. 선고 2012다49490 판결.
149) 대법원 2004. 11. 26. 선고 2002다68362 판결.
150) 대법원 2018. 1. 24. 선고 2015다69990 판결.

3. 관리인의 상계

관리인의 상계는 회생계획에 의하지 아니한 변제금지를 잠탈하고, 다른 회생채권자와 비교하여 그 이상의 실질적인 변제를 하는 결과를 초래하므로 원칙적으로 허용되지 않는다(제131조 본문). 다만 관리인이 채무자의 재산에 속하는 채권을 가지고 회생채권 등과 상계하는 것이 회생채권자 등 일반의 이익에 부합하는 경우에는 법원의 허가를 얻어 상계할 수 있다(제131조 단서).

채무자 회사의 관리인의 상계허가신청에 대하여 법원의 허가결정이 내려지고 그 결정이 확정되었다고 하더라도 채무자 회사의 상대방에 대한 자동채권의 존부 및 범위와 그에 따른 상계의 효력에 관하여는 별개의 절차에서 여전히 다툴 수 있다. 이 경우 자동채권의 존부 및 범위는 그 권리의 존재를 주장하는 측에서 증명할 책임이 있고, 법원의 상계허가결정에 의하여 자동채권의 존부 및 범위가 법률상 추정되어 그에 대한 증명책임이 채무자 회사의 관리인으로부터 상대방에게 전환되는 것은 아니다.[151]

회생계획이 확정되어 권리의 변경이 이루어진 경우 관리인은 그 회생계획에 따라 변경된 회생채권 또는 회생담보권을 수동채권으로 하여 상계를 할 수 있다.[152]

4. 상계의 금지

가. 상계금지의 취지

상계의 담보적 기능을 존중하여 회생절차에서 상계를 허용하더라도 상계가 특정 회생채권자나 회생담보권자에게 부당한 이익을 주고, 그로 인하여 채무자의 재산이 감소되어 결과적으로 다른 회생채권자나 회생담보권자의 이익을 해하는 경우에는 상계가 금지된다.[153] 다만 상계가 금지되는 경우라도 이전부터 상계의 담보적 기능을 신뢰하여 온 상태에 있고 그 신뢰를 보호할 가치가 있다고

151) 대법원 2008. 6. 26. 선고 2006다77197 판결.

152) 온주(로앤비), 채무자회생법 제144조(이진만 집필), 2015.

153) 주석 채무자회생법 제145조(도훈태 집필), 한국사법행정학회, 2021.

인정되는 때나 기타 상계를 인정할 합리적 이유가 있는 때에는 예외적으로 상계를 허용한다(제145조).

나. 상계가 금지되는 경우

(1) 회생절차개시 후에 채무자에 대하여 채무를 부담한 때(제1호)

회생채권자 또는 회생담보권자가 회생절차개시 후에 채무자에 대하여 채무를 부담한 경우에는 이를 수동채권으로 하여 상계하지 못한다. 이러한 경우에는 관리인이 그 대가를 현실적으로 확보할 필요가 있을 뿐만 아니라 상계를 허용한다면 회생채권자 또는 회생담보권자가 회생계획에 의하지 않고 다른 채권자들에 우선하여 변제받는 결과가 되어 채권자 사이의 공평을 해하게 되기 때문이다. 회생채권자 또는 회생담보권자가 채무자에 대하여 회생절차가 개시되었다는 사실을 알고 있었는지는 문제 되지 않는다.[154] 여기서 '회생절차개시 후에 채무를 부담한 때'라 함은 그 채무 자체가 회생절차개시 후에 발생한 경우만을 의미하는 것이 아니라, 회생절차개시 전에 발생한 제3자의 채무자에 대한 채무를 회생절차개시 후에 채권자가 인수하는 경우도 포함되고, 그 인수는 포괄승계로 인한 것이라도 관계없다.[155] 채무자에 대한 채무의 부담이 회생절차개시 후에 있었는지에 관한 증명책임은 상계의 효력을 부인하는 관리인에게 있다.[156]

(2) 채무자의 위기상태를 알고 채무자에 대하여 채무를 부담한 때(제2호)

회생채권자 또는 회생담보권자가 지급의 정지, 회생절차개시의 신청 또는 파산의 신청이 있음을 알고 채무자에 대하여 채무를 부담한 때에는 이를 수동채권으로 하여 상계하지 못한다. 이러한 위기 시기에 회생채권자 등이 채무자에 대하여 채무를 부담하고 그 채무와 회생채권자 등의 기존 채권을 상계할 수 있게 할 경우 이미 실제 가치가 하락한 채권에 대하여 완전한 만족을 얻게 하는 것과 마찬가지의 효과가 생기기 때문이다. 제1호와 달리 채무부담이 회생절차개시 전의 위기상태에서 이루어지는 반면 위기상태에 대한 악의를 요건으로 한다. 채무

---

154) 주석 채무자회생법 제145조(도훈태 집필), 한국사법행정학회, 2021.

155) 대법원 2003. 12. 26. 선고 2003다35918 판결.

156) 임채홍 · 백창훈, 회사정리법(상) 제2판, 한국사법행정학회, 2002, 546면.

자가 위기상태에 있었는지 및 채권자가 채무자의 그러한 상태를 알고 채무를 부담하였는지에 관한 증명책임은 상계의 효력을 부인하는 관리인에게 있다.[157)]

다만 회생채권자 또는 회생담보권자가 지급의 정지 등이 있음을 알면서 채무를 부담하였다고 하더라도, ① 그 부담이 법률에 정한 원인에 기한 때, ② 회생채권자 또는 회생담보권자가 지급의 정지 등이 있은 것을 알기 전에 생긴 원인에 기한 때, ③ 회생절차개시 시점 및 파산선고 시점 중 가장 이른 시점보다 1년 이상 전에 생긴 원인에 의한 때에는 상계가 가능하다(제2호 단서). 제145조 제2호 단서 나목에서 예외적으로 상계를 허용하는 것은 위기시기 이전에 존재한 채권자의 정당한 상계기대를 보호하고자 하는 취지이다.[158)] 따라서 여기서의 '원인'이란 채권자에게 구체적인 상계의 기대를 발생시킬 정도로 직접적인 것으로서 구체적인 사정을 종합하여 상계의 담보적 작용에 대한 회생채권자의 신뢰가 보호할 가치가 있는 정당한 것으로 인정되는 경우를 의미한다.[159)] 이러한 예외사유의 존재사실에 대한 증명책임은 상계의 효력을 주장하는 측이 부담한다.[160)]

(3) 채무자의 채무자가 회생절차개시 후에 타인의 회생채권 등을 취득한 때(제3호)

회생절차가 개시된 채무자의 채무자가 회생절차개시 후에 타인의 회생채권 또는 회생담보권을 취득한 때에는 이를 자동채권으로 하여 상계하지 못한다. 회생절차가 개시된 채무자의 채무자가 회생절차개시 이후 가치가 하락한 타인의 회생채권 또는 회생담보권을 염가로 취득하고 이를 자동채권으로 하여 자기가 부담하고 있는 채무와의 상계를 허용할 경우 그 채무자에게 부당한 이익을 주고, 회생절차가 개시된 채무자의 재산이 증가되지 않기 때문이다.[161)] 회생채권 또는 회생담보권을 양수한 자가 회생채무자에 대하여 회생절차가 개시되었다는 사실을 알고 있었는지는 문제 되지 않는다.[162)]

채권취득 시점이 회생절차개시 전인지, 후인지를 판단하는 기준은 채권양도의

157) 임채홍 · 백창훈, 회사정리법(상) 제2판, 한국사법행정학회, 2002, 548면.
158) 대법원 2016. 4. 12. 선고 2015다1802 판결.
159) 대법원 2014. 9. 24. 선고 2013다200513 판결.
160) 임채홍 · 백창훈, 회사정리법(상) 제2판, 한국사법행정학회, 2002, 549면.
161) 서울회생법원 재판실무연구회, 회생사건실무(상), 박영사, 2019, 406면.
162) 주석 채무자회생법 제145조(도훈태 집필), 한국사법행정학회, 2021.

대항요건을 구비하는 시점이다. 채권양도의 합의가 회생절차개시 전에 있었더라도 제3자에 대한 대항요건을 회생절차개시 후에 구비하였다면 이 조항이 적용되어 상계가 허용되지 않는다. 회생채권 또는 회생담보권의 취득시기에 대한 증명책임은 상계의 효력을 부인하는 관리인에게 있다.[163)]

(4) 지급의 정지 등이 있음을 알면서 취득한 회생채권 또는 회생담보권을 자동채권으로 하는 상계(제4호)

회생절차가 개시된 채무자의 채무자가 지급의 정지, 회생절차개시신청 또는 파산의 신청이 있음을 알고 회생채권 또는 회생담보권을 취득한 때에는 이를 자동채권으로 하여 상계를 하지 못한다. 채무자에 대하여 채무를 부담하고 있던 채무자가 채무자에게 위기상태가 생긴 이후에 새로 채권을 취득하여 상계할 수 있다고 하면, 회생채권자 상호 간의 공평을 해칠 수 있고 회생채무자의 회생에도 지장을 초래할 수 있기 때문이다.[164)] 상계금지의 취지는 제145조 제3호와 동일하나, 회생절차가 개시된 채무자의 위기상태에 대한 악의를 요하고, 기존의 회생채권 또는 회생담보권을 양수받는 것에 한하지 않고 스스로 채무자와의 거래에 의하여 채권을 취득한 경우를 포함한다는 점에서 다르다.[165)] 회생채권 또는 회생담보권의 취득이 채무자의 위기상태에서 이루어졌다는 사실 및 채무자가 위기상태에 있음을 채무자의 채무자가 알고 있었다는 사실에 대한 증명책임은 상계의 효력을 부인하는 관리인에게 있다.[166)]

다만 회생절차가 개시된 채무자의 채무자가 지급의 정지 등이 있음을 알면서 회생채권 또는 회생담보권을 취득하였다 하더라도, ① 그 부담이 법률에 정한 원인에 기한 때, ② 회생채권자 또는 회생담보권자가 지급의 정지 등이 있은 것을 알기 전에 생긴 원인에 기한 때, ③ 회생절차개시 시점 및 파산선고 시점 중 가장 이른 시점보다 1년 이상 전에 생긴 원인에 의한 때에는 상계가 가능하다(제4호 단서).

---

163) 임채홍 · 백창훈, 회사정리법(상) 제2판, 한국사법행정학회, 2002, 549면.
164) 대법원 2017. 3. 15. 선고 2015다252501 판결.
165) 노영보, 도산법 강의, 박영사, 2018, 320면.
166) 임채홍 · 백창훈, 회사정리법(상) 제2판, 한국사법행정학회, 2002, 550면.

제145조 제4호 단서 및 제2호 각 목의 어느 하나에 해당하는 때에 예외적으로 상계를 허용한 취지는 회생채권을 취득한 것은 채무자에게 위기상태가 생긴 이후이지만 그 이전에 이미 채권 발생의 원인이 형성되어 있었던 경우에는 상계에 대한 회생채권자의 기대를 보호해 줄 필요가 있으므로, 그러한 경우에는 예외적으로 상계를 할 수 있도록 한 것이다. 이와 같은 규정취지를 고려하면 위기상태의 존재를 알게 된 이후에 취득한 채권이 그 이전부터 존재한 사유, 즉 '전의 원인'에 의하여 발생하였다고 하려면 그 원인은 채권자에게 상계의 기대를 발생시킬 정도로 직접적인 것이어야 할 뿐 아니라 구체적인 사정을 종합하여 상계의 담보적 작용에 대한 채권자의 신뢰를 보호할 가치가 있는 정당한 것으로 인정되어야 한다.[167] 이러한 예외사유의 존부에 대한 증명책임은 상계의 효력을 주장하는 측에 있다.[168]

다. 상계금지규정에 반하여 한 상계의 효과

제145조에 의하여 상계가 금지되는 경우에는 상계의 의사표시가 있어도 그에 따른 법률효과가 발생하지 않는다. 회생채권자 또는 회생담보권자의 채권과 채무자의 채권 모두 소멸하지 않고 존속한다. 관리인은 회생채권자 또는 회생담보권자에 대하여 채무의 이행을 청구할 수 있고, 회생채권자 또는 회생담보권자는 회생계획에 따라 채권을 변제받게 된다. 상계의 의사표시를 회생절차개시 전에 한 경우에도 회생절차가 개시되면 상계는 소급하여 효력을 잃는다.[169]

---

167) 대법원 2017. 3. 15. 선고 2015다252501 판결, 대법원 2019. 1. 31. 선고 2015다240041 판결.
168) 임채홍·백창훈, 회사정리법(상) 제2판, 한국사법행정학회, 2002, 550면.
169) 대법원 2015. 9. 10. 선고 2014다68303 판결.

제8장
회생절차의 이해관계인의 권리

Ⅰ. 회생채권

1. 회생채권의 의의

회생채권은 채무자의 회생을 위한 법률관계 조정의 대상이 되는 채권이다. 회생채권은 채무자에 대하여 회생절차개시 전의 원인으로 생긴 재산상의 청구권(제118조 제1호)과 회생절차개시 후의 원인으로 생긴 재산상의 청구권 중 채무자회생법이 개별적으로 회생채권으로 정하고 있는 것(제108조 제3항 제3호, 제4호, 제118조 제2호 내지 제4호, 제121조 제1항, 제123조 제1항, 제124조 제2항, 제125조 제2항 등)으로 나눌 수 있다.

회생채권은 회생계획에서 면책 및 권리변경의 대상이 되고 회생절차에 의하여서만 변제가 가능하며, 그 이외에 이를 소멸하게 하는 행위(면제 제외)는 원칙적으로 금지된다(제131조 본문).

회생채권은 파산절차의 파산채권에 대응하는 채권이지만 파산채권과 달리 금전화·현재화(제426조, 제425조)의 원칙이 적용되지 않는다. 따라서 회생채권이 비금전채권, 기한 미도래의 채권인 경우 본래의 성질을 그대로 보유한 상태에서 회생절차에 참가하여 변제를 받는다.

2. 회생채권의 요건

가. 채무자에 대한 채권적 청구권

회생채권은 채무자의 일반재산을 책임재산으로 하는 채권적 청구권이다. 채무자의 특정재산에 대한 물권에 기한 청구권과 특허권 기타의 무체재산권에 기한 물권적 청구권 유사의 청구권은 회생채권이 아니다.

나. 재산상의 청구권

회생채권은 재산상의 청구권일 것을 요한다. 금전채권뿐만 아니라 계약상의 급여청구권과 같은 비금전채권도 재산상의 청구권인 이상 회생채권이 될 수 있다.[1] 부대체적 작위 또는 부작위 청구권은 재산상의 청구권이 아니므로 그 자체로는 회생채권이 될 수 없으나 그 불이행으로 인한 손해배상청구권은 회생채권이 될 수 있다.[2] 이른바 예탁금제 골프회원권을 가진 자는 회칙이 정하는 바에 따라 골프장 시설을 우선적으로 이용할 수 있는 권리인 시설이용권과 회원자격을 보증하는 소정의 입회금을 예탁한 후 회원을 탈퇴할 때 그 원금을 반환받을 수 있는 권리인 예탁금반환청구권을 가지는데,[3] 예탁금반환청구권은 물론 시설이용권도 재산상의 청구권으로 회생채권에 해당한다.[4][5]

---

1) 대법원 2016. 6. 21.자 2016마5082 결정. 이 결정에서 대법원은 채권양도약정에 따른 채권양도통지 이행청구권은 비금전채권이기는 하나 채권양도계약에 따른 대항요건의 구비를 구하는 청구권으로서 채권양도통지가 이루어지면 채권양도를 제3자에게 대항할 수 있게 되고, 이는 곧 채무자의 재산의 감소를 초래하므로 재산상의 청구권에 해당하고, 그 원인이 회생절차개시 전에 있었다면 회생채권에 해당한다고 판시하였다.

2) 다만, 부대체적 작위의무 내지 부작위의무 위반을 이유로 한 손해배상청구권이 회생채권이 되기 위하여는 회생절차가 개시되기 전에 채무자가 그 의무를 위반하여야 한다(서울고등법원 2022. 9. 30. 선고 2022나2017018, 2031311 판결).

3) 대법원 2015. 1. 29. 선고 2013다100750 판결.

4) 대법원 1989. 4. 11. 선고 89다카4113 판결. 대법원은 담보조로 회원권을 발급받는 등 유효하게 회원의 자격을 취득하였다고 볼 수 없는 자는 회원으로 인정할 수 없으나, 대물변제에 관한 합의에 따라 공사대금채권액을 입회금에 갈음하는 방법으로 입회금을 납입하고 골프장 회원권에 관한 회원증을 교부받은 경우, 골프회원 가입계약이 유효하게 체결되었다고 볼 수 있다고 판시한 바 있다(대법원 2009. 7. 9. 선고 2007다52621 판결). 이에 따르면 대물변제 합의에 따라 회원권을 교부받은 자는 회생절차에서 회원권자와 동일한 취급을 받게 될 것이다.

5) 실무에서는 주로 회원제 골프장을 대중제 골프장으로 전환하는 것을 전제로 회생계획안을

채무자에 대한 재산상의 청구권이면 사법상의 청구권은 물론 공법상의 청구권도 회생채권이 될 수 있다. 따라서 벌금·과료·형사소송비용·추징금·과태료(제140조 제1항), 국세징수법 또는 지방세징수법에 의하여 징수할 수 있는 청구권, 국세징수의 예에 의하여 징수할 수 있는 청구권으로서 그 징수우선순위가 일반 회생채권에 우선하거나 우선하지 않는 것도 모두 회생채권이 된다. 다만 이들 채권의 경우 채권신고와 불복방법, 권리변경의 방법 등에 관하여 일반 회생채권과는 다른 취급을 하고 있다.

다. 회생절차개시 전의 원인으로 생긴 청구권

회생채권은 의사표시 등 채권 발생의 원인이 회생절차개시 전의 원인에 기초하여 생긴 재산상의 청구권을 말한다. 채권 발생의 원인이 회생절차개시 전의 원인에 기초한 것이라면 그 내용이 구체적으로 확정되지 아니하였거나 변제기가 회생절차개시 후에 도래하더라도 상관없고, 청구권의 주요한 발생원인이 회생절차개시 전에 갖추어져 있으면 족하다.[6] 다만 청구권 발생에 대한 단순한 기대권에 불과하다면 회생채권에 해당하지 않는다.[7]

(1) 가지급물의 원상회복 및 손해배상채권

회생채권에는 조건부 채권도 포함되는데, 여기에서 조건부 채권이라 함은 채권의 전부 또는 일부의 성립 또는 소멸이 장래의 불확정한 사실인 조건에 의존하는 채권을 말하고, 위 조건은 채권의 발생원인이 법률행위에 붙은 의사표시

작성하는 경우가 많고, 그 경우 회생채권의 권리변경과 변제방법의 요지 편 중 회생채권 입회보증금채무란에 '회생계획인가 후 대중제 골프장 변경등록일의 직전 영업일에 체육시설법의 적용을 받지 아니하는 일반채권이 되며 골프장 회원으로서의 이용권은 소멸함' 등과 같은 취지의 문구를 삽입하여, 입회금의 전액 변제 시점과 관계없이 대중제 골프장 변경 전 회원들의 시설이용권을 소멸시키는 조항을 두고 있는데, 이러한 조항은 시설이용권이 회생채권에 해당하는 이상 회생계획에 그 소멸 여부에 대한 조항을 둘 수 있는 점, 회생계획상 예탁금반환청구권에 대한 변제방법을 규정함에 있어 부수적·필연적으로 수반되는 시설이용권에 대한 소멸 시기도 같이 규정할 수 있는 점, 시설이용권의 소멸 시기를 특정해 주어야 대중제 골프장 변경등록 절차가 원활하게 진행 가능한 점 등에 비추어 회생계획에 삽입할 수 있는 적법한 조항이라는 견해로는 나청, 회원제 골프장 회생사건의 실무상 쟁점에 관한 소고, 사법 제36호, 사법발전재단, 2016, 150면.

6) 대법원 2017. 6. 29. 선고 2017다207352 판결.

7) 대법원 2012. 11. 29. 선고 2011다84335 판결.

의 내용인 부관에 한정되지 아니하므로, 가집행선고의 실효를 조건으로 하는 가지급물의 원상회복 및 손해배상채권은 그 채권 발생의 원인인 가지급물의 지급이 회생절차개시 전에 이루어진 것이라면 조건부 채권으로서 회생채권에 해당한다.[8)]

(2) 연대보증계약에 기한 구상권

채무자의 연대보증인이 회생절차개시 후에 주채권자인 회생채권자에게 변제 등으로 연대보증채무를 이행함으로써 구상권을 취득한 경우, 연대보증계약이 채무자에 대한 회생절차개시 전에 체결되었다면 구상권 발생의 주요한 원인인 연대보증 관계는 회생절차개시 전에 갖추어져 있는 것이므로, 연대보증계약 등에 근거한 구상권은 장래의 청구권으로서 회생채권에 해당한다.[9)]

(3) 공동불법행위자 사이의 구상권

공동불법행위로 인한 손해배상책임은 불법행위가 있었던 때에 성립하므로 공동불법행위자 사이의 구상권도 특별한 사정이 없는 한 그때에 주요한 발생원인이 갖추어진 것으로 볼 수 있다. 따라서 회생절차개시 당시까지 변제 기타 출재로 인한 공동 면책행위가 없었더라도 공동불법행위자 사이의 구상금 채권은 회생채권에 해당한다.[10)]

(4) 조세채권, 과징금 청구권

회생절차개시 전에 법률에 의한 과세요건이 충족되어 있으면 그 부과처분이 회생절차개시 후에 있는 경우라도 그 조세채권은 회생채권이 된다.[11)] 회생절차

---

8) 대법원 2002. 12. 10. 선고 2002다57102 판결, 대법원 2014. 5. 16. 선고 2012다114851 판결.

9) 대법원 2015. 4. 23. 선고 2011다109388 판결. 한편, 대법원은 회생절차개시 전에 보증보험계약이 체결되었다가 회생절차개시 후에 제2차 보증보험계약이 체결된 사안에서 제2차 보증보험계약에 관한 구상권에 대하여 계약의 주요 내용이 변경된 점 등을 들어 청구권의 주요한 발생원인이 회생절차개시 전에 갖추어졌다고 보기 어려우므로 회생채권이 아니라 제179조 제1항 제5호의 공익채권에 해당한다고 본 원심판단을 수긍하였다(대법원 2017. 6. 29. 선고 2017다207352 판결).

10) 대법원 2016. 11. 25. 선고 2014다82439 판결.

11) 대법원 2002. 9. 4. 선고 2001두7268 판결.

개시 전에 과징금 납부의무자의 의무위반행위 자체가 성립하고 있으면 그 부과처분이 회생절차개시 후에 있는 경우라도 과징금 청구권은 회생채권이 된다.[12)]

(5) 도급인의 하자보수에 갈음하는 손해배상청구권 등

건축공사의 도급계약에서 이미 공사가 완성되었다면 특별한 사정이 있는 경우를 제외하고는 이제 더 이상 공사 도급계약을 해제할 수는 없고, 회생절차개시 전에 이미 건물을 완공하여 인도하는 등으로 건축공사 도급계약을 해제할 수 없게 되었다면 수급인은 회생절차개시 전에 도급계약에 관하여 그 이행을 완료한 것으로 보아야 하는바, 이러한 경우 수급인에 대한 회생절차개시 후에 완성된 목적물의 하자로 인한 손해가 현실적으로 발생하였더라도, 특별한 사정이 없는 한 하자보수에 갈음하는 손해배상청구권의 주요한 발생원인은 회생절차개시 전에 갖추어져 있다고 봄이 타당하므로, 도급인의 하자보수에 갈음하는 손해배상청구권은 회생채권에 해당한다.[13)] 나아가 하자담보책임을 넘어서 수급인이 도급계약에 따른 의무를 제대로 이행하지 못함으로 말미암아 도급인의 신체 또는 재산에 확대손해가 발생하여 수급인이 도급인에게 그 손해를 배상할 의무가 있다고 하더라도, 특별한 사정이 없는 한 도급인의 위와 같은 채무불이행으로 인한 손해배상청구권 역시 회생절차개시 전에 주요한 발생원인을 갖춘 것으로서 회생채권에 해당한다.[14)]

(6) 공사 도급계약의 수급인의 기성 부분에 대한 보수청구권

파산절차에 관한 특칙인 민법 제674조 제1항은 공사도급계약의 도급인에 대하여 회생절차가 개시된 경우에도 유추적용할 수 있으므로, 도급인의 관리인이 도급계약을 쌍방미이행 쌍무계약으로 해제한 경우 그때까지 일의 완성된 부분은 도급인에게 귀속되고, 수급인은 채무자회생법 제121조 제2항에 따른 급부의 반환 또는 그 가액의 상환을 구할 수 없고 일의 완성된 부분에 대한 보수청구만 할 수 있다. 이때 수급인이 갖는 보수청구권은 특별한 사정이 없는 한 기성

---

12) 대법원 2018. 6. 15. 선고 2016두65688 판결.
13) 대법원 2015. 4. 23. 선고 2011다109388 판결.
14) 대법원 2015. 6. 24. 선고 2014다220484 판결.

비율 등에 따른 도급계약상의 보수에 관한 것으로서 그 주요한 발생원인이 회생절차개시 전에 이미 갖추어져 있다고 봄이 타당하므로 이는 회생채권에 해당한다.[15)]

라. 강제집행이 가능한 청구권

회생절차는 채무자가 재정적 파탄에 이르게 된 원인이 되는 채무를 조정하는 절차로서 집단적 권리실현절차로서의 성질을 가지므로 회생채권은 강제집행이 가능한 청구권일 것을 요한다. 재판상 주장할 수 없거나 강제집행할 수 없는 청구권은 회생채권이 될 수 없다. 부제소계약 또는 부집행계약이 있는 채권도 그 계약이 그 채권을 회생절차에서 주장하는 것까지 배제하는 취지라면 회생채권이 될 수 없다.[16)]

마. 물적 담보를 가지지 않는 청구권

회생절차개시 당시 채무자의 재산상에 존재하는 저당권 등에 의하여 담보된 범위의 청구권은 회생담보권(제141조 제1항)으로 회생채권과 구별된다. 다만 물적 담보를 가지는 청구권이라도 그 담보권의 목적물 가액을 초과하는 부분은 회생채권으로 된다(제141조 제4항).

3. 회생절차개시 후의 회생채권

가. 부인의 상대방의 가액상환청구권

채무자의 행위가 부인된 경우 상대방은 채무자가 받은 반대급부에 의하여 생긴 이익이 채무자의 재산 중에 현존하지 아니한 때에는 회생채권자로서 반대급부의 가액상환을 청구할 수 있다(제108조 제3항 제3호). 채무자가 받은 반대급부에 의하여 생긴 이익의 일부가 채무자의 재산 중에 현존하는 때에는 상대방은 회생채권자로서 반대급부와 현존이익과의 차액의 상환을 청구할 권리가 있다(제108조 제3항 제4호).

---

15) 대법원 2017. 6. 29. 선고 2016다221887 판결.

16) 임채홍 · 백창훈, 회사정리법(상) 제2판, 한국사법행정학회, 2002, 505면.

나. 쌍방미이행 쌍무계약의 해제 · 해지로 인한 손해배상청구권

쌍무계약에 관하여 채무자와 그 상대방이 모두 회생절차개시 당시에 아직 그 이행을 완료하지 아니한 때에는 관리인은 계약을 해제 또는 해지하거나 채무자의 채무를 이행하고 상대방의 이행을 청구할 수 있다(제119조). 관리인이 계약을 해제 또는 해지한 때에는 상대방은 손해배상에 관하여 회생채권자로서 그 권리를 행사할 수 있다(제121조 제1항).

다. 어음 등에 대한 선의 지급인의 채권

환어음의 발행인 또는 배서인인 채무자에 대하여 회생절차가 개시된 경우 지급인 또는 예비지급인이 그 사실을 알지 못하고 인수 또는 지급을 한 때에는 그 지급인 또는 예비지급인은 이로 인하여 생긴 채권에 관하여 회생채권자로서 그 권리를 행사할 수 있다(제123조 제1항). 이는 수표와 금전 그 밖의 물건 또는 유가증권의 지급을 목적으로 하는 유가증권에 관하여 준용된다(제123조 제2항).

이는 지급인 또는 예비지급인의 발행인 또는 배서인에 대한 청구권을 회생채권으로 행사할 수 있도록 함으로써 어음 등 유가증권의 유통성을 보호하기 위함이다.[17] 지급인 또는 예비지급인이 회생채권자가 되기 위하여는 채무자의 회생절차개시 사실을 알지 못하고 인수 또는 지급을 하여야 한다. 지급인 또는 예비지급인이 채무자의 회생절차개시 사실을 알면서도 인수 또는 지급을 하였다면 제123조가 적용되지 않고, 그 구상권은 회생절차개시 이후의 원인에 기하여 발생한 재산상의 청구권으로서 공익채권에 해당하지 않으므로 제181조 제1항의 개시후기타채권이 된다(제181조 제1항).

라. 차임 등의 지급을 주장하지 못함으로 인한 손해배상청구권

임대인인 채무자에 대하여 회생절차가 개시된 때에는 차임의 선급 또는 차임채권의 처분은 회생절차가 개시된 때의 당기와 차기에 관한 것을 제외하고는 회생절차의 관계에 있어서는 그 효력을 주장할 수 없다(제124조 제1항). 이는 임대인인 채무자가 임차인과 통모하여 다액의 선급 차임이 있다거나 차임

---

17) 주석 채무자회생법 제123조(민지현 집필), 한국사법행정학회, 2021.

채권을 사전에 처분하였다고 허위 주장을 함으로써 채무자의 재산의 충실을 해하는 것을 방지하기 위한 것이다. 회생절차의 관계에서 그 효력을 주장하지 못함으로 인하여 손해를 받은 자는 회생채권자로서 손해배상청구권을 행사할 수 있다(제124조 제2항).

마. 상호계산 종료 시 상대방의 잔액청구권

상호계산은 당사자의 일방에 관하여 회생절차가 개시된 때에는 종료한다. 이 경우 각 당사자는 계산을 폐쇄하고 잔액의 지급을 청구할 수 있다(제125조 제1항). 이 경우 상대방이 채무자에 대하여 갖게 되는 잔액청구권은 회생채권으로 한다(제125조 제2항). 상대방의 잔액청구권은 회생절차개시 이후에 발생한 것이지만 신용을 기초로 하는 상호계산의 특성을 고려하여 회생채권으로 인정하고 있다.

바. 회생절차개시 후의 이자 등

(1) 회생절차개시 후의 이자(제118조 제2호)

회생절차개시 후의 이자는 회생절차개시 후 회생계획인가결정 시까지 발생한 이자로,[18] 회생절차개시결정일의 이자도 포함된다.

(2) 회생절차개시 후의 불이행으로 인한 손해배상금 및 위약금(제118조 제3호)

제118조 제3호의 손해배상금과 위약금은 회생절차개시 전부터 채무자에 재산상의 청구권의 불이행이 있기 때문에 상대방에 대하여 손해배상을 하거나 또는 위약금을 정기적으로 지급하여야 할 관계에 있을 때 그 계속으로 회생절차개시 후에 발생하고 있는 손해배상금과 위약금을 말한다.[19]

(3) 회생절차참가의 비용(제118조 제4호)

회생채권자 또는 회생담보권자가 회생절차에 참가하기 위하여 지출한 신고비용 등을 의미한다. 신고서 작성 등에 관하여 변호사, 법무사에게 지출한 비용 및

18) 대법원 2002. 5. 10. 선고 2001다65519 판결.
19) 대법원 2004. 11. 12. 선고 2002다53865 판결.

그 제출에 든 비용이 이에 해당한다.[20]

4. 회생채권의 분류와 순위

가. 개요

회생계획에서는 권리의 순위를 고려하여 회생계획의 조건에 공정하고 형평에 맞는 차등을 두어야 한다(제217조 제1항). 회생채권은 순위에 따라 일반의 우선권 있는 회생채권(제217조 제1항 제2호)과 일반 회생채권(제217조 제1항 제3호)으로 구분할 수 있다.

나. 일반의 우선권 있는 회생채권(제217조 제1항 제2호)

민법·상법 등의 규정에 의한 일반의 우선권 있는 채권이 이에 해당한다. 회사의 사용인의 우선변제청구권(상법 제468조), 특별한 적립금에 대한 우선변제청구권(보험업법 제32조, 제33조, 상호저축은행법 제37조의2), 예금자보호법 제30조 제5항에 의하여 예금보험공사가 부보 금융기관에 대하여 가지는 출연금, 보험료 및 연체료 등에 대한 우선변제권 등을 예로 들 수 있다. 근로자의 임금·퇴직금·재해보상금 등 청구권도 일반의 우선권 있는 채권에 해당하나(근로기준법 제38조), 채무자회생법은 근로자를 두텁게 보호하기 위하여 이를 공익채권으로 정하고 있다(제179조 제1항 제10호). 실체법이 채무자의 일반재산에 대하여 우선권을 인정하고 있는 점을 반영하여 회생절차에서도 다른 회생채권보다 우대한다.

다. 일반 회생채권(제217조 제1항 제3호)

일반 회생채권은 회생채권 중에서 일반의 우선권 있는 회생채권 이외의 회생채권을 의미한다. 일반 회생채권자는 원칙적으로 확정된 채권액에 따라 의결권을 행사할 수 있다(제188조 제1항). 다만 제118조 제2호 내지 제4호의 회생채권은 의결권을 행사하지 못하고(제191조 제3호), 회생계획의 조건에서 일반 회생채권보다 열등한 취급을 할 수 있다(제218조 제1항 제2호).[21]

---

20) 임채홍·백창훈, 회사정리법(상) 제2판, 한국사법행정학회, 2002, 527면.

21) 구 회사정리법 제121조 제1항은 정리절차개시 후의 이자, 정리절차개시 후의 불이행으로 인

라. 후순위 회생채권

채무자회생법은 구 회사정리법이 정하고 있던 후순위 정리채권을 폐지하였다. 그러나 불이익을 받는 자의 동의가 있는 경우에는 회생계획의 조건을 일반의 회생채권에 비하여 불리하게 취급할 수 있으므로(제193조 제3항), 당사자 사이의 약정에 의해서 후순위 회생채권을 성립시키는 것은 가능하다. 약정에 의한 후순위 회생채권은 회생절차가 개시되면 그 약정에서 우선적 지위를 부여하기로 정한 일반 회생채권보다 후순위로 변제받게 된다. 다만, 채권자들 사이에 채권의 변제순위에 관한 합의가 되어 있으나 제193조 제3항에 따라 법원이 정한 기일까지 법원에 증명자료가 제출되지 않았다면 특별한 사정이 없는 한 법원이 회생계획의 인가 여부에 관한 결정을 할 때 채권자들 사이의 채권의 변제순위에 관한 합의를 반드시 고려하여야 하는 것은 아니다.[22)]

5. 조세 등 청구권

가. 개요

조세채권은 국가 또는 지방자치단체가 존립하기 위한 재정적 기초가 되는 것으로 국세기본법, 지방세기본법 등에 의하여 우선권[23)]과 자력집행권이 인정된다. 따라서 조세채권은 통상의 강제집행절차에서 다른 일반채권에 우선하여 변제받을 수 있고, 법원에 강제집행신청을 하지 않고 체납처분 등을 통해 권리의

한 손해배상금 및 위약금, 정리절차참가의 비용을 후순위 정리채권으로 규정하고 있었다. 그러나 채무자회생법 제정과정에서 구 회사정리법이 성질이 동일하지 않은 채권들을 일률적으로 후순위 정리채권으로 정하여 후순위 정리채권을 통일적으로 파악하기 어렵게 하고, 벌금 등과 같이 권리변경을 하지 못함에도 불구하고 후순위 정리채권으로 규정된 것이 있는 등 모순되므로 후순위 정리채권에 관한 규정을 재검토하여야 한다는 지적을 수용하여 법정 후순위 정리채권을 폐지하였다(김형두, 통합도산법의 과제와 전망 Ⅱ, 저스티스 통권 제85호, 한국법학원, 2005, 38면).

22) 대법원 2015. 12. 29.자 2014마1157 결정.

23) **국세기본법 제35조 제1항 본문**
국세 및 체납처분비는 다른 공과금이나 그 밖의 채권에 우선하여 징수한다.
지방세기본법 제71조 제1항 본문
지방자치단체의 징수금은 다른 공과금과 그 밖의 채권에 우선하여 징수한다.

강제적 실현을 도모할 수 있다.

조세채권이 아니더라도 공공의 이익을 위하여 필요한 경우에는 개별 법률에서 조세채권과 같은 방식으로 징수를 할 수 있도록 정하거나, 나아가 그 징수의 순위를 일반채권에 우선하는 것으로 규정하고 있는 것들이 있다(개별 법률에서 국세징수의 예에 의하여 징수할 수 있는 것으로 규정하고 있는 것으로는 과태료, 국유재산법상 사용료·대부료·변상금 채권 등이 있고, 나아가 징수의 순위를 일반채권에 우선하는 것으로 규정하고 있는 것으로는 국민건강보험법상 보험료 등, 국민연금법상 연금보험료 등, 고용보험 및 산업재해보상보험의 보험료징수 등에 관한 법률상 보험료 등, 어선원 및 어선 재해보상보험법상 어선원보험료 등, 개발이익환수에 관한 법률상 개발부담금 등, 장애인고용촉진 및 직업재활법상 고용부담금 등이 있다).

일반적으로 조세 등 청구권은 ① 국세징수법 또는 지방세징수법에 의하여 징수할 수 있는 청구권과 ② 국세징수의 예(국세 또는 지방세 체납처분의 예 포함)에 의하여 징수할 수 있는 청구권으로서 그 징수우선순위가 일반 회생채권보다 우선하는 것을 말한다(제140조 제2항).[24]

파산절차는 채무자의 재산을 환가·배당하는 절차이므로 조세 등 청구권의 우선권이 관철된다. 조세 등 청구권은 파산절차에서 원칙적으로 파산채권보다 우월한 재단채권으로 취급되므로(제473조 제2호), 파산절차에 의하지 않고 수시로 변제받을 수 있다. 반면 회생절차에서 조세 등 청구권의 우선권을 아무런 제한 없이 관철시킬 경우 채무자의 효율적인 회생을 저해할 우려가 있다. 이에 채무자회생법은 회생절차에서는 회생절차개시 전의 원인으로 발생한 조세 등 청구권을 원칙적으로 일반 회생채권과 동등하게 취급한다.

따라서 회생채권인 조세 등 청구권은 일반 회생채권과 마찬가지로 신고를 하여야 하고(제156조 제1항), 회생계획에 의하여만 변제받을 수 있으며(제131조 본문), 감면도 가능하다(제140조). 다만 채무자회생법은 조세 등 청구권의 특수성을 고려하여 일반 회생채권과는 다른 특칙을 인정하고 있다.

---

24) 국세징수의 예에 의하여 징수할 수 있는 청구권으로서 그 징수우선순위가 일반 회생채권보다 우선하지 않는 것은 조세채권에 관한 특칙이 적용되지 않는 경우가 많으므로 통상 조세 등 청구권으로 분류하지 않는다.

나. 회생채권과 공익채권의 구별

조세 등 청구권도 회생절차개시 전의 원인으로 성립하였다면 회생채권이 된다(제118조 제1호). 조세채권이 회생절차개시 전의 원인으로 생긴 것인지 여부는 회생절차개시결정 전에 법률이 정한 과세요건이 충족되어 그 조세채권이 성립되었는지 여부를 기준으로 판단하고,[25] 회생절차개시결정 전에 법률이 정한 과세요건이 충족되어 있으면 부과처분이 회생절차개시 후에 있는 경우라도 그 조세채권은 회생채권이 된다.[26] 회생절차개시 후의 원인으로 성립한 조세 등 청구권은 채무자의 업무 및 재산의 관리·처분에 관한 비용으로 공익채권이 된다(제179조 제1항 제2호).

다. 조세 등 청구권에 관한 특칙

(1) 회생절차개시신청의 통지 및 의견 진술에 관한 특칙

일반 회생채권자는 회생절차가 개시된 이후에야 비로소 회생절차개시 사실을 통지받는다(제51조 제2항). 그러나 주식회사인 채무자에 대하여 회생절차개시의 신청이 있는 때에는 법원은 채무자의 주된 사무소 또는 영업소(외국에 주된 사무소 또는 영업소가 있는 때에는 대한민국에 있는 주된 사무소 또는 영업소)의 소재지를 관할하는 세무서장에게 통지하여야 한다(제40조 제1항 제3호). 실무상 법원은 주식회사가 아닌 채무자가 회생절차개시신청을 한 경우에도 관할 세무서장에게 통지하고 있다.[27]

일반 회생채권자는 관계인집회에서만 의견을 진술할 수 있다. 그러나 법원은 필요하다고 인정하는 경우 조세 등 청구권의 징수권자에 대하여 채무자의 회생절차에 관한 의견의 진술을 구할 수 있고(제40조 제2항) 그 징수권자는 법원에 대하여 회생절차에 관하여 의견을 진술할 수 있다(제40조 제3항).

---

25) 대법원 2013. 2. 28. 선고 2012두23365 판결. 조세채권의 성립이란 법률이 정한 과세요건을 충족하여 납세의무가 추상적으로 발생하는 것을 의미하는 실체법상의 개념이고, 성립된 조세채권을 현실적인 일정액의 금전채무로 구체화하는 것은 절차법상의 개념으로 조세채권의 확정이라고 한다.

26) 대법원 2002. 9. 4. 선고 2001두7268 판결.

27) 서울회생법원 재판실무연구회, 회생사건실무(상), 박영사, 2019, 433면.

(2) 중지명령 · 포괄적 금지명령에 관한 특칙

회생절차개시의 신청이 있는 경우 법원은 필요하다고 인정하는 때에는 일반 회생채권에 의한 강제집행 등과 마찬가지로 국세징수법 또는 지방세징수법에 의한 체납처분, 국세징수의 예(국세 또는 지방세 체납처분의 예 포함)에 의한 체납처분, 조세채무담보의 목적으로 제공된 물건의 처분의 중지를 명할 수 있으나, 중지명령 전에 징수권자의 의견을 들어야 한다(제44조 제1항 제5호 단서).

일반 회생채권에 의한 강제집행의 경우 포괄적 금지명령에 의하여 그 절차의 진행이 금지 · 중지되나, 국세징수법 또는 지방세징수법에 의한 체납처분, 국세징수의 예(국세 또는 지방세 체납처분의 예 포함)에 의한 체납처분, 조세채무담보의 목적으로 제공된 물건의 처분은 포괄적 금지명령에 의하여 절차의 진행이 금지 · 중지되지 아니한다(제45조 제1항).

(3) 회생절차개시결정에 따른 금지 · 중지에 관한 특칙

회생절차개시결정이 있는 때에는 국세징수의 예에 의하여 징수할 수 있는 청구권으로서 그 징수우선순위가 일반 회생채권보다 우선하지 아니한 것에 기한 체납처분은 금지 · 중지된다(제58조 제1항 제3호, 제2항 제3호).

회생절차개시결정이 있는 때에는 국세징수법 또는 지방세징수법에 의한 체납처분, 국세징수의 예에 의하여 징수할 수 있는 청구권으로서 그 징수우선순위가 일반 회생채권보다 우선하는 것에 기한 체납처분, 조세채무담보를 위하여 제공한 물건의 처분은 ① 회생절차개시결정이 있는 날부터 회생계획인가가 있는 날까지, ② 회생절차개시결정이 있는 날부터 회생절차가 종료되는 날까지, ③ 회생절차개시결정이 있는 날부터 2년이 되는 날까지의 기간 중 말일이 먼저 도래하는 기간 동안 금지 · 중지된다. 이 경우 법원은 필요하다고 인정하는 때에는 관리인의 신청에 의하거나 직권으로 그 기간을 1년 이내의 범위에서 늘일 수 있다(제58조 제3항).

회생계획인가결정이 있은 때에는 조세 등 청구권에 기한 체납처분 등은 제256조 제1항이 적용되지 않으므로 실효되지 않고, 제58조 제3항에 따라 금지 · 중지의 제한도 받지 않는다. 따라서 회생계획이 정한 징수의 유예기간이 지난

후 회생채권인 조세채권에 기하여 이루어진 국세징수법에 의한 압류처분은 적법하다.[28]

(4) 변제에 관한 특칙

회생절차개시 이후 회생채권에 관하여는 원칙적으로 회생계획에 규정된 바에 따르지 아니하고는 변제하거나 변제받는 등 이를 소멸하게 하는 행위(면제 제외)를 할 수 없다(제131조 본문). 그러나 조세 등 청구권은 ① 그 체납처분이나 담보물권의 처분 또는 그 속행이 허용되는 경우, ② 체납처분에 의한 압류를 당한 채무자의 채권에 관하여 그 체납처분의 중지 중에 제3채무자가 징수권자에게 임의로 이행하는 경우에는 속행 등으로 얻은 목적물의 환가금 등으로 조세 등 청구권에 충당할 수 있다(제131조 단서). 위 체납처분 등에 의한 강제환가절차에서는 조세 등 청구권이 회생채권이라고 하더라도 공익채권보다 우선하여 변제를 받을 수 있다.[29]

(5) 채권신고 및 채권조사에 관한 특칙

회생채권인 조세 등 청구권은 목록에 기재되거나 신고를 하여야 하고 목록에 기재되지 아니하거나 신고를 하지 않으면 실권된다. 다만 신고기간 내에 신고하여야 하는 일반 회생채권과 달리 조세 등 청구권은 '지체 없이' 신고하면 된다(제156조 제1항). '지체 없이' 신고하여야 한다는 것은 회생계획안 수립에 장애가 되지 않는 시기로서 늦어도 회생계획안의 심리를 위한 관계인집회 전까지 신고하여야 한다는 의미이다.[30] 조세채권이 회생절차개시결정 전에 추상적으로 성립해 있었다고 하더라도 장차 부과처분에 의하여 구체적으로 정하여질 조세채권을 회생채권으로 신고하지 아니한 채 회생계획인가결정이 된 경우에는 조세채권이 면책되어 과세관청의 부과권이 소멸되므로 이후 과세관청이 부과처분을 하더라도 이러한 부과처분은 그 하자가 중대하고 명백하여 무효이다.[31]

---

28) 대법원 2012. 7. 12. 선고 2012다23252 판결.
29) 대법원 2012. 7. 12. 선고 2012다23252 판결.
30) 대법원 2002. 9. 4. 선고 2001두7268 판결.
31) 대법원 2007. 9. 6. 선고 2005다43883 판결.

조세 등 청구권은 행정처분에 의하여 발생한 것으로 공정력을 가지고 있어 신고가 있는 경우 일응 진정한 채권으로 인정되므로 채권조사의 대상이 되지 않는다. 다만 관리인은 신고된 청구권의 원인이 행정심판, 소송 그 밖의 불복이 허용되는 처분인 때에는 그 청구권에 관하여 채무자가 할 수 있는 방법으로 불복을 신청할 수 있다(제157조 제1항). 행정심판 등으로 불복하지 않을 경우 관리인은 신고금액 그대로 인정하여야 한다.

(6) 권리변경 등에 관한 특칙

회생계획에서 국세징수법 또는 지방세징수법에 의하여 징수할 수 있는 청구권(국세징수의 예에 의하여 징수할 수 있는 청구권으로서 그 징수우선순위가 일반 회생채권보다 우선하는 것 포함)에 관하여 3년 이하의 기간 동안 징수를 유예하거나 체납처분에 의한 재산의 환가를 유예하는 내용을 정하는 때에는 징수권자의 의견을 들어야 한다(제140조 제2항). 징수권자의 의견을 듣는 것으로 족하고, 징수권자가 반대의견을 진술하여도 법원은 이에 구속되지 않는다. 3년을 초과하는 기간 동안 징수를 유예하거나 체납처분에 의한 재산의 환가를 유예하는 내용을 정하거나, 채무의 승계,[32] 조세의 감면 또는 그 밖에 권리에 영향을 미치는 내용을 정하는 때에는 징수권자의 동의를 얻어야 한다(제140조 제3항). 다만, 징수권자의 동의를 받지 아니한 회생계획이 확정된 경우에는 징수권자의 동의를 받지 아니한 하자를 들어 회생계획의 효력을 다툴 수 없다.[33]

(7) 회생계획안 작성에 관한 특칙

국세징수법 또는 지방세징수법에 의하여 징수할 수 있는 청구권(국세징수의 예에 의하여 징수할 수 있는 청구권으로서 그 징수우선순위가 일반 회생채권보다 우선하는 것 포함)에 대하여는 공정하고 형평에 맞는 차등의 원칙이 적용되지 않으므로(제217조 제2항, 제140조 제2항), 이들 청구권을 회생담보권, 일반의 우선권 있는 회생채권보다 우대할 수 있다.

---

32) 회생계획에서 신회사의 설립을 정하고, 그 신회사가 채무자의 조세 등의 납부의무를 승계하는 것을 말한다(제280조).

33) 대법원 2005. 6. 10. 선고 2005다15482 판결.

실무상 회생계획을 작성할 때 조세채권의 원금 및 회생절차개시결정 전까지 발생한 가산금 등을 3년간 분할변제하면서 유예기간 동안의 가산금을 지급하지 않는 것으로 정하고 있는데 이 경우 조세채권에 대한 현가변제율이 청산배당률에 미달할 수 있다. 이러한 회생계획이 청산가치보장의 원칙에 반하는지 문제될 수 있으나, 실무상 조세채권의 현가변제율이 낮아지는 것은 제140조 제2항에 의한 변제유예 규정에 의한 것이므로 청산가치보장의 원칙에 반하는 것은 아니라고 보고 있다.

(8) 관계인집회 결의절차 참가에 관한 특칙

국세징수법 또는 지방세징수법에 의하여 징수할 수 있는 청구권(국세징수의 예에 의하여 징수할 수 있는 청구권으로서 그 징수우선순위가 일반 회생채권보다 우선하는 것 포함)을 가진 자는 회생계획안의 결의를 함에 있어 어느 조에도 속하지 않고(제236조 제2항 단서, 제140조 제2항), 의결권을 행사할 수도 없다(제191조 제2호, 제140조 제2항). 조세 등 청구권자에게는 회생계획에 대한 동의 여부를 결정할 수 있는 권한이나 의견 진술의 기회가 주어지므로 의결권을 인정할 필요가 없기 때문이다.

국세징수의 예에 의하여 징수할 수 있는 청구권으로서 그 징수우선순위가 일반 회생채권보다 우선하지 않는 청구권은 일반 회생채권과 동일하게 조 분류의 대상이 되고, 의결권도 부여받는다.

(9) 부인권 행사 제한에 관한 특칙

채무자가 국세징수법 또는 지방세징수법에 의하여 징수할 수 있는 청구권(국세징수의 예에 의하여 징수할 수 있는 청구권으로서 그 징수우선순위가 일반 회생채권보다 우선하는 것 포함)의 징수권자에게 한 담보의 제공 또는 채무의 소멸에 관하여 한 행위는 부인권의 대상이 되지 않는다(제100조 제2항). 국세징수의 예에 의하여 징수할 수 있는 청구권으로서 그 징수우선순위가 일반 회생채권보다 우선하지 않는 청구권에 대하여 한 담보의 제공 또는 채무소멸행위는 제100조 제2항의 적용을 받지 않으므로 부인권의 대상이 된다.

라. 조세채권을 대위변제한 납세보증보험자의 지위

(1) 개요

납세보증보험이란 국세, 지방세 기타 조세에 관한 법령에서 규정하는 납세담보제공의무자가 보험계약자가 되고 국가 또는 지방자치단체가 피보험자가 되어, 납세자가 그 납부의무를 납부기한에 이행하지 아니함으로써 국가 또는 지방자치단체가 재산상 손해를 입은 경우 보험자가 이를 보상하는 보험이다.[34]

납세보증보험계약을 체결한 이후 보험계약자에 대하여 회생절차가 개시된 경우 조세채무를 대위변제한 보험자도 보험계약자의 채권자이므로 채무자회생법의 적용을 받는다. 이 경우 징수권자에게 보험금을 지급한 보험자가 징수권자의 채권을 대위행사할 수 있는지, 회생절차에서 보험자에게 징수권자와 동일한 지위를 인정할 수 있는지 문제 된다.

(2) 납세보증보험자의 변제자대위 인정 여부

대법원은 납세보증보험은 보험금액의 한도 내에서 보험계약자가 보증 대상 납세의무를 납기 내에 이행하지 아니함으로써 피보험자가 입게 되는 손해를 담보하는 보증보험으로서 보증에 갈음하는 기능을 가지고 있어, 보험자의 보상책임을 보증책임과 동일하게 볼 수 있으므로, 납세보증보험의 보험자가 그 보증성에 터잡아 보험금을 지급한 경우에는 변제자대위에 관한 민법 제481조를 유추적용하여 피보험자인 징수권자가 보험계약자인 납세의무자에 대하여 가지는 채권을 대위행사할 수 있다고 판시하였다.[35]

(3) 조세채권을 대위변제한 납세보증보험자의 회생절차상 지위

조세채권을 대위변제한 납세보증보험자의 회생절차상 지위에 관하여는 논리적으로 ① 조세채권자의 우선권과 자력집행권을 모두 행사할 수 있다고 보는 견해(조세채권과 동일하게 취급하는 견해), ② 체납처분 등의 조세징수절차에 관한 권한은 행사할 수 없으나 조세의 우선권은 인정해 주어야 한다는 견해(일반의 우선

---

34) 서울회생법원 재판실무연구회, 회생사건실무(상), 박영사, 2019, 438면.

35) 대법원 2009. 2. 26. 선고 2005다32418 판결.

권 있는 회생채권으로 취급하는 견해), ③ 납세보증보험자가 사인인 이상 공법상의 특성은 이전되지 않고 순수한 사법상의 금전이행청구권만 행사할 수 있다는 견해(일반 회생채권으로 취급하는 견해)가 있을 수 있다.[36] 납세보증보험자에게 종래의 징수권자보다 우월한 권리를 인정할 수는 없으므로 조세채권과 동일하게 분할변제원칙을 적용하되, 의결권은 부여하지 않는 것이 타당하다는 견해도 제시되고 있다.[37]

실무에서 납세보증보험자를 일반의 우선권 있는 회생채권자에 준하여 취급하여 조세채권자에게 부여하는 권리변경에 대한 의견 진술권 내지 동의권(제140조 제2항 내지 제4항)은 인정하지 않고, 결의를 위한 관계인집회에서 일반의 우선권 있는 채권(제236조 제2항 제2호)으로 분류하여 의결권을 부여하되(제188조), 다만 권리변경은 사실상 징수권자의 동의 없이 조세채권의 징수 등을 유예하는 경우에 준하여(제140조 제2항, 제3항), 인가결정일로부터 3년간 분할변제하거나, 분할변제액을 현재가치로 할인한 금액을 일시변제하는 것으로 권리변경을 한 사례가 있다.[38]

마. 회생절차개시 전의 벌금 등

회생절차개시 전에 채무자에 대하여 부과된 벌금·과료·형사소송비용·추징금·과태료도 회생절차개시 전의 원인으로 생긴 재산상의 청구권이므로 회생채권에 해당한다. 따라서 국가 등 청구권자는 이러한 채권이 있으면 지체 없이 법원에 신고하여야 한다(제156조).

벌금 등 청구권은 채권자목록에 기재되지 않고 신고하지 않은 경우에도 회생계획인가결정으로 면책되지 않고(제251조 단서), 회생계획에서 감면 기타 권리에

36) 권성수, 조세채권을 대위변제한 납세보증보험자의 회생절차상 지위, 사법 제21호, 사법발전재단, 2012, 282면.

37) 이 견해는 실무상 일반의 우선권 있는 회생채권자가 존재하는 경우가 거의 없고, 있다고 하더라도 그 채권이 전체 채권에서 차지하는 비중이 적음에도 이들에게 별도의 조로서 의결권을 부여한다면 이들의 의사에 의하여 회생절차의 운명이 좌우되는 문제가 발생하므로 일반의 우선권 있는 회생채권은 법문상 명백한 경우가 아닌 한 해석으로 창출하여서는 안 된다는 점을 근거로 한다(윤덕주, 사례중심 기업회생, 박영사, 2019, 268면).

38) 서울회생법원 재판실무연구회, 회생사건실무(상), 박영사, 2019, 441면; 주석 채무자회생법 제119조(민지현 집필), 한국사법행정학회, 2021.

영향을 미치는 규정을 하지 못한다(제140조 제1항). 벌금 등은 채무자에 대한 제재적 성격을 가지고 있으므로 현실적으로 변제하도록 하여야 그 목적을 달성할 수 있기 때문이다.[39] 벌금 등 청구권은 조세 등 청구권과 마찬가지로 부인권 행사의 대상에서 제외된다(제100조 제2항).

제140조 제1항, 제251조 단서는 회생계획인가결정에 따른 회생채권 등의 면책에 대한 예외를 규정한 것으로서 그에 해당하는 청구권은 한정적으로 열거된 것으로 보아야 하고, 여기에 열거되지 않은 과징금 청구권은 회생계획인가결정이 있더라도 면책되지 않는 청구권에 해당한다고 볼 수 없다. 채무자에 대한 회생절차개시 전에 과징금 부과 대상인 행정상 의무위반행위가 성립하고 있으면, 그 부과처분이 회생절차개시 후에 있더라도 그 과징금 청구권은 회생채권이 되고 장차 부과처분에 의하여 구체적으로 정하여질 과징금 청구권이 회생채권으로 신고되지 아니한 채 회생계획인가결정이 된 경우에는 제251조 본문에 따라 그 과징금 청구권에 관하여 면책의 효력이 생겨 행정청이 더 이상 과징금 부과권을 행사할 수 없다. 따라서 회생계획인가결정 후에 한 과징금 부과처분은 부과권이 소멸된 뒤에 한 부과처분이어서 위법하다.[40]

6. 회생채권과 다수당사자 채무관계

가. 개요

실체법상 1인의 채권자에 대하여 복수의 채무자가 동일한 급부를 이행할 채무를 부담하는 관계(다수당사자 채무관계)는 채무자가 각자 독립하여 채무를 부담하는 관계(분할채무관계)와 공동으로 채무를 부담하는 관계(공동채무관계)로 구분된다. 공동채무관계에 해당하는 것으로는 불가분채무, 연대채무, 부진정연대채무, 보증채무 등을 들 수 있다. 공동채무관계에서는 동일한 급부에 대하여 복수의 채무자가 공동으로 채무를 부담하여 급부의 이행이 보다 확실해지므로 채권자는 이른바 '인적 담보'에 대한 기대를 가진다.[41] 그러므로 회생절차개시에 의

39) 주석 채무자회생법 제140조(도훈태 집필), 한국사법행정학회, 2021.

40) 대법원 2013. 6. 27. 선고 2013두5159 판결.

41) 伊藤 眞, 會社更生法, 有斐閣, 2012, 220면.

하여 인적 담보를 기대한 채권자의 이익을 해하지 않도록 배려할 필요가 있다.[42] 그러나 다른 한편으로는 채권자의 권리행사에 의하여 다른 회생채권자나 다른 공동채무자 등이 부당하게 불이익을 받는 일이 없도록 유의하여야 한다.[43]

채무자회생법은 제126조 내지 제130조에서 공동채무자의 전부 또는 일부에 대하여 회생절차가 개시된 경우의 채권자와 회생채무자 및 다른 채무자 사이의 법률관계에 관하여 규정하고 있다.

나. 채무자가 다른 자와 더불어 전부 이행의무를 지는 경우

여럿이 각각 전부의 이행을 하여야 하는 의무를 지는 경우 그 전원 또는 일부에 관하여[44] 회생절차가 개시된 때에는 채권자는 회생절차개시 당시에 가지는 채권의 전액에 관하여 각 회생절차에서 회생채권자로서 그 권리를 행사할 수 있다(제126조 제1항). 이 경우 다른 전부의 이행을 할 의무를 지는 자가 회생절차개시 후에 채권자에 대하여 변제 그 밖에 채무를 소멸시키는 행위를 한 때라도 그 채권의 전액이 소멸한 경우를 제외하고는 그 채권자는 회생절차의 개시 시에 가지는 채권의 전액에 관하여 그 권리를 행사할 수 있다(제126조 제2항).

'채무자가 다른 자와 더불어 전부 이행의무를 지는 경우' 또는 '여럿이 각각 전부의 이행을 하여야 하는 의무를 지는 경우'란 여러 명이 각각 동일한 급부의 내용에 관하여 전부의 이행의무를 부담하는 것을 말하는 것으로, 불가분채무자, 연대채무자, 연대보증채무자, 부진정연대채무자, 어음법·수표법에 의한 합동책임을 지는 발행인, 인수인, 배서인 등(어음법 제47조, 제77조 제1항, 수표법 제43조)이 여기에 해당한다.[45] 전부의 이행의무를 부담하는 자 상호 간에 내부관계가 있는지는 묻지 않는다.[46]

---

42) 전대규, 채무자회생법 제5판, 법문사, 2021, 473면.

43) 주석 채무자회생법 제126조(서정원 집필), 한국사법행정학회, 2021.

44) 구 회사정리법은 '그 전원 또는 그 중 수인'에 대하여 정리절차가 개시된 때라고 규정하고 있어(제108조), 1인에 대하여 회생절차가 개시된 경우에 이 규정이 적용되는지 여부에 관하여 의문이 있었으나 채무자회생법은 '전원 또는 일부'라고 하여 1인에 대하여 회생절차가 개시된 경우에도 적용됨을 명확히 하였다.

45) 대법원 1998. 3. 13. 선고 98다1157 판결.

46) 김용덕, 회사정리절차와 다수당사자의 채권관계, 서울대학교 석사학위논문, 1989, 4면.

민법상 다수당사자의 공동채무 관계에서 채무자 1인의 일부 변제는 다른 채무자에게도 그 효력을 미친다(절대적 효력). 일부 변제에 절대적 효력을 인정하는 것은 다수당사자의 공동채무 관계가 발생한 이후 그 채무자들의 변제자력에 중대한 변동이 없어 채권자가 채무자들로부터 전액을 변제받을 가능성이 높다는 것을 전제로 한다. 그런데 공동채무자 전원 또는 일부에 대하여 회생절차가 개시된 경우에도 일부 변제에 절대적 효력을 인정하게 되면 채권자가 채권 전액을 변제받는 것이 어려워질 수 있는데, 이는 공동채무의 인적 담보로서의 기능에 대한 채권자의 기대에 반한다.[47] 이에 채무자회생법은 다수당사자의 공동채무가 발생한 이후 채무자 전원 또는 일부에 대하여 회생절차가 개시된 경우 채권자를 보호하기 위하여 일부 변제의 절대적 효력을 인정하지 않고 있다.

채권자는 회생절차개시 당시 채무자에 대하여 보유하고 있던 채권액에 대하여 회생채권자로서 권리를 행사할 수 있다(현존액주의). 따라서 회생절차개시 전에 채권 소멸사유가 있으면 당초의 채권액으로부터 소멸된 액을 제외한 잔액에 대하여 회생채권자로서 권리를 행사할 수 있다. 그러나 회생절차개시 후에 전부의무자 중 일부의 자가 변제를 하였다고 하더라도 채권의 전액이 소멸되지 않은 이상 해당 절차에서 회생채권자가 행사하는 회생채권액에 아무런 영향을 미치지 않는다.

회생채권자로서 권리를 행사할 수 있다는 것은 회생채권을 신고하고 법원의 허가 아래 회생계획에 의하거나 회생계획에 의하지 아니한 변제를 받으며, 그 밖에 조사기간 내에 또는 특별조사기일에 다른 채권에 대한 이의, 관계인집회에서의 의견 진술과 의결권 행사, 각종 결정에 대한 항고 등을 할 절차상 권리를 가진다는 의미이다.[48]

현존액주의는 회생절차개시 후 다른 전부 의무자의 일부 변제에 관한 것이므로 채권자가 해당 회생절차에서 일부 변제받은 경우에는 적용되지 않고 그 일부 변제는 그 범위에서 채권액을 소멸시킨다. 전부의무자가 아닌 제3자가 일부 변제를 한 경우에는 전부의무자에 의한 인적 담보의 기능을 존중하고자 한 조항의 취지가 적용되는 국면이 아니므로, 이때에는 제126조 제2항이 적용되지 않고 민

47) 전대규, 채무자회생법 제5판, 법문사, 2021, 476면.
48) 온주(로앤비), 채무자회생법 제126조(김정만 집필), 2015.

법의 일반 원칙에 따라 변제의 한도에서 채권자가 회생절차에서 행사할 수 있는 채권액이 감소한다.[49]

또한 현존액주의는 채권자에게 가급적 채권의 완전한 만족을 주기 위한 특칙이기 때문에, 채권의 만족과 관계없는 채권소멸사유의 효력은 변제 등 채무소멸행위에 관한 제126조 제2항이 아닌 민법의 일반 원칙에 따른다. 예를 들어, 다른 연대채무자와 채권자 사이에 일부 경개나 일부 면제가 이루어진 경우에는 민법 제417조, 제419조에 따라 경개 또는 면제의 효력이 회생채무자에게 미치는 한도에서 회생채권액이 감소한다.[50]

다. 전부 의무자의 장래의 구상권 및 변제자대위

여럿이 각각 전부의 이행을 하여야 하는 의무를 지는 경우 그 전원 또는 일부에 관하여 회생절차가 개시된 때에는 채무자에 대하여 장래에 행사할 가능성이 있는 구상권을 가진 자는 그 전액에 관하여 회생절차에 참가할 수 있다(제126조 제3항 본문). 이에 관하여는 수탁보증인의 사전구상권에 관한 민법 제442조 제1항 제2호의 취지를 수탁보증인 이외의 전부의무자에게 확장한 것으로 보는 견해[51]와 장래의 구상권은 제138조의 '장래의 청구권'에 해당하므로 당연히 회생채권에 해당하고 이로써 회생절차에 참가할 수 있으므로 이를 확인하는 규정으로 보는 견해[52]가 있다.

다만 채권자가 회생절차개시 시에 가지는 채권 전액에 관하여 회생절차에 참가한 때에는 장래의 구상권을 행사할 수 없다(제126조 제3항 단서). 이는 원채권자의 권리와 구상권자의 권리 중 원채권자의 권리의 우월성을 인정함과 동시에 동일한 채무에 대하여 2중으로 권리행사가 되지 않도록 조정하기 위함이다.[53] 따라서 채권자가 채권의 일부 금액에 대해서만 회생절차에 참가한 경우에는 장래의 구상권자는 그 잔액의 범위 내에서 회생채권자로서 권리를 행사할 수 있다.

---

49) 김정만, 도산절차상 현존액주의, 사법논집 제52집, 법원도서관, 2011, 157-158면.

50) 서울회생법원 재판실무연구회, 회생사건실무(상), 박영사, 2019, 443면.

51) 서울회생법원 재판실무연구회, 회생사건실무(상), 박영사, 2019, 445면.

52) 김희중, 2015년 상반기 도산법 관련 대법원 판례 소개, 도산법연구 제6권 제2호, 사단법인 도산법연구회, 2015, 12면.

53) 서울회생법원 재판실무연구회, 회생사건실무(상), 박영사, 2019, 445면.

채무자에 대하여 회생절차가 개시된 경우에 회생채권자가 자신의 구상권을 회생채권으로 신고하지 아니하여 채무자가 제251조 본문에 따라 구상권에 관하여 책임을 면한다고 하더라도 회생채권자가 채무자에 대하여 이행을 강제할 수 없을 뿐 구상권 자체는 그대로 존속하므로, 회생채권자가 민법 제481조, 제482조 제1항의 규정에 의한 변제자대위에 의하여 채권자를 대위하여 채권자의 채권 및 그 담보에 관한 권리를 행사하는 데에는 영향이 없다.[54]

장래의 구상권에 관하여 별도로 담보가 제공된 경우에는 제126조 제3항 단서에 따라 장래의 구상권을 부인하면 장래의 구상권자가 향후 전부의무를 이행하더라도 담보권을 행사할 수 없게 되는 문제가 발생할 수 있는데, 실무는 채권자의 회생채권과 구상권자의 회생담보권은 동일한 권리가 아니므로 권리의 2중 행사 문제는 처음부터 발생하지 않는다고 보아 두 채권을 모두 시인하되, 장래의 구상권자에 대하여는 채권의 현실화 가능성을 따져 의결권을 부여하고 회생계획상 변제방법을 조정하는 방식으로 처리하고 있다.[55]

채권자가 회생절차에 참가한 경우 채무자에 대하여 장래에 행사할 가능성이 있는 구상권을 가지는 자가 회생절차개시 후 채권자에 대한 변제 등으로 그 채권의 전액이 소멸한 경우에는 그 구상권의 범위 안에서 채권자가 가진 권리를 행사할 수 있다(제126조 제4항). 채권자가 채권신고를 하기 전에 채권 전액이 소멸한 경우에는 구상권자는 회생채권 또는 회생담보권을 신고하고 권리행사를 할 수 있다. 채권자가 채권신고를 함으로써 권리행사를 할 수 없었던 경우에도 이후 채권 전액이 소멸하였다면 구상권을 신고하여 행사하거나, 신고 명의변경절차(제154조)에 의하여 채권자의 권리를 대위행사할 수 있다. 이 경우 채권자는 변제를 한 구상권자의 신고 명의변경에 협조하여야 하고 명의변경 전에 채권신고를 취하해서는 안 된다. 반면 일부 변제의 경우에는 채권자만이 회생절차개시 당시 가진 채권 전액에 관하여 회생채권자로서 권리를 행사할 수 있고 구상권자는 권리를 행사할 수 없다. 연대보증인이 회생계획인가 후 변제한 금액이 회생계획에 따라 감면되고 남은 주채무자의 채무액을 초과하더라도 연대보증계약에 따른 채권자의 채권액에는 미치지 못한다면, 회생절차개시 후에 채권자의 채권

54) 대법원 2015. 11. 12. 선고 2013다214970 판결.

55) 서울회생법원 재판실무연구회, 회생사건실무(상), 박영사, 2019, 578면.

액 전부를 변제한 것으로 볼 수 없다.[56)]

채무자의 채무의 담보로서 자기 소유물 위에 담보권을 설정한 물상보증인의 장래의 구상권에 대하여도 제126조 제3항과 제4항의 법리가 적용된다(제126조 제5항). 따라서 물상보증인이 자신이 담보로 제공한 목적물의 환가 등에 의하여 채권자의 채권 일부가 변제되었다고 하더라도 채권 중 그 담보목적물의 환가로 변제되지 않은 부분이 있는 경우에는 구상권을 행사할 수 없다.

라. 채무자가 보증채무를 지는 경우

보증인인 채무자에 대하여 회생절차가 개시된 때에는 채권자는 회생절차개시 당시 가진 채권의 전액에 관하여 회생채권자로서 그 권리를 행사할 수 있다(제127조). 보증인에 대하여 회생절차가 개시된 때에는 보증채무의 보충성에 따른 최고·검색의 항변권(민법 제437조 본문)을 인정하지 않고 채권자가 회생절차개시 당시 가진 채권의 전액을 가지고 절차에 참가할 수 있도록 하고 있다.[57)]

여럿의 보증인이 각각 채무의 일부를 부담하는 경우 각 보증인의 보증의 한도 내에서 주채무자와 각 보증인 사이에도 제126조 및 제127조가 적용된다(제130조). 주채무의 전액이 소멸한 경우에 보증인이 채무자에 대하여 변제자대위 등으로 그 권리를 행사할 수 있다는 점에는 이론이 없다. 반면 일부 보증인이 자신이 보증한 부분을 전액 변제하였으나 나머지 주채무 부분이 미변제로 남아 있는 경우 채권자가 원래의 채권 전액의 범위에서 여전히 권리행사를 할 수 있는지 문제 된다. 이는 일부 보증인이 구상권을 행사하거나 변제자대위로 채권자의 권리를 행사하기 위하여 자신이 보증한 부분을 변제하면 족한지, 아니면 채권자의 채권 전액을 변제하여야 하는지의 문제이다. 제130조가 제126조를 '그 부담부분에 관하여' 준용한다고 정하고 있으므로 현존액주의가 적용되는 범위는 공동채무관계가 존재하는 보증채무 성립부분에 한하고 보증인이 보증한 범위에서 의무를 다하였으면 변제자대위를 인정하는 것이 타당하다.[58)]

---

56) 대법원 2021. 11. 11. 선고 2017다208423 판결.

57) 서울회생법원 재판실무연구회, 회생사건실무(상), 박영사, 2019, 444면.

58) 주석 채무자회생법 제130조(서정원 집필), 2021. 보증인이 보증한 부분의 변제로 족하다고 본 하급심결정으로 대전고등법원 2010. 12. 31.자 2010라38 (청주)결정, 하급심판결로 서울중앙지방법원 2018. 10. 11. 선고 2018가합520064 판결이 있다.

마. 법인의 채무에 대하여 무한책임 또는 유한책임을 지는 경우

(1) 법인의 채무에 대하여 무한책임을 지는 경우

법인의 채무에 대하여 무한책임을 지는 자[59]에 관하여 회생절차개시결정이 있는 경우에는 해당 법인의 채권자는 회생절차개시 당시에 가진 채권의 전액에 관하여 회생절차에 참가할 수 있다(제128조). 법인의 채무에 대하여 무한책임을 지는 자는 보증인에 준하는 지위에 있으므로 제127조와 유사한 특칙을 두고 있는 것이다.

(2) 법인의 채무에 대하여 유한책임을 지는 경우

법인의 채무에 관하여 유한책임을 지는 사원에 대하여 회생절차개시결정이 있는 경우에 법인의 채권자는 회생절차에 참가할 수 없다(제129조 제1항). 법인에 대하여 회생절차개시결정이 있는 경우 법인의 채권자는 법인의 채무에 관하여 유한책임을 지는 사원에 대하여 그 권리를 행사할 수 없다(제129조 제2항).

7. 회생채권자의 회생절차상 지위

가. 회생채권의 변제금지

회생채권에 관하여는 회생절차가 개시된 이후에는 채무자회생법에 특별한 규정이 있는 경우를 제외하고는 회생계획에 규정된 바에 따르지 아니하고는 변제하거나 변제받는 등 이를 소멸하게 하는 행위(면제 제외)를 하지 못한다(제131조 본문). 회생절차에 있어서 회생채권의 변제는 회생계획에 의한 자본구성의 변경과 불가분의 관계에 있으므로 종전의 채권·채무 관계는 일단 동결할 필요가 있고, 만약 변제를 금지하지 아니하면 회사의 적극재산이 감소되어 기업의 유지를 도모할 수 없으며, 일부 회생채권자에게만 회생계획에 의하지 아니하고 우선 변제하는 것은 회생채권자들 사이의 공평을 해할 염려가 있기 때문이

---

59) 법인의 채무에 대하여 무한책임을 지는 자란 법인이 부담하는 모든 채무에 대하여 자신의 전재산으로 이행할 책임을 부담하는 자를 말한다[온주(로앤비), 채무자회생법 제128조(김정만 집필), 2015].

다.[60] 이를 위반하여 회생채권에 대한 변제 등 채무소멸행위를 할 경우 그 행위는 무효(절대적 무효)가 되고, 그 채권은 소멸하지 않는 것으로 취급된다. 상대방이 변제 기타 급부를 받은 경우에는 부당이득으로 관리인에게 반환하여야 한다.

금지되는 행위는 관리인에 의한 변제가 전형적이지만, 그 밖에 대물변제, 경개, 공탁 등도 포함되고,[61] 추심명령의 제3채무자가 변제하는 것도 금지된다.[62] 면제는 채무자의 재산이 감소되지 않기 때문에 제131조에서 예외적으로 허용하고 있다. 주채무자에 대한 회생절차가 개시된 경우 보증인이 민법 제434조[63]에 의하여 상계할 수 있는지 문제 된다. 제131조 본문은 파산절차와는 달리 명시적으로 채무자에 대한 회생절차가 개시된 후에는 채무자회생법에 특별한 규정이 없는 한 채무자의 재산으로 회생채권을 변제하는 등 회생채권을 소멸하게 하는 행위를 포괄적으로 금지하고 있는데 이 규정에서 금지하는 행위에는 채무자 또는 관리인에 의한 회생채권 변제뿐만 아니라, 채무자 또는 관리인에 의한 상계와 보증인 등 제3자에 의한 상계도 포함된다고 보아야 한다. 이 규정은 행위의 주체를 한정하지 않고 있는 데다가 이러한 상계도 이 규정에서 정한 '회생채권을 소멸하게 하는 행위'에 해당하기 때문이다.[64]

회생절차개시결정의 효과는 해당 채무자에게만 미칠 뿐 보증인 등 제3자에게는 미치지 않으므로 채권자의 보증인에 대한 권리행사나 물상보증인에 대한 저당권의 실행에는 지장이 없다.[65] 주된 납세의무자에 대하여 회생절차가 개시된 이후 2차 납세의무자에 대하여 체납처분을 하는 것도 가능하다. 발행인인 채무자에 대한 회생절차에서 어음소지인의 어음채권이 회생채권으로 확정되었더라도 어음법상 합동책임을 부담하는 어음배서인에 대하여 소구권을 행사하는 것이 이중으로 권리를 취득하게 된다거나 신의칙에 반한다고 볼 수 없다.[66] 하도급거래 공정화에 관한 법률상 원사업자에 해당하는 채무자에 대하여 회생절차가 개

---

60) 대법원 1998. 8. 28.자 98그11 결정.
61) 서울회생법원 재판실무연구회, 회생사건실무(상), 박영사, 2019, 449면.
62) 온주(로앤비), 채무자회생법 제131조(오민석 집필), 2015.
63) **민법 제434조** 보증인은 주채무자의 채권에 의한 상계로 채권자에게 대항할 수 있다.
64) 대법원 2018. 9. 13. 선고 2015다209347 판결.
65) 대법원 2001. 6. 12. 선고 99다1949 판결.
66) 대법원 1998. 3. 13. 선고 98다1157 판결.

시된 경우, 수급사업자가 발주자에 대하여 위 법률 제14조 제1항에 따라 하도급 대금의 직접지급을 청구하는 것도 허용된다.67)

나. 변제금지의 원칙에 대한 예외

(1) 법원의 허가를 받은 경우

관리인이 법원의 허가를 받은 경우에는 변제가 허용된다(제131조 단서). 여기서 허가는 원칙적으로 사전허가를 말하고, 변제에는 상계도 포함된다. 관리인의 변제·상계 등 회생채권 소멸행위에 대하여 법원의 허가를 받도록 규정한 취지는 관리인이 변제·상계 등을 통하여 회생절차에 의하지 아니하고 특정 회생채권을 다른 회생채권보다 우선하여 만족시킴으로써 회생채권자 상호 간의 평등을 해치는 행위가 일어나는 것을 방지하기 위한 것이다.68)

법원이 회생절차에 의하지 아니한 변제를 허가하였다 하더라도, 그 효과는 제131조에서 정한 회생채권 소멸금지의 효력이 해제됨에 그칠 뿐이고, 허가받은 내용대로 변제가 이루어지지 아니한 경우에 채권자가 회생절차와 무관하게 개별적인 권리행사에 나아갈 수는 없다.69)

(2) 조세 등 청구권

조세 등 청구권으로서 ① 그 체납처분이나 담보물권의 처분 또는 그 속행이 허용되거나, ② 체납처분에 의한 압류를 당한 채무자의 채권(압류의 효력이 미치는 채권 포함)에 관하여 그 체납처분의 중지 중에 제3채무자가 징수권자에게 임의로 이행하는 경우는 변제금지의 대상이 아니다(제131조 단서).

(3) 중소기업자의 소액채권

채무자의 거래상대방인 중소기업자가 그가 가지는 소액채권을 변제받지 아니하면 사업의 계속에 지장을 초래할 우려가 있는 때에는 회생계획인가결정 전이라도 관리인·보전관리인 또는 채무자는 법원의 허가를 받아 그 전부 또는 일부

---

67) 대법원 2007. 6. 28. 선고 2007다17758 판결.
68) 대법원 2008. 6. 26. 선고 2006다77197 판결.
69) 대법원 2004. 4. 23. 선고 2003다6781 판결.

를 변제할 수 있다(제132조 제1항). 법원은 허가를 함에 있어서 관리위원회 및 채권자협의회의 의견을 들어야 하며, 채무자와 채권자의 거래상황, 채무자의 자산상태, 이해관계인의 이해 등 모든 사정을 참작하여야 한다(제132조 제3항).

이는 거래처인 중소기업자를 보호함으로써 채무자가 상거래를 통하여 자금을 확보하고 영업을 계속할 수 있도록 하기 위한 것이다. 다만, '중소기업자'와 '소액채권'의 의미는 해석에 맡겨져 있다. 변제대상 채권액이 소액채권에 해당하는지 여부는 채무자의 자산 및 영업의 규모, 전체 회생채권의 규모 및 구조, 해당 채권자의 영업 규모 및 현황 등을 종합적으로 고려하여 판단하여야 할 것인데 실무상 회생채권 금액에 비하여 의결권행사, 분할변제 등 절차 유지 및 관리비용이 과다한 경우 원활한 회생절차 진행을 위하여 중소기업자의 요건을 완화하여 조기변제를 허용하고 있다.[70] 법원이 조기변제를 허용한 예는 채권 금액 100만 원 이하에서 1억 원 이하까지 다양하다.

사업의 계속에 지장을 초래할 우려가 있는 때의 의미와 관련하여서는 종래 '현저한 지장'을 초래할 우려가 있을 것을 요하다가 '현저한' 부분을 삭제한 것을 고려하면, 중소기업자에게 지급정지 또는 지급불능의 염려가 있다거나 변제자금을 마련하기 위하여 중요한 자산을 처분해야 하는 정도에 이를 것까지 요구하는 것은 아니라고 해석된다.[71]

(4) 채무자의 회생을 위하여 필요한 경우

회생채권의 변제가 채무자의 회생을 위하여 필요하다고 인정될 경우에는 회생계획인가결정 전이라도 관리인·보전관리인 또는 채무자는 법원의 허가를 받아 그 전부 또는 일부를 변제할 수 있다(제132조 제2항). 기존 거래처와의 거래관계가 다른 거래처로 대체 불가능하고 그 거래 관계의 유지가 회생에 필수적이며 기존 거래처가 회생채권의 조기변제를 거래유지의 조건으로 요구하는 경우가 이에 해당한다.[72]

법원은 허가를 함에 있어서 관리위원회 및 채권자협의회의 의견을 들어야 하

---

70) 서울회생법원 재판실무연구회, 회생사건실무(상), 박영사, 2019, 452면.

71) 주석 채무자회생법 제132조(서정원 집필), 한국사법행정학회, 2021.

72) 서울회생법원 재판실무연구회, 회생사건실무(상), 박영사, 2019, 452면.

며, 채무자와 채권자의 거래상황, 채무자의 자산상태, 이해관계인의 이해 등 모든 사정을 참작하여야 한다(제132조 제3항).

(5) 회생계획에의 명시

회생계획인가결정 전에 변제한 회생채권은 회생계획에 명시하여야 한다(제198조).

다. 회생절차 참가

회생채권자는 그가 가진 회생채권으로 회생절차에 참가할 수 있다(제133조 제1항). 회생절차에 참가한다는 것은 채권조사기간 안에 또는 특별조사기일에 다른 회생채권 또는 회생담보권에 관하여 이의를 하고(제161조 제1항, 제164조 제2항), 회생계획안의 심리 및 결의를 위한 관계인집회에 출석하여 의견을 진술하고 의결권을 행사하며(제225조, 제237조), 회생계획에 따라 변제받는 것을 의미한다. 회생절차에 참가하기 위하여는 회생채권자의 목록에 기재되거나(제147조), 신고기간 내에 회생채권을 신고하고(제148조), 채권조사를 통해 그 권리가 확정되어야 한다.

(1) 의결권 액의 산정방법

일반적으로 금전채권의 경우 채권 금액이 회생채권액이 되기 때문에 회생채권자는 회생절차개시결정 당시의 채권액에 따라 의결권을 행사한다. 다만 기한이나 조건이 붙은 채권 등의 경우에는 회생절차개시결정 시를 기준으로 산정한 금액에 따라 의결권을 행사한다(제133조 제2항).

(가) 개시 후 기한이 도래하는 무이자 확정기한부 채권

기한이 회생절차개시 후에 도래하는 이자 없는 채권은 회생절차가 개시될 때부터 기한에 이르기까지의 법정이율에 의한 이자와 원금의 합계가 기한 도래 당시의 채권액이 되도록 계산한 다음 그 채권액에서 그 이자를 공제한 금액으로 한다(제134조). 회생절차개시 당시 기한이 도래하지 않았더라도 이자가 있는 채권은 개시 후 이자에 대하여 의결권을 행사하지 못하고(제191조 제3호, 제118조 제2호), 회생절차개시 당시 기한이 도래한 채권은 개시 후 불이행으로 인한 손해배상금에 대하여 의결권을 행사하지 못하는데(제191조 제3호, 제118조 제3호), 개시 후 기한이 도래하는 무이자 확정기한부채권의 의결권 액수와 위와 같이 이자가 발생하는 채권이나 기한이 도래한 채권의 의결권 액수 사이에 균형을 유지할 필요가 있기 때문이다.[73] 중간이자를 공제하여 의결권 액수를 산정하는 계산방법은 호프만식 계산법을 통한 현가계산방식을 적용하여 "의결권의 액수 = 채권액 / (1 + 변제기까지의 연수 × 법정이율)"이 된다.[74]

(나) 금액과 존속기간이 확정되어 있는 정기금채권

금액과 존속기간이 확정되어 있는 정기금채권의 경우에도 회생절차개시결정 후에 기한이 도래하는 이자 없는 확정기한부 채권과 마찬가지로 중간이자를 공제한 금액을 의결권 액으로 한다(제135조). 제134조의 중간이자 공제방법이 준용되므로 각 지분채권마다 중간이자를 공제하는 계산을 한 뒤 이를 합산하는 방식으로 의결권을 계산한다.

(다) 회생절차개시결정 시의 평가액을 의결권 액으로 하는 채권

계산방법을 정하여 의결권 액을 산정하는 것이 곤란한 채권에 대하여는 회생절차개시결정 시의 평가액을 의결권으로 한다. 이러한 채권은 개개 채권의 내용에 따라 합리적인 방법으로 평가한다.

여기에 해당하는 것으로는 ① 기한이 불확정한 이자 없는 채권(제136조), ② 정기금채권의 금액 또는 존속기간이 불확정한 채권(제136조), ③ 채권의 목적이 금전이 아니거나 그 액이 불확정한 때와 외국의 통화로서 정하여진 때(제137조), ④ 조건부 채권(제138조 제1항), ⑤ 채무자에 대하여 행사할 수 있는 장래의 청구권(제138조 제2항)이 있다.

(2) 의결권 액의 확정

의결권의 액은 목록에 기재되어 있거나 채권자에 의해 신고되고, 관리인, 회생채권자, 회생담보권자, 주주·지분권자 사이에서 다툼이 없는 경우에는 확정된다(제166조). 다툼이 있는 경우에는 법원이 재량으로 결정한다(제188조 제2항).

---

73) 주석 채무자회생법 제134조(민지현 집필), 한국사법행정학회, 2021.

74) 주석 채무자회생법 제134조(민지현 집필), 한국사법행정학회, 2021.

II. 회생담보권

1. 의의

회생담보권이란 회생채권이나 회생절차개시 전의 원인으로 생긴 채무자 외의 자에 대한 재산상의 청구권으로서 회생절차개시 당시 채무자의 재산상에 존재하는 유치권·질권·저당권·양도담보권·가등기담보권·「동산·채권 등의 담보에 관한 법률(이하 '동산채권담보법')」에 따른 담보권·전세권 또는 우선특권으로 담보된 범위의 것을 말한다(제141조 제1항). 간단히 말하면, 피담보채권이 회생채권이거나 채무자가 물상보증인인 담보부 청구권이라고 할 수 있다.[75] 회생담보권은 회생채권 중에서 유치권 등의 담보권에 의하여 담보된 범위의 채권을 의미하므로, 채권조사확정재판 또는 채권조사확정재판에 대한 이의의 소에서 어떠한 채권을 회생담보권으로 확정하는 경우, 동일한 채권을 회생채권으로 확정할 이익은 없다고 보아야 한다.[76]

담보권자는 채무자에 대하여 파산선고가 된 경우 별제권자로서 파산절차와 무관하게 권리를 행사하여 담보목적물로부터 완전한 만족을 얻을 수 있다. 그러나 회생절차에서 담보권자의 권리행사를 인정할 경우 채무자가 담보목적물로 제공된 생산시설을 사용할 수 없게 되어 채무자의 회생에 지장을 줄 수 있으므로 채무자회생법은 회생채권자와 마찬가지로 회생담보권자의 개별적인 권리행사를 금지하고 회생계획이 정하는 바에 따라 변제받도록 하고 있다(제141조 제2항, 제131조).

회생담보권은 엄밀하게 말하면 담보권이 아니라 담보권에 의하여 담보되는 청구권 내지 피담보채권이라 할 수 있다.[77] 회생담보권은 담보권 목적의 가액(선순위의 담보권이 있는 때에는 그 담보권으로 담보된 채권액을 담보권의 목적의 가액으로부터 공제한 금액) 범위 내에서 인정되고, 가액을 초과하는 부분은 회생채권이

75) 주석 채무자회생법 제193조(차승환 집필), 한국사법행정학회, 2021.

76) 대법원 2021. 2. 4. 선고 2018다304380, 304397 판결.

77) 김재형, 도산절차에서 담보권자의 지위, 민사판례연구 제28권, 민사판례연구회 편, 박영사, 2006, 1120면; 우성만, 회사정리법상 담보권자의 지위, 재판자료 제86집, 법원도서관, 2000, 282면.

된다(제141조 제4항).

회생계획에서 피담보채권이 회생담보권으로 인정된 경우에도 회생계획에 담보권 자체의 존속을 정하지 아니하면 담보권은 인가결정에 의하여 소멸한다(제251조). 대부분의 회생계획에서는 회생담보권 존속조항을 두고 있다.

2. 회생담보권의 요건

가. 청구권의 범위

회생담보권이 되는 청구권은 회생채권 또는 회생절차개시 전의 원인으로 생긴 채무자 외의 자에 대한 재산상의 청구권이다. 후자는 회생절차개시 전에 채무자가 제3자의 채무를 위하여 물상보증인이 된 경우이다. 다만 이자 또는 채무불이행으로 인한 손해배상이나 위약금 청구권의 경우 회생절차개시결정 전날까지 생긴 것에 한하여 회생담보권으로 인정되므로(제141조 제1항 단서), 회생절차개시 후의 이자와 회생절차개시 후의 불이행으로 인한 손해배상금 및 위약금은 회생담보권이 아니라 회생채권이다(제118조 제2호, 제3호). 제141조 제1항 단서 규정은 회생담보권자가 회생절차에 참가할 수 있는 회생담보권의 범위를 정한 것일 뿐이고, 이를 넘어서 인가된 회생계획에 따른 회생담보권의 권리변경과 변제방법, 존속 범위 등을 제한하는 규정으로 볼 수는 없다.[78]

나. 회생절차개시 당시 채무자의 재산상에 존재하는 담보권

회생담보권으로 인정되기 위해서는 회생절차개시 당시 채무자의 재산상에 담보권이 존재하여야 한다. 회생절차개시 당시 담보권이 존재하면 충분하고 그 후에 담보목적물의 멸실 등으로 실체법상의 담보권이 소멸하더라도 회생절차상 회생담보권으로 존속하는 데는 영향이 없다.[79]

부동산경매절차에서 채무자 소유의 부동산이 매각되고 매수인이 매각대금을 다 납부하여 매각부동산 위의 저당권이 소멸하였더라도 배당절차에 이르기 전에

78) 대법원 2021. 10. 14. 선고 2021다240851 판결.
79) 대법원 2014. 12. 24. 선고 2012다94186 판결.

채무자에 대하여 회생절차개시결정이 있었다면, 저당권자는 회생절차개시 당시 저당권으로 담보되는 채권 또는 청구권을 가진 회생담보권자로 보아야 한다.[80]

대법원은 채무자가 회생절차개시 전에 제3자 소유의 담보권부 재산을 양수하는 계약을 체결하였더라도 회생절차개시 후에 소유권이전등기를 마친 이상, 그 재산은 회생절차개시 당시에는 채무자의 재산이 아니었으므로 담보권자를 회생담보권자로 볼 수 없지만, 담보권자가 이와 같은 회생절차개시 후의 소유권 이전 사실을 알면서, 담보권을 실행하는 것보다는 회생담보권으로 취급되어 회생계획에 따라 변제받는 것이 유리하다고 판단하여 스스로 자기의 권리를 회생담보권으로 신고하고 관리인도 이의하지 아니함에 따라 회생절차에서 회생담보권으로 취급되어 확정된 후 회생계획까지 인가되었다면, 신의칙상 담보권자는 더 이상 회생절차 밖에서 담보권을 실행할 수 없다고 판시하였다.[81]

다. 담보권의 종류

회생절차개시 당시 채무자의 재산에 존재하는 담보권이어야 한다. 제141조 제1항의 규정은 담보권의 종류에 관한 예시규정이다. 회생담보권이 되기 위해서는 회생절차개시 당시에 담보권에 관하여 등기, 인도와 같은 물권변동의 성립요건 또는 권리질권의 설정에 있어서는 확정일자 있는 통지·승낙과 같은 제3자에 대한 대항요건을 갖추고 있어야 한다.

라. 담보권으로 담보된 범위의 것

회생담보권자는 그 채권액 중 담보권의 목적의 가액(선순위의 담보권이 있는 때에는 그 담보권으로 담보된 채권액을 담보권의 목적의 가액으로부터 공제한 금액)의 한도 내에서 회생담보권자로 인정되고, 이를 초과하는 부분은 회생채권이 된다(제141조

---

80) 대법원 2018. 11. 29. 선고 2017다286577 판결. 부동산경매절차에서 매각대금이 납부됨에 따라 매각부동산 위의 저당권이 형식적으로 소멸하였다고 하더라도, 저당권은 배당이 완료될 때까지 매각부동산의 교환가치를 현실화한 매각대금에 대하여 우선변제를 받을 수 있는 권리로서 존속하고, 최종적으로 배당이 완료되었을 때 그 목적을 달성하여 소멸하기 때문이다(양형우, 회생절차가 담보권실행을 위한 경매절차에 미치는 영향, 홍익법학, 홍익대학교 법학연구소, 2020, 512－513면).

81) 대법원 2008. 6. 13.자 2007마249 결정.

제4항).

회생담보권의 목적의 가액을 평가하는 방법에 대하여 대법원은 그 평가의 객관적 기준은 회사의 유지·회생, 즉 기업의 계속을 전제로 평가한 가액이어야 하고, 회사의 해산과 청산, 즉 기업의 해체, 처분을 전제로 한 개개 재산의 처분가액을 기준으로 할 것은 아니며 이때 그 가액의 평가방법은 수익환원법 등 수익성의 원리에 기초한 평가방식이 표준적인 방식이라고 할 수 있으나, 재산의 종류와 특성에 따라 원가법 등 비용성의 원리에 기초한 평가방식이나 거래사례비교법 등 시장성의 원리에 기초한 평가방식이라도 기업의 계속성을 감안한 객관적 가액을 표현할 수 있는 것이면 족하다고 보고 있다.[82)]

3. 회생담보권의 종류

가. 유치권

유치권은 채권이 변제되기 전까지 목적물을 유치할 수 있는 권리에 불과하고, 다른 담보권과는 달리 그 물건으로부터 우선변제를 받을 권리가 없지만(민법 제320조), 회생절차의 원활한 진행을 위하여 회생담보권으로 인정하고 있다.[83)] 유치권자가 회생절차개시결정 이후 점유를 상실하더라도 회생담보권자로서의 지위는 유지된다. 민사유치권의 경우 담보를 제공하고 유치권의 소멸을 청구할 수 있는데(민법 제327조), 상사유치권의 경우에도 담보를 제공하고 유치권의 소멸을 청구할 수 있는지 문제 된다. 민법 제327조가 상사유치권에도 적용됨을 근거로 이를 긍정하는 긍정설[84)]과 민법 제327조가 상사유치권에 적용되지 않는다는 것을 전제로 유치권소멸청구 제도를 도입하여야 한다는 부정설[85)]이 대립하고 있다. 상사에 관하여 상법에 규정이 없으면 상관습법에 의하고 상관습법이 없으면

82) 대법원 2017. 9. 7. 선고 2016다277682 판결.

83) 오수근·한민·김성용·정영진, 도산법, 한국사법행정학회, 2012, 125면.

84) 김재형, 도산절차에서 담보권자의 지위, 남효순·김재형 공편, 통합도산법, 법문사, 2006, 6-7면.

85) 우성만, 회사정리법상 담보권자의 지위, 재판자료 제86집, 법원도서관, 2000, 286면; 임채홍·백창훈, 회사정리법(상) 제2판, 한국사법행정학회, 2002, 567면.

민법의 규정에 의하므로(상법 제1조), 상사유치권자도 민법 제327조에 의하여 유치권의 소멸을 청구할 수 있다고 해석하는 것이 타당하다. 다만, 부정설에 의하더라도 제132조가 회생담보권에도 유추적용된다고 해석한다면, 그 요건에 해당하는 경우에는 법원의 허가를 받아 회생담보권을 변제하여 유치권을 소멸시킬 수 있을 것이다.[86)]

나. 질권

질권은 동산질권, 권리질권, 민사질권, 상사질권을 모두 포함한다. 지명채권에 대한 질권의 경우 회생절차개시 당시에 제3자에 대한 대항요건(민법 제349조, 제450조)을 갖추고 있어야 회생담보권이 될 수 있다. 상사질권의 경우는 민사질권과 달리 유질계약이 허용되지만(상법 제59조, 민법 제339조), 회생절차개시 후에는 제141조 제2항, 제131조에 따라 유질계약에 기한 담보권 실행이 금지된다.

다. 저당권

민법상 저당권에 한정되지 않고, 공장저당권, 공장재단저당권, 광업재단저당권, 입목저당권, 자동차·항공기·건설기계·선박저당권 등 특별법에 의한 저당권도 포함된다.

라. 근저당권

채무자에 대하여 회생절차가 개시된 경우, 채무자의 재산에 설정된 근저당권에 의하여 담보되는 피담보채무가 확정되는지 문제 된다. 비확정설은 청산절차인 파산절차개시의 경우 근저당권의 확정 사유가 되는 것은 당연하지만 회사의 존속을 전제로 하는 회생절차의 개시가 근저당권 확정의 논리필연적인 사유가 된다고 볼 수 없고, 회생절차가 개시된 채무자의 유동성 위기를 타개하기 위하여 법적으로 신규대출자의 지위를 당초 순위인 근저당권자로 인정해 주면 채권자나 채무자에게 유익하다는 점을 근거로 한다.[87)] 반면 확정설은 회생절차에서는 회생절차개시의 시점을 기준으로 근저당권의 피담보채무의 범위를 확정시킴

86) 주석 채무자회생법 제141조(도훈태 집필), 한국사법행정학회, 2021.
87) 임치용, DIP Financing – 한국과 미국의 비교, 파산법연구 3, 박영사, 2010, 206면.

으로써 법률관계를 명확하게 할 필요가 있고, 채무자의 회생에 필요한 자금 조달을 이유로 후순위 담보권자의 지위를 불리하게 할 수는 없으며, 비확정설에 따르면 채권최고액 범위 내에서 채권자와 채무자가 법원의 관여 없이 자유롭게 회생담보권을 발생시키게 되는데 회생절차개시 후 채무의 증가가 법원의 허가 없이 이루어지는 것은 채무자회생법의 취지에 반한다는 점을 근거로 한다.[88]

대법원은 근저당권이 설정된 이후 채무자 또는 근저당권설정자에 대하여 회생절차개시결정이 내려진 경우, 그 근저당권의 피담보채무는 회생절차개시결정 시점을 기준으로 확정되는 것으로 보아야 하므로, 그 이후 근저당권자가 채무자 회사 또는 채무자 회사의 관리인에게 그 사업의 경영을 위하여 추가로 금원을 융통하여 줌으로써 별도의 채권을 취득하였다고 하더라도, 그 채권이 위 근저당권에 의하여 담보될 여지는 없다고 함으로써 확정설을 취하고 있다.[89]

마. 양도담보권

(1) 개요

동산의 양도담보권자는 대외적으로 동산의 소유권을 취득하므로(신탁적 양도설), 양도담보권자의 지위에 기초하여 제3자 이의의 소에 의하여 목적물건에 대한 양도담보설정자의 일반채권자가 한 강제집행의 배제를 구할 수 있다.[90] 실체법상의 권리를 회생절차에서 존중하여야 한다는 원칙에 따른다면 채무자의 재산에 대한 양도담보권자에게 회생절차개시결정 이후 환취권을 인정하여야 할 것이다. 그러나 채무자회생법은 양도담보권의 실질이 채권담보에 있음을 근거로 회생담보권으로 취급함으로써 양도담보권자의 환취권 행사를 인정하지 않고 있다.[91]

---

88) 김재형, 도산절차에서 담보권자의 지위, 남효순·김재형 공편, 통합도산법, 법문사, 2006, 26－27면; 오수근, 회사정리절차 개시와 근저당권부 피담보채권의 확정, 판례실무연구 Ⅵ, 비교법실무연구회 편, 박영사, 2003, 130면.

89) 대법원 2001. 6. 1. 선고 99다66649 판결.

90) 대법원 2004. 12. 24. 선고 2004다45943 판결.

91) 다만, 양도담보권이 회생담보권으로 인정되는 것은 채무자와 채권자 사이에 채권·채무관계가 존재하는 경우에 한정되는 것이므로, 채무자가 채무를 변제하지 못하여 양도담보권자가 회생절차개시 전에 이미 청산을 마쳤다면 양도담보권자는 소유자로서 환취권을 행사할 수 있다(김재형, 도산절차에서 담보권자의 지위, 남효순·김재형 공편, 통합도산법, 법문사,

채권양도담보의 경우 담보의 목적이 금전채권인 때에는 회생절차개시 이후 변제기가 도래하더라도 양도담보권자는 그것을 추심하여 변제에 충당할 수 없고, 제3채무자가 변제액을 공탁하면 그 공탁금상에 담보권이 존속한다. 그리고 담보의 목적이 비금전채권인 때에는 변제기가 도래하면 담보권자는 인도청구권을 행사할 수 있고, 그 목적물상에 담보권을 가진다.[92]

(2) 집합채권양도담보

집합채권양도담보란 채권양도인이 가진 현재의 또는 장래 발생할 다수의 지명채권을 채권양수인에게 일괄하여 담보 목적으로 양도하는 것을 말한다. 집합채권양도담보를 제3자에게 대항하기 위하여는 민법 제450조가 정한 채권양도의 대항요건(확정일자 있는 증서에 의한 양도의 통지나 채무자의 승낙)을 갖추어야 한다. 집합채권양도담보의 경우 그 효력이 회생절차개시 이후 발생한 채권에 미치는지 여부와 관리인이 회생절차개시 이후 발생한 채권을 추심하여 사용할 수 있는지 여부가 문제 된다.

대법원은 의사인 채무자가 국민건강보험공단에 대한 장래의 요양급여 및 의료급여비 채권을 담보로 양도한 사안에서, 장래 발생하는 채권이 담보목적으로 양도된 후 채권양도인에 대하여 회생절차가 개시되었을 경우, 회생절차개시결정으로 채무자의 업무수행권과 재산의 관리·처분권은 모두 관리인에게 전속하게 되는데, 관리인은 채무자나 그의 기관 또는 대표자가 아니고 채무자와 그 채권자 등으로 구성되는 이른바 이해관계인 단체의 관리자로서 일종의 공적 수탁자에 해당하므로, 회생절차가 개시된 후 발생하는 채권은 채무자가 아닌 관리인의 지위에 기한 행위로 인하여 발생하는 것으로서 채권양도담보의 목적물에 포함되지 아니하고, 이에 따라 그러한 채권에 대하여는 담보권의 효력이 미치지 아니한다고 판시하였다.[93]

2006, 10면; 우성만, 회사정리법상 담보권자의 지위, 재판자료 제86집, 법원도서관, 2000, 290면).

92) 김재형, 도산절차에서 담보권자의 지위, 남효순·김재형 공편, 통합도산법, 법문사, 2006, 10면; 우성만, 회사정리법상 담보권자의 지위, 재판자료 제86집, 법원도서관, 2000, 296면.

93) 대법원 2013. 3. 28. 선고 2010다63836 판결.

이처럼 회생절차개시 후에 발생하는 장래채권에 대하여는 양도담보의 효력이 미치지 않으므로 관리인은 이를 추심하여 채무자의 회생을 위한 업무에 사용할 수 있다.

(3) 어음의 양도담보

금융기관으로부터 대출을 받으면서 채무자가 자신이 소지한 제3자 발행의 어음을 채권자에게 배서양도하는 경우에 그 어음의 양수인인 금융기관의 지위가 문제 된다. 이는 어음발행인 등이 채무자와 합동채무를 부담한다는 점에서 어음발행인 등을 제126조의 전부의무자에 해당한다고 보고 채권자(양도담보권자)를 회생채권자로 취급할 것인지, 채무자 소유의 물건인 어음이 담보로 제공된 것으로 보고 채권자를 회생담보권자로 취급할 것인지의 문제이다.

대법원은 채무자가 제3자 발행의 어음을 이용하여 금융기관으로부터 할인하는 방식으로 대출을 받은 경우 채무자는 금융기관에 대하여 대출채무와 더불어 어음의 배서인으로서 책임을 부담한다고 할 것이고, 배서의 방식에 의하여 양도된 제3자 발행의 어음은 채무자의 대출채무를 담보하기 위하여 어음상에 양도담보권을 설정한 것이라고 보아야 하고, 채무자회생법이 회생담보권으로 열거하고 있는 양도담보권에서 어음의 양도담보권자만 배제할 이유가 없으며, 어음의 양도담보권자를 회생채권자로 볼 경우 회생채권자는 회생절차 외에서 어음상 권리를 행사하여 변제에 충당할 수 있는 결과가 되어,[94] 어음의 양도담보권자에 대하여만 다른 회생담보권자보다 우월한 지위를 부여하는 것이 되어 채권자 평등의 원칙에도 반하므로 특별한 사정이 없는 한 어음양도담보는 회생담보권에 해당한다고 판시한 바 있다.[95] 실무상 법원은 어음의 양도담보권자를 회생담보권자로 취급하여 회생계획안에서 어음의 양도담보권자가 분할하여 변제받도록 규정하면서도, 어음의 만기가 도래할 경우 어음채무자로부터 지급받을 어음금을 담보권자에게 지급하도록 정한다.[96]

---

94) 금융기관을 회생채권자로 볼 경우 어음 채무자를 채무자회생법 제250조 제2항의 '회생절차가 개시된 채무자와 함께 채무를 부담하는 자'로 보아 회생절차와 무관하게 추심을 할 수 있게 된다.

95) 대법원 2009. 12. 10. 선고 2008다78279 판결.

96) 서울회생법원 재판실무연구회, 회생사건실무(상), 박영사, 2019, 465면.

바. 가등기담보권

가등기담보 등에 관한 법률(이하 '가등기담보법')은 '차용물의 반환에 관하여 차주가 차용물을 갈음하여 다른 재산권을 이전할 것을 예약할 때 그 재산의 예약 당시 가액이 차용액과 이에 붙인 이자를 합산한 액수를 초과한 경우'에 적용되는데 동법에 의한 가등기권리는 채무자회생법의 적용에 있어 이를 저당권으로 본다(가등기담보법 제17조). 따라서 채권의 담보를 목적으로 채무자의 부동산에 관하여 대물변제예약을 맺고 소유권이전등기청구권 가등기를 마친 상태에서 채무자에 대하여 회생절차가 개시되면, 가등기담보권자는 회생담보권자로서 회생절차에 참가할 수 있다.

사. 동산채권담보법에 따른 담보권

동산채권담보법이 시행됨에 따라 거래계에서 활용되던 집합동산, 집합채권 등에 대한 양도담보를 담보등기부에 등기할 수 있게 되었다. 동산담보권은 담보등기부에 등기한 때에 효력이 발생하고(동산채권담보법 제7조 제1항), 채권담보권은 담보등기부에 등기한 때에 제3자에 대한 대항력을 취득하게 된다(동산채권담보법 제35조 제1항). 지식재산권담보권은 해당 지식재산권 등록부에 등록한 때에 각 개별 법률에 따라 질권을 설정한 것과 같은 효력이 발생한다(동산채권담보법 제59조).

아. 전세권

전세권은 용익물권이지만 전세금반환채권의 담보를 위하여 우선변제권(민법 제303조 제1항)과 경매청구권(민법 제318조)을 인정하고 있다. 채무자회생법은 이를 고려하여 전세권을 회생담보권으로 취급한다.

자. 우선특권

우선특권은 정책적으로 특별히 보호할 필요가 있는 채권에 관하여 각각의 경우에 개별법에서 채무자의 재산으로부터 우선변제권이 인정되는 한편 그 우선권의 내용이 동일하지 않고 이에 대한 공시방법도 갖추어지지 않은 불완전한 담보권이다.[97]

---

97) 우성만, 회사정리법상 담보권자의 지위, 재판자료 제86집, 법원도서관, 2000, 286면.

개별 법률에서 인정하고 있는 우선특권은 상법상의 선박우선특권(상법 제777조 이하), 해난구조자의 우선특권(상법 제893조) 등이 있다. 강학상 우선특권으로 인정되는 것으로는 근로자의 임금채권 우선변제권(근로기준법 제38조), 주택임차인의 보증금에 대한 우선변제권(주택임대차보호법 제3조의2 제2항, 제3조의3 제5항, 제8항), 상가임차인의 보증금에 대한 우선변제권(상가건물 임대차보호법 제14조), 회사사용인의 우선변제권(상법 제468조), 신탁계약의 수익자의 우선변제권(신탁업법 제17조), 국가·지방자치단체의 조세, 기타 공과금의 우선징수권(국세기본법 제35조, 지방세기본법 제71조), 체납우편요금의 우선징수권(우편법 제24조) 등이 있다. 이러한 우선특권은 목적물에 대하여 점유 또는 등기를 하지 않더라도 채무자의 일반재산 또는 특정재산에 대하여 우선변제권을 가진다.

회생담보권으로 취급되는 우선특권은 채무자의 특정재산에 대한 우선특권이다.[98] 상법상의 우선특권, 주택임차인 및 상가임차인의 보증금에 대한 우선변제권이 여기에 해당한다. 채무자의 일반재산에 대하여 우선변제권이 인정되는 청구권은 회생담보권으로 취급되지 않는다. 제179조 제1항 제10호의 근로자의 임금 등이나 같은 항 제11호의 근로자의 임치금 등의 반환청구권은 공익채권으로 취급되고, 조세 등 청구권은 원칙적으로 회생채권으로 취급되지만, 절차상 각종 특칙의 적용을 받는다. 이러한 별도의 규정이 없는 경우에는 제217조 제1항 제2호의 일반의 우선권 있는 회생채권에 해당한다.

차. 동산의 소유권유보부매매

동산의 소유권유보부매매는 동산을 매매하여 인도하면서 대금 완납 시까지 동산의 소유권을 매도인에게 유보하기로 특약한 것을 말하며, 이러한 내용의 계약은 동산의 매도인이 매매대금을 수령할 때까지 대금채권에 대한 담보의 효과를 취득·유지하려는 의도에서 비롯된 것이다. 따라서 동산의 소유권유보부매매의 경우에, 매도인이 유보한 소유권은 담보권의 실질을 가지고 있으므로 담보 목적의 양도와 마찬가지로 매수인에 대한 회생절차에서 회생담보권으로 취급함이 타당하고, 매도인은 매매목적물인 동산에 대하여 환취권을 행사할 수 없다.[99]

---

98) 서울회생법원 재판실무연구회, 회생사건실무(상), 박영사, 2019, 459면.
99) 대법원 2014. 4. 10. 선고 2013다61190 판결.

카. 리스채권

(1) 의의

리스계약이란 리스업자가 리스물건의 소유권을 유보한 채 리스 이용자에게 리스물건의 점유를 이전하여 사용하도록 하고 그 대가로 리스료를 지급받는 계약이다. 리스는 일반적으로 리스물건의 소유에 따르는 위험과 보상의 대부분을 이전하는 금융리스(Finance Lease, Capital Lease)와 그 위험과 보상의 대부분을 원칙적으로 이전하지 않는 운용리스(Operating Lease)로 나눌 수 있다. 통상 금융리스는 특정 리스 이용자를 상대방으로 하고 범용성이 낮은 물건을 목적물로 함에 반하여 운용리스는 불특정다수를 상대방으로 하고 범용성이 높은 물건을 목적물로 한다.[100] 실무상 리스 이용자에 대하여 회생절차개시결정이 내려진 경우 리스업자의 법적 지위가 문제된다.

(2) 금융리스

금융리스는 금융리스업자가 금융리스 이용자가 선정한 기계, 시설 등 금융리스물건을 제3자로부터 취득하거나 대여받아 금융리스 이용자에게 일정 기간 이용하게 하고 그 기간 종료 후 물건의 처분에 관하여는 당사자 사이의 약정으로 정하는 계약이다(상법 제168조의2). 금융리스는 리스 이용자가 선정한 특정 물건을 리스회사가 새로이 취득하거나 대여받아 리스물건에 대한 직접적인 유지·관리 책임을 지지 아니하면서 리스 이용자에게 일정 기간 사용하게 하고 그 대여기간 중에 지급받는 리스료에 의하여 리스물건에 대한 취득자금과 그 이자, 기타 비용을 회수하는 거래관계로서, 그 본질적 기능은 리스 이용자에게 리스물건의 취득자금에 관한 금융의 편의를 제공하는 데 있다.[101] 금융리스는 형식에서는 임대차계약과 유사하나 그 실질은 물적 금융이고 임대차계약과는 여러 가지 다른 특질이 있기 때문에 이에 대하여는 민법의 임대차에 관한 규정이 바로 적용되지 않는다.[102] 금융리스의 경우 리스료가 리스물건의 사용대가라고

100) 서울회생법원 재판실무연구회, 회생사건실무(상), 박영사, 2019, 463면.
101) 대법원 2013. 7. 12. 선고 2013다20571 판결.
102) 대법원 1997. 10. 24. 선고 97다27107 판결.

보기 어렵기 때문에 쌍방미이행 쌍무계약에 관한 제119조가 적용되지 않는다고 본다.[103)]

회생절차개시 당시 미이행의 리스료채권은 회생절차개시 전의 원인에 의하여 발생한 재산상의 청구권으로서 리스물건을 담보로 한 것으로 보아야 하므로 리스업자는 회생담보권자로 취급되고, 환취권을 행사할 수 없다.[104)]

한편, 리스회사가 회생절차개시에 의하여 변제금지의 효력이 발생하기 전에 리스계약 해지의 의사표시를 하거나 회생절차개시 전에 리스계약의 해지권을 취득하여 언제라도 해지의 의사표시를 할 수 있는 상태에서 회생절차개시 후 해지의 의사표시를 한 경우 그러한 해지권 행사는 유효하다고 보아야 한다.[105)]

(3) 운용리스

운용리스는 금융리스 이외의 리스를 총칭하는 개념으로 리스 이용자의 목적이 금융에 있지 않고 물건 자체의 사용에 있는 것을 의미한다. 운용리스의 경우는 임대차계약의 성격이 강하므로 쌍방미이행 쌍무계약에 관한 제119조가 적용되어 관리인이 계약의 이행 또는 해지 여부를 선택할 수 있다.[106)] 리스 이용자에 대하여 회생절차가 개시되었을 경우 관리인이 이행을 선택하면 리스 이용자인 채무자는 리스물건을 계속 사용할 수 있고, 상대방의 리스료채권 중 개시 전 발생한 것은 회생채권, 개시 이후 발생하는 리스료채권은 제179조 제1항 제7호의 공익채권이 된다.

---

103) 서울고등법원은 금융리스의 경우 리스료의 산정 및 지급방법의 결정 과정에 비추어 볼 때 각기(各期)에 지불하여야 할 리스료는 그 기간 동안의 리스물건의 사용의 대가라고 하기보다 전(全)리스기간의 사용과 전(全)리스료가 대가관계에 있다고 할 것이고, 리스 이용자의 리스료 지급의무에 대응하는 리스업자의 의무는 단순히 리스물건의 사용수익을 수인할 의무에 그칠 뿐 적극적으로 무엇을 이행하여야 하는 것은 아니기 때문에 양 의무 사이에는 상호 대등한 대가관계가 있다고 볼 수 없으므로 구 회사정리법 제103조(채무자회생법 제119조)가 적용되지 않는다고 판시하였다(서울고등법원 2000. 6. 27. 선고 2000나14622 판결).

104) 서울회생법원 재판실무연구회, 회생사건실무(상), 박영사, 2019, 462면.

105) 이연갑, 리스계약과 도산절차, 민사판례연구 제28권, 민사판례연구회 편, 박영사, 2006, 953면.

106) 서울회생법원 재판실무연구회, 회생사건실무(상), 박영사, 2019, 463면.

타. 어음사고신고담보금

어음사고신고담보금은 어음발행인이 어음의 피사취 등을 이유로 지급은행에 사고신고와 함께 그 어음금의 지급정지를 의뢰하면서 해당 어음금의 지급거절로 인한 부도 제재를 면하기 위하여 하는 별도의 예금으로서, 일반의 예금채권과는 달리 사고신고 내용의 진실성과 어음발행인의 자력을 담보로 하여 부도 제재 회피를 위한 사고신고의 남용을 방지함과 아울러 어음 소지인의 권리가 확인되는 경우에 해당 어음채권의 지급을 담보하려는 데 그 제도의 취지가 있다.[107]

어음사고신고담보금은 어음발행인인 채무자 회사가 출연한 재산이라 하더라도 은행에 예탁된 이상 그 소유권은 은행에게 이전되고, 은행은 이를 소비하여 후일 동종의 금전을 반환하면 되는 것이므로, 사고신고담보금 자체를 채무자 회사의 재산이라고 볼 수는 없고, 채무자 회사는 다만 은행에 대하여 사고신고담보금 처리에 관한 약정에서 정한 조건이 성취된 때에 한하여 비로소 은행에 대한 사고신고담보금 반환청구권을 갖는 데 불과한 것인데, 회생절차개시결정이 있었다고 하여 위 약정이 무효로 되거나 조건부인 사고신고담보금 반환청구권이 조건 없이 채무자 회사에 귀속되어 그 회사의 재산이 된다고 볼 수 없을 뿐만 아니라, 약속어음 소지인의 사고신고담보금에 대한 권리와 채무자 회사의 사고신고담보금 반환청구권과는 서로 양립되지 않는 관계에 있으므로, 약속어음 소지인의 어음채권이 채무자 회사가 은행에 대하여 갖는 정지조건부 사고신고담보금 반환청구권에 의하여 담보될 수도 없는 것이므로, 사고신고담보금 처리에 관한 약정에 의하여 어음 소지인이 지급은행에 대하여 취득하게 되는 권리가 회생담보권이라고 볼 수는 없다.[108] 그러므로 회생채권자인 어음 소지인이 지급은행에 대한 사고신고담보금 지급청구권을 행사하여 채권의 만족을 얻는 것을 회생절차에 의하지 아니하고 회생채권을 변제받는 것이라고 할 수 없다. 이 경우 어음 소지인이 정당한 어음권리자로서 지급은행으로부터 사고신고담보금을 지급받기 위하여 제출이 요구되는 확정판결 등의 증서를 얻기 위해서는 회생채권자로서 회생절차에 참가하여 채권신고를 하고 채권조사절차 또는 채권확정소송 등

107) 대법원 1994. 4. 15. 선고 93다61000 판결.
108) 대법원 1995. 1. 24. 선고 94다40321 판결.

을 거쳐 그 채권을 확정받는 방법을 통하여야 한다.[109]

약속어음 소지인의 어음채권이 목록에 기재되거나 신고되지 아니하여 실권되는 경우 어음금채권은 채무자에 대한 관계에서 자연채무 상태로 남게 되어 어음 소지인을 사고신고담보금의 지급을 구할 수 있는 어음의 정당한 소지자로 볼 수 없으므로 어음 소지인은 따로 약정이 없는 한 어음을 발행하였던 채무자의 관리인을 상대로 은행이 사고신고담보금을 지급하는 데 동의하라고 소구할 수 없고, 또한 위 규약이 정하는 요건을 갖추지 않는 한 사고신고담보금에 대한 지급청구권이 어음 소지인에게 있음의 확인을 구할 수도 없다.[110]

파. 신탁법상의 신탁

신탁법상의 신탁이란 위탁자(신탁을 설정하는 자)와 수탁자(신탁을 인수하는 자) 간의 신임관계에 기하여 위탁자가 수탁자에게 특정의 재산을 이전하거나 담보권의 설정 또는 그 밖의 처분을 하고 수탁자로 하여금 수익자의 이익 또는 특정의 목적을 위하여 그 재산의 관리, 처분, 운용, 개발, 그 밖에 신탁 목적의 달성을 위하여 필요한 행위를 하게 하는 법률관계를 말한다(신탁법 제2조). 부동산의 신탁에 있어서 수탁자 앞으로 소유권이전등기를 마치게 되면 대내외적으로 소유권이 수탁자에게 완전히 이전되고, 위탁자와의 내부관계에 있어서 소유권이 위탁자에게 유보되어 있는 것은 아니며, 이와 같이 신탁의 효력으로서 신탁재산의 소유권이 수탁자에게 이전되는 결과 수탁자는 대내외적으로 신탁재산에 대한 관리권을 갖는 것이고, 다만, 수탁자는 신탁의 목적 범위 내에서 신탁계약에 정하여진 바에 따라 신탁재산을 관리하여야 하는 제한을 부담함에 불과하다.[111]

(1) 위탁자에 대하여 회생절차가 개시된 경우

담보신탁계약의 우선수익자의 신탁 관련 채권은 채무자의 재산으로부터 다른 일반 채권자에 우선하여 변제받을 권리가 있는 제217조 제1항 제2호의 '일반의 우선권 있는 회생채권'이 아니라 같은 항 제3호의 '일반 회생채권'에 해당한

109) 대법원 2009. 9. 24. 선고 2009다50506 판결.

110) 대법원 2001. 7. 24. 선고 2001다3122 판결.

111) 대법원 2002. 4. 12. 선고 2000다70460 판결.

다.[112)]

신탁자가 그 소유의 부동산에 채권자를 위하여 저당권을 설정하고 저당권설정등기를 마친 다음, 그 부동산에 대하여 수탁자와 부동산 신탁계약을 체결하고 수탁자 앞으로 신탁을 원인으로 한 소유권이전등기를 해 주어 대내외적으로 신탁부동산의 소유권이 수탁자에게 이전하였다면, 수탁자는 저당부동산의 제3취득자와 같은 지위를 가지므로 그 후 신탁자에 대한 회생절차가 개시된 경우 채권자가 신탁부동산에 대하여 갖는 저당권은 제250조 제2항 제2호의 '채무자 외의 자가 회생채권자 또는 회생담보권자를 위하여 제공한 담보'에 해당하여 회생계획이 여기에 영향을 미치지 않는다. 또한 회생절차에서 채권자의 권리가 실권되거나 변경되더라도 이로써 실권되거나 변경되는 권리는 채권자가 신탁자에 대하여 가지는 회생채권 또는 회생담보권에 한하고, 수탁자에 대하여 가지는 신탁부동산에 관한 담보권과 그 피담보채권에는 영향이 없다.[113)]

분양형 토지(개발)신탁의 경우에 위탁자인 채무자 회사가 제3자를 수익자로 지정한 이상, 비록 그 제3자에 대한 채권담보의 목적으로 그렇게 지정하였다 할지라도 그 수익권은 신탁계약에 의하여 원시적으로 채권자에게 귀속한 것이지, 위탁자인 채무자 회사에게 귀속되어야 할 재산권을 그 제3자에게 담보 목적으로 이전한 것으로 볼 수는 없고, 그 경우 그 수익권은 회생절차개시 당시 채무자 회사의 재산으로 볼 수 없으므로 그 제3자가 회생절차에서 그 수익권에 대한 권리를 회생담보권으로 신고하지 아니하였다고 하여 채무자회생법 제251조에 의하여 소멸된다고 볼 수 없다.[114)]

(2) 수탁자에 대하여 회생절차가 개시된 경우

신탁재산은 수탁자의 회생절차의 관리인이 관리 및 처분 권한을 갖는 채무자의 재산을 구성하지 아니한다(신탁법 제24조). 신탁법상의 신탁재산은 위탁자의 재산으로부터 분리될 뿐만 아니라 수탁자의 고유재산으로부터도 구별되어 관리되는 독립성을 갖게 되는 것이며, 그 독립성에 의하여 수탁자 고유의 이해관계

112) 대법원 2018. 5. 18.자 2016마5352 결정.
113) 대법원 2017. 11. 23. 선고 2015다47327 판결.
114) 대법원 2002. 12. 26. 선고 2002다49484 판결.

로부터 분리되므로 수탁자의 일반 채권자의 공동담보로 되는 것이 아니어서 채무자회생법 제58조에 따른 경매절차의 금지 내지 중지조항이 적용되지 않는다.[115)]

4. 회생절차에서의 회생담보권자의 지위

가. 회생절차개시결정 이후 회생담보권자의 지위

(1) 담보권실행을 위한 경매의 금지 · 중지

회생절차개시결정이 있는 때에는 회생담보권에 기한 담보권실행을 위한 경매를 할 수 없고(제58조 제1항 제2호), 채무자의 재산에 대하여 이미 행한 회생담보권에 기한 담보권실행을 위한 경매는 중지된다(제58조 제2항 제2호). 다만 법원은 회생에 지장이 없다고 인정하는 때에는 속행을 명할 수 있다(제58조 제5항). 속행명령에 의하여 담보권이 실행된 경우라도, 회생절차에 의하지 아니한 변제는 금지되므로 배당받을 수 없다. 환가된 금전은 집행기관이 보관하고 있다가 회생계획이 인가되면 관리인에게 교부하고 관리인은 회생계획에 따라 처리한다.[116)]

(2) 회생계획에 따르지 아니한 변제금지

회생담보권에 관하여는 회생계획에 규정된 바에 따르지 아니하고는 변제하거나 변제받는 등 이를 소멸하게 하는 행위를 하지 못한다(제141조 제2항, 제131조). 이와 관련하여 법원의 허가를 받아 변제를 하는 것도 허용되지 않는지 문제 된다. 이는 제141조 제2항이 회생담보권에 관하여 준용하는 규정을 열거하면서 법원의 허가에 따른 회생채권의 변제에 관한 규정인 제132조를 포함시키지 않고 있기 때문이다. 회생채권보다 권리의 순위가 앞서는데도 회생담보권에 관하여만 허가에 따른 변제를 인정하지 않을 이유가 없고, 중소기업자의 소액채권 변제 등에 관한 제132조의 입법취지는 회생담보권의 경우에도 동일하게 관철되어야 하므로 법원의 허가를 받은 경우에는 회생계획인가 전이라도 회생담보권을 변제

115) 대법원 2002. 12. 6.자 2002마2754 결정.
116) 전대규, 채무자회생법 제5판, 법문사, 2021, 517면.

할 수 있다고 해석하는 것이 타당하다.[117)]

(3) 회생절차 참가

회생담보권자는 회생절차에 참가할 수 있다(제141조 제3항). 회생담보권은 피담보채권 중에서 담보목적물의 가액을 한도로 하므로 피담보채권의 채권액이 담보목적물의 가액을 초과할 때에는 그 초과분에 관하여는 회생채권자로서 회생절차에 참가할 수 있다(제141조 제4항). 회생담보권자는 담보목적물 가액과 피담보채권액 중 적은 금액을 기준으로 이에 비례하여 의결권을 갖게 된다(제141조 제5항).

나. 회생계획인가결정 이후 회생담보권자의 지위

(1) 우선적 변제

회생담보권은 회생계획에서 최우선 순위가 부여되고, 이 점을 고려하여 회생계획에서 다른 권리자와의 사이에 공정하고 형평에 맞는 차등을 두어야 한다(제217조 제1항). 회생채권자에 대하여 회생담보권자보다 유리한 조건으로 변제하는 내용의 회생계획은 인가될 수 없다(제243조 제1항 제2호).

(2) 면책 및 담보권 소멸

회생계획인가결정이 있는 때에는 회생계획이나 채무자회생법의 규정에 의하여 인정된 권리를 제외하고는 채무자는 모든 회생담보권에 관하여 그 책임을 면한다. 회생계획에서 인정되지 않은 채무자의 재산에 대한 담보권은 책임만이 소멸하는 것이 아니라 그 권리 자체가 소멸한다(제251조 본문).

5. 회생담보권과 물상대위

회생절차 진행 중 담보목적물이 멸실, 훼손 또는 공용징수된 경우 민법 규정(민법 제342조, 제355조, 제370조)에 의하면, 담보권자는 담보권설정자가 받을 금전 기타 물건에 대하여 물상대위권을 행사할 수 있으나, 이를 위해서는 그 지급 또

117) 주석 채무자회생법 제141조(도훈태 집필), 한국사법행정학회, 2021.

는 인도 전에 압류를 하여야 한다. 그러나 회생담보권자는 회생절차에 의하지 아니하고는 개별적 권리행사가 금지되므로, 이러한 물상대위권의 행사가 가능한지 문제 된다.

대법원은 "주식의 약식질권자가 주식의 소각대금채권에 대하여 물상대위권을 행사하기 위하여는 민법 제342조, 제355조 등에 의하여 질권설정자가 지급받을 금전 기타 물건의 지급 또는 인도 전에 압류하여야 하나, 한편 회사정리법 제67조 제1항[118]에서 개별집행절차개시를 금지하는 규정을 둔 목적의 하나는 정리채권과 정리담보권 모두가 회사정리절차에 따라야 한다는 회사정리절차의 기본구조를 뒷받침하려는 데 있으므로 회사정리절차개시결정이 있은 후에는 물상대위권의 행사를 위한 압류의 허용 여부와는 별도로 추심명령은 그 효력을 발생할 수 없다"라고 판시하여 압류의 허용 여부에 대하여는 판단하지 않은 채 추심명령의 효력을 부정한 바 있다.[119]

담보목적물이 멸실, 훼손 또는 공용징수된 경우 지급될 금전 등이 채무자에게 혼입되기 전에 그 특정성을 보전하기 위해서 취하는 압류는 담보권자의 권리보호를 위한 필요최소한의 조치이고, 그 압류 역시 통상의 환가를 목적으로 한 강제집행절차와는 달리 특정성을 보전하기 위한 성격이 강하므로 압류는 허용되는 것으로 보아야 할 것이나, 회생담보권자가 압류에서 더 나아가 추심까지 할 수 있는 것으로 볼 수는 없다(제141조, 제131조).[120]

그런데 회생담보권자가 압류만 해놓고 추심을 하지 못하는 상태가 유지되는 것은 채무자에게는 물론 회생담보권자에게도 바람직하지 않다. 이러한 점을 고려하여 실무에서는 회생계획안의 회생담보권의 권리변경과 변제방법 항목에서 담보목적물에 대하여 화재 등 보험사고가 발생하는 경우 해당 보험금으로, 기타 담보목적물의 멸실, 훼손 또는 공용징수의 경우 담보목적물의 변형물인 손해배상채권 등을 관리인이 추심하여 해당 회생담보권을 조기변제할 수 있도록 정하고 있다.[121]

---

118) 채무자회생법 제58조와 동일한 취지의 규정이다.

119) 대법원 2004. 4. 23. 선고 2003다6781 판결.

120) 서울회생법원 재판실무연구회, 회생사건실무(상), 박영사, 2019, 472면.

121) 서울회생법원 재판실무연구회, 회생사건실무(상), 박영사, 2019, 473면.

Ⅲ. 주식 · 지분권

1. 회생절차개시결정이 주주 · 지분권자에게 미치는 영향

회생절차가 개시되면 채무자 회사의 업무수행권과 재산의 관리 · 처분권은 관리인에게 전속한다(제56조 제1항). 그러나 회생절차개시 후에도 법인인 채무자는 계속 존속하고, 채무자의 조직법적 · 사단적 활동에 관한 권한은 여전히 채무자에게 있다. 그러므로 주주 · 지분권자는 회생절차개시 후에도 주주총회 · 사원총회 등을 통하여 채무자의 조직법적 · 사단적 관계에 있어서의 활동은 할 수 있다. 상법 제466조 제1항의 소수 주주의 회계장부 등에 대한 열람 · 등사청구권은 회사에 대하여 회생절차가 개시되더라도 배제되지 않는다.[122)]

그러나 회생절차개시 이후 그 회생절차가 종료될 때까지는 채무자 회사는 회생절차에 의하지 아니하고는 자본 또는 출자액의 증가 · 감소나 지분권자의 가입, 신주 또는 사채의 발행, 주식의 포괄적 교환 또는 이전, 합병 · 분할 · 분할합병 또는 조직변경, 이익의 배당 등을 할 수 없으므로(제55조 제1항), 이러한 범위 내에서 주주 · 지분권자의 권리는 제약을 받는다. 그리고 회생계획인가 후 회생계획을 수행함에 있어서는 법령 또는 정관의 규정에 불구하고, 채무자 회사의 창립총회 · 주주총회 또는 사원총회(종류주주총회 또는 이에 준하는 사원총회 포함) 또는 이사회의 결의를 하지 아니하여도 된다(제260조).

2. 주주 · 지분권자의 회생절차상 지위

주주 · 지분권자는 목록에 기재되거나 신고를 하면(제150조 제1항), 그가 가진 주식 또는 출자지분으로 회생절차에 참가할 수 있다(제146조 제1항). 구체적으로 주주 · 지분권자는 목록에 기재되거나 신고된 회생채권 및 회생담보권에 관하여 조사기간 안에 이의를 할 수 있고(제161조 제1항), 특별조사기일에 출석하여 회생채권 또는 회생담보권에 관하여 이의를 진술할 수 있으며(제164조 제2항), 회생계획안을 작성하여 법원에 제출할 수 있고(제221조 제2호), 관계인집회에 출석하여

122) 대법원 2020. 10. 20.자 2020마6195 결정.

회생계획안에 대하여 의견을 진술하고 의결권을 행사할 수 있다(제182조, 제225조, 제232조, 제237조).

주주·지분권자는 그가 가진 주식 또는 출자지분의 수 또는 액수에 비례하여 의결권을 가진다(제146조 제2항). 그러나 회생절차개시 당시 채무자의 부채총액이 자산총액을 초과하는 경우에는 주주·지분권자는 의결권을 가지지 아니한다(제146조 제3항). 부채초과의 경우에는 상법상 잔여재산분배청구권(상법 제538조)이 인정되지 않기 때문이다.[123]

주주·지분권자는 회생계획에 의하여 권리가 변경될 수 있는데(제193조 제1항 제1호), 권리의 변경에 있어서 가장 열등한 지위에 서게 된다(제217조 제1항). 회생계획에 의하여 인정된 주주·지분권자의 권리는 주식 또는 출자지분의 신고를 하지 아니한 주주·지분권자에 대하여도 인정된다(제254조).

3. 전환사채와 신주인수권부사채

전환사채는 사채권자에게 사채발행회사의 주식으로 전환할 수 있는 전환권이 인정된 사채이고(상법 제513조), 신주인수권부사채는 사채권자에게 신주인수권이 부여된 사채이다(상법 제516조의2). 전환권과 신주인수권은 형성권이므로 회생채권에 해당하지 않는다.

회생절차개시 이후 전환권과 신주인수권을 행사할 수 있는지 문제 되는데 회생절차개시 후 신주인수권 행사를 이유로 한 관리인의 신주발행허가신청에 대하여 회생절차에 의하지 아니한 자본증가를 금지한 제55조 제1항 제3호에 위반된다는 이유로 불허한 사례가 있다.[124]

전환사채권자와 신주인수권부사채권자는 전환권과 신주인수권을 행사할 경우 주주가 되므로 실무에서는 이들을 주주·지분권자에 준하여 취급하여 회생계획

---

123) 대법원 2005. 6. 15.자 2004그84 결정 참조.

124) 서울중앙지방법원 2013회합106 회생(주식회사 보르네오가구) 사건. 이에 대하여는 제55조는 채무자가 자본의 증가를 할 수 없다는 것에 불과하고 사채권자가 전환권이나 신주인수권을 행사할 수 없다는 취지의 규정이 아니며, 회생절차가 개시되었다는 이유로 실체법에서 인정되는 권리의 행사를 제한할 수 없으므로 전환권과 신주인수권의 행사가 가능하다는 반대 견해가 있다(전대규, 채무자회생법 제5판, 법문사, 2021, 444면).

에서 전환권 또는 신주인수권은 모두 소멸하는 것으로 처리하는 것이 일반적이다.[125)]

Ⅳ. 공익채권 · 공익담보권

1. 공익채권

가. 공익채권의 의의

공익채권이란 회생절차의 수행에 필요한 비용과 채무자의 회생을 위하여 관리인이 한 행위로 인하여 생긴 청구권으로 파산절차의 재단채권에 대응하는 채권이다. 공익채권에는 일반규정인 제179조에 의하여 인정되는 공익채권과 개별규정에 의하여 인정되는 공익채권이 있다.

공익채권은 회생절차에 의하지 아니하고 수시로 변제하고(제180조 제1항), 회생채권과 회생담보권에 우선하여 변제한다(제180조 제2항). 이는 회생절차개시 후에 발생하는 각종 채권에 대하여도 회생채권과 마찬가지로 권리변경을 강제한다면 이를 감수하고 채무자와 거래할 채권자들이 없을 것이기 때문에 회생절차개시 후 채무자와 거래하는 상대방에게 우선권을 부여하여야만 그 상대방으로부터 사업 계속에 필요한 재화나 용역을 신용으로 제공받아 회생에 성공할 수 있다는 정책적 고려에 따른 것이다.[126)] 그러므로 회생채권과 공익채권을 구분하는 일응의 기준은 회생절차개시결정 시점이라고 할 수 있다. 대부분의 공익채권은 회생절차개시 후의 원인에 기하여 발생한 청구권이지만 회생절차개시 후의 원인에 기하여 생겼다고 하더라도 채무자회생법이 공익채권으로 규정하지 아니한 청구권은 공익채권이 아니라 개시후기타채권에 해당한다(제181조 제1항).

또한 제179조 제1항의 공익채권 중에는 회생절차개시 전의 원인에 기하여 생

---

125) 서울회생법원 재판실무연구회, 회생사건실무(상), 박영사, 2019, 482－483면; 전대규, 채무자회생법 제5판, 법문사, 2021, 444면.

126) 서울회생법원 재판실무연구회, 회생사건실무(상), 박영사, 2019, 484면; 차승환, 회생절차 개시 전을 요건으로 하는 공익채권, 도산법연구 제7권 제2호, 사단법인 도산법연구회, 2017, 2면.

긴 청구권이지만 형평의 이념이나 사회 정책적인 이유 등으로 공익채권으로 규정하고 있는 것이 있다. 형평의 이념에 기하여 인정되는 공익채권으로는 쌍방미이행 쌍무계약에서 관리인이 채무의 이행을 선택한 경우 상대방이 갖는 청구권(제7호), 계속적 공급의무를 부담하는 쌍무계약의 상대방이 회생절차개시신청 후 개시 전까지 한 공급으로 생긴 청구권(제8호), 채무자 또는 보전관리인이 회생절차개시신청 후 그 개시 전에 법원의 허가를 얻어 자금의 차입, 자재의 구입 기타 채무자의 사업의 계속에 불가결한 행위를 함으로 인하여 생긴 청구권(제12호) 등이 있다. 사회 정책적인 고려에 의하여 인정되는 공익채권으로는 회생절차개시 당시 아직 납부기한이 도래하지 아니한 조세(제9호), 근로자의 임금·퇴직금 및 재해보상금 등(제10호, 제11호) 등이 있다.

나. 제179조 제1항의 공익채권

(1) 공동의 이익을 위하여 한 재판상 비용청구권(제1호)

회생절차의 진행을 위하여 법원의 재판이나 관계인집회와 관련하여 발생하는 일체의 비용을 말한다.[127] 이러한 비용은 회생절차의 존립의 기초를 이루는 것이기 때문에 공익채권으로 인정한 것이다.[128] 회생절차개시 신청비용(인지대 등), 신청서류 작성·제출비용, 보전처분·개시결정 기타 재판비용, 각종 재판의 공고 및 송달비용, 관계인집회의 개최를 위한 비용, 회생계획안 송달비용 등 회생절차의 비용이 여기에 해당한다.

(2) 개시 후 채무자의 업무 및 재산의 관리·처분에 관한 비용청구권(제2호)

회생절차는 사업의 계속을 전제로 하므로, 채무자의 업무 및 재산의 관리·처분에 관한 비용이 계속 발생하는데 이러한 비용을 수시로 변제하여야 회생절차가 정상적으로 진행될 수 있으므로 공익채권으로 인정한 것이다. 원재료 구입비, 공장 기타 시설의 차임, 공공요금, 각종 조세 등, 공익채권 또는 환취권에 기한 소송의 응소비용, 변제자금 조달을 위하여 자산을 매각하는 경우 매각에 소요되는 비용 등을 들 수 있다.

---

127) 주석 채무자회생법 제179조(서정원 집필), 한국사법행정학회, 2021.

128) 서울회생법원 재판실무연구회, 회생사건실무(상), 박영사, 2019, 484면.

(3) 회생계획의 수행을 위한 비용청구권(제3호)

회생계획인가의 결정이 있는 때에는 관리인은 지체 없이 회생계획을 수행하여야 한다(제257조 제1항). 관리인이 회생계획을 수행하는 과정도 회생절차의 일환이므로 이에 소요되는 비용을 공익채권으로 인정한 것이다. 회생계획에 따라 신회사를 설립하고 다른 회사와 합병하거나 신주나 사채를 발행하는 데 드는 비용 등이 여기에 해당한다. 다만 회생절차 종료 후에 생긴 것은 제외한다.

(4) 제30조 및 제31조에 의하여 지급하여야 할 비용 등 청구권(제4호)

법원은 관리인 · 관리인대리 · 보전관리인 · 조사위원 · 간이조사위원 · 고문 · 관리위원 등의 직무와 책임에 상응한 보수 및 특별보상금을 정할 수 있는데(제30조), 그 보수 · 특별보상금은 공익채권이다. 관리인에게 지급하는 M&A에 관한 특별보상금도 이에 해당한다.[129)]

법원은 회생에 공적이 있는 채권자 · 담보권자 · 주주 · 지분권자나 그 대리위원 또는 대리인 등에 대하여 적절한 범위 안에서 비용을 상환하거나 보상금을 지급할 것을 허가할 수 있는데(제31조), 그 비용이나 보상금도 공익채권이다.

(5) 개시 후 자금의 차입 등의 행위로 인하여 생긴 청구권(제5호)

회생절차개시 이후 관리인이 사업을 계속하는 과정에서 자금의 차입 등의 행위로 인하여 상대방에게 청구권이 발생하는 경우가 있다. 이러한 청구권은 대부분 제2호의 공익채권에도 해당하지만 제2호는 비용의 지급 면에서, 제5호는 상대방의 청구권의 면에서 공익채권임을 명백히 한 것이다.[130)]

자금의 차입에는 운영자금의 차입뿐만 아니라 변제자금의 차입도 포함된다. 그 밖의 행위에는 매매, 임대차, 고용, 도급, 위임, 운송, 임치, 보험 등이 포함되고, 이러한 행위에 기한 상대방의 청구권은 공익채권이 된다.

관리인의 행위로 인하여 생긴 청구권에는 관리인이 회사 사업의 경영과 재산의 관리 및 처분과 관련하여 적법하게 법률행위를 한 경우에 상대방이 그 법률행위에 기하여 갖는 청구권뿐만 아니라, 관리인이 회사 사업의 경영과 재산의

129) 온주(로앤비), 채무자회생법 제179조(이수열 집필), 2015.

130) 서울회생법원 재판실무연구회, 회생사건실무(상), 박영사, 2019, 486면.

관리 및 처분을 함에 있어서 그 업무집행과 관련하여 고의·과실로 타인에게 손해를 입힌 경우에 그 타인이 가지는 불법행위에 기한 손해배상청구권도 포함된다.[131] 회생절차개시 후 관리인의 공익채권 이행지체로 인하여 생긴 손해배상청구권도 공익채권에 해당한다.[132]

(6) 사무관리 또는 부당이득으로 인하여 개시 후 생긴 청구권(제6호)

사무관리 또는 부당이득으로 인하여 회생절차개시 이후 채무자에 대하여 생긴 청구권은 모든 이해관계인에게 이익이나 이득을 발생시킨 것이므로 공익채권으로 규정하고 있다.

수익자 또는 전득자가 사해행위취소로 인한 원상회복으로서 가액배상을 하여야 함에도, 수익자 또는 전득자에 대한 회생절차개시 후 회생재단이 가액배상액 상당을 그대로 보유하는 것은 취소채권자에 대한 관계에서 법률상 원인 없이 이익을 얻는 것이 되므로 이를 부당이득으로 반환할 의무가 있고, 이는 수익자 또는 전득자의 취소채권자에 대한 가액배상의무와 마찬가지로 사해행위의 취소를 명하는 판결이 확정된 때에 비로소 성립한다고 보아야 한다. 따라서 설령 사해행위 자체는 수익자 또는 전득자에 대한 회생절차개시 이전에 있었더라도, 이 경우의 사해행위취소에 기한 가액배상청구권은 제179조 제1항 제6호의 '부당이득으로 인하여 회생절차개시 이후 채무자에 대하여 생긴 청구권'인 공익채권에 해당한다.[133]

회생절차개시 후에 이해관계 없는 제3자가 회생채권을 임의변제하고 취득하는 구상권은 본호에 의하여 공익채권이 될 수 없고, 그 제3자는 회생채권을 대위할 수 있을 뿐이다.[134] 이를 공익채권으로 인정할 경우 회생절차에 의하지 아

131) 대법원 2005. 11. 10. 선고 2003다66066 판결.

132) 대법원 2011. 6. 24. 선고 2009다38551 판결.

133) 대법원 2019. 4. 11. 선고 2018다203715 판결. 채권자취소권 행사에 따른 원물반환의 경우 수익자에 대하여 회생절차가 개시되었어도 취소채권자는 아무런 제약 없이 환취권의 행사로서 회생절차에 의하지 않고 수익자(회생채무자) 명의의 재산을 채무자 명의로 환원한 다음 그 재산에 대한 강제집행 등을 통해 채권의 만족을 얻을 수 있으므로 가액반환의 경우에도 취소채권자에게 이와 유사한 지위를 부여하는 것이 형평의 면에서나 구체적 타당성 면에서 타당한데 공익채권은 회생절차에 의하지 아니하고 수시로 변제받고 회생채권과 회생담보권에 우선하여 변제받을 수 있으므로(제180조), 사실상의 효과 면에서는 환취권과 마찬가지로 볼 수 있다(이진만, 2019년 분야별 중요판례분석(도산법), 법률신문, 법률신문사, 2020. 5. 21.).

134) 김용덕, 회사정리절차와 다수당사자의 채권관계, 서울대학교 석사학위논문, 1989, 29면; 임

니한 회생채권의 변제를 용인하는 결과가 되기 때문이다.[135)]

(7) 쌍방미이행 쌍무계약의 이행 선택에 따른 상대방의 청구권(제7호)

회생절차개시 당시에 쌍방미이행 쌍무계약이 있는 때에는 관리인은 계약을 해제 또는 해지하거나 채무를 이행하고 상대방의 채무이행을 청구할 수 있다(제119조 제1항). 상대방의 청구권은 회생절차개시 전의 원인에 기한 것이지만 이를 회생채권으로 취급할 경우 상대방의 채무에 대하여는 완전이행을 강제하면서 그 채권에 대하여는 회생계획에서 권리변경을 가하는 결과 형평에 반하므로, 관리인에게 이행, 해제 또는 해지에 관한 선택권을 부여하는 데 대응하여 이행이 선택된 경우에는 상대방의 청구권을 공익채권으로 하여 이를 보호하는 것이다.[136)]

관리인이 이행 또는 해제를 선택하기 전에는 상대방은 관리인에게 그 이행을 청구할 수 없고, 관리인이 이행을 선택하면 비로소 공익채권으로 취급되어 회생채권의 신고대상이 아니며, 관리인이 해제를 선택하면 채권 자체가 소멸하여 역시 회생채권의 신고대상이 되지 못하고 해제권 행사로 인한 손해배상청구권을 회생채권으로 신고할 수 있다.[137)]

쌍방미이행 쌍무계약이라고 하더라도 급부의 목적이 가분적인 경우에는 관리인이 계약의 이행을 선택하였을 때 상대방의 청구권이 전부 공익채권이 되는 것이 아니라, 회생절차개시 전에 이행된 급부에 대한 청구권은 회생채권이 되는 경우가 있다.[138)] 임대차계약의 임차인에 대하여 회생절차가 개시되었는데 관리인이 이행을 선택한 경우 회생절차개시 전에 발생한 차임채권은 독립된 가분적 급부로서 상대방인 임대인이 반대급부의 이행을 완료한 것이 되므로 본호가 적용되지 않고 회생채권에 해당한다.[139)] 계속적 공급계약의 경우, 계약에 의한 급부의 제공이 하나의 계약에 기초한 것이라고 하더라도 실제 급부가 제

채홍 · 백창훈, 회사정리법(하) 제2판, 한국사법행정학회, 2002, 86면.

135) 김용덕, 회사정리절차와 다수당사자의 채권관계, 서울대학교 석사학위논문, 1989, 29면.

136) 대법원 2014. 9. 4. 선고 2013다204140, 204157 판결.

137) 대법원 2007. 9. 6. 선고 2005다38263 판결.

138) 주석 채무자회생법 제179조(서정원 집필), 한국사법행정학회, 2021.

139) 서경환, 회사정리절차가 계약관계에 미치는 영향, 재판자료 제86집, 법원도서관, 2000, 657면; 서울회생법원 재판실무연구회, 회생사건실무(상), 박영사, 2019, 422면.

공되고 그에 대한 대가채무의 이행기가 도래하는 것을 기간별로 구분할 수 있으므로 회생절차개시 전에 공급한 부분은 가분적 급부로서 회생채권으로 보는 것이 타당하다.140)

기성공사 부분에 대한 대금을 지급하지 못한 상태에서 도급인인 채무자 회사에 대하여 회생절차가 개시되고, 상대방이 채무자 회사의 관리인에 대하여 도급계약의 해제나 해지 또는 그 이행 여부를 확답할 것을 최고했는데, 그 관리인이 그 최고를 받은 후 30일 내에 확답을 하지 아니하여 해제권 또는 해지권을 포기하고 채무의 이행을 선택한 것으로 간주될 때에는 상대방의 기성공사 부분에 대한 대금청구권은 관리인이 채무의 이행을 하는 경우에 상대방이 가진 청구권에 해당하여 공익채권으로 된다. 공사도급계약에 있어서 기성고에 따라 대금을 지급받기로 하는 약정이 있다고 하더라도 수급인이 완성하여야 하는 공사는 원칙적으로 불가분이므로 도급계약에서 정한 공사가 일부 이루어졌고 그 기성공사부분에 대하여 수급인에게 대금청구권이 발생한 경우에도 전체 공사가 끝나지 않았다면 그 기성공사부분을 따로 떼어 내 그 부분에 대한 수급인의 채무가 이행완료되었다고 할 수 없기 때문이다.141)

(8) 계속적 공급의무를 부담하는 쌍무계약의 상대방의 청구권(제8호)

채무자에 대하여 계속적 공급의무를 부담하는 쌍무계약의 상대방은 회생절차개시신청 전의 공급으로 발생한 회생채권 또는 회생담보권을 변제하지 아니함을 이유로 회생절차개시신청 후 그 의무의 이행을 거부할 수 없다(제122조 제1항). 계속적 공급의무를 부담하는 쌍무계약의 상대방은 회생절차개시신청 전의 공급으로 발생한 회생채권 등이 변제되지 않는 경우에도 회생절차개시신청 후에 동시이행의 항변권을 행사하여 공급의무의 이행을 거절할 수 없다. 계속적 공급의무를 부담하는 쌍무계약의 상대방의 권리를 이와 같이 제한하면서 상대방의 채무자에 대한 청구권을 회생채권으로 취급하여 권리변경을 강제한다면 이는 형평에 어긋나므로 공익채권으로 인정한 것이다.

---

140) 김유성, 회생절차에서 공익채권자의 취급에 관한 소고, 재판과 판례 제25집, 대구판례연구회, 2016, 330면; 박병대, 파산절차가 계약관계에 미치는 영향, 파산법의 제문제(상), 재판자료 제82집, 법원도서관, 1999, 466－467면.

141) 대법원 2004. 8. 20. 선고 2004다3512, 3529 판결.

(9) 개시신청 전 20일 이내에 공급받은 물건에 대한 대금청구권(제8호의2)

회생절차개시신청 직전 채무자에게 물품을 공급한 상거래채권자를 두텁게 보호함으로써 채무자가 계속적 상거래를 통하여 영업을 계속할 수 있도록 하기 위하여 공익채권으로 인정한 것이다. 다만 채무자의 계속적이고 정상적인 영업활동으로 공급받은 물건에 대한 대금청구권만을 대상으로 한다. 물건의 의미는 민법 제98조에 따른다.

'회생절차개시신청 전 20일 이내'라는 기간을 계산할 때에도 기간계산에 관한 민법 규정이 준용되므로, 민법 제157조 본문에 따라 회생절차개시신청일인 초일은 산입하지 않고 민법 제159조에 따라 기간 말일의 종료로 기간이 만료된다고 보아야 한다.[142)]

실무상 상거래채권자가 회생절차개시신청일로부터 20일 전에 공급한 물건에 대한 대금청구권을 공익채권으로 인정받기 위하여 거래명세서의 공급일자를 수정해 줄 것을 관리인에게 요청하는 경우가 있다. 이러한 요청은 제179조 제1항 제8호의2에 반할 뿐만 아니라 채무자 회사의 회생을 저해하는 것이므로 응해서는 안 된다. 관리인이 이에 응하여 거래명세서의 공급일자를 수정해 줄 경우 제82조의 선량한 관리자의 주의의무 위반을 이유로 해임될 수 있다(제83조 제2항 제2호). 신청대리인은 회생절차개시신청 직후 채무자 회사의 거래명세서를 확보하여 거래명세서가 사실과 다르게 수정되는 것을 예방할 필요가 있다.

(10) 원천징수하는 조세 등(제9호)

(가) 공익채권 인정의 취지

회생절차개시 전에 성립한 조세채권은 원칙적으로 회생채권이다. 그러나 회생절차개시 전에 성립하였더라도 개시 당시 아직 납부기한이 도래하지 아니한 것으로서 ① 원천징수하는 조세[다만 법인세법 제67조(소득처분)의 규정에 의하여 대표자에게 귀속된 것으로 보는 상여에 대한 조세는 원천징수된 것에 한함], ② 부가가치세 · 개별소비세 · 주세 및 교통 · 에너지 · 환경세, ③ 본세의 부과징수의 예에 따라 부과징수하는 교육세 · 농어촌특별세, ④ 특별징수의무자가 징수하여 납부하

142) 대법원 2020. 3. 2. 선고 2019다243420 판결.

여야 할 지방세는 예외적으로 공익채권으로 정하고 있다.

이들 조세의 경우 법적인 납세의무자 이외에 실질적인 담세자가 별도로 존재한다는 사정, 즉 본래의 실질적인 담세자와 법적인 납세의무자가 일치하였다면 회생절차에 의한 징수상의 제약을 받지 않았을 것임에도 징수의 편의를 위한 기술적 장치인 원천징수·특별징수나 간접세 제도로 인하여 실질적인 담세자와 법적인 납세의무자가 분리된 결과로 회생절차에 따른 징수상의 제약을 받게 됨으로써 국가의 세수 확보에 지장이 초래되어서는 안 된다는 공익적인 요청 때문에 예외적으로 공익채권으로 취급하고 있는 것으로 이해된다. 다만 다른 채권자와의 이해관계를 고려하여 그중 회생절차개시 당시 납부기한이 도래하지 아니한 것만을 공익채권으로 하고 있다.[143)]

제179조 제9호는 회생절차개시 당시 아직 납부기한이 도래하지 아니한 일부 조세를 공익채권으로 규정하고 있으므로, 제179조 제9호에 의한 공익채권으로 인정되려면 ① 회생절차개시 전에 해당 조세채권이 성립하였을 것, ② 회생절차개시 후 납부기한이 도래할 것의 두 가지 요건이 요구된다.

(나) 세법상의 납부기한

조세는 납세의무의 확정 방식에 따라 ① 납세의무자 스스로 법정신고기한까지 과세표준과 세액을 신고함으로써 구체적인 조세채무가 확정되는 신고납세방식의 조세, ② 과세관청이 결정하여 고지함으로써 구체적인 조세채무가 확정되는 부과과세방식의 조세, ③ 신고나 고지의 절차 없이 성립과 동시에 확정되는 자동확정방식의 조세로 구분된다.

납부기한은 국가 또는 지방자치단체 등에 대하여 조세를 납부하여야 할 기한을 말한다. 납부기한에는 ① 개별 세법이 신고납세방식이나 자동확정방식의 조세에 관하여 조세를 자진하여 납부하도록 미리 정해 둔 법정납부기한과 ② 부과과세방식의 조세에 관하여 과세관청이 납세고지를 하면서 고지일로부터 30일 내로 지정하는 지정납부기한이 있다. 한편 ③ 신고납세방식이나 자동확정방식의 조세에 있어서도 신고미납, 무신고미납(신고납세방식) 또는 원천징수의무불이행,

---

143) 주석 채무자회생법 제179조(서정원 집필), 한국사법행정학회, 2021; 하태흥, 조세채권을 회생채권과 공익채권으로 구분하는 기준인 '납부기한'의 의미, 대법원 판례해설 통권 제92호, 법원도서관, 2012, 240면.

원천징수세액 미납(자동확정방식)의 경우 과세관청이 징수고지(또는 부과 · 징수고지)를 하면서 납부기한을 정하는데 이 또한 지정납부기한에 해당한다.[144)]

회생채권과 공익채권을 구별하는 기준이 되는 제179조 제1항 제9호의 '납부기한'을 법정납부기한으로 볼 것인지, 지정납부기한으로 볼 것인지 문제 된다. 대법원은 어떠한 조세채권이 회생채권과 공익채권 중 어디에 해당하는지는 채권자 · 주주 · 지분권자 등 다른 이해관계인에게 미치는 영향이 지대하므로 다수 이해관계인의 법률관계를 조절하는 회생절차의 특성상 회생채권과 공익채권은 객관적이고 명확한 기준에 의하여 구분되어야 하는데, 제179조 제1항 제9호의 '납부기한'을 지정납부기한으로 보게 되면, 과세관청이 회생절차개시 전에 도래하는 날을 납부기한으로 정하여 납세고지를 한 경우에는 회생채권이 되고, 납세고지를 할 수 있었음에도 이를 하지 않거나 회생절차개시 후에 도래하는 날을 납부기한으로 정하여 납세고지를 한 경우에는 공익채권이 될 터인데 이처럼 회생절차에서 과세관청의 의사에 따라 공익채권 해당 여부가 좌우되는 결과를 가져오는 해석은 집단적 이해관계의 합리적 조절이라는 회생절차의 취지에 부합하지 않고, 조세채권이 갖는 공공성을 이유로 정당화되기도 어려우므로, 제179조 제1항 제9호의 납부기한은 원칙적으로 과세관청의 의사에 따라 결정되는 지정납부기한이 아니라 개별 세법이 객관적이고 명확하게 규정하고 있는 법정납부기한을 의미하는 것으로 보아야 한다고 판시하였다.[145)]

한편 조세의 납부기한이 국세기본법 제6조 제1항에 의하여 연장되고 그 연장된 기한이 회생절차개시 당시 아직 도래하지 아니한 경우 해당 조세채권은 공익

144) 서울회생법원 재판실무연구회, 회생사건실무(상), 박영사, 2019, 491면.

145) 대법원 2012. 3. 22. 선고 2010두27523 전원합의체 판결. 이 판결의 다수의견에 대하여 제179조 제1항 제9호의 납부기한은 원칙적으로는 법정납부기한으로 보아야 하지만, 신고납세방식의 조세에 관하여 납세의무자가 법정납부기한 내에 과세표준과 세액을 신고하지 아니하거나 신고내용에 오류 또는 탈루가 있어 과세관청이 결정 또는 경정하여야 하는 경우에는, 회생절차개시 당시 법정납부기한의 도래만으로는 구체적인 조세채무가 확정되어 있다고 할 수 없고 강제징수를 하기 위해 별도로 납부기한을 정한 납세고지가 필요하므로 이때의 납부기한은 지정납부기한을 뜻하는 것으로 보아야 하고, 다만 과세관청의 자의적인 시기 조정 등으로 인하여 공익채권으로 되는 조세채권의 범위가 부당하게 확장될 우려가 있는 경우에는 신의칙 등을 적용하여 과세관청이 당초 지정할 수 있었던 납부기한을 기준으로 공익채권 해당 여부를 판단하여야 한다는 반대의견이 개진되었다.

채권에 해당한다.[146)]

채무자회생법은 제179조 제1항 제9호에서 원천징수하는 조세 중 법인세법 제67조(소득처분)의 규정에 의하여 대표자에게 귀속되는 것으로 보는 상여는 원천징수된 것에 한하여 공익채권으로 인정하고 있다. 구 회사정리법에서 공익채권의 범위가 너무 넓어 채무자의 회생을 저해한다는 비판에 따라 위와 같은 제한을 둔 것이다. 그런데 인정상여 소득에 관하여 원천징수하는 조세의 납세의무는 법인이 과세관청의 소득금액변동통지서를 받은 날에 성립함과 동시에 확정된다.[147)] 따라서 소득금액변동통지서가 회생절차개시 후에 법인에 도달하였다면 원천징수분 근로소득세 채권은 회생절차개시 후의 원인으로 생긴 것으로 회생채권에 해당하지 않고,[148)] 이 경우의 소득세 채권은 제179조 제1항 제2호, 제5호가 정한 공익채권에 해당하므로 본 호는 적용되지 않는다. 결국 구 회사정리법에서 공익채권으로 인정되다가 채무자회생법에서 회생채권으로 취급되는 것은, 회생절차개시 전에 소득금액변동통지가 이루어지고, 개시 당시 그 납부기한이 경과 내지 도래하지 않은 청구권 중 원천징수가 이루어지지 않은 것에 한정된다.

(11) 근로자의 임금 등(제10호)

채무자의 근로자의 임금·퇴직금 및 재해보상금은 공익채권이다. 근로자 보호라는 사회 정책적인 목적을 달성하기 위하여 발생 시점을 불문하고 공익채권으로 취급하고 있다.

근로자의 임금이란 사용자가 근로의 대가로 근로자에게 임금, 봉급, 그 밖에 어떠한 명칭으로든지 지급하는 일체의 금품을 말한다(근로기준법 제2조 제1항 제5호). 근로복지공단이 근로자의 임금, 퇴직금을 체당금으로 지급하고 그에 해당하는 근로자의 임금 등 채권을 대위 행사하는 경우 이는 공익채권이고,[149)] 그 이행지체로 인한 손해배상청구권 역시 공익채권에 해당한다.[150)] 근로기준법 제46조 제1항에서 정한 '사용자의 귀책사유로 휴업하는 경우'에 지급하는 휴업수당

146) 대법원 2009. 2. 26. 선고 2005다32418 판결.
147) 대법원 2006. 4. 20. 선고 2002두1878 전원합의체 판결.
148) 대법원 2010. 1. 28. 선고 2007두20959 판결.
149) 대법원 2004. 11. 12. 선고 2002다53865 판결.
150) 대법원 2011. 6. 24. 선고 2009다38551 판결.

은 비록 현실적 근로를 제공하지 않았다는 점에서는 근로 제공과의 밀접도가 약하기는 하지만, 근로자가 근로 제공의 의사가 있는데도 자신의 의사와 무관하게 근로를 제공하지 못하게 된 데 대한 대상으로 지급하는 것이라는 점에서 임금의 일종으로 보아야 하므로 휴업수당청구권은 공익채권에 해당한다.151)

이사, 감사 등이 법인등기부에 임원으로 등기되어있는 경우에도 그 계약의 실질을 살펴 근로기준법상의 근로자에 해당한다고 보아야 하는 경우에는 이들의 임금 등 채권을 공익채권으로 보아야 한다. 근로기준법상 근로자에 해당하는지 여부는 계약의 형식에 관계없이 실질적으로 임금을 목적으로 종속적인 관계에서 사용자에게 근로를 제공하였는지 여부에 따라 판단하여야 한다.152) 따라서 회사의 임원이라고 하더라도 그 업무의 성격상 회사로부터 위임받은 사무를 처리하는 것으로 보기에 부족하고 실제로는 업무집행권을 가지는 대표이사 등의 지휘 · 감독 아래 일정한 노무를 담당하면서 그 노무에 대한 대가로 일정한 보수를 지급받아 왔다면, 그 임원은 근로기준법에서 정한 근로자에 해당할 수 있다.153) 반면, 회사의 임원이 담당하고 있는 업무 전체의 성격이나 그 업무수행의 실질이 사용자의 지휘 · 감독을 받으면서 일정한 근로를 제공하는 것에 그치지 않는 것이라면 그 임원은 위임받은 사무를 처리하는 지위에 있다고 할 수 있으므로 근로기준법상의 근로자에 해당한다고 보기는 어렵다.154)

본 호의 임금 · 퇴직금 및 재해보상금은 문언상 원본채권만을 의미하고 그 법적 성질을 달리하는 지연손해금은 이에 해당하지 않는다.155) 그러므로 임금에 대하여 회생절차개시 전날까지 발생한 지연손해금 채권은 회생채권에 해당하고, 회생절차개시 이후의 채권은 제179조 제1항 제5호의 공익채권에 해당한다. 근로기준법상 미지급임금에 대한 지연이율은 연 20%이나(근로기준법 제37조 제1항, 근로기준법 시행령 제17조), 회생절차에서는 적용되지 않으므로(근로기준법 제37조 제2항, 근로기준법 시행령 제18조 제2호), 회생절차에서의 지연이율은 연 5%이다.156)

---

151) 대법원 2013. 10. 11. 선고 2012다12870 판결.

152) 대법원 2013. 9. 26. 선고 2012다28813 판결.

153) 대법원 2003. 9. 26. 선고 2002다64681 판결.

154) 대법원 2013. 9. 26. 선고 2012다28813 판결.

155) 대법원 2014. 11. 20. 선고 2013다64908 판결.

156) 김유성, 회생절차에서 공익채권자의 취급에 관한 소고, 재판과 판례 제25집, 대구판례연구

(12) 근로자의 임치금 등의 반환청구권(제11호)

회생절차개시 전의 원인으로 생긴 채무자의 근로자의 임치금 및 신원보증금의 반환청구권은 사회 정책적으로 근로자를 보호할 필요가 있고 채권의 성질상 보관금의 성격을 가지고 있으므로 환취권에 준하여 공익채권으로 취급하고 있다.[157]

(13) 개시신청 후 법원의 허가를 받은 차입 등으로 생긴 청구권(제12호)

채무자 또는 보전관리인이 회생절차개시신청 후 그 개시 전에 법원의 허가를 받아 행한 자금의 차입, 자재의 구입 기타 채무자의 사업을 하는데 불가결한 행위를 함으로 인하여 생긴 청구권은 공익채권이다. 자금의 차입을 허가함에 있어 법원은 채권자협의회의 의견을 들어야 하며, 채무자와 채권자의 거래상황, 채무자의 재산상태, 이해관계인의 이해 등 모든 사정을 참작하여야 한다(제179조 제2항).

채무자의 사업을 계속하기 위해서는 종업원의 급여 지급이나 원재료의 구입 등을 위한 자금이 필요하다. 본 호는 이러한 자금의 차입(DIP Financing)이나 자재의 구입 등을 용이하게 함과 동시에 신용공여자의 보호를 목적으로 규정된 것이다.[158]

(14) 채권자협의회의 활동에 필요한 비용(제13호)

법원은 결정으로 채권자협의회의 활동에 필요한 비용을 채무자에게 부담시킬 수 있는데(제21조 제3항), 이러한 비용 청구권도 공익채권으로 인정된다. 채권자협의회는 채권자 일반의 이익을 위하여 필요한 때에는 법원의 허가를 받아 변호사, 법무법인, 회계사, 회계법인 그 밖의 전문가를 선임하여 조력을 받을 수 있다(규칙 제42조 제1항). 채권자협의회의 신청이 있는 경우 법원은 용역의 제공이 채권자 일반의 이익 증진에 기여하거나 기여할 내용 및 정도 등을 참작하여 합리적인 범위 내에서 채무자가 부담할 비용 및 보수를 결정하는데(규칙 제42조 제4

회, 2016, 334면.

157) 서울회생법원 재판실무연구회, 회생사건실무(상), 박영사, 2019, 495면.

158) 전대규, 채무자회생법 제5판, 법문사, 2021, 542면.

항, 제6항), 이들 전문가의 선임비용 청구권은 공익채권이다.

(15) 채무자 및 그 부양을 받는 자의 부양료(제14호)

개인인 채무자가 회생절차를 신청한 경우 채무자 및 그 가족의 생계보호라는 사회 정책적인 이유에서 공익채권으로 인정한 것인데 법인 채무자에 대하여는 해당 사항이 없다.

(16) 채무자를 위하여 지출하여야 할 부득이한 비용(제15호)

제1호 내지 제14호에 해당하지 않는 비용으로서 부득이한 것을 말하고, 부득이한 것으로 인정되기 위하여는 그 비용의 지출이 채무자의 업무상 필수적인 것이어야 한다. 법인의 경우 그의 조직법적 · 사단적 활동을 위하여 채무자가 지출한 비용(주주총회 개최, 주주명부의 정리 등)이 이에 해당한다.

다. 제179조 제1항 이외의 공익채권

(1) 채무자 이외의 자의 신청에 의하여 회생절차개시결정이 있는 경우의 비용상환청구권(제39조 제3항, 제4항)

채무자 이외의 자가 회생절차개시를 신청한 경우 예납금은 신청인이 납부하여야 하는데(제39조 제1항), 이 경우 신청인이 납부한 예납금의 상환청구권은 공익채권이다.

(2) 중지된 절차 또는 처분 등의 속행을 명한 경우 속행된 절차 또는 처분에 관한 비용청구권(제58조 제6항)

(3) 중단된 소송절차 중 회생채권 또는 회생담보권과 관계없는 소송을 관리인 또는 상대방이 수계한 경우의 소송비용청구권(제59조 제2항)

중단된 채무자의 재산에 관한 소송절차를 관리인이 수계한 이후 상대방이 그 소송에서 승소한 경우 상대방이 채무자에 대하여 가지는 소송비용 상환청구권은 제59조 제2항 후문에 의하여 관리인이 소송절차를 수계한 이후의 소송비용뿐만 아니라 관리인의 소송수계 이전에 채무자가 소송을 수행한 때의 소송비용까지

포함하여 공익채권으로 된다.[159]

(4) 채무자의 행위가 부인된 경우 채무자가 받은 반대급부에 의하여 생긴 이익의 전부나 일부가 채무자의 재산 중에 현존하는 때 그 현존이익의 반환청구권(제108조 제3항 제2호, 제4호)

(5) 채무자가 위탁자로서 한 신탁행위가 부인되어 신탁재산이 원상회복된 경우 그 신탁과 관련하여 수탁자와 거래한 선의의 제3자가 그로 인하여 가지게 되는 채권(제118조의2 제6항)

(6) 쌍방미이행 쌍무계약이 해제 또는 해지된 경우 채무자가 받은 반대급부가 현존하지 않는 때 상대방이 가지는 가액 상환청구권(제121조 제2항)

(7) 채무자의 재산이 회생채권 또는 회생담보권의 확정에 관한 소송으로 이익을 받은 때 이의를 주장한 회생채권자 등이 그 이익의 한도 안에서 가지는 소송비용상환청구권(제177조)

(8) 회생절차개시결정에 의하여 중지되었다가 회생계획인가결정에 의하여 실효된 파산절차에 있어서의 재단채권(제256조 제2항)

라. 공익채권자의 지위

(1) 회생절차상 공익채권자의 지위

(가) 공익채권의 변제

① 수시변제

공익채권은 회생절차에 의하지 아니하고 수시로 변제한다(제180조 제1항). 공익채권자는 자신의 공익채권을 법원에 신고할 필요가 없고, 채권의 조사·확정절차를 거치지 않으며, 회생계획안의 결의를 위한 관계인집회에 참여하여 의견을

---

159) 대법원 2016. 12. 27.자 2016마5762 결정.

진술하거나 의결할 권리가 없다. 공익채권은 본래의 변제기에 변제하여야 하고 공익채권을 변제하지 않을 경우 공익채권자는 언제든지 관리인에게 이행을 청구하고 강제집행을 할 수 있다.

공익채권에 관하여는 회생계획에 이미 변제한 것을 명시하고 장래 변제할 것에 관하여 정하여야 하지만(제193조 제1항 제2호, 제199조), 이는 회생계획인가 당시 잔존 공익채권의 액수를 명확히 하고 장래 변제에 관하여 정함으로써 자금수지의 적정성과 회생계획의 수행가능성을 판단할 수 있도록 하고 이해관계인에게 결의를 위한 자료를 제공하기 위한 것일 뿐 공익채권을 회생계획에 따라 변제하도록 한 것이 아니다.[160]

회생계획에는 공익채권에 관하여 그 변제기의 유예 또는 채권의 감면 등 공익채권자의 권리에 영향을 주는 규정을 정할 수 없고, 설령 회생계획에서 그와 같은 규정을 두었더라도 공익채권자가 이에 동의하지 않는 한 그 권리변경의 효력이 공익채권자에게 미치지 않는다. 따라서 회생계획에 의하여 주식회사인 회생채무자를 분할하는 경우 상법 제530조의9 제1항이 원칙적으로 적용되므로 모든 승계회사와 분할 후에 존속하는 분할회사는 분할 전에 성립한 분할회사의 공익채무에 관하여 연대하여 변제할 책임을 진다. 설령 회생계획에서 이러한 연대책임을 배제하는 취지의 규정을 두었더라도 분할회사의 공익채권자에 대하여는 분할로 인한 채무자 변경 등의 효과가 귀속되어 그 권리가 실질적으로 변경되는 결과가 되기 때문에 그가 동의하지 아니하는 한 효력을 미치지 않는다.[161]

② 우선변제

공익채권은 회생채권 또는 회생담보권에 우선하여 변제한다(제180조 제2항). 회생채권 또는 회생담보권에 우선하여 변제한다는 의미는 회생채권 등과의 관계에서 특별히 우선권을 부여한다는 것이 아니고, 회생계획에 따르지 않고 수시로 변제받는 결과 회생채권자 등에 대한 변제보다 우선한다는 의미이다.[162] 회생채권이나 회생담보권보다 우선하여 변제받지만, 환취권, 상계권에 대하여는 우선권을 주장할 수 없다.

---

160) 온주(로앤비), 채무자회생법 제180조(이수열 집필), 2015.
161) 대법원 2016. 2. 18. 선고 2015다10868, 10875 판결.
162) 전대규, 채무자회생법 제5판, 법문사, 2021, 547－548면.

또한 우선하여 변제한다는 것은 채무자의 일반재산으로부터 변제를 받는 경우에 우선한다는 의미이지, 회생담보권이 설정된 특정재산의 경매매득금으로부터도 우선변제를 받는다는 의미는 아니고, 회생담보권이 설정된 재산 위에 공익담보권이 후순위로 설정된 경우에는 회생담보권이 우선한다.[163] 대법원은 공익채권은 회생채권과 회생담보권에 우선하여 변제한다는 제180조 제2항은 채무자 회사의 일반재산으로부터 변제를 받는 경우에 우선한다는 의미에 지나지 아니하므로 국세의 우선권이 보장되는 체납처분에 의한 강제환가절차에서는 회생채권인 조세채권이라 하더라도 공익채권보다 우선하여 변제를 받을 수 있다고 판시한 바 있다.[164]

(나) 채무자의 재산이 부족한 경우

채무자의 재산이 공익채권의 총액을 변제하기에 부족한 것이 명백하게 된 때에는 제179조 제1항 제5호 및 제12호의 청구권 중에서 채무자의 사업을 계속하기 위하여 법원의 허가를 받아 차입한 자금에 관한 채권을 우선적으로 변제하고 그 밖의 공익채권은 법령에 정하는 우선권에 불구하고 아직 변제하지 아니한 채권액의 비율에 따라 변제한다. 다만 공익채권을 위한 유치권·질권·저당권·동산채권담보법에 따른 담보권·전세권 및 우선특권의 효력에는 영향을 미치지 아니한다(제180조 제7항).

2009. 10. 21. 법률 제9804호 개정으로 신규자금 차입에 관한 채권(제179조 제1항 제5호, 제12호)의 최우선변제권을 인정하였다. 2009. 10. 21.자 관보 제17114호는 개정이유를 "종전에는 회생절차 중에 있는 기업의 신규자금을 공익채권으로 취급하도록 하였으나 공익채권 사이에는 우선순위를 인정하지 않고 있어 기업 회생에 필요한 자금의 원활한 조달에는 한계가 있었으므로, 기업 회생에 필요한 운영자금을 원활하게 조달할 수 있도록 회생절차 중에 있는 기업에게 필수적인 신규자금을 지원하는 경우에는 공익채권 중에서도 우선적으로 회수할 수 있는 지위를 부여하려는 것임"이라고 밝히고 있다.

관리인은 채무자의 재산이 공익채권을 변제하기에 부족한 것이 명백하게 된 때에는 즉시 공익채권의 변제를 중단하고 법원의 허가를 받아 신규 차입한 자금

163) 대법원 1993. 4. 9. 선고 92다56216 판결.

164) 대법원 2012. 7. 12. 선고 2012다23252 판결.

에 관한 채권을 우선변제하고, 그 밖의 공익채권은 채권액에 따라 안분 변제를 하여야 한다.

'채무자의 재산이 공익채권을 변제하기에 부족한 것이 명백하게 된 때'에서 '채무자의 재산'은 회생담보권의 목적이 된 재산을 제외한 채무자의 일반재산을 의미한다.[165] 공익채권의 총액은 변제되지 않은 공익채권 전부의 총액을 의미한다. 기한도래 여부를 묻지 않고, 금전채권은 물론 비금전채권, 조건부채권도 포함된다.

제179조 제1항 제5호 및 제12호에 따른 자금의 차입을 허가함에 있어 법원은 채권자협의회의 의견을 들어야 한다(제179조 제2항). 법원이 관리인의 자금 차입을 허가하면서 채권자협의회의 의견을 듣지 않은 경우 차입한 자금에 관한 채권의 효력이 문제 되는데, 제180조 제7항의 최우선변제권은 인정되지 않으나 법원의 허가를 받고 이루어진 이상 대여행위는 유효하고 채권은 공익채권으로 보아야 할 것이다.[166]

(다) 공익채권에 의한 강제집행 등

공익채권자는 언제든지 관리인에게 직접 청구할 수 있고 관리인이 응하지 않으면 소를 제기하고 강제집행, 가압류를 할 수 있다.[167] 파산재단만을 변제재원으로 하는 재단채권의 경우와 달리, 회생절차개시 후에 취득한 재산까지 포함하는 채무자의 재산에 대한 권리행사를 금지할 이유가 없기 때문이다.[168]

그러나 ① 공익채권에 기한 강제집행 또는 가압류가 회생에 현저한 지장을 초래하고, 채무자에게 환가하기 쉬운 다른 재산이 있는 때, ② 채무자의 재산이

165) 이 때문에 별다른 담보가 없는 상황에서 단지 공익채권 중 최우선변제라는 조건만으로는 채권확보에 충분하지 못하다는 점에서 채무자의 신규자금 조달방법으로는 한계가 있다는 견해로는 온주(로앤비), 채무자회생법 제180조(이수열 집필), 2015. 실제로 2009. 10. 21. 법률 제9804호 개정 이후에도 금융기관이 채무자에 대하여 신규 공여를 한 사례를 찾기는 어렵다.

166) 온주(로앤비), 채무자회생법 제179조(이수열 집필), 2015.

167) 이에 반하여 파산절차에서의 재단채권의 경우 파산관재인이 재단채권자의 정당한 변제요구에 응하지 않으면 재단채권자는 법원에 대하여 감독권 발동을 촉구하든지, 파산관재인을 상대로 불법행위에 기한 손해배상청구를 하는 등 별도의 조치를 취할 수는 있으나, 그 채권의 만족을 위해 파산재단에 대하여 개별적 강제집행을 할 수는 없다(대법원 2007. 7. 12. 자 2006마1277 결정).

168) 전대규, 채무자회생법 제5판, 법문사, 2021, 550면.

공익채권의 총액을 변제하기에 부족한 것이 명백하게 된 때에는 법원은 관리인의 신청에 의하거나 직권으로 공익채권에 기하여 채무자의 재산에 대하여 한 강제집행 또는 가압류의 중지나 취소를 명할 수 있다(제180조 제3항). ①의 사유는 공익채권자가 채무자의 다른 재산으로부터 만족을 얻을 가능성이 있을 때에 채무자의 회생에 불가결한 재산에 대하여 이루어지는 강제집행 등을 중지·취소하여 공익채권자의 이익을 실질적으로 해하지 않는 범위 내에서 채무자의 원활한 회생을 도모하기 위한 것이고, ②의 사유는 채무자의 재산이 공익채권의 총액을 변제하기에 부족한 것이 명백하게 된 경우 제180조 제7항에 따른 변제나 종국적으로는 회생절차의 폐지 및 파산에 따른 배당이 이루어져야 하므로 채권자들 사이의 공평한 변제가 이루어지도록 하기 위한 것이다.[169]

(라) 회생계획인가결정에 대한 즉시항고권자인지 여부

공익채권자는 회생계획인가결정에 대하여 법률상 이해관계를 가지지 아니하므로 그에 대한 적법한 항고권자가 될 수 없다.[170]

(2) 공익채권 승인의 허가

법원은 필요하다고 인정하는 때에는 공익채권의 승인을 허가사항으로 할 수 있다(제61조 제1항 제8호). 공익채권은 채무자의 재산의 구성이나 영업의 계속에 중요한 영향을 미치므로 그 승인을 허가사항으로 정할 수 있도록 한 것이다. 실무상 대부분의 사건에서 허가사항으로 하고 있다.

(3) 공익채권과 관련한 기타 문제

(가) 공익채권자의 회생채권 신고

공익채권자가 자신의 채권이 공익채권으로 인정받지 못할 것에 대비하여 회생채권으로 신고하는 경우가 있다. 이 경우 공익채권이 회생채권으로 신고되어 회생채권자표 등에 기재된다고 하더라도 공익채권의 성질이 회생채권으로 변경된다고 볼 수는 없고,[171] 또한 공익채권자가 자신의 채권이 공익채권인지 회생

---

169) 서울회생법원 재판실무연구회, 회생사건실무(상), 박영사, 2019, 508면.

170) 대법원 2016. 2. 18. 선고 2015다10868, 10875 판결.

171) 대법원 2014. 9. 4. 선고 2013다204140, 204157 판결.

채권인지 여부에 대하여 정확한 판단이 어려운 경우에 회생채권으로 신고하지 아니하였다가 나중에 공익채권으로 인정받지 못하게 되면 그 권리를 잃게 될 것을 우려하여 일단 회생채권으로 신고할 수도 있으므로, 공익채권자가 자신의 채권을 회생채권으로 신고한 것만 가지고 바로 공익채권자가 자신의 채권을 회생채권으로 취급하는 것에 대하여 명시적으로 동의를 하였다거나 공익채권자의 지위를 포기한 것으로 볼 수는 없다.[172)]

(나) 공익채권의 대위변제

공익채권을 대위변제한 경우 변제자대위의 효과에 따라 공익채권은 그 성질을 그대로 유지한 채 대위변제한 자에게 이전한다. 따라서 공익채권을 대위변제한 자는 회생절차에 의하지 아니하고 그 공익채권을 대위행사할 수 있다.[173)]

(다) 공익채권의 시효

공익채권은 회생절차에 의하지 아니하고 수시로 변제받을 수 있으므로 해당 공익채권의 이행기부터 시효가 진행되고 회생절차 진행과 관계없이 시효가 완성된다.

2. 공익담보권

공익담보권이란 공익채권의 담보를 위하여 채무자의 재산상에 존재하는 유치권 · 질권 · 저당권 · 동산채권담보법에 따른 담보권 · 전세권 및 우선특권을 말한다. 사업의 계속을 전제로 하는 회생절차에 있어서 관리인은 신규자금의 차입 등으로 발생하는 공익채권에 관하여 법원의 허가를 받아 저당권이나 질권을 설정하는 등 담보를 제공함으로써 공익담보권을 설정할 수 있다.

공익채권을 회생채권과 회생담보권에 우선하여 변제한다는 것(제180조 제2항)은 채무자의 일반재산으로부터 변제를 받는 경우에 우선한다는 의미이지 회생담보권이 설정된 특정재산의 경매대금으로부터 우선변제를 받는다는 의미는 아니다. 따라서 회생담보권이 설정된 재산 위에 공익담보권이 후순위로 설정된 경우

172) 대법원 2007. 11. 30. 선고 2005다52900 판결.
173) 대법원 2011. 6. 24. 선고 2009다38551 판결.

에는 회생담보권이 우선한다.[174] 이 경우 선순위 회생담보권자에게 배당할 금액의 처리 방법이 문제 된다. 이에 대하여는 경매법원이 배당금을 공탁해야 하고 회생담보권은 공탁금에 대하여 효력이 미친다는 견해[175]와 관리인이 보관해야 한다는 견해[176]가 대립하고 있는데 후설에 의할 경우 회생담보권자의 배당금이 채무자의 일반재산과 혼합될 우려가 있다. 관리인이 에스크로 계좌를 개설하여 배당금을 수령하는 방법을 고려해 볼 수 있겠으나 제도적 정비가 이루어지기 전까지는 미봉책에 불과하다. 전설에 찬동한다.

채무자의 재산이 공익채권의 총액을 변제하기에 부족한 것이 명백하게 된 때에는 공익채권자들보다 공익담보권자가 우선적으로 변제받는다(제180조 제7항 단서).

V. 개시후기타채권

1. 의의

개시후기타채권이란 회생절차개시 이후의 원인에 기하여 생긴 청구권으로서 공익채권, 회생채권 또는 회생담보권이 아닌 청구권을 말한다(제181조 제1항).

개시후기타채권은 회생계획에 의한 권리변경의 대상이 아니고 성질상 공익성이 인정되지 아니하므로 원칙적으로 회생계획에서 정해진 변제기간이 만료할 때까지는 변제받을 수 없다. 때문에 실질적으로 회생채권보다 열등한 취급을 받고 있다.

개시후기타채권에 해당하는 것은 ① 환어음 등의 지급인 또는 예비지급인이 발행인 또는 배서인인 채무자에 대하여 회생절차가 개시된 것을 알고서 인수 또는 지급을 한 경우에 생기는 청구권(제123조 제1항), ② 채무자 회사의 대표이사 등이 조직법적·사단적 행위를 함으로써 발생하는 청구권으로서 부득이한 비용

174) 대법원 1993. 4. 9. 선고 92다56216 판결.

175) 임채홍·백창훈, 회사정리법(하) 제2판, 한국사법행정학회, 2002, 106면; 전대규, 채무자회생법 제5판, 법문사, 2021, 557－558면; 三ケ月章 등, 條解 會社更生法(下), 弘文堂, 2001, 333면.

176) 임치용, 파산법연구 3, 박영사, 2010, 205면.

으로 인정되지 않는 것(제179조 제1항 제15호), ③ 채무자가 회생절차개시 후에 채무자의 재산에 관하여 한 법률행위에 의하여 손해를 발생시킨 경우 그 상대방이 가지는 손해배상청구권(제64조) 등을 들 수 있다.[177)]

2. 회생절차에서의 취급

가. 회생계획 변제기간 만료 시까지 변제금지

개시후기타채권은 회생절차가 개시된 때부터 회생계획으로 정하여진 변제기간이 만료하는 때(회생계획인가결정 전에 회생절차가 종료된 경우에는 회생절차가 종료된 때, 그 기간만료 전에 회생계획에 기한 변제가 완료된 경우에는 변제가 완료된 때)까지의 사이에는 변제를 하거나 변제를 받는 행위 그 밖에 이를 소멸시키는 행위(면제 제외)를 할 수 없다(제181조 제1항).

나. 강제집행 등의 제한

변제를 받을 수 없는 기간 중에는 개시후기타채권에 기한 채무자의 재산에 대한 강제집행, 가압류, 가처분 또는 담보권실행을 위한 경매의 신청을 할 수 없다(제181조 제2항).

다. 회생계획에서의 취급

개시후기타채권은 회생계획에서 이에 관한 권리변경을 가하는 내용을 정할 수 없다(제252조). 따라서 회생계획의 인가 여부와 상관없이 개시후기타채권은 그대로 존속하고 변제를 받을 수 없는 기간이 만료된 후에는 전액 변제받을 수도 있다.

채무자가 알고 있는 개시후기타채권이 있는 때에는 이를 회생계획에 기재하여야 한다(제193조 제1항 제5호). 이는 이해관계인에게 정보를 제공하고 파산절차로의 이행에 대비하기 위한 것이다.[178)]

---

177) 서울회생법원 재판실무연구회, 회생사건실무(상), 박영사, 2019, 510면.
178) 주석 채무자회생법 제181조(서정원 집필), 한국사법행정학회, 2021.

제9장
회생채권 등의 조사 및 확정

Ⅰ. 개관

채무자의 효율적 회생이라는 목적을 달성하기 위하여는 채권자 · 주주 · 지분권자 등 이해관계인의 법률관계를 합리적으로 조정하여야 한다. 이해관계인의 법률관계는 회생계획을 통해 조정되는데 회생계획을 작성하기 위해서는 이에 반영될 채권자, 채권액, 채권의 성질(회생채권인지 회생담보권인지) 등이 확정되어야 한다.

회생채권 · 회생담보권의 확정은 회생채권자 등의 목록제출 → 회생채권 등 신고 → 채권조사(시 · 부인) → 이의 → 채권조사확정재판 → 채권조사확정재판에 대한 이의의 소의 순서로 진행된다.

구 회사정리법은 관리인이 알고 있는 채권자라고 하더라도 신고기간 내에 자신의 채권을 신고하도록 하고, 신고를 하지 않아 정리계획에 반영되지 않은 경우에는 실권되는 것으로 정하고 있었기 때문에 사실상 신고를 강제하고 있었다. 그런데 이에 대하여는 회사정리절차가 개시된 사실을 알지 못하는 등의 사정으로 권리를 신고하지 못한 채권자들에게 지나치게 가혹하다는 지적이 있었다. 채무자회생법은 회생채권자 등의 채권신고의 번거로움을 덜어주고 신고되지 않은 채권이 회생계획인가결정으로 실권되는 불이익을 방지하기 위하여 회생채권자 등이 신고를 하기 전에 관리인이 회생채권자, 회생담보권자, 주주 · 지분권자의 목록을 작성하여 법원에 제출하도록 하는 목록제출 제도를 도입하였다(제147조).

Ⅱ. 회생채권자 등의 목록 제출

1. 회생채권자 등의 목록 제출 제도의 의의와 취지

회생채권자 등의 목록 제출은 회생채권 등의 신고에 앞서 관리인으로 하여금 회생채권자 등의 목록을 작성하여 법원에 제출하도록 하는 제도이다. 이는 목록의 기재 내용이 사실에 부합할 경우 회생채권자 등이 별도로 신고를 하지 않아도 되도록 함으로써 회생채권자 등의 부담을 덜어주고, 회생채권자 등으로 하여금 회생절차에 관하여 알지 못하여 자신의 채권을 신고하지 못함으로써 회생계획인가에 따른 실권의 불이익을 받는 것을 방지하기 위한 것이다.[1)]

2. 회생채권자 등의 목록의 기재 대상

회생채권자 등의 목록의 기재 대상이 되는 것은 회생채권, 회생담보권, 주식 또는 출자지분이다(제147조). 공익채권은 회생절차와 관계없이 그 권리를 행사할 수 있으므로(제180조), 목록에 기재할 필요가 없다. 회생채권인 벌금·과료·형사소송비용·추징금·과태료(제140조 제1항)와 조세 등 청구권(제140조 제2항)도 목록의 기재 대상이다. 벌금 등은 목록에 기재되지 않고 신고를 하지 않아도 실권되지 않으나(제251조 단서), 조세 등 청구권은 목록에 기재되지 않고 신고를 하지 않아 회생계획에 반영되지 않을 경우 실권된다(제251조 본문).

주주·지분권자의 경우 회생계획에 의하여 권리가 인정되면 주식·출자지분이 목록에 기재되지 않고 신고를 하지 않더라도 실권되지 않지만(제254조), 회생절차에 참가하기 위하여는 목록에 기재되거나 신고를 하여야 한다.

3. 회생채권자 등의 목록의 작성 및 제출자

회생채권자 등의 목록을 작성, 제출하여야 하는 자는 관리인이다(제147조 제1항). 회생채권자 등의 목록은 그 자체로 확정될 수 있으므로(제166조 제2호), 관리

1) 대법원 2012. 2. 13.자 2011그256 결정.

인은 권리의 존부 및 그 내용을 신중하게 검토한 후 기재하여야 한다.

회생채권자로 하여금 회생절차에 관하여 알지 못하여 자신의 채권을 신고하지 못함으로써 회생계획인가에 따른 실권의 불이익을 받는 것을 방지하기 위한 회생채권자 등의 목록 제출 제도의 취지에 비추어 볼 때, 관리인은 비록 소송절차에서 다투는 등으로 회생절차에 관하여 주장되는 어떠한 회생채권의 존재를 인정하지 않는 경우에도, 그 회생채권의 부존재가 객관적으로 명백한 예외적인 경우가 아닌 한 이를 회생채권자의 목록에 기재하여야 할 의무가 있다.[2)]

법원은 회생절차개시결정을 하는 경우에 개시결정일로부터 2주 이상 2월 이하의 범위 내에서 관리인이 회생채권자 등의 목록을 작성·제출하여야 하는 기간을 정하여야 한다(제50조 제1항 제1호). 관리인은 위 기간 내에 회생채권자 등의 목록을 제출하여야 하고, 기간을 준수하기 어려울 경우 미리 법원에 기간연장 신청을 하여야 한다.

관리인 등이 목록에 기재하지 않고 회생채권자 등도 신고를 하지 아니하여 회생계획에서 인정되지 아니한 회생채권과 회생담보권은 원칙적으로 실권된다(제251조). 그러나 회생채권자가 회생절차의 개시사실 및 회생채권 등의 신고기간 등에 관하여 개별적인 통지를 받지 못하는 등으로 회생절차에 관하여 알지 못함으로써 회생계획안의 심리를 위한 관계인집회가 끝날 때까지 채권신고를 하지 못하고, 관리인이 그 회생채권의 존재 또는 그러한 회생채권이 주장되는 사실을 알고 있거나 이를 쉽게 알 수 있었음에도 회생채권자 등 목록에 기재하지 아니한 경우에는 제251조의 규정에 불구하고 회생계획이 인가되더라도 회생채권은 실권되지 아니하고, 이때 그 회생채권자는 제152조 제3항에도 불구하고 회생계획안의 심리를 위한 관계인집회가 끝난 후에도 회생절차에 관하여 알게 된 날로부터 1개월 이내에 회생채권의 신고를 보완할 수 있다.[3)] 회생채권자가 회생법원이 정한 신고기간 내에 회생채권을 신고하는 등으로 회생절차에 참가할 것을 기대할 수 없는 사유가 있는 경우에도 제152조 제3항에도 불구하고 회생채권의 신고를 보완할 수 있다.[4)]

---

2) 대법원 2020. 9. 3. 선고 2015다236028 판결.

3) 대법원 2012. 2. 13.자 2011그256 결정.

4) 대법원 2018. 7. 24. 선고 2015다56789 판결.

4. 회생채권자 등의 목록의 작성 방법

가. 회생채권자의 목록에 기재할 사항(제147조 제2항 제1호)

(1) 회생채권자의 성명과 주소(제1호 가목)

(2) 회생채권의 내용과 원인(제1호 나목)

회생채권자 등의 목록에는 증거서류를 첨부하지 않으므로 회생채권의 내용과 원인은 목록 자체로 특정될 수 있도록 기재하여야 한다.

(3) 의결권의 액수(제1호 다목)

회생채권자의 권리가 금전채권인 경우에는 원칙적으로 채권액이 의결권 액이 되지만(제133조 제2항), 이자 없는 기한부채권(제134조), 정기금채권(제135조), 이자 없는 불확정기한부 채권(제136조 전문), 금액 또는 존속기간이 불확정인 정기금채권(제136조 후문), 비금전채권, 채권액이 불확정한 채권, 외국의 통화를 목적으로 하는 채권(제137조), 조건부 채권과 장래의 청구권(제138조)에 대하여는 특칙을 두고 있다. 의결권 액수를 평가하기 어려운 경우에는 일응 '0'으로 기재한 후 관계인집회에서 법원의 결정에 따르는 것이 바람직하다.

(4) 일반의 우선권 있는 채권이 있는 때에는 그 뜻(제1호 라목)

(5) 제118조 제2호 내지 제4호의 규정에 의한 회생채권일 때에는 그 취지 및 액수(규칙 제52조 제1호)

(6) 집행력 있는 집행권원 또는 종국판결이 있는 회생채권인 때에는 그 뜻(규칙 제52조 제2호)

(7) 회생채권에 관하여 회생절차개시 당시 소송이 계속하는 때에는 법원 · 당사자 · 사건명 및 사건번호(규칙 제52조 제3호)

나. 회생담보권자의 목록에 기재할 사항(제147조 제2항 제2호)

(1) 회생담보권자의 성명 및 주소(제2호 가목)

(2) 회생담보권의 내용 및 원인, 담보권의 목적 및 그 가액, 회생절차가 개시된 채무자 외의 자가 채무자인 때에는 그 성명 및 주소(제2호 나목)

회생담보권의 내용 및 원인은 담보목적물의 가액에 의하여 담보된 범위의 것을 말한다. 담보목적물의 가액에 의하여 담보되지 않은 부분은 회생채권으로 기재하여야 한다.

(3) 의결권의 액수(제2호 다목)

(4) 집행력 있는 집행권원 또는 종국판결이 있는 회생담보권인 때에는 그 뜻(규칙 제52조 제2호)

(5) 회생담보권에 관하여 회생절차개시 당시 소송이 계속하는 때에는 법원 · 당사자 · 사건명 및 사건번호(규칙 제52조 제3호)

다. 주주 · 지분권자의 목록에 기재할 사항(제147조 제2항 제3호)

(1) 주주 · 지분권자의 성명 및 주소(제3호 가목)

(2) 주식 또는 출자지분의 종류 및 수(제3호 나목)

라. 벌금, 조세 등 청구권의 목록에 기재할 사항

(1) 제140조 제1항, 제2항의 벌금, 조세 등 청구권자의 명칭과 주소

(2) 청구권의 내용

(3) 회생절차개시 당시 행정심판 또는 소송이 계속 중인 때에는 그 행정심판 또는 소송이 계속하는 행정기관 또는 법원, 당사자, 사건명 및 사건번호(규칙 제52조 제4호)

마. 목록 작성 방법

(1) 회생담보권자 · 회생채권자 · 주주 · 지분권자의 목록의 구성

실무상 회생담보권자 · 회생채권자 · 주주 · 지분권자의 목록은 ① 회생담보자 · 회생채권자 · 주주 · 지분권자 목록 총괄표, ② 회생담보권자 목록 총괄표, ③ 회생담보권자 목록, ④ 담보물배분표, ⑤ 회생채권자 목록 총괄표, ⑥ 회생채권자 목록, ⑦ 벌금 · 조세 등 목록 총괄표, ⑧ 벌금 · 조세 등 목록, ⑨ 주주 · 지분권자 목록 총괄표, ⑩ 주주 · 지분권자 목록 등으로 구성된다.

(2) 회생담보권자 · 회생채권자 · 주주 · 지분권자 목록 총괄표

회생담보권, 회생채권, 벌금 · 조세 등 채권의 건수와 금액, 주식 · 출자지분의 수와 금액을 기재한다.

(3) 회생담보권자 목록 총괄표

(가) 목록번호

회생담보권자의 순서대로 담보1, 담보2 등으로 기재한다. 회생담보권자 1인의 채권이 2건 이상인 경우에는 가지번호를 사용하고(담보 1-1, 담보 1-2), 회생담보권 총액을 기재한다.

(나) 담보권자

회생담보권자의 이름을 기재한다. 법인의 경우 '주식회사 ○○(대표이사 ○○○)', 개인의 경우 '○○○(○○산업)', 공공기관의 경우 '서초세무서', '국민연금관리공단(서초지사)' 등으로 기재한다.

(다) 담보권의 종류 및 목적물

담보권의 종류는 근저당권, 저당권, 질권, 유치권, 양도담보권 등 회생담보권의 종류를 기재하고, 채권최고액(근저당권과 근질권의 경우), 설정순위, 설정일자를 기재한다. 목적물은 등기 · 등록부 기재대로 기재하되, 목적물이 둘 이상인 경우에는 '토지 ○○○ 외 ○필지' 등의 방식으로 기재한다. 부동산과 더불어 기계류도 담보로 제공한 경우에는 등기소를 방문하여 담보목록을 확인하여야 한다.

(라) 가치평가 및 배분

담보물의 총평가액, 선순위배분액, 당 배분액, 배분 후 잔액을 기재한다.

(마) 채권내용, 채권액

주채무, 보증채무 등 채권의 내용을 기재하고, 채권액은 원금과 이자를 구분하여 기재한다.

(바) 담보권 인정액

회생담보권의 원금과 이자가 담보권의 목적의 가액의 범위 내에 있으면 그 금액을 기재한다. 회생담보권액이 담보권의 목적의 가액을 초과하는 경우에는 담보권 인정액란에는 담보권의 목적의 가액만 기재한다. 이 경우 담보권의 목적의 가액을 초과하는 금액에 관하여는 회생채권자로서 회생절차에 참가할 수 있으므로(제141조 제4항), 회생채권 인정액란에 기재하고 비고란에 '담보권 초과채권은 회생채권(채권○)으로 인정'이라고 기재한다. 이자 또는 채무불이행으로 인한 손해배상이나 위약금의 청구권에 관하여는 회생절차개시결정일 전날까지 생긴 것에 한하여 회생담보권으로 인정되므로(제141조 제1항 단서), 개시 후 이자는 기재하지 않는다.

(사) 의결권 인정액

일반적인 채권의 경우 담보권 인정액을 그대로 기재한다. 다만 회생담보권자의 의결권도 회생채권과 마찬가지로 불확정기한부 채권, 조건부 채권 등은 개시 당시의 평가액을 기준으로 의결권을 기재한다(제141조 제6항, 제133조 제2항). 평가액 산정이 곤란할 경우에는 의결권 인정액을 '0'으로 기재하고 관계인집회에서 법원의 결정에 따른다.

(4) 회생담보권자의 목록

담보권자의 성명 내지 명칭, 주소를 기재한다. 담보권의 원인은 회생담보권의 발생원인 사실을 기재하고 담보권의 내용은 원금과 이자를 구분하여 기재한다. 담보권의 목적은 등기·등록부 기재대로 기재하고 가액은 감정가액을 기재한다.

집행권원·종국판결이 있는 경우에는 법원, 사건번호, 사건명, 원고·피고, 확정일자를 기재한다. 소송이 진행 중인 경우에는 법원, 사건번호, 사건명, 원고·피고를 기재한다.

(5) 담보물 배분표

담보물의 담보설정 현황을 설정 순위별로 정리하고 담보물의 가치평가액 범위 내에서 담보권을 배분하기 위하여 작성하는 표이다. 회생담보권자별로 설정금액, 배분액, 배분잔액을 기재한다. 설정금액은 해당 담보권의 채권최고액이고, 배분액은 1순위 담보권에 대하여는 담보물의 가치를 상한으로 하여 1순위 담보권의 피담보채권액을 기재하고, 2순위 담보권에 대하여는 1순위 배분액을 공제한 나머지 담보물의 가치를 상한으로 하여 2순위 담보권의 피담보채권액을 기재한다. 3순위 이하 담보권도 같은 방법으로 기재한다.

(6) 회생채권자의 목록 총괄표 및 목록

회생담보권자의 목록 총괄표 및 목록 중 담보권에 관한 사항을 제외하고 동일하다. 어음 및 수표는 일련번호와 만기를 비고란에 기재하고, 소지인을 확인하여야 한다. 사채권자의 경우에도 사채의 기본적인 사항을 기재한다.

(7) 벌금·조세 등의 목록 총괄표 및 목록

제140조 제1항, 제2항의 청구권을 기재하고 청구권별로 발생기간과 납기일을 기재한다.

(8) 주주·지분권자의 목록 총괄표 및 목록

주주명부를 기초로 작성하고, 대표이사, 대주주 등과 특수관계인 해당사항, 임원 여부 등을 기재한다.

5. 회생채권자 등의 목록 제출의 효과

가. 시효중단

관리인이 회생채권자 등의 목록을 작성하여 법원에 제출하면 시효중단의 효력이 있다(제32조 제1호). 회생채권자 등의 목록 제출은 시효중단 사유인 민법 제168조 제3호의 승인에 해당한다. 시효중단 시점은 관리인이 작성한 목록이 법원에 실제로 제출된 때이다.

관리인이 공익채권을 회생채권으로 잘못 기재하여 제출한 경우 그 공익채권에 대하여 시효중단의 효력이 있는지 문제 된다. 소멸시효 중단 사유로서의 채무승인은 시효이익을 받을 당사자인 채무자가 소멸시효의 완성으로 채권을 상실하게 될 자 또는 그 대리인에 대하여 상대방의 권리 또는 자신의 채무가 있음을 알고 있다는 뜻을 표시함으로써 성립하고, 그에 있어서 채무자가 권리 등의 법적 성질까지 알고 있거나 권리 등의 발생원인을 특정하여야 할 필요는 없으므로, 관리인이 공익채권의 법적 성질을 잘못 파악하여 회생채권자 목록에 기재하여 제출하였다고 하여 제32조 제1호에 따른 소멸시효 중단의 효력이 발생하지 않는다고 할 수 없다.[5)]

나. 신고 의제

회생채권자 등의 목록에 기재된 회생채권, 회생담보권, 주식과 출자지분은 신고기간 안에 신고된 것으로 본다(제151조). 따라서 회생채권 등이 신고되지 않더라도 목록에 기재되어 있는 이상 실권되지 않고 목록에 기재된 의결권 액수에 따라 회생절차에 참가할 수 있고(제188조 제1항), 회생계획에 따라 변제받을 수 있다.

다. 권리의 내용 및 의결권 액수의 확정

회생채권자 등이 신고를 하였는데 관리인, 회생채권자, 회생담보권자, 주주 · 지분권자의 이의가 없는 경우 신고된 회생채권 및 회생담보권의 권리의 내용과 의결권 액수가 확정되고, 우선권 있는 채권에 관하여는 우선권 있는 것이 확정된다(제166조 제1호). 회생채권, 회생담보권이 목록에 기재되어 있으나 신고되지 않은 때 관리인, 회생채권자, 회생담보권자, 주주 · 지분권자의 이의가 없는 경우 목록에 기재되어 있는 회생채권 또는 회생담보권의 권리의 내용과 의결권의 액수가 확정되며, 우선권 있는 채권에 관하여 우선권 있는 것이 확정된다(제166조 제2호).

회생채권자 등의 목록 기재 내용과 신고 내용이 서로 다른 경우에는 회생채권

5) 서울고등법원 2014. 6. 27. 선고 2014나9429 판결.

자 등의 의사에 기하여 이루어진 신고가 목록에 우선한다. 이 경우 목록에 기재된 내용은 실효된 것으로 보고 신고 내용만이 채권조사와 채권조사확정재판의 대상이 된다.[6]

라. 회생채권자 등의 목록의 변경 · 정정

회생채권자 등의 목록을 제출한 후 목록의 기재 내용에 오류나 누락이 발견되었거나, 목록 제출 후 발생한 사유에 의하여 회생채권 등의 내용이 변경된 경우 관리인은 신고기간의 말일까지 법원의 허가를 받아[7] 목록에 기재된 사항을 변경 또는 정정할 수 있다(제147조 제4항, 규칙 제53조 제1항). 목록 제출기간은 회생절차개시결정일부터 2주 이상 2월 이내로서 그리 길지 않고, 관리인 스스로 회생채권의 내용 및 원인, 의결권과 담보권의 목적의 가액을 조사 · 평가하여 목록을 작성하여야 하므로, 그 기재 내용에 오류나 누락이 있을 수 있는데 목록의 변경 · 정정은 이러한 사정을 고려한 제도이다.

신고기간 이후 목록의 오류나 누락 등을 발견한 경우에는 변경 또는 정정할 것이 아니라 목록에 대하여 이의를 제기하면 된다. 조사기간이 경과한 이후에는 목록의 변경 · 정정이 허용되지 않는다는데 이견이 없다.[8]

법원은 관리인의 목록 변경 · 정정 신청에 대하여 허가결정을 한 때에는 변경 또는 정정된 목록을 그 대상이 되는 회생채권자 등에게 지체 없이 통지하여야 한다(규칙 제53조 제2항). 회생채권자 등의 목록에 기재된 회생채권 등은 신고된 것으로 보므로(제151조), 회생채권자 등은 목록에 기재된 자신의 회생채권 등을 확인하고 별도로 신고를 하지 않을 수 있다. 관리인이 제출한 목록을 변경 · 정정하는 경우 회생채권자 등에게 신고의 기회를 제공하기 위하여 그 내용을 통지하도록 한 것이다.

---

6) 서울회생법원 재판실무연구회, 회생사건실무(상), 박영사, 2019, 524면.

7) 회생채권자 등의 목록의 기재 내용이 해당 회생채권자 등은 물론이고, 다른 회생채권자 등 이해관계인에게도 중대한 영향을 미칠 수 있는 점을 고려하여 법원이 이를 감독하도록 한 것이다[서울회생법원 재판실무연구회, 회생사건실무(상), 박영사, 2019, 526-527면].

8) 전원열, 회생절차상 회생채권자목록과 조사확정재판, 민사판례연구 제28권, 민사판례연구회 편, 박영사, 2006, 991-992면.

㈜대한의 회생채권자 등의 목록

서울회생법원 제1부

사 건 20×0회합100001 회생

채무자 주식회사 대한

회생담보권자, 회생채권자, 주주의 목록

20×0. 3. 29.

채무자 주식회사 대한

법률상 관리인 대표이사 김민국

목 차

1. 회생담보권자, 회생채권자, 벌금·조세 등 채권자 목록 총괄표

2. 회생담보권자 목록 총괄표

3. 담보물 배분표

4. 회생담보권자 목록

5. 회생채권자 목록 총괄표

6. 회생채권자 목록

7. 벌금·조세 등 목록 총괄표

8. 벌금·조세 등 목록

9. 주주·지분권자 목록 총괄표

10. 주주·지분권자 목록

1. 회생담보권자, 회생채권자, 벌금 · 조세 등 채권자 목록 총괄표

채무자: 주식회사 대한

(단위: 원)

구 분		건 수	금 액		비 고
회생담보권		1		8,681,673,511	
회생채권	회생채권	195		22,555,988,712	
	회생담보권 중 회생채권 인정액			–	
	소계	195		22,555,988,712	
합계		196		31,237,662,223	
조세 등 채권		3		36,080,700	조사대상 아님
주식 · 출자지분	보통주식	6	120,000 주	600,000,000	조사대상 아님

2. 회생담보권자 목록 총괄표

채무자: 주식회사 대한

(단위: 원)

목록 번호	담보권자	주 소	담보권 종류 및 목적물	가치평가 및 배분	채권내용	채권액	담보권 인정액	의결권 인정액	회생채권 인정액	비 고
담보 1	㈜하나은행 (대표이사 ○○○)	서울특별시 중구 을지로 66(을지로2가)	1. 근저당권: 토지, 건물 (서울특별시 ○○구 ○○대로 ○○○) 채권최고액: 12,120,616,000원 설정순위: 1순위(설정일: 20□1-04-19)	총평가액: 14,948,547,690	주채무					
				선순위배분액: 0	1. 원금	8,680,000,000	8,680,000,000	8,680,000,000	–	
				당 배분액: 8,681,673,511	2. 개시전이자	1,673,511	1,673,511	1,673,511	–	
				배분후잔액: 6,266,874,179	소계	8,681,673,511	8,681,673,511	8,681,673,511	–	

3. 담보물 배분표

채무자: 주식회사 대한 (단위: 원)

담보물 종류	담보물 소재지	면 적	담보설정현황				가치 평가액	설정순위				비 고
			순 위	설정일자	채권자	공 담		설정자	설정금액	배분액	배분잔액	
토지, 건물	서울 ○○구 ○○대로 ○○○	토지 7,036.0㎡, 건물 7,542.43㎡	1	20□1-04-19	㈜하나은행	단독	14,948,547,690	㈜하나은행	12,120,616,000	8,681,673,511	6,266,874,179	

(주1) 토지, 건물 가치평가액은 20×0년 1월 31일을 평가기준일으로 하여 ㈜○○감정평가법인에서 평가한 감정가액으로 평가하였습니다.

4. 회생담보권자 목록

<table>
<tr><td colspan="2">사 건</td><td>20X0회합100001 회생</td><td>채무자</td><td>주식회사 대한</td></tr>
<tr><td rowspan="3">회생 담보권자</td><td>성 명</td><td colspan="3">㈜하나은행(대표이사 ○○○)</td></tr>
<tr><td>주 소</td><td colspan="3">서울특별시 중구 을지로66 (을지로2가)</td></tr>
<tr><td>전화번호</td><td></td><td>e-mail</td><td></td></tr>
<tr><td colspan="2">목록번호</td><td>담보1</td><td>신고번호</td><td></td></tr>
<tr><td colspan="2">담보권의 원인 / 내용</td><td colspan="3">1. 원인 시설자금대출 (담보1)
내용 1) 원금 8,680,000,000 원
2) 개시전이자 1,673,511 원
합계 8,681,673,511 원</td></tr>
<tr><td colspan="2" rowspan="2">담보권의 목적 / 가액</td><td>목적</td><td colspan="2">1) 토지,건물
(서울 ○○구 ○○대로 ○○○)</td></tr>
<tr><td>가액</td><td colspan="2">14,948,547,690 원</td></tr>
<tr><td colspan="2">회생담보권의 인정액</td><td colspan="3">8,681,673,511 원</td></tr>
<tr><td colspan="2">의결권 액</td><td colspan="3">8,681,673,511 원</td></tr>
<tr><td colspan="2" rowspan="2">회생채무자 이외의
채무자(담보권)</td><td>성명</td><td></td><td>주소</td></tr>
<tr><td>전화번호</td><td></td><td>e-mail</td></tr>
<tr><td colspan="2">집행권원 · 종국판결 유무</td><td colspan="3"></td></tr>
<tr><td colspan="2">소송계속 여부</td><td colspan="3"></td></tr>
<tr><td colspan="2">비 고</td><td colspan="3"></td></tr>
</table>

5. 회생채권자 목록 총괄표

채무자: 주식회사 대한 (단위: 원)

목록번호	채권자	주 소	채권내용	채권액		의결권 인정액	비 고
채권 1	한국수출입은행 (대표이사 ○○○)	서울 ○○구 ○○대로 ○○○	금융기관대여금채권	1. 원금	3,292,720,356	3,292,720,356	
				2. 개시전이자	–	–	
				소계	3,292,720,356	3,292,720,356	
채권 2	김민국	서울 ○○구 ○○대로 ○○○	특수관계인채권	1. 원금	2,660,074,520	2,660,074,520	
				2. 개시전이자	–	–	
				소계	2,660,074,520	2,660,074,520	
채권 3	○○테크㈜ (대표이사 유○○)	서울 ○○구 ○○대로 ○○○	특수관계인채권	1. 원금	2,185,066,604	2,185,066,604	
				2. 개시전이자	–	–	
				소계	2,185,066,604	2,185,066,604	
채권 4–1	중소기업진흥공단 (대표이사 ○○○)	진주시 동진로 430	금융기관대여금채권	1. 원금	1,000,000,000	1,000,000,000	
				2. 개시전이자	18,100,000	18,100,000	
				소계	1,018,100,000	1,018,100,000	
채권 4–2	중소기업진흥공단 (대표이사 ○○○)	진주시 동진로 430	전환사채권	1. 원금	916,630,000	916,630,000	
				2. 개시전이자	18,100,000	18,100,000	
				소계	934,730,000	934,730,000	
중소기업진흥공단(대표이사 ○○○) 소계				1. 원금	1,916,630,000	1,916,630,000	
				2. 개시전이자	36,200,000	36,200,000	
				소계	1,952,830,000	1,952,830,000	
채권 5–1	㈜신한은행 (대표이사 ○○○)	서울 ○○구 ○○대로 ○○○	금융기관대여금채권	1. 원금	1,425,000,000	1,425,000,000	
				2. 개시전이자	–	–	
				소계	1,425,000,000	1,425,000,000	

채권 5-2	㈜신한은행 (대표이사 ○○○)	서울 ○○구 ○○대로 ○○○	미발생보증채권	1. 원금 2. 개시전이자 소계	150,000,000 – 150,000,000	150,000,000 – 150,000,000	
㈜신한은행(대표이사 ○○○) 소계				1. 원금 2. 개시전이자 소계	1,575,000,000 – 1,575,000,000	1,575,000,000 – 1,575,000,000	
채권 6-1	㈜대한○○○ (대표이사 김민국)	충청남도 당진시 ○○읍 ○○로 ○○○	특수관계인채권 (지급어음)	1. 원금 2. 개시전이자 소계	146,185,922 – 148,185,922	146,185,922 – 146,185,922	어음번호: 0882019 1011000002703 / 만기일: 2019-02-20
채권 6-2	㈜대한○○○ (대표이사 김민국)	충청남도 당진시 ○○읍 ○○로 ○○○	특수관계인채권 (지급어음)	1. 원금 2. 개시전이자 소계	4,620,000 – 4,620,000	4,620,000 – 4,620,000	어음번호:0882018 011000002729 / 만기일:2019-02-10
채권 6-3	㈜대한○○○ (대표이사 김민국)	충청남도 당진시 ○○읍 ○○로 ○○○	특수관계인채권 (지급어음)	1. 원금 2. 개시전이자 소계	1,816,100 – 1,816,100	1,816,100 – 1,816,100	어음번호:0882018 1011000002732 / 만기일:2019-01-31
채권 6-4	㈜대한○○○ (대표이사 김민국)	충청남도 당진시 ○○읍 ○○로 ○○○	특수관계인채권 (지급어음)	1. 원금 2. 개시전이자 소계	6,982,745 – 6,982,745	6,982,745 – 6,982,745	어음번호:0882018 1011000002758 / 만기일:2019-01-31
채권 6-5	㈜대한○○○ (대표이사 김민국)	충청남도 당진시 ○○읍 ○○로 ○○○	특수관계인채권 (지급어음)	1. 원금 2. 개시전이자 소계	5,456,000 – 5,456,000	5,456,000 – 5,456,000	어음번호:0882018 1011000002774 / 만기일:2019-01-31
(중략)							
채권 189	삼○○○㈜ (대표이사 박○○)	인천시 ○○구 ○○대로 ○○○	상거래채권	1. 원금 2. 개시전이자 소계	330,000 – 330,000	330,000 – 330,000	

채권 190	전○○(동산)	경기도 부천시 ○○로 ○○○	상거래채권	1. 원금 2. 개시전이자 소계	308,000 – 308,000	308,000 – 308,000	
채권 191	㈜○○테크 (대표이사 심○○)	충청북도 청주시 ○○구 ○○면 ○○로 ○○○	상거래채권	1. 원금 2. 개시전이자 소계	295,460 – 295,460	295,460 – 295,460	
채권 192	박○○ (○○○○○○)	서울 ○○구 ○○대로 ○○○	상거래채권	1. 원금 2. 개시전이자 소계	262,350 – 262,350	262,350 – 262,350	
채권 193	김○○ (○○○○○)	인천시 ○○구 ○○대로 ○○○	상거래채권	1. 원금 2. 개시전이자 소계	245,000 – 245,000	245,000 – 245,000	
채권 194	㈜○○○○○○ (대표이사 최○○)	서울 ○○구 ○○대로 ○○○	상거래채권	1. 원금 2. 개시전이자 소계	242,000 – 242,000	242,000 – 242,000	
채권 195	정○○ (○○종합상사)	서울 ○○구 ○○대로 ○○○	상거래채권	1. 원금 2. 개시전이자 소계	209,000 – 209,000	209,000 – 209,000	
회생채권 합계				1. 원금 2. 개시전이자 소계	22,519,788,712 36,200,000 22,555,988,712	22,519,788,712 36,200,000 22,555,988,712	

6. 회생채권자 목록

<table>
<tr><td colspan="2">사 건</td><td>20X0회합100001 회생</td><td>채무자</td><td>주식회사 대한</td></tr>
<tr><td rowspan="3">회생 채권자</td><td>성명 · 명칭</td><td colspan="3">한국수출입은행(대표이사 ○○○)</td></tr>
<tr><td>주 소</td><td colspan="3">서울 ○○구 ○○대로 ○○○</td></tr>
<tr><td>전화번호</td><td></td><td>e-mail</td><td></td></tr>
<tr><td colspan="2">목록번호</td><td>채권1</td><td>신고번호</td><td></td></tr>
<tr><td colspan="2">회생채권의 원인 · 내용</td><td colspan="3">1 (원인) 금융기관대여채무
(내용) 원금 3,292,720,356 이자 0
2 (원인)
(내용)
3 (원인)
(내용)
4 (원인)
(내용)
5 (원인)
(내용)
6 (원인)
(내용)
7 (원인)
(내용)
8 (원인)
(내용)
9 (원인)
(내용)
10 (원인)
(내용)
11 (원인)
(내용)
12 (원인)
(내용)</td></tr>
<tr><td colspan="2">우선권 유무</td><td colspan="3"></td></tr>
<tr><td colspan="2">의결권 액</td><td colspan="3">3,292,720,356 원</td></tr>
<tr><td colspan="2">집행권원 · 종국판결 유무</td><td colspan="3"></td></tr>
<tr><td colspan="2">소송계속 여부</td><td colspan="3"></td></tr>
<tr><td colspan="2">비 고</td><td colspan="3"></td></tr>
</table>

7. 벌금 · 조세 등 목록 총괄표

채무자: 주식회사 대한 (단위: 원)

목록 번호	채권자	주 소	채권내용	액 수		비 고
조세1	국민건강보험공단	강원도 원주시 건강로 32 (반곡동)	4대보험료	1. 본세 2. 가산금 소계	28,062,940 – 28,062,940	발생기간: 20X0.1.1 ~ 20X0.1.31 (1개월) 납기일: 20X0.2.10
조세2	○○세무서	서울 ○○구 ○○대로 ○○○	근로소득세 등	1. 본세 2. 가산금 소계	6,578,740 – 6,578,740	발생기간: 20X0.1.1 ~ 20X0.1.31 (1개월) 납기일: 20X0.2.10
조세3	○○구청	서울 ○○구 ○○대로 ○○○	지방소득세	1. 본세 2. 가산금 소계	1,439,020 – 1,439,020	발생기간: 20X0.1.1 ~ 20X0.1.31 (1개월) 납기일: 20X0.2.10
조세 등 채권의 합계				**1. 원금** **2. 가산금** **소계**	**36,080,700** **–** **36,080,700**	

8. 벌금 · 조세 등 목록

<table>
<tr><td colspan="2">사 건</td><td>20X0회합100001 회생</td><td>채무자</td><td>주식회사 대한</td></tr>
<tr><td rowspan="3">청구권자</td><td>성 명</td><td colspan="3">국민건강보험공단</td></tr>
<tr><td>주 소</td><td colspan="3">강원도 원주시 건강로 32 (반곡동)</td></tr>
<tr><td>전화번호</td><td></td><td>e-mail</td><td></td></tr>
<tr><td colspan="2">목록번호</td><td>조세1</td><td>신고번호</td><td></td></tr>
<tr><td colspan="2">청구권의 원인 · 내용</td><td colspan="3">(원인)
(내용) · 본세 28,062,940원
· 가산금</td></tr>
<tr><td rowspan="3">청구권자</td><td>성 명</td><td colspan="3"></td></tr>
<tr><td>주 소</td><td colspan="3"></td></tr>
<tr><td>전화번호</td><td></td><td>e-mail</td><td></td></tr>
<tr><td colspan="2">목록번호</td><td></td><td>신고번호</td><td></td></tr>
<tr><td colspan="2">청구권의 원인 · 내용</td><td colspan="3">(원인)
(내용) · 본세
· 가산금</td></tr>
<tr><td colspan="2">비 고</td><td colspan="3"></td></tr>
</table>

9. 주주 · 지분권자 목록 총괄표

채무자: 주식회사 대한

(단위: 주, 원)

목록번호	주주 · 지분권자	주식 · 출자 지분의 종류	주식의 수 · 출자지분의 액수		지분율	비 고
			주식의 수	출자지분의 액수		
주주 1	○○테크㈜	보통주	57,600	288,000,000	48.00%	
주주 2	김민국	보통주	25,200	126,000,000	21.00%	
주주 3	유○○	보통주	12,600	63,000,000	10.50%	
주주 4	손○○	보통주	12,000	60,000,000	10.00%	
주주 5	김○○	보통주	6,600	33,000,000	5.50%	
주주 6	이○○	보통주	6,000	30,000,000	5.00%	
	합계		120,000	600,000,000	100.00%	

10. 주주 · 지분권자 목록

<table>
<tr><td colspan="2">사 건</td><td>20X0회합100001 회생</td><td>채무자</td><td>주식회사 대한</td></tr>
<tr><td rowspan="3">주주 · 지분권자</td><td>성명 · 명칭</td><td colspan="3">○○테크㈜(대표이사 유○○)</td></tr>
<tr><td>주 소</td><td colspan="3">서울 ○○구 ○○대로 ○○○</td></tr>
<tr><td>전화번호</td><td></td><td>e-mail</td><td></td></tr>
<tr><td colspan="2">목록번호</td><td>주주1</td><td>신고번호</td><td></td></tr>
<tr><td colspan="2">주식 · 출자지분의
종류와 수, 액수</td><td>보통주식</td><td colspan="2">보통주 57,600주,
액면가액 288,000,000원</td></tr>
<tr><td colspan="2">집행권원 · 종국판결 유무</td><td colspan="3"></td></tr>
<tr><td colspan="2">소송계속 여부</td><td colspan="3"></td></tr>
<tr><td colspan="2">비 고</td><td colspan="3"></td></tr>
</table>

Ⅲ. 회생채권 등의 신고

1. 회생채권 등의 신고

회생절차에 참가하고자 하는 회생채권자, 회생담보권자, 주주·지분권자는 채무자회생법이 정한 사항을 법원에 신고하여야 한다(제148조 내지 제150조). 회생채권 등의 신고는 법원에 대한 회생절차 참가의 신청이라고 할 수 있다.

2. 신고사항

가. 회생채권자의 신고사항

회생채권자의 신고사항은 ① 성명 및 주소, ② 회생채권의 내용[9] 및 원인,[10] ③ 의결권의 액수, ④ 일반의 우선권 있는 채권인 때에는 그 뜻, ⑤ 소송계속 중인 회생채권은 법원, 사건번호, 사건명과 당사자, ⑥ 통지 또는 송달을 받을 장소 및 전화번호·전자우편주소, ⑦ 제118조 제2호 내지 제4호의 규정에 의한 회생채권일 때에는 그 취지 및 액수, ⑧ 집행력 있는 집행권원 또는 종국판결이 있는 회생채권인 때에는 그 뜻, ⑨ 증거서류 또는 그 등본이나 초본이다(제148조, 규칙 제55조 제1항). 어음은 제시증권, 상환증권이므로 어음채권을 회생채권으로 신고할 경우 어음을 소지하고 있어야 한다.[11]

나. 회생담보권자의 신고사항

회생담보권자의 신고사항은 ① 성명 및 주소, ② 회생담보권의 내용 및 원인, ③ 회생담보권의 목적 및 가액, ④ 의결권의 액수, ⑤ 회생절차가 개시된 채무

---

9) 금전채권의 경우 채권액, 변제기, 이자 등을 의미하고, 비금전채권의 경우 급부의 목적과 원인을 의미한다.

10) 회생채권자 등은 회생채권 등을 신고할 때 증거서류를 제출하여야 하므로 신고의 경우에는 신고의 기재 내용뿐만 아니라 신고 시에 제출하는 증거서류 등에 의하여 그 채권을 특정할 수 있도록 채권의 원인과 내용을 기재하면 족하다(대법원 2001. 6. 29. 선고 2000다70217 판결).

11) 대법원 2016. 10. 27. 선고 2016다235091 판결.

자 외의 자가 채무자인 때에는 그 성명 및 주소, ⑥ 소송계속 중인 회생담보권은 법원, 사건번호, 사건명, 당사자, ⑦ 통지 또는 송달을 받을 장소 및 전화번호·전자우편주소, ⑧ 집행력 있는 집행권원 또는 종국판결이 있는 회생담보권인 때에는 그 뜻, ⑨ 증거서류 또는 그 등본이나 초본이다(제149조, 규칙 제55조 제1항).

다. 주주 · 지분권자의 신고사항

주주·지분권자의 신고사항은 ① 성명 및 주소, ② 주식 또는 출자지분의 종류 및 수 또는 액수, ③ 소송계속 중인 주주·지분권은 법원, 사건번호, 사건명, 당사자, ④ 주권 또는 출자지분증서 그 밖의 증거서류 또는 그 등본이나 초본, ⑤ 통지 또는 송달을 받을 장소 및 전화번호·전자우편주소이다(제150조 제1항, 규칙 제55조 제1항).

회사의 자산이 부채를 초과하는 경우 주주가 의결권을 행사할 수 있으므로 주주를 확정하는 것이 중요하다. 법원은 기간을 정하여 주식회사인 채무자의 주주명부를 폐쇄할 수 있는데(제150조 제2항), 주주명부 폐쇄기간은 2월을 넘지 못한다(제150조 제2항).

라. 예비적 신고

예비적 신고란 채권신고인이 일응 자신의 채권이 신고대상이 아니라고 생각하면서도 이후 신고대상으로 판명됨으로 인하여 실권되는 불이익을 방지하기 위하여 하는 신고를 말한다. 주채권자가 신고하지 않거나 신고를 철회할 것에 대비하여 보증인이 장래의 구상채권을 신고하는 경우, 쌍방미이행 쌍무계약의 상대방이 관리인의 해제에 대비하여 손해배상채권을 신고하는 경우, 채권이 공익채권이라고 생각하면서도 회생채권으로 판명될 것에 대비하여 회생채권으로 신고하는 경우, 채무자의 반대채권과 상계하였으나 그 상계가 인정되지 않을 것에 대비하여 신고하는 경우, 회생절차개시결정 전에 변제받은 행위가 부인될 것에 대비하여 신고하는 경우 등이 이에 해당한다.

예비적 신고는 ① 주위적 주장이 인용도 배척도 되지 않은 상태에서는 정지조건부 신고에 준하여 인정되지 않고, ② 주위적 주장이 인용되면 신고는 실효되며, ③ 주위적 주장의 배척이 확정되면 적법한 신고로 인정되어 조사절차를 통하여 확정되면 그에 따른 권리행사가 인정된다.[12)]

3. 신고 주체와 상대방 및 방식

회생채권자 등 본인 또는 대리인이 신고할 수 있다. 채권에 대한 압류 및 추심명령이 있으면 제3채무자에 대한 이행의 소는 추심채권자만 제기할 수 있고, 추심채무자는 피압류채권에 대한 이행의 소를 제기할 당사자적격을 상실하므로,[13)] 추심채권자만이 채권신고를 할 수 있다. 다만, 추심채권자의 집행채권액이 피압류채권(회생채권)의 액에 미치지 못할 경우, 압류되지 않은 부분에 대하여는 추심채무자만이 채권신고를 하고 회생절차에 참가할 수 있다. 회생채권자의 채권자도 회생채권자를 대위하여 채권신고를 할 수 있다.[14)] 다만, 채권자대위권의 행사요건을 충족하여야 하므로, 회생채권자가 스스로 회생채권을 신고하는 등 회생절차에서 권리를 행사하고 있는 경우에는 대위 신고가 허용되지 않는다.

신고는 법원에 대하여 하여야 한다(제148조 내지 제150조). 채무자나 관리인에 대하여 한 신고는 효력이 없다. 회생채권자 등은 신고서 및 그 첨부서류의 부본을 1부 제출하여야 한다(규칙 제56조 제1항).

4. 신고의 효력

가. 회생절차 참가

채권신고를 한 회생채권자, 회생담보권자는 관계인집회에서 의결권을 행사하고, 회생계획에 따라 변제받을 수 있다. 회생채권자, 회생담보권자가 목록에 기재되지 않은 상태에서 그 권리를 신고하지 않으면 관계인집회에서 의결권을 행사할 수 없고 회생계획에서 제외되며 회생계획이 인가되면 실권된다(제251조).

---

12) 전대규, 채무자회생법 제5판, 법문사, 2021, 573면.

13) 대법원 2021. 3. 25. 선고 2020다286041 판결.

14) 온주(로앤비), 채무자회생법 제148조(고홍석 집필), 2015.

미신고로 인하여 실권된 회생채권은 회생절차가 회생계획인가결정 후에 폐지된 경우에도 부활하지 않는다.[15)]

신고한 주주·지분권자는 관계인집회에 출석하여 의결권을 행사하는 등 그가 가진 주식 또는 출자지분으로 회생절차에 참가할 수 있다(제146조 제1항). 회생계획에 의하여 인정된 주주·지분권자의 권리는 주식 또는 출자지분의 신고를 하지 아니한 주주·지분권자에 대하여도 인정되지만(제254조), 신고를 하지 아니한 주주·지분권자는 회생절차에 참가할 수 없다.

나. 시효중단

회생채권, 회생담보권의 신고는 회생절차 참가에 해당하여 시효중단의 효력이 있다(제32조 제1호). 다만 목록에 기재되지 아니한 회생채권자 또는 회생담보권자가 그 신고를 취하하거나 그 신고가 각하된 때에는 시효중단의 효력이 인정되지 않는다(제32조 제1호 단서). 적법한 신고에 의하여 발생한 시효중단의 효력은 회생절차의 폐지, 회생계획불인가결정이 있더라도 상실되지 않는다.

회생채권 등의 신고에 따른 시효중단의 효력은 채무자 회사의 채무를 주채무로 하는 보증채무에도 미치고 그 효력은 회생절차 참가라는 권리행사가 지속되는 한 그대로 유지되므로, 후에 회생계획에 의하여 주채무의 전부 또는 일부가 면제되거나 이율이 경감된 경우 그 면제 또는 경감된 부분의 주채무가 회생계획의 인가결정이 확정된 때에 소멸됨에 따라 그 시점에서 채권자의 회생절차에서의 권리행사가 종료되어 그 부분에 대응하는 보증채무의 소멸시효는 회생계획인가결정 확정 시부터 다시 진행한다. 그러나 회생계획에 의해서도 주채무가 잔존하고 있는 경우에는 회생절차 참가에 의한 시효중단의 효력이 그대로 유지되어 그 회생절차의 폐지결정 또는 종결결정이 확정되어 회생절차에 있어서의 권리행사가 종료되면 그 시점부터 중단되어 있던 보증채무의 소멸시효가 다시 진행하고, 아울러 그 이후에도 보증채무가 소멸하기 전에 주채무에 대한 시효중단의 사유가 발생한 때에는 보증채무에 대하여도 그 시효중단의 효력이 미친다.[16)]

15) 대법원 2010. 12. 9. 선고 2007다44354, 44361 판결.
16) 대법원 2007. 5. 31. 선고 2007다11231 판결.

5. 회생채권 등의 신고기간

가. 신고기간과 조사방식

법원은 회생절차개시결정을 하면서 개시결정일로부터 2주 이상 2월 이하의 범위 내에서 회생채권자 등의 목록 제출기간을 정하여야 하고, 동시에 회생채권자 등의 목록 제출기간의 말일부터 1주 이상 1월 이하의 범위 내에서 신고기간을 정하여야 한다(제50조 제1항 제2호).

회생채권자 등의 목록에 기재되어 있거나 신고기간 내에 신고된 회생채권 등에 대하여는 조사기간을 두어 그 기간 내에 관리인 등이 서면으로 이의를 제출하는 방식으로 조사한다(제161조). 반면 신고기간 이후 추후 보완신고된 회생채권, 회생담보권에 대하여는 특별조사기일을 열어 조사한다(제162조).

나. 벌금, 조세 등 청구권의 신고

회생절차개시 전의 벌금·과료·형사소송비용·추징금 및 과태료의 청구권(제140조 제1항)과 일반 회생채권보다 징수우선순위가 우선하는 조세 등의 청구권은 지체 없이 신고하면 족하다(제156조 제1항). 벌금·과료·형사소송비용·추징금 및 과태료의 청구권에 관하여는 회생계획에서 감면 기타 권리에 영향을 미치는 내용을 정하지 못하고(제140조 제1항), 신고하지 않더라도 회생계획인가결정에 의하여 면책되지 않는다(제251조 단서). 반면 일반 회생채권보다 징수우선순위가 우선하는 조세 등 청구권은 회생계획안의 심리를 위한 관계인집회가 끝나기 전 또는 제240조에 의하여 서면결의에 부친다는 결정이 있기 전까지 신고하여야 한다(제152조 제3항). 국세징수의 예에 의하여 징수할 수 있는 청구권으로서 일반 회생채권보다 징수순위가 우선하지 아니하는 청구권도 같다.

다. 신고기간 이후의 신고

(1) 신고사유

(가) 추후 보완신고

회생채권자 또는 회생담보권자는 그 책임을 질 수 없는 사유로 인하여 신고기간 안에 신고를 하지 못한 때에는 그 사유가 끝난 후 1월 이내에 그 신고를 보완할 수 있다(제152조 제1항).

제152조의 '책임을 질 수 없는 사유'는 소송행위의 추후보완에 관한 민사소송법 제173조 제1항의 '책임질 수 없는 사유'와 용어가 사실상 동일하지만, 실무에서는 민사소송법보다 넓게 해석하고 있다. 제152조와는 달리 민사소송법 제173조는 자신이 직접 담당하던 소송과 관련된 소송행위의 추후보완에 관한 규정이고, 채권의 신고가 늦었다고 하여 권리 자체를 실권시키는 것은 채권자에게 가혹하기 때문이다.[17]

'책임을 질 수 없는 사유'는 천재지변에 국한되지 않고, 채권자 본인의 중병에 의하여 기간을 도과한 경우, 채권자의 대리인이나 법원 직원의 과실에 의한 경우도 포함되고,[18] 채권자가 회생절차개시결정 전에 회생채무자를 상대로 제기한 소송에서 승소판결을 받고 그 판결을 집행권원으로 한 채권압류 및 추심명령을 받아 그 배당절차에 참가하여 배당을 기다리던 중 회생절차개시결정을 이유로 채권압류 및 추심명령이 취소되자 비로소 회생채권의 추후보완신고를 한 경우도 이에 해당한다.[19]

추후 보완신고도 회생채권이나 회생담보권의 신고이므로, 회생채권자나 회생담보권자는 제148조 또는 제149조에서 정한 방식에 따라 신고하여야 한다. 추후보완신고서에는 채권신고기간 내에 신고를 할 수 없었던 사유 및 그 사유가 끝난 때를 기재하여야 한다(규칙 제57조 제1항).

실무상 법원은 회생계획안의 심리를 위한 관계인집회를 개최하기 전까지 접수된 대부분의 추후 보완신고를 그대로 받아주고 있다.[20]

---

17) 주석 채무자회생법 제152조(도훈태 집필), 한국사법행정학회, 2021. 대법원은 회생절차에서는 개별적인 송달 외에 공고 등으로써 송달을 갈음하고 있어 이해관계인이 직접 결정문을 송달받지 못하는 경우가 적지 아니한 반면, 회생채권자가 신고를 해태하는 경우 채권이 실권되는 등 그 불이익이 큰 점 등을 고려하여 볼 때, 회생절차에 중대한 지장을 초래하지 않는 한 실권시키는 것이 가혹하다고 인정되는 경우에는 가급적 채무자회생법 제152조 제1항 소정의 '책임을 질 수 없는 사유'를 넓게 해석하여 같은 법 제162조에 의하여 조사를 하기 위한 특별기일을 정하여야 한다고 판시하였다(대법원 1999. 11. 7.자 99그53 결정).

18) 임채홍 · 백창훈, 회사정리법(상) 제2판, 한국사법행정학회, 2002, 593면.

19) 대법원 1999. 11. 7.자 99그53 결정.

20) 서울회생법원 재판실무연구회, 회생사건실무(상), 박영사, 2019, 540면.

(나) 신고기간 경과 후에 생긴 회생채권과 회생담보권의 신고

신고기간 경과 후에 생긴 회생채권과 회생담보권에 관하여는 그 권리가 발생한 후 1월 이내에 신고하여야 한다(제153조 제1항).

(2) 신고기간의 제한

(가) 원칙

추후 보완신고(제152조 제1항)와 신고기간이 경과한 후에 생긴 회생채권과 회생담보권의 신고(제153조 제1항)는 회생계획안의 심리를 위한 관계인집회가 끝난 후 또는 제240조에 의한 서면결의에 부친다는 결정이 있은 후에는 할 수 없는 것이 원칙이다(제152조 제3항, 제153조 제2항). 회생계획안의 심리가 종결된 후의 채권신고를 인정하면 이러한 채권은 회생계획안에 반영되지 않았으므로 이를 반영한 회생계획안을 다시 작성하여 관계인집회에서 재차 심리해야 하는 등 시간과 비용 면에서 큰 부담을 주어 회생절차가 순조롭게 진행되는 것을 막을 우려가 있기 때문이다.[21] 그러나 이러한 원칙에는 다음과 같은 예외가 인정된다.

(나) 예외

① 채무자의 행위가 회생계획안의 심리를 위한 관계인집회가 끝난 후 또는 제240조의 규정에 의한 서면결의에 부치는 결정이 있은 후에 부인된 때에는 제152조 제3항의 규정에 불구하고 상대방은 부인된 날부터 1월 이내에 신고를 추후보완할 수 있다(제109조 제2항).

② 회생절차에서 회생채권자가 회생절차의 개시사실 및 회생채권 등의 신고기간 등에 관한 개별적인 통지를 받지 못하는 등으로 회생절차에 관하여 알지 못함으로써 회생계획안의 심리를 위한 관계인집회가 끝날 때까지 채권신고를 하지 못하고, 관리인이 그 회생채권의 존재 또는 그러한 회생채권이 주장되는 사실을 알고 있거나 이를 쉽게 알 수 있었음에도 회생채권자 목록에 기재하지 아니한 경우에는, 회생채권자는 회생계획안의 심리를 위한 관계인집회가 끝난 후에도 회생절차에 관하여 알게 된 날부터 1월 이내에 회생채권의 신고를 보완할

21) 대법원 2005. 2. 17. 선고 2004다39597 판결.

수 있다.[22] 또한 회생채권자가 회생법원이 정한 신고기간 내에 회생채권을 신고하는 등으로 회생절차에 참가할 것을 기대할 수 없는 사유가 있는 경우에도 제152조 제3항에도 불구하고 회생채권의 신고를 보완하는 것이 허용된다.[23]

대법원은 공동불법행위로 인한 손해배상책임의 원인은 회생절차개시 이전에 이미 존재하였지만 구상금채권은 관계인집회가 끝나거나 서면결의 결정이 있은 후에 발생하였고, 나아가 공동불법행위의 시점 및 공동불법행위자들의 관계, 구상금채권 발생의 직접적 원인인 변제 기타 출재의 경위, 공동불법행위자들 사이의 내부적 구상관계 발생에 대한 예견가능성, 공동불법행위로 인한 손해배상채무가 구체화된 시점과 구상금채권이 성립한 시점 사이의 시간 간격 등 제반 사정에 비추어 구상금 채권자가 회생법원이 정한 신고기간 내에 장래에 행사할 가능성이 있는 구상권을 신고하는 등으로 회생절차에 참가할 것을 기대할 수 없는 사유가 있는 때에는 제152조 제3항에도 불구하고 회생채권 신고를 보완하는 것이 허용되어야 한다고 판시하였다.[24]

③ 위와 같은 사정 등으로 회생계획안의 심리를 위한 관계인집회가 종료되거나 제240조에 의한 서면결의에 부친다는 결정이 있은 후 추후 보완신고가 있는 경우 추후 보완신고된 채권의 조사를 위한 특별조사기일을 개최하여야 한다. 특별조사기일에서의 시·부인 절차를 거쳐 채권이 확정되는 경우 그 채권을 어떻게 취급할 것인지가 문제 된다. 이에 대하여는 ㉮ 회생계획의 미확정채권의 처리에 관한 조항을 적용하여야 한다는 견해와 ㉯ 제179조 제1항 제5호의 공익채권으로 취급해야 한다는 견해가 제시되고 있다. 전설은 추후 보완신고된 채권이 확정되면 원칙적으로 회생계획의 미확정채권의 처리에 관한 조항을 근거로 그 성질과 내용이 가장 유사한 채권의 권리변경 및 변제방법을 적용하되, 예외적으로 채권자 수가 적은 소규모사건 등에서 확정된 추후 보완신고 채권액이 상대적으로 다액이어서 결의에 영향을 끼칠 정도로 의결권이 큰 경우, 결의를 위한 관계인집회에서 가결요건을 근소하게 넘는 정도의 동의가 있었다는 등의 사정으로 추후 보완신고 채권자의 의결권이 중대한 의미를 가지는 경우 또는 확정된 추후

22) 대법원 2012. 2. 13.자 2011그256 결정.

23) 대법원 2018. 7. 24. 선고 2015다56789 판결.

24) 대법원 2016. 11. 25. 선고 2014다82439 판결.

보완신고 채권액을 반영할 경우 자금수지에 상당한 영향이 있어 종전의 채권에 대하여 다시 권리변경을 할 필요가 있는 경우 등 특별한 사정이 있는 경우에는 회생계획변경절차를 거쳐야 한다는 견해이다.[25] 후설은 회생계획의 면책 및 권리변경효는 절차보장을 전제로 하는 것인데 실권되지 않은 추후 보완신고 채권은 회생절차 참가 기회를 보장받지 못하였기 때문에 회생계획의 조항을 적용할 수 없고 제179조 제1항 제5호의 '채무자의 업무 및 재산에 관하여 관리인이 회생절차개시 후에 한 행위로 인하여 생긴 청구권'으로서 공익채권으로 인정하여야 한다는 입장이다.[26] 후설은 제179조 제1항 제5호의 채무자의 업무 및 재산에 관하여 관리인이 회생절차개시 후에 한 행위에는 추후 보완신고된 채권을 목록에 기재하지 않은 부작위도 포함된다는 것을 근거로 하고 있는 것으로 보인다. 그러나 관리인이 목록에 기재하지 않은 부작위가 개재되었다는 이유만으로 회생절차개시 전의 원인으로 발생한 채권을 공익채권으로 보는 것은 지나친 의제라고 본다. 추후 보완신고한 채권자가 회생절차에 참여할 기회를 보장받았다고 하더라도 관계인집회의 가결에 영향이 없었던 경우라면 더욱 그러하다. 채무자회생법에 관련 조항을 명문화하여 해결하기 전까지는 전설에 의하여 처리하는 것이 타당하다.

(3) 불복방법

신고기간 이후의 신고에 관한 법원의 재판에 대하여는 즉시항고 할 수 있다는 규정이 없으므로 즉시항고를 할 수 없고(제13조 제1항), 민사소송법 제449조에 의한 특별항고만 허용된다.

(4) 특별조사기일의 지정

법원은 추후 보완신고(제152조 제1항)와 신고기간 경과 후에 생긴 회생채권과

---

25) 오병희, 회생절차에서의 추완신고에 따른 후속 절차 검토 - 대법원 2012. 2. 13.자 2011그256 결정과 관련하여 -, 도산법연구 제3권 제2호, 사단법인 도산법연구회, 2012, 323-324면.

26) 윤덕주, 사례중심 기업회생, 박영사, 2019, 343면. 이 견해는 공익채권의 인정 범위와 관련하여 해당 채권자가 회생절차에 참가하였을 경우 변제받을 수 있었던 금액을 현재가치로 할인한 금액 상당이라고 보는 것은 영구기업가치의 분배에서 해당 채권자를 배제하는 것으로 타당하지 않고, 채권 전액으로 보아야 한다고 주장한다.

회생담보권의 신고(제153조 제1항)가 있는 경우 이를 조사하기 위하여 특별조사기일을 정하여야 한다(제162조 전문). 특별조사기일은 관계인집회기일과 별도로 또는 병합하여 수회 개최할 수 있는데, 실무상 특별조사기일 지정 결정의 송달 업무부담과 송달비용을 절감하기 위하여 특별한 사정이 없는 한 신고기간 경과 후의 신고의 종기인 회생계획안의 심리를 위한 관계인집회기일과 병합하여 실시하고 있다.[27]

회생법원이 추후 보완신고가 적법하다고 판단하여 특별조사기일을 열어 조사절차까지 마친 경우에는 채무자회생법에서 정한 신고의 추후보완의 요건을 구비하지 않았다는 것을 사유로 하는 이의는 허용되지 않는다고 봄이 타당하고, 이는 채권조사확정재판에서도 마찬가지라고 보아야 하므로 회생법원이 추후 보완신고가 적법하다고 판단하여 특별조사기일에서 추후 보완신고된 채권에 대한 조사절차까지 마쳤다면 채권조사확정재판에서도 신고의 추후보완의 요건을 구비하지 않았다는 사유를 주장할 수 없다.[28]

라. 주식 · 출자지분의 추가 신고

법원은 상당하다고 인정하는 때에는 신고기간이 경과한 후 다시 기간을 정하여 주식 · 출자지분의 추가신고를 하게 할 수 있다(제155조 전문). 주식 · 출자지분의 추가신고를 허용하는 취지는 주주 · 지분권자의 목록에 기재되지 않아 신고가 의제되지 않음에도 신고기간 내에 별도로 신고를 하지 못한 주주 · 지분권자의 의결권을 보장하고, 아울러 목록에 기재되어 있거나 신고된 주식 · 출자지분의 거래로 인하여 의결권 행사 당시의 주주 · 지분권자와 목록 기재 내지 신고 명의자가 달라진 경우에 그 주주 · 지분권자를 구제하기 위해서이다.[29] 따라서 신고하지 않은 회생채권 또는 회생담보권이 회생계획의 인가로 실권되는 불이익을 막기 위한 채권의 추후 보완신고와는 제도의 취지가 다르다.

27) 서울회생법원 재판실무연구회, 회생사건실무(상), 박영사, 2019, 561－562면.
28) 대법원 2018. 7. 24. 선고 2015다56789 판결.
29) 전병서, 도산법 제4판, 박영사, 2019, 550면.

마. 신고명의의 변경

목록에 기재되거나 신고된 회생채권 또는 회생담보권을 취득한 자(채권양도, 상속, 합병·분할 등)는 신고기간이 경과한 후에도 신고명의를 변경할 수 있다(제154조 제1항). 이미 목록에 기재되거나 신고된 회생채권 또는 회생담보권은 그 귀속 주체가 변경되더라도 그 내용과 원인에 변경이 없는 이상 회생계획의 작성에 지장이 없기 때문에 목록에 기재되거나 신고된 회생채권 등을 취득한 경우 신고기간이 경과한 후에도 신고명의를 변경할 수 있도록 하고 있는 것이다. 이러한 신고 명의의 변경은 회생계획이 인가된 후에는 할 수 없다. 회생채권과 회생담보권은 회생계획인가결정으로 회생계획이 정하는 바에 따라 변경되고, 이로써 권리변경에 관한 절차가 종료되기 때문이다.[30] 회생계획인가 이후에 권리를 양수한 자는 일반 민사 법리에 따라 관리인에 대하여 권리의 이전을 증명하거나 대항요건을 갖추어 권리를 행사하여야 한다.[31] 신고명의를 변경하고자 하는 자는 성명 및 주소, 취득한 권리와 그 취득의 일시 및 원인을 법원에 신고하여야 한다(제154조 제2항).

신고명의가 변경되면 명의가 변경된 채권자는 종전의 채권자를 대신하여 회생절차에 참가할 수 있다. 목록에 기재되거나 신고된 회생채권 또는 회생담보권을 취득하였더라도 신고 명의의 변경절차를 거치지 않으면 회생절차에 참가할 수 없다.

바. 신고내용의 변경

(1) 신고기간 내의 변경

회생채권 등의 신고기간 내에는 신고내용을 자유롭게 변경할 수 있다. 다른 회생채권자 또는 회생담보권자의 이익을 해하는지 여부를 묻지 않는다. 신고기간 내의 변경은 신고를 철회하고 변경된 내용으로 다시 신고하는 것과 동일하게 볼 수 있기 때문이다.

30) 주석 채무자회생법 제154조(도훈태 집필), 한국사법행정학회, 2021.
31) 서울회생법원 재판실무연구회, 회생사건실무(상), 박영사, 2019, 549면.

(2) 신고기간 경과 후의 변경

(가) 신고사항의 변경이 다른 회생채권자 등의 이익을 해하지 않는 경우

신고사항의 변경 중 채권 등의 소멸이나 감액 등 다른 회생채권자 등의 이익을 해하지 않는 변경은 회생계획안이 작성, 제출되기 전까지 자유롭게 할 수 있다. 이는 회생채권 등의 신고의 전부 또는 일부의 취하로 볼 수 있기 때문이다.

(나) 신고사항의 변경이 다른 회생채권자 등의 이익을 해하는 경우

다른 회생채권자 또는 회생담보권자의 이익을 해하는 내용으로 변경하는 경우(예컨대 채권액을 증액하거나, 회생채권을 회생담보권으로 변경하는 경우)는 실질적으로 새로운 회생채권 등을 신고하는 것과 마찬가지이므로 추후 보완신고와 동일하게 취급된다. 그러므로 신고사항을 변경하는 회생채권자 또는 회생담보권자가 책임질 수 없는 사유가 있을 때에 한하여 그 사유가 끝난 후 1월 이내에 변경신고가 가능하고(제152조 제4항), 회생계획안의 심리를 위한 관계인집회가 끝난 후 또는 서면결의에 부친다는 결정이 있은 후에는 하지 못한다(제152조 제4항, 제3항).

사. 신고채권의 귀속에 다툼이 있는 경우

회생채권의 귀속을 둘러싸고 사전 또는 사후에라도 분쟁이 있고, 그 분쟁당사자 중 어느 일방이 이를 회생채권으로 신고하였으나, 나중에 신고를 하지 아니한 다른 당사자가 진정한 채권자임이 판명된 경우에는 채무자 회사의 관리인으로서는 회생절차의 진행과 관련하여 일단 신고를 한 자를 회생채권자로 취급하여 회생절차를 진행하다가 나중에 진정한 채권자가 따로 있는 것이 밝혀지면 그 때부터 종전 신고자를 배제한 채 진정한 채권자를 회생채권자로 취급하여야 하고, 이와 같은 의미에서 무권리자가 한 회생채권의 신고도 유권리자에 대한 관계에서 그 효력이 인정된다.[32)]

아. 회생채권자표, 회생담보권자표, 주주 · 지분권자표의 작성

법원사무관 등은 회생채권 등의 신고기간이 종료된 후 지체 없이 목록에 기재되거나 신고된 회생채권, 회생담보권, 주식 또는 출자지분에 대하여 회생채권자

32) 대법원 2003. 9. 26. 선고 2002다62715 판결.

표, 회생담보권자표, 주주·지분권자표를 작성하여야 한다(제158조, 규칙 제60조 제1항). 이는 조사의 대상이 되는 권리를 특정하고 조사절차에 참여할 이해관계인의 범위를 명확하게 하기 위한 것이다.[33] 법원사무관 등은 회생채권자표 등을 작성한 후 관리인에게 그 등본을 교부하여야 한다(제159조).

6. 벌금·조세 등 청구권의 신고 및 확정

가. 벌금·조세 등 청구권의 신고

벌금·조세 등 청구권을 가지고 있는 자는 지체 없이 그 액 및 원인과 담보권의 내용을 법원에 신고하여야 한다(제156조 제1항). 벌금·조세 등 청구권은 공정력이 인정되는 행정처분에 의한 것이거나 형사처벌 또는 행정벌로 부과되는 것으로서 신고가 있으면 일응 진정한 채권으로 인정되기 때문에 채권조사의 대상이 아니다. 법원사무관 등은 벌금·조세 등 청구권의 신고가 있으면 이를 회생채권자표 또는 회생담보권자표에 기재하여야 한다(제156조 제2항, 제167조 제1항). 하지만 이러한 기재가 있더라도 그 청구권의 원인이 행정심판·소송 등 불복의 신청을 허용하는 처분인 때에는 관리인이 여전히 채무자가 할 수 있는 방법으로 불복을 신청할 수 있으므로 회생채권자표 등의 기재에 확정판결과 동일한 효력이 인정되지는 않는다.

나. 벌금·조세 등 청구권의 확정

관리인은 신고된 벌금·조세 등 청구권의 원인이 행정심판, 소송 그 밖의 불복이 허용되는 처분인 때에는 그 청구권에 관하여 채무자가 할 수 있는 방법으로 불복을 신청할 수 있다(제157조 제1항). 벌금·조세 등 청구권에 대한 이의권은 관리인에게만 있고 회생채권자·회생담보권자·주주·지분권자에게는 이의권이 인정되지 않는다. 회생절차개시 당시 신고된 벌금·조세 등 청구권에 관하여 불복절차가 계속되어 있는 경우 관리인은 그 불복절차를 수계하여야 한다(제157조 제2항, 제172조 제1항).

---

33) 주석 채무자회생법 제158조(권순엽 집필), 한국사법행정학회, 2021.

불복신청 및 불복절차의 수계는 조사기간의 말일 또는 특별조사기일로부터 1월 이내에 하여야 한다(제157조 제2항, 제174조 제3항). 위 기간 내에 불복을 신청하지 않는 경우 관리인이 그 회생채권 또는 회생담보권을 인정한 것으로 본다(제157조 제2항, 제174조 제4항).

법원사무관 등은 관리인의 신청에 의하여 신고된 벌금·조세 등 청구권에 관한 불복신청의 결과를 회생채권자표 또는 회생담보권자표에 기재하여야 한다(제157조 제2항, 제175조). 신고된 벌금·조세 등 청구권에 관한 불복의 결과는 회생채권자·회생담보권자·주주·지분권자 전원에 대하여 그 효력이 있다(제157조 제2항, 제176조).

Ⅳ. 회생채권, 회생담보권의 조사

1. 채권조사의 의의

채권조사란 목록에 기재되거나 신고된 회생채권 또는 회생담보권의 존부, 내용과 원인, 의결권의 액수 등이 사실에 부합하는지를 검토하여 확정하는 것이다(제161조, 제162조). 채권조사는 관리인이나 이해관계인이 목록에 기재되거나 신고된 내용을 시인하거나 부인하는 방식으로 진행되기 때문에 실무상 시·부인이라고 한다. 관리인은 채권조사를 통하여 채무자의 채무 총액을 파악하고, 이를 토대로 회생계획안을 작성한다.

2. 채권조사의 주체

회생채권 등의 조사의 주체는 관리인, 채무자, 목록에 기재되거나 신고된 회생채권자, 회생담보권자, 주주·지분권자이다(제161조 제1항).

관리인은 회생채권 등의 조사에 필요한 주요 자료를 가지고 있어 이의를 적절하게 제기할 수 있고, 그 이의를 통해 목록에 잘못 기재되거나 허위 또는 부당하게 신고된 회생채권 등을 배제함으로써 공정하고 형평에 맞는 회생계획안을 작성할 수 있으므로, 이의권의 적절한 행사는 관리인의 가장 중요한 임무 중 하나이다. 따라서 관리인이 조사기간 안에 이의권을 당연히 행사해야 했음에도 이를 행사하지 않은 경우에는 선량한 관리자의 주의의무 위반에 해당될 수 있으므로 이해관계인에게 손해배상책임을 질 수 있다(제82조).

채무자는 회생채권자 등과 법률관계를 형성한 당사자로서 자신이 부담하는 채무를 누구보다도 잘 알고 있으므로 조사기간 안에 또는 특별조사기일에 목록에 기재되거나 신고된 회생채권 등에 대하여 이의를 제기할 수 있다. 채무자가 이의를 한 때에는 회생절차가 인가 전에 폐지되는 등(제292조)의 사유로 회생계획인가 전에 회생절차가 종료된 경우에는 확정된 회생채권 등을 회생채권자표 등에 기재하더라도 채무자에 대하여는 확정판결과 동일한 효력을 갖지 않는다(제292조 제1항 단서). 다만 채무자가 이의를 제기하더라도 관리인, 회생채권자, 회생담보권자, 주주·지분권자가 이의를 제기하지 않는 이상 회생채권 등은 확정된다(제166조, 제255조).

목록에 기재되거나 신고한 회생채권자, 회생담보권자, 주주·지분권자도 이의를 할 수 있다. 이들에게 이의권을 부여한 취지는 관리인에 의한 조사와 이의가 항상 적절하고 충실하게 이루어진다는 보장이 없고, 권리자가 아닌 자가 회생절차에 참가하게 되면 그만큼 이해관계인의 관계인집회에서의 결의의 비율 및 회생계획에 의하여 변제받을 액수가 감소될 것이므로, 이해관계인의 견제와 참여를 통해 관리인의 조사·이의권을 보완하고 동시에 이해관계인의 권리보호를 도모하기 위한 것이다.[34] 다만 목록에 기재되거나 신고한 회생채권자, 회생담보권자, 주주·지분권자의 경우 다른 회생채권 등의 존부를 확인할 자료를 확보하고 있지 않은 경우가 많고, 이의를 할 경우 채권조사확정재판에 응해야 하는 부담이 있기 때문에 실제로 이의를 제기하는 경우는 드물다.

3. 조사기간 및 특별조사기일

가. 회생채권 등의 조사방법

목록에 기재되거나 신고된 회생채권 등에 대하여는 조사기일을 열지 않고 관

---

34) 임채홍·백창훈, 회사정리법(상) 제2판, 한국사법행정학회, 2002, 607-608면.

리인 또는 이해관계인이 조사기간 안에 서면으로 이의를 제출하는 방식으로 조사한다(관리인이 시·부인표를 작성하여 법원에 제출한다)(제161조).[35] 그 서면에는 이의의 내용 및 그 사유를 구체적으로 기재하여야 한다(규칙 제61조 제1항). 신고기간이 경과한 뒤에 추후 보완신고된 회생채권 등에 대하여는 특별조사기일을 열어 조사한다(제162조).

나. 조사기간

법원은 회생절차개시결정과 함께 목록에 기재되거나 신고된 회생채권 등의 조사를 위한 조사기간을 정하여야 한다. 조사기간은 신고기간의 말일부터 1주 이상 1월 이하여야 한다(제50조 제1항 제3호). 관리인은 목록에 기재되거나 신고된 회생채권 등에 대한 시·부인표를 작성하여 조사기간의 말일까지 제출하여야 한다(규칙 제63조 제1항).

다. 특별조사기일

신고기간 경과 후에 추후 보완신고된 회생채권 등과 신고기간 경과 후에 생긴 회생채권 등이 있는 경우 이를 조사하기 위하여 특별조사기일을 지정하여야 한다(제162조). 특별조사기일에 출석하여 이의를 하는 자는 이의의 내용 및 그 사유를 구체적으로 진술하여야 한다(규칙 제61조 제2항). 실무상 관리인은 신고채권과 시·부인 현황의 대략적인 내용을 진술하고, 나머지 구체적인 시·부인 사유에 관한 진술은 '추후 보완신고된 회생채권 등의 시·부인표' 기재와 같다는 진술로 갈음하고 있다.

법원은 상당하다고 인정하는 때에는 관리인의 신청에 의하거나 직권으로 특별조사기일을 관계인집회기일과 병합할 수 있는데(제186조), 실무상 특별한 사정

---

35) 구 회사정리법에서는 정리채권 등을 조사하기 위하여 일반조사기일을 열었는데(구 회사정리법 제135조), 조사기일에 조사를 함으로써 이해관계인이 다른 정리채권 또는 정리담보권에 대하여 충분히 검토하고 이의할 기회를 가지기 어려웠고, 이의를 진술하기 위해서는 조사기일에 출석하여야 하는 불편함이 있었다. 이에 채무자회생법은 회생절차에 있어서는 조사기일 제도 대신 기일을 열지 않는 조사기간 제도를 도입하여 이해관계인이 편리한 시간에 충분히 회생채권 또는 회생담보권을 조사할 수 있도록 함으로써 채권조사의 편의성과 효율성을 제고하였다(전병서, 도산법 제4판, 박영사, 2019, 551면).

이 없는 한 특별조사기일을 회생계획안의 심리 및 결의를 위한 관계인집회기일과 병합하여 진행하고 있다.

4. 채권조사의 대상 및 내용

채권조사의 대상은 목록에 기재되거나 신고된 회생채권과 회생담보권이다. 채권조사의 내용은 목록에 기재되거나 신고된 회생채권 등의 내용과 원인, 일반의 우선권의 유무, 담보권의 내용, 담보권의 목적 및 가액, 의결권의 액 등이다.

벌금 및 조세 등 청구권(제140조 제1항, 제2항)은 일응 진정한 채권으로 인정되어 채권조사의 대상이 되지 않는 대신 관리인이 채무자가 할 수 있는 방법으로 불복을 신청할 수 있다(제157조 제1항). 국세징수의 예에 의하여 징수할 수 있는 청구권으로서 그 징수우선순위가 일반 회생채권보다 우선하지 아니하는 청구권 역시 행정처분에 의하여 발생한 청구권으로서 공정력이 인정되므로 신고가 있으면 일응 진정한 채권으로 인정하여 채권조사의 대상이 되지 않고, 관리인이 채무자가 할 수 있는 방법으로 불복할 수 있다.[36)]

주주·지분권자의 권리도 채권조사의 대상이 아니다(제161조 제1항, 제162조). 이는 주주명부 등을 통해 명확하게 확인할 수 있기 때문이다.

5. 시·부인표의 작성

가. 시·부인표 작성방법

관리인은 회생채권 등에 관하여 이의 있는 채권 금액 및 이의 없는 채권 금액 등을 기재한 시·부인표를 작성하여 조사기간의 말일까지 법원에 제출하여야 하는데, 그 시·부인표에는 ① 채권자의 성명, 주소(채권 신고번호 또는 목록 기재번호를 함께 기재), ② 채권 내용 및 신고액 또는 목록 기재액, ③ 이의 있는 채권 금액 및 이의 없는 채권 금액, ④ 이의 있는 의결권 액수 및 이의 없는 의결권 액수, ⑤ 이의를 제기하는 이유를 기재하여야 한다(규칙 제63조 제1항). 추후 보완신

---

36) 서울회생법원 재판실무연구회, 회생사건실무(상), 박영사, 2019, 560면.

고된 회생채권 등에 관하여도 위 사항을 시·부인표에 추가 기재하여야 한다(규칙 제63조 제2항).[37)]

실무상 관리인은 조사기간 말일과 특별조사기일의 2~3일 전에 시·부인표 및 추완 시·부인표 초안을 법원에 제출하여 검토를 받고 수정보완을 한 후 제출한다. 재판부와 관리위원은 이의 있는 채권 위주로 검토하므로 이의 사유를 명확히 기재할 필요가 있다.

나. 시·부인표 작성요령

실무상 시·부인표는 ① 표지, ② 목차, ③ 시·부인 기준표, ④ 회생담보권, 회생채권, 주식·출자지분의 목록·신고 및 시·부인 총괄표, ⑤ 회생담보권 시·부인명세서[회생담보권 배분 상세명세서(담보물 배분표) 포함], ⑥ 회생채권 시·부인명세서, ⑦ 벌금·조세채권 등 목록·신고명세서, ⑧ 주식·출자지분의 목록·신고명세서의 순서로 작성한다. 추완 시·부인표는 ① 표지, ② 시·부인 기준표, ③ 회생담보권 시·부인명세서[회생담보권 배분 상세명세서(담보물 배분표) 포함], ④ 회생채권 시·부인명세서의 순서로 간략히 작성한다.

다. 시·부인 시 유의사항

(1) 신고의 취지가 명확하지 않은 경우

신고의 취지가 명확하지 않은 경우에는 신고인에게 그 취지를 명확히 보정하도록 한 후 시·부인하여야 한다. 보정이 이루어지지 않을 경우 신고내용이 불명확함을 이유로 부인하여야 한다.

(2) 시인할 채권액 확정이 어려운 경우

회생채권의 존재는 인정되지만, 채무자가 보관하고 있는 계약서 등 서류와 일치하지 않는 등의 이유로 채권액을 확정하는 것이 어려울 경우에는 확실하게 인정되는 채권액만 시인하고 나머지 부분은 일응 부인하여야 한다. 이후 증거서류를 통해 인정되는 금액이 있을 경우 이의를 철회한다.

---

37) 실무상 추후 보완신고된 회생채권 등에 관한 사항만을 기재한 시·부인표를 별도로 작성하여 특별조사기일 전까지 제출하고 있다.

(3) 회생절차개시 후 이자

회생담보권에 대한 회생절차개시 후 이자는 회생담보권에 속하지 아니하므로(제141조 제1항 단서), 회생담보권으로 부인하고 회생채권으로 시인하여야 한다. 회생채권에 대한 회생절차개시 후 이자는 제118조 제2호에 따라 회생채권으로 시인하여야 한다. 회생절차개시 후 이자를 회생채권으로 시인하더라도 의결권은 부인하여야 한다(제191조 제3호, 제118조 제2호).

(4) 외화채권

채권이 외국의 통화로서 정하여진 때에는 회생절차가 개시된 때의 평가금액으로 한다(제137조). 따라서 채권이 외화로 신고된 경우에는 외화로 시·부인하되, 괄호 안에 원화로 환산한 금액을 기재하고, 시·부인표 비고란에 환율을 기재한다. 이때 적용하는 환율은 회생절차개시 당시를 기준으로 하여야 하는데, 실무상 개시결정 전날의 외국환시세(매매기준율 또는 대고객 전신환매도율)를 기준으로 한다.[38]

(5) 보증채무(물상보증 포함)

채무자가 부담하는 보증채무(물상보증 포함)에 관하여는 부인권(제100조) 행사 대상 여부를 판단할 수 있도록 보증일(담보제공일)과 주채무자를 표시하여야 한다.

(6) 소송계속 중인 채권

소송계속 중인 채권은 법원, 사건번호, 사건명 등을 기재하고 시·부인 사유를 기재한다. 채권액 중 일부는 인정하고 나머지 부분만 다투고 있으면 인정하는 액수는 시인하고, 나머지 부분을 부인하여야 한다.

(7) 공익채권

확정된 회생채권과 회생담보권에 관한 회생채권자표와 회생담보권자표의 기재는 회생채권자·회생담보권자와 주주·지분권자에 대하여 확정판결과 동일한 효력이 있으나 여기서 '확정판결과 동일한 효력'이라 함은 기판력이 아닌 확인적 효력을 가지고 회생절차 내부에 있어 불가쟁의 효력이 있다는 의미에 지나지

38) 서울회생법원 재판실무연구회, 회생사건실무(상), 박영사, 2019, 573면.

않는 것이므로, 공익채권을 단순히 회생채권으로 신고하여 회생채권자표에 기재된다고 하더라도 공익채권의 성질이 회생채권으로 변경된다고 볼 수는 없다.[39] 공익채권자가 공익채권을 회생채권으로 신고한 경우에는 공익채권임을 이유로 부인한다. 이 경우 공익채권자는 채권조사확정재판을 제기할 필요 없이 직접 관리인에게 이행을 청구하고 관리인이 응하지 않을 경우 소송을 제기하면 된다.

(8) 전부채권자 및 추심채권자의 채권신고

회생채권에 대하여 전부명령이 있는 경우에는 채권이 전부채권자에게 이전되었으므로 전부채권자의 채권을 시인하여야 한다. 본래의 채권자가 신고한 경우 전부명령을 이유로 부인하여야 한다.

채권에 대한 압류 및 추심명령에 이어 제3채무자에 대한 회생절차개시결정이 있으면, 제3채무자에 대한 회생채권확정의 소는 추심채권자만이 제기할 수 있고 추심채무자는 회생채권확정의 소를 제기할 당사자적격을 상실하므로[40] 추심채권자만이 신고할 수 있다. 채권조사의 대상은 추심채무자의 제3채무자에 대한 피압류채권이다. 추심채권자의 집행채권액이 피압류채권의 액에 미치지 못할 경우에는 압류되지 않은 부분에 대하여는 추심채무자가 신고할 수 있다.

(9) 장래의 구상권

주채권자가 채권 전액에 관하여 신고를 한 이후 장래의 구상권자가 채권신고를 한 경우에는 제126조 제3항 단서에 의하여 부인하고 주채권자의 성명·신고번호를 함께 기재한다.

신고기간 안에 장래의 구상권자가 신고를 하였으나 주채권자가 신고를 하지 않은 경우의 처리방법이 문제 된다. 이 경우에는 관리인이 신고기간의 말일이 도과하기 전에 주채권자의 채권을 목록에 기재하여 제출한 후(제147조 제4항), 제126조 제3항 단서에 의하여 장래의 구상권자의 채권을 부인하거나 장래의 구상권자의 채권은 시인하되 의결권을 부인하는 방식으로 처리한다.[41]

---

39) 대법원 2004. 8. 20. 선고 2004다3512, 3529 판결.

40) 대법원 2016. 3. 10. 선고 2015다243156 판결.

41) 서울회생법원 재판실무연구회, 회생사건실무(상), 박영사, 2019, 577면.

채권자와 장래의 구상권자가 모두 채권신고를 하였는데 채권자는 회생채권자인 반면 장래의 구상권자는 회생담보권자인 경우에는[42] 양자를 모두 시인하여야 한다. 다만 특별한 사정이 없는 한 채권자는 신고 채권액 전액에 대하여 의결권을 행사할 수 있으나 장래의 구상권자의 의결권은 장래 현실화 가능성에 따라 부여 여부 및 그 액수가 결정되고, 이 경우 회생계획상의 변제방법은 채권자에 대한 변제액과 장래의 구상권자에 대한 변제액의 합계가 채권자의 채권액을 초과하여서는 안 된다.[43]

회생절차가 개시된 이후 대위변제를 한 보증인이 주채권자의 원금과 회생절차개시 이후의 이자 또는 손해배상금을 합한 전액을 구상원금으로 하여 추후보완신고를 하는 경우가 있다. 이에 대하여 대법원은 "장래의 구상권자가 신고기간 경과 후에 대위변제를 함으로써 구상금 채권이 발생하였다고 하더라도 구상권자가 대위변제액과 채권자의 정리채권 신고액과의 차액에 대하여 추후 보완신고를 할 수 없으며, 신고된 정리채권 중 이자를 원금으로 변경하는 신고도 허용되지 않는다"라고 판시한 바 있다.[44]

채무자가 영업을 위하여 보증기관에 일정한 수수료를 지급하고 보증서를 발급받은 경우 장래의 구상권을 취득한 보증기관은 대위변제책임이 현실화될 것에 대비하여 그 구상권을 회생채권으로 신고하는 경우가 있다. 건설업을 영위하는 채무자가 공사를 수주하면서 보증기관과 하자보수보증계약을 체결하는 경우가 대표적인데 대위변제책임이 실제 발생하는 사례는 드물다. 실무상 구상권자의 채권액은 모두 시인하되, 의결권은 현실화 가능성을 고려하여 전부 부인하거나 제한적으로 부여하고 있다.[45]

(10) 어음채권자가 어음을 소지하지 않은 경우

어음은 제시증권, 상환증권이므로(어음법 제38조, 제39조) 어음을 소지하지 않으

---

42) 채무자가 회사채를 발행하면서 회사채 지급보증기관에게 담보를 제공한 경우가 이에 해당한다.

43) 서울회생법원 재판실무연구회, 회생사건실무(상), 박영사, 2019, 578면.

44) 대법원 2002. 1. 11. 선고 2001다11659 판결. 이 판결은 개시 후 이자 또는 손해배상금 등을 후순위 정리채권으로 정하고 있던 구 회사정리법이 적용된 판결이나 개시 후 이자 또는 손해배상금 채권에 대하여 의결권을 인정하지 않고 권리의 순위에 있어서도 열등한 취급을 할 수 있도록 하는 등 원금에 비하여 열후적 지위를 부여하는 채무자회생법하에서도 그대로 적용될 수 있다.

45) 서울회생법원 재판실무연구회, 회생사건실무(상), 박영사, 2019, 579, 580면.

면 원칙적으로 어음상의 권리를 행사할 수 없고, 이는 회생절차에 참가하기 위하여 어음채권을 회생채권으로 신고하는 경우에도 마찬가지이다.[46] 어음원본을 제시하지 않고 어음채권을 신고한 경우에는 '어음원본 미제시'를 사유로 부인하고, 채권신고인이 조사확정재판을 신청한 후 어음원본을 제시하거나 제권판결이 내려지면 이의를 철회한다.

어음의 지급거절에 대비하여 어음채권자를 피보험자로 하는 어음보험계약이 체결되고, 보험금을 지급한 보험자가 피보험자에게 지급한 보험금의 한도 내에서 보험자대위에 기한 구상권을 행사하기 위하여 어음채권자로부터 어음원본을 교부받아 보관하게 됨으로써, 보험자만 자신의 채권신고 시에 어음 원본을 제시하고, 피보험자인 어음채권자는 채권신고 시에 어음 원본을 제시하지 못하는 경우가 있다. 이 경우 어음보험계약의 피보험자가 보험자로부터 어음금 상당액의 일부만을 보험금으로 지급받은 때에는 피보험자와 보험자가 어음을 공동점유하고 있는 것으로 보아야 하고, 어음의 공동점유자인 보험자로부터 어음의 제시가 있었던 이상 피보험자가 현실로 어음을 제시하지 않았다는 사유로 피보험자의 채권신고를 부인해서는 안 된다.[47]

(11) 상환우선주의 상환권 행사에 따른 상환원리금채권

채무자 회사와 상환우선주 인수계약을 체결한 주주가 상환권을 행사하고 그에 따른 상환원리금채권을 회생채권으로 신고하는 경우가 있다. 상환주식은 배당가능이익으로만 상환할 수 있고(상법 제345조), 배당가능이익은 재무상태표상 회사의 순자산액에서 자본금의 액, 결산기까지 적립된 자본준비금과 이익준비금의 합계액, 결산기에 적립하여야 할 이익준비금의 액, 대통령령으로 정하는 미실현이익을 공제한 금액이다(상법 제462조 제1항). 분식회계로 인하여 회생절차개시신청 전의 재무상태표상으로는 배당가능이익이 존재하나 실사 조정을 거친 후의 재무상태표에 의하면 배당가능이익이 존재하지 않는 경우가 있는데 이러한 경우에는 배당가능이익이 없음을 이유로 부인하여야 한다.

---

46) 대법원 2016. 10. 27. 선고 2016다235091 판결.
47) 서울고등법원 2004. 12. 29. 선고 2004나29882 판결.

㈜대한의 시 · 부인표

서울회생법원 제1부
사 건 20×0회합100001 회생
채무자 주식회사 대한

회생담보권, 회생채권, 주식 · 출자지분의 목록 · 신고 및 시 · 부인표

20×0. 4. 26.
채무자 주식회사 대한
법률상 관리인 대표이사 김민국

목 차

1. 시 · 부인 기준표

1. 시 · 부인표 작성기준

가. 시 · 부인표의 작성은 회생절차개시결정일인 20×0. 3. 14. 기준으로 작성하였습니다.

나. 회생채권의 원금 및 개시전이자는 개시결정일 전날인 20×0. 3. 13.까지 발생된 금액을 기준으로 계산하였습니다.

2. 회생채권 및 회생담보권의 개념

가. 회생채권(채무자회생법 제118조)

회생채권이란 채무자에 대하여 회생절차개시 전의 원인으로 생긴 재산상의 청구권과 채무자회생법에서 정하는 회생절차개시 후에 생기는 재산상의 청구권입니다.

나. 회생담보권(채무자회생법 제141조)

회생담보권이란 회생채권 또는 회생절차개시 전의 원인에 기하여 생긴 채무자 이외의 자에 대한 재산상의 청구권으로서 회생절차개시 당시 채무자의 재산상에 존재하는 유치권, 질권, 저당권, 양도담보권, 가등기담보권, 전세권 또는 우선특권으로 담보된 범위의 것입니다.

3. 시 · 부인 기준에 대한 공통사항

가. 증빙자료 미비

신고시 첨부된 증빙자료가 미비하여 채무자의 채무임을 객관적으로 확인할 수 없는 채권은 부인하였습니다.

나. 증빙 불일치

증빙자료는 첨부한 약정서, 계약서, 세금계산서 등과 신고한 채권내용(원인)이 불일치하는 경우는 일치하는 부분만 시인하고 나머지는 부인하였습니다.

다. 권리여부 불확실성

채권신고시 제출된 증빙자료로 채권자임을 확인할 수 없거나 제출된 증빙자료가 채무자의 자료와 일치하지 않는 신고채권은 부인하였습니다.

라. 소송계속 중인 신고채권

채무자를 상대로 소송계속 중인 신고채권은 미확정채권이므로 다툼이 없는 부분은 시인하고 나머지는 부인하였습니다.

마. 이중신고

이중으로 신고된 채권은 주채권자, 어음소지자, 채권양수인 등 최종권리자의 신고채권은 시인하고 그 외의 자가 신고한 채권은 부인하였습니다.

바. 공익채권

회생절차개시결정 이후의 원인으로 발생하여 공익채권에 해당하는 채권신고는 부인하였습니다.

사. 회생채권의 소멸

법원의 허가를 득하여 변제 또는 상계한 신고채권은 부인하였습니다.

아. 임대차보증금

회생절차개시결정일 이전의 원인에 의한 임대차보증금은 회생채권으로 시인하였습니다.

자. 임의 이자 산정부분

회생절차개시결정 전 약정서, 판결문, 계약서에 따라 발생한 이자는 약정, 판결, 계약에 의한 이자만 시인하고 약정이 없는 이자는 부인하였습니다.

4. 시·부인 기준에 대한 특정사항

가. 회생담보권

1) 담보가액 평가

담보평가액 범위 내에서는 회생담보권으로 시인하고, 담보평가액을 초과하는 부분은 회생담보권 부인후 회생채권으로 시인하였습니다.

2) 담보가액 평가 기준

담보가액의 평가는 평가기준일인 개시결정일(20×0. 3. 14.) 당시의 공정하고 합리적인 타당한 시가를 적용하여 평가하는 것이 원칙이므로, ㈜○○감정평가법인이 20×0. 1. 31.을 기준시점으로 유형자산에 대하여 감정평가한 감정평가서상의 가액으로 평가하였습니다.

3) 담보가액 배분 기준

동일 회생담보권자의 담보권이 여러 건으로 신고된 경우 회생 담보권의 시·부인은 담보권 발생일자, 원금, 개시전이자, 개시후이자 순서로 시인하였습니다.

나. 장래의 구상권

주채권자와 장래의 구상권자가 이중으로 신고한 경우는 주채권자의 신고분만 시인하고, 장래의 구상권자의 신고채권은 채무자회생법 제126조에 의거하여 부인하였습니다.

다. 채권조사기간 이후 회생채권 등의 조사확정재판 또는 이의의 소 등을 통하여 상호명백하게 인정되는 부분은 법원의 허가 등을 받아 이의철회 등을 통하여 시·부인합니다.

2. 회생담보권, 회생채권, 주식 · 출자지분의 목록 · 신고 및 시 · 부인 총괄표

채무자: 주식회사 대한

(단위: 원, 주)

구 분		건 수	신고액 · 목록기재액	시인액	부인액	의결권인정액	비 고
회생담보권		3	12,111,150,564	8,827,374,004	3,289,776,560	8,827,374,004	
회생채권	회생담보권 중 회생채권시인액	2	–	3,289,776,560	–	3,289,776,560	
	회생채권	231	20,212,066,729	20,208,606,965	3,459,764	20,098,039,880	개시후이자 및 미발생구상채권의 의결권 부인
	소계	233	20,212,066,729	23,498,383,525	3,459,764	23,387,816,440	
합계		**236**	**32,329,217,293**	**32,325,757,529**	**3,293,236,324**	**32,215,190,444**	

조세등채권	3					시부인 대상 아님
주식 · 출자지분	6					시부인 대상 아님

3. 회생담보권 시·부인명세서

채무자: 주식회사 대한 (단위: 원)

목록번호	신고번호	담보권자	주소	담보권 종류 및 목적물	가치평가 및 배분	채권내용	신고액·목록 기재액	시인액	부인액	담보권 의결권	회생채권 시인액	회생채권 의결권	시부인 사유	비고
담보 1	신고 17	㈜하나은행 (대표이사 ○○○)	서울 중구 을지로 35	1. 근저당권: 토지, 건물 (서울 ○○구 ○○대로 ○○○) 채권최고액: 12,120,616,000원 설정순위: 1순위 (설정일: 20□1-04-19)	총평가액: 14,948,547,690 선순위배분액: 0 당 배분액: 8,739,886,362 배분후잔액: 6,208,661,328	금융기관 대여금채권							개시후 이자는 담보권 부인하고 회생채권으로 시인하되 의결권은 부인	20X0. 04.11. 신고로 목록(담보1)은 실효
						1. 원금	8,681,673,511	8,681,673,511	–	8,681,673,511	–	–		
						2. 개시전이자	58,212,851	58,212,851	–	58,212,851	–	–		
						3. 개시후이자	연 3.79%, 연 8.3%	–		–	연 3.79%, 연 8.3%	–		
						소계	8,739,886,362	8,739,886,362	–	8,739,886362	–	–		
	신고 15-1	한국수출입은행 (대표이사 ○○○)	서울 영등포구 여의도동 16-1번지	재고자산 양도담보 설정순위: 1순위 설정일: 20□7-07-15	총평가액: 0 선순위배분액: 0 당 배분액: 0 배분후잔액: 0	금융기관 대여금채권							제3자인 ㈜개성○○ 소유의 담보물이 물상보증된 것이므로 담보권 부인하고 회생채권으로 시인	20X0. 04.11. 신고
						1. 원금	1,414,820,700	–	1,414,820,700	–	1,414,820,700	1,414,820,700		
						2. 개시전이자	–	–	–	–	–	–		
						3. 개시후이자	–	–	–	–	–	–		
						소계	1,414,820,700	–	1,414,820,700	–	1,414,820,700	1,414,820,700		
	신고 15-2			유형자산 담보 설정순위: 1순위 설정일: 20□4-09-06	총평가액: 0 선순위배분액: 0 당 배분액: 0 배분후잔액: 0	금융기관 대여금채권								
						1. 원금	77,728,290	–	77,728,290	–	77,728,290	77,728,290		
						2. 개시전이자	3,066,540	–	3,066,540	–	3,066,540	3,066,540		
						3. 개시후이자	–	–	–	–	–	–		
						소계	80,794,830	–	80,794,830	–	80,794,830	80,794,830		

	신고 15-3			임대자산 양도담보 설정순위: 1순위 설정일: 20□7-07-12 20□7-07-11 20□8-01-29	총평가액: 0 선순위배분액: 0 당 배분액: 0 배분후잔액: 0	금융기관 대여금채권								
						1. 원금	1,794,161,030	-	1,794,161,030	-	1,794,161,030	1,794,161,030		
						2. 개시 전이자	-	-	-	-	-	-		
						3. 개시 후이자	-	-	-	-	-	-		
						소계	1,794,161,030	-	1,794,161,030	-	1,794,161,030	1,794,161,030		
한국수출입은행 소계						1. 원금	3,286,710,020	-	3,286,710,020	-	3,286,710,020	3,286,710,020		
						2. 개시 전이자	3,066,540	-	3,066,540	-	3,066,540	3,066,540		
						3. 개시 후이자	-	-	-	-	-	-		
						소계	3,289,776,560	-	3,289,776,560	-	3,289,776,560	3,289,776,560		
	신고 2-1	㈜신한 은행 (대표이사 ○○○)	서울 중구 세종 대로 9길 20	전자어음 상사유치권(주1) 설정일: 20X0-01-21	총평가액: 87,487,642 선순위배분액: 0 당 배분액: 0 배분후잔액: 0	금융기관 대여금채권								20X0. 03. 26. 신고
						1. 원금	87,487,642	87,487,642	-	87,487,642	-	-		
						2. 개시 전이자	-	-	-	-	-	-		
						3. 개시 후이자	-	-	-	-	-	-		
						소계	87,487,642	87,487,642	-	87,487,642	-	-		
회생담보권의 합계						1. 원금	12,055,871,173	8,769,161,153	3,286,710,020	8,769,161,153	3,286,710,020	3,286,710,020		
						2. 개시 전이자	61,279,391	58,212,851	3,066,540	58,212,851	3,066,540	3,066,540		
						3. 개시 후이자	-	-	-	-	-	-		
						소계	12,117,150,564	8,827,374,004	3,289,776,560	8,827,374,004	3,289,776,560	3,289,776,560		

4. 담보물 배분표

4-1. 부동산 담보물 배분표

채무자: 주식회사 대한 (단위: 원)

담보물 종류	담보물 소재지	면 적	담보설정현황				가치평가액	설정순위				비 고
			순 위	설정일자	채권자	공 담		설정자	설정금액	배분액	배분잔액	
토지, 건물	서울 ○○구 ○○대로 ○○○	토지 7,036.0㎡, 건물 7,542.43㎡	1	20□1-04-19	㈜하나은행	공담	14,948,547,690	주식회사 대한	12,120,616,000	8,739,886,362	6,208,661,328	(주1)

(주1) 토지, 건물 가치평가액은 20×0. 1. 31.을 평가기준일으로 하여 ㈜○○감정평가법인에서 평가한 감정가액으로 평가하였습니다.

4-2. 동산 등 담보물 배분표

채무자: 주식회사 대한 (단위: 원)

담보권자	담보목적물	적 요	평가액	목록신고기재액	배분금액	배분후잔액	비 고
㈜신한은행	전자어음	㈜○○○ 발행어음	87,487,642	–	87,487,642	–	(주2)

(주2) 어음발행인인 ㈜○○○가 어음만기일인 20×0. 3. 1.에 정상결제하였으므로, 액면가액으로 평가하였습니다.

5. 회생채권 시·부인명세서

채무자: 주식회사 대한 (단위: 원)

목록 번호	신고 번호	채권자	주 소	채권의 내용	신고액·목록 기재액	시인액	부인액	의결권 인정액	시부인 사유	비 고
	신고 15-1	한국수출입은행 (대표이사 ○○○)	서울 영등포구 여의도동 16-1번지 한국수출입은행빌딩 (본점)	금융기관대여금채권						20X0. 04.10 신고
				1. 원금		1,414,820,700	–	1,414,820,700		
				2. 개시전이자		–	–	–		
				3. 개시후이자		–	–	–		
				소계		1,414,820,700	–	1,414,820,700		
	신고 15-2			금융기관대여금채권						
				1. 원금		77,728,290	–	77,728,290		
				2. 개시전이자		3,066,540	–	3,066,540		
				3. 개시후이자		–	–	–		
				소계		80,794,830	–	80,794,830		
	신고 15-3			금융기관대여금채권						
				1. 원금		1,794,161,030	–	1,794,161,030		
				2. 개시전이자		–	–	–		
				3. 개시후이자		–	–	–		
				소계		1,794,161,030	–	1,794,161,030		
한국수출입은행 소계				1. 원금		3,286,710,020	–	3,286,710,020		
				2. 개시전이자		3,066,540	–	3,066,540		
				3. 개시후이자		–	–	–		
				소계		3,289,776,560	–	3,289,776,560		
회생담보권 중 회생채권 인정액 소계				1. 원금		3,286,710,020	–	3,286,710,020		
				2. 개시전이자		3,066,540	–	3,066,540		
				3. 개시후이자		–	–	–		
				소계		3,289,776,560	–	3,289,776,560		

채권1	신고 15-1	한국수출입은행 (대표이사 ○○○)	서울 영등포구 여의도동 16-1번지 한국수출입은행빌딩 (본점)	금융기관대여금채권					20X0. 04.10 신고로 목록 (채권1)은 실효
				1. 원금	1,500,000,000	1,500,000,000	-	1,500,000,000	
				2. 개시전이자	72,242,670	72,242,670	-	72,242,670	개시후 이자의 의결권은 부인
				3. 개시후이자	연 7.5%, 연 10.5%	연 7.5%, 연 10.5%	-	-	
				소계	1,572,242,670	1,572,242,670	-	1,572,242,670	
채권2		김민국	서울 ○○구 ○○대로 ○○○	특수관계인채권					
				1. 원금	2,660,074,520	2,660,074,520	-	2,660,074,520	
				2. 개시전이자	-	-	-	-	
				3. 개시후이자	-	-	-	-	
				소계	2,660,074,520	2,660,074,520	-	2,660,074,520	
(중략)									
채권 227		정○○ (○○종합상사)	서울 ○○구 ○○대로 ○○○	상거래채권					
				1. 원금	209,000	209,000	-	209,000	
				2. 개시전이자	-	-	-	-	
				3. 개시후이자	-	-	-	-	
				소계	209,000	209,000	-	209,000	
	신고 7-1	이○○ (○○○시스템)	인천 ○○구 ○○대로 ○○○	상거래채권					20X0. 04.02 신고
				1. 원금	33,279,840	33,279,840	-	33,279,840	
				2. 개시전이자	-	-	-	-	
				3. 개시후이자	-	-	-	-	

				소계	33,279,840	33,279,840	–	33,279,840		
	신고 7–2			상거래채권						
				1. 원금	15,048,000	15,048,000	–	15,048,000		
				2. 개시전이자	–	–	–	–		
				3. 개시후이자	–	–	–	–		
				소계	15,048,000	15,048,000	–	15,048,000		
이○○ 소계				1. 원금	48,327,840	48,327,840	–	48,327,840		
				2. 개시전이자	–	–	–	–		
				3. 개시후이자	–	–	–	–		
				소계	48,327,840	48,327,840	–	48,327,840		
	신고 12	서울보증보험 주식회사	서울 종로구 김상옥로 29, 12층 기업회생부 (연지동, 서울보증 보험)	미발생구상채권					미발생 구상채무 이므로 신고액을 시인하되 의결권은 부인	20X0. 04.05 신고
				1. 원금	110,567,085	110,567,085	–	–		
				2. 개시전이자	–	–	–	–		
				3. 개시후이자	–	–	–	–		
				소계	110,567,085	110,567,085	–	–		
	신고 16	주식회사 ○○○	용인시 ○○구 ○○대로 ○○○	상거래채권						20X0. 04.10 신고
				1. 원금	3,421,000	3,421,000	–	3,421,000		
				2. 개시전이자	–	–	–	–		
				3. 개시후이자	–	–	–	–		
				소계	3,421,000	3,421,000	–	3,421,000		

	신고 19	최○○ (○○특수)	경기도 시흥시 ○○대로 ○○○	상거래채권(지급어음)						20X0.04.12 신고 어음번호 08820190115 000013838/ 만기일 20X0-04-10
				1. 원금	4,745,400	4,745,400	–	4,745,400		
				2. 개시전이자	–	–	–	–		
				3. 개시후이자	–	–	–	–		
				소계	4,745,400	4,745,400	–	4,745,400		
				상거래채권(지급어음)						20X0.04.12 신고 어음번호 08820181109 000005052/ 만기일 20X0-02-10
				1. 원금	4,980,140	4,980,140	–	4,980,140		
				2. 개시전이자	–	–	–	–		
				3. 개시후이자	–	–	–	–		
				소계	4,980,140	4,980,140	–	4,980,140		
최○○ 소계				1. 원금	9,725,540	9,725,540	–	9,725,540		
				2. 개시전이자	–	–	–	–		
				3. 개시후이자	–	–	–	–		
				소계	9,725,540	9,725,540	–	9,725,540		
회생채권 소계				1. 원금	20,047,869,080	20,047,869,080	3,459,764	19,933,842,231		
				2. 개시전이자	164,197,649	164,197,649	–	164,197,649		
				3. 개시후이자	–	–	–	–		
				소계	20,212,066,729	20,212,066,729	3,459,764	20,098,039,880		
회생채권 합계				1. 원금	20,047,869,080	23,331,119,336	3,459,764	23,220,552,251		
				2. 개시전이자	164,197,649	167,264,189	–	167,264,189		
				3. 개시후이자	–	–	–	–		
				소계	20,212,066,729	23,498,383,525	3,459,764	23,387,816,440		

6. 벌금 · 조세 등의 목록 · 신고 명세서

채무자: 주식회사 대한 (단위: 원)

목록번호	신고번호	채권자	주 소	채권내용	목록 기재액 · 신고액	비 고
조세1	신고14	국민건강보험공단	강원도 원주시 건강로 32	건강보험료 1. 원금 2. 연체금 3. 중가산금 소계	 82,610,150 7,434,830 – 90,044,980	발생기간: 20X0.1.1 ~20X0.3.31 (3개월) 납기일: 20X0.4.10
조세2		○○세무서	서울 ○○구 ○○대로 ○○○	원천세 1. 원금 2. 연체금 3. 중가산금 소계	 6,578,740 – – 6,578,740	발생기간: 20X0.1.1 ~20X0.1.31 13개월) 납기일: 20X0.2.10
조세3		○○구	서울 ○○구 ○○대로 ○○○	주민세 1. 원금 2. 연체금 3. 중가산금 소계	 1,439,020 – – 1,439,020	발생기간: 20X0.1.1 ~20X0.1.31 13개월) 납기일: 20X0.2.10
조세채권의 합계				**1. 원금** **2. 연체금** **3. 중가산금** **소계**	**90,627,910** **7,434,830** **–** **98,062,740**	

7. 주식 · 출자지분의 목록 · 신고 명세서

채무자: 주식회사 대한 (단위: 주, 원)

목록번호	신고번호	주주 · 지분권자	주식 · 출자지분의 종류	주식의 수 · 출자지분의 액수		지분율	비 고
				주식의 수	출자지분의 액수		
주식 1		○○테크㈜	보통주	57,600	288,000,000	48.00%	
주식 2		김민국	보통주	25,200	126,000,000	21.00%	
주식 3		유○○	보통주	12,600	63,000,000	10.50%	
주식 4		손○○	보통주	12,000	60,000,000	10.00%	
주식 5		김○○	보통주	6,600	33,000,000	5.50%	
주식 6		이○○	보통주	6,000	30,000,000	5.00%	
합계				120,000	600,000,000	100.00%	

6. 회생채권 등의 확정과 회생채권자표 등의 기재

가. 회생채권 등의 확정과 회생채권자표 등의 기재

목록에 기재되어 있거나 신고된 회생채권 등에 대하여 관리인 · 회생채권자 · 회생담보권자 · 주주 · 지분권자로부터 조사기간 안에 또는 특별조사기일에 이의가 없는 때에는[48] 회생채권이나 회생담보권의 내용과 의결권의 액수가 확정되며, 우선권이 있는 채권에 관하여는 우선권이 있는 것이 확정된다(제166조). 즉 관리인 · 회생채권자 · 회생담보권자 · 주주 · 지분권자의 이의는 목록에 기재되거나 신고된 회생채권과 회생담보권의 존부 및 내용, 의결권의 액수, 우선권 등이 그 기재대로 확정되는 것을 차단한다. 다만 채무자의 이의는 그러하지 아니하다.[49]

법원사무관 등은 이의가 없어 확정된 채권을 회생채권자표 및 회생담보권자표에 기재하여야 한다(제167조 제1항). 이의가 제기된 경우에는 이의자, 이의사항, 이의의 범위를 구체적으로 기재한다.

나. 회생채권자표 등의 기재의 효력

(1) 확정판결과 동일한 효력

확정된 회생채권 등을 회생채권자표와 회생담보권자표에 기재한 때에는 그 기재는 회생채권자 · 회생담보권자 · 주주 · 지분권자 전원에 대하여 확정판결과 동일한 효력이 있다(제168조).[50] 제168조의 취지는 회생채권자표와 회생담보권자표에 기재된 회생채권과 회생담보권의 금액은 회생계획안 작성과 인가에 이르기까지의 회생절차의 진행 과정에 있어서 이해관계인의 권리행사의 기준이 되고

48) '이의가 없는 때'에 해당하기 위하여는 목록에 기재되거나 신고된 회생채권 또는 회생담보권의 내용, 의결권의 액수, 우선권 등에 관하여 부인하는 의사표시가 없으면 되고, 나아가 시인하는 의사표시가 있어야 하는 것은 아니다[주석 채무자회생법 제166조(권순엽 집필), 한국사법행정학회, 2021].

49) 채권조사에서 문제가 되는 것은 회생채권자 등 상호 간 이해의 충돌을 조정하는 것이고, 어떠한 조정이 행하여지든 채무자와는 관계가 없으므로, 채무자의 이의는 회생채권 등의 확정에 영향을 미치지 아니한다(노영보, 도산법 강의, 박영사, 2018, 411면).

50) 법문에 포함되어 있지는 않으나 관리인도 이의권자로서 이의를 할 수 있으므로 관리인에게도 효력이 미치는 것으로 해석된다[임채홍 · 백창훈, 회사정리법(상) 제2판, 한국사법행정학회, 2002, 619면].

관계인집회에 있어서 의결권 행사의 기준으로 된다는 의미를 가지는 것으로서, 이 조항에서 말하는 '확정판결과 동일한 효력'이라 함은 기판력이 아닌 확인적 효력을 가지고 회생절차 내부에 있어 불가쟁의 효력이 있다는 의미에 지나지 않는다.51)

이미 소멸된 채권이 이의 없이 확정되어 회생채권자표에 기재되어 있더라도 이로 인하여 채권이 있는 것으로 확정되는 것이 아니므로 이것이 명백한 오류인 경우에는 법원의 경정결정에 의하여 바로잡을 수 있고, 그렇지 아니한 경우에는 무효확인의 확정판결을 얻어 바로잡을 수 있다.52)

관리인 등으로부터의 이의가 없는 채로 회생채권자표가 확정되어 그에 대하여 불가쟁력의 효력이 발생한 경우에는 관리인으로서는 더 이상 부인권을 행사하여 그 채권의 존재를 다툴 수 없고, 나아가 관리인이 사후에 한 그러한 부인권 행사의 적법성을 용인하는 전제에서 회생채권으로 이미 확정된 회생채권자표 기재의 효력을 다투어 그 무효확인을 구하는 것 역시 허용될 수 없다.53)

벌금·조세 등 청구권에 대하여는 일반 회생채권과 같은 조사·확정절차를 거치지 아니한 채 회생채권자표 등에 기재하도록 하되 다만 그러한 기재가 있다고 하더라도 그 청구권의 원인이 행정심판·소송 등 불복의 신청을 허용하는 처분인 때에는 관리인이 여전히 채무자가 할 수 있는 방법으로 불복을 신청할 수 있도록 하고 있어서(제156조 제2항, 제157조 제1항), 이 경우에는 회생채권으로 신고되어 회생채권자표 등에 기재되면 확정판결과 동일한 효력이 있다고 규정한 제168조는 적용될 여지가 없다.54)

---

51) 대법원 1991. 12. 10. 선고 91다4096 판결. 회생채권자표 및 회생담보권자표의 기재는 회생절차 내에서 권리행사의 기준이 되거나 회생계획에 있어 권리변경의 전제가 되는 것에 불과하고, 조사절차에서 이해관계인은 파산절차나 개별집행에서의 배당절차만큼 엄격한 인부를 하지 않고 있으며, 만일 그 인부가 회생절차 외에서도 효력을 가진다고 하면 불이익에 대비하여 이의가 남발되어 회생절차의 신속한 진행을 저해할 우려가 있으므로 회생채권자표 및 회생담보권자표의 기재에 기판력까지 부여하여 관계인으로 하여금 해당 권리를 다시 주장하지 못하도록 하는 것은 지나치기 때문이다(김형률, 회생절차에 있어 채권조사확정재판, 민사집행법연구 제3권, 한국민사집행법학회, 2007, 319-320면).

52) 대법원 2016. 3. 24. 선고 2014다229757 판결.

53) 대법원 2003. 5. 30. 선고 2003다18685 판결.

54) 대법원 2000. 12. 22. 선고 99두11349 판결.

(2) 시효기간의 연장

회생채권자표 등에 기재된 채권은 단기의 소멸시효에 해당하는 것이라도 그 소멸시효는 10년으로 연장된다(민법 제165조 제2항). 다만 조세 등 청구권의 경우에는 소멸시효가 10년으로 연장되지 않는다.

(3) 주장의 제한

회생채권자 또는 회생담보권자는 채권조사확정재판, 채권조사확정재판에 대한 이의의 소(제171조) 및 이의채권에 관한 소송의 수계(제172조 제1항)에 의하여 수계한 소송절차에서 이의채권의 원인 및 내용에 관하여 회생채권자표 및 회생담보권자표에 기재된 사항만을 주장할 수 있다(제173조).

7. 회생채권자표 등에 의한 강제집행

가. 회생계획불인가결정 및 인가 전 회생절차폐지결정이 확정된 경우

회생계획불인가결정이 확정되거나(제248조), 인가 전 회생절차폐지결정이 확정된 경우(제292조) 확정된 회생채권 또는 회생담보권 중 채무자가 조사기간 안에 또는 특별조사기일에 이의를 하지 아니한 때에는 회생채권자표 또는 회생담보권자표의 기재는 채무자에 대하여 확정판결과 동일한 효력이 있다.[55] 회생채권자 또는 회생담보권자는 회생절차종료 후 견련파산선고(제6조)를 하는 경우를 제외하고 채무자에 대하여 회생채권자표 또는 회생담보권자표에 의하여 강제집행을 할 수 있다(제248조, 제292조 제1항, 제2항).

나. 인가 후 회생절차폐지결정이 확정된 경우

회생계획인가 후 회생절차폐지결정이 확정된 경우에는 확정된 회생채권 등에 기하여 회생계획에 의하여 인정된 권리로서 금전의 지급 그 밖의 이행의 청구를 내용으로 하는 권리를 가진 자는 채무자와 회생을 위하여 채무를 부담한 자에

---

55) 회생계획인가결정 전이어서 권리가 변경되지 않은 상태이기 때문에 채무자가 이의를 하지 않은 경우에 한하여 채무자에 대하여 확정판결과 동일한 효력을 인정하고 있다.

대하여 회생채권자표 또는 회생담보권자표에 의하여 강제집행을 할 수 있다(제293조, 제255조 제2항). 채무자의 이의 여부를 불문한다.

다. 회생절차가 종결된 경우

회생채권 등에 기하여 회생계획에 의하여 인정된 권리로서 금전의 지급 그 밖의 이행의 청구를 내용으로 하는 권리를 가진 자는 회생절차종결 후 채무자와 회생을 위하여 채무를 부담한 자에 대하여 회생채권자표 또는 회생담보권자표에 의하여 강제집행을 할 수 있다(제255조 제2항). 채무자의 이의 여부를 불문한다.

8. 채권조사 이후의 절차

가. 이의의 통지

조사기간 안에 또는 특별조사기일에 회생채권, 회생담보권에 이의가 있는 때에는 법원은 이를 그 권리자에게 통지하여야 한다(제169조). 이의의 통지는 이의채권을 보유한 권리자가 법정기한 내에 채권조사확정재판을 신청하거나 회생절차개시 당시 계속 중인 소송절차를 수계할 수 있도록 하고(제170조, 제172조), 아울러 집행력 있는 집행권원 또는 종국판결이 있는 이의채권을 보유한 권리자가 이의자에 의하여 제기될 소송절차나 이의자가 수계할 소송절차(제174조)에 대하여 응소의 준비를 할 수 있도록 하기 위한 것이다.[56]

나. 이의의 철회

이의의 철회란 관리인 등이 회생채권 등에 대하여 이의를 진술하였으나 이후 조사한 결과 그 채권을 시인할 필요가 있을 때 그 이의를 철회함으로써 종전 이의의 효력을 상실시키는 것을 말한다. 이의가 철회되면 이의의 대상이 되었던 회생채권 또는 회생담보권은 목록에 기재되거나 신고된 대로 확정된다. 이의자가 일부에 대하여만 이의를 철회한 경우에는 철회된 부분만 확정된다.

이의를 철회할 수 있는 기간은 이의의 대상인 권리가 확정될 때까지이다. 구

---

56) 주석 채무자회생법 제169조(권순엽 집필), 한국사법행정학회, 2021.

체적으로 상대방으로부터 조사확정재판의 신청이 제기되지 않았을 경우에는 조사기간의 말일 또는 특별조사기일로부터 1월이 경과하기 전까지(제170조 제2항), 상대방으로부터 조사확정재판의 신청이 있는 경우에는 그 재판이나 이의의 소가 확정적으로 종료되기 전까지다.

이의의 철회는 특별조사기일에서 진술하거나 법정 외에서 법원에 대하여 그 취지를 서면으로 제출하는 방식으로 한다. 실무상 법원은 관리인의 이의 철회를 법원 허가사항으로 정하고 있다. 이의가 철회되면 법원은 회생채권자표 및 회생담보권자표에 이의가 철회되었다는 취지를 기재하고(제167조 제1항), 이의 철회의 대상이 된 회생채권 또는 회생담보권을 갖고 있는 자에게 그 취지를 통지하여야 한다(규칙 제62조).

Ⅴ. 회생채권, 회생담보권의 확정

1. 제도의 취지

목록에 기재되어 있거나 신고된 회생채권 등의 존부와 내용 및 금액, 우선권이 있는지 여부에 대하여 이의가 있는 경우에 소송절차를 통하여 이를 확정하는 것은 많은 시간과 비용이 소요된다. 채무자회생법은 이러한 점을 고려하여 목록에 기재되어 있거나 신고된 회생채권 등에 대하여 이의가 제기된 경우 그 채권의 존부 및 범위에 관하여 변론절차가 아닌 간이·신속한 절차인 조사확정재판절차를 통하여 확정하도록 하고, 이에 불복이 있는 경우에 한하여 소송절차인 조사확정재판에 대한 이의의 소를 통하여 다투도록 하고 있다.[57)]

57) 구 회사정리법은 정리채권 등에 대하여 이의가 제기된 경우에는 소를 제기하여 판결로 확정을 받도록 하여 정리채권 등의 확정에 많은 시간이 소요되어 정리절차의 신속한 진행을 저해한다는 지적이 있었다. 이에 채무자회생법에서는 회생채권 등에 대하여 이의가 제기된 경우 1차적으로 조사확정재판을 통하여 채권의 확정을 도모하고, 조사확정재판에 불복이 있는 경우에 한하여 2차적으로 조사확정재판에 대한 이의의 소를 제기하도록 하였다.

2. 채권조사확정재판

가. 의의

채권조사확정재판이란 목록에 기재되거나 신고된 회생채권 또는 회생담보권에 관하여 관리인·회생채권자·회생담보권자·주주·지분권자가 이의를 한 때에 그 회생채권 또는 회생담보권(이하 '이의채권')을 보유한 권리자가 이의자 전원을 상대방으로 하여 그 권리의 확정을 위하여 법원에 신청하는 재판을 말한다(제170조 제1항).

채권조사확정재판은 회생절차개시 당시 이의채권에 대한 소송이 제기되어 있지 않은 경우에 신청한다. 이의채권에 관하여 소송이 제기되어 있는 경우 그 소송은 회생절차개시결정으로 인하여 중단된 이후 소송수계 절차를 밟아야 한다(제172조). 회생절차개시결정으로 중단된 소송이 회생채권, 회생담보권에 관한 것인 경우 조사기간 내에 또는 특별조사기일에 이의가 없으면 그 회생채권 등은 확정된다. 이렇게 확정된 회생채권 등을 회생채권자표 등에 기재한 때에는 그 기재는 확정판결과 동일한 효력이 있다. 이 경우 중단된 소송은 소의 이익이 없으므로 원고가 소를 취하하지 않을 경우 각하된다.

조사확정재판은 회생채권자가 신고한 채권에 대하여 관리인 등으로부터 이의가 있는 경우 이의채권의 존부 및 내용을 정하여 권리를 확정하는 절차이므로 회생채권자 등은 조사확정재판에서 이의채권의 원인 및 내용에 관하여 회생채권자표에 기재된 사항만을 주장할 수 있을 뿐 회생채권자표에 기재된 사항 중 의결권의 액수는 대상에서 제외된 점을 고려하면, 의결권의 액수는 조사확정재판의 대상이 될 수 없다.[58)]

58) 대법원 2015. 7. 23. 선고 2013다70903 판결. 채권조사절차에서 관리인등의 이의가 없으면 회생채권의 내용과 의결권의 액수는 확정되고(제166조), 그 의결권에 대하여는 관계인집회에서 이의를 할 수 없다(제187조 단서). 채권조사절차에서 이의가 있으면 그 회생채권자의 의결권은 미확정 상태로 남게 되고 미확정 회생채권자의 의결권 행사 가부는 의결권에 대한 이의 여부에 따라 결정된다. 의결권에 대한 이의가 있으면 법원은 회생계획안의 결의를 위한 관계인집회에서 이의 있는 권리에 관하여 의결권을 행사하게 할 것인지와 의결권의 액이나 수를 결정한다(제188조 제2항).

나. 당사자

(1) 신청권자

채권조사확정재판은 조사기간 안에 또는 특별조사기일에 이의가 제기된 회생채권 또는 회생담보권을 보유한 회생채권 또는 회생담보권자가 신청할 수 있다(제170조 제1항).

(2) 상대방

채권조사확정재판의 상대방은 조사기간 안에 또는 특별조사기일에 그 회생채권 또는 회생담보권에 대하여 이의를 제기한 이의자 전원이다(제170조 제1항).

관리인만 이의를 한 경우에는 관리인을 상대방으로 하면 되나, 관리인과 다른 회생채권자, 회생담보권자, 주주 · 지분권자가 이의를 하거나 여러 명의 다른 회생채권자, 회생담보권자, 주주 · 지분권자가 이의를 한 경우에는 그 이의자 전원을 상대방으로 하여 신청하여야 한다. 이의채권을 보유한 권리자가 이의자 중 일부만을 상대로 신청한 채권조사확정재판은 부적법하다.[59)]

다. 신청기간

채권조사확정재판 신청은 조사기간의 말일 또는 특별조사기일로부터 1월 이내에 하여야 한다(제170조 제2항). 회생채권 등을 조속히 확정하여 회생절차를 신속하게 진행하기 위하여 단기의 신청기간을 정하고 있다. 대법원은 "회사정리법 제147조 제2항이 '정리채권 확정의 소는 그 권리의 조사가 있은 날로부터 1월 이내에 제기하여야 한다'라고 규정하고 있는 취지는, 정리회사가 부담하는 채무를 되도록 빨리 확정함으로써 정리계획의 작성 등 회사정리절차를 신속하게 진행하여 권리관계의 빠른 안정을 꾀하는 데 있으므로, 특별한 사정이 없는 한 법원이 그 기간을 늘이거나 줄일 수 없고, 또 이와 같이 정리채권 확정의 소를 제기할 수 있는 기간은 불변기간이 아니므로 당사자가 책임질 수 없는 사유로 말미암아 그 기간을 지킬 수 없었다고 하더라도 소의 제기를 추후 보완할 수 없다"라고 판시한 바 있다.[60)]

59) 서울회생법원 재판실무연구회, 회생사건실무(상), 박영사, 2019, 597－598면.
60) 대법원 2003. 2. 11. 선고 2002다56505 판결.

신청기간을 도과하여 신청한 조사확정재판은 부적법하므로 각하된다. 이 경우 이의채권의 실체법상 권리가 소멸하는 것은 아니지만, 이의채권을 보유한 권리자는 이의채권의 존부 또는 내용을 확정할 수 없게 되어 회생절차에 참가할 수 없다. 다만 회생계획이 인가되기 전에 회생절차가 폐지되는 경우에는 신청기간을 지키지 못한 이의채권도 실권되지 않고, 채무자의 재산의 관리·처분권이 채무자에게로 이전되므로, 이의채권을 보유한 권리자가 채무자를 상대로 통상의 소 등을 통해 자신의 권리를 행사할 수 있게 된다.[61]

라. 심판의 대상과 주장의 제한

조사확정재판의 심판대상은 목록에 기재되어 있거나 신고되었으나 이의가 제기된 회생채권 등의 존부와 금액, 일반의 우선권이 있는지 여부 등이다. 목록에 기재되지 않거나 신고되지 아니한 권리의 존부와 내용 등은 조사확정재판의 심판 대상이 될 수 없고, 이에 대한 조사확정재판 신청은 부적법하다.[62] 의결권의 존부 및 범위는 조사확정재판의 대상이 되지 않고 회생계획안의 결의를 위한 관계인집회에서 법원이 결정한다.[63]

회생채권자 등은 채권조사확정재판에서 이의채권의 원인 및 내용에 관하여 회생채권자표 및 회생담보권자표에 기재된 사항만을 주장할 수 있고(제173조), 목록에 기재되어 있지 않거나 신고하지 않은 권리, 급부의 내용, 액수, 우선권의 유무 등의 확정을 구할 수 없다.[64]

61) 주석 채무자회생법 제170조(권순엽 집필), 한국사법행정학회, 2021.

62) 대법원 2003. 5. 16. 선고 2000다54659 판결.

63) 구 회사정리법하에서는 이의가 제기된 정리채권자, 정리담보권자의 의결권도 정리채권 또는 정리담보권 확정의 소에서 독립된 심판의 대상이었다. 그러나 의결권은 채권의 존부 등과 같은 실체법적 권리에 관한 것이 아니라 회생절차 내에서 결의에 참여할 수 있는 액이나 수에 관한 절차법적 권리에 불과하므로 채권조사확정재판 또는 이의의 소 등과 같이 엄격한 절차를 거쳐서 확정할 필요가 크지 않다. 이러한 점을 고려하여 채무자회생법은 회생채권 또는 회생담보권의 의결권에 대하여 이의가 제기된 경우 의결권의 행사 여부와 액수를 채권조사확정재판 등의 독립된 심판대상으로 하지 않고, 회생계획안의 결의를 위한 관계인집회에서 법원이 결정하도록 하였다[주석 채무자회생법 제166조(권순엽 집필), 한국사법행정학회, 2021].

64) 이는 채권조사확정판에 대한 이의의 소, 수계한 소송절차에서도 동일하다(제173조). 이의채권의 확정에 관한 채권조사확정재판과 이의의 소 또는 수계한 소송 등에서의 판결은 회생채권자, 회생담보권자, 주주·지분권자 전원에 대하여 효력이 있으므로(제176조), 이의채권은

대법원은 파산채권자는 파산채권자표에 기재한 사항에 관하여서만 채권확정의 소를 제기하거나 파산 당시 이미 계속되어 있는 소송을 수계할 수 있으므로 채권조사기일까지 신고하지 않은 채권을 새로이 주장하거나 파산채권자표에 기재된 것보다 다액의 채권액이나 새롭게 우선권을 주장할 수는 없고, 따라서 파산채권자표에 기재되지 않은 권리, 액, 우선권의 유무 등의 확정을 구하는 파산채권확정의 소 또는 파산채권자표에 기재되지 않은 권리에 관하여 소송이 계속되어 있는 경우의 그 수계신청 등은 모두 부적법하지만, 파산채권자표에 기재되어 있는 권리와 급부의 내용이나 수액에 있어서 같고 청구의 기초가 동일하지만 그 발생원인을 달리하는 다른 권리의 확정을 구하는 경우와 같이 비록 법률상의 성격은 다르더라도 사회경제적으로 동일한 채권으로 평가되는 권리로서 그 채권의 확정을 구하는 것이 파산관재인이나 다른 채권자 등의 이의권을 실질적으로 침해하는 것이 아니라면 그러한 채권의 확정을 구하는 것은 허용해야 한다고 판시한 바 있다.[65] 이러한 법리는 회생절차에도 그대로 적용될 수 있다.

회생법원이 추후 보완신고가 적법하다고 판단하여 특별조사기일에서 추후 보완신고된 채권에 대한 조사절차까지 마쳤다면, 채권조사확정재판에서는 신고의 추후 보완요건을 구비하지 않았다는 사유를 주장할 수 없다.[66]

마. 심리 및 재판

법원은 채권조사확정재판을 하는 때에는 이의자를 심문하여야 한다(제170조 제4항). 법원은 채권조사확정재판을 구하는 신청에 대하여 화해를 권유하거나 조정에 회부하는 결정을 할 수 있다(규칙 제66조 제2항 전문). 법원이 조정에 회부하

회생채권자 등 이해관계인 전원의 의사에 의하여 확정될 필요가 있는데, 이의채권의 확정절차인 채권조사확정재판, 이의의 소, 수계한 소송절차에서 회생채권자표 및 회생담보권자표에 기재된 것과 다른 권리, 급부의 내용, 액수, 우선권의 유무 등에 관한 사항을 주장할 수 있도록 한다면, 그 사항은 그 권리를 주장하는 자와 상대방으로서 소송당사자로 되어 있는 관리인, 회생채권자 등 이해관계인 사이에서만 확정된다. 때문에 채무자회생법은 관리인과 회생채권자 등 이해관계인 전원의 의사에 의하여 이의채권을 확정할 수 있도록 하기 위하여 회생채권자 또는 회생담보권자가 이의채권의 확정을 위한 각 재판절차에서 회생채권자표 및 회생담보권자표에 기재된 사항만을 주장할 수 있도록 한 것이다[주석 채무자회생법 제173조(권순엽 집필), 한국사법행정학회, 2021].

65) 대법원 2007. 4. 12. 선고 2004다51542 판결.

66) 대법원 2018. 7. 24. 선고 2015다56789 판결.

는 결정을 한 경우 그 이후의 절차에 관하여는 민사조정법 및 민사조정규칙을 준용한다(규칙 제66조 제2항 후문). 실무상 채권조사확정재판에서 이의채권에 관하여 당사자 사이에 합의가 이루어지는 경우 관리인이 법원의 허가를 받아 이의채권의 일부 또는 전부에 관한 이의를 철회하고, 신청채권자가 채권조사확정재판의 신청을 취하하는 방식으로 처리하고 있다.[67)]

채권조사확정재판의 소송물은 관리인 등이 회생채권 또는 회생담보권으로 시인한 금액을 초과하는 채권의 존재 여부이다.[68)] 따라서 조사확정재판에서 정할 대상은 이의 채권의 존부와 그 내용이지 신청의 당부가 아니다(제170조 제3항). 심리결과 회생채권의 존재가 전부 인정되지 않을 경우 조사확정재판 신청을 기각하지 않고 회생채권이 존재하지 않는다는 취지의 결정을 한다.

조사확정재판은 간이·신속하게 채권의 존부 및 내용을 확정하기 위한 절차로서 결론을 뒷받침할 수 있을 정도로 이유의 요지만을 기재할 수 있다(규칙 제66조 제1항). 조사확정재판은 변론을 거치는 판결절차가 아니라 심문을 거치는 결정절차이고, 이의채권의 존부 또는 그 내용을 간이·신속하게 결정하기 위하여 도입된 제도이므로 통상의 판결과 같이 자세하게 이유를 기재할 필요가 없고, 조사확정재판의 결론을 알 수 있을 정도로 이유의 요지만을 기재하면 되도록 하고 있다.[69)]

바. 채권조사확정재판의 효력

채권조사확정재판에 대한 이의의 소가 결정서의 송달일로부터 1월 이내에 제기되지 아니하거나 각하된 때에는 채권조사확정재판은 회생채권자, 회생담보권자, 주주·지분권자 전원에 대하여 확정판결과 동일한 효력이 있다(제176조 제2항).

67) 서울회생법원 재판실무연구회, 회생사건실무(상), 박영사, 2019, 603면.
68) 대법원 2012. 6. 28. 선고 2011다17038, 17045 판결.
69) 주석 채무자회생법 제170조(권순엽 집필), 한국사법행정학회, 2021.

회생담보권조사확정 결정

서 울 회 생 법 원

제 1 부

결 정

사 건	20×0회확1001 회생담보권조사확정
신 청 인	한국수출입은행
	서울 영등포구 은행로 38
	대표자 은행장 ○○○
	대리인 변호사 ○○○
상 대 방	채무자 주식회사 대한의 법률상 관리인 김민국
	서울 ○○구 ○○대로 ○○○
	대리인 변호사 ○○○

주 문

1. 신청인의 채무자에 대한 회생담보권은 존재하지 아니함을 확정한다.
2. 신청비용은 신청인이 부담한다.

신 청 취 지

신청인의 채무자에 대한 회생담보권은 1,502,343,080원임을 확정한다.

이　　　유

1. 신고한 회생담보권

20□7. 7. 15.자 양도담보계약, 20□4. 9. 6.자 근저당권 설정계약, 20□7. 7. 12.자 근저당권설정계약, 20□7. 7. 11.자 양도담보계약, 20□9. 1. 29.자 양도담보계약에 따른 합계 3,289,776,560원

2. 이의채권의 범위

신고한 회생담보권 전액 부인하고, 회생채권으로 시인

3. 이의사유

신고한 회생담보물은 채무자가 아닌 주식회사 개성○○의 소유물이고, 회생담보물의 가치를 인정할 수 없음

4. 이 법원의 판단

가. 신청인의 주장

신청인은 채무자에 대한 20□7. 7. 15.자 양도담보계약에 따른 1,414,820,700원, 20□7. 7. 11.자 양도담보계약에 따른 85,819,610원, 20□9. 1. 29.자 양도담보계약에 따른 1,702,770원 합계 1,502,343,080원이 회생담보권으로 인정되어야 한다고 주장한다.

나. 관련법리

회생채권 중 회생절차개시 당시 채무자의 재산상에 존재하는 담보권에 의하여 담보된 범위 내의 것에 한하여 회생담보권으로 취급되는 것이고(채무자 회생 및 파산에 관한 법률 제141조 제1항 등 참조), 관리인 등이 회생담보권으로 시인한 금액을 초과하는 회생담보권이 존재한다는 것은 이를 주장하는 회생담보권자 등이 이를 증명하여야 한다(대법원 2012. 11. 15. 선고 2011다67897 판결 등 참조).

다. 판단

신청인이 주장하는 회생담보물이 채무자 소유에 해당한다는 점에 관하여는 신청인과 상대방 사이에 다툼이 없다.

다만, 신청인이 주장하는 회생담보물이 현재 개성공단 내에 여전히 존재하는지 여부나 그 상태에 관하여 알 수 있는 방법이 없고, 신청인이 회생담보물의 가치를 합리적으로 산정하기 위한 평가방법을 제시하지 못하고 있는 점 등에 비추어 보면, 신청인이 제출한 자료만으로는 신청인이 주장하는 회생담보권이 존재한다고 인정하기 부족하고, 달리 이를 인정할 자료가 없다.

5. 결 론

따라서 신청인의 채무자에 대한 회생담보권은 존재하지 아니하므로, 채무자 회생 및 파산에 관한 법률 제170조 제3항에 의하여 주문과 같이 결정한다.

20×0. 9. 17.

재판장 판사 ○○○

판사 ○○○

판사 ○○○

3. 채권조사확정재판에 대한 이의의 소

가. 개요

채권조사확정재판에 대하여 불복하는 자는 그 결정서의 송달을 받은 날부터 1월 이내에 이의의 소를 제기할 수 있다(제171조 제1항). 채권조사확정재판은 이의채권의 존부 및 내용에 관하여 간이·신속하게 결정하는 절차로서 당사자의 권리구제에 충분하지 않을 수 있으므로, 이에 대하여 불복하는 자는 채권조사확정재판 결정서의 송달일부터 1월 이내에 회생계속법원에 이의의 소를 제기하여 이의채권의 존부 및 내용에 대하여 통상의 변론절차를 거쳐 판결을 받을 수 있도록 하고 있는 것이다.

채무자회생법이 채권조사확정재판에 대한 불복방법으로 이의의 소를 별도로 규정하고 있는 이상 채권조사확정재판의 당사자는 항고로 불복할 수 없고, 조사확정재판에 대한 항고는 항고의 이익이 없어 부적법하다.[70]

나. 당사자

(1) 원고적격

채권조사확정재판에 대하여 불복하는 자는 이의의 소를 제기할 수 있다(제171조 제1항). 이의의 소를 제기할 수 있는 자는 이의채권의 보유자 또는 이의채권에 관하여 이의를 제기함으로써 조사확정재판의 당사자가 되었던 자이다. 이의채권에 관하여 이의를 하지 아니하였던 채권자로서 채권조사확정재판의 당사자가 아니었던 자는 원고적격이 없다.[71]

이의채권을 보유한 권리자가 수인의 이의자를 상대로 신청한 채권조사확정재판의 결과에 대하여 이의자가 불복하는 경우에는 이의자 전원이 공동으로 이의의 소를 제기할 필요가 없고 각자 이의의 소를 제기할 수 있다.

(2) 피고적격

이의채권의 보유자가 이의의 소를 제기하는 경우에는 이의자 전원을 필수적으로 공동피고로 하여야 한다. 이의채권을 보유한 권리자가 이의자 중 일부만을 피고로 하여 제기한 이의의 소는 부적법하다.[72] 이의채권에 대하여 이의를 한 자가 이의의 소를 제기하는 경우에는 각자 이의채권의 보유자를 피고로 하여 이의의 소를 제기할 수 있다. 다만 이의자가 각자 이의의 소를 제기하여 동일한 이의채권에 관하여 여러 개의 이의의 소가 제기된 경우에는 합일확정을 위하여

---

70) 심태규, 채권조사확정재판에 대한 이의의 소에 대한 실무상 문제점, 사법논집 제66집, 법원도서관, 2018, 392면.

71) 서울회생법원 재판실무연구회, 회생사건실무(상), 박영사, 2019, 604면.

72) 서울회생법원 재판실무연구회, 회생사건실무(상), 박영사, 2019, 604면.

변론을 병합하여야 한다(제171조 제5항).

다. 제소기간

이의의 소는 채권조사확정재판의 결정서를 송달받은 날부터 1월 이내에 제기하여야 한다(제171조 제1항). 제소기간의 제한은 이의의 소를 본소로 제기하는 경우뿐만 아니라 반소로 제기하는 경우에도 적용된다. 본소와 반소가 하나의 채권 중 일부를 대상으로 하기는 하나 불복하는 범위가 상이하고, 불복하지 않는 부분은 1월의 제소기간이 경과함으로써 확정되며, 이의의 소는 채권조사확정재판의 항소심이 아니어서 소송물이 이심되지 않고, 제소기간 경과 후에도 반소라는 이유로 허용한다면 신속한 권리확정을 위하여 1월의 제소기간을 두고 있는 입법취지에 반하기 때문이다.[73]

제소기간 도과 이후 제기된 이의의 소는 부적법하므로 각하된다. 대법원은 구 회사정리법 당시 제소기간을 경과한 정리채권확정의 소에 관하여 "회사정리법 제147조 소정의 출소기간도과의 효과는 신고채권자의 정리절차 참가자격이 부정되는 데 그치고 그 실체상 권리가 소멸되는 것은 아니나, 그 출소기간도과 후의 권리확정의 소제기는 부적법하다"라고 판시하였다.[74]

라. 관할

이의의 소는 회생계속법원의 관할에 전속한다(제171조 제2항).

마. 소송물

이의의 소의 소송물은 관리인 등이 회생채권 또는 회생담보권으로 시인한 금액을 초과하는 채권의 존재 여부이다.[75]

---

73) 심태규, 채권조사확정재판에 대한 이의의 소에 대한 실무상 문제점, 사법논집 제66집, 법원도서관, 2018, 425면.

74) 대법원 1989. 4. 11. 선고 89다카4113 판결.

75) 대법원 2012. 6. 28. 선고 2011다17038, 17045 판결.

바. 변론 및 심리의 특칙

이의의 소의 변론은 채권조사확정재판의 결정서를 송달받은 날부터 1월이 경과한 후가 아니면 개시할 수 없다(제171조 제4항). 채권조사확정재판에 대하여 복수의 이의의 소가 제기될 수 있는데 이 경우 변론의 병합을 위하여 다른 이의의 소가 제기될 수 있는 기간까지 변론을 개시할 수 없도록 하고 있는 것이다.

동일한 이의채권에 관하여 이의의 소가 수 개 동시에 계속하는 경우 법원은 변론을 병합하여야 한다(제171조 제5항). 이의의 소의 판결은 회생채권자·회생담보권자·주주·지분권자 전원에 대하여 효력이 있으므로(제176조), 하나의 채권조사확정재판에 대하여 복수의 이의의 소가 제기되는 경우 이의의 소의 판결은 동일한 이의채권의 존부 및 내용에 관하여 모순·저촉 없이 합일확정되어야 하기 때문이다.

관리인이 회생채권 또는 회생담보권으로 시인한 금액을 초과하는 회생채권 또는 회생담보권이 존재한다는 점에 관하여는 이를 주장하는 회생채권자 또는 회생담보권자가 증명하여야 한다.[76] 대법원은 "회생채권조사확정재판에 대한 이의의 소에서 '원고가 주장하는 회생담보권 채권액이 담보목적물 가액에서 선순위 담보권의 채권액을 공제한 금액을 초과하지 않는다는 사실'은 회생담보권 발생의 요건사실 중 하나로서 원고가 이를 주장·증명하여야 한다"라고 판시하였다.[77]

사. 재판

이의의 소의 판결은 그 소가 부적법하여 각하하는 경우를 제외하고는 채권조사확정재판의 결정을 인가하거나 변경하는 판결을 하여야 한다(제171조 제6항).

이의의 소의 판결의 형태로는 ① 채권조사확정재판을 인가하는 경우, ② 회생채권 등의 내용 일부를 변경하는 경우, ③ 회생채권 등이 부존재한다는 취지의 조사확정재판을 취소하고 회생채권 등의 존재를 인정하는 경우, ④ 회생채권 등의 내용을 인정한 조사확정재판을 취소하고 회생채권이 부존재한다는 취지의 판

---

76) 서울회생법원 재판실무연구회, 회생사건실무(상), 박영사, 2019, 606면.

77) 대법원 2012. 11. 15. 선고 2011다67897 판결.

결을 하는 경우 등이 있다.[78]

4. 이의채권에 관한 소송의 수계

가. 개요

회생절차개시 당시 이의채권에 관하여 소송이 계속되어 있는 경우 그 소송은 회생절차개시결정으로 중단되는데(제59조 제1항), 회생채권자 등이 그 권리의 확정을 구하고자 하는 때에는 이의자 전원을 그 소송의 상대방으로 하여 소송절차를 수계하여야 한다(제172조 제1항). 소송중단 이후 곧바로 소송절차를 수계하는 것이 아니라 회생채권 등의 조사절차를 거쳐서 관리인 등의 이의가 있는 경우에 소송절차를 수계하여야 한다. 이의가 없는 경우에는 신고채권이 그대로 확정된다.

소송의 수계는 새로운 소송을 제기함에 따른 시간과 비용의 낭비를 방지함과 동시에 소송절차의 번잡을 피하기 위한 공익적인 목적을 위한 것이므로 회생절차개시 당시 이미 소송이 계속 중이어서 소송수계를 할 수 있는 경우에 소송수계를 하지 않고 채권조사확정재판을 신청하는 것은 권리보호의 이익이 없어 부적법하다.[79] 그리고 이의채권을 보유한 권리자가 중단된 소송절차를 수계하지 않고 회생계속법원에 채권조사확정재판을 신청하였다가 중단된 소송을 취하한 경우, 그 취하 시점이 채권조사확정재판 신청기간이 경과한 후라면 그 권리자는 새로운 채권조사확정재판을 신청할 수 없고 그 소취하로 인하여 기존의 부적법한 채권조사확정재판의 하자가 치유되어 소급하여 적법하게 되는 것도 아니다.[80]

나. 수계신청

(1) 수계 대상 소송

수계 대상 소송은 회생절차개시 당시 소송이 계속되어 있는, 이의채권을 소송물로 하는 소송이다. 이행의 소 외에 적극적 확인의 소나 채무자가 제기한 소극

78) 전대규, 채무자회생법 제5판, 법문사, 2021, 628면.

79) 대법원 2001. 6. 29. 선고 2001다22765 판결.

80) 대법원 2001. 6. 29. 선고 2001다22765 판결.

적 확인의 소도 포함된다. 소송 계속 여부는 소장 부본이 상대방에게 송달된 때를 기준으로 하므로,[81] 소 제기 후 소장 부본이 송달되기 전에 채무자에 대하여 회생절차가 개시된 경우에는 소송이 계속되어 있는 경우에 해당하지 않는다.[82] 대법원은 소장 부본이 송달되기 전에 채무자에게 파산선고가 이루어진 사안에서, 파산선고 전에 채권자가 채무자를 상대로 이행청구의 소를 제기하거나 채무자가 채권자를 상대로 채무부존재확인의 소를 제기하였더라도, 만약 그 소장 부본이 송달되기 전에 채권자나 채무자에 대하여 파산선고가 이루어졌다면 파산재단에 관한 소송에서 채무자는 당사자적격이 없으므로 그 소는 부적법한 것으로서 각하되어야 하고, 이 경우 파산선고 당시 법원에 소송이 계속되어 있음을 전제로 한 파산관재인의 소송수계신청 역시 적법하지 않으므로 허용되지 않는다고 판시하였다.[83]

제172조의 소송절차수계는 회생채권확정의 일환으로 진행되는 것으로서 조사기간의 말일까지 이루어지는 관리인 등의 회생채권에 대한 이의를 기다려, 회생채권자가 그 권리의 확정을 위하여 이의자 전원을 소송의 상대방으로 하여 신청하여야 하고, 소송수계에서 상대방이 되는 관리인은 회생채권에 대한 이의자로서의 지위에서 당사자가 되는 것이어서, 이의채권이 되지 아니한 상태에서 미리 소송수계신청을 할 수는 없으므로, 조사기간의 말일 또는 특별조사기일 이전에 한 소송수계신청은 부적법하다.[84]

(2) 수계신청의 기간

수계신청은 이의채권에 관한 조사기간의 말일 또는 특별조사기일로부터 1월 이내에 하여야 한다(제172조 제2항, 제170조 제2항).[85] 1월의 기간이 경과한 후에

---

81) 대법원 1994. 11. 25. 선고 94다12517 판결.

82) 심태규, 채권조사확정재판에 대한 이의의 소에 관한 실무상 문제점, 사법논집 제66집, 법원도서관, 2018, 400-402면. 이에 대하여는 소장부본 송달지연이라는 우연한 사정에 따라 수계 여부가 결정되는 것은 불합리하다는 점 등을 이유로 소 제기 시로 보아야 한다는 반대견해가 있다.

83) 대법원 2018. 6. 15. 선고 2017다289828 판결.

84) 대법원 2016. 12. 27. 선고 2016다35123 판결.

85) 신고한 권리에 관하여 이의를 제기당한 정리채권자 등이 해당 권리의 조사가 있은 날로부터 1개월이 경과한 후에 소송수계신청을 한 경우 그에 따른 정리채권 등 확정의 소를 부적법하

수계신청을 한 경우에는 이의채권에 관한 소가 부적법하게 되어 각하된다.[86]

(3) 당사자

이의채권을 보유한 회생채권자 또는 회생담보권자는 이의자 전원을 상대방으로 하여 소송절차를 수계하여야 한다. 고유필수적 공동소송이므로 이의자 중 일부만을 상대방으로 한 수계신청은 부적법하다.

다. 수계 후의 소송

(1) 청구취지변경

회생절차에서의 채권확정소송은 이의 있는 사항에 관한 확인소송이므로 회생채권자가 채무자에 대한 회생절차개시결정으로 중단된 회생채권 관련 소송절차를 수계하는 경우에는 회생채권의 확정을 구하는 것으로 청구취지 등을 변경하여야 한다.[87] 채무부존재 등 소극적 확인소송이 계속 중이었던 경우에는 이의채권을 보유한 권리자가 소송을 수계한 후 반소로써 권리의 확정을 구하여야 한다.[88]

회생계획인가결정 후 회생절차종결결정이 있더라도 채무자는 회생계획에서 정한 대로 채무를 변제하는 등 회생계획을 계속하여 수행할 의무를 부담하게 되므로, 회생채권 등의 확정을 구하는 소송의 계속 중에 회생절차종결결정이 있는 경우 회생채권 등의 확정을 구하는 청구취지를 회생채권 등의 이행을 구하는 청구취지로 변경할 필요는 없고, 회생절차가 종결된 후에 회생채권 등의 확정소송을 통하여 채권자의 권리가 확정되면 소송의 결과를 회생채권자표 등에 기재하여(제175조), 미확정 회생채권 등에 대한 회생계획의 규정에 따라 처리하면 된다.

다고 보는 것은 구 회사정리법 제149조 제2항(채무자회생법 제172조 제2항), 제147조 제2항(채무자회생법 제170조 제2항)에 대한 합헌적 법률해석이라고 할 것이고, 정리채권자 등이 신고한 권리에 관하여 이해관계인의 이의가 있었던 사실을 정리법원의 통지에 의하여 비로소 알게 되었다거나 혹은 그러한 이의 사실을 알지 못하였다고 하여, 1개월의 수계신청기간의 기산점을 정리채권자 등이 이의통지를 받은 날이나 그러한 이의 사실을 실제로 안 날로 볼 수는 없다(대법원 2008. 2. 15. 선고 2006다9545 판결).

86) 대법원 2008. 2. 15. 선고 2006다9545 판결.

87) 대법원 2015. 7. 9. 선고 2013다69866 판결.

88) 임채홍·백창훈, 회사정리법(상) 제2판, 한국사법행정학회, 2002, 639면.

따라서 회생채권 등의 확정소송이 계속되는 중에 회생절차종결결정이 있었다는 이유로 채권자가 회생채권 등의 확정을 구하는 청구취지를 회생채권 등의 이행을 구하는 청구취지로 변경하고 그에 따라 법원이 회생채권 등의 이행을 명하는 판결을 선고하였다면 이는 회생계획인가결정과 회생절차종결결정의 효력에 반하는 것으로 위법하다.[89]

(2) 소송상태의 승계

수계 후 소송에서 당사자는 종전의 소송상태를 승계하므로 종전의 소송수행의 결과를 전제로 하여 소송행위를 하여야 한다. 다만 부인권은 회생절차개시 이후에만 행사할 수 있는 공격방법이므로 그 행사가 방해되지 아니한다.[90]

라. 수계사유가 소멸한 경우의 조치

회생절차개시결정으로 중단된 소송이 회생채권 또는 회생담보권과 관계있는 것이라 하더라도, 조사절차에서 이의가 없으면 그 소송에 관한 회생채권 또는 회생담보권은 그대로 확정되고 그 조사결과에 대한 회생채권자표 또는 회생담보권자표의 기재는 확정판결과 동일한 효력을 가지므로 더 이상 소송으로 다툴 필요가 없다.

대법원은 신고된 회생채권에 대하여 이의가 없는 때에는 채권이 신고한 내용대로 확정되고(제166조 제1호), 확정된 회생채권을 회생채권자표에 기재한 때에는 그 기재는 확정판결과 동일한 효력이 있으므로(제168조), 계속 중이던 회생채권에 관한 소송은 소의 이익이 없어 부적법하게 된다고 판시하였다.[91]

89) 대법원 2014. 1. 23. 선고 2012다84417 판결.

90) 서울회생법원 재판실무연구회, 회생사건실무(상), 박영사, 2019, 610면.

91) 대법원 2014. 6. 26. 선고 2013다17971 판결.

5. 집행력 있는 집행권원 또는 종국판결이 있는 회생채권 등의 확정

가. 개요

집행력 있는 집행권원 또는 종국판결이 있는 이의채권에 대하여는 이의자가 채무자가 할 수 있는 소송절차에 의하여서만 이의를 주장하거나, 회생절차개시 당시 법원에 계속 중인 소송절차를 수계하여야 한다(제174조). 일반적인 이의채권의 경우 그 확정을 위하여 이의채권의 보유자가 채권조사확정재판을 신청하거나 회생절차개시 당시 계속 중인 소송절차를 수계하여야 한다. 그런데 집행력 있는 집행권원이 있는 채권자는 바로 강제집행에 착수할 수 있고, 종국판결이 있는 채권자는 권리의 존재에 대하여 고도의 추정력이 있는 재판을 받았는데 이러한 채권자들로 하여금 이의채권의 확정을 위하여 다시 채권조사확정재판을 신청하도록 하는 것은 적절하지 않다. 때문에 이러한 경우에는 이의자로 하여금 채무자가 할 수 있는 소송절차에 의하여서만 이의를 주장할 수 있도록 한 것이다.[92] 이는 이의채권을 보유한 권리자와 채무자 사이에 회생절차개시결정 전에 확정된 법률관계를 이의채권을 보유한 권리자와 이의자 사이에서도 유지하려는 취지이기도 하다.[93]

나. 집행력 있는 집행권원 또는 종국판결

집행력 있는 집행권원이란 집행력 있는 정본과 동일한 의미로서 집행문이 필요한 경우에는 집행문을 받아 바로 집행할 수 있는 것을 말한다.[94] 확정된 지급명령과 공정증서가 이에 해당한다.

종국판결은 회생채권·회생담보권의 피담보채무 또는 그것을 담보하는 담보물

92) 전대규, 채무자회생법 제5판, 법문사, 2021, 634면.

93) 변동걸 외 5인, 회사정리실무 개정판, 서울지방법원, 2001, 253면.

94) 대법원은 "'집행력 있는 채무명의'(구 회사정리법 제152조 제1항)라 함은 집행력 있는 정본과 같은 뜻으로 집행문을 요하는 경우에는 이미 집행문을 받아 바로 집행할 수 있는 것을 말하는 것이므로 정리채권신고를 한 때는 물론 이의를 한 무렵에도 집행문이 부여되어 있지 않은 약속어음공정증서는 이의 후에 집행문이 부여되었다 하더라도 이에 해당하지 않는다"고 판시하였다(대법원 1990. 2. 27.자 89다카14554 결정).

권의 존재에 관하여 소 또는 상소에 의하여 계속된 사건의 전부 또는 일부를 그 심급으로서 완결하는 판결을 말하고 소송이 확정되었는지 여부와 이행판결인지 확인판결인지를 묻지 않는다.[95]

집행력 있는 집행권원 또는 종국판결이 있는 회생채권 또는 회생담보권이라도 그 취지가 목록에 기재되어 있거나 이의채권을 보유한 권리자가 그 사본을 첨부하여 그 뜻을 신고하여야 제174조에 의한 출소책임을 지울 수 있다(규칙 제52조 제2호, 제55조 제1항 제3호).[96]

다. 이의채권의 확정절차

(1) 회생절차개시 당시 소송이 계속되어 있지 않은 경우

이의채권에 관하여 집행력 있는 집행권원 또는 종국판결이 있는 경우에는 이의자는 채무자가 할 수 있는 소송절차에 의하여서만 이의를 주장할 수 있다(제174조 제1항). 확정판결에 대하여는 재심의 소(민사소송법 제451조), 판결의 경정신청(민사소송법 제211조), 청구이의의 소(민사집행법 제44조) 등으로 이의를 제기할 수 있다.[97] 지급명령에 대하여는 이의신청으로 이의를 제기할 수 있다.

(2) 회생절차개시 당시 소송이 계속되어 있는 경우

집행력 있는 집행권원 또는 종국판결이 있는 회생채권 등에 관하여 회생절차개시 당시 소송이 계속 중인 때에는 이의자가 이의채권의 보유자를 상대로 하여 그 소송을 수계한 다음(제174조 제2항), 상급심에서 절차를 속행하거나 상소를 제기하여야 한다.

라. 이의의 주장 및 수계기간

집행력 있는 집행권원 또는 종국판결이 있는 회생채권 등에 관하여 이의를 주장하거나 소송을 수계하여야 하는 기간은 조사기간의 말일 또는 특별조사기일로

---

95) 서울회생법원 재판실무연구회, 회생사건실무(상), 박영사, 2019, 612면.

96) 서울중앙지방법원 파산부 실무연구회, 도산절차와 소송 및 집행절차, 박영사, 2013, 93-94면; 주석 채무자회생법 제174조(권순엽 집필), 한국사법행정학회, 2021.

97) 변동걸 외 5인, 회사정리실무 개정판, 서울지방법원, 2001, 254면.

부터 1월 이내이다(제174조 제3항, 제170조 제2항). 위 기간 내에 주장을 하지 않거나 수계신청을 하지 않는 경우에는, 이의자가 회생채권자 또는 회생담보권자인 경우에는 이의가 없었던 것으로 보며, 이의자가 관리인인 때에는 이의채권을 인정한 것으로 본다(제174조 제4항). 따라서 그 회생채권 또는 회생담보권은 목록에 기재되거나 신고된 대로 확정되고(제166조), 회생채권자표 또는 회생담보권자표에 기재되면 확정판결과 동일한 효력을 가지게 된다(제168조).

마. 변론의 특칙

채무자가 할 수 있는 소송절차나 수계한 소송절차에서의 변론은 이의채권에 관계되는 조사기간의 말일 또는 특별조사기일로부터 1월을 경과한 후가 아니면 개시할 수 없다(제174조 제3항, 제171조 제4항).

채무자가 할 수 있는 소송절차나 수계한 소송절차로 인하여 동일한 이의채권에 관하여 여러 개의 소가 계속되어 있는 때에는 법원은 변론을 병합하여야 한다(제174조 제3항, 제171조 제5항).

6. 회생채권 등의 확정에 관한 소송결과의 기재와 판결 등의 효력

가. 회생채권 등의 확정에 관한 소송결과의 기재

법원사무관 등은 관리인·회생채권자 또는 회생담보권자의 신청에 의하여 회생채권 또는 회생담보권의 확정에 관한 소송결과(채권조사확정재판에 대한 이의의 소가 제171조 제1항의 규정에 의한 기간 안에 제기되지 아니하거나 각하된 때에는 그 재판의 내용)[98]를 회생채권자표 또는 회생담보권자표에 기재하여야 한다(제175조). 여기서 소송결과란 종국판결만을 의미하는 것이 아니고, 그 소송의 확정적 결론, 즉 판결의 확정, 인낙, 화해, 조정 등을 포함한다.[99]

98) 법문상 기재는 없으나 채권조사확정재판에 대한 이의의 소가 취하된 때도 포함된다[주석 채무자회생법 제175조(권순엽 집필), 한국사법행정학회, 2021].

99) 서울회생법원 재판실무연구회, 회생사건실무(상), 박영사, 2019, 618면.

나. 회생채권 등의 확정에 관한 소송에 대한 판결의 효력

회생채권 등의 확정에 관한 소송에 대한 판결은 회생채권자 · 회생담보권자 · 주주 · 지분권자 전원에 대하여 그 효력이 있다(제176조 제1항). 확정판결의 효력은 해당 소송의 당사자 사이에서만 미치는 것이 원칙이다(민사소송법 제218조). 그러나 회생절차와 같은 집단적 채권채무처리절차에서는 채권자의 권리가 이해관계인 일부와의 관계에서는 존재하는 것으로 인정되나, 나머지 일부와의 관계에서는 인정되지 않는다면 회생절차의 원활한 진행이 불가능하기 때문에 채권조사의 대상이 된 회생채권 등을 모든 이해관계인에 대하여 일률적으로 정할 필요가 있다.[100] 또한 재판의 당사자 이외의 다른 회생채권자 · 회생담보권자 · 주주 · 지분권자는 조사절차에서 이의를 하지 않은 이상 채권조사확정재판 또는 이의의 소 등의 재판결과를 승인할 의사였다고 할 수 있다.[101] 이에 제176조 제1항은 민사소송법 제218조에 대한 특칙으로서 회생채권자 · 회생담보권자 · 주주 · 지분권자 전원에 대하여 판결효의 확장을 인정하고 있는 것이다. 제176조 제1항에서 확장의 기초로 되는 것은 '회생채권 등의 확정에 관한 소송에 대한 판결'이므로 제176조 제1항의 효력은 기판력을 의미한다.[102]

다. 채권조사확정재판의 효력

채권조사확정재판에 대한 이의의 소가 결정서의 송달일부터 1월 이내에 제기되지 아니하거나 각하된 때에는 채권조사확정재판은 회생채권자 · 회생담보권자 · 주주 · 지분권자 전원에 대하여 확정판결과 동일한 효력이 있다(제176조 제2항). 법문상 기재는 없으나 채권조사확정재판에 대한 이의의 소가 취하된 때에도 마찬가지이다.[103] 여기서 '확정판결과 동일한 효력'은 기판력이 아닌 회생절차 내에서의 불가쟁력을 의미한다.[104]

---

100) 전병서, 도산법 제4판, 박영사, 2019, 554면.

101) 주석 채무자회생법 제176조(권순엽 집필), 한국사법행정학회, 2021.

102) 임채홍 · 백창훈, 회사정리법(상) 제2판, 한국사법행정학회, 2002, 646면; 전대규, 채무자회생법 제5판, 박영사, 2021, 641면.

103) 서울회생법원 재판실무연구회, 회생사건실무(상), 박영사, 2019, 618-619면.

104) 대법원 2017. 6. 19. 선고 2017다204131 판결.

7. 소송목적의 가액 결정

회생채권 등의 확정에 관한 소송의 목적의 가액은 회생계획으로 얻을 이익의 예정액을 표준으로 회생계속법원이 이를 정한다(제178조). 소송의 목적의 가액, 즉 소가는 소로써 주장하는 권리 또는 법률관계에 관하여 가지는 이익을 객관적으로 평가하여 금액으로 표시한 것인데, 회생절차에서 소가는 '회생계획으로 얻을 이익'일 것이므로 그 예정액을 표준으로 하도록 하고, 제출된 회생계획 등을 통해 그 예정액을 알 수 있는 회생계속법원이 이를 정하도록 하였다.

실무상 소액의 인지(보통 1,000원)를 첨부하여 회생채권 또는 회생담보권의 확정에 관한 소를 제기한 후 소가결정을 받아 인지를 보정한다.[105] 소가결정의 대상이 되는 회생채권 및 회생담보권의 확정에 관한 소송에는 제171조에 의한 채권조사확정재판에 대한 이의의 소, 제172조에 의하여 수계한 소송 및 제174조에 의하여 이의자가 한, 채무자가 할 수 있는 소송절차에서의 소송 내지 수계한 소송이 포함된다.[106]

소가결정에 대하여는 즉시항고를 할 수 있다는 규정이 없으므로 즉시항고로 불복할 수 없다(제13조).

8. 소송비용의 상환

채무자의 재산이 회생채권 또는 회생담보권의 확정에 관한 소송(채권조사확정재판 포함)으로 이익을 받은 때에는 이의를 주장한 회생채권자 또는 회생담보권자, 주주·지분권자는 그 이익의 한도에서 공익채권자로서 소송비용의 상환을 청구할 수 있다(제177조).

회생채권자, 회생담보권자, 주주·지분권자가 이의채권의 확정에 관한 소송에서 승소한 때에는 그 회생채권자, 회생담보권자, 주주·지분권자가 자신의 부담으로 권리자 아닌 자를 회생절차에서 배제함으로써 전체의 이익을 위하여 채무자의 재산의 유지·충실에 기여한 것이므로, 채무자의 재산이 이익을 받은 한도

105) 서울회생법원 재판실무연구회, 회생사건실무(상), 박영사, 2019, 615면.
106) 주석 채무자회생법 제177조(권순엽 집필), 한국사법행정학회, 2021.

안에서 공익채권자로서 그 소송비용의 상환을 청구할 수 있도록 한 것이다.[107)]

채무자의 재산이 받은 이익은 확정에 관한 소송으로 배제되거나 감축된 회생채권 또는 회생담보권이 목록에 기재되거나 신고된 대로 인정되었다면 그 회생채권자 또는 회생담보권자가 회생계획에 따라 받을 수 있었던 이익을 의미한다.[108)]

107) 주석 채무자회생법 제177조(권순엽 집필), 한국사법행정학회, 2021.

108) 주석 채무자회생법 제177조(권순엽 집필), 한국사법행정학회, 2021.

제10장
관리인 보고를 위한 관계인집회 등

Ⅰ. 개관

법원은 필요하다고 인정하는 경우 관리인으로 하여금 제92조 제1항 각 호에 규정된 사항에 관하여 보고하게 하기 위한 관계인집회를 소집할 수 있다(제98조 제1항). 이를 '관리인 보고를 위한 관계인집회'라 한다. 법원은 관리인 보고를 위한 관계인집회를 소집하게 할 필요성이 인정되지 아니하는 경우에는 ① 회생계획안의 심리를 위한 관계인집회의 개최 또는 제240조 제1항에 따른 서면결의에 부치는 결정 전에 제92조 제1항 각 호에 규정된 사항의 요지를 관리인, 조사위원·간이조사위원, 채무자, 목록에 기재되어 있거나 신고한 회생채권자·회생담보권자·주주·지분권자, 회생을 위하여 채무를 부담하거나 담보를 제공한 자에게 통지하거나, ② 위 사항에 관하여 설명하기 위한 관계인설명회를 개최하거나, ③ 그 밖에 법원이 필요하다고 인정하는 적절한 조치 중 하나 이상의 조치를 취할 것을 명하여야 한다(제98조 제2항). 실무상 이를 '대체절차'라 한다. 관리인 보고를 위한 관계인집회의 주재자는 법원이지만 대체절차의 주재자는 관리인이다.

채무자회생법은 제정 당시 제1회 관계인집회를 필수적인 절차로 정하고 있었다. 제1회 관계인집회는 관리인과 조사위원이 제92조 제1항 각 호에 규정된 사항을 회생채권자 등 참석자에게 보고하고 그들로부터 의견을 청취한 후 회생계획안의 제출을 명하는 순서로 진행되었다. 그런데 대부분의 사건에서 회생채권자 등은 출석을 하지 않거나 출석을 하더라도 자신의 채권의 시·부인 여부, 변제 예상금액 이외의 사항에 대하여는 관심을 기울이지 않기 때문에 실질적으로 회생계획안 제출명령을 위한 절차로서의 의미만 가질 뿐이라는 지적이 있었다. 이에 2014. 12. 30. 법 개정을 통해 제1회 관계인집회를 임의적인 절차인 관리인 보고를 위한 관계인집회로 변경하고, 관리인 보고를 위한 관계인집회를 개최하지 않을 경우 주요 사항 요지의 통지 등 대체절차를 거치도록 하였다(제98조).

관리인 보고를 위한 관계인집회 및 대체절차는 회생절차개시결정 이후 개별적인 권리행사가 금지된 이해관계인들에게 채무자가 회생절차에 이르게 된 사정 등을 알리고 이해관계인들로부터 회생절차에 관한 의견을 제시할 기회를 제공하는 절차이다.[1] 관리인 보고를 위한 관계인집회와 대체절차 모두 보고의 주체는 관리인이지만, 관리인 보고를 위한 관계인집회에서는 법원이 회생채권자 등 이해관계인으로부터 직접 의견을 청취한다는 점에서 차이가 있다.

II. 관리인 보고를 위한 관계인집회

1. 개최 여부 판단 기준 및 개최 시기

관리인 보고를 위한 관계인집회의 개최 여부는 법원의 재량으로 결정된다(제98조 제1항). 법원은 회생절차개시신청서의 기재 내용, 대표자심문 결과, 채권자협의회 의견조회 결과, 채권자의 수 및 채무액수 등을 종합적으로 고려하여 관리인 보고를 위한 관계인집회의 개최 필요성을 판단하는데, 회생절차를 진행함에 있어 특히 공정성 내지 신뢰도를 확보할 필요성이 크다고 인정되는 경우에는 대체절차보다 관리인 보고를 위한 관계인집회를 개최하는 것을 적극적으로 고려한다.[2] 채무자와 채권자 사이에 다툼이 치열하거나 채권자가 회생절차 진행에 반발하는 등 법원이 직접 채권자들의 의견을 들을 필요성이 큰 경우, 채무자의 파탄이 기존 경영자의 횡령 등 중대한 책임이 있는 부실경영에 기인하는 등의 사유로 제3자 관리인이 선임된 경우, 채무자가 인가 전 M&A를 시도하는 경우와 같이 채무자의 장래 영업 및 경영권에 변화가 예상되어 이해관계인들의 권리

1) 서울회생법원 재판실무연구회, 회생사건실무(상), 박영사, 2019, 623면.
2) 서울회생법원 재판실무연구회, 회생사건실무(상), 박영사, 2019, 624−625면.

에 상당한 영향을 미치는 경우, 편파변제 등에 대한 부인권 행사나 이사 등에 대한 손해배상청구가 절차의 주요 쟁점으로 된 경우, 채무자 측에서 대체절차보다 오히려 관리인 보고를 위한 관계인집회의 개최를 희망하는 경우 등이 이에 해당할 것이다.[3] 개최 시기는 통상 조사위원의 조사보고서가 제출된 이후로 지정된다.

2. 절차

관리인 보고를 위한 관계인집회에서 관리인은 ① 채무자가 회생절차의 개시에 이르게 된 사정, ② 채무자의 업무 및 재산에 관한 사항, ③ 제114조 제1항의 규정에 의한 보전처분 또는 제115조 제1항의 규정에 의한 조사확정재판을 필요로 하는 사정의 유무, ④ 그 밖에 채무자의 회생에 필요한 사항의 요지를 보고하여야 하고(제98조 제1항), 법원은 관리인, 조사위원·간이조사위원, 채무자, 목록에 기재되어 있거나 신고한 회생채권자·회생담보권자·주주·지분권자로부터 관리인 및 조사위원·간이조사위원의 선임, 채무자의 업무 및 재산의 관리, 회생절차를 진행함이 적정한지의 여부 등에 관한 의견을 들어야 한다(제99조).

Ⅲ. 대체절차

1. 대체절차의 선택 기준

대체절차로는 앞서 본 바와 같이 ① 주요 사항 요지의 통지, ② 관계인설명회의 개최, ③ 그 밖에 법원이 필요하다고 인정하는 적절한 조치가 있다(제98조 제2항). 법원은 관리인 보고를 위한 관계인집회를 개최하지 않는 경우에는 대체절차 중 하나 이상의 이행을 명하여야 한다.

실무상 법원은 관리인 보고를 위한 관계인집회를 개최할 필요성이 인정되지

3) 이수열, 개정 채무자회생법 연구, 도산법연구 제6권 제1호, 사단법인 도산법연구회, 2015, 121면.

않는 사건은 대체로 관계인설명회의 개최 필요성도 적은 점, 관리인 보고를 위한 관계인집회를 임의화하고 대체절차를 도입한 채무자회생법 개정의 취지는 절차 진행의 신속성과 효율성을 제고하고자 하는 것인 점, 채무자회생법이 대체절차로서 주요 사항 요지의 통지를 먼저 규정하고 있는 점 등을 근거로 대체절차 중 관리인 보고를 위한 관계인집회와 그 성격이 유사한 관계인설명회보다는 주요 사항 요지의 통지를 우선적으로 고려하고 있다.[4)]

관계인설명회는 채권자와 관리인 사이에 채무자의 회생과 관련하여 다툼이 있거나 채무자의 회생을 위하여 사업계획 및 사업구조에 상당한 변화를 꾀하는 등 관리인이 이해관계인들에게 직접 설명할 필요가 큰 경우, 또는 채무자의 사업장이 여러 개이거나 이해관계인들이 여러 지역에 산발적으로 퍼져 있어 하나 또는 그 이상의 장소에 이해관계인들을 모이게 하는 것이 더 적절한 경우에 적합한 절차라고 할 수 있다.[5)]

실무상 법원은 회생절차개시신청 당시 200억 원 이상의 채무를 부담하는 채무자에 관하여는 대체절차로서 관계인설명회의 개최를 명하고 있고(실무준칙 제232호 제8조), 그 외의 채무자에 대하여는 주요 사항 요지의 통지를 명하고 있다.

제98조 제2항은 법원이 각 호 중 하나 이상의 조치를 취할 것을 명하여야 한다고 정하고 있으므로 주요 사항 요지의 통지와 관계인설명회 등 둘 이상의 대체절차를 함께 명할 수도 있다. 그리고 대체절차를 이해관계인 유형별로 달리 적용하는 것도 가능하다. 가령, 회생채권자, 회생담보권자에 대하여는 주요 사항 요지의 통지를, 주주에 대하여는 다른 절차(홈페이지를 통한 공고)를 명하는 것도 가능하다.[6)]

관리인은 법원이 명한 대체절차를 거친 경우 그 결과를 법원에 보고하여야 하고(제98조 제2항 후문), 이해관계인들에게는 법원에 서면으로 의견을 제출할 수 있다는 취지를 통지하여야 한다(제98조 제3항).

---

4) 주석 채무자회생법 제98조(곽동준 집필), 한국사법행정학회, 2021.
5) 주석 채무자회생법 제98조(곽동준 집필), 한국사법행정학회, 2021.
6) 서울회생법원 재판실무연구회, 회생사건실무(상), 박영사, 2019, 636면.

2. 주요 사항 요지의 통지

가. 통지사항

통지사항은 제92조 제1항 각 호에 규정된 사항, 즉 채무자가 회생절차개시에 이르게 된 사정, 채무자의 업무 및 재산에 관한 사항, 제114조 제1항에 의한 보전처분 또는 제115조 제1항에 의한 조사확정재판을 필요로 하는 사정의 유무, 그 밖에 채무자의 회생에 관하여 필요한 사항의 요지이다.

나. 통지대상

통지의 대상은 제182조 제1항 각 호의 자, 즉 관리인, 조사위원 · 간이조사위원, 채무자, 목록에 기재되어 있거나 신고한 회생채권자 · 회생담보권자 · 주주 · 지분권자, 회생을 위하여 채무를 부담하거나 담보를 제공한 자이다.

다. 통지의 방법 및 시기

법원이 주요 사항 요지의 통지명령을 하면서 정한 방법으로 통지한다. 다만 부득이한 사정이 있는 경우에는 다른 방법으로 통지할 수 있으나 이 경우 사전에 그 사유와 방법을 명시하여 법원의 허가를 받아야 한다(실무준칙 제232호 제2조). 실무상 주요 사항 요지의 통지는 조사위원의 조사보고서 제출 직후에 이루어지는데 법원은 통상 회생계획안 제출기간 만료일로부터 약 2주 전을 그 기한으로 정하고 있다.[7]

3. 관계인설명회[8]

가. 관계인설명회 참석대상

관계인설명회 참석대상은 제182조 제1항 각 호의 자, 즉 관리인, 조사위원 · 간

---

7) 서울회생법원 재판실무연구회, 회생사건실무(상), 박영사, 2019, 632면.

8) 관계인설명회는 그 성질이 관리인 보고를 위한 관계인집회와 유사하나, 관리인이 주재하고 횟수와 장소에 제한이 없으며 다수의 이해관계인이 전국에 산재해 있는 경우 전국을 순회하는 형태로도 개최할 수 있다는 점이 다르다(이수열, 개정 채무자회생법 연구, 도산법연구 제6권 제1호, 사단법인 도산법연구회, 2015, 125면).

이조사위원, 채무자, 목록에 기재되어 있거나 신고한 회생채권자·회생담보권자·주주·지분권자, 회생을 위하여 채무를 부담하거나 담보를 제공한 자이다. 실무준칙 제232호 제9조 제3항은 노동조합(노동조합이 조직되어 있지 않은 경우에는 근로자 대표자)에도 통지를 하도록 정하고 있다.

나. 관계인설명회의 진행

관계인설명회는 관리인이 주관한다. 다만, 관계인설명회를 동시에 여러 곳에서 개최하거나, 관리인의 질병 그 밖에 부득이한 사정이 있는 경우에는 관리인을 대신하여 관계인설명회를 주관할 자를 정하여 미리 법원의 허가를 받아야 한다(실무준칙 제232호 제11조 제1항). 관리인은 참석대상자들에게 제92조 제1항 각 호에 규정된 사항, 즉 채무자가 회생절차개시에 이르게 된 사정, 채무자의 업무 및 재산에 관한 사항, 제114조 제1항에 의한 보전처분 또는 제115조 제1항에 의한 조사확정재판을 필요로 하는 사정의 유무, 그 밖에 채무자의 회생에 관하여 필요한 사항에 관하여 설명한다.

관리인은 영상녹화, 속기록의 작성·보존 등 관계인설명회 종료 후에 관계인설명회의 내용과 진행 상황을 확인할 수 있는 방안을 강구하여야 한다(실무준칙 제232호 제11조 제5항).

다. 관계인설명회 종료 후 보고

관리인은 관계인설명회를 개최한 후 그 결과의 요지를 지체 없이 법원에 보고하여야 한다(제98조의2 제3항). 관리인은 결과보고서를 작성하여 제출하여야 하는데 결과보고서에는 관계인설명회를 개최한 일시·장소, 그 일시·장소의 사전통지 현황 및 통지하지 못한 회생채권자 등이 있는 경우 그 현황과 사유, 관계인설명회 출석 현황 등을 포함하고 관계인설명회에 관한 녹취록 또는 속기록을 첨부하여야 한다(실무준칙 제232호 제12조).

4. 그 밖에 법원이 필요하다고 인정하는 적절한 조치

그 밖에 법원이 필요하다고 인정하는 적절한 조치에는 특별한 제한이 없다. 주요 사항의 요지를 일정 기간 채무자 회사의 홈페이지에 게시하거나 중앙일간지에 공고하는 방식을 예로 들 수 있다. 게시의 내용, 시기 등은 주요 사항의 요지의 통지에 준하여 할 수 있다.

제11장
회생계획안

Ⅰ. 회생계획안의 제출

1. 회생계획안

가. 회생계획과 회생계획안

회생절차의 목적은 재정적 어려움으로 인하여 파탄에 직면해 있는 채무자에 대하여 채권자·주주·지분권자 등 이해관계인의 법률관계를 조정하여 채무자 또는 그 사업의 효율적인 회생을 도모하는 것이다(제1조). 회생계획이란 채무자 또는 그 사업의 효율적인 회생을 위한 계획으로서, 채권자 등 이해관계인의 법률관계의 조정에 관한 사항, 구체적으로 채권자 등 이해관계인의 권리변경 및 변제방법, 채무자의 조직변경 등에 관한 기본적인 사항을 정한 것으로 이후 회생절차 진행의 기본규범이 되는 것을 말한다.[1)]

회생계획안이란 회생계획을 문서화한 것으로서 관계인집회의 심리와 결의의 대상이 되는 것을 말하며, 회생계획안은 관계인집회의 심리와 결의를 거쳐 최종적으로 법원의 인가결정을 받음으로써 회생계획으로서의 효력이 발생하게 된다.[2)]

회생계획안의 작성은 관리인의 핵심적인 업무 중 하나이고 합리적인 회생계획안의 작성은 회생절차의 목적 달성 여부를 좌우한다. 관리인은 회생채권자 등 이해관계인들의 법률관계를 합리적으로 조정함으로써 채무자를 회생시킬 수 있

---

1) 서울회생법원 재판실무연구회, 회생사건실무(상), 박영사, 2019, 639면.

2) 서울회생법원 재판실무연구회, 회생사건실무(상), 박영사, 2019, 639면.

는 회생계획안을 작성하여 법원에 제출하여야 한다.

나. 회생계획의 법적 성격과 해석

회생계획은 회생채권자를 포함한 이해관계인 사이의 집단적 화해(특수한 화해계약)로서의 성격을 가지고,[3] 관계인집회에서 회생채권자 등의 회생계획안에 대한 동의 또는 부동의의 의사표시는 조(組)를 단위로 하는 일종의 집단적 화해의 의사표시에 해당한다.[4] 다만 회생계획은 이해관계인 사이에 의사의 합치가 있을 것을 요하지 않고, 원칙적으로 조 단위로 법정 액수 이상의 동의가 있으면 성립하며, 예외적으로 일부 조가 동의하지 않는 경우에도 법원의 재량에 의한 인가결정에 의하여 성립할 수 있다는 점에서 통상의 법률행위와 차이가 있다.[5]

회생절차에서 회생채권자 등의 권리는 회생계획의 기재에 의하여 변경되는데, 회생계획의 기재는 법률행위의 해석 방법에 따라 해석하여야 한다. 회생계획 문언의 객관적 의미를 합리적으로 해석하되, 문언의 객관적 의미가 명확하지 않은 경우에는 문언의 형식과 내용, 회생계획안 작성 경위, 회생절차 이해관계인들의 진정한 의사 등을 종합적으로 고려하여 사회정의와 형평의 이념에 맞도록 논리와 경험의 법칙, 사회 일반의 상식과 거래의 통념에 따라 합리적으로 해석하여야 한다.[6]

2. 회생계획안의 작성 · 제출권자

회생계획안의 제출권자는 관리인, 채무자, 목록에 기재되어 있거나 신고한 회생채권자 · 회생담보권자 · 주주 · 지분권자이다(제220조 제1항, 제221조). 관리인에게는 회생계획안 제출의무가 있으나(제220조 제1항), 채무자, 목록에 기재되어 있거나 신고한 회생채권자 · 회생담보권자 · 주주 · 지분권자에게는 회생계획안을 제출할 권한이 있을 뿐 의무는 없다(제221조).[7] 채권신고를 하였으나 채권조사절차

3) 헌법재판소 1996. 1. 25. 선고 93헌바5, 58 결정; 대법원 2005. 2. 17. 선고 2004다39597 판결.
4) 대법원 2014. 3. 18.자 2013마2488 결정.
5) 주석 채무자회생법 제2편 회생절차 제6장 회생계획 [총설](차승환 집필), 한국사법행정학회, 2021.
6) 대법원 2021. 10. 14. 선고 2021다240851 판결.
7) 실무상 골프장 운영 회사 등의 경우를 제외하면 관리인 이외의 제출권자가 회생계획안을 제

에서 관리인 등으로부터 이의를 제기당한 회생담보권자, 회생채권자도 회생계획안을 제출할 수 있다.[8] 채무자의 부채총액이 자산총액을 초과하여 의결권이 인정되지 않는 주주·지분권자도 회생계획안을 제출할 수 있다.[9]

3. 회생계획안의 제출기간

회생계획안의 제출권자는 법원이 정한 기간 내에 회생계획안을 제출하여야 한다. 법원은 회생절차개시결정과 동시에 회생계획안의 제출기간을 정하여야 한다. 이 경우 제출기간은 회생채권 등의 조사기간 말일(제223조 제1항에 따른 사전계획안이 제출된 경우에는 회생절차개시결정일)로부터 4개월 이하(채무자가 개인인 경우에는 조사기간 말일부터 2개월 이하)여야 한다(제50조 제1항 제4호). 법원은 이해관계인의 신청이나 직권으로 위와 같이 결정한 제출기간을 2개월 이내에서 늘일 수 있다. 다만 채무자가 개인이거나 중소기업자인 경우에는 제출기간의 연장은 1개월을 넘지 못한다(제50조 제3항). 회생채권자 등과의 협상 진행 상황에 따라 회생계획안의 작성이 지연될 수 있음을 고려한 것이다.

관리인은 제출기간 만료 전에 미리 회생계획 초안을 제출하여 재판부와 주무관리위원의 검토를 받고 수정 지도가 있을 경우 그 내용을 반영하여 회생계획안을 수정한 후 제출하여야 한다.

4. 사전계획안 회생절차

가. 의의

채무자의 부채의 2분의 1 이상에 해당하는 채권을 가진 채권자 또는 이러한 채권자의 동의를 얻은 채무자는 회생절차개시신청이 있은 때부터 회생절차개시전까지 회생계획안을 작성하여 법원에 제출할 수 있다(제223조 제1항). 법원이 회생절차개시결정과 동시에 정하는 제출기간 내에 제출하는 일반적인 회생계획안

출한 사례는 드물다.

8) 서울회생법원 재판실무연구회, 회생사건실무(상), 박영사, 2019, 641면.

9) 三ヶ月章 등, 條解 會社更生法(下), 弘文堂, 2001, 177면.

과 달리 제223조 제1항에 의하여 회생절차개시 전에 제출하는 회생계획안을 사전계획안이라 한다. 사전계획안 회생절차(Prepackaged Bankruptcy, 실무적으로는 Prepackaged Plan 또는 P－Plan이라 부른다)는 부실기업의 구조조정을 촉진함과 아울러 채무자의 신속한 회생을 도모하기 위한 제도이다.

사전계획안 회생절차를 통하여 사적 도산절차(자율협약, 기촉법에 의한 공동관리절차 및 관리절차)와 회생절차를 접목시킴으로써 회생절차를 보다 신속하게 진행할 수 있다. 즉 사적 도산절차에서 채무자와 다수 채권자들 사이에 구조조정 방안에 관하여 실질적인 합의가 이루어진 상태에서 그 합의의 효력을 모든 이해관계인들에게 미치게 하기 위하여 회생절차개시신청 전에 회생계획안을 미리 작성하고 인가에 필요한 채권자의 동의까지 미리 확보한 후 회생절차개시신청을 할 수 있다.[10] 이로써 회생절차를 신속하게 진행하여 기업가치의 하락을 줄일 수 있고, 채무자가 절차의 주도권을 가질 수 있는 장점이 있다.

나. 사전계획안의 제출

(1) 제출권자

사전계획안은 채무자의 부채의 2분의 1 이상에 해당하는 채권을 가진 채권자 또는 이러한 채권자의 동의를 얻은 채무자가 제출할 수 있다(제223조 제1항). 부채의 액수를 산정함에 있어 공익채무는 포함되지 않는다.[11] 2분의 1 이상 요건 충족 여부는 회생절차개시결정 시를 기준으로 판단한다.[12] 따라서 회생절차개시결정 후에 사전계획안을 제출한 채권자의 채권이 소멸하더라도 사전계획안 제출의 효력은 그대로 유지된다.

(2) 제출 시기

채권자 등은 회생절차개시신청이 있은 때부터 회생절차개시 전까지 회생계획안을 작성하여 법원에 제출할 수 있다(제223조 제1항). 따라서 회생절차개시신청

---

10) 전대규, 채무자회생법 제5판, 법문사, 2021, 654면.

11) 서울회생법원 재판실무연구회, 회생사건실무(상), 박영사, 2019, 656면; 전대규, 채무자회생법 제5판, 법문사, 2021, 657면. 서울회생법원도 2018회합100038 사건에서 제223조 제1항의 채무자의 부채에 공익채무는 포함되지 않는다고 판단한 바 있다.

12) 서울회생법원 재판실무연구회, 회생사건실무(상), 박영사, 2019, 656면.

과 동시에 사전계획안을 제출할 수 있을 뿐만 아니라, 회생절차개시신청을 한 후 회생절차개시결정 전까지 사전계획안을 제출하는 것도 가능하다. 실무상 회생절차의 신속한 진행을 위하여 회생절차개시신청과 동시에 사전계획안을 제출하는 경우가 많다.

(3) 사전계획안의 수정

사전계획안 제출자는 통상의 경우와 마찬가지로 회생계획안의 심리를 위한 관계인집회의 기일 또는 서면결의에 부치는 결정이 있는 날까지 법원의 허가를 받아 사전계획안을 수정할 수 있다(제228조).

다. 사전계획안과 함께 제출해야 하는 서류

사전계획안을 제출하는 자는 회생절차개시 전까지 회생채권자·회생담보권자·주주·지분권자의 목록, 제92조 제1항 각 호에 규정된 사항(채무자가 회생절차의 개시에 이르게 된 사정, 채무자의 업무 및 재산에 관한 사항, 제114조 제1항에 의한 보전처분 또는 제115조 제1항에 의한 조사확정재판을 필요로 하는 사정의 유무, 그 밖에 채무자의 회생에 관하여 필요한 사항)을 기재한 서면[13] 및 그 밖에 규칙으로 정하는 서면[14]을 법원에 제출하여야 한다(제223조 제4항).

사전계획안 제출자가 회생채권자·회생담보권자·주주·지분권자의 목록을 제출한 때에는 그 목록을 관리인이 제147조 제1항에 의하여 제출하여야 하는 회생채권자 등 목록으로 보므로(제223조 제5항), 법원은 회생절차개시결정을 할 때 제147조 제1항의 목록 제출기간을 지정하지 않는다(제50조 제1항 제1호). 따라서 사전계획안 제출자가 회생채권자·회생담보권자·주주·지분권자의 목록을 제출한 경우 회생채권·회생담보권·주식·지분권의 신고기간은 목록 제출기간의 말일부터가 아니라 회생절차개시결정일부터 1주 이상 1월 이하의 기간으로 정한다(제50조 제1항 제2호).

사전계획안 제출자가 제223조 제4항에 따라 제92조 제1항 각 호에 규정된 사항을 기재한 서면을 제출한 경우에는 회생절차개시 후에 관리인이 다시 제92조

---

13) 실무상 이 서면을 '사전실사보고서'라 부르고 있다.

14) 현재까지 규칙으로 정해진 서면은 없다.

제1항 각 호의 사항을 조사하여 법원과 관리위원회에 보고할 필요가 없다(제92조 제1항 단서).

라. 사전계획안 제출의 효과

사전계획안이 제출된 경우 관리인은 법원의 허가를 받아 회생계획안을 제출하지 아니하거나 제출된 회생계획안을 철회할 수 있다(제223조 제6항).

사전계획안이 제출된 경우 사전계획안을 제출한 채권자 외의 채권자는 회생계획안의 결의를 위한 관계인집회 기일 전날 또는 제240조 제2항에 따라 법원이 정한 회신기간 초일의 전날까지 그 사전계획안에 동의한다는 의사를 서면으로 법원에 표시할 수 있다(제223조 제3항).

사전계획안을 제출하거나 그 사전계획안에 동의한다는 의사를 표시한 채권자는 결의를 위한 관계인집회에서 그 사전계획안을 가결하는 때에 동의한 것으로 본다. 다만, 사전계획안의 내용이 그 채권자에게 불리하게 수정되거나, 현저한 사정변경이 있거나 그 밖에 중대한 사유가 있는 때에는 결의를 위한 관계인집회의 기일 전날까지 법원의 허가를 받아 동의를 철회할 수 있다(제223조 제7항).

사전계획안을 서면결의에 부친 경우 사전계획안을 제출하거나 회신기간 전에 그 사전계획안에 동의한다는 의사를 표시한 채권자는 회신기간 안에 동의한 것으로 본다. 다만, 사전계획안의 내용이 그 채권자에게 불리하게 수정되거나, 현저한 사정변경이 있거나 그 밖에 중대한 사유가 있는 때에는 결의를 위한 회신기간 종료일까지 법원의 허가를 받아 동의를 철회할 수 있다(제223조 제8항).

II. 회생계획안 작성의 원칙

1. 공정하고 형평에 맞는 차등의 원칙

가. 의의

공정하고 형평에 맞는 차등의 원칙이란 권리의 순위(① 회생담보권, ② 일반의 우선권 있는 회생채권, ③ 일반 회생채권, ④ 잔여재산의 분배에 관하여 우선적 내용이 있는 종류의 주주 · 지분권자의 권리, ⑤ 일반 주주 · 지분권자의 권리)를 고려하여 다른 종류의 권리자들 사이에는 회생계획의 조건에 공정하고 형평에 맞는 차등을 두어야 한다는 원칙을 말한다(제217조 제1항).[15)]

공정하고 형평에 맞는 차등의 원칙을 위반하여 후순위의 권리를 우선하여 취급하는 회생계획안은 부적법하고 관계인집회에서 가결되더라도 법원에 의하여 인가될 수 없다(제243조 제1항 제2호). 다만 회생절차개시 전의 벌금 · 과료 · 형사소송비용 · 추징금 및 과태료와 국세징수법 또는 지방세징수법에 의하여 징수할 수 있는 청구권(국세징수의 예에 의하여 징수할 수 있는 청구권으로서 그 징수우선순위가 일반 회생채권보다 우선하는 것 포함)에 대하여는 공정하고 형평에 맞는 차등의 원칙이 적용되지 않는다(제217조 제2항).

나. 공정하고 형평에 맞는 차등의 의미

'공정하고 형평에 맞는 차등'의 의미에 관하여는 절대우선설(Absolute Priority Rule)과 상대우선설(Relative Priority Rule)이 대립한다. 절대우선설은 우선순위가 다른 권리자들이 있는 경우 선순위 권리자가 완전한 만족을 얻은 이후에만 후순위 권리자를 만족시킬 수 있다는 입장이다. 절대우선설에 의하면 회생담보권자가 100% 변제받기 전에는 회생채권자는 채권의 만족을 얻을 수 없고, 회생채권자가 100% 변제받기 전에는 주주는 잔여재산에 대하여 권리를 행사할 수 없다. 절대우선설은 이렇게 해석하는 것이 채무자의 사업에 대한 채권자들의 투자 결정 단계에서 실제로 또는 가상적으로 행하여진 채권자들 사이의 합의에 부합한다는 것을 논거로 한다.[16)] 반면 상대우선설은 선순위 권리자의 후순위 권리자에 대한 상대적 우선권이 확보되면 충분하다는 입장이다. 상대우선설에 의하면 선순위 권리자가 완전한 만족을 얻지 않더라도 선순위 권리자에게 주는 만족이 후순위 권리자에게 주는 만족보다 상대적으로 크면 공정하고 형평에 맞는 차등의 원칙에 부합하게 된다.

주식회사인 채무자가 채무초과 상태에 있는 경우 절대우선설에 의하면 회생채권자에 대하여 권리감면 등 권리변경을 하는 이상 주주의 지위를 완전히 소멸

15) 대법원 2015. 12. 29.자 2014마1157 결정.
16) 전대규, 채무자회생법 제5판, 법문사, 2021, 662면.

시키지 않으면, 즉 100% 자본감소를 하지 않으면 공정하고 형평에 맞는 차등의 원칙에 반하게 된다.[17] 반면 상대우선설에 따르면 주주의 권리변경 정도가 회생채권 등의 권리변경 정도보다 불리한 이상 주주의 권리를 완전히 소멸시키지 않아도 공정하고 형평에 맞는 차등의 원칙에 반하지 않게 된다.

실무상 법원은 상대우선설에 입각하여 공정하고 형평에 맞는 차등의 원칙의 준수 여부를 판단하고 있다.[18] 구체적으로 채권자 그룹별로 현가변제율(해당 그룹 채권자들에게 변제할 채권액의 현재가치/해당 그룹 채권자들의 총채권액)을 비교하여 회생계획안이 공정하고 형평에 맞는 차등의 원칙을 준수하고 있는지 여부를 판단하고 있다.[19]

다. 회생채권자와 주주의 권리감축 비율 – 상대적 지분비율법

공정하고 형평에 맞는 차등의 원칙을 적용함에 있어서는 회생채권자와 주주의 권리변경의 정도를 어떤 기준에 의하여 정할 것인지가 주로 문제 된다. 대법원은 회생채권자의 권리를 감축하면서 주주의 권리를 감축하지 않는 것은 허용되지 아니하고, 다만 주식과 채권은 그 성질이 상이하여 단순히 회생채권의 감축 비율과 주식 수의 감소 비율만을 비교하여 일률적으로 우열을 판단할 수는 없고, 자본의 감소와 그 비율, 신주발행에 의한 실질적인 지분의 저감 비율, 회생계획안 자체에서 장래 출자전환이나 인수·합병을 위한 신주발행을 예정하고 있는 경우에는 그 예상되는 지분비율, 그에 따라 회생계획에 의하여 채무자 회사가 보유하게 될 순자산 중 기존 주주의 지분에 따른 금액의 규모, 변제될 회

17) 미국 연방파산법은 절대우선의 원칙(Absolute Priority Rule)에 입각하여 채권자들에게 전액 변제한 후에야 주주에게 분배할 수 있다고 정하고 있다(The holder of any claim of interest that is junior to the claims of such class will not receive or retain under the plan on account of such junior claim or interest any property). 다만 이러한 절대우선의 원칙은 일부 조가 부동의하여 강제인가(cram down)하는 경우에만 필수적으로 요구되고, 모든 조의 동의를 얻은 동의인가(consensual confirmation)의 경우에는 요구되지 않는다.

18) 이는 회생절차를 화해적 성격(헌법재판소 1996. 1. 25. 선고 93헌바5, 58 결정)으로 파악하여 이해관계인 모두가 서로 조금씩 양보하여야 하므로, 후순위자에게 전혀 배분을 하지 않는 것은 화해적 성격에 맞지 않는다는 취지로 해석된다(송옥렬, 절대우선원칙의 사전적 효율성, 남효순·김재형 공편, 통합도산법, 법문사, 2006, 637면).

19) 법원이 이와 같은 방법으로 공정하고 형평에 맞는 차등의 원칙 준수 여부를 판단할 수 있도록 회생계획안 제출자는 회생계획안 요약표에 채권별 현가변제율 계산명세서를 제출한다.

생채권의 금액과 비율, 보증채권의 경우 주채무자가 그 전부 또는 일부를 변제하였거나 변제할 개연성이 있다면 그 규모 등을 두루 참작하여야 한다고 판시하였다.[20]

실무상 법원은 기존 주주에 대한 주식병합 및 회생채권 출자전환, 이후 증가된 자본금 규모를 적정화하기 위한 재병합 이후의 기존 주주의 지분율과 가장 낮은 현가변제율을 가지는 회생채권자에 대한 현가변제율을 비교하여 후자가 전자보다 높으면 공정하고 형평에 맞는 차등의 원칙을 준수한 것으로 보고 있다. 이를 상대적 지분비율법이라 한다.[21]

라. 공정하고 형평에 맞는 차등의 원칙의 구체적인 판단 기준

회생채권에 대한 명목변제율이 100%이어서 출자전환을 하지 않는 경우 기존 주주의 지분율에는 변동이 없는 반면, 분할변제로 인하여 회생채권의 현가변제율이 100%에 미치지 못하게 되는데 이는 회생채권자의 권리를 감축하면서 주주의 권리를 감축하지 않는 것이 되어 공정하고 형평에 맞는 차등의 원칙에 반하는 것이 아닌지 문제 된다. 이러한 경우에는 회생계획상 변제율과 지분감소율뿐만 아니라 장래의 조기변제 가능성 및 제3자 배정 유상증자에 따른 지분 감소 가능성, 주주의 권리 제한 등의 요소를 종합적으로 고려하여 공정하고 형평에 맞는 차등의 원칙 위반 여부를 판단하여야 할 것이다.[22]

대법원은 일반 주주들의 경우 주식의 10주가 1주로 병합되어 계산상의 권리가 10분의 1로 축소됨에 비하여 보증채권은 전부 면제시키는 회생계획은 보증채권자를 후순위자인 일반 주주보다 불리하게 대우하는 것으로 공정하고 형평에 맞는 차등의 원칙을 위반한 것이라고 판시하였다.[23]

---

20) 대법원 2004. 12. 10.자 2002그121 결정.

21) 서울회생법원 재판실무연구회, 회생사건실무(상), 박영사, 2019, 668면. 상대적 지분비율법은 주식과 채권의 근본적인 차이점을 간과하고 있고, 이를 엄격하게 적용하면 일반적으로 회생채권의 변제율이 낮기 때문에 채무자 회사의 경영권이 채권자들에게 넘어갈 수 있는데, 이는 재정적 파탄에 직면한 채무자 회사들이 회생절차개시신청을 기피하게 하는 원인이 될 수 있다는 비판적 견해로는 전대규, 채무자회생법 제5판, 법문사, 2021, 664면.

22) 이재희, 기업집단 도산사건의 효율적 처리방안, 사법논집 제63집, 법원도서관, 2017, 220-221면.

23) 대법원 2000. 1. 5.자 99그35 결정.

한편 대법원은 자본감소 및 출자전환 후의 정리회사에 대한 구 주주의 실질적인 지분비율은 9.07%로 저감되는데 그친 반면, 보증채권인 정리채권의 경우는 원금의 4%만 변제하고 나머지는 전액 면제하도록 정한 변경정리계획에 대하여 향후 기존 주주의 지분율이 신주발행에 의하여 추가로 저하될 것이 예정되어 있고, 정리채권인 금융기관의 보증채권의 주채무자가 정리회사와 상호 지급보증관계에 있던 관계회사들로서 주채무자인 관계회사들로부터 변제받거나 담보권을 실행하여 만족을 얻을 가능성이 있는 금액을 참작하여 보증채무의 변제비율을 위와 같이 정한 것은 공정하고 형평에 맞는 차등의 원칙에 반하지 않는다고 판시하였다.[24]

2. 평등의 원칙

가. 의의

평등의 원칙이란 회생계획의 조건은 같은 성질의 권리를 가진 자 간에는 평등하여야 한다는 원칙을 말한다(제218조 제1항 본문). 회생계획안은 조별 투표를 통해 가결 여부가 결정되고 같은 조 내에서는 의결권액의 법정 다수의 동의를 얻어야 하므로, 관리인 등 회생계획안을 작성·제출하는 자에게는 의결권액이 큰 채권자를 우대하여 회생계획안을 가결시키고자 하는 유인이 존재한다. 따라서 평등의 원칙은 기본적으로 다수결의 원칙에 의해 결정되는 회생절차에서 소수자를 보호하는 기능을 하게 된다.[25] 제217조의 공정하고 형평에 맞는 차등의 원칙이 이종의 권리자들 사이의 권리조정에 관한 원리라면, 제218조의 평등의 원칙은 동종의 권리자들 사이의 권리조정에 관한 원리라고 할 수 있다.[26]

'같은 성질의 권리를 가진 자'라는 의미는 채무자의 재산에 대하여 가지는 법적 이익의 성질이 동일하다는 것을 말한다.[27] '평등하다'는 것은 금전채권의 경우 변

---

24) 대법원 2004. 12. 10.자 2002그121 결정.

25) 주석 채무자회생법 제243조(박찬우 집필), 한국사법행정학회, 2021.

26) 대법원 2018. 5. 18.자 2016마5352 결정.

27) 伊藤 眞, 會社更生法, 有斐閣, 2012, 550면.

제율이나 변제기간 등에 비추어 볼 때 회생채권자 등이 받는 경제적 이익이 동일한 것을 의미하고, 비금전채권의 경우에는 목적인 급부의 재산적 가치를 기준으로 하여 금전채권과 비교했을 때 경제적 이익이 동일한 것을 의미한다.[28] 주주의 경우 주식의 병합 내지 소각 비율 등을 기준으로 평등한지 여부를 판단한다.

여기서의 평등은 형식적 의미의 평등이 아니라 공정·형평의 관념에 반하지 아니하는 실질적 평등을 가리킨다. 따라서 회생계획에서 모든 권리를 반드시 제217조 제1항 제1호 내지 제5호가 규정하는 5종류의 권리로 나누어 각 종류의 권리를 획일적으로 평등하게 취급하여야만 하는 것은 아니고, 5종류의 권리 내부에서도 회생채권이나 회생담보권의 성질의 차이, 채무자의 회생을 포함한 회생계획의 수행가능성 등 제반 사정에 따른 합리적인 이유를 고려하여 이를 더 세분하여 차등을 두더라도 공정·형평의 관념에 반하지 아니하는 경우에는 합리적인 범위 내에서 차등을 둘 수 있으나, 다만 같은 성질의 회생채권이나 회생담보권에 대하여 합리적인 이유 없이 권리에 대한 감면비율이나 변제기를 달리하는 것과 같은 차별은 허용되지 아니한다.[29]

청산가치보장의 원칙과의 관계에서 개별 회생담보권자가 담보목적물로부터 분배받을 수 있는 청산가치는 반드시 보장되어야 하고, 그와 같은 청산가치는 담보목적물의 종류, 담보권의 순위 등에 따라서 달라질 수밖에 없으므로, 회생계획안에 담보목적물의 청산가치가 회생담보권액을 상회하는 회생담보권자에게는 회생담보권액 전부를 변제하고, 그렇지 못한 회생담보권자에게는 회생담보권액의 일부를 감면하는 등의 내용을 정하였다고 하여 그 회생계획안이 평등의 원칙을 위반하였다고 볼 수는 없다.[30]

담보신탁계약의 우선수익자는 그 채권이 전액 변제되지 않으면 언제든지 수탁자에게 골프장 영업에 필수적인 골프장 시설의 처분을 요청할 수 있기 때문에 골프장 영업을 전제로 하는 회생계획을 수행하기 위하여는 우선수익자로부터 신탁계약상 권리 유보에 대한 동의 등을 받는 것이 반드시 필요하고, 이를 위하여 담보신탁계약의 우선수익자의 요구를 받아들여 우선수익자의 신탁 관련 회생채

28) 伊藤 眞, 會社更生法, 有斐閣, 2012, 552면.
29) 대법원 2018. 5. 18.자 2016마5352 결정.
30) 대법원 2008. 6. 17.자 2005그147 결정.

권에 대하여 다른 회생채권보다 우월하게 변제조건을 정한 것이 평등의 원칙에 위반된다고 볼 수 없다.31)

나. 평등의 원칙의 예외

(1) 불이익을 받는 자의 동의가 있을 때(제218조 제1항 단서 제1호)

불이익을 받는 자의 동의가 있는 때에는 차등을 두어도 평등의 원칙에 반하지 않는다. 평등의 원칙은 기본적으로 다수결에 의해 결정되는 회생절차에서 소수자의 권리를 보호하기 위한 원칙이므로 불이익을 받는 권리자 본인의 동의가 있는 때에는 차등을 둘 수 있도록 규정한 것이다.

(2) 소액채권 또는 제118조 제2호 내지 제4호의 청구권(제218조 제1항 단서 제2호)

채권이 소액인 회생채권자, 회생담보권자, 회생절차개시 후의 이자, 회생절차개시 후의 불이행으로 인한 손해배상금 및 위약금, 회생절차 참가의 비용의 청구권을 가지는 자에 대하여 다르게 정하거나 차등을 두어도 형평을 해하지 아니하는 때에는 평등의 원칙에 반하지 않는다.

회생계획안에서 소액 회생채권 등에 대하여 변제율과 변제기간 등을 유리하게 정함으로써 다수의 소액 회생채권자 등의 협조를 얻을 경우 회생절차에 소요되는 시간과 비용을 절감할 수 있고, 소액 회생채권자 등의 입장에서는 실질적으로 권리를 보장받는 결과에 이를 수 있다.32) 소액채권인지 여부는 전체 채무의 규모와 채권자의 분포, 채권자의 수, 해당 채권자조의 채권규모, 채무자의 향후 손익 규모 및 자금수지 등을 감안하여 판단하여야 한다.33)

실무상 주로 상거래 회생채권 중 일정 액수 이하의 채권을 변제율 내지 변제기간에서 다른 일반 회생채권 내지 해당 액수를 넘어서는 상거래채권에 비해 우대하는 방식을 취하고 있는데, 이러한 경우 소액 상거래채권과 이에 해당하지 않는 채권 사이에 회생계획에 따라 얻는 경제적 이익이 역전되지 않도록 변제율과 변제기간을 정함에 있어서 유의하여야 한다. 이러한 역전현상을 방지하기 위

31) 대법원 2018. 5. 18.자 2016마5352 결정.

32) 주석 채무자회생법 제218조(최영은 집필), 한국사법행정학회, 2021.

33) 서울회생법원 재판실무연구회, 회생사건실무(상), 박영사, 2019, 674면.

하여 실무상 채권액 구간별로 감액비율을 체증시키는 방법 또는 권리변경 전의 채권액이 아니라 상거래채권 전체에 대하여 일률적으로 권리변경을 한 후의 채권액을 기준으로 소액 여부를 결정하는 방법을 채택하고 있는데,[34] 후자의 방법이 간명하여 활용도가 높다.

실무상 회생절차개시 후의 이자, 회생절차개시 후의 불이행으로 인한 손해배상금 및 위약금은 통상 면제하고 있다.

(3) 중소기업자의 회생채권(제218조 제1항 단서 제3호)[35]

채무자의 거래상대방인 중소기업자의 회생채권에 대하여 그 사업의 계속에 현저한 지장을 초래할 우려가 있어 다른 회생채권보다 우대하여 변제하는 때에는 평등의 원칙에 반하지 않는다.

상거래 회생채권자들은 채권금액이 대부분 소액일 뿐만 아니라 영세사업자들이 많기 때문에 금융기관 대여금채권의 경우와 같이 장기간 분할변제할 경우 상거래 회생채권자들의 도산을 초래할 우려가 있고, 채무자의 회생을 위해서는 기존의 상거래 회생채권자들과 원만한 거래관계를 유지할 필요가 있기 때문이다.

'중소기업자의 사업의 계속에 현저한 지장을 초래할 우려가 있어 우대하여 변제하는 때'에 해당하는지는 채무자와 거래하는 중소기업자의 상황이 업체별로 다르기 때문에 일률적으로 논하기는 어렵다. 결국 법원이 회생채권의 규모, 중소기업자의 재무상태, 채무자가 중소기업자에게 주요한 거래처인지 여부, 거래관계의 대체가능성 유무 등 중소기업자의 사정 등을 종합적으로 고려하여 판단하여야 한다.

---

34) 서울회생법원 재판실무연구회, 회생사건실무(상), 박영사, 2019, 674면.

35) 중소기업자의 회생채권의 경우 상거래채권자에 대한 보호를 강화하기 위하여 2016. 5. 29. 채무자회생법 개정에 따라 평등의 원칙의 예외로 추가되었다. 위 개정 전에도 상거래채권을 일반 회생채권에 비하여 변제율이나 변제기간의 측면에서 우대하더라도 제218조 제1항 단서 제4호의 '그 밖에 차등을 두어도 형평을 해하지 아니하는 때'에 해당한다고 해석하여 보호하여 왔으나, 위 개정으로 중소기업자의 회생채권을 두텁게 보호하는 근거가 명확해졌다[주석 채무자회생법 제218조(최영은 집필), 한국사법행정학회, 2021].

(4) 그 밖에 차등을 두어도 형평을 해하지 아니하는 때(제218조 제1항 단서 제4호)

여기서 '형평'이란 권리의 성질이나 발생원인을 고려할 경우 그 권리자를 다른 권리자보다 유리하게 또는 불리하게 취급할 합리적 이유가 인정되는 경우를 말한다.[36)]

보증채권의 경우 변제책임을 지는 주채무자가 따로 있을 뿐만 아니라 반드시 보증에 상응하는 대가를 받는 것도 아니라는 점에서 주채권에 비하여 일정한 차등을 두더라도 평등의 원칙에 반한다고 할 수 없고,[37)] 이는 그것이 연대보증채권인 경우에도 마찬가지이다.[38)]

이 조항에 따라 부실경영에 책임이 있는 대표이사·이사·감사의 급여·퇴직금 또는 대여금채권에 대하여 불이익한 차등을 둘 수 있고, 사회 정책적인 고려에서 인신사고에 의한 손해배상청구권, 산업재해에 의한 손해배상청구권, 공익채권인 임금의 성격이 강한 파견근로자의 임금에 상당하는 청구권 등을 우대할 수 있다.[39)]

(5) 특수관계인에 대한 예외

회생계획에서 ① 회생절차개시 전에 채무자와 대통령령이 정하는 범위의 특수관계에 있는 자의 금전소비대차로 인한 청구권, ② 회생절차개시 전에 채무자가 대통령령이 정하는 범위의 특수관계에 있는 자를 위하여 무상으로 보증인이 된 경우의 보증채무에 대한 청구권, ③ 회생절차개시 전에 채무자와 대통령령이 정하는 범위의 특수관계에 있는 자가 채무자를 위하여 보증인이 된 경우 채무자에 대한 보증채무로 인한 구상권을 다른 회생채권과 다르게 정하거나 차등을 두어도 형평을 해하지 아니한다고 인정되는 경우에는 다른 회생채권보다 불이익하게 취급할 수 있다(제218조 제2항).

지배주주 및 이와 특수관계에 있는 사람 및 계열회사의 채무자에 대한 채권은 이들이 채무자의 파탄에 원인을 제공한 정도, 채권의 종류 및 금액, 채권의 발생

---

36) 전대규, 채무자회생법 제5판, 법문사, 2021, 667면.

37) 대법원 2000. 1. 5.자 99그35 결정.

38) 대법원 2004. 12. 10.자 2002그121 결정.

39) 서울회생법원 재판실무연구회, 회생사건실무(상), 박영사, 2019, 677면; 전대규, 채무자회생법 제5판, 법문사, 2021, 667면.

시기·발생경위, 다른 채권자들에 대한 권리변경의 정도와의 비교, 다른 계열회사에 대한 유사한 도산절차에서 규정하고 있는 권리변경의 정도 등을 종합적으로 고려하여 합리적인 범위 내에서 권리변경의 정도를 달리할 수 있다.[40] 어느 시점에 채무자와 특수관계에 있어야 하는지 문제 될 수 있는데, 회생절차개시결정 당시를 기준으로 판단하여야 할 것이다.[41]

채무자 회사의 부실경영 주주와 특수관계인은 실질적으로 채무자 회사에 대하여 손해배상의무를 부담하고 감소된 자본을 보충하여야 할 지위에 있다고 보아야 하므로, 회생계획에서 그가 채무자 회사에 대하여 가지고 있는 회생채권의 내용을 변경함에 있어, 그 회생채권자와 채무자 회사의 관계, 그 회생채권의 발생원인, 채무자 회사가 회생절차개시에 이르게 된 원인, 채무자 회사의 채무초과상태 여부 및 그 정도, 그에 대한 부실경영 주주 및 특수관계인인 회생채권자의 원인제공 정도 등 회생절차에서 나타난 여러 사정을 종합적으로 고려하여, 다른 동종의 회생채권의 권리변경내용과는 다른 내용으로 특수관계인인 회생채권자의 권리를 변경한다고 하여 그 회생계획이 실질적 평등에 반한다고 볼 수 없다.[42]

실무상 채무자와 특수관계인 관계가 인정되면 구체적인 사정을 살피지 않고 제218조 제2항을 적용하여 일반 회생채권자들에 비하여 불이익하게 취급하는 경향이 있다. 그러나 제217조 및 제218조의 입법취지에 비추어 차등을 두어도 형평을 해하지 아니한다고 인정될 수 있는 특수관계인 채무에 해당하기 위하여는 회생채권자와 채무자가 주식 소유 등에 의하여 일정한 결합관계를 가진 것으로 인정되고, 회생채권자가 그러한 결합관계를 이용하여 임원 등의 선임에 관여하는 등 사실상 영향력을 행사하였거나, 다른 기업보다 유리한 조건으로 채무자와 거래를 하였거나, 위법 또는 부당한 거래를 하는 등의 방법으로 채무자의 부실에 기여한 경우에 해당한다고 보여져야 한다.[43]

모회사의 자회사에 대한 채권, 부실경영에 중대한 책임이 있는 지배주주 또는

40) 대법원 2006. 10. 27.자 2005그65 결정.
41) 주석 채무자회생법 제243조(박찬우 집필), 한국사법행정학회, 2021.
42) 대법원 2007. 11. 29.자 2004그74 결정.
43) 서울회생법원 재판실무연구회, 회생사건실무(상), 박영사, 2019, 701－702면.

구 경영진의 채권 등을 전액 면제하는 회생계획안이 청산가치보장의 원칙에 위배되는 것은 아닌지 문제 된다. 이에 대하여는 이들 채권을 다른 일반 회생채권보다 열등하게 취급하는 것은 형평의 원칙에 근거하는 것으로서 이 경우 형평의 원칙은 청산가치보장의 원칙보다 우선적으로 적용되어야 한다는 견해[44]와 채무자회생법이 회생계획인가의 요건으로 공정하고 형평에 맞는 차등의 원칙과 청산가치보장의 원칙을 병렬적으로 규정하고 있고, 어느 하나가 다른 하나를 배제할 수 있다고 볼 근거가 없기 때문에 부실경영에 책임이 있는 특수관계인의 채권을 다른 채권에 비하여 불리하게 권리변경을 한다고 하더라도 최소한 청산가치는 보장해야 한다는 견해[45]가 대립하고 있다. 전설은 청산가치보장의 원칙에 관한 명문 규정이 존재하지 않던 구 회사정리법 시행 당시 입론된 것인데 채무자회생법이 청산가치보장의 원칙을 명문으로 규정함으로써 그 근거를 상실하였고, 공정하고 형평에 맞는 차등의 원칙이 청산가치보장의 원칙을 배제한다고 볼 합리적 근거가 없다. 후설에 찬동한다.

3. 수행가능성

회생계획은 수행이 가능하여야 한다(제243조 제1항 제2호). 여기서 말하는 '수행가능성'이란 채무자가 회생계획에 정해진 채무변제계획을 모두 이행하고 다시 회생절차에 들어오지 않을 수 있는 건전한 재무상태를 구비하게 될 가능성을 의미한다.[46] 회생계획의 수행가능성은 채무자의 예상대로 변제자금을 조달하여 회생채권을 변제하고, 회생계획기간이 종료될 때에 정상적인 사업이 가능한 상태로 존속할 수 있는지 여부에 달려 있다. 따라서 회생계획안을 작성함에 있어 변제자금 조달계획을 적절하게 작성하여야 한다. 법원은 회생계획의 수행가능성 유무를 판단하기 위하여 조사위원으로 하여금 회생계획안의 심리를 위한 관계인집회 전에 제2차 조사보고서를 제출하도록 한다.

---

44) 서울회생법원 재판실무연구회, 회생사건실무(상), 박영사, 2019, 679면; 전대규, 채무자회생법 제5판, 법문사, 2021, 668면.

45) 주석 채무자회생법 제243조(박찬우 집필), 한국사법행정학회, 2021.

46) 대법원 2018. 5. 18.자 2016마5352 결정.

제243조 제1항 제5호 내지 제7호의 요건도 수행가능성의 범주에 포함된다고 할 수 있으나 그 중요성을 감안하여 독립된 인가요건으로 규정한 것이다.[47)]

4. 청산가치보장의 원칙

가. 의의

청산가치보장의 원칙이란 채권자가 동의하지 않는 한 회생계획에 의한 변제방법이 채무자의 사업을 청산할 때 각 채권자에게 변제하는 것보다 불리하지 아니하게 변제하는 내용이어야 한다는 원칙이다(제243조 제1항 제4호). 재정적 파탄에 직면한 채무자에 대하여 회생절차가 진행되지 않는다면 채권자들은 파산절차에서 배당을 받을 것인데, 회생계획에 의하여 채권자들이 변제받는 금액이 파산절차에서의 배당액보다 적지 않아야 회생계획안에 동의하지 않은 채권자들에게 회생계획의 효력을 미치게 하더라도 그 채권자들의 재산권의 본질적 내용이 침해되지 않는다. 청산가치보장의 원칙은 회생계획안에 반대하는 채권자들의 재산권을 보호해 줌으로써 그들에게 회생계획의 효력을 미치게 하는 것을 정당화하는 근거가 된다.

청산가치가 계속기업가치를 초과하는 경우에도 M&A를 통하여 자금을 조달하거나, 일부 채권자가 청산가치에 미달하는 금액을 변제받는 것에 동의를 함으로써 청산가치보장의 원칙을 준수하는 회생계획을 수립하는 것이 가능하므로, 청산형 회생계획의 경우에도 청산가치보장의 원칙은 지켜져야 한다.[48)]

나. 내용

(1) 청산가치의 보장

회생계획을 인가하기 위해서는 회생채권자와 회생담보권자가 최소한 파산적 청산 시의 배당액 이상으로 변제받는 내용으로 회생계획이 작성되어야 한다(제243조 제1항 제4호 본문). 회생계획에 의한 채권자별 변제금액을 현재가치로 환산

47) 주석 채무자회생법 제243조(박찬우 집필), 한국사법행정학회, 2021.
48) 주석 채무자회생법 제243조(박찬우 집필), 한국사법행정학회, 2021.

한 금액이 채권자별 청산배당액 이상이어야 한다.

각 채권자별로 청산배당액 및 청산배당률, 현가변제액 및 현가변제율을 산정한 후 양자를 비교하였을 때 현가변제율이 청산배당률 이상이어야 한다. 회생계획에 의한 변제예정액을 현재가치로 환산하기 위한 할인율이 높을 경우 현가변제율이 낮아지고 그 결과 청산가치를 보장하기 위한 변제액이 증가하므로 할인율을 어떻게 책정할 것인지는 청산가치보장의 원칙 준수 여부를 판단함에 있어 매우 중요하다. 실무상 법원은 현재가치 할인율은 채무자의 주거래은행이 담보대출 또는 무담보대출별로 평균적인 위험도를 가지고 있는 자에게 대출을 해 줄 경우 적용되는 시장이자율이면 족하되, 그 할인율은 채무자에 대한 조사보고서 작성 시 사용된 계속기업가치 할인율을 상한으로 한다는 입장을 취하고 있다.[49)]

대법원은 회생담보권의 담보목적물을 매각한 후 회생담보권자에게 그 담보목적물의 청산가치 상당액을 분배하면서 그 전부 또는 일부를 매각대금이 아닌 채무자의 주식으로 분배하는 것은, 회생담보권자로부터 채무자의 파산시 담보목적물에 대한 담보권을 실행하여 그 환가대금으로부터 채권을 회수할 수 있는 최소한의 권리를 박탈하면서[50)] 권리순위에 있어 최선순위인 회생담보권자의 지위를 파산의 위험 또는 추가적인 권리변경의 위험이 남아있는 채무자 회사에서 가장 열등한 권리순위에 있는 주주의 지위로 전락시키는 것에 다름아니므로, 해당 회생담보권자가 동의하거나, 채무자 회사의 주식이 현금과 실질적으로 동등한 가치를 지니고 있고 유동성 및 안정성 등의 측면에서도 현금에 준할 정도의 성질을 가지고 있다는 등의 특별한 사정이 없는 한 이는 회생담보권의 실질적 가치를 훼손하는 것이므로 허용될 수 없다고 판시한 바 있다.[51)]

(2) 청산배당액 및 청산배당률의 산정

청산배당액 및 청산배당률은 각 자산에 대한 채권자들의 우선순위를 고려하여 공익채권, 회생담보권, 회생채권 등에 배당할 금액을 계산한다. 파산절차에서

---

49) 서울회생법원 재판실무연구회, 회생사건실무(상), 박영사, 2019, 682-683면.

50) 이 판결은 청산가치보장의 원칙에 관한 명문규정을 두지 않고 있던 구 회사정리법이 적용되는 사안이었기 때문에 청산가치보장의 원칙에 반한다는 직접적인 표현을 사용하지 않았으나 그 실질적인 내용은 청산가치보장의 원칙에 반한다는 것으로 볼 수 있다.

51) 대법원 2008. 6. 17.자 2005그147 결정.

는 담보목적물에 관한 한 별제권자가 최우선 순위이고(제411조, 제412조), 나머지 일반재산에 대하여는 재단채권(제473조, 제476조), 일반의 우선권 있는 파산채권(제441조), 파산채권(제423조), 후순위파산채권(제426조) 순으로 배당한다.

(3) 판단 시점

청산가치보장의 원칙의 근거가 회생계획을 인가할 경제적 합리성에 있다고 보는 이상 청산가치보장의 원칙이 준수되었는지 여부는 회생계획인가결정 시를 기준으로 하여야 한다.[52] 다만 실무상 조사위원은 제1차 조사보고서를 통해 회생절차개시결정일을 기준으로 청산가치를 보고하고 있고, 그 이후의 사정변경을 반영하여 인가예정일을 기준으로 하여 다시 청산가치를 산정하는 경우는 거의 없다. 청산가치의 재산정은 시간이나 비용이 많이 소요될 뿐만 아니라 자산가치의 변동이 큰 경우가 많지 않아서 재조사의 실익이 없는 경우가 많기 때문이다. 이런 이유로 실무상 회생절차개시결정일을 기준으로 청산가치를 보장하고 있으면 일응 회생계획안이 청산가치보장의 원칙을 준수하고 있는 것으로 판단하고 있다.[53]

다. 관련 쟁점

(1) 회생담보권의 개시 후 이자 등

이자 또는 채무불이행으로 인한 손해배상이나 위약금의 청구권의 경우 회생절차개시결정 전날까지 생긴 것은 회생담보권이나(제141조 제1항 단서), 회생절차개시 후에 생긴 것은 회생채권이다(제118조 제2호, 제3호). 그런데 이처럼 회생채권으로 취급된다고 하여도, 예컨대 회생절차개시결정 이후 인가결정 시까지 발생한 이자 등이 그 담보목적물의 청산가치 범위 내에 속하는 경우에는 이러한 이자 등에 대한 회생계획상 변제예정금액을 인가결정일의 현재가치로 환산한 금액이 이러한 이자 등과 동일한 금액이 되도록 회생계획을 작성해야 한다. 왜냐하면 이러한 이자 등 채권은 채무자에 대하여 파산절차가 진행되었다면 전액 변

52) 개인회생절차에서는 변제계획의 인가결정일을 기준으로 청산가치보장의 원칙을 준수하여야 한다고 명시하고 있다(제614조 제1항 제4호).

53) 서울회생법원 재판실무연구회, 회생사건실무(상), 박영사, 2019, 682면.

제받을 수 있었으므로 회생계획상 변제예정금액의 현재가치가 이에 미치지 못하는 경우에는 청산가치보장의 원칙을 준수하였다고 볼 수 없기 때문이다.[54)]

대법원은 정리절차개시 후 이자가 발생한 상태에서 정리계획변경절차가 진행되는 경우 정리담보권으로 기확정된 원금 및 정리절차개시 전 이자 이외에 개시 후 이자까지 모두 포함한 금액을 기준으로 정리담보권에 대한 청산가치보장의 원칙의 준수 여부를 판단하여야 하는지 문제 된 사안에서 "정리계획에서 정리담보권자에게 원금을 분할변제하되 각 분할원금에 대하여 이자를 가산하여 변제하기로 정한 경우에는 원금뿐만 아니라 이자도 정리담보권으로 인정되는 채권의 범위 안에 포함되므로, 정리계획에 따른 정리담보권의 변제조건을 변경하는 정리계획변경계획을 작성함에 있어서 그 담보목적물의 청산가치가 정리담보권의 원리금과 같거나 이를 상회하는 경우에는 정리담보권자에게 원금뿐만 아니라 이자에 대하여도 담보목적물의 청산가치 상당액을 분배하여야만 청산가치보장의 원칙에 위배되지 아니한다"고 판시하였다.[55)]

이러한 개시 후 이자 등 청구권은 회생채권이면서도 다른 회생채권과 달리 변제예정액의 현가변제율이 100%가 되고 이로 인하여 다른 회생채권자들의 현가변제율이 하락하게 되는데, 이는 회생담보권의 범위를 결정하는 시점은 회생절차개시 시점인 반면 청산가치보장의 원칙 준수 여부의 판단 시점은 회생계획인가 시점으로 상이하기 때문에 발생하는 결과로서 평등의 원칙에 위반된다고 볼 수 없다.[56)]

(2) 회생계획이 출자전환을 예정하고 있는 경우

회생계획이 출자전환을 예정하고 있다면, 회생계획안에 의한 변제액을 산정함에 있어서는 원칙적으로 출자전환으로 발행될 주식의 순자산가치 및 수익가치 기타 다른 주식 평가방법 등을 사용하여 산출된 주식의 변제가치도 포함하여 청산배당액과 비교하여야 한다. 다만 회생계획의 현가변제율이 청산배당률을 초과한다면 출자전환주식의 가치를 평가할 실익은 없다. 실무상 대부분의 사건에서

54) 주석 채무자회생법 제243조(박찬우 집필), 한국사법행정학회, 2021.

55) 대법원 2008. 6. 17.자 2005그147 결정.

56) 주석 채무자회생법 제243조(박찬우 집필), 한국사법행정학회, 2021.

출자전환주식의 가치를 고려하지 않고 현가변제율이 청산배당률 이상이 되도록 회생계획안을 작성하고 있다.

(3) 조세채권의 분할변제와 청산가치보장의 원칙

국세징수법 또는 지방세징수법에 의하여 징수할 수 있는 청구권(국세징수의 예에 의하여 징수할 수 있는 청구권으로서 그 징수우선순위가 일반 회생채권보다 우선하는 것 포함)에 관하여 3년 이하의 기간 동안 징수를 유예하거나 체납처분에 의한 재산의 환가를 유예하는 내용을 정하는 때에는 징수의 권한을 가진 자의 의견을 들어야 하고(제140조 제2항), 3년을 초과하는 기간 동안 징수를 유예하거나 체납처분에 의한 재산의 환가를 유예하는 내용을 정하거나 채무의 승계, 조세의 감면 또는 그 밖에 권리에 영향을 미치는 내용을 정하는 때에는 징수의 권한을 가진 자의 동의를 얻어야 한다(제140조 제3항).

실무상 조세채권의 원금 및 개시결정(또는 인가) 전까지 발생한 가산금 등을 3년간 분할변제하되 그 유예기간 동안의 가산금은 지급하지 않는 것으로 회생계획안을 작성하고 있다. 이 경우 조세채권의 청산배당률은 100%인데 현가변제율이 이에 미치지 못할 수 있게 되어 청산가치보장의 원칙에 위배되는 것이 아닌지 문제 된다. 실무에서는 조세채권의 현가변제율이 낮아지는 것은 제140조 제2항의 변제유예에 의한 것이므로 청산가치보장의 원칙에 반하는 것은 아니라고 보고 있다.[57)]

(4) 미확정채권과 청산가치보장의 원칙

조사절차에서 이의가 제기되어 미확정인 회생채권을 채무자의 청산가치를 산정함에 있어서 고려하여야 하는지 문제 된다. 회생계획안에서 미확정 회생채권이 존재한다는 것을 전제로 변제액 등을 정하였는데 만약 미확정 회생채권이 존재하지 않는 것으로 확정될 경우 다른 회생채권자들의 청산가치가 상승함으로 인하여 청산가치보장의 원칙에 위배될 소지가 있기 때문이다.[58)]

대법원은 회생채권에 대한 이의가 제기되었으나 그 채권이 신고된 내용대로

57) 서울회생법원 재판실무연구회, 회생사건실무(상), 박영사, 2019, 682면.
58) 주석 채무자회생법 제193조(차승환 집필), 한국사법행정학회, 2021.

존재함을 전제로 회생계획이 작성되고 그에 의하면 청산가치보장의 원칙이 충족되는 경우라 하더라도, 만약 회생계획인가결정 시까지 제출된 자료만으로도 그 채권이 부존재한다고 볼 수 있고 그 채권을 제외하고 산정한 다른 채권자의 채권에 대한 청산가치가 회생계획에서 정한 변제액의 현재가치를 능가하는 경우에는, 회생계획 자체에 장차 조사확정재판 등을 통해 채권의 부존재가 확정될 경우 등에 대비한 별도의 규정이 마련되어 있다는 등 특별한 사정이 없는 한, 그러한 회생계획에 대한 인가결정은 위법하다고 판시하였다.[59)]

(5) 부인권 행사와 청산가치보장의 원칙, 회생계획안과의 관계[60)]

회생계획안을 작성하는 시점에 관리인의 부인권 행사로 인하여 채무자에게 재산이 회복될지, 회복된다면 어느 정도의 재산이 회복될지 판단하는 것은 쉽지 않다. 때문에 관리인이 부인권을 행사하고 있거나 행사할 예정인 경우 회생계획안에 부인권 행사를 통해 회복될 재산으로 회생채권자 등에게 추가변제를 한다는 조항을 두는 경우가 있다. 회생계획안에 이러한 조항을 둠과 동시에 채무자의 청산가치를 산정함에 있어서 부인권 행사로 인하여 회복될 재산을 포함시켰다면, 부인권 행사로 회복될 재산의 평가액과 부인권 행사에 의한 회생계획안의 추가 변제액이 동일하기 때문에 이러한 회생계획안은 청산가치보장의 원칙에 위반되지 않는다.

반면 부인권을 행사하여 회복된 재산을 추가변제에 사용하지 않고, 채무자의 운영자금 등에 사용하는 것을 예정하는 회생계획안은, 당초 채무자의 청산가치를 산정할 때 부인권 행사에 의하여 회복될 것으로 예상되는 재산의 가치를 포함시키지 않았다면, 청산가치보장의 원칙에 위배될 가능성이 있다.

---

59) 대법원 2014. 2. 21.자 2013마1306 결정.

60) 庇子 木康, 民事再生の手引(第2版), 商事法務, 2017, 234면.

Ⅲ. 회생계획안의 내용

1. 회생계획안의 기재사항

가. 필요적 기재사항(절대적 기재사항)

필요적 기재사항(절대적 기재사항)은 회생계획에 반드시 기재되어야 하고 만일 누락될 경우 회생계획이 무효가 되는 사항을 말한다. 필요적 기재사항이 흠결된 회생계획안은 부적법하고 결의를 위한 관계인집회에서 가결되더라도 법원은 이를 인가할 수 없다.[61] 필요적 기재사항에 관하여는 기본적으로 제193조 제1항이 정하고 있다.

(1) 회생채권자 등의 권리의 변경에 관한 사항(제193조 제1항 제1호)

회생채권자 · 회생담보권자 · 주주 · 지분권자의 권리의 전부 또는 일부를 변경하는 때에는 회생계획에 변경되는 권리를 명시하고, 변경 후의 권리의 내용을 정하여야 한다. 회생채권자 · 회생담보권자 · 주주 · 지분권자로서 회생계획에 의하여 그 권리에 영향을 받지 아니하는[62] 자가 있는 때에는 그 자의 권리를 명시하여야 한다(제194조).

회생계획에 의하여 채무를 부담하거나 채무의 기한을 유예하는 경우 그 채무의 기한은 담보가 있는 때에는 그 담보물의 존속기간을 넘지 못하며, 담보가 없거나 담보물의 존속기간을 판정할 수 없는 때에는 10년을 넘지 못한다. 다만, 회생계획의 정함에 의하여 사채를 발행하는 경우에는 그러하지 아니하다(제195조). 이는 채무의 기한을 제한함으로써 회생계획의 장기화에 따른 회생채권자와 회생담보권자의 권리 침해를 방지하기 위함이다.[63]

---

61) 임채홍 · 백창훈, 회사정리법(하) 제2판, 한국사법행정학회, 2002, 179면.

62) 회생계획에 의하여 채무면제, 출자전환, 담보권의 소멸은 물론, 변제기한의 유예나 이자율의 변경 등을 포함한 권리변경이 전혀 이루어지지 않는 경우를 가리킨다[주석 채무자회생법 제194조(차승환 집필), 한국사법행정학회, 2021].

63) 임채홍 · 백창훈, 회사정리법(하) 제2판, 한국사법행정학회, 2002, 215면.

(2) 공익채권의 변제에 관한 사항(제193조 제1항 제2호)

공익채권에 관하여는 회생계획에 이미 변제한 것을 명시하고 장래 변제할 것에 관하여 정하여야 한다(제199조). 공익채권은 회생절차에 의하지 아니하고 수시로 변제하고, 회생채권과 회생담보권에 우선하여 변제하므로 공익채권의 규모는 회생계획의 자금수지와 회생채권자 등의 권리변경 사항 등에 영향을 미친다. 공익채권의 규모를 명시함으로써 회생계획의 재정적 기초를 밝히고, 회생계획의 수행가능성에 대한 판단의 자료를 제공하기 위하여 필요적 기재사항으로 정하고 있다.[64]

공익채권 변제를 자금수지계획에 반영함에 있어서는 공익채권자들과의 변제기 유예의 합의, 변제기 미도래 등의 사정이 없는 한, 원칙적으로 준비연도 또는 제1차연도에 전액 변제하는 것으로 작성한다.[65]

(3) 채무의 변제자금의 조달방법에 관한 사항(제193조 제1항 제3호)

영업수익금, 비영업용 자산의 처분, 차입금 등 채무의 변제자금의 조달방법을 기재한다. 회생계획의 수행가능성에 대한 판단의 자료를 제공하기 위하여 필요적 기재사항으로 정하고 있다.[66] 변제자금의 조달은 장래의 전망에 관한 것이므로 회생계획의 수행가능성을 판단할 수 있을 정도의 구체성이 인정된다면, 일부 내용이 다소 개괄적이더라도 이를 부적법하다고 볼 수는 없다.[67] 영업수익금은 통상 회생계획 별표로 첨부하는 비교손익계산서와 자금수지표에 구체적 액수를 기재한다. 비영업용 자산의 처분의 경우 통상 매각예정연도를 기재한다.

(4) 예상된 액을 넘는 수익금의 용도에 관한 사항(제193조 제1항 제4호)

회생계획에서 예상한 자금수지를 초과하여 수익을 얻을 경우 그 수익의 용도에 관하여 미리 회생채권자 등의 승인을 얻기 위하여 필요적 기재사항으로 정하고 있다.

---

64) 노영보, 도산법 강의, 박영사, 2018, 499면.

65) 서울회생법원 재판실무연구회, 회생사건실무(상), 박영사, 2019, 804면.

66) 임채홍 · 백창훈, 회사정리법(하) 제2판, 한국사법행정학회, 2002, 225면.

67) 주석 채무자회생법 제193조(차승환 집필), 한국사법행정학회, 2021.

(5) 알고 있는 개시후기타채권에 관한 사항(제193조 제1항 제5호)

개시후기타채권은 회생계획에 의한 권리변경의 대상이 아니지만 회생계획기간 만료 이후 채무자가 부담하는 채무액에 관하여 회생채권자 등에게 정보를 제공하기 위하여 필요적 기재사항으로 정하고 있다.

나. 상대적 기재사항

상대적 기재사항은 기재가 누락되더라도 회생계획의 적법성에 영향을 미치지는 않지만 해당 사항이 효력을 발생하도록 하기 위하여는 회생계획에 기재할 필요가 있는 사항을 의미한다.

(1) 담보의 제공과 채무의 부담(제196조)

채무자 또는 채무자 외의 자가 회생을 위하여 담보를 제공하는 때에는 회생계획에 담보를 제공하는 자를 명시하고 담보권의 내용을 정하여야 한다. 채무자 외의 자가 채무를 인수하거나 보증인이 되는 등 회생을 위하여 채무를 부담하는 때에는 회생계획에 그 자를 명시하고 그 채무의 내용을 정하여야 한다.

회생계획은 채무자, 회생을 위하여 채무를 부담하거나 담보를 제공하는 자, 회생계획에 의하여 설립된 신회사에 대하여 효력이 있고(제250조 제1항 제1호, 제3호, 제4호), 회생계획에 의하여 인정된 회생채권자, 회생담보권자의 권리에 관하여 회생채권자표 또는 회생담보권자표의 기재는 위 채무자 등에 대하여 확정판결과 동일한 효력이 있으며(제255조 제1항), 그 권리가 금전의 지급 기타 급부의 청구를 내용으로 하는 경우 해당 회생채권자, 회생담보권자는 회생절차 종결 후 채무자 등에 대하여 회생채권자표 또는 회생담보권자표에 기하여 강제집행을 할 수 있다(제255조 제2항). 이러한 이유로 회생을 위하여 채무를 부담하거나 담보를 제공하는 자가 있는 경우에는 그 내용을 회생계획에 명확히 정해둘 필요가 있기 때문이다.

회생을 위하여 채무를 부담한다는 것은 회생계획에 의하여 변경된 권리와 관련하여 채무자가 부담하던 채무를 인수하거나 인적 담보를 제공하는 것을 의미한다.[68] 채무의 인수와 관련하여 제3자가 채무자의 채무를 면책적으로 인수하는 내용의 회생계획도 허용된다.[69]

(2) 미확정의 회생채권 등의 조치에 관한 사항(제197조 제1항)

회생계획에 의하여 정하여진 회생채권자 또는 회생담보권자의 권리는 확정된 회생채권 또는 회생담보권을 가진 자에 대하여만 인정된다(제253조). 따라서 조사절차에서 이의가 제기되어 회생계획인가 시까지 미확정인 회생채권은 이후 그 채권의 존부 및 내용이 확정된 때에 비로소 회생계획에 의한 권리가 인정된다. 그런데 이 경우 그 회생채권을 어떤 권리자 조에 속한 것으로 보아 권리변경을 할지, 확정 당시 이미 변제가 몇 차례 이루어진 경우 그 변제방법이 문제 될 수 있다.[70] 따라서 이의 있는 회생채권 또는 회생담보권으로서 그 확정절차가 종결되지 아니한 것이 있는 때에는 그 권리확정의 가능성을 고려하여 회생계획에 이에 대한 적당한 조치를 정하여야 한다.

'확정절차가 종결되지 아니한 것'이란 회생계획안에 대한 결의 시점까지 그 회생채권 또는 회생담보권의 조사확정재판 내지 조사확정재판에 대한 이의의 소 등이 종결되지 않은 것을 의미한다.[71] '권리확정의 가능성을 고려한 적당한 조치'란 미확정 채권자를 그 권리의 성질 및 내용이 동종인 채권보다 부당하게 유리하거나 불리하게 취급하는 결과가 되지 않게 하고, 그 권리가 이행될 수 있도록 권리변경 및 변제방법을 정하는 것을 의미한다.[72] 달리 말하면, 미확정채권의 확정 시점을 정할 수 없기 때문에 동종의 확정채권과 완전히 동일하게 취급할 수는 없지만 그 권리변경과 변제방법이 공정·형평의 원칙과 평등의 원칙에 어긋나지 않아야 한다는 것이다.[73]

68) 주석 채무자회생법 제196조(차승환 집필), 한국사법행정학회, 2021.
69) 대법원 2005. 10. 28. 선고 2005다28273 판결.
70) 주석 채무자회생법 제193조(차승환 집필), 한국사법행정학회, 2021.
71) 전대규, 채무자회생법 제5판, 법문사, 2021, 680면.
72) 온주(로앤비), 채무자회생법 제197조(홍성준 집필), 2015; 임채홍·백창훈, 회사정리법(하) 제2판, 한국사법행정학회, 2002, 218면.
73) 주석 채무자회생법 제197조(차승환 집필), 한국사법행정학회, 2021.

(3) 채무자의 행위가 추후 보완신고의 종기 후에 부인됨으로써 부활될 채권이 신고될 경우에 관한 적당한 조치(제197조 제2항, 제109조 제2항)

회생계획에는 제109조 제2항의 규정에 의하여 채무자의 행위가 회생계획안의 심리를 위한 관계인집회가 끝난 후 또는 제240조의 규정에 의한 서면결의에 부치는 결정이 있은 후 부인됨으로써 부활될 상대방의 채권에 관하여 적당한 조치를 정하여야 한다.[74] 회생계획에 기재하도록 한 취지는 미확정 회생채권 등과 동일하다.

(4) 분쟁이 해결되지 아니한 권리(제201조)

채무자에게 속하는 권리로서 분쟁이 해결되지 아니한 것이 있는 때에는 회생계획에 화해나 조정의 수락에 관한 사항을 정하거나 관리인에 의한 소송의 수행 그 밖에 권리의 실행에 관한 방법을 정하여야 한다. 채무자에게 속한 권리에 관한 소송[75] 등 분쟁의 결과에 따라 회생채권자·회생담보권자·주주·지분권자에게 분배할 계속기업가치가 증감·변동할 수 있으므로 그 처리에 관한 사항을 미리 회생계획에 반영하도록 한 것이다.[76] 제197조가 채무자의 소극재산 중 미확정인 부분에 대한 것이라면 제201조는 채무자의 적극재산 중 미확정인 부분을 정한 것으로 볼 수 있다.[77]

---

74) 구 회사정리법은 정리계획안의 심리를 위한 관계인집회가 종료된 이후 부인권 행사로 부활하는 채권의 신고에 관하여 아무런 규정을 두지 않았고, 대법원은 이 경우 부인의 상대방은 추후 보완신고를 할 수 없고(구 회사정리법 제127조 제3항), 대신 신고를 하였더라면 정리계획에 의하여 변제받을 수 있었던 금액 상당의 공익채권을 취득한다고 보았다(대법원 2003. 1. 10. 선고 2002다36235 판결). 채무자회생법은 제109조 제2항을 두어 회생계획안의 심리를 위한 관계인집회가 종료된 후 부인권 행사로 부활하는 채권에 대하여 추후 보완신고를 할 수 있도록 하고, 제197조 제2항에서 위와 같이 부활하는 채권에 대하여 회생계획에서 적당한 조치를 정하도록 하였다.

75) 구 경영진에 대한 손해배상소송이 대표적인 예다.

76) 주석 채무자회생법 제201조(차승환 집필), 한국사법행정학회, 2021.

77) 온주(로앤비), 채무자회생법, 제201조(홍성준 집필), 2015; 임채홍·백창훈, 회사정리법(하) 제2판, 한국사법행정학회, 2002, 220면.

(5) 자본의 감소 등(제193조 제2항 제4호 내지 제8호)

회생절차개시 이후부터 그 회생절차가 종료될 때까지는 채무자는 회생절차에 의하지 아니하고는 ① 자본 또는 출자액의 감소, ② 지분권자의 가입, 신주 또는 사채의 발행, ③ 자본 또는 출자액의 증가, ④ 주식의 포괄적 교환 또는 주식의 포괄적 이전, ⑤ 합병·분할·분할합병 또는 조직변경, ⑥ 해산 또는 회사의 계속, ⑦ 이익 또는 이자의 배당을 할 수 없으므로(제55조 제1항), 이들 사항은 상대적 기재사항에 해당한다.

다. 임의적 기재사항

임의적 기재사항은 회생계획에 기재되어야 효력이 생기는 것은 아니지만 그 내용을 기재하면 그 기재대로 효력이 발생하는 사항이다. 임의적 기재사항은 회생채권자 등 이해관계인과의 협상 여하에 따라 회생계획에 포함시킬지 여부를 선택할 수 있고 기재가 누락되어도 회생계획의 적법성에 영향을 미치지 않는다. 임의적 기재사항은 그 사항에 관한 법률적 요건을 갖출 경우 회생계획에 기재하지 않더라도 효력이 발생한다는 점에서 상대적 기재사항과 구별된다. 임의적 기재사항에 관하여는 기본적으로 제193조 제2항이 정하고 있고, 그 세부 내용에 관하여 제200조 등이 정하고 있다. 회생계획에 임의적 기재사항을 기재할 경우에는 제200조 등이 정하는 내용이 포함되어야 한다.

(1) 영업이나 재산의 양도, 출자나 임대, 경영의 위임(제193조 제2항 제1호)

채무자의 영업이나 재산의 전부나 일부를 양도[78]·출자 또는 임대하거나, 채무자의 사업의 경영의 전부나 일부를 위임하거나, 타인과 영업의 손익을 같이 하는 계약 그 밖에 이에 준하는 계약을 체결·변경 또는 해약하거나, 타인의 영업이나 재산의 전부나 일부를 양수하는 경우에는 그 목적물·대가·상대방 그

78) 회생절차상 영업양도에는 회생계획에 의한 영업양도와 회생계획인가 전 법원의 허가에 의한 영업양도가 있다. 회생계획에 의한 영업양도의 경우 제193조 제2항 제1호, 제200조에 의하여 규율되고, 주주총회 특별결의와 반대주주의 주식매수청구권에 관한 규정이 적용되지 않는 반면(제261조 제2항), 회생계획인가 전 법원의 허가에 의한 영업양도의 경우 제62조에 의하여 규율되고, 주식회사인 채무자가 채무초과상태인 때에 법원의 결정으로 주주총회 특별결의에 갈음할 수 있고, 이때 반대주주의 주식매수청구권이 인정되지 않는다(제62조 제3항)는 차이가 있다.

밖의 사항을 정하고 대가를 회생채권자·회생담보권자·주주·지분권자에게 분배하는 때에는 그 분배의 방법도 정하여야 한다(제200조).

제200조에 의하여 회생계획에 영업양도를 정한 경우에는 회생계획에 따라 영업양도계약을 체결·변경 또는 해약할 수 있다(제261조). 이 경우 주주총회 특별결의(상법 제374조 제2항)나 반대주주의 주식매수청구권(상법 제374조의2, 자본시장과 금융투자업에 관한 법률 제165조의5)에 관한 규정이 적용되지 않는다(제261조 제2항).

(2) 정관의 변경(제193조 제2항 제2호)

채무자는 회생절차개시 이후 회생절차 종료 시까지 법원의 허가를 받아 회생절차에 의하지 아니하고 채무자의 정관을 변경할 수 있는데(제55조 제2항), 이러한 정관의 변경은 임의적 기재사항에 해당한다. 영업목적의 변경, 본점 이전, 공고방법의 변경, 임원 수의 감소 등 이해관계인의 권리변경을 초래하지 않는 사항이 이에 해당한다. 이처럼 법원의 허가를 얻어 정관을 변경하는 경우에는 주주총회의 특별결의를 배제하는 규정이 없으므로 법원의 허가에 더하여 주주총회의 특별결의를 거쳐야 그 효력이 발생한다.

한편 출자전환이나 제3자 배정 신주인수와 관련하여 채무자 회사의 발행예정주식 총수를 변경하기 위하여 회생계획에서 정관을 변경하는 경우가 있는데 이러한 정관의 변경은 제193조 제1항 제1호의 필요적 기재사항에 해당한다. 이 경우 정관은 회생계획인가결정이 있는 때 회생계획에 의하여 변경되고(제262조), 주주총회의 특별결의를 거칠 필요가 없다.

(3) 이사 · 대표이사의 변경(제193조 제2항 제3호)

법인인 채무자의 이사를 선임하거나 대표이사를 선정하는 때에는 회생계획에 선임이나 선정될 자와 임기 또는 선임이나 선정의 방법과 임기를 정하여야 하고(제203조 제1항), 기존 이사 또는 대표이사 중 유임하게 할 자가 있을 때에는 그 자와 임기를 정하여야 하나, 이사 또는 대표이사에 의한 채무자 재산의 도피, 은닉 또는 고의적인 부실경영 등의 원인에 의하여 회생절차가 개시된 때에는 유임하게 할 수 없다(제203조 제2항). 여럿의 대표이사에게 공동으로 채무자를 대표하게 하는 때에는 회생계획에 그 뜻을 정하여야 하고(제203조 제3항), 법인인 채무자의 감사는 채권자협의회의 의견을 들어 법원이 선임한다(제203조 제4항).[79] 회생계획에 의하여 선임·유임되는 이사의 임기는 1년을 넘지 못한다(제203조 제5항).

법인인 채무자의 이사·대표이사의 선임·선정 또는 유임이나 그 선임 또는 선정의 방법, 법원의 감사 선임에 관한 회생계획은 형평에 맞아야 하며, 회생채권자·회생담보권자·주주·지분권자 일반의 이익에 합치하여야 한다(제204조).

(4) 그 밖에 회생을 위하여 필요한 사항

회사의 조직변경(상법 제604조)과 계속(상법 제519조) 등이 이에 해당한다.

(5) 제193조 제2항은 자본의 감소(제193조 제2항 제4호), 신주나 사채의 발행(제193조 제2항 제5호), 주식의 포괄적 교환 및 이전, 합병, 분할, 분할합병 또는 조직 변경(제193조 제2항 제6호), 해산(제193조 제2항 제7호), 신회사의 설립(제193조 제2항 제8호)을 회생계획에 기재할 수 있다고 정하고 있으나 이러한 사항들은 회생절차개시 이후 회생절차 종료 시까지 회생절차에 의하지 아니하고는 할 수 없다고 규정하고 있으므로 상대적 기재사항에 해당한다.[80]

2. 채권자들 사이에 변제순위에 관한 합의가 있는 경우

법원이 관리인에게 조사보고를 하도록 정한 기한까지 전부 또는 일부의 채권자들 사이에 그들이 가진 채권의 변제순위에 관한 합의가 되어 있는 때에는 회생계획안 중 다른 채권자를 해하지 아니하는 범위 안에서 변제순위에 관한 합의가 되어 있는 채권에 관한 한 그에 반하는 규정을 정하여서는 안 된다(제193조 제3항). 채권자들 사이에 그들이 가진 채권의 변제순위에 관한 합의가 있는 경우로는 담보부사채, 무담보부사채, 기타 은행대출채권 등의 일반채권보다 후순위로 변제받기로 하는 후순위특약을 한 후순위사채 등을 들 수 있다.[81]

---

79) 구 회사정리법에는 감사 선임 시 채권자협의회의 의견을 듣는 절차가 없었으나 채무자회생법에서 기존 경영자 관리인 제도를 도입하는 것에 대응하여 감사 선임 시 채권자협의회의 의견을 듣도록 하였다(법무부, 채무자 회생 및 파산에 관한 법률 해설, 2006, 128면).

80) 전대규, 채무자회생법 제5판, 법문사, 2021, 681면.

81) 임치용, 자산유동화와 파산, 사법 창간호, 사법연구지원센터, 2007, 128-129면.

이 경우 채권자들은 합의를 증명하는 자료를 제92조 제1항에 따라 법원이 정한 기한(관리인의 조사보고서 제출일)까지 법원에 제출하여야 한다(제193조 제3항). 통상 관리인의 조사보고가 있은 후 회생계획안 작성이 시작되는데, 그로부터 상당한 시간이 경과한 후 변제순위의 합의를 회생계획안에 반영시켜야 할 경우 절차의 신속한 진행을 어렵게 할 수 있기 때문에 이러한 시간적 제한을 둔 것이다.[82)]

채권자들 사이에 채권의 변제순위에 관한 합의가 되어 있다고 하더라도 제92조 제1항에 따라 법원이 정한 기한(관리인의 조사보고서 제출일)까지 그 증명자료가 제출되지 않았다면, 특별한 사정이 없는 한 법원이 회생계획안 인가 여부에 관한 결정을 함에 있어 채권자들 사이의 채권의 변제순위에 관한 합의를 반드시 고려하여야 하는 것은 아니다.[83)]

위와 같은 합의를 반영하여 회생계획이 작성되면, 약정에 의한 후순위 회생채권은 그 특약에서 선순위의 지위를 부여하기로 정한 일반 회생채권보다 후순위로 변제를 받게 된다(선순위특약의 상대적 효력).[84)]

3. 회생계획안 작성 순서[85)]

가. 자금수급계획의 수립

관리인은 회생계획안의 권리변경내용을 작성하기 전에 수행가능한 자금수급계획을 작성하여 미리 법원의 검토를 받아야 한다.

(1) 자금조달계획의 수립

(가) 영업활동을 통한 자금의 조달

일반적으로 조사위원이 작성한 제1차 조사보고서를 토대로 사업계획을 작성한다. 영업환경이나 채무자의 사정에 상당한 변화가 있어 제1차 조사보고서를

82) 주석 채무자회생법 제193조(차승환 집필), 한국사법행정학회, 2021.

83) 대법원 2015. 12. 29.자 2014마1157 결정.

84) 임치용, 자산유동화와 파산, 사법 창간호, 사법연구지원센터, 2007, 128－129면.

85) 서울회생법원 재판실무연구회, 회생사건실무(상), 박영사, 2019, 686－691면.

토대로 자금조달계획을 수립하는 것이 적절하지 않을 경우 사업계획을 조정할 필요가 있다.

(나) 비영업용 자산 매각을 통한 자금의 조달

자산매각 시기와 금액을 신중하게 검토하여야 한다. 채무자의 자산에는 회생담보권이 있는 경우가 많은데, 회생계획에서 특정 시기에 자산매각대금으로 회생담보권을 변제하기로 예정하고 있음에도 그 시기에 자산이 매각되지 않으면, 연체이자를 지급해야 하는 등 자금수급계획에 차질이 발생할 수 있기 때문이다.

회생계획안에는 매각과 관련하여 지출되는 부대비용(감정료 등)을 자금수급계획에 적절히 반영하여야 하고 영업용 자산을 매각하면서 그와 관련된 사업을 계속하는 경우에는 매각되는 자산을 대체하는 비용(임차보증금, 차임, 이사비용 등)도 반영하여야 한다.

(다) 신규차입을 통한 자금의 조달

일반적으로 회생절차가 진행 중인 채무자 회사의 경우에는 신용이 낮아 회생계획 수행 중에 새로 자금을 차입하는 것이 곤란한 경우가 많기 때문에 자금조달계획에서 자금 차입을 전제로 할 때는 법원은 그 회생계획안의 수행가능성 판단에 신중을 기한다.

(2) 자금운용계획의 수립

자금운용계획의 핵심은 채무변제계획이다. 실무상 신규차입을 통하여 자금을 조달하는 경우는 드물고, 대부분의 채무자 회사는 영업활동과 비영업용 자산 매각을 통하여 자금을 조달하고 이렇게 조달한 자금을 토대로 채무변제계획을 수립한다. 영업활동을 통한 자금조달의 경우 특별한 사정이 없는 한 조사위원의 제1차 조사보고서에 첨부된 추정손익계산서의 영업이익액이 기준이 되고, 비영업용 자산 매각을 통한 자금조달의 경우 감정평가액이 기준이 된다. 이 자금이 변제재원이 되고 채무자 회사는 이 변제재원을 회생계획안의 연도 및 채권자별 변제액으로 적절하게 배분하여야 한다. 채무변제계획은 변제조건의 우대를 받는 순서, 즉 조세채권 → 회생담보권 → 회생채권 상거래채권 → 기타 회생채권의 순으로 변제계획을 수립한다.

조사위원은 제1차 조사보고서에서 채무변제계획을 제시한다. 그러나 이 채무변제계획은 조사위원이 채무자 회사에 필요하다고 판단한 차기 자금 이월액을 제외한 모든 금액을 변제에 사용한다는 가정하에 작성된 것일 뿐만 아니라 그 작성과정에 채권자들의 의사를 반영한 것도 아니므로 그대로 따를 필요가 없다. 관리인은 제1차 조사보고서에 첨부된 추정손익계산서의 영업이익과 비영업용 자산의 감정평가액을 토대로 산정된 변제재원의 범위 내에서 탄력적으로 변제계획을 작성할 수 있다.

나. 권리변경 규정의 설정

채무자의 계속기업가치로 채무 전액을 변제할 수 없는 경우가 대부분이기 때문에 회생계획안에는 현금 변제할 수 없는 일부 채권에 대한 출자전환이 규정되고, 현금 변제 부분도 채무자의 추정자금수지에 따라 분할하여 변제하도록 규정한다. 주주·지분권자에 대해서는 회생채권자에 대한 권리감축률 이상으로 그 권리를 감축하는 규정을 마련하여야 한다(상대적 지분비율법).

Ⅳ. 회생계획과 출자전환

1. 출자전환의 의의와 법적 성격

가. 의의

출자전환이란 채권자의 채권을 채무자 회사의 주식으로 전환하는 것을 말한다. 출자전환은 실무상 대부분의 회생계획에서 활용되고 있는데 그 이유는 다음과 같다. 첫째, 출자전환을 통해 채무자 회사의 재무상태표상의 부채를 줄이고, 자본을 증가시킴과 동시에 절감한 금융비용을 운영자금으로 활용할 수 있게 되어 채무자 회사의 회생에 기여할 수 있기 때문이다. 둘째, 회생채권자의 입장에서도 장기간 현금으로 분할 변제받는 것보다 출자전환으로 받은 주식의 가치상승과 이익배당으로 인한 이익이 더 클 수 있기 때문이다. 셋째, 채무자 회사의 입장에서 다액의 채무를 면제받게 되면 채무면제익이 법인세법상 익금으로 처리되어 법인세를 납부하여야 하지만 회생계획에 의하여 출자전환이 이루어지는 경우 면세 혜택을 얻어 회생계획의 수행가능성을 높일 수 있기 때문이다.[86)]

은행법 제37조, 제38조 제1호, 보험업법 제19조,[87)] 자본시장과 금융투자업에 관한 법률 제344조, 금융산업의 구조개선에 관한 법률 제24조는 금융자본에 의한 산업자본의 지배를 막기 위하여 은행 등 금융기관들이 다른 회사의 의결권 있는 발행주식을 일정 비율 이상 취득하는 것을 금지하고 있다. 그러나 출자전환으로 주식을 취득하는 것은 채무자 회사의 지배를 주된 목적으로 하는 것이 아니라 채무자 회사의 재무구조 개선을 통한 효율적 회생이라는 목적을 달성하기 위한 것이므로 제206조 제4항은 위 법률 조항의 적용을 배제하고 있다.

나. 법적 성격

출자전환의 법적 성격에 대하여는 ① 출자전환으로 회생채권이 소멸한다고 보는 대물변제설, ② 회생채권을 현물출자한 것으로 보는 현물출자설, ③ 회생절차상 특수한 채무소멸원인으로 보는 설이 있다. 대법원은 "정리계획에서 출자전환으로 정리채권의 변제에 갈음하기로 한 경우에는 신주발행의 효력발생일 당시를 기준으로 하여 정리채권자가 인수한 신주의 시가를 평가하여 그 평가액에 상당하는 채권액이 변제된 것으로 보아야 한다"라고 판시하였는바,[88)] 대물변제설을 취하고 있는 것으로 평가된다.

---

86) 김용덕, 회사정리절차와 주주·주식, 남효순·김재형 공편, 통합도산법, 법문사, 2006, 309－310면; 오영준, 기존 경영자 관리인제도와 채무자 회사의 지배구조, 남효순·김재형 공편, 통합도산법, 법문사, 2006, 223－274면; 임치용, 회사정리절차와 출자전환, BFL 제9호, 서울대학교 금융법센터, 2005, 40면.

87) 보험업법 제19조는 제109조로 개정되었으나 채무자회생법 제206조 제4항은 이러한 개정 내용을 반영하지 않고 있다.

88) 대법원 2003. 1. 10. 선고 2002다12703 판결.

2. 출자전환에 따른 채무면제익에 대한 과세 문제[89)]

주식발행액면초과액(액면금액 이상으로 주식을 발행한 경우 그 액면금액을 초과한 금액)은 익금에 산입하지 아니한다(법인세법 제17조 제1항 제1호). 주식의 액면을 초과하여 할증발행하는 경우 그 액면초과액은 자본거래의 성질을 가지고 있기 때문이다. 그러나 출자전환으로 주식 등을 발행하는 경우 그 주식 등의 시가를 초과하여 발행된 금액은 채무면제익으로 취급되어 과세된다(법인세법 제17조 제1항 제1호 단서, 법인세법 시행령 제11조 제6호). 출자전환에 의한 주식발행액면초과액의 경우 주금이 납입되지 않고 법인이 채무를 면제받은 효과가 있기 때문이다.

법인세법 제18조 제6호는 채무면제 또는 소멸로 인한 부채의 감소액 중 대통령령이 정하는 이월결손금의 보전에 충당된 금액을 각 사업연도의 소득금액 계산에 있어 익금불산입하고 있다. 이 규정에 의해 채무면제익을 누적된 이월결손금의 보전에 충당할 수 있고, 이월결손금이 고갈되고 수익이 발생한 연도까지 과세가 이연된다. 이월결손금 보전에 충당하고도 남은 금액은 이를 해당 사업연도의 익금에 산입하지 아니하고, 그 이후의 각 사업연도에 발생하는 결손금의 보전에 충당할 수 있다(법인세법 제17조 제2항).

이와 같은 방법으로 채무면제익 전액이 결손금 보전에 충당되기 전에 해당 회사가 사업을 폐지하거나 해산하는 경우에는 그 사유가 발생한 날이 속하는 사업연도의 소득금액계산에 있어서 결손금의 보전에 충당되지 아니한 금액 전액을 익금에 산입한다(법인세법 시행령 제15조 제2항).

이에 따라 채무자 회사가 출자전환을 하는 경우에는 출자전환 시점의 이월결손금만이 아니라 향후 발생하는 결손금에 대해서도 채무면제익을 충당처리하여, 채무면제익이 이월결손금을 초과하는 경우 법인세 과세가 이루어지는 것을 막고 과세를 장래로 이연할 수 있게 되었다.

---

89) 최근 실무상 출자전환 시 대부분 액면발행을 하고 있기 때문에 채무면제익으로 인한 과세가 문제 되는 경우는 거의 없다.

3. 출자전환과 보증채무

회생계획은 회생채권자가 채무자의 보증인 그 밖에 채무자와 함께 채무를 부담하는 자에 대하여 가지는 권리에 대하여 영향을 미치지 않는다(제250조 제2항). 그러나 회생계획에 따라 주채무자가 채권자에게 실제로 변제를 한 경우에는 그 효력은 보증인에게 미친다. 그렇다면 회생계획에 따른 출자전환으로 회생채권의 변제에 갈음하기로 한 경우에 채권자가 제250조 제2항을 근거로 보증인에게 출자전환된 채권액 전부의 이행을 청구할 수 있는지 아니면 출자전환된 채권액 전부에 대하여 보증채무도 소멸하는지 문제 된다.

대법원은 회생계획인가결정이 있으면 회생채권자 등의 권리는 회생계획의 조항에 따라 채무의 전부 또는 일부의 면제 효과가 생기고 기한유예의 정함이 있으면 그에 따라 채무의 기한이 연장되며 회생채권이나 회생담보권을 출자전환하는 경우에는 그 권리는 인가결정시 또는 회생계획에서 정하는 시점에서 소멸하는데,[90] 다만 주채무자인 채무자 회사의 회생계획에서 회생채권 변제에 갈음하여 출자전환을 하기로 한 경우, 채무자 회사 보증인의 보증채무는 출자전환에 의한 신주발행의 효력발생일 당시를 기준으로 회생채권자가 인수한 신주의 시가를 평가하여 출자전환으로 변제에 갈음하기로 한 회생채권 액수를 한도로 그 평가액에 상당하는 채무액이 변제된 것으로 보아야 한다고 판시하였다.[91]

한편 출자전환 무렵 출자전환주식의 주당 가치가 발행가액을 넘고 있었다고 하더라도, 채무자 회사의 보증인의 보증채무는 위 주식의 발행가액에 출자전환된 주식수를 곱하여 산출한 액수를 한도로 소멸할 뿐 이를 넘는 부분까지 소멸한다고 볼 수는 없다.[92]

대법원은 순자산가치법 등에 의하여 출자전환주식의 시가를 산정하는 방법에 대하여 채무자 회사가 기업 인수절차를 추진하면서 자본감소절차나 신주발행절차의 혼선 등을 방지하기 위한 기술적인 목적으로, 구 주식에 대한 대규모의 자본감소, 회생채권자 등에 대한 출자전환, 신주인수대금을 예납한 인수인에 대한

90) 대법원 2003. 8. 22. 선고 2001다64073 판결.
91) 대법원 2012. 6. 14. 선고 2010다28383 판결.
92) 대법원 2010. 3. 25. 선고 2009다85830 판결.

대규모의 신주발행 등을 단기간의 간격을 두고 실행하는 내용의 회생계획안을 제출하여 그것이 가결·인가되고 그 내용이 공고된 경우, 회생계획에 따른 채무자 회사의 재무구조와 발행주식 수의 변동은 이미 시장에 공개되어 이용가능한 확실한 정보라 할 것이므로, 비록 출자전환으로 발행된 주식의 효력발생일 당시에는 아직 회생계획에 따른 유상증자가 실시되지 아니한 상태라 하더라도, 출자전환주식의 시가는 특별한 사정이 없는 한 곧 대규모의 유상증자가 실시되리라는 사정을 반영하여 형성된다고 봄이 상당하고, 따라서 출자전환주식에 대한 정상적인 거래의 실례를 증명하기 곤란하여 순자산가치법 등에 의하여 출자전환주식의 시가를 산정하는 경우에는 출자전환주식이 효력발생일 당시 아직 유상증자가 실시되지 아니하여 재무상태표에 반영되지 아니하였다는 형식적인 이유로 그 회계처리에 따른 채무자 회사의 재무구조와 발행주식 수만을 반영하여 주당 순자산가치 등을 평가하는 방식은 타당하다고 할 수 없고, 출자전환 후 회생계획에 따라 곧이어 실시될 유상증자에 따른 재무구조 변동과 발행주식 수 증가 등을 고려하여 출자전환주식의 주당 순자산가치 등을 평가하여야 한다고 판시하였다.[93)]

93) 대법원 2010. 3. 25. 선고 2009다85830 판결.

㈜대한의 회생계획안

서울회생법원 제1부

사　건 20×0회합 100001 회생

채무자 주식회사 대한

회 생 계 획 안

20×0년　11월　22일

채무자 주식회사 대한

법률상 관리인 대표이사 김민국

목　　　차

별표

제1장 회생계획안 제출에 이르기까지의 경과와 현황

제1절 채무자의 개요

1. 회사의 일반현황

가. 상호 : 주식회사 대한

나. 본사 소재지 : 서울 ○○구 ○○대로 ○○○

다. 법률상 관리인 : 김민국

라. 사업목적 : 수송기계·기구 부품(연료펌프 및 필터) 제조 및 판매업 등

마. 설립연월일 : 1995. 8. 30.

바. 주거래은행 : 주식회사 하나은행

2. 자본금 및 주주 현황

가. 자본금 현황

(1) 발행할 주식의 총수 : 500,000주

(2) 발행한 주식의 총수 : 120,000주

(3) 1주의 금액 : 5,000원

(4) 자본금 : 600,000,000원

나. 주주 현황

(단위: 주, 원)

성 명	주식수	자본금	지분율	비 고
○○테크㈜	57,600	288,000,000	48.0%	
김민국	25,200	126,000,000	21.0%	법률상 관리인
유○○	12,600	63,000,000	10.5%	

성 명	주식수	자본금	지분율	비 고
손○○	12,000	60,000,000	10.0%	
김○○	6,600	33,000,000	5.5%	
이○○	6,000	30,000,000	5.0%	
합계	120,000	600,000,000	100.0%	

3. 관계회사 현황

가. 관계회사 현황

채무자 회사의 관계회사 현황은 다음과 같습니다.

(기준: 20□8. 12. 31. / 단위: 백만 원)

상 호	소재지	자 산	부 채	자 본	매출액	관 계
○○테크㈜	서울	20,415	12,213	8,202	1,554	35.27% 관계회사 / 최대주주
㈜개성○○	개성	$3,152,963	$4,636,466	$(1,483,503)	$2,722,921	100% 자회사
㈜대한○○○	당진	8,381	8,296	85	7,794	97% 관계회사
S○○○○ D○○○○ AUTOMOTIVES	인도	–	–	–	–	50% 관계회사
㈜○○○ 코리아	안산	69	23	46	95	50% 관계회사
㈜○○	개성	$5,251,193	$3,941,576	$1,309,617	$2,091,564	○○테크㈜의 100% 자회사
㈜○○	인천	644	608	36	413	○○테크㈜의 50% 관계회사
U○○ Vietnam	베트남	$4,360,239	$2,724,216	$1,636,023	$491,249	○○테크㈜의 50% 관계회사

나. 자회사에 대한 담보제공 및 지급보증 현황

해당사항 없습니다.

4. 재무 현황

조사기준일 현재 회사의 자산·부채 및 자본 현황은 다음과 같습니다.

(단위: 원)

구 분	회사제시금액	수정사항	조사 수정 후 금액
자산	25,366,660,111	(974,126,803)	24,392,533,308
부채	34,438,445,565	1,260,965,186	35,699,410,751
자본	(9,071,785,454)	(2,235,091,989)	(11,306,877,443)

5. 인원 현황

조사기준일 현재 회사의 인원 현황은 다음과 같습니다.

(단위: 명)

구 분	인 원	비 고
임원	4	관리인, 사내이사 2인, CRO
관리직	22	
생산직	43	
합계	69	

제2절 회생절차개시신청에 이르게 된 사정

1. 개요

채무자 회사는 1995년 설립 이후 1996년 H자동차 주식회사의 협력업체로 선정되는 등 지속적으로 성장하던 중 경쟁력 확보를 위하여 개성공단에 투자하였습니다. 개성공단은 북측의 저렴한 노동력을 사용하여 경쟁력을 확보할 수 있는 기회를 제공하였고, 채무자 회사는 개성에 투자하며 낮은 인건비를 바탕으로 사업을 더욱 확장해 나갈 수 있었습니다. 그러던 중 남북관계 악화로 개성공단이 폐쇄되자 개성에서 생산되던 제품을 국내 생산으로 대체하기 위한 중복 투자 및 국내 생산에 따른 높아진 인건비 및 임차료로 영업손실이 몇 년간 지속적으로 발생하였습니다.

이러한 상황에서 해외 고객사 담당자들의 장기 휴가 등으로 인하여 20×0년 1월 마지막 주에 입금하기로 되어있던 매출채권의 회수가 지연되었고 20×0년 1월 말 만기가 도래하는 약 10억 원의 전자어음에 대한 결제가 이루어지지 않음에 따라 부도가 발생하였습니다.

2. 회생절차개시신청에 이르게 된 원인

가. 개성공단 폐쇄에 따른 투자손실 발생

채무자 회사는 연료펌프와 관련한 전후방 산업에 진출하고 성장하기 위하여 필터제품에 대한 생산을 고려하였습니다. 필터제품의 경우 국내의 인건비로는 적정 마진을 확보하기 어려웠습니다. 채무자 회사는 낮은 인건비를 바탕으로 필터 제품의 경쟁력을 확보할 수 있을 것이라는 판단하에 개성공단에 거액의 투자를 진행하였습니다. 그러나 남북관계의 악화로 인하여 개성공단이 폐쇄되어 막대한 투자 손실이 발생하였습니다.

나. 주식회사 ○○○ 인수 및 중복투자

개성공단의 폐쇄로 인하여 채무자 회사가 개성에서 생산하던 필터 제품의 경우 국내 생산을 위하여 충남 당진에 소재한 필터 제작 회사를 급히 인수하게 되었습니다. 급히 인수한 주식회사 ○○○의 보유 설비의 노후화로 인하여 추가 투자가 불가피하였습니다. 그러나 개성에서의 생산 대비 국내 인건비 등 원가율이 높아 마진을 남기는 것은 불가능하였습니다. 이에 오일필터 부분에서의 지속적인 영업손실이 발생하게 되었습니다.

다. 해외매출채권 회수지연에 따른 부도 발생

해외 고객사의 장기간 휴가 및 연휴로 인하여 20×0년 1월 마지막 주에 입금하기로 되어 있던 매출채권의 회수가 지연되기 시작하였으며, 채무사 회사 소유의 부동산의 매각 또한 지연되어 20×0. 1. 31. 변제기가 도래한 약 10억원의 전자어음 미결제로 부도가 발생하였습니다.

제3절 회생절차개시신청 후의 경과

1. 회생절차개시신청 후 개시결정에 이르기까지의 경과

채무자 회사는 20×0. 2. 15. 서울회생법원에 회생절차개시신청을 하여 20×0. 2. 17. 보전처분 결정 후 20×0. 3. 14. 회생절차개시결정을 받았으며, 관리인 불선임 결정으로 채무자 회사의 대표이사 김민국이 관리인으로 간주되었습니다.

2. 회생절차개시 후의 경과

채무자 회사는 회생절차개시결정 후 법률에서 정한 회생절차의 충실한 이행과 더불어 전 임직원이 일치단결하여 채무자의 경영정상화를 위해 최선의 노력을 경주하고 있습니다. 회생절차개시 후의 주요 경과 사항은 다음과 같습니다.

– 5 –

20×0. 3. 14. : 회생절차개시결정

20×0. 3. 29. : 회생담보권자, 회생채권자 등 목록 제출

20×0. 4. 12. : 회생담보권, 회생채권 등 신고 기한

20×0. 4. 26. : 회생담보권, 회생채권 등 조사기간만료, 채권시·부인표 제출

20×0. 5. 9. : 조사위원 조사보고서 제출

20×0. 6. 19. : 회생계획안 제출

20×0. 8. 28. : 조사위원 수정 조사보고서 제출

3. 경영정상화를 위한 조치 및 향후 계획

채무자 회사의 전 임직원은 조기 경영정상화를 위하여 한마음 한뜻으로 일치단결하여 이익을 창출하고 채무변제를 위해 모든 경영자원을 활용할 것이며 채무자 회사의 갱생을 위하여 다음과 같이 최선의 노력을 다하고자 합니다.

회생기간 동안 인력증원을 억제하고, 불필요한 지출을 최대한 줄이며, 지속적인 기술개발과 신규 영업망 창출에 모든 역량을 집중하여 이익을 극대화해 나갈 계획입니다. 또한, 매출 신장 및 운전자금 확보, 거래처 확보를 위해 적극적으로 나서 조속한 시일 안에 현재의 위기 상황을 극복하고 다시 건실한 기업으로 성장할 수 있도록 최선의 노력을 다하겠습니다.

제4절 결어

채무자 회사는 이상과 같은 모든 사항을 성실히 수행하여 이익의 창출을 극대화하고, 경영정상화 조기 달성으로 회생계획안의 채무 변제계획을 차질 없이 이행할 수 있도록 임직원 모두가 혼신의 노력을 기울이겠습니다.

제2장 회생계획안의 요지

제1절 회생계획안 입안의 기초

1) 회생계획안을 수립함에 있어 채권자, 기타 이해관계인 여러분의 이해조정과 채무자 회사의 회생이라는 명제하에 모든 채권자에게 공정하고 형평에 맞는 회생계획안을 수립하고자 노력하였습니다.

2) 조사위원의 조사보고서에 의하면, 20×0. 3. 14. 현재 채무자 회사의 재무상태는 총자산은 약 244억 원이고 총부채는 약 357억 원으로서, 약 113억 원가량의 부채초과 상태에 있습니다(재무상태 상세내역은 <별표 1> 재무상태표 참조). 한편, 청산가치는 163억 원, 계속기업가치는 194억 원으로 채무자 회사가 존속할 경우의 계속기업가치가 31억 원 상회하기 때문에 사업을 계속하는 것이 경제성이 있는 것으로 조사 보고되었습니다.

3) 채무자 회사는 여러 악조건 속에서도 회생이라는 일관된 목표를 향하여 전임직원이 한마음이 되어 노력하고 있으나, 글로벌 경기의 불확실성 심화와 국내 인건비 등 비용 구조 악화와 같은 다양한 변수에 의해 어려움이 가중되고 있습니다. 이러한 경제 환경과 상황을 고려할 때, 채무자 회사가 안고 있는 채무의 원금과 이자를 채무자 회사의 자구 노력만으로 전액 변제한다는 것은 현실적으로 매우 어려운 일이기 때문에 채권자 및 이해관계인 여러분의 인내와 양보를 전제로 한 회생계획안을 제출하게 된 것을 대단히 송구스럽게 생각합니다.

4) 회생계획의 사업계획은 채무자 회사의 향후 자금조달능력을 나타내는 것으로서 회생계획에 의한 회생담보권 및 회생채권에 대한 변제재원을 조달하는 주된 원천이 되는 것입니다. 따라서, 회생계획은 영업활동을 통한 매출 증가와 강력한 원가 절감 및 불요불급한 자산의 매각 등을 통하여 채무자 회사의 회생을 조기에 실현할 수 있도록 하는 내용으로 작성되었습니다. 채권자 및 이해

관계인 여러분의 이해과 배려가 수반된다면 채무자 회사는 기업이 지닌 사회적 책임을 다하고 충분히 회생할 수 있으리라 판단하여 이에 관리인은 회생계획안을 제출합니다.

제2절 변제할 채권의 내역

채권조사기간에 시인한 채권액에서 신고기간 만료일 이후 회생계획안 작성일까지 추완 신고되어 관리인이 특별조사기일에 이의를 제기하지 않을 채권액을 합산하고 회생채권으로 확정된 금액 중 신고 철회된 채권 및 기타의 사유로 소멸된 채권 등을 감소시킨 확정채권의 내역은 다음과 같습니다.

〈회생담보권 및 회생채권 총괄표〉

(단위: 원)

구 분		시인된 채권액				변동액	변동후 시인된 총채권액
		원 금	개시전 이자	개시후 이자	합 계		
회생담보권 (대여금채권)		8,769,161,153	58,212,851	-	8,827,374,004	-	8,827,374,004
회생채권	대여금채권	7,379,280,994	92,076,736	-	7,471,357,730	4,622,658	7,475,980,388
	전환사채권	916,630,000	75,218,746	연 6%	991,848,746	-	991,848,746
	상거래채권	7,736,770,017	29,980	-	7,736,799,997	2,066,698,289	9,803,498,286
	구상채권	-	-	-	-	1,292,297,870	1,292,297,870
	특수관계인 채권	6,664,101,295	-	-	6,664,101,295	125,009,949	6,789,111,244
	보증채권	398,759,996	-	-	398,759,996	-	398,759,996
	미발생 구상채권	110,567,085	-	-	110,567,085	-	110,567,085
	소계	23,206,109,387	167,325,462	-	23,373,434,849	3,488,628,766	26,862,063,615
조세등채권		90,627,910	7,434,830	-	98,062,740	3,251,720	101,314,460
합계		32,065,898,450	232,973,143	-	32,298,871,593	3,491,880,486	35,790,752,079

신고기간 만료일 이후 회생계획안 제출일까지 회생담보권, 회생채권의 구체적인 변동내역은 <별표 2> 조사기간 이후 회생담보권 및 회생채권 변동사항 총괄표를 참조하시기 바랍니다.

제3절 주요변동사항

1. 회생담보권의 변동

해당 사항 없습니다.

2. 회생채권의 변동(조세등채권 제외)

가. 이의 철회된 회생채권 : 총 1건으로 이의 철회된 금액은 125,009,949원입니다. 그 내역은 <별표 2-1>과 같습니다.

나. 신고 철회된 회생채권 : 해당 사항 없습니다.

다. 명의 변경된 회생채권 : 해당 사항 없습니다.

라. 추완 신고된 회생채권 : 채권신고기간 이후 특별조사기일까지 추후 보완 신고된 회생채권은 총 4건으로 3,676,673,495원입니다. 그 내역은 <별표 3-2>와 같습니다.

마. 미발생 구상채권에서 구상채권으로 전환된 회생채권 : 해당 사항 없습니다.

바. 소멸된 회생채권 : 총 6건으로 소멸된 금액은 313,054,678원입니다. 그 내역은 <별표 2-6>과 같습니다.

사. 기타 사유로 인하여 변동된 회생채권 : 해당 사항 없습니다.

3. 조세등채권

가. 추완 신고된 조세등채권

채권조사기간 이후 추후 보완 신고된 조세등채권은 2건에 11,269,480원입니다. 채권시·부인표 기재액 8,017,760원 대비 증가되는 채권 금액은 3,251,720원이며 그 내역은 <별표 3-3>과 같습니다.

- 9 -

제4절 권리변경과 변제방법의 요지

채무자 회사는 채권자, 종업원, 기타 이해관계인들에 대하여 최선의 이익을 도모하는 한편 채무자 회사의 회생 및 경영정상화를 전제로 하여 공정성과 형평성에 입각하여 권리변경과 변제방법의 기준을 마련하였으며, 변제할 채무액은 다음 및 <별표 4>와 같습니다.

〈권리 변경 후 변제할 채권액 총괄표〉

(단위: 원)

구분		변동후 시인된 총채권액	권리변경		권리변경 후 변제할 채권액			
			면제	출자전환	원금	개시전 이자	개시후 이자	합계
회생담보권 (대여금채권)		8,827,374,004	–	–	8,769,161,153	58,212,851	621,884,672	9,449,258,676
회생채권	대여금채권	7,475,980,388	–	4,485,588,228	2,953,561,470	36,830,690	–	2,990,392,160
	전환사채권	991,848,746	연 6%	595,109,246	366,652,000	30,087,500	–	396,739,500
	상거래채권	9,803,498,286	–	5,882,098,924	3,921,387,370	11,992	–	3,921,399,362
	구상채권	1,292,297,870	945,152 / 연 10%	774,811,628	514,509,000	2,032,090	–	516,541,090
	특수관계인 채권	6,789,111,244	–	6,789,111,244	–	–	–	–
	보증채권	398,759,996	–	239,255,996	159,504,000	–	–	159,504,000
	미발생 구상채권	110,567,085	미확정	미확정	미확정	미확정	미확정	미확정
	소계	26,862,063,615	–	18,765,975,266	7,915,613,840	68,962,272	–	7,984,576,112
조세등채권		101,314,460	–	–	92,874,900	7,640,720	798,840	101,314,460
합계		35,790,752,079	–	18,765,975,266	16,777,649,893	134,815,843	622,683,512	17,535,149,248

(주) 단, 연율(%)로 시인한 개시후이자는 위의 표에서 기재 생략하였습니다.

1. 회생담보권의 권리변경과 변제방법

가. 회생담보권 대여금채권

1) ㈜하나은행

가) 원금 및 개시전이자 : 시인된 원금 및 개시전이자의 100%를 현금 변제하되, 회생계획안 제8장 제1절 비업무용 자산 처분계획에 따라 해당 담보목적물을 제1차연도(20×1년)에 매각하여 부동산 매각 대금으로 변제할 채권의 100%를 제1차연도(20×1년)에 변제합니다.

개시후이자 : 미변제 원금 및 개시전이자에 대하여 연 3.88%의 이율을 적용하여 변제합니다. 단, 준비연도(20×0년)에 발생한 이자는 제1차연도(20×1년)에 발생한 이자와 합하여 제1차연도(20×1년)에 변제합니다.

2) ㈜신한은행

가) 원금 및 개시전이자 : 시인된 원금 및 개시전이자의 100%를 회생계획안 인가일로부터 10영업일 이내에 현금 변제합니다.

나) 개시후이자 : 개시후이자는 전액 면제합니다.

2. 회생채권의 권리변경과 변제방법

가. 회생채권 대여금채권

1) 원금 및 개시전이자

시인된 원금 및 개시전이자의 60%는 출자전환하고, 40%를 현금변제하되, 제1차연도(20×1년)부터 제10차연도(20×10년)까지 매년 10%씩 균등분할 변제합니다.

출자전환대상채권은 회생계획안 제6장 제4절 출자전환에 따른 신주발행에 의하여 채무자 회사가 신규로 발행하는 주식의 효력발생일에 해당 회생채권의 변제에 갈음합니다.

– 11 –

2) 개시후이자

개시후이자는 전액 면제합니다.

나. 회생채권 전환사채권

1) 원금 및 개시전이자

시인된 원금 및 개시전이자의 60%는 출자전환하고, 40%를 현금변제하되, 제1차연도(20×1년)부터 제10차연도(20×10년)까지 매년 10%씩 균등분할 변제합니다.

출자전환대상채권은 회생계획안 제6장 제4절 출자전환에 따른 신주발행에 의하여 채무자 회사가 신규로 발행하는 주식의 효력발생일에 해당 회생채권의 변제에 갈음합니다.

2) 개시후이자

개시후이자는 전액 면제합니다.

3) 전환권

회생채권 전환사채권과 관련하여 부여된 전환권 중 회생절차개시 이전에 행사되지 아니한 권리는 회생계획안 인가와 동시에 소멸하는 것으로 합니다.

다. 회생채권 상거래채권

1) 원금 및 개시전이자

시인된 원금 및 개시전이자의 60%는 출자전환하고, 40%를 현금 변제하되, 제1차연도(20×1년)부터 제10차연도(20×10년)까지 매년 10%씩 균등분할 변제합니다. 단, 권리변경 후 채권금액이 100만원 미만인 소액채권은 변제할 채권의 100%를 제1차연도(20×1년)와 제2차연도(20×2년)에 균등분할 변제합니다.

출자전환대상채권은 회생계획안 제6장 제4절 출자전환에 따른 신주발행에 의하여 채무자 회사가 신규로 발행하는 주식의 효력발생일에 해당 회생채권의 변제에 갈음합니다.

2) 개시후이자

개시후이자는 전액 면제합니다.

라. 회생채권 구상채권

1) 원금 및 개시전이자

시인된 원금 및 개시전이자의 60%는 출자전환하고, 40%를 현금 변제하되, 제1차연도(20×1년)부터 제10차연도(20×10년)까지 매년 10%씩 균등분할 변제합니다.

출자전환대상채권은 회생계획안 제6장 제4절 출자전환에 따른 신주발행에 의하여 채무자 회사가 신규로 발행하는 주식의 효력발생일에 해당 회생채권의 변제에 갈음합니다.

2) 개시후이자

개시후이자는 전액 면제합니다.

마. 회생채권 특수관계인채권

1) 원금 및 개시전이자

시인된 원금 및 개시전이자의 100%를 출자전환합니다.

출자전환대상채권은 회생계획안 제6장 제4절 출자전환에 따른 신주발행에 의하여 채무자 회사가 신규로 발행하는 주식의 효력발생일에 해당 회생채권의 변제에 갈음합니다.

2) 개시후이자

개시후이자는 전액 면제합니다.

바. 회생채권 보증채권

1) 원금 및 개시전이자

채무자 회사가 타인을 위하여 한 보증으로 인하여 발생한 채권의 원금 및 개시전이자는 주채무자로부터 우선 변제받거나 주채무자로부터 제공받은 담보물건을 처분하여 변제받도록 합니다. 주채무자에 대한 담보권 실행 완료 후 또는 채무자의 회생계획인가일 이후 주채무자가 변제하여야 할 주채무를 이행하지 않고 그 불이행 상태가 1년(단, 주채무의 변제기일이 회생계획인가일 이후 도래하는 경우에는 그 변제기일로부터 1년) 이상 계속되는 경우에는 변제되지 않은 원금 및 개시전이자의 60%는 출자전환하고, 40%를 현금변제하되, 제1차연도(20×1년)에서 제10차연도(20×10년)까지 매년 10%씩 균등분할변제합니다.

출자전환대상채권은 회생계획안 제6장 제4절 출자전환에 따른 신주발행에 의하여 채무자 회사가 신규로 발행하는 주식의 효력발생일에 해당 회생채권의 변제에 갈음합니다.

2) 개시후이자

개시후이자는 전액 면제합니다.

사. 회생채권 미발생구상채권

1) 원금 및 개시전이자

보증기관이 채무자를 위하여 채무를 대위 변제하여 구상채권이 발생할 경우, 원금 및 개시전이자의 60%는 출자전환하고, 40%를 현금 변제하되, 제1차연도(20×1년)에서 제10차연도(20×10년)까지 매년 10%씩 균등분할 변제합니다.

다만, 최초 변제기일이 지난 후에 채권이 발생할 경우, 이미 회생계획안에 의한 변제기일이 경과된 미변제채권은 그 후 최초로 도래하는 변제기일에 합산하여 변제합니다.

출자전환대상채권은 회생계획안 제6장 제4절 출자전환에 따른 신주발행에 의하여 채무자 회사가 신규로 발행하는 주식의 효력발생일에 해당 회생채권의 변제에 갈음합니다.

2) 개시후이자

개시후이자는 전액 면제합니다.

3. 회생채권 조세 등 채권의 권리변경과 변제방법

채무자 회생 및 파산에 관한 법률 제140조 제2항에 의하여 인가결정일 이후 변제기일까지 국세징수법 또는 국세징수의 예에 의한 징수 및 체납처분에 의한 재산의 환가는 유예합니다. 채무자 회사는 본세에 회생계획인가결정일 전일까지 발생한 가산금 및 중가산금을 포함한 금액을 변제하되, 변제할 채권의 100%를 3년간 균등 분할하여 제1차연도(20×1년)부터 제3차연도(20×3년)까지 매년 균등 변제하며, 제3차연도(20×3년)에는 인가결정일 해당일 전일에 변제합니다. 다툼이 있을 경우에는 이의신청 및 소송제기 등을 통하여 확정하는 것으로 하며, 법원의 허가를 얻어 조기에 변제할 수 있습니다.

4. 주주의 권리변경 및 변제방법

가. 기존주주 지분에 대한 자본의 감소

회생계획안 인가 전에 발행한 보통주 120,000주(액면가 5,000원)에 대하여는 기명식 보통주 2주를 액면가 5,000원의 기명식 보통주 1주로 병합합니다. 단, 주식병합으로 인하여 발생하는 1주 미만의 단주는 관리인이 법원의 허가를 받아 무상 소각합니다.

나. 출자전환에 의한 신주발행

회생채권의 출자전환에 의한 신주발행은 1주당 5,000원을 발행가액으로 합니다. 단, 출자전환으로 인하여 발생하는 1주 미만의 단주는 관리인이 법원의 허가를 받아 무상 소각합니다. 출자전환에 따라 발행하는 신주는 회생계획안 제6장 제4절에서 정한 시점에 그 효력이 발생합니다. 신주를 배정받을 채권자가 신주발행을 위한 관련 자료 등을 제출하지 아니하거나 기타 사유로 인하여 채무자 회사가 신주발행을 할 수 없는 경우 채무자 회사 명의로 일괄 배정할 수 있습니다. 이 경우 채무자 회사는 신주를 발행할 수 없었던 사유가 해소된 이후에 해당 채권자에게 신주를 양도합니다.

– 15 –

다. 주식재병합에 의한 자본의 감소

회생계획안에 따른 주식병합 및 출자전환 후 모든 주주가 보유한 모든 주식에 대하여 신주의 효력발생일의 익일에 액면가 5,000원의 기명식 보통주 25주를 액면가 5,000원의 기명식 보통주 1주로 병합합니다. 단, 주식 재병합의 결과 1주에 미달하는 단주가 발생하는 경우에 관리인은 회생법원의 허가를 얻어 무상 소각합니다.

제5절 결어

회생계획안을 입안 작성함에 있어 채권자, 주주, 종업원 및 이해관계인의 이익을 최대한 보호하고 채무자 회사의 경영정상화를 조기에 달성하는 균형점을 찾고자 하였으며, 모든 채권자들에게 공정하고 형평에 맞는 회생계획을 수립하고자 노력하였습니다.

다만, 현재 채무자 회사가 처해 있는 사회 경제적인 여건으로 볼 때, 경영정상화 및 채무를 변제함에 있어 채무자 회사의 힘만으로는 한계가 있다고 판단되어 회생계획안을 수립하는 데 있어서 회생담보권자, 회생채권자 여러분의 일부 권리를 변경하고 변제기간을 유예할 수밖에 없었던 점에 대하여 매우 송구하게 생각하고 있습니다.

또한, 회생계획의 원만한 수행을 위해서 채권자 여러분의 이해와 인내를 요구할 수밖에 없음을 매우 송구하게 생각하며, 채무자 회사가 이해관계인 여러분의 고통에 보답하는 길은 경영정상화를 반드시 달성하여 채권자 여러분에게 더 이상의 피해를 입히지 않고, 회생계획안에 따라 정상적으로 채무를 변제하는 것이라고 생각됩니다.

이를 위하여 관리인과 채무자 회사의 임직원은 모든 노력을 다하겠으며, 앞으로도 이해관계인 여러분의 계속적인 지원과 협조를 부탁드립니다. 끝으로 회생계획안이 제출되기까지 협조와 지원을 아끼지 않았던 채권자 여러분과 관계당국에 진심으로 머리 숙여 감사드립니다.

- 16 -

제3장 회생담보권 및 회생채권에 대한 권리의 변경과 변제방법

제1절 총칙

1. 용어의 정의

회생계획에서 사용하는 용어의 정의는 다음과 같습니다.

가. "채무자"란 주식회사 대한을 말합니다.

나. "준비연도"란 회생절차개시결정일(20×0. 3. 14.)부터 20×0. 12. 31.까지를 말합니다.

다. "회생계획기간"이란 준비연도와 그 다음 연도인 20×1년부터 10년간의 기간으로 하고, 20×10. 12. 31.에 종료하는 것으로 합니다.

라. "제1차연도"란 준비연도의 다음 연도인 20×1. 1. 1.부터 20×1. 12. 31.까지를 말하며, 제2차연도 이후의 각 연도는 순차적으로 매년 1. 1.부터 12. 31.까지를 말합니다.

마. "개시 전 이자"란 회생절차개시결정일 전날(20×0. 3. 13.)까지 회생담보권 및 회생채권에 대하여 발생한 이자, 연체이자, 지연손해금을 말합니다.

바. "개시 후 이자"란 회생절차개시결정일부터 회생담보권 및 회생채권에 대한 원금변제가 완료되는 시점까지의 미변제 원금 및 개시 전 이자에 대하여 발생하는 이자 및 지연손해금을 말합니다.

사. "금융기관"이란 은행법 및 기타 법률에 의하여 금융업무를 행하는 기관을 말합니다.

아. "보증기관"이란 관계 법령에 따라 채무의 보증을 업으로 하는 기관으로서 채무자를 위하여 보증한 기관을 말합니다.

자. “대여금채권”이란 채무자에 대한 금전의 대여(어음할인, 그 밖에 이와 유사한 방법을 통하여 교부한 금전을 포함)에 따른 채권을 말하며, 금융기관이 제3자와의 거래를 통하여 채무자가 발행, 배서, 인수나 보증한 어음(수표를 포함)을 취득함으로써 채무자에 대하여 가지는 채권을 포함합니다.

차. “구상채권”이란 채무자의 다른 채권자에 대한 채무를 변제 기타 자기의 출재로 소멸하게 한 채권자가 그로 인하여 채무자에 대하여 가지는 채권을 말합니다.

카. “보증채권”이란 채무자가 주채무자의 채무이행을 보증하거나 연대하여 보증한 경우에 채권자가 보증인인 채무자에 대하여 가지는 채권을 말합니다.

타. “상거래채권”이란 채무자의 영업으로 인하여 채권자가 채무자에 대하여 가지는 채권으로서 대여금채권이 아닌 것을 말하며, 금융기관이 아닌 채권자가 채무자가 발행, 배서, 인수나 보증한 어음을 취득함으로써 채무자에 대하여 가지는 채권을 포함합니다.

파. “특수관계인”이란 채무자 회생 및 파산에 관한 법률(이하 “채무자회생법”) 시행령 제4조에 해당하는 자를 말합니다.

하. “조세 등 채권”이란 국세징수법 또는 지방세징수법에 의하여 징수할 수 있는 청구권(국세징수의 예에 의하여 징수할 수 있는 청구권으로서 그 징수우선순위가 일반 회생채권보다 우선하는 건강보험료, 국민연금보험료, 산업재해보상보험료, 고용보험료 포함)을 말합니다.

거. “인가일”이란 회생계획안이 회생법원으로부터 인가결정을 받은 날을 말합니다.

너. “구주”란 회생계획인가일 전에 기발행된 주식을 말합니다.

더. “신주”란 회생계획에 의해 유상증자 또는 출자전환에 따라 발행되는 주식을 말합니다.

- 18 -

러. 기타 회생계획의 용어 및 문헌 해석에 이의가 있을 경우에는 채무자회생법의 취지에 따라 해석하되, 다툼이 있을 경우에는 이 사건을 담당하는 법원의 해석에 따릅니다.

2. 일반규정

가. 변제기일

회생계획에 의하여 매년 변제할 원금 및 이자는 해당 연도의 12. 30.(단, 공휴일인 경우에는 그 직전 영업일)에 변제합니다. 단, 위 변제기일 전이라도 관리인은 법원의 허가를 얻어 조기변제 할 수 있고, 이 경우 회생계획안 제9장 제1절(예상수익금 초과시 처리방법) 제2항에 의한 할인율을 적용한 현재가치 상당액을 변제합니다.

나. 변제장소

회생계획에 의한 변제는 채무자의 본점 소재지(또는 주된 영업소)에서 합니다. 단, 금융기관에 대해서는 해당 금융기관의 본점과 지점으로 할 수 있습니다. 그리고 채권자와 협의하여 채권자가 지정한 예금계좌에 입금함으로써 변제할 수 있으며, 이 경우 그 입금증으로 상환영수증 또는 변제확인서를 대신할 수 있습니다.

다. 채권자 확인방법

회생담보권 및 회생채권의 변제시 법인은 법인등기부등본 및 법인인감증명서를, 개인은 신분증 및 인감증명서를, 채권자의 대리인은 채권자 본인의 위임장 및 인감증명서를 제시하여야 하며, 채무자는 회생담보권자 및 회생채권자가 제시한 서류로 채권자 본인임을 확인한 후 변제합니다. 다만, 회생담보권자 및 회생채권자가 미리 지정한 금융기관의 계좌로 입금하는 방식으로 변제할 수 있으며, 회생담보권자 및 회생채권자가 금융기관인 경우 위와 같은 채권자 확인절차를 거치지 아니하고, 해당 금융기관이 발행한 상환확인서 또는 상환영수증으로 갈음할 수 있습니다.

라. 변제충당 순서

회생계획인가일 이후의 회생담보권 및 회생채권의 변제충당순서는 원금, 개시 전 이자, 개시 후 이자 순으로 합니다.

변제재원의 부족으로 변제계획에 따라 해당 연도 변제금액을 전액 변제할 수 없는 경우에는 회생담보권 원금, 회생채권 원금의 순으로 채권자별 해당 연도 변제예정금액에 비례하여 변제하며, 나머지가 있을 경우에는 회생담보권 개시 전이자, 회생채권 개시 전 이자, 회생담보권 개시 후 이자 순으로 해당 연도 채권자별 변제예정금액에 비례하여 변제하되, 해당 연도 변제예정액 중 미변제분은 다음 연도 변제기일에 우선하여 변제합니다. 단, 담보물건 매각으로 인한 변제 시에는 회생담보권 순위에 따라 해당 담보물건의 회생담보권자에게 우선 변제합니다.

금융기관 회생담보권 및 회생채권에 대한 대출과목별 변제충당순서는 회생담보권 및 회생채권별 변제금액의 범위 내에서 해당 금융기관이 정하는 바에 따릅니다.

마. 채권양도의 특례

회생담보권자 또는 회생채권자에 관하여 회생절차개시결정일 이후 채권양도 등의 원인으로 채권자가 변경되었다 하더라도 채권의 승계취득자에 대하여 회생절차개시결정일 당시의 채권자 및 채권액을 기준으로 하여 회생계획의 권리변경과 변제방법을 적용합니다. 채권자의 변경으로 인하여 종전의 회생담보권 또는 회생채권에 관하여 수인의 채권자가 있게 된 경우에는 각 채권자들의 채권액 비율에 따라 배분하여 권리변경 및 변제방법을 적용합니다.

바. 변제 불이행시 처리

회생계획에 따른 채무의 변제를 변제기일에 이행하지 못하였을 경우에는 미변제 금액에 대하여 변제기일 다음 날부터 실제 변제일까지 연 5%의 이율을 적용하여 계산한 연체이자를 가산하여 변제합니다. 다만, 개시 전 이자 및 개시 후 이자의 미변제금액에 대하여는 적용하지 아니하며, 채무자에 대한 법원의 파산선고가 이루어지는 경우에는 파산선고일을 위 실제 변제일로 봅니다.

사. 기한의 이익 상실

다음 각 호의 경우에는 회생담보권 및 회생채권에 관하여 회생계획에서 정한 변제기일에도 불구하고, 그 변제기가 도래하는 것으로 합니다.

1) 회생절차폐지결정이 확정되는 경우
2) 종결 후 회생계획기간 중 채무자에 대하여 법원의 파산선고 또는 회생절차개시결정이 있는 경우

아. 변제금액의 확정

회생계획의 채권별 권리변경 및 변제방법에 의해 산정된 금액 및 변제기일이 별표 채권별 변제계획표의 금액 및 변제기일과 상이한 경우에는 회생계획 본문에서 정한 변제방법에 의해 산정된 변제금액 및 변제일을 기준으로 변제합니다.

자. 회계연도

회생계획의 "회계연도" 표시는 매년 1월 1일부터 같은 해 12월 31일까지로 합니다.

차. 기타

회생계획의 용어 및 문언 해석에 이의가 있을 경우에는 채무자회생법의 취지에 따라 해석하되, 다툼이 있을 경우에는 이 사건을 담당하는 법원의 해석에 따릅니다.

제2절 회생담보권에 대한 권리변경과 변제방법

1. 회생담보권(대여금채권)에 대한 권리변경과 변제방법

가. 채무자가 시인한 회생담보권(대여금채권)의 내역은 다음과 같습니다.

(단위: 원)

신고번호	목록번호	채권자	시인된 채권액				변동액	변동후 시인된 총채권액
			원금	개시전 이자	개시후 이자	합계		
신고 17	담보1	㈜하나은행 (대표이사 ○○○)	8,681,673,511	58,212,851	-	8,739,886,362	-	8,739,886,362
신고 2-1	-	㈜신한은행 (대표이사 ○○○)	87,487,642	-	-	87,487,642	-	87,487,642
합계			8,769,161,153	58,212,851	-	8,827,374,004	-	8,827,374,004

나. 권리변경 및 변제방법

1) ㈜하나은행

가) 원금 및 개시 전 이자 : 시인된 원금 및 개시 전 이자의 100%를 현금 변제하되, 회생계획 제8장 제1절에 따라 해당 담보목적물을 제1차연도(20×1년)에 매각하여 부동산 매각대금으로 변제할 채권의 100%를 제1차연도(20×1년)에 변제합니다.

나) 개시 후 이자 : 미변제 원금 및 개시 전 이자에 대하여 연 3.88%의 이율을 적용하여 변제합니다. 단, 준비연도(20×0년)에 발생한 이자는 제1차연도(20×1년)에 발생한 이자와 합하여 제1차연도(20×1년)에 변제합니다.

2) ㈜신한은행

가) 원금 및 개시 전 이자 : 시인된 원금 및 개시 전 이자의 100%를 회생계획인가일로부터 10영업일 이내에 현금 변제합니다.

나) 개시 후 이자 : 개시 후 이자는 전액 면제합니다.

다. 권리변경 후 채무자가 변제하여야 할 회생담보권(대여금채권)의 내역은 다음과 같습니다.

(단위: 원)

신고 번호	목록 번호	채권자	변동후 시인된 총채권액	권리변경		권리변경 후 변제할 채권액			
				면 제	출자 전환	원 금	개시전 이자	개시후 이자	합 계
신고 17	담보1	㈜하나은행 (대표이사 ○○○)	8,739,886,362	–	–	8,681,673,511	58,212,851	621,884,672	9,361,771,034
신고 2–1	–	㈜신한은행 (대표이사 ○○○)	87,487,642	–	–	87,487,642	–	–	87,487,642
합계			8,827,374,004	–	–	8,769,161,153	58,212,851	621,884,672	9,449,258,676

세부적인 채권 변동 및 권리변경 내역은 <별표 4−1>과 같고, 권리변경 후 원금 및 이자의 세부적인 변제계획은 <별표 5−1>과 같습니다.

2. 담보권의 존속 및 해지

가. 담보권의 존속 및 소멸

회생절차개시 당시 채무자의 재산상에 존재하는 담보권은 회생계획에 의하여 권리 변경된 회생담보권을 피담보채권으로 하는 담보권으로서 종전의 순위에 따라 존속합니다. 그러나 회생담보권으로 인정되지 아니한 담보권과 담보 목적의 지상권 등은 소멸합니다.

회생계획에 따라 채무자가 회생담보권을 변제하는 경우에는 채무자의 재산상에 있는 모든 담보권은 소멸합니다. 이 경우 회생담보권자는 점유하고 있는 담보목적물을 채무자에게 인도하거나 담보권 말소에 필요한 일체의 서류를 지체 없이 채무자에게 교부하는 등 담보권의 소멸 및 그 처리에 필요한 제반 절차를 즉시 이행하여야 합니다. 담보권자가 위 절차를 이행하지 아니하는 때는 법원은 해당 담보목적물에 존재하는 담보권의 말소를 촉탁할 수 있습니다.

나. 담보목적물의 처분 및 처분대금의 사용방법

1) 채무자가 담보물건을 처분할 경우, 매매계약이 완료된 후 소유권이전등기시 필요한 경우 법원은 해당 물건에 관한 회생담보권의 말소를 촉탁할 수 있습니다.
2) 채무자가 법원의 허가를 얻어 담보물건을 매각할 경우에는 매각대금에서 매각 관련 제 세금 및 기타 비용을 공제한 금액으로 해당 담보목적물의 회생담보권을 변제합니다. 다만 위 금액이 해당 담보목적물의 회생담보권을 모두 변제하기에 부족한 경우 그 회생담보권의 변제는 원금, 개시전 이자, 개시 후 이자 순으로 변제하고, 같은 순위의 것 중에서는 변제기일이 먼저 도래하는 순서에 따릅니다. 담보목적물에 대한 회생담보권자가 복수일 경우에는 회생담보권자의 담보권 순위에 따라 순차적으로 변제하며, 동 순위 회생담보권자가 있을 경우에는 그 회생담보권자들의 채권액 비율에 비례하여 변제합니다.
3) 담보목적물의 처분으로 인한 변제대금이 회생담보권 변제액에 미달하거나 부득이한 사정으로 계획한 기간 내에 담보목적물의 매각이 이루어지지 아니한 경우, 미변제 회생담보권은 회생계획이 정하는 본래의 변제계획에 따릅니다.
4) 회생담보권을 변제한 후 남은 처분대금은 법원의 허가를 받아 공익채권의 변제나 채무자의 운영자금으로 사용할 수 있습니다.

다. 담보목적물 매각 위임

회생계획의 회생담보권 변제를 위한 자산매각계획에 따라 담보목적물의 매각이 이루어지지 않는 경우 관리인은 자산매각 계획연도의 다음연도에 법원의 허가를 얻어 최우선순위 회생담보권자에게 해당 담보목적물의 처분권한을 위임할 수 있습니다. 이 경우 최우선순위 회생담보권자는 담보목적물을 매각함에 있어 그 매각조건에 관하여 관리인을 통하여 법원의 허가를 얻어야 합니다. 다만, 처분권한을 위임한 날 다음날부터 변제일까지는 그 담보목적물에 관한 회생담보권 전액에 대한 연체이자는 발생하지 않습니다.

3. 보험사고 발생시의 처리방법

가. 관리인은 보험계약이 만료된 때에는 계속하여 보험계약을 체결합니다.

나. 관리인이 위와 같은 담보목적물에 대한 보험가입의무를 이행하지 않을 경우 회생담보권자는 보험료를 지불하여 보험계약을 체결할 수 있으며, 보험료로 지출된 금액은 채무자에 대한 공익채권으로 봅니다.

관리인은 이를 우선적으로 변제하여야 하며, 그 원금에 대하여 보험료 지급일로부터 5%의 연체이자율(금융기관일 경우 해당 금융기관의 연체이자율)을 적용하여 지연손해금을 지급하여야 합니다.

다. 보험에 가입되어있는 담보목적물에 대하여 보험사고가 발생한 경우, 관리인은 법원의 허가를 얻어 해당 보험금을 담보목적물의 복구에 사용하여야 하며, 복구된 물건에 대하여는 잔존 회생담보권을 피담보채권으로 하여 종전의 순위에 따라 담보권을 설정하여야 합니다.

라. 관리인이 보험금으로 담보목적물을 복구하지 아니할 경우에는 해당 담보목적물에 설정되어있는 담보권의 순위에 따라 회생계획에 의하여 변제하여야 할 회생담보권의 범위 내에서 조기 변제하되, 해당 담보목적물의 회생담보권을 모두 변제하기에 부족한 경우에는 변제기일이 먼저 도래하는 회생담보권의 원금, 개시전이자, 개시후이자 순으로 변제합니다.

마. 관리인이 담보목적물의 복구나 회생담보권 변제에 사용하고 남는 보험금은 법원의 허가를 얻어 공익채권의 변제자금이나 채무자의 운영자금으로 사용할 수 있습니다.

– 25 –

4. 담보권자의 물상대위권 행사

가. 회생담보권자의 담보목적물이 훼손된 경우, 해당 담보목적물의 복구가 가능하다면, 관리인은 법원의 허가를 받아 해당 담보목적물의 훼손으로 인하여 지급되는 손해배상금이나 보상금을 수령하여 담보목적물의 복구에 사용하여야 하며, 복구된 물건에 대하여는 잔존 회생담보권을 피담보채권으로 하여 종전의 순위에 따라 담보권을 설정하여야 합니다.

나. 회생담보권자의 담보목적물이 멸실, 훼손, 공용 징수된 경우, 관리인이 손해배상금이나 보상금을 수령하여 담보목적물을 복구하지 아니하는 때에는 그 담보목적물에 설정되어 있는 담보권의 순위에 따라 회생계획에 의하여 변제하여야 할 회생담보권의 범위 내에서 조기 변제하되, 해당 담보목적물의 회생담보권을 모두 변제하기에 부족한 경우에는 변제기일이 먼저 도래하는 회생담보권의 원금, 개시 전 이자, 개시 후 이자, 연체이자 순으로 변제합니다.

다. 관리인이 담보목적물의 복구나 회생담보권의 변제에 사용하고 남는 금액은 법원의 허가를 받아 공익채권을 변제하거나 채무자 회사의 운영자금으로 사용할 수 있습니다.

제3절 회생채권에 대한 권리변경과 변제방법

1. 회생채권(대여금채권)에 대한 권리변경과 변제방법

가. 시인된 회생채권(대여금채권)과 그 이후의 변동내역은 다음과 같습니다.

(단위: 원)

신고 번호	목록 번호	채권자	시인된 채권액				변동액	변동후 시인된 총채권액
			원금	개시전 이자	개시후 이자	합계		
신고15	채권1	한국수출입은행 (대표이사 ○○○)	4,786,710,020	75,309,210	연 7.5%, 연 10.5%	4,862,019,230	-	4,862,019,230

신고 번호	목록 번호	채권자	시인된 채권액				변동액	변동후 시인된 총채권액
			원금	개시전 이자	개시후 이자	합계		
신고 13-1	채권4-1	중소벤처기업진흥공단 (대표이사 ○○○)	1,000,000,000	438,356	연 6%	1,000,438,356	-	1,000,438,356
신고 2-1	채권5	㈜신한은행 (대표이사 ○○○)	54,545,692	5,013,327	-	59,559,019	-	59,559,019
신고5	채권7	중소기업은행 (대표이사 ○○○)	1,227,564,300	11,183,553	연 6% - 연 11%	1,238,747,853	(6,000,000)	1,232,747,853
-	채권14	최○○	290,000,000	-	-	290,000,000	-	290,000,000
신고 1-1	채권111	신한카드㈜ (대표이사 ○○○)	11,151,340	71,017	-	11,222,357	-	11,222,357
신고8	채권119	㈜하나카드 (대표이사 ○○○)	9,309,642	61,273	-	9,370,915	-	9,370,915
추완 신고9	-	(주)하나은행 (대표이사 ○○○)	-	-	-	-	10,622,658	10,622,658
합계			7,379,280,994	92,076,736	-	7,471,357,730	4,622,658	7,475,980,388

나. 권리변경 및 변제방법

1) 원금 및 개시 전 이자

시인된 원금 및 개시 전 이자의 60%는 출자전환하고, 40%를 현금 변제하되, 제1차연도(20×1년)부터 제10차연도(20×10년)까지 매년 10%씩 균등분할 변제합니다.

출자전환대상채권은 회생계획 제6장 제4절에 의하여 채무자가 신규로 발행하는 주식의 효력발생일에 해당 회생채권의 변제에 갈음하여 소멸합니다.

2) 개시 후 이자

개시 후 이자는 전액 면제합니다.

다. 권리변경 후 채무자가 변제하여야 할 회생채권(대여금채권)의 내역은 다음과 같습니다.

(단위: 원)

신고 번호	목록 번호	채권자	변동후 시인된 총채권액	권리변경		권리변경 후 변제할 채권액			
				면 제	출자전환	원 금	개시전 이자	개시후 이자	합 계
신고15	채권1	한국수출입은행 (대표이사 ○○○)	4,862,019,230	연 7.5%, 연 10.5%	2,917,211,540	1,914,684,010	30,123,680	-	1,944,807,690
신고 13-1	채권 4-1	중소벤처기업진흥공단 (대표이사 ○○○)	1,000,438,356	연 6%	600,263,016	400,000,000	175,340	-	400,175,340
신고 2-1	채권5	㈜신한은행 (대표이사 ○○○)	59,559,019	-	35,735,409	21,818,280	2,005,330	-	23,823,610
신고5	채권7	중소기업은행 (대표이사 ○○○)	1,232,747,853	연 6% - 연 11%	739,648,713	488,625,720	4,473,420	-	493,099,140
-	채권 14	최○○	290,000,000	-	174,000,000	116,000,000	-	-	116,000,000
신고 1-1	채권 111	신한카드㈜ (대표이사 ○○○)	11,222,357	-	6,733,407	4,460,540	28,410	-	4,488,950
신고8	채권 119	㈜하나카드 (대표이사 ○○○○)	9,370,915	-	5,622,545	3,723,860	24,510	-	3,748,370
추완 신고9	-	(주)하나은행 (대표이사 ○○○)	10,622,658	-	6,373,598	4,249,060	-	-	4,249,060
합계			7,475,980,388	-	4,485,588,228	2,953,561,470	36,830,690	-	2,990,392,160

세부적인 채권 변동 및 권리변경 내역은 <별표 4-2>와 같고, 권리변경 후 원금 및 이자의 세부적인 변제계획은 <별표 5-2>와 같습니다.

2. 회생채권(전환사채권)에 대한 권리변경과 변제방법

가. 채무자가 시인한 회생채권(전환사채권)의 내역은 다음과 같습니다.

(단위: 원)

신고 번호	목록 번호	채권자	시인된 채권액				변동액	변동후 시인된 채권액
			원금	개시전 이자	개시후 이자	합 계		
신고 13-2	채권 4-2	중소벤처기업 진흥공단 (대표이사 ○○○)	916,630,000	75,218,746	연 6%	991,848,746	-	991,848,746
합계			916,630,000	75,218,746	연 6%	991,848,746	-	991,848,746

나. 권리변경 및 변제방법

1) 원금 및 개시 전 이자

시인된 원금 및 개시 전 이자의 60%는 출자전환하고, 40%를 현금 변제하되, 제1차연도(20×1년)부터 제10차연도(20×10년)까지 매년 10%씩 균등분할 변제합니다.

출자전환 대상 채권은 회생계획 제6장 제4절에 의하여 채무자가 신규로 발행하는 주식의 효력발생일에 해당 회생채권의 변제에 갈음합니다.

2) 개시 후 이자

개시 후 이자는 전액 면제합니다.

3) 전환권

회생채권 전환사채권과 관련하여 부여된 전환권 중 회생절차개시 이전에 행사되지 아니한 권리는 회생계획안 인가와 동시에 소멸합니다.

다. 권리변경 후 채무자가 변제하여야 할 회생채권(전환사채권)의 내역은 다음과 같습니다.

(단위: 원)

신고번호	목록번호	채권자	변동후 시인된 총채권액	권리변경		권리변경 후 변제할 채권액			
				면 제	출자전환	원 금	개시전 이자	개시후 이자	합 계
신고 13-2	채권 4-2	중소벤처기업 진흥공단 (대표이사 ○○○)	991,848,746	연 6%	595,109,246	366,652,000	30,087,500	-	396,739,500
합계			991,848,746	연 6%	595,109,246	366,652,000	30,087,500	-	396,739,500

세부적인 채권 변동 및 권리변경 내역은 <별표 4-3>과 같고, 권리변경 후 원금 및 이자의 세부적인 변제계획은 <별표 5-3>과 같습니다.

3. 회생채권(상거래채권)에 대한 권리변경과 변제방법

가. 채무자가 시인한 회생채권(상거래채권)의 내역은 다음과 같습니다.

(단위: 원)

신고번호	목록번호	채권자	시인된 채권액				변동액	변동후 시인된 총채권액
			원 금	개시전 이자	개시후 이자	합 계		
-	채권8	㈜○○스틸 (대표이사 문○○)	701,579,317	-	-	701,579,317	-	701,579,317
-	채권9	박○○(○○산업)	597,675,442	-	-	597,675,442	-	597,675,442
-	채권10	○○상사㈜ (대표이사 권○○)	550,000,000	-	-	550,000,000	-	550,000,000
(중략)								
신고19	-	최○○(○○특수)	9,725,540	-	-	9,725,540	-	9,725,540
추완 신고7	-	브○○○○ 코퍼레이션 (대표이사 D)	-	-	-	-	2,323,752,967	2,323,752,967
추완 신고8	-	중소기업기술정보진흥원	-	-	-	-	50,000,000	50,000,000
합계			7,736,770,017	29,980	-	7,736,799,997	2,066,698,289	9,803,498,286

나. 권리변경 및 변제방법

1) 원금 및 개시 전 이자

시인된 원금 및 개시 전 이자의 60%는 출자전환하고, 40%를 현금 변제하되, 제1차연도(20×1년)부터 제10차연도(20×10년)까지 매년 10%씩 균등분할 변제합니다. 단, 권리변경 후 채권금액이 100만 원 미만인 소액채권은 변제할 채권의 100%를 제1차연도(20×1년)와 제2차연도(20×2년)에 균등분할 변제합니다.

출자전환대상채권은 회생계획안 제6장 제4절에 의하여 채무자가 신규로 발행하는 주식의 효력발생일에 해당 회생채권의 변제에 갈음합니다.

2) 개시 후 이자

개시 후 이자는 전액 면제합니다.

다. 권리변경 후 채무자가 변제하여야 할 회생채권(상거래채권)의 내역은 다음과 같습니다.

(단위: 원)

신고번호	목록번호	채권자	변동후 시인된 총채권액	권리변경		권리변경 후 변제할 채권액			
				면 제	출자전환	원 금	개시전 이자	개시후 이자	합 계
–	채권8	㈜○○스틸(대표이사 문○○)	701,579,317	–	420,947,587	280,631,730	–	–	280,631,730
–	채권9	박○○(○○산업)	597,675,442	–	358,605,262	239,070,180	–	–	239,070,180
–	채권10	○○상사㈜(대표이사 권○○)	550,000,000	–	330,000,000	220,000,000	–	–	220,000,000
(중략)									
신고19	–	최○○(○○특수)	9,725,540	–	5,835,320	3,890,220	–	–	3,890,220

신고 번호	목록 번호	채권자	변동후 시인된 총채권액	권리변경		권리변경 후 변제할 채권액			
				면 제	출자전환	원 금	개시전 이자	개시후 이자	합 계
추완 신고7	–	브○○○○ 코퍼레이션 (대표이사 D)	2,323,752,967	–	1,394,251,777	929,501,190	–	–	929,501,190
추완 신고8	–	중소기업기술 정보진흥원	50,000,000	–	30,000,000	20,000,000	–	–	20,000,000
합계			9,803,498,286	–	5,882,098,924	3,921,387,370	11,992	–	3,921,399,362

세부적인 채권 변동 및 권리변경 내역은 <별표 4-4>와 같고, 권리변경 후 원금 및 이자의 세부적인 변제계획은 <별표 5-4>와 같습니다.

4. 회생채권(구상채권)에 대한 권리변경과 변제방법

가. 채무자가 시인한 회생채권 구상채권의 내역은 다음과 같습니다.

(단위: 원)

신고 번호	목록 번호	채권자	시인된 채권액				변동액	변동후 시인된 채권액
			원 금	개시전 이자	개시후 이자	합 계		
추완 신고 1, 2	–	한국무역 보험공사 (대표이사 ○○○)	–	–	–	–	1,292,297,870	1,292,297,870
합계			–	–	–	–	1,292,297,870	1,292,297,870

나. 권리변경 및 변제방법

1) 원금 및 개시전이자

시인된 원금 및 개시전이자의 60%는 출자전환하고, 40%를 현금 변제하되, 제1차연도(20×1년)부터 제10차연도(20×10년)까지 매년 10%씩 균등분할 변제합니다.

출자전환대상채권은 회생계획안 제6장 제4절에 의하여 채무자가 신규로 발행하는 주식의 효력발생일에 해당 회생채권의 변제에 갈음합니다.

2) 개시 후 이자

개시 후 이자는 전액 면제합니다.

다. 권리변경 후 채무자가 변제하여야 할 회생채권(구상채권)의 내역은 다음과 같습니다.

(단위: 원)

신고번호	목록번호	채권자	변동후 시인된 총채권액	권리변경		권리변경 후 변제할 채권액			
				면 제	출자전환	원금	개시전 이자	개시후 이자	합 계
추완신고 1, 2	-	한국무역보험공사 (대표이사 ○○○)	1,292,297,870	945,152 / 연 10%	774,811,628	514,509,000	2,032,090	-	516,541,090
합계			1,292,297,870	945,152 / 연 10%	774,811,628	514,509,000	2,032,090	-	516,541,090

세부적인 채권 변동 및 권리변경 내역은 <별표 4-5>와 같고, 권리변경 후 원금 및 이자의 세부적인 변제계획은 <별표 5-5>와 같습니다.

5. 회생채권(특수관계인채권)에 대한 권리변경과 변제방법

가. 채무자가 시인한 회생채권(특수관계인채권)의 내역은 다음과 같습니다.

(단위: 원)

신고번호	목록번호	채권자	시인된 채권액				변동액	변동후 시인된 총채권액
			원 금	개시전 이자	개시후 이자	합 계		
-	채권2	김민국	2,660,074,520	-	-	2,660,074,520	-	2,660,074,520

신고 번호	목록 번호	채권자	시인된 채권액				변동액	변동후 시인된 총채권액
			원 금	개시전 이자	개시후 이자	합 계		
–	채권3	ㅇㅇ테크㈜ (대표이사 유ㅇㅇ)	2,185,066,604	–	–	2,185,066,604	–	2,185,066,604
–	채권6	유ㅇㅇ	1,270,949,409	–	–	1,270,949,409	–	1,270,949,409
–	채권11	㈜개성ㅇㅇ (대표이사 유ㅇㅇ)	531,486,827	–	–	531,486,827	–	531,486,827
–	채권25	손ㅇㅇ	–	–	–	–	125,009,949	125,009,949
–	채권86	㈜ㅇㅇ (대표이사 김ㅇㅇ)	16,523,935	–	–	16,523,935	–	16,523,935
합계			6,664,101,295	–	–	6,664,101,295	–	6,789,111,244

나. 권리변경 및 변제방법

1) 원금 및 개시 전 이자

시인된 원금 및 개시 전 이자의 100%를 출자전환합니다.

출자전환대상채권은 회생계획안 제6장 제4절에 의하여 채무자가 신규로 발행하는 주식의 효력발생일에 해당 회생채권의 변제에 갈음합니다.

2) 개시 후 이자

개시 후 이자는 전액 면제합니다.

다. 권리변경 후 채무자가 변제하여야 할 회생채권(특수관계인채권)의 내역은 다음과 같습니다.

(단위: 원)

신고 번호	목록 번호	채권자	변동후 시인된 총채권액	권리변경		권리변경 후 변제할 채권액			
				면 제	출자전환	원 금	개시전 이자	개시후 이자	합 계
–	채권2	김민국	2,660,074,520	–	2,660,074,520	–	–	–	–
–	채권3	ㅇㅇ테크㈜ (대표이사 유ㅇㅇ)	2,185,066,604	–	2,185,066,604	–	–	–	–

신고번호	목록번호	채권자	변동후 시인된 총채권액	권리변경		권리변경 후 변제할 채권액			
				면 제	출자전환	원금	개시전 이자	개시후 이자	합 계
–	채권6	유○○	1,270,949,409	–	1,270,949,409	–	–	–	–
–	채권11	㈜개성○○ (대표이사 유○○)	531,486,827	–	531,486,827	–	–	–	–
–	채권25	손○○	125,009,949	–	125,009,949	–	–	–	–
–	채권86	㈜○○ (대표이사 김○○)	16,523,935	–	16,523,935	–	–	–	–
합계			6,789,111,244	–	6,789,111,244	–	–	–	–

세부적인 채권 변동 및 권리변경 내역은 <별표 4–6>과 같고, 권리변경 후 원금 및 이자의 세부적인 변제계획은 <별표 5–6>과 같습니다.

6. 회생채권(보증채권)에 대한 권리변경과 변제방법

가. 채무자가 시인한 회생채권(보증채권)의 내역은 다음과 같습니다.

(단위: 원)

신고번호	목록번호	채권자	시인된 채권액				변동액	변동후 시인된 총채권액
			원 금	개시전 이자	개시후 이자	합 계		
신고 2–1	채권5	㈜신한은행 (대표이사 ○○○)	398,759,996	–	–	398,759,996	–	398,759,996

나. 권리변경 및 변제방법

1) 원금 및 개시 전 이자

원금 및 개시 전 이자는 우선 주채무자로부터 변제받거나 주채무자로부터 제공받은 담보물건을 처분하여 변제받도록 합니다.

주채무자에 대한 담보권 실행 완료 후 또는 채무자의 회생계획인가일 이후 주채무자가 변제하여야 할 주채무를 이행하지 않고 그 불이행 상태가 1년(단, 주채무의 변제기일이 회생계획인가일 이후 도래하는 경우에는 그 변제기일로부터 1년) 이상 계속되는 경우(이하 이 절에서 '채무자가 변제할 사유')에는 변제되지 않은 원금 및 개시 전 이자의 60%는 출자전환하고, 40%를 현금변제하되, 제1차연도(20×1년)에서 제10차연도(20×10년)까지 매년 10%씩 균등분할 변제합니다. 다만, 채무자가 변제할 사유가 제2차연도 이후에 발생하는 경우 이미 변제기일이 경과된 금액은 그 후 최초로 도래하는 변제기일에 합산하여 변제합니다.

출자전환 대상 채권은 회생계획 제6장 제4절에 의하여 채무자가 신규로 발행하는 주식의 효력발생일에 해당 회생채권의 변제에 갈음합니다.

2) 개시 후 이자

개시 후 이자는 전액 면제합니다.

다. 권리변경 후 채무자가 변제하여야 할 회생채권(보증채권)의 내역은 다음과 같습니다.

(단위: 원)

신고번호	목록번호	채권자	변동후 시인된 총채권액	권리변경		권리변경 후 변제할 채권액			
				면 제	출자전환	원 금	개시전 이자	개시후 이자	합 계
신고 2-1	채권5	㈜신한은행 (대표이사 ○○○)	398,759,996	–	239,255,996	159,504,000	–	–	159,504,000

세부적인 채권 변동 및 권리변경 내역은 <별표 4-7>과 같고, 권리변경 후 원금 및 이자의 세부적인 변제계획은 <별표 5-7>과 같습니다.

7. 회생채권(미발생구상채권)에 대한 권리변경과 변제방법

가. 채무자가 시인한 회생채권(미발생구상채권)의 내역은 다음과 같습니다.

(단위: 원)

신고번호	목록번호	채권자	시인된 채권액				변동액	변동후 시인된 총채권액
			원금	개시전 이자	개시후 이자	합 계		
신고12	–	서울보증보험 주식회사 (대표이사 ○○○)	110,567,085	–	–	110,567,085	–	110,567,085

나. 권리변경 및 변제방법

1) 원금 및 개시 전 이자

보증기관 등이 채무자를 위하여 대위 변제하여 구상채권이 발생할 경우, 원금 및 개시 전 이자의 60%는 출자전환하고, 40%를 현금변제하되, 현금변제할 금액은 제1차연도(20×1년)에서 제10차연도(20×10년)까지 매년 10%씩 균등분할 변제합니다. 다만, 대위변제가 제2차연도 이후에 이루어지는 경우, 이미 회생계획안에 의한 변제기일이 경과된 미변제채권은 그 후 최초로 도래하는 변제기일에 합산하여 변제합니다.

출자전환대상채권은 회생계획안 제6장 제4절에 의하여 채무자가 신규로 발행하는 주식의 효력발생일에 해당 회생채권의 변제에 갈음합니다.

2) 개시 후 이자

개시 후 이자는 전액 면제합니다.

다. 권리변경 후 채무자가 변제하여야 할 회생채권(미발생구상채권)의 내역은 다음과 같습니다.

(단위: 원)

신고번호	목록번호	채권자	변동후 시인된 총채권액	권리변경		권리변경 후 변제할 채권액			
				면 제	출자전환	원금	개시전 이자	개시후 이자	합 계
신고12	–	서울보증보험 주식회사 (대표이사 ○○○)	110,567,085	미확정	미확정	미확정	미확정	미확정	미확정

세부적인 채권 변동 및 권리변경 내역은 <별표 4-8>과 같고, 권리변경 후 원금 및 이자의 세부적인 변제계획은 <별표 5-8>과 같습니다.

8. 회생채권(조세등채권)에 대한 권리변경과 변제방법

가. 채무자가 시인한 회생채권(조세등채권)의 내역은 다음과 같습니다.

(단위: 원)

신고번호	목록번호	채권자	시인된 채권액				변동액	변동후 시인된 총채권액
			본 세	가산금	중가산금	합 계		
신고14	조세1	국민건강보험공단	82,610,150	7,434,830	–	90,044,980	–	90,044,980
–	조세2	○○세무서	6,578,740	–	–	6,578,740	1,289,250	7,867,990
–	조세3	○○구	1,439,020	–	–	1,439,020	1,962,470	3,401,490
합계			90,627,910	7,434,830	–	98,062,740	3,251,720	101,314,460

나. 권리변경 및 변제방법

채무자회생법 제140조 제2항에 의하여 회생계획인가결정일 이후 변제기일까지 국세징수법 또는 국세징수의 예에 의한 징수 및 체납처분에 의한 재산의 환가는 유예합니다. 채무자는 본세에 회생계획인가결정일 전일까지 발생한 가산금 및 중가산금을 포함한 금액을 100% 현금변제하되, 제1차연도(20×1년)부터 제3차연도(20×3년)까지 3년간 매년 균등 변제하며, 제3차연도(20×3년)에는 인가결정일 해당일 전일에 변제합니다. 다툼이 있을 경우에는 이의신청 및 소송제기 등을 통하여 확정하는 것으로 하며, 법원의 허가를 얻어 조기에 변제할 수 있습니다.

다. 권리변경 후 채무자가 변제하여야 할 회생채권(조세등채권)의 내역은 다음과 같습니다.

(단위: 원)

신고번호	목록번호	채권자	변동후 시인된 총채권액	권리변경(면제)	권리변경 후 변제할 채권액			
					본 세	가산금	중가산금	합 계
신고14	조세1	국민건강보험공단	90,044,980	–	82,610,150	7,434,830	–	90,044,980
–	조세2	○○세무서	7,867,990	–	6,863,260	205,890	798,840	7,867,990
–	조세3	○○구	3,401,490	–	3,401,490	–	–	3,401,490
합계			101,314,460	–	92,874,900	7,640,720	798,840	101,314,460

세부적인 채권 변동 및 권리변경 내역은 <별표 4-9>와 같고, 권리변경 후 원금 및 이자의 세부적인 변제계획은 <별표 5-9>와 같습니다.

제4절 장래의 구상권

1. 회생절차개시결정일 이후 채무자를 위한 보증인, 물상보증인(담보목적물의 제3취득자를 포함합니다), 기타 제3자가 자기의 출재로 인하여 회생담보권자 또는 회생채권자에게 변제한 경우에는 채무자에 대하여 구상권을 취득합니다.

– 39 –

2. 다만, 구상권자는 채권자의 권리변경 전의 채권이 회생절차에 의하여 또는 회생절차에 의하지 아니하고 모두 소멸하는 경우에 한하여 자기의 구상권을 행사할 수 있으며, 채무자는 이 회생계획에 의하여 변제하여야 할 회생담보권 또는 회생채권액 범위 내에서 구상권자의 구상권 비율에 따라 변제합니다.

3. 특수관계인이 회생절차개시결정 이후 대위변제 등으로 채무자에 대하여 취득하는 구상권은 전액 면제합니다. 이때 면제되는 구상권의 금액은 전항의 구상권의 비율을 산정함에 있어서 총액에 산입합니다.

제5절 신고되지 아니한 회생채권 등의 처리

채무자회생법 제147조 내지 제156조에 따라 회생담보권자의 목록 및 회생채권자의 목록에 기재되지 않고 신고되지 아니한 회생담보권, 회생채권에 관하여는 같은 법 제251조에 의하여 채무자는 그 책임을 면합니다.

제6절 미확정 회생담보권과 회생채권 및 부인권 행사로 부활될 회생채권의 처리

1. 미확정 회생담보권 및 회생채권

회생담보권자의 목록 및 회생채권자의 목록에 기재된 채권, 신고기간 내에 신고된 회생담보권 및 회생채권으로서 채권조사확정재판이 제기되거나 회생채권 등의 확정소송이 진행되고 있는 것은 다음과 같으며, 회생담보권 또는 회생채권으로 확정되었을 경우 아래 '2항'에 따라 변제합니다.

가. 조사확정재판 : 해당 사항 없습니다.

나. 소송 중인 신고채권 : 해당 사항 없습니다.

2. 미확정 회생담보권 및 회생채권의 권리변경과 변제방법

가. 회생담보권 및 회생채권 조사확정재판이나 이의의 소에 의하여 회생담

보권 및 회생채권으로 확정되었을 경우에는 회생담보권 및 회생채권에 대하여 그 권리의 성질 및 내용에 비추어 가장 유사한 회생담보권 및 회생채권의 권리변경 및 변제방법에 따라 변제합니다.

나. 위 가.항에 따라 가장 유사한 권리변경 및 변제방법을 적용하는 것에 관하여 다툼이 있는 경우에는 관리인의 신청에 의하여 이 사건을 담당하는 법원이 이를 결정합니다.

다. 회생담보권 및 회생채권 조사확정재판이나 이의의 소에 의하는 채권 이외에 미확정채권이 회생담보권 또는 회생채권으로 확정되는 경우에는 위 가. 나.항에 따라 권리변경 및 변제방법을 정합니다.

3. 부인권 행사로 부활될 회생채권에 관한 권리변경 및 변제방법

가. 관리인이 회생계획안 심리를 위한 관계인집회 종료 후 부인의 소 또는 부인의 청구를 제기하여 그에 관한 재판이 확정된 후 1개월 이내에 상대방이 채권신고를 추후 보완하고 그 상대방이 받은 급부를 반환하거나 그 가액을 상환한 경우, 그 추후 보완신고된 채권이 시인되거나 그에 관한 채권조사확정재판 등이 확정되면 그 권리의 성질 및 내용에 비추어 가장 유사한 회생담보권 또는 회생채권의 권리변경 및 변제방법을 적용합니다.

나. 위 가.항에 따라 가장 유사한 권리변경 및 변제방법을 적용하는 것에 관하여 다툼이 있는 경우에는 관리인의 신청에 의하여 이 사건을 담당하는 법원이 이를 결정합니다.

제4장 공익채권의 변제에 관한 규정

회생계획안 제출일 현재 미지급 공익채권 및 이후 발생하는 공익채권은 회생절차 종료 시까지 영업수익금 및 기타 재원으로 법원의 허가를 얻어 변제합니다.

- 41 -

제5장 사채의 발행

채무자는 회생계획인가일부터 회생절차가 종료될 때까지 관련 법규 및 채무자의 자금 사정과 유가증권 발행시장의 형편에 따라 사채를 분할하여 발행할 수 있습니다. 다만, 사채의 발행규모와 발행 시기 및 발행방법 등 구체적인 사항은 관리인이 법원의 허가를 얻어 정합니다.

제6장 주주 권리의 변경과 출자전환에 따른 신주의 발행

제1절 주주의 권리 제한

1. 회생절차가 종료될 때까지 주주에 대하여 이익배당을 하지 아니합니다.

2. 회생계획에 특별히 정함이 없는 한 채무자는 회생절차 진행 중에 법원의 허가를 받아 주주총회를 개최할 수 있습니다. 주주는 법원의 허가 없이 개최된 주주총회에서 의결권을 행사할 수 없습니다.

제2절 신주의 발행

채무자는 법원의 허가를 얻어 신주를 발행할 수 있습니다.

1. 주식의 종류 : 기명식 보통주

2. 1주의 액면금액 : 5,000원

3. 관리인은 수권자본금 범위 내에서 법원의 허가를 얻어 수차례에 걸쳐 신주를 발행할 수 있습니다.

4. 신주를 발행하고자 하는 경우에 관리인은 정관에 정한 발행예정주식총수의 범위 안에서 발행할 주식의 수, 신주를 인수할 자, 신주의 배정방법(제3자배정 포함), 발행가액과 납입기일, 단주 및 실권주의 처리, 기타 신주발행에 관한 사무절차에 관하여 법원의 허가를 얻어 정합니다. 다만, 회생절차 종결 이후에는 상법에 따라 처리합니다.

5. 신주발행의 효력은 신주 납입금 납입기일의 다음 영업일에 발생합니다.
6. 신주 납입금은 사업자금 및 변제자금으로 그 용도를 제한합니다.

제3절 자본의 감소

1. 주식 병합에 의한 자본감소(주식의 1차 병합)

가. 주식 병합의 방법

회생계획인가일 기준으로 주주명부에 등록된 주주가 보유한 보통주에 대하여 액면가 5,000원의 기명식 보통주 2주를 액면가 5,000원의 기명식 보통주 1주로 병합합니다. 주식 병합의 결과 1주 미만의 단주가 발생하는 경우 관리인은 법원의 허가를 얻어 무상 소각합니다.

나. 주권의 제출

병합되는 주권의 소지자는 회생계획인가일로부터 1개월 이내에 해당 주권을 관리인에게 제출하여야 합니다.

다. 자본감소의 효력발생일

주식 병합에 따른 자본감소의 효력은 회생계획인가일에 발생합니다.

2. 주식 병합 후의 자본금

주식 병합 후 채무자의 자본금은 300,000,000원(60,000주)으로 합니다. 단, 단주의 발생 등으로 인하여 병합 후의 자본금은 위와 다를 수 있습니다.

제4절 출자전환에 따른 신주발행

회생계획의 권리변경에 따라 회생채권자가 주금을 납입하지 아니하고 채권을 주식으로 전환하는 경우, 관리인이 법원의 허가를 얻어 아래와 같이 신주를 발행하고 신주발행의 효력발생일에 채권의 변제에 갈음합니다.

1. 회생채권

(대여금채권, 전환사채권, 상거래채권, 구상채권, 보증채권, 특수관계인채권)

가. 주식의 종류 : 기명식 보통주

나. 1주의 액면금액 : 5,000원

다. 1주의 발행가액 : 보통주 1주당 5,000원을 발행가액으로 합니다.

라. 발행할 주식수 : 3,753,091주

마. 신주발행으로 인하여 증가하는 자본금의 액 : 금 18,765,455,000원. 다만, 단주처리로 인하여 자본금이 위와 일치하지 않을 경우에는 실제의 신주발행 결과에 따릅니다.

바. 신주발행으로 감소하게 되는 부채액 : 금 18,765,975,266원

사. 신주발행의 효력발생일 : 출자전환에 따른 신주발행의 효력은 본 장 제3절 주식 병합에 의한 자본감소의 효력발생일 다음 날에 발생하며, 관리인이 법원의 허가를 얻어 신주를 발행합니다.

아. 단주의 처리 : 1주 미만의 단주는 관리인이 법원의 허가를 얻어 소각합니다.

2. 회생채권(미발생구상채권)

가. 주식의 종류 : 기명식 보통주

나. 1주의 액면금액 : 5,000원

다. 1주의 발행가액 : 1주당 5,000원을 발행가액으로 합니다.

라. 발행할 주식수 : 미정

마. 신주발행으로 인하여 증가하는 자본금의 액 : 미정

바. 신주발행으로 감소하게 되는 부채액 : 미정

사. 신주발행의 효력발생일 : 출자전환에 따른 신주발행의 효력은 본 장 제3절 주식 병합에 의한 자본감소의 효력발생일 다음 날에 발생하며, 관리인이 법원의 허가를 얻어 신주를 발행합니다.

아. 단주의 처리 : 1주 미만의 단주는 관리인이 법원의 허가를 얻어 소각합니다.

제5절 출자전환 후 주식 재병합

1. 주식재병합에 의한 자본감소

가. 주식재병합의 방법

채무자 자본금 규모의 적정화를 위하여 병합된 기존 주식 및 회생채권에서 출자전환된 신주 등 모든 주식에 대하여 액면가 5,000원의 보통주 25주를 액면가 5,000원의 보통주 1주로 병합합니다. 주식재병합의 결과 1주 미만의 단주가 발생하는 경우에 관리인은 법원의 허가를 얻어 무상 소각합니다.

나. 자본감소의 효력발생일

주식재병합에 따른 자본감소의 효력은 본 장 제4절 출자전환에 따른 신주발행의 효력발생일 다음 날에 발생합니다.

2. 주식재병합 후의 자본금

주식재병합 후 채무자의 자본금은 762,030,000원(152,406주)으로 합니다. 단, 단주의 발생 등으로 인하여 병합 후의 자본금은 위와 다를 수 있습니다.

제6절 자본감소, 출자전환 및 주식재병합 후 자본금

제3절의 자본의 감소, 제4절의 출자전환 및 제5절의 주식 재병합 후 채무자 회사의 자본금 내역은 다음과 같습니다. 단, 소각 및 출자전환 후의 주식수는 단주의 발생과 관련하여 변경될 수 있습니다.

(단위: 주, 원, %)

구분	현 재		병 합		출자전환		재병합 주식수 (자본감소)	최종자본금		
	주식수	자본금	병합 비율	병합후 주식수	대상채권액	발행 주식수		주식수	자본금	지분율
기존주주	120,000	600,000,000	50.0%	60,000	-	-	(57,600)	2,400	12,000,000	1.56%

구분		현 재		병 합		출자전환		재병합	최종자본금		
		주식수	자본금	병합 비율	병합후 주식수	대상채권액	발행 주식수	주식수 (자본감소)	주식수	자본금	지분율
출자전환주주	회생채권 (대여금 채권)					4,485,588,228	897,114	(861,234)	35,880	179,400,000	23.54%
	회생채권 (전환 사채권)					595,109,246	119,021	(114,261)	4,760	23,800,000	3.12%
	회생채권 (상거래 채권)					5,882,098,924	1,176,325	(1,129,381)	46,944	234,720,000	30.80%
	회생채권 (구상채권)					774,811,628	154,962	(148,764)	6,198	30,990,000	4.07%
	회생채권 (특수관계 인채권)					6,789,111,244	1,357,818	(1,303,508)	54,310	271,550,000	35.64%
	회생채권 (보증채권)					239,255,996	47,851	(45,937)	1,914	9,570,000	1.26%
	회생채권 (미발생 구상채권)					미확정	미확정	미확정	미확정	미확정	미확정
	소계					18,765,975,266	3,753,091	(3,603,085)	150,006	750,030,000	98.43%
합계		120,000	600,000,000	50.0%	60,000	18,765,975,266	3,753,091	(3,660,685)	152,406	762,030,000	100.00%

주1. 단주의 발생 등으로 자본금이 위와 다를 수 있습니다.

주2. 세부적인 주식병합 및 출자전환 후의 지분율 및 자본금은 <별표 7-1>과 같습니다.

제7장 변제자금 등의 조달

제1절 변제자금의 조달

1. 영업수익금

변제자금은 영업수익금으로 충당함을 원칙으로 합니다.

2. 보유자산 등의 처분

영업수익금과 별도로 법원의 허가를 받아 보유 자산(부동산 등)을 매각할 경우에는 회생계획에 따라 처분하여 변제자금 등으로 사용합니다.

3. 차입금 등

영업수익금 및 자산의 매각대금이 변제자금의 충당에 부족할 때에는 법원의 허가를 받아 금융기관 등으로부터 차입하여 이를 변제자금으로 사용할 수 있습니다.

4. 기타의 수익금 등

기타 수시로 발생하는 수익금은 법원의 허가를 받아 변제자금으로 사용할 수 있습니다.

제2절 운영자금의 조달

운영자금은 영업소득 등 수익금으로 충당합니다. 다만, 부득이한 경우에는 법원의 허가를 얻어 금융기관 등으로부터 차입 및 기타 방법에 의하여 조달할 수 있습니다.

제8장 자구노력 및 재무구조 개선 노력

채무자는 재무구조 개선을 위하여 수익성 위주의 제품을 수주하여 더 많은 이익을 창출함으로써 운영자금의 확보 및 채무의 변제자금에 활용하여 재무구조 개선에 최선을 다하고, 나아가 고정 자산의 매각, 사채의 발행, 유상증자 등을 추진하여 조기 경영정상화를 이루고 회생절차의 조기 종결을 위하여 최선의 노력을 다하겠습니다.

- 47 -

제1절 자구노력의 추진

1. 사업구조의 개선

채무자의 신용도를 회복하기 위하여 매출 증대, 이익률 개선 및 원가 절감을 통한 현금흐름 중시의 경영체계를 확립하겠습니다.

위와 같은 노력을 바탕으로 채무자는 손익 및 재무구조를 개선하여 채무상환 능력을 조기에 확보하는 데 최선을 다하겠습니다.

2. 비업무용 자산의 처분

채무자가 보유한 비업무용자산을 조기에 처분하여, 회생담보권의 변제자금에 충당하겠습니다.

(단위: 원)

매각자산	회수예상액	매각연도	담보권자	비 고
토지 (서울 ○○구 ○○대로 ○○○)	9,670,525,860	제1차연도(20×1년)	㈜하나은행	(주1)
건물 (서울 ○○구 ○○대로 ○○○)	2,246,012,949	제1차연도(20×1년)	㈜하나은행	(주1)
Damas 설비매각	140,000,000	준비연도(20×0년)		(주1)
합계	12,056,538,809			

(주1) 조사보고서상 회수예상금액

제2절 재무구조의 개선

인력을 적재적소에 배치하여 인적자원의 효율성을 제고하고 불요불급한 경비의 사용을 억제하여 재무구조를 개선할 수 있도록 할 것이며, 계획된 매출목표를 유지하고 원가절감을 통한 수익 극대화로 현금흐름의 경영체계를 확립하는 데 최선의 노력을 경주하겠습니다.

제9장 예상수익금의 과부족 시 처리방법

제1절 예상수익금의 초과시 처리방법

1. 예상을 초과하는 영업수익금 또는 자산매각대금이 발생한 때에는 관리인은 법원의 허가를 얻어 공익채권의 변제, 운전자금의 사용, 회생담보권 및 회생채권의 변제 등으로 사용합니다.

2. 조세채권을 제외한 회생담보권 및 회생채권을 조기에 변제할 경우 법원의 허가를 얻어 해당 채권에 대하여 연 4.75%의 할인율을 적용하여 채권액을 변제합니다.

제2절 예상수익금의 부족 시 처리방법

예상수익금의 부족으로 회생계획의 변제금액을 전액 변제할 수 없을 때에는 다음의 순서에 따라 처리합니다.

1. 우선 회생담보권의 원금, 회생채권의 원금 순으로 해당 연도 변제예정금액에 비례하여 변제합니다.

2. 나머지가 있을 경우에는 회생담보권 개시 전 이자, 회생채권 개시 전 이자, 회생담보권 개시 후 이자, 회생담보권 연체이자, 회생채권 연체이자 순으로 해당 연도 변제예정금액에 비례하여 변제합니다.

3. 해당 연도의 변제예정금액 중 미변제금액은 다음 연도에 우선 변제합니다.

제10장 M&A의 추진

관리인은 회생계획인가 후 회생계획의 수행이 불확실하다고 인정되는 경우, 채무자의 경영정상화와 채무변제의 극대화를 위해 법원의 허가를 받아 채무자에 대한 제3자 매각, 영업양도 등 적절한 방식의 M&A를 적극적으로 추진하여야 합니다. 관리인은 M&A 절차를 공개 입찰방식으로 투명하고 공정하게 진행하여야 하고 그 진행상황을 수시로 법원에 보고하여야 합니다.

- 49 -

관리인 및 이해관계인은 필요한 경우 채무자회생법 제282조에 따라 회생계획의 변경을 신청할 수 있습니다.

관리인이 M&A를 성사시키기 위하여 법원의 허가를 얻어 회생계획 제6장 제2절에 정하는 신주를 발행할 경우에는 채무자를 인수하고자 하는 제3자에게 발행할 신주를 배정할 수 있습니다.

제11장 분쟁이 해결되지 아니한 권리

관리인이 회생절차 진행 중 채무자에게 속하는 권리로서 분쟁이 발생하여 화해, 조정의 수락 또는 소송의 수행에 필요한 의사결정을 함에 있어서는 법원의 허가를 받아 이를 시행합니다.

제12장 정관의 변경

1. 회생계획인가일부터 정관 제5조 및 제9조를 다음과 같이 변경합니다.

구분	변경 전	변경 후	비고
제5조 (회사가 발행할 주식의 총수 및 각종 주식의 내용과 수)	① 회사가 발행할 주식의 총수는 500,000주로 한다.	① 회사가 발행할 주식의 총수는 10,000,000주로 한다.	
제9조 (신주인수권)	② 제1항의 규정에 불구하고 다음 각호의 경우에는 주주외의 자에게 신주를 배정할 수 있다. 1~11 (중략)	② 제1항의 규정에 불구하고 다음 각호의 경우에는 주주외의 자에게 신주를 배정할 수 있다. 1~11 (중략) 12. 회생담보권 및 회생채권을 출자전환하여 신주를 발행하는 경우 13. M&A를 통한 재무구조 개선을 위하여 유상 신주를 발행하는 경우	

2. 회생절차 진행 중 정관의 변경이 필요한 경우 관리인은 법원의 허가를 얻어 정관을 변경할 수 있습니다.

제13장 임원의 선임과 해임

1. 채무자의 현 대표이사, 이사는 회생계획인가에도 불구하고 전원 유임됩니다.

2. 유임되는 대표이사, 이사의 임기는 회생계획인가 이후 최초로 개최되는 주주총회의 결의에 의하여 후임 대표이사, 이사가 선임될 때까지로 합니다.

3. 위 2.항의 인가 이후 최초로 개최되는 주주총회는 회생계획인가일부터 50일 이내에 개최합니다. 위 기간은 법원의 허가를 받아 30일의 범위에서 연장할 수 있습니다.

4. 인가 이후 최초로 개최되는 주주총회의 결의에 의하여 대표이사, 이사를 선임하는 경우를 제외하고는, 채무자의 이사는 매년 회생계획인가일이 속한 달에 개최되는 주주총회의 결의에 의하여, 대표이사는 위 주주총회 결의 후 지체없이 개최되는 이사회 결의에 의하여 선임합니다. 다만, 채무자가 회생절차 종료를 앞두고 필요한 경우에는 위 본문이 정한 기간이 도래하기 전이라도 주주총회 및 이사회를 개최하여 기존 대표이사, 이사를 해임하고 새로운 대표이사, 이사의 선임을 할 수 있습니다.

5. 위 2.항 및 4.항에 의하여 선임된 채무자의 대표이사, 이사는 채무자회생법 제74조 제2항 제1호에서 정한 사유에 해당하지 아니하여야 합니다.

6. 위 1.항에 의하여 유임된 대표이사에게 채무자회생법 제74조 제2항, 각호의 사유가 있다고 인정되는 경우 또는 위 2.항 및 4.항의 방법에 의하여 선임된 대표이사가 위 5.항의 요건을 갖추지 못한 경우, 법원은 제3자를 관리인으로 선임하는 결정을 할 수 있습니다.

7. 법원이 위 6.항에 의하여 제3자를 관리인으로 선임하는 경우, 그 관리인은 법원의 허가를 받아 기존 대표이사, 이사를 해임함과 아울러 새로운 대표이사, 이사를 선임할 수 있습니다.

8. 위 7.항에 의하여 선임된 대표이사, 이사의 임기는 1년으로 하고, 보수는 관리인이 법원의 허가를 받아 결정합니다.

9. 위 7.항에 의하여 선임된 대표이사, 이사의 임기 중 대표이사, 이사의 변경 또는 충원이 필요가 있는 경우 관리인이 법원의 허가를 받아 대표이사, 이사를 선임하되, 이 경우 변경 또는 보충된 대표이사, 이사의 임기는 종전 대표이사, 이사의 잔여 임기까지로 합니다.

제14장 관리인의 보수 및 특별보상금

1. 회생절차 진행 중에 주주총회는 대표이사, 이사의 보수를 정할 수 있습니다. 다만, 주주총회에서의 보수 결정의 효력은 법원이 그에 관한 허가 또는 결정을 하는 때로부터 발생합니다.

2. 법원은 관리인의 경영실적 등을 평가한 결과 아래 각 호의 사유가 있다고 인정되는 때에는 결정에 의하여 특별보상금을 지급할 수 있습니다.

가. 관리인이 그의 경영수완에 의하여 회생계획이 예정한 경영목표를 초과하여 달성한 때

나. 관리인의 능력과 노력에 기인하여 채무자의 재산상황이 관리인의 최초 취임 당시보다 현저히 개선된 때

다. 관리인이 능동적으로 신규자본을 물색·유입하거나 다른 우량기업과 인수·합병을 이룩함으로써 채무자의 회생에 현저한 기여를 한 때

3. 법원은 전항의 특별보상금에 갈음하여 일정한 가격에 주식을 매수할 권리(스톡옵션)를 부여할 수 있습니다.

4. 위 2, 3항의 경우 관리인에 대한 처우는 서울회생법원 실무준칙의 규정에 의합니다.

제15장 회생절차의 조기종결

1. 관리인은 채무자회생법 제283조 및 서울회생법원 실무준칙 제251호에 정한 바에 따라 회생계획의 수행가능성과 관련하여 아래의 사항을 고려한 결과, 회생계획 수행에 지장이 없다고 인정되는 때에는 조기에 회생절차의 종결신청을 할 수 있습니다.

가. 회생계획상 주요 부분의 변제가 차질 없이 이행되고 있는지 여부

나. 채무자의 총자산이 총부채를 안정적으로 초과하고 있는지 여부

다. 채무자가 회생계획상 예정된 영업이익 수준을 큰 폭으로 초과 달성하거나 수년간 계속하여 상당한 정도로 초과 달성하여 앞으로도 그 수준을 유지할 가능성이 높은지 여부

라. 제3자가 채무자를 인수하여 향후 회생계획 수행에 필요한 자금조달이나 영업이익의 실현에 지장이 없는지 여부

2. 회생절차를 조기에 종결하는 경우 채권자협의회는 채무자의 회생계획 수행을 감독할 새로운 협의체를 구성할 수 있습니다. 새로이 구성되는 채권자협의체의 구성과 운영 및 활동범위에 관하여는 관리인이 회생절차 종결 이전에 법원의 허가를 받아 채권자협의회와 협약을 체결하여 정하기로 합니다.

제16장 회생절차의 폐지신청

다음의 경우 관리인은 회생절차의 폐지신청을 하여야 합니다.

1. 회생계획에 따른 변제를 기한 내에 이행하지 못하고 있고, 앞으로도 변제의 지체가 계속될 것으로 예상되는 경우

2. 영업실적이 회생계획상 예정된 사업계획의 수준에 비하여 현저히 미달하고 있고, 가까운 장래에 회복될 전망이 보이지 않는 경우

- 53 -

3. 회생계획에서 정한 자산매각계획을 실현하지 못하여 향후 자금수급계획에 현저한 지장을 초래할 우려가 있는 경우

4. 공익채권이 과다하게 증가하여 향후 회생계획의 수행에 지장을 초래할 우려가 있는 경우

5. 노사쟁의 기타 채무자 회사 내부의 분규나 이해관계인의 불합리하고 과다한 간섭 등이 계속되어 회사 운영에 심각한 차질이 발생한 경우

제17장 기타사항

1. 채무자는 서울회생법원 실무준칙 제253조가 정하는 바에 따라 매년 외부감사인으로부터 회계감사를 받습니다.

2. 회생계획에 언급되지 않은 사항은 채무자회생법, 채무자회생법 시행령, 채무자 회생 및 파산에 관한 규칙 및 서울회생법원 실무준칙에 근거하여 법원의 허가를 받아 시행합니다.

3. 회생계획의 용어나 자구해석에 다툼이 있는 경우 법원의 해석에 따릅니다.

〈별표 1〉

재무상태표 및 수정후 재무상태표

채무자: 주식회사 대한 (단위: 원)

계정과목	회사제시금액	수정금액	조사수정후금액
자 산			
Ⅰ. 유동자산	**7,474,938,812**	**188,602,074**	**7,663,540,886**
(1) 당좌자산	**4,743,796,729**	**362,337,380**	**5,106,134,109**
현금	30,401,689	–	30,401,689
보통예금	78,617,170	–	78,617,170
외화보통예금	440,038,130	2,514,319	442,552,449
외상매출금	4,413,672,601	(3,119,160)	4,410,553,441
대손충당금	(1,226,076,364)	430,688,189	(795,388,175)
단기대여금	14,000,000	(14,000,000)	–
미수금	582,660,213	(103,405,169)	479,255,044
대손충당금	(473,606,166)	–	(473,606,166)
선급금	2,151,568,883	–	2,151,568,883
대손충당금	(1,278,310,603)	(10,000,000)	(1,288,310,603)
선급비용	9,309,896	60,000,000	69,309,896
선급세금	1,521,280	(340,799)	1,180,481
(2) 재고자산	**2,731,142,083**	**(173,735,306)**	**2,557,406,777**
상품	26,380,112	–	26,380,112
제품	376,123,823	(58,376,442)	317,747,381
원재료	2,211,262,699	(85,516,531)	2,125,746,168
저장품	74,584,611	(29,842,333)	44,742,278
재공품	42,790,838	–	42,790,838
Ⅱ. 비유동자산	**17,891,721,299**	**(1,162,728,877)**	**16,728,992,422**
(1) 투자자산	**2,689,652,989**	**(1,635,460,156)**	**1,054,192,833**
매도가능증권	2,689,652,989	(1,635,460,156)	1,054,192,833
(2) 유형자산	**15,135,959,366**	**537,501,396**	**15,673,460,762**
토지	11,398,320,000	422,160,000	11,820,480,000
건물	5,090,592,238	(1,962,524,548)	3,128,067,690
감가상각누계액	(2,029,823,060)	2,029,823,060	–
구축물	130,480,000	(130,480,000)	–
감가상각누계액	(72,001,600)	72,001,600	–
기계장치	4,368,726,515	(4,060,337,246)	308,389,269
감가상각누계액	(4,076,534,921)	4,076,534,921	–
차량운반구	195,007,121	(153,665,121)	41,342,000
감가상각누계액	(194,999,121)	194,999,121	–
공구와기구	4,177,259,171	(3,850,156,377)	327,102,794
감가상각누계액	(3,894,918,318)	3,894,918,318	–
비품	750,001,753	(735,514,744)	14,487,009

감가상각누계액	(739,765,412)	739,765,412	–
미착기계	33,592,000	–	33,592,000
시설장치	58,638,250	(58,638,250)	–
감가상각누계액	(58,615,250)	58,615,250	–
(3) 무형자산	**2,024,544**	**(685,717)**	**1,338,827**
특허권	1,311,364	(607,364)	704,000
상표권	708,180	(78,353)	629,827
실용신안권	4,000	–	4,000
의장권	1,000	–	1,000
(4) 기타 비유동자산	**64,084,400**	**(64,084,400)**	**–**
임차보증금	1,300,000	(1,300,000)	–
보증금	62,784,400	(62,784,400)	–
자 산 총 계	**25,366,660,111**	**(974,126,803)**	**24,392,533,308**
부 채			
Ⅰ. 유동부채	**26,164,655,547**	**886,702,316**	**27,051,357,863**
매입채무	7,571,774,512	381,670,463	7,953,444,975
미지급금	1,422,311,438	(186,947,284)	1,235,364,154
예수금	12,675,316	(12,675,316)	–
선수금	2,237,835,037	–	2,237,835,037
단기차입금	9,778,262,517	746,178,355	10,524,440,872
미지급비용	959,216,370	(79,967,474)	879,248,896
주주임원단기차입금	4,182,580,357	38,443,572	4,221,023,929
Ⅱ. 비유동부채	**8,273,790,018**	**374,262,870**	**8,648,052,888**
장기차입금	3,758,520,000	531,694,916	4,290,214,916
임대보증금	430,000,000	–	430,000,000
퇴직급여충당부채	1,327,662,860	–	1,327,662,860
퇴직보험예치금	(5,964,126)	5,964,126	–
퇴직연금운용자산	(122,626,738)	(1,289,566)	(123,916,304)
전환사채	916,630,000	75,218,746	991,848,746
사채상환할증금	119,685,976	(119,685,976)	–
전환권조정	(39,406,804)	39,406,804	–
장기예수보증금	160,000,000	–	160,000,000
보험예수금	1,729,288,850	(157,046,180)	1,572,242,670
부 채 총 계	**34,438,445,565**	**1,260,965,186**	**35,699,410,751**
자 본			
Ⅰ. 자본금	**600,000,000**	**–**	**600,000,000**
Ⅱ. 기타포괄손익누계액	**10,288,455,338**	**–**	**10,288,455,338**
Ⅲ. 결손금	**(19,960,240,792)**	**(2,235,091,989)**	**(22,195,332,781)**
이익준비금	300,000,000	–	300,000,000
미처리결손금	(20,260,240,792)	(2,235,091,989)	(22,495,332,781)
자 본 총 계	**(9,071,785,454)**	**(2,235,091,989)**	**(11,306,877,443)**
부채 및 자본총계	**25,366,660,111**	**(974,126,803)**	**24,392,533,308**

〈별표 2〉

조사기간 이후 회생담보권 및 회생채권 변동사항 총괄표

채무자: 주식회사 대한 (단위: 원)

구분		시인된 채권액 (조사기간 시부인액)				변동							시인된 총 채권액			
		원금	개시전이자 (가산금등)	개시후 이자	합계	이의철회 (+)	명의변경 (+,-)	구상채무 전환 (+,-)	소멸 (-)	추완 신고 (+)	기타변동 (+)	합계	원금	개시전이자 (가산금등)	개시후 이자	합계
회생담보권 (대여금채권)		8,769,161,153	58,212,851	-	8,827,374,004	-	-	-	-	-	-	-	8,769,161,153	58,212,851	-	8,827,374,004
회생채권	대여금 채권	7,379,280,994	92,076,736	-	7,471,357,730	-	-	-	(6,000,000)	10,622,658	-	4,622,658	7,383,903,652	92,076,736	-	7,475,980,388
	전환 사채권	916,630,000	75,218,746	연6%	991,848,746	-	-	-	-	-	-	-	916,630,000	75,218,746	연6%	991,848,746
	상거래 채권	7,736,770,017	29,980	-	7,736,799,997	-	-	-	(307,054,678)	2,373,752,967	-	2,066,698,289	9,803,468,306	29,980	-	9,803,498,286
	구상 채권	-	-	-	-	-	-	-	-	1,292,297,870	-	1,292,297,870	1,286,272,500	5,080,218	945,152 / 연10%	1,292,297,870
	특수 관계인 채권	6,664,101,295	-	-	6,664,101,295	125,009,949	-	-	-	-	-	125,009,949	6,789,111,244	-	-	6,789,111,244
	보증 채권	398,759,996	-	-	398,759,996	-	-	-	-	-	-	-	398,759,996	-	-	398,759,996
	미발생 구상 채권	110,567,085	-	-	110,567,085	-	-	-	-	-	-	-	110,567,085	-	-	110,567,085
	소계	23,206,109,387	167,325,462	-	23,373,434,849	125,009,949	-	-	(313,054,678)	3,676,673,495	-	3,488,628,766	26,688,712,783	172,405,680	945,152	26,862,063,615
조세등채권		90,627,910	7,434,830	-	98,062,740	-	-	-	-	3,251,720	-	3,251,720	92,874,900	7,640,720	798,840	101,314,460
합계		32,065,898,450	232,973,143	-	32,298,871,593	125,009,949	-	-	(313,054,678)	3,679,925,215	-	3,491,880,486	35,550,748,836	238,259,251	798,840	35,790,752,079

〈별표 2-1〉

회생담보권 등의 이의철회 내역

채무자: 주식회사 대한 (단위: 원)

구 분	신고번호	목록번호	채권자	채권의 종류	채권내용	조사기일내 시부인액			이의 철회액	이의철회후 확정 채권액		비 고
						신고액	시인액	부인액		시인액	부인액	
1	–	채권 25	손○○	회생채권 (특수관계인채권)	1. 원금	125,009,949	–	125,009,949	125,009,949	125,009,949	–	임원에 대한 퇴직급여 채권 회생채권으로 시인
					2. 개시전이자	–	–	–	–	–	–	
					3. 개시후이자	–	–	–	–	–	–	
					4. 소계	125,009,949	–	125,009,949	125,009,949	125,009,949	–	
회생채권 이의철회 합계					1. 원금	125,009,949	–	125,009,949	125,009,949	125,009,949	–	
					2. 개시전이자	–	–	–	–	–	–	
					3. 개시후이자	–	–	–	–	–	–	
					4. 소계	125,009,949	–	125,009,949	125,009,949	125,009,949	–	

〈별표 2-2〉

회생담보권 등의 신고철회 내역

채무자: 주식회사 대한 (단위: 원)

구 분	신고 번호	목록 번호	채권자	채권의 종류	채권내용	조사기일내 시부인액			신고 철회액	비 고
						신고액	시인액	부인액		
					해당 사항 없음					
회생담보권 소계										
					해당 사항 없음					
회생채권 소계										

〈**별표 2-3**〉

회생담보권 등의 명의변경 내역

채무자: 주식회사 대한 (단위: 원)

번호	신고 번호	목록 번호	채권자	채권 구분	채권양수도 전 시인된 채권액				채권양수도금액				채권양수도 후 시인된 채권액				변경 사유
					원금	개시전 이자	개시후 이자	합계	원금	개시전 이자	개시후 이자	합계	원금	개시전 이자	개시후 이자	합계	
					해당 사항 없음												
회생담보권 소계																	
					해당 사항 없음												
회생채권 소계																	

〈별표 2-4〉

회생담보권 등 미발생구상채권의 구상채권 전환 내역

채무자: 주식회사 대한 (단위: 원)

구 분	신고번호	목록번호	채권자	채권종류	구 분	조사기간에 시인된 채권액	전환 금액	확정금액	전환사유
〈회생담보권〉									
				해당 사항 없음					
〈회생채권〉									

〈별표 2-5〉

소멸한 회생담보권 내역

채무자: 주식회사 대한 (단위: 원)

신고번호	목록번호	채권자	구 분	시인된 채권액	소멸액	소멸후 시인액	소멸사유
			해당 사항 없음				
소멸한 회생담보권 합계							

〈별표 2-6〉

소멸한 회생채권 내역

채무자: 주식회사 대한 (단위: 원)

신고번호	목록번호	채권자	구 분	시인된 채권액	소멸액	소멸후 시인액	소멸사유
추완신고6	채권48	장○○ (○○자원)	상거래채권				49,071,280원 채권 신고(20X0. 05. 23.)로 10,928,720원 소멸
			1. 원금	60,000,000	(10,928,720)	49,071,280	
			2. 개시전이자	–	–	–	
			3. 개시후이자	–	–	–	
			소계	60,000,000	(10,928,720)	49,071,280	
–	채권51	안○○ (○○산업)	상거래채권				4,192,400원 공익채권 신고(20X0. 06. 14.)로 소멸
			1. 원금	46,391,520	(4,192,400)	42,199,120	
			2. 개시전이자	–	–	–	
			3. 개시후이자	–	–	–	
			소계	46,391,520	(4,192,400)	42,199,120	
소멸신고1	채권7	중소기업은행 (대표이사 ○○○)	금융기관대여금채권				6,000,000원 회생채권 신고(20X0. 10. 17.)로 소멸
			1. 원금	1,238,747,853	(6,000,000)	1,232,747,853	
			2. 개시전이자	–	–	–	
			3. 개시후이자	–	–	–	
			소계	1,238,747,853	(6,000,000)	1,232,747,853	

– 63 –

소멸신고2	채권15	이○○ (○○산업)	상거래채권 1. 원금 2. 개시전이자 3. 개시후이자 소계	 212,920,851 – – 212,920,851	 (52,239,135) – – (52,239,135)	 160,681,716 – – 160,681,716	52,239,135원 회생채권 신고(20X0. 10. 17.)로 소멸
소멸신고3	채권18	이○○ (○○정밀)	상거래채권 1. 원금 2. 개시전이자 3. 개시후이자 소계	 149,187,957 – – 149,187,957	 (35,998,985) – – (35,998,985)	 113,188,972 – – 113,188,972	35,998,985원 회생채권 신고(20X0. 10. 17.)로 소멸
소멸신고4	채권13	㈜○○다이케스팅	상거래채권 1. 원금 2. 개시전이자 3. 개시후이자 소계	 335,174,147 – – 335,174,147	 (203,695,438) – – (203,695,438)	 131,478,709 – – 131,478,709	203,695,438원 회생채권 신고(20X0. 10. 17)로 소멸
소멸된 회생채권 합계			1. 원금 2. 개시전이자 3. 개시후이자 소계	2,042,422,328 – – 2,042,422,328	(313,054,678) – – (313,054,678)	1,729,367,650 – – 1,729,367,650	

〈별표 2-7〉

기타 사유로 변동된 회생담보권 등의 내역

채무자: 주식회사 대한 (단위: 원)

순 번	신고번호	목록번호	채권자	주 소	구 분	시인된 채권액	변동된 채권액	확정된 채권액	변동 사유
〈회생담보권〉									
					해당 사항 없음				
기타 사유로 변동된 회생담보권 합계									
〈회생채권〉									
					해당 사항 없음				
기타 사유로 변동된 회생채권 합계									

〈별표 3〉

추완 회생담보권 및 회생채권 시 · 부인 총괄표

채무자: 주식회사 대한 (단위: 원)

구 분	건 수	추완 신고액 목록 기재액	시인액	부인액	의결권 인정액	비 고
회생담보권	–	–	–	–	–	
회생채권	4	3,676,673,495	3,676,673,495	–	3,675,728,343	
합계	4	3,676,673,495	3,676,673,495	–	3,675,728,343	

조세등채권	2	11,269,480	–	–	–	시부인 대상 아님
주식 · 출자지분	–	–	–	–	–	시부인 대상 아님

〈별표 3-1〉

추완 회생담보권 시 · 부인 명세서

채무자: 주식회사 대한 (단위: 원)

순 번	신고 번호	목록 번호	채권자	주 소	담보권 종류 및 목적물	가치평가 및 배분	채권 내용	추완 신고액	시인액	부인액	의결권 인정액	회생채권 시인액	회생채권 의결권 인정액	시부인 사유	비 고
							해당 사항 없음								
추완 회생담보권 합계															

– 67 –

〈별표 3-2〉

추완 회생채권 시 · 부인 명세서

채무자: 주식회사 대한　　　　　　　　　　　　　　　　(단위: 원)

순 번	신고 번호	목록 번호	채권자	주 소	채권내용	추완신고액	시인액	부인액	의결권 인정액	시부인 사유	비 고
1	추완 신고 1,2	–	한국무역보험공사 (대표이사 ○○○)	서울 종로구 종로 14	구상채권 1. 원금 2. 개시전이자 3. 개시후이자 소계	 1,286,272,500 5,080,218 945,152 / 연10% 1,292,297,870	 1,286,272,500 5,080,218 945,152 / 연10% 1,292,297,870	 – – – –	 1,286,272,500 5,080,218 – 1,291,352,718	개시후 이자의 의결권은 부인함	20X0.04.18. 추완신고1, 20X0.04.25. 추완신고2
2	추완 신고7	–	브○○○○ 코퍼레이션 (대표이사 D)	○○시 ○○구 ○○○	상거래채권 1. 원금 2. 개시전이자 3. 개시후이자 소계	 USD 2,051,879 2,323,752,967 – – 2,323,752,967	 USD 2,051,879 2,323,752,967 – – 2,323,752,967	 – – – – –	 USD 2,051,879 2,323,752,967 – – 2,323,752,967		20X0.06.05. 추완신고7 (20X0.03.13 KEB 하나은행 최종고시 전신환매도율 1,132.5원/USD 적용)
3	추완 신고8	–	중소기업기술 정보진흥원	대전시 유성구 대덕대로 593 대덕테 크비즈센터 10층	상거래채권 1. 원금 2. 개시전이자 3. 개시후이자 소계	 50,000,000 – – 50,000,000	 50,000,000 – – 50,000,000	 – – – –	 50,000,000 – – 50,000,000		20X0.07.10. 추완신고8
4	추완 신고9	–	㈜하나은행 (대표이사 ○○○)	서울 중구 을지로 35	대여금채권 1. 원금 2. 개시전이자 3. 개시후이자 소계	 10,622,658 – – 10,622,658	 10,622,658 – – 10,622,658	 – – – –	 10,622,658 – – 10,622,658		20X0.09.27. 추완신고8
추완 회생채권 합계					1. 원금 2. 개시전이자 3. 개시후이자 소계	3,670,648,125 5,080,218 945,152 / 연10% 3,676,673,495	3,670,648,125 5,080,218 945,152 / 연10% 3,676,673,495	– – – –	3,670,648,125 5,080,218 – 3,675,728,343		

〈별표 3-3〉

추완 조세등채권 신고 명세서

채무자: 주식회사 대한 (단위: 원)

순 번	신고번호	목록번호	채권자	주 소	채권내용	추완신고액	기존신고(목록)액	증감액	비 고
1	추완신고4	조세3	○○시 ○○구	○○시 ○○구 ○○○	조세채무				20X0.05.23. 추완신고4
					1. 원금	3,401,490	1,439,020	1,962,470	
					2. 개시전이자	–	–	–	
					3. 개시후이자	–	–	–	
					소계	3,401,490	1,439,020	1,962,470	
2	추완신고5	조세2	○○세무서	○○시 ○○구 ○○대로 ○○○	1. 원금	6,863,260	6,578,740	284,520	20X0.05.23. 추완신고5
					2. 개시전이자	205,890	–	205,890	
					3. 개시후이자	798,840	–	798,840	
					소계	7,867,990	6,578,740	1,289,250	
추완 조세등채무 합계					1. 원금	10,264,750	8,017,760	2,246,990	
					2. 개시전이자	205,890	–	205,890	
					3. 개시후이자	798,840	–	798,840	
					소계	11,269,480	8,017,760	3,251,720	

〈별표 4〉

회생담보권 및 회생채권의 변동 및 권리변경 총괄표

채무자: 주식회사 대한 (단위: 원)

구 분		시인된 채권액(조사기간 시부인액)				변동내역				시인된 총 채권액				권리변경							현금변제할 채권액			
														면제			출자전환							
		원금	개시전 이자 (가산금 등)	개시후 이자 (중가산 금등)	합 계	원금	개시전 이자 (가산금 등)	개시후 이자 (중가산 금등)	합 계	원금	개시전 이자 (가산금 등)	개시후 이자 (중가산 금등)	합 계	원금	개시전 이자 (가산금 등)	개시후 이자 (중가산 금등)	원금	개시전 이자 (가산금 등)	개시후 이자 (중가산 금등)	합 계	원금	개시전 이자 (가산금 등)	개시후 이자 (중가산 금등)	합 계
회생담보권 (대여금채권)		8,769,161,153	58,212,851	-	8,827,374,004	-	-	-	-	8,769,161,153	58,212,851	-	8,827,374,004	-	-	-	-	-	-	-	8,769,161,153	58,212,851	621,884,672	9,449,258,676
회생채권	대여금 채권	7,379,280,994	92,076,736	-	7,471,357,730	4,622,658	-	-	-	7,383,903,652	92,076,736	-	7,475,980,388	-	-	-	4,430,342,182	55,246,046	-	4,485,588,228	2,953,561,470	36,830,690	-	2,990,392,160
	전환 사채권	916,630,000	75,218,746	연6%	991,848,746	-	-	-	-	916,630,000	75,218,746	연6%	991,848,746	-	-	연6%	549,978,000	45,131,246	-	595,109,246	366,652,000	30,087,500	-	396,739,500
	상거래 채권	7,736,770,017	29,980	-	7,736,799,997	2,066,698,289	-	-	2,066,698,289	9,803,468,306	29,980	-	9,803,498,286	-	-	-	5,882,080,936	17,988	-	5,882,098,924	3,921,387,370	11,992	-	3,921,399,362
	구상 채권	-	-	-	-	1,286,272,500	5,080,218	945,152 / 연10%	1,292,297,870	1,286,272,500	5,080,218	945,152 / 연10%	1,292,297,870	-	-	945,152 / 연10%	771,763,500	3,048,128	-	774,811,628	514,509,000	2,032,090	-	516,541,090
	특수 관계인 채권	6,664,101,295	-	-	6,664,101,295	125,009,949	-	-	125,009,949	6,789,111,244	-	-	6,789,111,244	-	-	-	6,789,111,244	-	-	6,789,111,244	-	-	-	-
	보증 채권	398,759,996	-	-	398,759,996	-	-	-	-	398,759,996	-	-	398,759,996	-	-	-	239,255,996	-	-	239,255,996	159,504,000	-	-	159,504,000
	미발생 구상 채권	110,567,085	-	-	110,567,085	-	-	-	-	110,567,085	-	-	110,567,085	미확정	미확정	미확정	미확정	미확정	미확정	미확정	미확정	미확정	미확정	미확정
	소계	23,206,109,387	167,325,462	-	23,373,434,849	3,482,603,396	5,080,218	-	3,484,006,108	26,688,712,783	172,405,680	-	26,862,063,615	-	-	-	18,662,531,858	103,443,408	-	18,765,975,266	7,915,613,840	68,962,272	-	7,984,576,112
조세등채권		90,627,910	7,434,830	-	98,062,740	2,246,990	205,890	798,840	3,251,720	92,874,900	7,640,720	798,840	101,314,460	-	-	-	-	-	-	-	92,874,900	7,640,720	798,840	101,314,460
합계		32,065,898,450	232,973,143	-	32,298,871,593	3,484,850,386	5,286,108	798,840	3,487,257,828	35,550,748,836	238,259,251	798,840	35,790,752,079	-	-	-	18,662,531,858	103,443,408	-	18,765,975,266	16,777,649,893	134,815,843	622,683,512	17,535,149,248

〈별표 4-1〉

회생담보권(대여금채권)의 변동 및 권리변경

채무자: 주식회사 대한 (단위: 원)

신고번호	목록번호	채권자	시인된 채권액 (조사기간 시부인액)				변동내역				시인된 총 채권액				권리변경							현금변제할 채권액			
															면제			출자전환							
			원금	개시전 이자 (가산금 등)	개시후 이자 (중가산금 등)	합계	원금	개시전 이자 (가산금 등)	개시후 이자 (중가산금 등)	합계	원금	개시전 이자 (가산금 등)	개시후 이자 (중가산금 등)	합계	원금	개시전 이자 (가산금 등)	개시후 이자 (중가산금 등)	원금	개시전 이자 (가산금 등)	개시후 이자 (중가산금 등)	합계	원금	개시전 이자 (가산금 등)	개시후 이자 (중가산금 등)	합계
신고 17	담보1	㈜하나 은행 (대표이사 ○○○)	8,681,673,511	58,212,851	-	8,739,886,362	-	-	-	-	8,681,673,511	58,212,851	-	8,739,886,362	-	-	-	-	-	-	-	8,681,673,511	58,212,851	621,884,672	9,361,771,034
신고 2-1	-	㈜신한 은행 (대표이사 ○○○)	87,487,642	-	-	87,487,642	-	-	-	-	87,487,642	-	-	87,487,642	-	-	-	-	-	-	-	87,487,642	-	-	87,487,642
합계			8,769,161,153	58,212,851	-	8,827,374,004	-	-	-	-	8,769,161,153	58,212,851	-	8,827,374,004	-	-	-	-	-	-	-	8,769,161,153	58,212,851	621,884,672	9,449,258,676

〈별표 4-2〉

회생채권(대여금채권)의 변동 및 권리변경

채무자: 주식회사 대한

(단위: 원)

신고번호	목록번호	채권자	시인된 채권액(조사기간 시부인액)				변동내역				시인된 총 채권액				권리변경								현금변제할 채권액			
															면제			출자전환								
			원금	개시전 이자 (가산금 등)	개시후 이자 (중가산금 등)	합계	원금	개시전 이자 (가산금 등)	개시후 이자 (중가산금 등)	합계	원금	개시전 이자 (가산금 등)	개시후 이자 (중가산금 등)	합계	원금	개시전 이자 (가산금 등)	개시후 이자 (중가산금 등)	원금	개시전 이자 (가산금 등)	개시후 이자 (중가산금 등)	합계	원금	개시전 이자 (가산금 등)	개시후 이자 (중가산금 등)	합계
신고 15	채권1	한국수출입은행 (대표이사 ○○○)	4,786,710,020	75,309,210	연7.5%, 연10.5%	4,862,019,230	-	-	-	-	4,786,710,020	75,309,210	연7.5%, 연10.5%	4,862,019,230	-	-	연7.5%, 연10.5%	2,872,026,010	45,185,530	-	2,917,211,540	1,914,684,010	30,123,680	-	1,944,807,690
신고 13-1	채권 4-1	중소벤처기업진흥공단 (대표이사 ○○○)	1,000,000,000	438,356	연6%	1,000,438,356	-	-	-	-	1,000,000,000	438,356	연6%	1,000,438,356	-	-	연6%	600,000,000	263,016	-	600,263,016	400,000,000	175,340	-	400,175,340
신고 2-1	채권5	㈜신한은행 (대표이사 ○○○)	54,545,692	5,013,327	-	59,559,019	-	-	-	-	54,545,692	5,013,327	-	59,559,019	-	-	-	32,727,412	3,007,997	-	35,735,409	21,818,280	2,005,330	-	23,823,610
신고5	채권7	중소기업은행 (대표이사 ○○○)	1,227,564,300	11,183,553	연6% - 연11%	1,238,747,853	(6,000,000)	-	-	(6,000,000)	1,221,564,300	11,183,553	연6% - 연11%	1,232,747,853	-	-	연6% - 연11%	732,938,580	6,710,133	-	739,648,713	488,625,720	4,473,420	-	493,099,140
-	채권 14	최○○	290,000,000	-	-	290,000,000	-	-	-	-	290,000,000	-	-	290,000,000	-	-	-	174,000,000	-	-	174,000,000	116,000,000	-	-	116,000,000
신고 1-1	채권 111	㈜신한카드 (대표이사 ○○○)	11,151,340	71,017	-	11,222,357	-	-	-	-	11,151,340	71,017	-	11,222,357	-	-	-	6,690,800	42,607	-	6,733,407	4,460,540	28,410	-	4,488,950
신고8	채권 119	㈜하나카드 (대표이사 ○○○)	9,309,642	61,273	-	9,370,915	-	-	-	-	9,309,642	61,273	-	9,370,915	-	-	-	5,585,782	36,763	-	5,622,545	3,723,860	24,510	-	3,748,370
추완 신고9	-	㈜하나은행 (대표이사 ○○○)	-	-	-	-	10,622,658	-	-	10,622,658	10,622,658	-	-	10,622,658	-	-	-	6,373,598	-	-	6,373,598	4,249,060	-	-	4,249,060
합계			7,379,280,994	92,076,736	-	7,471,357,730	4,622,658	-	-	4,622,658	7,383,903,652	92,076,736	-	7,475,980,388	-	-	-	4,430,342,182	55,246,046	-	4,485,588,228	2,953,561,470	36,830,690	-	2,990,392,160

〈별표 4-3〉

회생채권(전환사채권)의 변동 및 권리변경

채무자: 주식회사 대한

(단위: 원)

신고 번호	목록 번호	채권자	시인된 채권액 (조사기간 시부인액)				변동내역				시인된 총 채권액				권리변경							현금변제할 채권액			
															면제			출자전환							
			원금	개시전 이자 (가산금 등)	개시후 이자 (중가산금 등)	합계	원금	개시전 이자 (가산금 등)	개시후 이자 (중가산금등)	합계	원금	개시전 이자 (가산금 등)	개시후 이자 (중가산금 등)	합계	원금	개시전 이자 (가산금 등)	개시후 이자 (중가산금 등)	원금	개시전 이자 (가산금 등)	개시후 이자 (중가산금 등)	합계	원금	개시전 이자 (가산금 등)	개시후 이자 (중가산금 등)	합계
신고 13-2	채권 4-2	중소벤처기업진흥공단 (대표이사 ○○○)	916,630,000	75,218,746	연6%	991,848,746	-	-	-	-	916,630,000	75,218,746	연6%	991,848,746	-	-	연6%	549,978,000	45,131,246	-	595,109,246	366,652,000	30,087,500	-	396,739,500
합계			916,630,000	75,218,746	연6%	991,848,746	-	-	-	-	916,630,000	75,218,746	연6%	991,848,746	-	-	연6%	549,978,000	45,131,246	-	595,109,246	366,652,000	30,087,500	-	396,739,500

〈별표 4-4〉

회생채권(상거래채권)의 변동 및 권리변경

채무자: 주식회사 대한 (단위: 원)

신고번호	목록번호	채권자	시인된 채권액 (조사기간 시부인액)				변동내역				시인된 총 채권액				권리변경							현금변제할 채권액			
															면제			출자전환							
			원금	개시전 이자 (가산금 등)	개시후 이자 (중가산금등)	합계	원금	개시전 이자 (가산금 등)	개시후 이자 (중가산금등)	합계	원금	개시전 이자 (가산금 등)	개시후 이자 (중가산금등)	합계	원금	개시전 이자 (가산금 등)	개시후 이자 (중가산금등)	원금	개시전 이자 (가산금 등)	개시후 이자 (중가산금등)	합계	원금	개시전 이자 (가산금 등)	개시후 이자 (중가산금등)	합계
-	채권 8	㈜○○스틸 (대표이사 문○○)	701,579,317	-	-	701,579,317	-	-	-	-	701,579,317	-	-	701,579,317	-	-	-	420,947,587	-	-	420,947,587	280,631,730	-	-	280,631,730
-	채권 9	박○○ (○○산업)	597,675,442	-	-	597,675,442	-	-	-	-	597,675,442	-	-	597,675,442	-	-	-	358,605,262	-	-	358,605,262	239,070,180	-	-	239,070,180
-	채권 10	㈜○○상사 (대표이사 권○○)	550,000,000	-	-	550,000,000	-	-	-	-	550,000,000	-	-	550,000,000	-	-	-	330,000,000	-	-	330,000,000	220,000,000	-	-	220,000,000
-	채권 12	㈜○○필텍 (대표이사 이○○)	408,881,500	-	-	408,881,500	-	-	-	-	408,881,500	-	-	408,881,500	-	-	-	245,328,900	-	-	245,328,900	163,552,600	-	-	163,552,600
-	채권 13	㈜○○다이케스팅	335,174,147	-	-	335,174,147	(203,695,438)	-	-	(203,695,438)	131,478,709	-	-	131,478,709	-	-	-	78,887,229	-	-	78,887,229	52,591,480	-	-	52,591,480
-	채권 15	이○○ (○○산업)	212,920,851	-	-	212,920,851	(52,239,135)	-	-	(52,239,135)	160,681,716	-	-	160,681,716	-	-	-	96,409,026	-	-	96,409,026	64,272,690	-	-	64,272,690
-	채권 16	김○○ (○○○케미칼)	175,314,733	-	-	175,314,733	-	-	-	-	175,314,733	-	-	175,314,733	-	-	-	105,188,843	-	-	105,188,843	70,125,890	-	-	70,125,890
-	채권 17	원○○ (○○전자)	170,806,988	-	-	170,806,988	-	-	-	-	170,806,988	-	-	170,806,988	-	-	-	102,484,188	-	-	102,484,188	68,322,800	-	-	68,322,800
-	채권 18	이○○ (○○정밀)	149,187,957	-	-	149,187,957	(35,998,985)	-	-	(35,998,985)	113,188,972	-	-	113,188,972	-	-	-	67,913,382	-	-	67,913,382	45,275,590	-	-	45,275,590

— 74 —

-	채권 19	㈜○○○ (대표이사 최○○)	140,079,341	-	-	140,079,341	-	-	-	-	140,079,341	-	-	140,079,341	-	-	-	84,047,601	-	-	84,047,601	56,031,740	-	-	56,031,740
(중략)																									
-	채권 223	㈜○○○○○테크 (대표이사 심○○)	295,460	-	-	295,460	-	-	-	-	295,460	-	-	295,460	-	-	-	177,276	-	-	177,276	118,184	-	-	118,184
-	채권 224	박○○ (○○○ 코리아)	262,350	-	-	262,350	-	-	-	-	262,350	-	-	262,350	-	-	-	157,410	-	-	157,410	104,940	-	-	104,940
-	채권 225	김○○ (○○인천 중부(영))	245,000	-	-	245,000	-	-	-	-	245,000	-	-	245,000	-	-	-	147,000	-	-	147,000	98,000	-	-	98,000
-	채권 226	㈜○○○○○○○엔씨 (대표이사 최○○)	242,000	-	-	242,000	-	-	-	-	242,000	-	-	242,000	-	-	-	145,200	-	-	145,200	96,800	-	-	96,800
-	채권 227	정○○ (○○종합상사)	209,000	-	-	209,000	-	-	-	-	209,000	-	-	209,000	-	-	-	125,400	-	-	125,400	83,600	-	-	83,600
신고 7	-	이○○ (○○○ 시스템)	48,327,840	-	-	48,327,840	-	-	-	-	48,327,840	-	-	48,327,840	-	-	-	28,996,700	-	-	28,996,700	19,331,140	-	-	19,331,140
신고 16	-	주식회사 ○○윤활유	3,421,000	-	-	3,421,000	-	-	-	-	3,421,000	-	-	3,421,000	-	-	-	2,052,600	-	-	2,052,600	1,368,400	-	-	1,368,400
신고 19	-	최○○ (○○특수)	9,725,540	-	-	9,725,540	-	-	-	-	9,725,540	-	-	9,725,540	-	-	-	5,835,320	-	-	5,835,320	3,890,220	-	-	3,890,220
추완 신고7	-	브○○○○ 코퍼레이션 (대표이사D)	-	-	-	-	2,323,752,967	-	-	2,323,752,967	2,323,752,967	-	-	2,323,752,967	-	-	-	1,394,251,777	-	-	1,394,251,777	929,501,190	-	-	929,501,190
추완 신고8	-	중소기업 기술정보 진흥원	-	-	-	-	50,000,000	-	-	50,000,000	50,000,000	-	-	50,000,000	-	-	-	30,000,000	-	-	30,000,000	20,000,000	-	-	20,000,000
합계			7,736,770,017	29,980	-	7,736,799,997	2,066,698,289	-	-	2,066,698,289	9,803,468,306	29,980	-	9,803,498,286	-	-	-	5,882,080,936	17,988	-	5,882,098,924	3,921,387,370	11,992	-	3,921,399,362

〈별표 4–5〉

회생채권(구상채권)의 변동 및 권리변경

채무자: 주식회사 대한 (단위: 원)

신고번호	목록번호	채권자	시인된 채권액 (조사기간 시부인액)				변동내역				시인된 총 채권액				권리변경							현금변제할 채권액			
															면제			출자전환							
			원금	개시전 이자 (가산금 등)	개시후 이자 (중가산금 등)	합계	원금	개시전 이자 (가산금 등)	개시후 이자 (중가산금 등)	합계	원금	개시전 이자 (가산금 등)	개시후 이자 (중가산금 등)	합계	원금	개시전 이자 (가산금 등)	개시후 이자 (중가산금 등)	원금	개시전 이자 (가산금 등)	개시후 이자 (중가산금 등)	합계	원금	개시전 이자 (가산금 등)	개시후 이자 (중가산금 등)	합계
추완 신고 1, 2	–	한국무역보험공사 (대표이사 ○○○)	–	–	–	–	1,286,272,500	5,080,218	945,152 /연10%	1,292,297,870	1,286,272,500	5,080,218	945,152 /연10%	1,292,297,870	–	–	945,152 /연10%	771,763,500	3,048,128	–	774,811,628	514,509,000	2,032,090	–	516,541,090
합계			–	–	–	–	1,286,272,500	5,080,218	945,152 /연10%	1,292,297,870	1,286,272,500	5,080,218	945,152 /연10%	1,292,297,870	–	–	945,152 /연10%	771,763,500	3,048,128	–	774,811,628	514,509,000	2,032,090	–	516,541,090

〈별표 4-6〉

회생채권(특수관계인채권)의 변동 및 권리변경

채무자: 주식회사 대한 (단위: 원)

신고번호	목록번호	채권자	시인된 채권액 (조사기간 시부인액)				변동내역				시인된 총 채권액				권리변경							현금변제할 채권액			
															면제			출자전환							
			원금	개시전 이자 (가산금 등)	개시후 이자 (중가산금 등)	합계	원금	개시전 이자 (가산금 등)	개시후 이자 (중가산금 등)	합계	원금	개시전 이자 (가산금 등)	개시후 이자 (중가산금 등)	합계	원금	개시전 이자 (가산금 등)	개시후 이자 (중가산금 등)	원금	개시전 이자 (가산금 등)	개시후 이자 (중가산금 등)	합계	원금	개시전 이자 (가산금 등)	개시후 이자 (중가산금 등)	합계
-	채권 2	김민국	2,660,074,520	-	-	2,660,074,520	-	-	-	-	2,660,074,520	-	-	2,660,074,520	-	-	-	2,660,074,520	-	-	2,660,074,520	-	-	-	-
-	채권 3	ㅇㅇ테크㈜ (대표이사 유ㅇㅇ)	2,185,066,604	-	-	2,185,066,604	-	-	-	-	2,185,066,604	-	-	2,185,066,604	-	-	-	2,185,066,604	-	-	2,185,066,604	-	-	-	-
-	채권 6	유ㅇㅇ	1,270,949,409	-	-	1,270,949,409	-	-	-	-	1,270,949,409	-	-	1,270,949,409	-	-	-	1,270,949,409	-	-	1,270,949,409	-	-	-	-
-	채권 11	㈜ㅇㅇㅇㅇ (대표이사 유ㅇㅇ)	531,486,827	-	-	531,486,827	-	-	-	-	531,486,827	-	-	531,486,827	-	-	-	531,486,827	-	-	531,486,827	-	-	-	-
-	채권 25	손ㅇㅇ	-	-	-	-	125,009,949	-	-	125,009,949	125,009,949	-	-	125,009,949	-	-	-	125,009,949	-	-	125,009,949	-	-	-	-
-	채권 86	㈜ㅇㅇ 코리아 (대표이사 김ㅇㅇ 외 1명)	16,523,935	-	-	16,523,935	-	-	-	-	16,523,935	-	-	16,523,935	-	-	-	16,523,935	-	-	16,523,935	-	-	-	-
합계			6,664,101,295	-	-	6,664,101,295	125,009,949	-	-	125,009,949	6,789,111,244	-	-	6,789,111,244	-	-	-	6,789,111,244	-	-	6,789,111,244	-	-	-	-

〈별표 4-7〉

회생채권(보증채권)의 변동 및 권리변경

채무자: 주식회사 대한 (단위: 원)

신고번호	목록번호	채권자	시인된 채권액 (조사기간 시부인액)				변동내역				시인된 총 채권액				권리변경							현금변제할 채권액			
															면제			출자전환							
			원금	개시전 이자 (가산금 등)	개시후 이자 (중가산금 등)	합계	원금	개시전 이자 (가산금 등)	개시후 이자 (중가산금등)	합계	원금	개시전 이자 (가산금 등)	개시후 이자 (중가산금 등)	합계	원금	개시전 이자 (가산금 등)	개시후 이자 (중가산금 등)	원금	개시전 이자 (가산금 등)	개시후 이자 (중가산금 등)	합계	원금	개시전 이자 (가산금 등)	개시후 이자 (중가산금 등)	합계
신고 2-1	채권 5	㈜신한은행 (대표이사 ○○○)	398,759,996	-	-	398,759,996	-	-	-	-	398,759,996	-	-	398,759,996	-	-	-	239,255,996	-	-	239,255,996	159,504,000	-	-	159,504,000
합계			398,759,996	-	-	398,759,996	-	-	-	-	398,759,996	-	-	398,759,996	-	-	-	239,255,996	-	-	239,255,996	159,504,000	-	-	159,504,000

〈별표 4-8〉

회생채권(미발생구상채권)의 변동 및 권리변경

채무자: 주식회사 대한 (단위: 원)

신고번호	목록번호	채권자	시인된 채권액 (조사기간 시부인액)				변동내역				시인된 총 채권액				권리변경							현금변제할 채권액			
															면제			출자전환							
			원금	개시전 이자 (가산금 등)	개시후 이자 (중가산금 등)	합계	원금	개시전 이자 (가산금 등)	개시후 이자 (중가산금 등)	합계	원금	개시전 이자 (가산금 등)	개시후 이자 (중가산금 등)	합계	원금	개시전 이자 (가산금 등)	개시후 이자 (중가산금 등)	원금	개시전 이자 (가산금 등)	개시후 이자 (중가산금 등)	합계	원금	개시전 이자 (가산금 등)	개시후 이자 (중가산금 등)	합계
신고 12	–	서울보증 보험 주식회사 (대표이사 ○○○)	110,567,085	–	–	110,567,085	–	–	–	–	110,567,085	–	–	110,567,085	미확정	미확정	미확정	미확정	미확정	미확정	미확정	미확정	미확정	미확정	미확정
합계			110,567,085	–	–	110,567,085	–	–	–	–	110,567,085	–	–	110,567,085	미확정	미확정	미확정	미확정	미확정	미확정	미확정	미확정	미확정	미확정	미확정

〈별표 4-9〉

회생채권(조세등채권)의 변동 및 권리변경

채무자: 주식회사 대한 (단위: 원)

신고번호	목록번호	채권자	시인된 채권액 (조사기간 시부인액)				변동내역				시인된 총 채권액				권리변경							현금변제할 채권액			
															면제			출자전환							
			원금	개시전 이자 (가산금 등)	개시후 이자 (중가산금 등)	합계	원금	개시전 이자 (가산금 등)	개시후 이자 (중가산금 등)	합계	원금	개시전 이자 (가산금 등)	개시후 이자 (중가산금 등)	합계	원금	개시전 이자 (가산금 등)	개시후 이자 (중가산금 등)	원금	개시전 이자 (가산금 등)	개시후 이자 (중가산금 등)	합계	원금	개시전 이자 (가산금 등)	개시후 이자 (중가산금 등)	합계
신고 14	조세 1	국민건강 보험공단	82,610,150	7,434,830	-	90,044,980	-	-	-	-	82,610,150	7,434,830	-	90,044,980	-	-	-	-	-	-	-	82,610,150	7,434,830	-	90,044,980
-	조세 2	○○○ 세무서	6,578,740	-	-	6,578,740	284,520	205,890	798,840	1,289,250	6,863,260	205,890	798,840	7,867,990	-	-	-	-	-	-	-	6,863,260	205,890	798,840	7,867,990
-	조세 3	○○시 ○○구	1,439,020	-	-	1,439,020	1,962,470	-	-	1,962,470	3,401,490	-	-	3,401,490	-	-	-	-	-	-	-	3,401,490	-	-	798,840
합계			90,627,910	7,434,830	-	98,062,740	2,246,990	205,890	798,840	3,251,720	92,874,900	7,640,720	798,840	101,314,460	-	-	-	-	-	-	-	92,874,900	7,640,720	798,840	101,314,460

〈별표 5〉

회생담보권 및 회생채권 변제계획 총괄표

채무자: 주식회사 대한 (단위: 원)

구분			시인된 총채권액	변제할 채권	준비년도 20X0년	1차년도 20X1년	2차년도 20X2년	3차년도 20X3년	4차년도 20X4년	5차년도 20X5년	6차년도 20X6년	7차년도 20X7년	8차년도 20X8년	9차년도 20X9년	10차년도 20X10년	합계
회생담보권 (대여금채권)		1. 원금	8,769,161,153	8,769,161,153	87,487,642	8,681,673,511	-	-	-	-	-	-	-	-	-	8,769,161,153
		2. 개시전이자	58,212,851	58,212,851	-	58,212,851	-	-	-	-	-	-	-	-	-	58,212,851
		3. 개시후이자	-	621,884,672	-	621,884,672	-	-	-	-	-	-	-	-	-	621,884,672
		소계	8,827,374,004	9,449,258,676	87,487,642	9,361,771,034	-	-	-	-	-	-	-	-	-	9,449,258,676
회생채권	대여금 채권	1. 원금	7,373,280,994	2,953,561,470	-	295,356,147	295,356,147	295,356,147	295,356,147	295,356,147	295,356,147	295,356,147	295,356,147	295,356,147	295,356,147	2,953,561,470
		2. 개시전이자	92,076,736	36,830,690	-	3,683,069	3,683,069	3,683,069	3,683,069	3,683,069	3,683,069	3,683,069	3,683,069	3,683,069	3,683,069	36,830,690
		3. 개시후이자	-	-	-	-	-	-	-	-	-	-	-	-	-	-
		소계	7,465,357,730	2,990,392,160	-	299,039,216	299,039,216	299,039,216	299,039,216	299,039,216	299,039,216	299,039,216	299,039,216	299,039,216	299,039,216	2,990,392,160
	전환 사채권	1. 원금	916,630,000	366,652,000	-	36,665,200	36,665,200	36,665,200	36,665,200	36,665,200	36,665,200	36,665,200	36,665,200	36,665,200	36,665,200	366,652,000
		2. 개시전이자	75,218,746	30,087,500	-	3,008,750	3,008,750	3,008,750	3,008,750	3,008,750	3,008,750	3,008,750	3,008,750	3,008,750	3,008,750	30,087,500
		3. 개시후이자	-	-	-	-	-	-	-	-	-	-	-	-	-	-
		소계	991,848,746	396,739,500	-	39,673,950	39,673,950	39,673,950	39,673,950	39,673,950	39,673,950	39,673,950	39,673,950	39,673,950	39,673,950	396,739,500
	상거래 채권	1. 원금	9,803,468,306	3,921,387,370	-	402,371,385	402,371,385	389,580,575	389,580,575	389,580,575	389,580,575	389,580,575	389,580,575	389,580,575	389,580,575	3,921,387,370
		2. 개시전이자	29,980	11,992	-	5,996	5,996	-	-	-	-	-	-	-	-	11,992
		3. 개시후이자	-	-	-	-	-	-	-	-	-	-	-	-	-	-
		소계	9,803,498,286	3,921,399,362	-	402,377,381	402,377,381	389,580,575	389,580,575	389,580,575	389,580,575	389,580,575	389,580,575	389,580,575	389,580,575	3,921,399,362
	구상 채권	1. 원금	1,286,272,500	514,509,000	-	51,450,900	51,450,900	51,450,900	51,450,900	51,450,900	51,450,900	51,450,900	51,450,900	51,450,900	51,450,900	514,509,000
		2. 개시전이자	5,080,218	2,032,090	-	203,209	203,209	203,209	203,209	203,209	203,209	203,209	203,209	203,209	203,209	2,032,090
		3. 개시후이자	945,152/연10%	-	-	-	-	-	-	-	-	-	-	-	-	-
		소계	1,292,297,870	516,541,090	-	51,654,109	51,654,109	51,654,109	51,654,109	51,654,109	51,654,109	51,654,109	51,654,109	51,654,109	51,654,109	516,541,090

구분	항목														
특수 관계인 채권	1. 원금	6,789,111,244	-	-	-	-	-	-	-	-	-	-	-	-	-
	2. 개시전이자	-	-	-	-	-	-	-	-	-	-	-	-	-	-
	3. 개시후이자	-	-	-	-	-	-	-	-	-	-	-	-	-	-
	소계	6,789,111,244	-	-	-	-	-	-	-	-	-	-	-	-	-
보증 채권	1. 원금	398,759,996	159,504,000	-	15,950,400	15,950,400	15,950,400	15,950,400	15,950,400	15,950,400	15,950,400	15,950,400	15,950,400	15,950,400	159,504,000
	2. 개시전이자	-	-	-	-	-	-	-	-	-	-	-	-	-	-
	3. 개시후이자	-	-	-	-	-	-	-	-	-	-	-	-	-	-
	소계	398,759,996	159,504,000	-	15,950,400	15,950,400	15,950,400	15,950,400	15,950,400	15,950,400	15,950,400	15,950,400	15,950,400	15,950,400	159,504,000
미발생 구상 채권	1. 원금	110,567,085	미확정	미확정	미확정	미확정	미확정	미확정	미확정	미확정	미확정	미확정	미확정	미확정	미확정
	2. 개시전이자	-	미확정	미확정	미확정	미확정	미확정	미확정	미확정	미확정	미확정	미확정	미확정	미확정	미확정
	3. 개시후이자	-	미확정	미확정	미확정	미확정	미확정	미확정	미확정	미확정	미확정	미확정	미확정	미확정	미확정
	소계	110,567,085	미확정	미확정	미확정	미확정	미확정	미확정	미확정	미확정	미확정	미확정	미확정	미확정	미확정
소계	1. 원금	26,678,090,125	7,915,613,840	-	801,794,032	801,794,032	789,003,222	789,003,222	789,003,222	789,003,222	789,003,222	789,003,222	789,003,222	789,003,222	7,915,613,840
	2. 개시전이자	172,405,680	68,962,272	-	6,901,024	6,901,024	6,895,028	6,895,028	6,895,028	6,895,028	6,895,028	6,895,028	6,895,028	6,895,028	68,962,272
	3. 개시후이자	945,152/연10%	-	-	-	-	-	-	-	-	-	-	-	-	-
	소계	26,851,440,957	7,984,576,112	-	808,695,056	808,695,056	795,898,250	795,898,250	795,898,250	795,898,250	795,898,250	795,898,250	795,898,250	795,898,250	7,984,576,112
조세등채권	1. 원금	92,874,900	92,874,900	-	30,958,300	30,958,300	30,958,300	-	-	-	-	-	-	-	92,874,900
	2. 개시전이자	7,640,720	7,640,720	-	2,546,907	2,546,907	2,546,907	-	-	-	-	-	-	-	7,640,720
	3. 개시후이자	798,840	798,840	-	266,280	266,280	266,280	-	-	-	-	-	-	-	798,840
	소계	101,314,460	101,314,460	-	33,771,487	33,771,487	33,771,487	-	-	-	-	-	-	-	101,314,460
합계	1. 원금	35,540,126,178	16,777,649,893	87,487,642	9,514,425,843	832,752,332	819,961,522	789,003,222	789,003,222	789,003,222	789,003,222	789,003,222	789,003,222	789,003,222	16,777,649,893
	2. 개시전이자	238,259,251	134,815,843	-	67,660,782	9,447,931	9,441,934	6,895,028	6,895,028	6,895,028	6,895,028	6,895,028	6,895,028	6,895,028	134,815,843
	3. 개시후이자	1,743,992 / 연10%	622,683,512	-	622,150,952	266,280	266,280	-	-	-	-	-	-	-	622,683,512
	소계	35,780,129,421	17,535,149,248	87,487,642	10,204,237,577	842,466,543	829,669,736	795,898,250	795,898,250	795,898,250	795,898,250	795,898,250	795,898,250	795,898,250	17,535,149,248

〈별표 5-1〉

회생담보권(대여금채권) 변제계획

채무자: 주식회사 대한 (단위: 원)

신고번호	목록번호	채권자	구분	시인된 총채권액	변제할 채권	준비년도	1차년도	2차년도	3차년도	4차년도	5차년도	6차년도	7차년도	8차년도	9차년도	10차년도	합계
						20X0년	20X1년	20X2년	20X3년	20X4년	20X5년	20X6년	20X7년	20X8년	20X9년	20X10년	
신고 17	담보 1	㈜하나은행 (대표이사 ○○○)	1. 원금	8,681,673,511	8,681,673,511	-	8,681,673,511	-	-	-	-	-	-	-	-	-	8,681,673,511
			2. 개시전이자	58,212,851	58,212,851	-	58,212,851	-	-	-	-	-	-	-	-	-	58,212,851
			3. 개시후이자	-	621,884,672	-	621,884,672	-	-	-	-	-	-	-	-	-	621,884,672
			소계	8,739,886,362	9,361,771,034	-	9,361,771,034	-	-	-	-	-	-	-	-	-	9,361,771,034
신고 2-1	-	㈜신한은행 (대표이사 ○○○)	1. 원금	87,487,642	87,487,642	87,487,642	-	-	-	-	-	-	-	-	-	-	87,487,642
			2. 개시전이자	-	-	-	-	-	-	-	-	-	-	-	-	-	-
			3. 개시후이자	-	-	-	-	-	-	-	-	-	-	-	-	-	-
			소계	87,487,642	87,487,642	87,487,642	-	-	-	-	-	-	-	-	-	-	87,487,642
합계			1. 원금	8,769,161,153	8,769,161,153	87,487,642	8,681,673,511	-	-	-	-	-	-	-	-	-	8,769,161,153
			2. 개시전이자	58,212,851	58,212,851	-	58,212,851	-	-	-	-	-	-	-	-	-	58,212,851
			3. 개시후이자	-	621,884,672	-	621,884,672	-	-	-	-	-	-	-	-	-	621,884,672
			소계	8,827,374,004	9,449,258,676	87,487,642	9,361,771,034	-	-	-	-	-	-	-	-	-	9,449,258,676

– 83 –

〈별표 5-2〉

회생채권(대여금채권) 변제계획

채무자: 주식회사 대한 (단위: 원)

신고번호	목록번호	채권자	구 분	시인된 총채권액	변제할 채권	준비년도 20X0년	1차년도 20X1년	2차년도 20X2년	3차년도 20X3년	4차년도 20X4년	5차년도 20X5년	6차년도 20X6년	7차년도 20X7년	8차년도 20X8년	9차년도 20X9년	10차년도 20X10년	합 계
신고 15	채권 1	한국수출입은행 (대표이사 ○○○)	1. 원금	4,786,710,020	1,914,684,010	–	191,468,401	191,468,401	191,468,401	191,468,401	191,468,401	191,468,401	191,468,401	191,468,401	191,468,401	191,468,401	1,914,684,010
			2. 개시전이자	75,309,210	30,123,680	–	3,012,368	3,012,368	3,012,368	3,012,368	3,012,368	3,012,368	3,012,368	3,012,368	3,012,368	3,012,368	30,123,680
			3. 개시후이자	–	–	–	–	–	–	–	–	–	–	–	–	–	–
			소계	4,862,019,230	1,944,807,690	–	194,480,769	194,480,769	194,480,769	194,480,769	194,480,769	194,480,769	194,480,769	194,480,769	194,480,769	194,480,769	1,944,807,690
신고 13-1	채권 4-1	중소벤처기업진흥공단 (대표이사 ○○○)	1. 원금	1,000,000,000	400,000,000	–	40,000,000	40,000,000	40,000,000	40,000,000	40,000,000	40,000,000	40,000,000	40,000,000	40,000,000	40,000,000	400,000,000
			2. 개시전이자	438,356	175,340	–	17,534	17,534	17,534	17,534	17,534	17,534	17,534	17,534	17,534	17,534	175,340
			3. 개시후이자	–	–	–	–	–	–	–	–	–	–	–	–	–	–
			소계	1,000,438,356	400,175,340	–	40,017,534	40,017,534	40,017,534	40,017,534	40,017,534	40,017,534	40,017,534	40,017,534	40,017,534	40,017,534	400,175,340
신고 2-1	채권 5	㈜신한은행 (대표이사 ○○○)	1. 원금	54,545,692	21,818,280	–	2,181,828	2,181,828	2,181,828	2,181,828	2,181,828	2,181,828	2,181,828	2,181,828	2,181,828	2,181,828	21,818,280
			2. 개시전이자	5,013,327	2,005,330	–	200,533	200,533	200,533	200,533	200,533	200,533	200,533	200,533	200,533	200,533	2,005,330
			3. 개시후이자	–	–	–	–	–	–	–	–	–	–	–	–	–	–
			소계	59,559,019	23,823,610	–	2,382,361	2,382,361	2,382,361	2,382,361	2,382,361	2,382,361	2,382,361	2,382,361	2,382,361	2,382,361	23,823,610
신고 5	채권 7	중소기업은행 (대표이사 ○○○)	1. 원금	1,221,564,300	488,625,720	–	48,862,572	48,862,572	48,862,572	48,862,572	48,862,572	48,862,572	48,862,572	48,862,572	48,862,572	48,862,572	488,625,720
			2. 개시전이자	11,183,553	4,473,420	–	447,342	447,342	447,342	447,342	447,342	447,342	447,342	447,342	447,342	447,342	4,473,420
			3. 개시후이자	–	–	–	–	–	–	–	–	–	–	–	–	–	–
			소계	1,232,747,853	493,099,140	–	49,309,914	49,309,914	49,309,914	49,309,914	49,309,914	49,309,914	49,309,914	49,309,914	49,309,914	49,309,914	493,099,140

–	채권 14	최○○	1. 원금	290,000,000	116,000,000	–	11,600,000	11,600,000	11,600,000	11,600,000	11,600,000	11,600,000	11,600,000	11,600,000	11,600,000	11,600,000	116,000,000
			2. 개시전이자	–	–	–	–	–	–	–	–	–	–	–	–	–	–
			3. 개시후이자	–	–	–	–	–	–	–	–	–	–	–	–	–	–
			소계	290,000,000	116,000,000	–	11,600,000	11,600,000	11,600,000	11,600,000	11,600,000	11,600,000	11,600,000	11,600,000	11,600,000	11,600,000	116,000,000
신고 1-1	채권 111	㈜신한카드 (대표이사 ○○○)	1. 원금	11,151,340	4,460,540	–	446,054	446,054	446,054	446,054	446,054	446,054	446,054	446,054	446,054	446,054	4,460,540
			2. 개시전이자	71,017	28,410	–	2,841	2,841	2,841	2,841	2,841	2,841	2,841	2,841	2,841	2,841	28,410
			3. 개시후이자	–	–	–	–	–	–	–	–	–	–	–	–	–	–
			소계	11,222,357	4,488,950	–	448,895	448,895	448,895	448,895	448,895	448,895	448,895	448,895	448,895	448,895	4,488,950
신고 8	채권 119	㈜하나카드 (대표이사 ○○○)	1. 원금	9,309,642	3,723,860	–	372,386	372,386	372,386	372,386	372,386	372,386	372,386	372,386	372,386	372,386	3,723,860
			2. 개시전이자	61,273	24,510	–	2,451	2,451	2,451	2,451	2,451	2,451	2,451	2,451	2,451	2,451	24,510
			3. 개시후이자	–	–	–	–	–	–	–	–	–	–	–	–	–	–
			소계	9,370,915	3,748,370	–	374,837	374,837	374,837	374,837	374,837	374,837	374,837	374,837	374,837	374,837	3,748,370
추완 신고9	–	㈜하나은행 (대표이사 ○○○)	1. 원금	10,622,658	4,249,060	–	424,906	424,906	424,906	424,906	424,906	424,906	424,906	424,906	424,906	424,906	4,249,060
			2. 개시전이자	–	–	–	–	–	–	–	–	–	–	–	–	–	–
			3. 개시후이자	–	–	–	–	–	–	–	–	–	–	–	–	–	–
			소계	10,622,658	4,249,060	–	424,906	424,906	424,906	424,906	424,906	424,906	424,906	424,906	424,906	424,906	4,249,060
합계			1. 원금	7,373,280,994	2,953,561,470	–	295,356,147	295,356,147	295,356,147	295,356,147	295,356,147	295,356,147	295,356,147	295,356,147	295,356,147	295,356,147	2,953,561,470
			2. 개시전이자	92,076,736	36,830,690	–	3,683,069	3,683,069	3,683,069	3,683,069	3,683,069	3,683,069	3,683,069	3,683,069	3,683,069	3,683,069	36,830,690
			3. 개시후이자	–	–	–	–	–	–	–	–	–	–	–	–	–	–
			소계	7,465,357,730	2,990,392,160	–	299,039,216	299,039,216	299,039,216	299,039,216	299,039,216	299,039,216	299,039,216	299,039,216	299,039,216	299,039,216	2,990,392,160

〈별표 5-3〉

회생채권(전환사채권) 변제계획

채무자: 주식회사 대한 (단위: 원)

신고번호	목록번호	채권자	구분	시인된 총채권액	변제할 채권	준비년도 20X0년	1차년도 20X1년	2차년도 20X2년	3차년도 20X3년	4차년도 20X4년	5차년도 20X5	6차년도 20X6년	7차년도 20X7년	8차년도 20X8년	9차년도 20X9년	10차년도 20X10년	합계
신고 13-1	채권 4-2	중소벤처기업진흥공단 (대표이사 ○○○)	1. 원금	916,630,000	366,652,000	-	36,665,200	36,665,200	36,665,200	36,665,200	36,665,200	36,665,200	36,665,200	36,665,200	36,665,200	36,665,200	366,652,000
			2. 개시전이자	75,218,746	30,087,500	-	3,008,750	3,008,750	3,008,750	3,008,750	3,008,750	3,008,750	3,008,750	3,008,750	3,008,750	3,008,750	30,087,500
			3. 개시후이자	-	-	-	-	-	-	-	-	-	-	-	-	-	-
			소계	991,848,746	396,739,500	-	39,673,950	39,673,950	39,673,950	39,673,950	39,673,950	39,673,950	39,673,950	39,673,950	39,673,950	39,673,950	396,739,500
합계			1. 원금	916,630,000	366,652,000	-	36,665,200	36,665,200	36,665,200	36,665,200	36,665,200	36,665,200	36,665,200	36,665,200	36,665,200	36,665,200	366,652,000
			2. 개시전이자	75,218,746	30,087,500	-	3,008,750	3,008,750	3,008,750	3,008,750	3,008,750	3,008,750	3,008,750	3,008,750	3,008,750	3,008,750	30,087,500
			3. 개시후이자	-	-	-	-	-	-	-	-	-	-	-	-	-	-
			소계	991,848,746	396,739,500	-	39,673,950	39,673,950	39,673,950	39,673,950	39,673,950	39,673,950	39,673,950	39,673,950	39,673,950	39,673,950	396,739,500

– 86 –

〈별표 5-4〉

회생채권(상거래채권) 변제계획

채무자: 주식회사 대한 (단위: 원)

신고번호	목록번호	채권자	구분	시인된 총채권액	변제할 채권	준비년도 20X0년	1차년도 20X1년	2차년도 20X2년	3차년도 20X3년	4차년도 20X4년	5차년도 20X5년	6차년도 20X6년	7차년도 20X7년	8차년도 20X8년	9차년도 20X9년	10차년도 20X10년	합계
–	채권 18	㈜ㅇㅇ스틸 (대표이사 문ㅇㅇ)	1. 원금	701,579,317	280,631,730	–	28,063,173	28,063,173	28,063,173	28,063,173	28,063,173	28,063,173	28,063,173	28,063,173	28,063,173	28,063,173	280,631,730
			2. 개시전이자	–	–	–	–	–	–	–	–	–	–	–	–	–	–
			3. 개시후이자	–	–	–	–	–	–	–	–	–	–	–	–	–	–
			소계	701,579,317	280,631,730	–	28,063,173	28,063,173	28,063,173	28,063,173	28,063,173	28,063,173	28,063,173	28,063,173	28,063,173	28,063,173	280,631,730
–	채권 9	박ㅇㅇ (ㅇㅇ산업)	1. 원금	597,675,442	239,070,180	–	23,907,018	23,907,018	23,907,018	23,907,018	23,907,018	23,907,018	23,907,018	23,907,018	23,907,018	23,907,018	239,070,180
			2. 개시전이자	–	–	–	–	–	–	–	–	–	–	–	–	–	–
			3. 개시후이자	–	–	–	–	–	–	–	–	–	–	–	–	–	–
			소계	597,675,442	239,070,180	–	23,907,018	23,907,018	23,907,018	23,907,018	23,907,018	23,907,018	23,907,018	23,907,018	23,907,018	23,907,018	239,070,180
–	채권 10	ㅇㅇ상사㈜ (대표이사 권ㅇㅇ)	1. 원금	550,000,000	220,000,000	–	22,000,000	22,000,000	22,000,000	22,000,000	22,000,000	22,000,000	22,000,000	22,000,000	22,000,000	22,000,000	220,000,000
			2. 개시전이자	–	–	–	–	–	–	–	–	–	–	–	–	–	–
			3. 개시후이자	–	–	–	–	–	–	–	–	–	–	–	–	–	–
			소계	550,000,000	220,000,000	–	22,000,000	22,000,000	22,000,000	22,000,000	22,000,000	22,000,000	22,000,000	22,000,000	22,000,000	22,000,000	220,000,000
–	채권 12	㈜ㅇㅇ필텍 (대표이사 이ㅇㅇ)	1. 원금	408,881,500	163,552,600	–	16,355,260	16,355,260	16,355,260	16,355,260	16,355,260	16,355,260	16,355,260	16,355,260	16,355,260	16,355,260	163,552,600
			2. 개시전이자	–	–	–	–	–	–	–	–	–	–	–	–	–	–
			3. 개시후이자	–	–	–	–	–	–	–	–	–	–	–	–	–	–
			소계	408,881,500	163,552,600	–	16,355,260	16,355,260	16,355,260	16,355,260	16,355,260	16,355,260	16,355,260	16,355,260	16,355,260	16,355,260	163,552,600
–	채권 13	㈜ㅇㅇ다이케스팅	1. 원금	131,478,709	52,591,480	5,259,148	5,259,148	5,259,148	5,259,148	5,259,148	5,259,148	5,259,148	5,259,148	5,259,148	5,259,148	5,259,148	52,591,480
			2. 개시전이자	–	–	–	–	–	–	–	–	–	–	–	–	–	–
			3. 개시후이자	–	–	–	–	–	–	–	–	–	–	–	–	–	–
			소계	131,478,709	52,591,480	5,259,148	5,259,148	5,259,148	5,259,148	5,259,148	5,259,148	5,259,148	5,259,148	5,259,148	5,259,148	5,259,148	52,591,480
–	채권 15	이ㅇㅇ (ㅇㅇ산업)	1. 원금	160,681,716	64,272,690	6,427,269	6,427,269	6,427,269	6,427,269	6,427,269	6,427,269	6,427,269	6,427,269	6,427,269	6,427,269	6,427,269	64,272,690
			2. 개시전이자	–	–	–	–	–	–	–	–	–	–	–	–	–	–
			3. 개시후이자	–	–	–	–	–	–	–	–	–	–	–	–	–	–
			소계	160,681,716	64,272,690	6,427,269	6,427,269	6,427,269	6,427,269	6,427,269	6,427,269	6,427,269	6,427,269	6,427,269	6,427,269	6,427,269	64,272,690

–	채권 16	김○○ (○○○ 케미칼)	1. 원금	175,314,733	70,125,890	7,012,589	7,012,589	7,012,589	7,012,589	7,012,589	7,012,589	7,012,589	7,012,589	7,012,589	7,012,589	7,012,589	70,125,890
			2. 개시전이자	–	–	–	–	–	–	–	–	–	–	–	–	–	–
			3. 개시후이자	–	–	–	–	–	–	–	–	–	–	–	–	–	–
			소계	175,314,733	70,125,890	7,012,589	7,012,589	7,012,589	7,012,589	7,012,589	7,012,589	7,012,589	7,012,589	7,012,589	7,012,589	7,012,589	70,125,890
–	채권 17	원○○ (○○전자)	1. 원금	170,806,988	68,322,800	6,832,280	6,832,280	6,832,280	6,832,280	6,832,280	6,832,280	6,832,280	6,832,280	6,832,280	6,832,280	6,832,280	68,322,800
			2. 개시전이자	–	–	–	–	–	–	–	–	–	–	–	–	–	–
			3. 개시후이자	–	–	–	–	–	–	–	–	–	–	–	–	–	–
			소계	170,806,988	68,322,800	6,832,280	6,832,280	6,832,280	6,832,280	6,832,280	6,832,280	6,832,280	6,832,280	6,832,280	6,832,280	6,832,280	68,322,800
–	채권 18	이○○ (○○정밀)	1. 원금	113,188,972	45,275,590	4,527,559	4,527,559	4,527,559	4,527,559	4,527,559	4,527,559	4,527,559	4,527,559	4,527,559	4,527,559	4,527,559	45,275,590
			2. 개시전이자	–	–	–	–	–	–	–	–	–	–	–	–	–	–
			3. 개시후이자	–	–	–	–	–	–	–	–	–	–	–	–	–	–
			소계	113,188,972	45,275,590	4,527,559	4,527,559	4,527,559	4,527,559	4,527,559	4,527,559	4,527,559	4,527,559	4,527,559	4,527,559	4,527,559	45,275,590
–	채권 19	㈜○○○ (대표이사 최○○)	1. 원금	140,079,341	56,031,740	5,603,174	5,603,174	5,603,174	5,603,174	5,603,174	5,603,174	5,603,174	5,603,174	5,603,174	5,603,174	5,603,174	56,031,740
			2. 개시전이자	–	–	–	–	–	–	–	–	–	–	–	–	–	–
			3. 개시후이자	–	–	–	–	–	–	–	–	–	–	–	–	–	–
			소계	140,079,341	56,031,740	5,603,174	5,603,174	5,603,174	5,603,174	5,603,174	5,603,174	5,603,174	5,603,174	5,603,174	5,603,174	5,603,174	56,031,740
(중략)																	
–	채권 223	㈜○○○ ○○테크 (대표이사 심○○)	1. 원금	295,460	118,184	–	59,092	59,092	–	–	–	–	–	–	–	–	118,184
			2. 개시전이자	–	–	–	–	–	–	–	–	–	–	–	–	–	–
			3. 개시후이자	–	–	–	–	–	–	–	–	–	–	–	–	–	–
			소계	295,460	118,184	–	59,092	59,092	–	–	–	–	–	–	–	–	118,184
–	채권 224	박○○ (○○○ 코리아)	1. 원금	262,350	104,940	–	52,470	52,470	–	–	–	–	–	–	–	–	104,940
			2. 개시전이자	–	–	–	–	–	–	–	–	–	–	–	–	–	–
			3. 개시후이자	–	–	–	–	–	–	–	–	–	–	–	–	–	–
			소계	262,350	104,940	–	52,470	52,470	–	–	–	–	–	–	–	–	104,940
–	채권 225	김○○ (○○인천 중부(영))	1. 원금	245,000	98,000	–	49,000	49,000	–	–	–	–	–	–	–	–	98,000
			2. 개시전이자	–	–	–	–	–	–	–	–	–	–	–	–	–	–
			3. 개시후이자	–	–	–	–	–	–	–	–	–	–	–	–	–	–
			소계	245,000	98,000	–	49,000	49,000	–	–	–	–	–	–	–	–	98,000

–	채권 226	㈜○○○○ ○○○앤씨 (대표이사 최○○)	1. 원금	242,000	96,800	–	48,400	48,400	–	–	–	–	–	–	–	–	96,800
			2. 개시전이자	–	–	–	–	–	–	–	–	–	–	–	–	–	–
			3. 개시후이자	–	–	–	–	–	–	–	–	–	–	–	–	–	–
			소계	242,000	96,800	–	48,400	48,400	–	–	–	–	–	–	–	–	96,800
–	채권 227	정○○ (○○종합 상사)	1. 원금	209,000	83,600	–	41,800	41,800	–	–	–	–	–	–	–	–	83,600
			2. 개시전이자	–	–	–	–	–	–	–	–	–	–	–	–	–	–
			3. 개시후이자	–	–	–	–	–	–	–	–	–	–	–	–	–	–
			소계	209,000	83,600	–	41,800	41,800	–	–	–	–	–	–	–	–	83,600
신고 7	–	이○○ (○○○ 시스템)	1. 원금	48,327,840	19,331,140	–	1,933,114	1,933,114	1,933,114	1,933,114	1,933,114	1,933,114	1,933,114	1,933,114	1,933,114	1,933,114	19,331,140
			2. 개시전이자	–	–	–	–	–	–	–	–	–	–	–	–	–	–
			3. 개시후이자	–	–	–	–	–	–	–	–	–	–	–	–	–	–
			소계	48,327,840	19,331,140	–	1,933,114	1,933,114	1,933,114	1,933,114	1,933,114	1,933,114	1,933,114	1,933,114	1,933,114	1,933,114	19,331,140
신고 16	–	주식회사 ○○윤활유	1. 원금	3,421,000	1,368,400	–	136,840	136,840	136,840	136,840	136,840	136,840	136,840	136,840	136,840	136,840	1,368,400
			2. 개시전이자	–	–	–	–	–	–	–	–	–	–	–	–	–	–
			3. 개시후이자	–	–	–	–	–	–	–	–	–	–	–	–	–	–
			소계	3,421,000	1,368,400	–	136,840	136,840	136,840	136,840	136,840	136,840	136,840	136,840	136,840	136,840	1,368,400
신고 19	–	최○○ (○○특수)	1. 원금	9,725,540	3,890,220	–	389,022	389,022	389,022	389,022	389,022	389,022	389,022	389,022	389,022	389,022	3,890,220
			2. 개시전이자	–	–	–	–	–	–	–	–	–	–	–	–	–	–
			3. 개시후이자	–	–	–	–	–	–	–	–	–	–	–	–	–	–
			소계	9,725,540	3,890,220	–	389,022	389,022	389,022	389,022	389,022	389,022	389,022	389,022	389,022	389,022	3,890,220
추완 신고7	–	브○○○ 코퍼레이션 (대표이사D)	1. 원금	2,323,752,967	929,501,190	–	92,950,119	92,950,119	92,950,119	92,950,119	92,950,119	92,950,119	92,950,119	92,950,119	92,950,119	92,950,119	929,501,190
			2. 개시전이자	–	–	–	–	–	–	–	–	–	–	–	–	–	–
			3. 개시후이자	–	–	–	–	–	–	–	–	–	–	–	–	–	–
			소계	2,323,752,967	929,501,190	–	92,950,119	92,950,119	92,950,119	92,950,119	92,950,119	92,950,119	92,950,119	92,950,119	92,950,119	92,950,119	929,501,190
추완 신고8	–	중소기업 기술정보 진흥원	1. 원금	50,000,000	20,000,000	–	2,000,000	2,000,000	2,000,000	2,000,000	2,000,000	2,000,000	2,000,000	2,000,000	2,000,000	2,000,000	20,000,000
			2. 개시전이자	–	–	–	–	–	–	–	–	–	–	–	–	–	–
			3. 개시후이자	–	–	–	–	–	–	–	–	–	–	–	–	–	–
			소계	50,000,000	20,000,000	–	2,000,000	2,000,000	2,000,000	2,000,000	2,000,000	2,000,000	2,000,000	2,000,000	2,000,000	2,000,000	20,000,000
합계			1. 원금	9,803,468,306	3,921,387,370	–	402,371,385	402,371,385	389,580,575	389,580,575	389,580,575	389,580,575	389,580,575	389,580,575	389,580,575	389,580,575	3,921,387,370
			2. 개시전이자	29,980	11,992	–	5,996	5,996	–	–	–	–	–	–	–	–	11,992
			3. 개시후이자	–	–	–	–	–	–	–	–	–	–	–	–	–	–
			소계	9,803,498,286	3,921,399,362	–	402,377,381	402,377,381	389,580,575	389,580,575	389,580,575	389,580,575	389,580,575	389,580,575	389,580,575	389,580,575	3,921,399,362

〈별표 5-5〉

회생채권(구상채권) 변제계획

채무자: 주식회사 대한 (단위: 원)

신고 번호	목록 번호	채권자	구분	시인된 총채권액	변제할 채권	준비년도 20X0년	1차년도 20X1년	2차년도 20X2년	3차년도 20X3년	4차년도 20X4년	5차년도 20X5년	6차년도 20X6년	7차년도 20X7년	8차년도 20X8년	9차년도 20X9년	10차년도 20X10년	합계
추완 신고 1,1	–	한국무역 보험공사 (대표이사 ○○○)	1. 원금	1,286,272,500	514,509,000	–	51,450,900	51,450,900	51,450,900	51,450,900	51,450,900	51,450,900	51,450,900	51,450,900	51,450,900	51,450,900	514,509,000
			2. 개시전이자	5,080,218	2,032,090	–	203,209	203,209	203,209	203,209	203,209	203,209	203,209	203,209	203,209	203,209	2,032,090
			3. 개시후이자	945,152 / 연10%	–	–	–	–	–	–	–	–	–	–	–	–	–
			소계	1,292,297,870	516,541,090	–	51,654,109	51,654,109	51,654,109	51,654,109	51,654,109	51,654,109	51,654,109	51,654,109	51,654,109	51,654,109	516,541,090
합계			1. 원금	1,286,272,500	514,509,000	–	51,450,900	51,450,900	51,450,900	51,450,900	51,450,900	51,450,900	51,450,900	51,450,900	51,450,900	51,450,900	514,509,000
			2. 개시전이자	5,080,218	2,032,090	–	203,209	203,209	203,209	203,209	203,209	203,209	203,209	203,209	203,209	203,209	2,032,090
			3. 개시후이자	945,152 / 연10%	–	–	–	–	–	–	–	–	–	–	–	–	–
			소계	1,292,297,870	516,541,090	–	51,654,109	51,654,109	51,654,109	51,654,109	51,654,109	51,654,109	51,654,109	51,654,109	51,654,109	51,654,109	516,541,090

〈별표 5-6〉

회생채권(특수관계인채권) 변제계획

채무자: 주식회사 대한 (단위: 원)

신고 번호	목록 번호	채권자	구분	시인된 총채권액	변제할 채권	준비년도 20X0년	1차년도 20X1년	2차년도 20X2년	3차년도 20X3년	4차년도 20X4년	5차년도 20X5년	6차년도 20X6년	7차년도 20X7년	8차년도 20X8년	9차년도 20X9년	10차년도 20X10년	합계
–	채권 2	김민국	1. 원금	2,660,074,520	–	–	–	–	–	–	–	–	–	–	–	–	–
			2. 개시전이자	–	–	–	–	–	–	–	–	–	–	–	–	–	–
			3. 개시후이자	–	–	–	–	–	–	–	–	–	–	–	–	–	–
			소계	2,660,074,520	–	–	–	–	–	–	–	–	–	–	–	–	–
–	채권 3	○○테크㈜ (대표이사 유○○)	1. 원금	2,185,066,604	–	–	–	–	–	–	–	–	–	–	–	–	–
			2. 개시전이자	–	–	–	–	–	–	–	–	–	–	–	–	–	–
			3. 개시후이자	–	–	–	–	–	–	–	–	–	–	–	–	–	–
			소계	2,185,066,604	–	–	–	–	–	–	–	–	–	–	–	–	–
–	채권 6	유○○	1. 원금	1,270,949,409	–	–	–	–	–	–	–	–	–	–	–	–	–
			2. 개시전이자	–	–	–	–	–	–	–	–	–	–	–	–	–	–
			3. 개시후이자	–	–	–	–	–	–	–	–	–	–	–	–	–	–
			소계	1,270,949,409	–	–	–	–	–	–	–	–	–	–	–	–	–
–	채권 11	㈜○○○○ (대표이사 유○○)	1. 원금	531,486,827	–	–	–	–	–	–	–	–	–	–	–	–	–
			2. 개시전이자	–	–	–	–	–	–	–	–	–	–	–	–	–	–
			3. 개시후이자	–	–	–	–	–	–	–	–	–	–	–	–	–	–
			소계	531,486,827	–	–	–	–	–	–	–	–	–	–	–	–	–
–	채권 25	손○○	1. 원금	125,009,949	–	–	–	–	–	–	–	–	–	–	–	–	–
			2. 개시전이자	–	–	–	–	–	–	–	–	–	–	–	–	–	–
			3. 개시후이자	–	–	–	–	–	–	–	–	–	–	–	–	–	–
			소계	125,009,949	–	–	–	–	–	–	–	–	–	–	–	–	–
–	채권 86	㈜○○○ 코리아 (대표이사 김○○ 외 1명)	1. 원금	16,523,935	–	–	–	–	–	–	–	–	–	–	–	–	–
			2. 개시전이자	–	–	–	–	–	–	–	–	–	–	–	–	–	–
			3. 개시후이자	–	–	–	–	–	–	–	–	–	–	–	–	–	–
			소계	16,523,935	–	–	–	–	–	–	–	–	–	–	–	–	–
합계			1. 원금	6,789,111,244	–	–	–	–	–	–	–	–	–	–	–	–	–
			2. 개시전이자	–	–	–	–	–	–	–	–	–	–	–	–	–	–
			3. 개시후이자	–	–	–	–	–	–	–	–	–	–	–	–	–	–
			소계	6,789,111,244	–	–	–	–	–	–	–	–	–	–	–	–	–

〈별표 5-7〉

회생채권(보증채권) 변제계획

채무자: 주식회사 대한 (단위: 원)

신고번호	목록번호	채권자	구분	시인된 총채권액	변제할 채권	준비년도 20X0년	1차년도 20X1년	2차년도 20X2년	3차년도 20X3년	4차년도 20X4년	5차년도 20X5년	6차년도 20X6년	7차년도 20X7년	8차년도 20X8년	9차년도 20X9년	10차년도 20X10년	합계
신고 2-1	채권 5	㈜신한은행 (대표이사 ○○○)	1. 원금	398,759,996	159,504,000	–	15,950,400	15,950,400	15,950,400	15,950,400	15,950,400	15,950,400	15,950,400	15,950,400	15,950,400	15,950,400	159,504,000
			2. 개시전이자	–	–	–	–	–	–	–	–	–	–	–	–	–	–
			3. 개시후이자	–	–	–	–	–	–	–	–	–	–	–	–	–	–
			소계	398,759,996	159,504,000	–	15,950,400	15,950,400	15,950,400	15,950,400	15,950,400	15,950,400	15,950,400	15,950,400	15,950,400	15,950,400	159,504,000
합계			1. 원금	398,759,996	159,504,000	–	15,950,400	15,950,400	15,950,400	15,950,400	15,950,400	15,950,400	15,950,400	15,950,400	15,950,400	15,950,400	159,504,000
			2. 개시전이자	–	–	–	–	–	–	–	–	–	–	–	–	–	–
			3. 개시후이자	–	–	–	–	–	–	–	–	–	–	–	–	–	–
			소계	398,759,996	159,504,000	–	15,950,400	15,950,400	15,950,400	15,950,400	15,950,400	15,950,400	15,950,400	15,950,400	15,950,400	15,950,400	159,504,000

〈별표 5-8〉

회생채권(미발생구상채권) 변제계획

채무자: 주식회사 대한 (단위: 원)

신고 번호	목록 번호	채권자	구 분	시인된 총채권액	변제할 채권	준비년도	1차년도	2차년도	3차년도	4차년도	5차년도	6차년도	7차년도	8차년도	9차년도	10차년도	합 계
						20X0년	20X1년	20X2년	20X3년	20X4년	20X5년	20X6년	20X7년	20X8년	20X9년	20X10년	
신고 2-1	채권 5	㈜신한은행 (대표이사 ○○○)	1. 원금	110,567,085	미확정	미확정	미확정	미확정	미확정	미확정	미확정	미확정	미확정	미확정	미확정	미확정	미확정
			2. 개시전이자	-	미확정	미확정	미확정	미확정	미확정	미확정	미확정	미확정	미확정	미확정	미확정	미확정	미확정
			3. 개시후이자	-	미확정	미확정	미확정	미확정	미확정	미확정	미확정	미확정	미확정	미확정	미확정	미확정	미확정
			소계	110,567,085	미확정	미확정	미확정	미확정	미확정	미확정	미확정	미확정	미확정	미확정	미확정	미확정	미확정
합계			1. 원금	110,567,085	미확정	미확정	미확정	미확정	미확정	미확정	미확정	미확정	미확정	미확정	미확정	미확정	미확정
			2. 개시전이자	-	미확정	미확정	미확정	미확정	미확정	미확정	미확정	미확정	미확정	미확정	미확정	미확정	미확정
			3. 개시후이자	-	미확정	미확정	미확정	미확정	미확정	미확정	미확정	미확정	미확정	미확정	미확정	미확정	미확정
			소계	110,567,085	미확정	미확정	미확정	미확정	미확정	미확정	미확정	미확정	미확정	미확정	미확정	미확정	미확정

〈별표 5-9〉

회생채권(조세등채권) 변제계획

채무자: 주식회사 대한 (단위: 원)

신고번호	목록번호	채권자	구분	시인된 총채권액	변제할 채권	준비년도 20X0년	1차년도 20X1년	2차년도 20X2년	3차년도 20X3년	4차년도 20X4년	5차년도 20X5년	6차년도 20X6년	7차년도 20X7년	8차년도 20X8년	9차년도 20X9년	10차년도 20X10년	합계
신고 14	조세 1	국민건강 보험공단	1. 원금	82,610,150	82,610,150	-	27,536,717	27,536,717	27,536,716	-	-	-	-	-	-	-	82,610,150
			2. 개시전이자	7,434,830	7,434,830	-	2,478,277	2,478,277	2,478,276	-	-	-	-	-	-	-	7,434,830
			3. 개시후이자	-	-	-	-	-	-	-	-	-	-	-	-	-	-
			소계	90,044,980	90,044,980	-	30,014,994	30,014,994	30,014,992	-	-	-	-	-	-	-	90,044,980
-	조세 2	○○○ 세무서	1. 원금	6,863,260	6,863,260	-	2,287,753	2,287,753	2,287,754	-	-	-	-	-	-	-	6,863,260
			2. 개시전이자	205,890	205,890	-	68,630	68,630	68,630	-	-	-	-	-	-	-	205,890
			3. 개시후이자	798,840	798,840	-	266,280	266,280	266,280	-	-	-	-	-	-	-	798,840
			소계	7,867,990	7,867,990	-	2,622,663	2,622,663	2,622,664	-	-	-	-	-	-	-	7,867,990
-	조세 3	○○시 ○○구	1. 원금	3,401,490	3,401,490	-	1,133,830	1,133,830	1,133,830	-	-	-	-	-	-	-	3,401,490
			2. 개시전이자	-	-	-	-	-	-	-	-	-	-	-	-	-	-
			3. 개시후이자	-	-	-	-	-	-	-	-	-	-	-	-	-	-
			소계	3,401,490	3,401,490	-	1,133,830	1,133,830	1,133,830	-	-	-	-	-	-	-	3,401,490
합계			1. 원금	92,874,900	92,874,900	-	30,958,300	30,958,300	30,958,300	-	-	-	-	-	-	-	92,874,900
			2. 개시전이자	7,640,720	7,640,720	-	2,546,907	2,546,907	2,546,906	-	-	-	-	-	-	-	7,640,720
			3. 개시후이자	798,840	798,840	-	266,280	266,280	266,280	-	-	-	-	-	-	-	798,840
			소계	101,314,460	101,314,460	-	33,771,487	33,771,487	33,771,486	-	-	-	-	-	-	-	101,314,460

〈별표 6〉

청산배당률 및 현가변제율 비교표

채무자: 주식회사 대한

(단위: 원)

구 분	시인된 총채권액	변 제		배 당		차 이
		현가변제금액	현가변제율	청산배당금액	청산배당률	
Ⅰ. 조세등채권	**101,314,460**	**89,015,752**	**87.86%**	**101,314,460**	**100.00%**	**−12.14%**
Ⅱ. 회생담보권	**8,827,374,004**	**8,827,374,003**	**100.00%**	**8,827,374,004**	**100.00%**	**0.00%**
㈜하나은행	8,739,886,362	8,739,886,361	100.00%	8,739,886,362	100.00%	0.00%
㈜신한은행	87,487,642	87,487,642	100.00%	87,487,642	100.00%	0.00%
Ⅲ. 회생채권	**26,862,063,615**	**6,016,127,500**	**22.40%**	**3,963,135,806**	**14.75%**	**7.64%**
대여금채권	7,475,980,388	2,251,768,817	30.12%	1,107,538,995	14.81%	15.31%
전환사채권	991,848,746	298,745,309	30.12%	146,938,743	14.81%	15.31%
상거래채권	9,803,498,286	2,956,550,626	30.16%	1,452,352,208	14.81%	15.34%
구상채권	1,292,297,870	388,956,049	30.10%	191,449,176	14.81%	15.28%
특수관계인채권	6,789,111,244	−	0.00%	1,005,781,857	14.81%	−14.81%
보증채권	398,759,996	120,106,699	30.12%	59,074,827	14.81%	15.31%
미발생구상채권	110,567,085	미확정	미확정	미확정	미확정	미확정
합계	**35,790,752,079**	**14,932,517,255**	**41.72%**	**12,891,824,270**	**36.02%**	**5.70%**

〈별표 6-1〉

청산배당률표

채무자: 주식회사 대한 (단위: 원)

구 분	시인된 총채권액 (A)	우선변제 (B)	담보분 (C)	비배당채권액 (D=A-B-C)	비담보배당액 (E)	청산배당액 (F=B+C+E)	청산배당률 (F/A %)
Ⅰ. 공익채권	**3,404,731,558**	**3,404,731,558**	**–**	**–**	**–**	**3,404,731,558**	**100.00%**
Ⅱ. 조세등채권	**101,314,460**	**101,314,460**	**–**	**–**	**–**	**101,314,460**	**100.00%**
Ⅲ. 회생담보권	**8,827,374,004**	**–**	**8,827,374,004**	**–**	**–**	**8,827,374,004**	**100.00%**
㈜하나은행	8,739,886,362	–	8,739,886,362	–	–	8,739,886,362	100.00%
㈜신한은행	87,487,642	–	87,487,642	–	–	87,487,642	100.00%
Ⅳ. 회생채권	**26,862,063,615**	**–**	**–**	**26,751,496,530**	**3,963,135,806**	**3,963,135,806**	**14.75%**
대여금채권	7,475,980,388	–	–	7,475,980,388	1,107,538,995	1,107,538,995	14.81%
전환사채권	991,848,746	–	–	991,848,746	146,938,743	146,938,743	14.81%
상거래채권	9,803,498,286	–	–	9,803,498,286	1,452,352,208	1,452,352,208	14.81%
구상채권	1,292,297,870	–	–	1,292,297,870	191,449,176	191,449,176	14.81%
특수관계인채권	6,789,111,244	–	–	6,789,111,244	1,005,781,857	1,005,781,857	14.81%
보증채권	398,759,996	–	–	398,759,996	59,074,827	59,074,827	14.81%
미발생구상채권	110,567,085	–	–	미확정	미확정	미확정	미확정
합계	**39,195,483,637**	**3,506,046,018**	**8,827,374,004**	**26,751,496,530**	**3,963,135,806**	**16,296,555,828**	**41.58%**

〈별표 6-2〉

현가변제율표

채무자: 주식회사 대한 (단위: 원)

구분			시인된 총채권액	변제할 채권	준비년도 20X0년	1차년도 20X1년	2차년도 20X2년	3차년도 20X3년	4차년도 20X4년	5차년도 20X5년	6차년도 20X6년	7차년도 20X7년	8차년도 20X8년	9차년도 20X9년	10차년도 20X10년	합계	현가 변제율
현재가치 계수(회생담보권)					0.9698	0.9336	0.8987	0.8651	0.8328	0.8017	0.7718	0.7429	0.7152	0.6885	0.6628		
현재가치 계수(회생채권)					0.9634	0.9197	0.8780	0.8382	0.8002	0.7639	0.7292	0.6962	0.6646	0.6345	0.6057		
회생 담보권	㈜하나은행	명목가치	8,739,886,362	9,361,771,034	-	9,361,771,034	-	-	-	-	-	-	-	-	-	9,361,771,034	100.00%
		현재가치		8,739,886,361	-	8,739,886,361	-	-	-	-	-	-	-	-	-	8,739,886,361	
	㈜신한은행	명목가치	87,487,642	87,487,642	87,487,642	-	-	-	-	-	-	-	-	-	-	87,487,642	100.00%
		현재가치		87,487,642	87,487,642	-	-	-	-	-	-	-	-	-	-	87,487,642	
	소계	명목가치	8,827,374,004	9,449,258,676	87,487,642	9,361,771,034	-	-	-	-	-	-	-	-	-	9,449,258,676	100.00%
		현재가치		8,827,374,003	87,487,642	8,739,886,361	-	-	-	-	-	-	-	-	-	8,827,374,003	
회생 채권	대여금채권	명목가치	7,475,980,388	2,990,392,160	-	299,039,216	299,039,216	299,039,216	299,039,216	299,039,216	299,039,216	299,039,216	299,039,216	299,039,216	299,039,216	2,990,392,160	30.12%
		현재가치		2,251,768,817	-	275,021,028	262,549,907	250,644,303	239,278,571	228,428,230	218,181,297	208,181,297	198,741,095	189,728,969	181,125,508	2,251,768,817	
	전환사채권	명목가치	991,848,746	396,739,500	-	39,673,950	39,673,950	39,673,950	39,673,950	39,673,950	39,673,950	39,673,950	39,673,950	39,673,950	39,673,950	396,739,500	30.12%
		현재가치		298,745,309	-	36,487,423	34,832,862	33,253,329	31,745,422	30,305,892	28,931,639	27,619,703	26,367,258	25,171,607	24,030,174	298,745,309	
	상거래채권	명목가치	9,803,498,286	3,921,399,362	-	402,377,381	402,377,381	389,580,575	389,580,575	389,580,575	389,580,575	389,580,575	389,580,575	389,580,575	389,580,575	3,921,399,362	30.16%
		현재가치		2,956,550,626	-	370,059,293	353,278,561	326,532,931	311,725,948	297,590,404	284,095,851	271,213,223	258,914,771	247,174,006	235,965,638	2,956,550,626	
	구상채권	명목가치	1,292,297,870	516,541,090	-	51,654,109	51,654,109	51,654,109	51,654,109	51,654,109	51,654,109	51,654,109	51,654,109	51,654,109	51,654,109	516,541,090	30.10%
		현재가치		388,956,049	-	47,505,362	45,351,181	43,294,683	41,331,440	39,457,222	37,667,992	35,959,897	34,329,257	32,772,561	31,286,454	388,956,049	
	특수관계인 채권	명목가치	6,789,111,244	-	-	-	-	-	-	-	-	-	-	-	-	-	0.00%
		현재가치		-	-	-	-	-	-	-	-	-	-	-	-	-	
	보증채권	명목가치	398,759,996	159,504,000	-	15,950,400	15,950,400	15,950,400	15,950,400	15,950,400	15,950,400	15,950,400	15,950,400	15,950,400	15,950,400	159,504,000	30.12%
		현재가치		120,106,699	-	14,669,298	14,004,103	13,369,072	12,762,837	12,184,093	11,631,592	11,104,146	10,600,616	10,119,920	9,661,022	120,106,699	
	미발생 구상채권	명목가치	110,567,085	미확정	미확정	미확정	미확정	미확정	미확정	미확정	미확정	미확정	미확정	미확정	미확정	미확정	미확정
		현재가치		미확정	미확정	미확정	미확정	미확정	미확정	미확정	미확정	미확정	미확정	미확정	미확정	미확정	
	소계	명목가치	26,862,063,615	7,984,576,112	-	808,695,056	808,695,056	808,695,056	808,695,056	808,695,056	808,695,056	808,695,056	808,695,056	808,695,056	808,695,056	7,984,576,112	22.40%
		현재가치		6,016,127,499	-	743,742,404	710,016,614	667,094,318	636,844,218	607,965,840	580,396,983	554,078,266	528,952,998	504,967,063	482,068,795	6,016,127,499	
조세등채권		명목가치	101,314,460	101,314,460	-	33,771,487	33,771,487	33,771,487	-	-	-	-	-	-	-	101,314,460	87.86%
		현재가치		89,015,752	-	31,059,034	29,650,629	28,306,089	-	-	-	-	-	-	-	89,015,752	
합계		명목가치	35,790,752,079	17,535,149,248	87,487,642	10,204,237,577	842,466,543	529,669,736	795,898,250	795,898,250	795,898,250	795,898,250	795,898,250	795,898,250	795,898,250	17,535,149,248	41.72%
		현재가치		14,932,517,254	87,487,642	9,514,687,799	739,667,243	695,400,407	636,844,218	607,965,840	580,396,983	554,078,266	528,952,998	504,967,063	482,068,795	14,932,517,254	

〈별표 7〉

주식병합 및 출자전환에 따른 총괄표

채무자: 주식회사 대한　　　　(단위: 주, 원)

구분	주주명 / 채권자	현재		기존주주 주식병합			출자전환		주식병합 및 출자전환 후 주식수	재병합 주식수 (자본감소)	최종 자본금		
		주식수	자본금	병합비율	병합주식수 (자본감소)	병합후주식수	대상채권액	발행주식수			주식수	자본금	지분율
기존 주주	ㅇㅇ테크㈜	57,600	288,000,000	50%	(28,800)	28,800			28,800	(27,648)	1,152	5,760,000	0.76%
	김민국	25,200	126,000,000	50%	(12,600)	12,600			12,600	(12,096)	504	2,520,000	0.33%
	유ㅇㅇ	12,600	63,000,000	50%	(6,300)	6,300			6,300	(6,048)	252	1,260,000	0.17%
	손ㅇㅇ	12,000	60,000,000	50%	(6,000)	6,000			6,000	(5,760)	240	1,200,000	0.16%
	김ㅇㅇ	6,600	33,000,000	50%	(3,300)	3,300			3,300	(3,168)	132	660,000	0.09%
	이ㅇㅇ	6,000	30,000,000	50%	(3,000)	3,000			3,000	(2,880)	120	600,000	0.08%
	소계	**120,000**	**600,000,000**	**50%**	**(60,000)**	**60,000**			**60,000**	**(57,600)**	**2,400**	**12,000,000**	**1.57%**
출자 전환 주주	회생담보권						–	–	–	–	–	–	0.00%
	회생채권(대여금채권)						4,485,588,228	897,114	897,114	(861,234)	35,880	179,400,000	23.54%
	회생채권(전환사채권)						595,109,246	119,021	119,021	(114,261)	4,760	23,800,000	3.12%
	회생채권(상거래채권)						5,882,098,924	1,176,325	1,176,325	(1,129,381)	46,944	234,720,000	30.80%
	회생채권(구상채권)						774,811,628	154,962	154,962	(148,764)	6,198	30,990,000	4.07%
	회생채권(특수관계인채권)						6,789,111,244	1,357,818	1,357,818	(1,303,508)	54,310	271,550,000	35.64%
	회생채권(보증채권)						239,255,996	47,851	47,851	(45,937)	1,914	9,570,000	1.26%
	회생채권(미발생구상채권)						미확정	미확정	미확정	미확정	미확정	미확정	미확정
	소계						**18,765,975,266**	**3,753,091**	**3,753,091**	**(3,603,085)**	**150,006**	**750,030,000**	**98.43%**
합계		**120,000**	**600,000,000**	**50%**	**(60,000)**	**60,000**	**18,765,975,266**	**3,753,091**	**3,813,091**	**(3,660,685)**	**152,406**	**762,030,000**	**100.00%**

〈별표 7-1〉

주식병합 및 출자전환 후 주주명세

채무자: 주식회사 대한 (단위: 주, 원)

구분	주주명 / 채권자명	현재		기존주주 주식병합			출자전환			주식병합 및 출자전환 후		주식재병합	최종 자본금		
		주식수	자본금	병합비율	주식병합 (자본감소)	병합후주식수	출자전환채권	발행단가	발행주식수	주식수	자본금	재병합주식수 (자본감소)	주식수	자본금	지분율
기존 주주	ㅇㅇ테크㈜	57,600	288,000,000	50%	(28,800)	28,800				28,800	144,000,000	(27,648)	1,152	5,760,000	0.76%
	김민국	25,200	126,000,000	50%	(12,600)	12,600				12,600	63,000,000	(12,096)	504	2,520,000	0.33%
	유ㅇㅇ	12,600	63,000,000	50%	(6,300)	6,300				6,300	31,500,000	(6,048)	252	1,260,000	0.17%
	손ㅇㅇ	12,000	60,000,000	50%	(6,000)	6,000				6,000	30,000,000	(5,760)	240	1,200,000	0.16%
	김ㅇㅇ	6,600	33,000,000	50%	(3,300)	3,300				3,300	16,500,000	(3,168)	132	660,000	0.09%
	이ㅇㅇ	6,000	30,000,000	50%	(3,000)	3,000				3,000	15,000,000	(2,880)	120	600,000	0.08%
	소계	**120,000**	**600,000,000**	**50%**	**(60,000)**	**60,000**				**60,000**	**300,000,000**	**(57,600)**	**2,400**	**12,000,000**	**1.57%**
회생 담보권	㈜하나은행(대표이사 ㅇㅇㅇ)						-	-	-	-	-	-	-	-	0.00%
	㈜신한은행(대표이사 ㅇㅇㅇ)						-	-	-	-	-	-	-	-	0.00%
	소계						**-**	**-**	**-**	**-**	**-**	**-**	**-**	**-**	**0.00%**
대여금 채권	한국수출입은행(대표이사 ㅇㅇㅇ)						2,917,211,540	5,000	583,442	583,442	2,917,210,000	(560,165)	23,337	116,685,000	15.31%
	중소벤처기업진흥공단(대표이사 ㅇㅇㅇ)						600,263,016	5,000	120,052	120,052	600,260,000	(115,250)	4,802	24,010,000	3.15%
	㈜신한은행(대표이사 ㅇㅇㅇ)						35,735,409	5,000	7,147	7,147	35,735,000	(6,862)	285	1,425,000	0.19%
	중소기업은행(대표이사 ㅇㅇㅇ)						739,648,713	5,000	147,929	147,929	739,645,000	(142,012)	5,917	29,585,000	3.88%
	최ㅇㅇ						174,000,000	5,000	34,800	34,800	174,000,000	(33,408)	1,392	6,960,000	0.91%
	신한카드㈜(대표이사 ㅇㅇㅇ)						6,733,407	5,000	1,346	1,346	6,730,000	(1,293)	53	265,000	0.03%
	㈜하나카드(대표이사 ㅇㅇㅇ)						5,622,545	5,000	1,124	1,124	5,620,000	(1,080)	44	220,000	0.03%
	㈜하나은행(대표이사 ㅇㅇㅇ)						6,373,598	5,000	1,274	1,274	6,370,000	(1,224)	50	250,000	0.03%
	소계						**4,485,588,228**	**5,000**	**897,114**	**897,114**	**64,485,570,000**	**(861,234)**	**35,880**	**179,400,000**	**23.54%**
전환 사채권	중소벤처기업진흥공단 (대표이사 ㅇㅇㅇ)						595,109,246	5,000	119,021	119,021	595,105,000	(114,261)	4,760	23,800,000	3.12%
상거래 채권	㈜ㅇㅇ스틸(대표이사 문ㅇㅇ)						420,947,587	5,000	84,189	84,189	420,945,000	(80,822)	3,367	16,835,000	2.21%
	박ㅇㅇ(ㅇㅇ산업)						358,605,262	5,000	71,721	71,721	358,605,000	(68,853)	2,868	14,340,000	1.88%
	ㅇㅇ상사㈜(대표이사 권ㅇㅇ)						330,000,000	5,000	66,000	66,000	330,000,000	(63,360)	2,640	13,200,000	1.73%
	㈜ㅇㅇ필텍(대표이사 이ㅇㅇ)						245,328,900	5,000	49,065	49,065	245,325,000	(47,103)	1,962	9,810,000	1.29%
	㈜ㅇㅇ다이케스팅						78,887,229	5,000	15,777	15,777	78,885,000	(15,146)	631	3,155,000	0.41%

	이ㅇㅇ(ㅇㅇ산업)						96,409,026	5,000	19,281	19,281	96,405,000	(18,510)	771	3,855,000	0.51%
	김ㅇㅇ(ㅇㅇㅇ케미칼)						105,188,843	5,000	21,037	21,037	105,185,000	(20,196)	841	4,205,000	0.55%
	원ㅇㅇ(ㅇㅇ전자)						102,484,188	5,000	20,496	20,496	102,480,000	(19,677)	819	4,095,000	0.54%
	이ㅇㅇ(ㅇㅇ정밀)						67,913,382	5,000	13,582	13,582	67,910,000	(13,039)	543	2,715,000	0.36%
	㈜ㅇㅇㅇ(대표이사 최ㅇㅇ)						84,047,601	5,000	16,809	16,809	84,045,000	(16,137)	672	3,360,000	0.44%
	(중략)														
	㈜ㅇㅇㅇㅇㅇ테크(대표이사 심ㅇㅇ)						177,276	5,000	35	35	175,000	(34)	1	5,000	0.00%
	박ㅇㅇ(ㅇㅇㅇ코리아)						157,410	5,000	31	31	155,000	(30)	1	5,000	0.00%
	김ㅇㅇ(ㅇㅇ인천중부(영))						147,000	5,000	29	29	145,000	(28)	1	5,000	0.00%
	㈜ㅇㅇㅇㅇㅇㅇㅇ엔씨(대표이사 최ㅇㅇ)						145,200	5,000	29	29	145,000	(28)	1	5,000	0.00%
	정ㅇㅇ(ㅇㅇ종합상사)						125,400	5,000	25	25	125,000	(24)	1	5,000	0.00%
	이ㅇㅇ(ㅇㅇㅇ시스템)						28,996,700	5,000	5,799	5,799	28,995,000	(5,568)	231	1,155,000	0.15%
	주식회사 ㅇㅇ윤활유						2,052,600	5,000	410	410	2,050,000	(394)	16	80,000	0.01%
	최ㅇㅇ(ㅇㅇ특수)						5,835,320	5,000	1,167	1,167	5,835,000	(1,121)	46	230,000	0.03%
	브ㅇㅇㅇㅇ 코퍼레이션(대표이사D)						1,394,251,777	5,000	278,850	278,850	1,394,250,000	(267,696)	11,154	55,770,000	7.32%
	중소기업기술정보진흥원						30,000,000	5,000	6,000	6,000	30,000,000	(5,760)	240	1,200,000	0.16%
	소계						**5,882,098,924**	**5,000**	**1,176,325**	**1,176,325**	**5,881,625,000**	**(1,129,381)**	**46,944**	**234,720,000**	**30.80%**
구상 채권	한국무역보험공사 (대표이사 ㅇㅇㅇ)						774,811,628	5,000	154,962	154,962	774,810,000	(148,764)	6,198	30,990,000	4.07%
특수 관계인 채권	김민국						2,660,074,520	5,000	532,014	532,014	2,660,070,000	(510,734)	21,280	106,400,000	13.96%
	ㅇㅇㅇㅇㅇㅇ테크㈜ (대표이사 유ㅇㅇ)						2,185,066,604	5,000	437,013	437,013	2,185,065,000	(419,533)	17,480	87,400,000	11.47%
	유ㅇㅇ						1,270,949,409	5,000	254,189	254,189	1,270,945,000	(244,022)	10,167	50,835,000	6.67%
	㈜개성ㅇㅇ(대표이사 유ㅇㅇ)						531,486,827	5,000	106,29	106,29	531,485,000	(102,046)	4,251	21,255,000	2.79%
	손ㅇㅇ						125,009,949	5,000	25,004	25,004	125,005,000	(24,001)	1,000	5,000,000	0.66%
	㈜ㅇㅇㅇ코리아(대표이사김ㅇㅇ외1명)						16,523,935	5,000	3,304	3,304	16,520,000	(3,172)	132	660,000	0.09%
	소계						**6,789,111,244**	**5,000**	**1,357,818**	**1,357,818**	**6,789,090,000**	**(1,303,508)**	**54,310**	**271,550,000**	**35.64%**
보증 채권	㈜신한은행(대표이사 ㅇㅇㅇ)						239,255,996	5,000	47,851	47,851	239,255,000	(45,937)	1,914	9,570,000	1.26%
미발생 구상 채권	서울보증보험 주식회사 (대표이사 ㅇㅇㅇ)						미확정	미확정	미확정	미확정	미확정	미확정	미확정	미확정	미확정
합계		120,000	600,000,000	50%	(60,000)	60,000	18,765,975,266	5,000	3,753,091	3,813,091	19,065,455,000	(3,660,685)	152,406	762,030,000	100.00%

〈별표 8〉

비교손익계산서(조사보고서 / 회생계획안)

채무자: 주식회사 대한 (단위: 천 원)

구분	합계			준비연도(20X0년)			제1차연도(20X1년)			제2차연도(20X2년)		
	조사보고	회생계획	차액	조사보고	회생계획	차액	조사보고	회생계획	차액	조사보고	회생계획	차액
1. 매출액	207,995,923	207,995,923	–	13,492,111	13,492,111	–	17,300,364	17,300,364	–	17,746,316	17,746,316	–
2. 매출원가	175,895,466	175,895,466	–	11,407,867	11,407,867	–	14,641,388	14,641,388	–	15,011,513	15,011,513	–
3. 판관비	25,491,126	25,491,126	–	1,653,747	1,653,747	–	2,404,614	2,404,614	–	2,162,979	2,162,979	–
4. 영업이익	6,609,331	6,609,331	–	430,497	430,497	–	254,362	254,362	–	571,824	571,824	–
5. 법인세비용	–	–	–	–	–	–	–	–	–	–	–	–
6. 당기순이익	6,609,331	6,609,331	–	430,497	430,497	–	254,362	254,362	–	571,824	571,824	–

구분	제3차연도(20X3년)			제4차연도(20X4년)			제5차연도(20X5년)			제6차연도(20X6년)		
	조사보고	회생계획	차액	조사보고	회생계획	차액	조사보고	회생계획	차액	조사보고	회생계획	차액
1. 매출액	18,203,359	18,919,991	–	18,671,582	19,406,960	–	19,153,756	19,907,110	–	19,646,671	20,419,526	–
2. 매출원가	15,393,541	15,994,668	–	15,786,950	16,404,090	–	16,193,329	16,825,919	–	16,610,157	17,259,484	–
3. 판관비	2,212,644	2,292,947	–	2,264,565	2,347,053	–	2,318,685	2,403,381	–	2,374,759	2,461,778	–
4. 영업이익	597,174	632,377	–	620,067	655,817	–	641,742	677,809	–	661,755	698,264	–
5. 법인세비용	–	–	–	–	–	–	–	–	–	–	–	–
6. 당기순이익	597,174	632,377	–	620,067	655,817	–	641,742	677,809	–	661,755	698,264	–

구분	제7차연도(20X7년)			제8차연도(20X8년)			제9차연도(20X9년)			제10차연도(20X10년)		
	조사보고	회생계획	차액	조사보고	회생계획	차액	조사보고	회생계획	차액	조사보고	회생계획	차액
1. 매출액	20,152,601	20,152,601	–	20,672,014	20,672,014	–	21,205,593	21,205,593	–	21,751,556	21,751,556	–
2. 매출원가	17,038,745	17,038,745	–	17,479,935	17,479,935	–	17,933,583	17,933,583	–	18,398,458	18,398,458	–
3. 판관비	2,432,811	2,432,811	–	2,492,822	2,492,822	–	2,554,806	2,554,806	–	2,618,694	2,618,694	–
4. 영업이익	681,045	681,045	–	699,257	699,257	–	717,204	717,204	–	734,404	734,404	–
5. 법인세비용	–	–	–	–	–	–	–	–	–	–	–	–
6. 당기순이익	681,045	681,045	–	699,257	699,257	–	717,204	717,204	–	734,404	734,404	–

〈별표 9〉

자금수지계획표

채무자: 주식회사 대한 (단위: 원)

구 분	준비년도	제1차년도	제2차년도	제3차년도	제4차년도	제5차년도	제6차년도	제7차년도	제8차년도	제9차년도	제10차년도	합 계
	20X0년	20X1년	20X2년	20X3년	20X4년	20X5년	20X6년	20X7년	20X8년	20X9년	20X10년	
Ⅰ. 자금의 원천												
1. 전기이월액	551,571,308	1,341,451,390	3,234,972,722	2,837,134,327	2,461,109,006	2,128,982,745	1,807,557,993	1,497,234,039	1,197,987,631	909,371,400	631,351,784	551,571,308
2. 영업 현금흐름	748,262,262	327,997,972	590,322,553	603,843,200	617,699,816	631,756,642	646,137,663	660,659,158	675,106,277	690,095,437	618,072,495	6,809,953,477
① 세후영업이익	430,497,423	254,362,462	571,823,795	597,174,005	620,067,020	641,742,241	661,755,261	681,044,925	699,257,191	717,203,864	734,404,273	6,609,332,460
② 비현금비용	108,945,383	132,130,683	84,461,814	74,599,792	67,133,497	61,534,061	57,427,807	54,553,191	52,732,113	51,851,074	51,849,289	797,218,704
③ 운전자본변동	208,819,456	(58,495,173)	(65,963,056)	(67,930,597)	(69,500,701)	(71,519,660)	(73,045,404)	(74,938,958)	(76,883,026)	(78,959,501)	(80,754,827)	(509,171,447)
④ 법인세비용	-	-	-	-	-	-	-	-	-	-	(87,426,240)	(87,426,240)
3. 투자 현금흐름	(10,894,538)	(26,403,216)	(25,319,749)	(29,824,129)	(33,553,171)	(36,908,488)	(40,188,711)	(43,632,660)	(47,449,602)	(51,842,147)	(51,849,289)	(397,865,700)
4. 비영업용자산의 처분	140,000,000	11,916,538,809	-	-	-	-	-	-	-	-	-	12,056,538,809
① 부동산 처분	-	11,916,538,809	-	-	-	-	-	-	-	-	-	11,916,538,809
② 기계장치 처분	140,000,000	-	-	-	-	-	-	-	-	-	-	140,000,000
합계	1,428,939,032	13,559,584,955	3,799,975,526	3,411,153,398	3,045,255,651	2,723,830,899	2,413,506,945	2,114,260,537	1,825,644,306	1,547,624,690	1,197,574,990	19,020,197,894

구 분	준비년도	제1차년도	제2차년도	제3차년도	제4차년도	제5차년도	제6차년도	제7차년도	제8차년도	제9차년도	제10차년도	합 계
Ⅱ. 자금의 운용												
1. 조세등채권	-	(33,771,487)	(33,771,487)	(33,771,486)	-	-	-	-	-	-	-	(101,314,460)
2. 회생담보권	(87,487,642)	(9,361,771,034)	-	-	-	-	-	-	-	-	-	(9,449,258,676)
– 원금 및 개시전이자	(87,487,642)	(8,739,886,362)	-	-	-	-	-	-	-	-	-	(8,827,374,004)
– 개시후이자	-	(621,884,672)	-	-	-	-	-	-	-	-	-	(621,884,672)
3. 회생채권	-	(808,695,056)	(808,695,056)	(795,898,250)	(795,898,250)	(795,898,250)	(795,898,250)	(795,898,250)	(795,898,250)	(795,898,250)	(795,898,250)	(7,984,576,112)
① 대여금채무	-	(299,039,216)	(299,039,216)	(299,039,216)	(299,039,216)	(299,039,216)	(299,039,216)	(299,039,216)	(299,039,216)	(299,039,216)	(299,039,216)	(2,990,392,160)
② 전환사채권	-	(39,673,950)	(39,673,950)	(39,673,950)	(39,673,950)	(39,673,950)	(39,673,950)	(39,673,950)	(39,673,950)	(39,673,950)	(39,673,950)	(396,739,500)
③ 상거래채권	-	(402,377,381)	(402,377,381)	(389,580,575)	(389,580,575)	(389,580,575)	(389,580,575)	(389,580,575)	(389,580,575)	(389,580,575)	(389,580,575)	(3,921,399,362)
④ 구상채권	-	(51,654,109)	(51,654,109)	(51,654,109)	(51,654,109)	(51,654,109)	(51,654,109)	(51,654,109)	(51,654,109)	(51,654,109)	(51,654,109)	(516,541,090)
⑤ 특수관계인채권	-	-	-	-	-	-	-	-	-	-	-	-
⑥ 보증채권	-	(15,950,400)	(15,950,400)	(15,950,400)	(15,950,400)	(15,950,400)	(15,950,400)	(15,950,400)	(15,950,400)	(15,950,400)	(15,950,400)	(159,504,000)
⑦ 미발생구상채권	미확정	미확정	미확정	미확정	미확정	미확정	미확정	미확정	미확정	미확정	미확정	미확정
4. 공익채권	-	(120,374,656)	(120,374,656)	(120,374,656)	(120,374,656)	(120,374,656)	(120,374,656)	(120,374,656)	(120,374,656)	(120,374,656)	(120,374,656)	(1,203,746,560)
합계	(87,487,642)	(10,324,612,233)	(962,841,199)	(950,044,392)	(916,272,906)	(916,272,906)	(916,272,906)	(916,272,906)	(916,272,906)	(916,272,906)	(916,272,906)	(18,738,895,808)
Ⅲ. 차기 자금 이월액	1,341,451,390	3,234,972,722	2,837,134,327	2,461,109,006	2,128,982,745	1,807,557,993	1,497,234,039	1,197,987,631	909,371,400	631,351,784	281,302,084	281,302,086

〈별표 10〉

미확정채권 등의 현실화 예상액

채무자: 주식회사 대한 (단위: 원)

구 분	채권자	금 액	현실화 예상액	현실화 추정률	권리변경 후 변제금액
회생채권 (미발생구상채권)	㈜서울보증보험	110,567,085	–	0%	–
미확정채권 등 합계		**110,567,085**	**–**	**0%**	**–**

– 103 –

〈별표 11〉

비업무용 자산 처분계획

채무자: 주식회사 대한 (단위: 원)

매각자산	감정가액(실사가액)	회수 예상가액	매각연도	담보권자	비 고
① 토지 (서울 ○○구 ○○동○○○)	9,670,525,860	9,670,525,860	1차연도(20X1년)	㈜하나은행	(주1)
② 건물 (서울 ○○구 ○○동 ○○○)	2,246,012,949	2,246,012,949	1차연도(20X1년)	㈜하나은행	(주1)
③ Damas 설비매각	140,000,000	140,000,000	준비연도(20X0년)		(주1)
합계	**12,056,538,809**	**12,056,538,809**			

(주1) 조사보고서상 회수예상금액 반영

실무팁 회생계획안 작성 단계에서의 CEO의 경영권 유지 방안

제74조가 기존 경영자 관리인 제도를 도입한 취지는 재정적 파탄에 직면한 채무자 회사가 조기에 회생절차에 진입하도록 유도하여 부실기업의 구조조정을 신속히 진행함으로써 사회경제적 효율성을 제고하자는 데 있다. 그런데 제217조 제1항의 공정·형평의 원칙에 관하여 법원이 취하고 있는 상대우선설 및 상대적 지분비율법에 의하면 회생계획인가 이후 CEO의 지분이 대폭 축소되는 것은 불가피하다. 이에 관하여는 채권자와 CEO 혹은 주주의 협상에 의하여 회생절차 내에서 채무자 회사의 지배구조를 결정할 수 있는 기회가 봉쇄된다는 비판이 제기되고 있다.[94)]

CEO의 지분 축소로 인한 경영권 상실의 우려를 해소하기 위하여 회생계획안에 출자전환하는 신주를 상환전환우선주로 발행하는 조항을 두는 방안이 제시되고 있다(지분보유조항 Equity Retention Plan). 이는 출자전환으로 발행하는 신주를 인가 후 일정기간(상환기간, 통상 3년) 동안 예상초과수익이 발생하는 경우 배당가능이익으로 상환할 수 있도록 하는 조항을 회생계획안에 마련하는 것이다(상대적 지분회복). 통상 상환기간이 도과하면 보통주로 전환되고, 잔여재산분배나 이익배당에 있어서 보통주에 우선하는 상환전환우선주로 발행하는 방식을 취한다. 선택적으로 구 주주 또는 구 주주가 지명하는 자에게 위 기간 동안 상환전환우선주를 매수할 수 있는 우선매수권을 부여하는 방식(절대적 지분회복)을 추가하기도 한다.[95)]

통상 회생계획안을 작성할 때는 연도별로 약간의 여유를 두고서 자금수지를 계획하는데 여유자금의 액수는 다음 연도의 운영자금이나 예비자금 정도 수준으로 책정한다. 여유자금을 많이 보유하면서 이를 변제재원으로 사용하지 않는 회생계획안에 대하여는 채권자들이 동의

---

94) 이러한 문제는 공정·형평의 원칙에 관하여 절대우선설을 취하고 있는 미국 연방파산법과 대비할 때 명확하게 드러난다. 미국 연방파산법은 회생계획안이 모든 채권자 조 및 주주 조에서 가결된 동의인가(consensual confirmation)의 경우에는 공정·형평의 원칙 준수 여부를 인가요건 심사대상에서 제외함으로써 채권자와 주주 상호 간의 협상의 여지를 폭넓게 보장하고 있다. 반면 채무자회생법의 경우 회생계획안이 모든 채권자 조 및 주주 조에서 가결되었다고 하더라도 법원으로 하여금 회생계획인가요건의 하나로 공정·형평의 원칙 준수 여부를 심사하도록 하고 있어 채권자 조와 주주 조 사이에 협상에 의하여 지배주주의 경영권을 보장하는 합의가 이루어졌다 하더라도 그 합의가 공정·형평의 원칙에 저촉되는 경우에는 회생계획의 인가를 받을 수 없게 되기 때문이다(오영준, 기존 경영자 관리인제도와 채무자 회사의 지배구조, 남효순·김재형 공편, 통합도산법, 법문사, 2006, 266–267면).

95) 서울회생법원 재판실무연구회, 회생사건실무(상), 박영사, 2019, 777–778면.

를 해주지 않으려 하기 때문이다. 이러한 사정을 감안하면 회생계획안의 지분보유조항은 회생계획에서 추정한 자금수지를 초과달성하는 상황이 발생할 경우에만 실효성이 있는 것으로 관리인을 비롯한 경영진에 대한 인센티브의 의미로서의 성격을 갖는다고 평가할 수 있다.[96] 실제로 CEO가 지분보유조항을 통하여 경영권을 회복하는 사례를 찾기는 어렵다. 참고로, 지분보유조항에 대하여 부정적인 재판부도 있으니 회생계획안에 지분보유조항을 정함에 있어서는 재판부와의 협의가 필요하다.

지분보유조항 기재례[97]

㈜대한이 지분보유조항을 둘 필요가 있었다면 ㈜대한의 회생계획안 제6장 제4절 제1항은 아래와 같이 기재되었을 것이다.

1. 회생채권

(대여금채권, 전환사채권, 상거래채권, 구상채권, 보증채권, 특수관계인채권)

가. 주식의 종류: 기명식 상환전환우선주

나. 1주의 금액: 5,000원

다. 1주의 발행가액: 1주당 5,000원을 발행가액으로 합니다.

라. 발행할 주식수: 3,753,091주

마. 신주발행으로 인하여 증가하는 자본금의 액: 금 18,765,455,000원. 다만, 단주처리로 인하여 자본금이 위와 일치하지 않을 경우에는 실제의 신주발행 결과에 따릅니다.

바. 신주발행으로 감소하게 되는 부채액: 금 18,765,975,266원

사. 신주발행의 효력발생일: 출자전환에 따른 신주발행의 효력은 이 장 제3절 주식병합에 의한 자본감소의 효력발생일 다음 날에 발생하며, 관리인이 법원의 허가를 얻어 신주를 발행합니다.

아. 단주의 처리: 1주 미만의 단주는 관리인이 법원의 허가를 얻어 소각합니다.

---

96) 윤덕주, 사례중심 기업회생, 박영사, 2019, 539면.

97) ㈜대한의 대표이사 김민국의 경우 본인과 특수관계인 ○○테크㈜, 유○○ 등이 ㈜대한에 대하여 약 66억 원의 대여금채권을 보유하고 있었는데 회생계획에서 이러한 대여금채권이 특수관계인채권으로 분류되어 전액 출자전환될 경우 35% 이상의 지분을 확보하여 경영권을 유지하는 데 문제가 없을 것으로 판단하였기 때문에 회생계획안에 지분보유조항을 포함시키지 않았다.

자. 상환에 관한 사항

(1) 상환조건: 채무자 회사는 상환기간 내에 상환할 권리가 있고, 상환기간 내에 수회에 걸쳐 상환전환우선주를 분할 상환하거나 또는 일부 상환할 수 있습니다. 다만 상환액은 채무자 회사의 배당가능이익을 한도로 합니다.

(2) 상환방법: 채무자 회사는 상환권을 행사하고자 하는 날의 1개월 전까지 서면으로 우선주 주주에게 상환할 우선주의 수, 상환가액, 지급일 및 우선주 주권을 제시하여야 하는 장소를 기재한 상환통지서를 송부하여야 합니다. 다만 통지는 공고로 갈음할 수 있습니다.

(3) 상환기간: 20×1. 1. 1.부터 20×3. 12. 31.까지

(4) 상환가격: 상환시점 기준 우선주 1주당 액면가 5,000원에 상환할 우선주의 주식수를 곱한 금액으로 합니다. 다만 기지급된 배당금이 있는 경우 이를 차감하여 계산합니다.

(5) 상환의 효력: 상환한 주식은 소각하여 소멸합니다.

차. 전환에 관한 사항

(1) 전환조건: 우선주의 존속기간은 20×3. 12. 31.까지로 하며, 위 상환에 관한 사항에 따라 상환하여 소멸한 우선주를 제외한 나머지 우선주는 존속기간 만료와 동시에 보통주로 자동 전환합니다.

(2) 자동전환 효력발생일: 20×4. 1. 1.

(3) 조기전환: 채무자 회사는 우선주의 존속기간 만료일 이전에 우선주 주주에 대하여 보통주 전환을 청구할 수 있으며, 이 경우 채무자 회사는 전환권을 행사하고자 하는 날의 1개월 전까지 서면으로 우선주 주주에게 전환할 우선주의 수, 전환비율, 전환일, 우선주 주권을 제시하여야 하는 장소를 기재한 전환청구서를 송부하여야 합니다. 다만 통지는 공고로 갈음할 수 있습니다. 전환의 효력은 2주 이상의 일정한 기간 내에 주권을 제출할 것을 공고한 기간의 만료일의 다음 날에 각 그 전환의 효력이 발생합니다.

(4) 전환비율: 전환시점 기준 우선주 1주를 보통주 1주로 전환합니다.

(5) 전환가격: 발행가액과 동일합니다. 다만 우선주 발행 이후로서 전환 전에 합병, 무상증자, 주식분할, 주식병합 시 전항의 전환비율에 따라 전환가격을 조정합니다.

(6) 전환으로 발행할 주식의 종류: 기명식 보통주

카. 의결권에 관한 사항: 우선주 1주당 1개의 의결권을 보유합니다.

타. 이익배당에 관한 사항: 우선주의 우선배당률은 0%로 합니다. 다만 우선주의 주주는 보통주의 배당이 있을 경우 보통주와 동일한 배당률로 배당에 참가합니다.
파. 잔여재산분배: 우선주의 주주는 청산에 의한 잔여재산분배 시 출자전환금액의 한도에서 보통주에 우선하여 잔여재산의 분배를 받습니다.
하. 신주인수권: 우선주는 발행회사의 신주 및 주식 관련 사채의 발행에 있어 보통주와 동일한 인수권을 가집니다.
거. 상환전환우선주 매수에 관한 규정
(1) 매수조건: 회생계획인가결정 당시 인가결정 전 채무자 회사 주식(우선주 포함)의 30% 이상을 보유한 자와 위 주주가 지명한 자로서 채무자 회사의 법률상 관리인(회생계획인가결정 당시의 법률상 관리인에 한합니다)은 상환기간 내에 상환전환우선주의 주주에 대하여 보유한 주식의 전부 또는 일부의 매수를 청구할 권리가 있습니다.
(2) 매수방법: 전항의 매수청구권을 행사하고자 하는 자는 이를 행사하고자 하는 날의 1개월 전까지 서면으로 우선주 주주에게 매수할 우선주의 수, 매수가액, 매수가격 지급일, 우선주 양도양수 효력발생일 및 우선주 주권을 제시하여야 하는 장소를 기재한 통지서를 송부하여야 합니다.
(3) 매수청구권 행사기간: 20×1. 1. 1.부터 20×3. 12. 31.까지
(4) 매수가격: 매수청구 시점 기준 우선주 1주당 액면가 5,000원에 매수할 주식 수를 곱한 금액으로 합니다.

실무팁 채무변제계획의 수립

회생계획안이 청산가치보장의 원칙을 준수하기 위하여는 회생계획안의 채권자별 변제액의 현재가치가 채권자별 청산배당액 이상이어야 한다. 여기서 변제액의 현재가치를 환산하기 위하여 어떤 할인율을 적용할 것인지가 중요한 문제로 대두되는데, 실무상 다수의 조사위원은 제1차 조사보고서에서 한국은행이 매월 발표하는 금융기관 가중평균금리를 변제액의 현재가치 산정을 위한 할인율로 적용하고 있다. 일반적으로 관리인은 조사위원이 제1차 조사보고서에서 적용한 할인율을 회생계획안에 그대로 적용하고 있다. 조사위원이 적용한 할인율보다 낮은 할인율을 회생계획안에 적용할 경우 회생채권자 등 이해관계인이 문제를 제기하며 동의를 하지 않을 수 있고, 조사위원이 제2차 조사보고서에서 회생계획안의 수행가능성에 대하여 부정적인 의견을 개진할 수도 있기 때문이다.

회생계획안은 관계인집회에서 회생채권자 등으로부터 법정 다수의 동의를 얻어야 법원으로부터 인가를 받을 수 있다. 그러므로 변제계획을 작성함에 있어서도 회생채권자 등의 동의를 얻는 것을 염두에 두어야 한다. 일반적으로 상거래채권자들은 청산가치보장의 원칙 준수 여부를 유일한 기준으로 하여 회생계획안에 대한 동의 여부를 결정하는 경향이 있기 때문에 특별히 고려할 점은 없다. 그러나 금융기관 채권자들에 대하여는 면밀한 준비가 요구된다. 우선 금융기관 채권자들은 회생계획안의 변제조건이 제1차 조사보고서에서 조사위원이 제시한 변제계획안의 조건과 같거나 그보다 유리할 것을 요구한다. 다음으로 금융기관 채권자들은 회생계획안의 변제액의 현재가치를 환산하기 위한 할인율을 자체적으로 책정해 두고 그에 따라 동의 여부를 결정한다. 한국은행이 발표하는 금융기관 가중평균금리는 재무적으로 안정적인 회사를 대상으로 하는 것이기 때문에 이를 회생절차가 진행 중인 회사에 그대로 적용할 수는 없다는 것이 그 이유다. 저자들의 경험에 의하면 금융기관이 자체적으로 책정하고 있는 할인율은 한국은행이 발표하는 금융기관 가중평균금리의 2배 이상인 경우가 많았다. 그러므로 금융기관 대여금채권의 경우 금융기관의 자체 할인율로 할인한 변제금액의 현재가치가 청산배당액 이상이 되도록 변제계획을 수립하여야 관계인집회에서 가결될 수 있음을 유념해야 한다.

Ⅴ. 회생계획안의 수정·변경

1. 의의

회생계획안은 법원이 정한 기간 내에 제출하여야 하는 시간상 제약이 있기 때문에 이후 이를 보완할 필요가 있거나, 이해관계인의 의견을 반영할 필요가 있거나 혹은 경제사정의 변동 등으로 이를 수정 또는 변경해야 하는 경우가 있을 수 있는데, 채무자회생법은 일정한 요건하에 회생계획안을 수정 또는 변경하는 것을 허용하고 있다.

회생계획안의 수정은 회생계획안의 심리를 위한 관계인집회의 기일 또는 서면결의에 부치는 결정이 있는 날까지 법원의 허가를 받아 회생계획안을 수정하는 것으로 이해관계인에게 불리한 영향을 주는 변경도 가능하다. 회생계획안의 변경은 회생계획안의 심리를 위한 관계인집회가 종료된 이후 회생계획안의 결의에 이르기 전까지 이해관계인에게 불리한 영향을 주지 않는 범위 내에서 회생계획안을 변경하는 것을 말한다.

회생계획안의 수정·변경은 회생계획의 인가 전에 수정·변경되는 것이라는 점에서, 회생계획인가 시에 하는 변경(제244조, 동의하지 아니하는 조가 있는 경우의 인가) 및 회생계획인가 후에 하는 회생계획의 변경과 구별된다.

2. 회생계획안의 수정

가. 회생계획안 제출자에 의한 수정

회생계획안 제출자는 회생계획안의 심리를 위한 관계인집회의 기일[98] 또는 제240조의 규정에 의한 서면결의에 부치는 결정이 있는 날까지 법원의 허가를 받아 회생계획안을 수정할 수 있다(제228조). 회생계획안을 수정하기 위하여는 법원의 허가를 얻어야 한다. 실무상 회생계획안 제출자가 회생계획안의 심리를 위한 관계인집회기일 전에 수정허가신청서를 제출하고, 법원은 회생계획안의 심

98) "회생계획안의 심리를 위한 관계인집회의 기일이 있는 날까지"는 회생계획안의 심리를 위한 관계인집회의 기일이 종료되기 전까지를 의미한다(대법원 2016. 5. 25.자 2014마1427 결정).

리를 위한 관계인집회 기일에서 허가하고 있다.

법원이 회생계획안의 심리를 위한 관계인집회와 회생계획안의 결의를 위한 관계인집회를 병합하여 개최하기로 한 경우에, 회생계획안의 심리를 위한 관계인집회의 기일이 종료되기 전에 회생계획안이 수정되어 연이어 개최하기로 한 회생계획안의 결의를 위한 관계인집회가 열리기 전에 회생채권자 등 이해관계인 모두에게 수정안 사본 또는 요지를 송달할 수 없었고, 회생계획안의 수정이 경미하지 않고 이해관계인에게 불리한 영향을 미치는 것이라면 특별한 사정이 없는 한, 법원은 예정된 회생계획안의 결의를 위한 관계인집회의 개최를 연기한 후 회생채권자 등 이해관계인에게 수정안 사본 또는 요지를 송달하는 등으로 의결권을 행사하는 자에게 그 내용을 충분히 숙지하고 검토할 기회를 줌과 동시에 회생계획안의 결의를 위한 관계인집회에 출석하지 못한 회생채권자 등 이해관계인에게 결의의 기회를 보장해주어야 한다.[99] 이러한 기회를 보장해 주지 않았다면 회생절차가 법률의 규정에 위반한 경우에 해당한다.

처음부터 있었던 결함이나 불충분한 점을 수정하는 것에 한하지 않고 이해관계인의 의견을 청취한 후 또는 경제사정 등이 변경된 경우의 수정도 가능하며, 이해관계인에게 불리한 영향을 미치는지 여부를 불문한다.[100]

나. 법원의 수정명령에 의한 수정[101]

법원은 이해관계인의 신청이나 직권으로 회생계획안 제출자에 대하여 회생계획안을 수정할 것을 명할 수 있다(제229조 제1항). 수정명령은 회생계획안을 제출하지 않은 이해관계인의 절차 참여권을 보장하기 위한 제도이다. 또한 회생계획안 제출자도 회생계획안의 심리를 위한 관계인집회가 종료되면 자발적으로 회생계획안을 수정할 수 없기 때문에(제228조), 위 집회 종료 이후에 회생계획안의 수정이 필요한 경우 법원의 수정명령을 활용할 수 있다.

수정명령은 회생계획안의 결의를 위한 관계인집회가 열리기 전까지 가능하

---

99) 대법원 2016. 5. 25.자 2014마1427 결정.

100) 주석 채무자회생법 제228조(김이경 집필), 한국사법행정학회, 2021.

101) 실무상 법원이 회생계획안 심사과정에서 지도를 통하여 회생계획안 제출자로 하여금 수정하도록 하고 있으므로 법원의 수정명령은 거의 활용되지 않고 있다.

다.[102] 회생계획안의 결의를 위한 관계인집회의 기일을 정하지 않고 서면결의에 부치는 결정을 하는 경우에는 서면결의에 부치는 결정을 하기 전까지 수정명령을 할 수 있다.[103]

법원은 기한을 정하여 수정명령을 하여야 하고 회생계획안 중 어느 부분을 어떻게 수정할 것인지 명시하여야 한다. 수정명령을 할 수 있는 내용에는 제한이 없다.

수정명령이 있는 때에는 회생계획안 제출자는 법원이 정하는 기한 내에 수정명령의 취지에 따라 회생계획안을 수정하여야 한다(제229조 제2항). 회생계획안의 심리를 위한 관계인집회의 기일 후에 수정명령에 따른 수정명령이 있는 때에는 법원은 그 수정안을 심리하기 위하여 다시 회생계획안의 심리를 위한 관계인집회를 소집할 수 있다(제230조 제1항). 이는 이해관계인에게 수정안에 대한 의견진술의 기회를 주기 위함이다.

회생계획안 제출자가 수정명령에 따르지 않더라도 법원이 직권으로 회생계획안을 수정할 수는 없다. 이 경우 법원은 회생계획안 배제결정을 하거나(제231조), 회생계획안이 가결되더라도 불인가결정을 할 수 있다(제243조). 회생계획안을 제출한 관리인이 수정명령에 따르지 않는 경우에는 관리인의 해임 사유 내지 제3자 관리인 선임 사유에 해당할 수 있다(제83조 제2항).

3. 회생계획안의 변경

회생계획안 제출자는 회생채권자 · 회생담보권자 · 주주 · 지분권자에게 불리한 영향을 주지 아니하는 때에 한하여 회생계획안의 결의를 위한 관계인집회에서 법원의 허가를 얻어 회생계획안을 변경할 수 있다(제234조).

변경신청은 회생계획안 제출자만 할 수 있고 회생계획안의 결의를 위한 관계인집회에서만 변경이 가능하다. 회생계획안의 변경은 회생채권자 등 이해관계인에게 불리한 영향을 미치지 않는 범위 내에서만 가능하다. 회생계획안의 심리를 위한 관계인집회가 종료된 후에는 이해관계인들에게 의견을 진술할 기회가 보장되지 않기 때문이다. 여기서 '불리한 영향'이란 회생계획안의 조항 중 이해관계

102) 임채홍 · 백창훈, 회사정리법(하) 제2판, 한국사법행정학회, 2002, 131면.
103) 서울회생법원 재판실무연구회, 회생사건실무(상), 박영사, 2019, 853면.

인의 권리에 관한 조항이 변경됨에 따라 그 자가 받을 수 있는 권리의 내용이 실질적으로 변경되는 것을 의미하고, 단순히 다른 사람이나 다른 조와의 관계에 있어서 상대적으로 지위가 저하되는 것은 포함되지 않는다. 따라서 주주의 지위는 당초 회생계획의 조항대로 하고, 회생채권자와 회생담보권자는 당초 회생계획보다 우대하는 것은 주주에게 불리한 영향을 주는 것으로 볼 수 없다.[104)]

회생계획안의 변경은 회생계획안 제출자가 관계인집회에서 법원에 신청한다. 실무상으로는 관리인이 회생계획안의 결의를 위한 관계인집회 전에 서면으로 회생계획안의 변경신청을 한 후 관계인집회에서 관리인이 변경신청의 취지를 진술하고 법원이 이를 허가하는 방식으로 진행한다.

4. 회생계획안의 배제

가. 의의

회생계획안의 배제란 회생계획안이 법률의 규정을 위반하거나, 공정·형평에 맞지 아니하거나, 수행이 불가능한 경우 법원이 그 회생계획안을 관계인집회의 심리 또는 결의에 부치지 아니하는 것을 말한다(제231조). 회생계획안의 배제는 회생계획안 제출 이후 회생계획안의 결의를 위한 관계인집회가 열리기 전까지 할 수 있다. 관계인집회에서 가결된다고 하더라도 법원이 인가할 수 없는 회생계획안에 대하여 심리, 결의 등의 절차를 진행하는 것은 절차경제에 반한다. 그래서 채무자회생법은 법원에 회생계획안에 대하여 수정명령을 할 권한을 부여함과 동시에 이러한 수정명령권을 실질적으로 보장하기 위하여 회생계획안을 관계인집회에 부치지 아니할 권한을 인정하고 있는 것이다. 회생계획안의 배제는 법원의 수정명령권의 실효성을 담보하는 역할을 하는 것으로 볼 수 있다.[105)]

나. 회생계획안 배제 사유

(1) 회생계획안이 법률의 규정을 위반한 경우(제1호)

회생계획안 제출권이 없는 자가 회생계획안을 제출하였거나, 회생계획안이 필

---

104) 임채홍·백창훈, 회사정리법(하) 제2판, 한국사법행정학회, 2002, 138면.
105) 임채홍·백창훈, 회사정리법(하) 제2판, 한국사법행정학회, 2002, 140면.

요적 기재사항을 흠결하거나 그 기재사항이 법률에 위반되는 경우를 말한다.

(2) 회생계획안이 공정하지 아니하거나 형평에 맞지 아니한 경우(제2호)

회생계획안의 권리변경 및 변제방법이 제217조 제1항의 권리의 우선순위에 반하는 경우를 말한다.

(3) 회생계획안의 수행이 불가능한 경우(제3호)

회생계획안의 자금수지가 현실성이 없거나 회생계획안이 행정청의 허가 · 인가를 전제로 작성되었으나 행정청으로부터 허가 · 인가를 받을 가능성이 없는 경우 등이 이에 해당한다.

다. 회생계획안 배제의 효과

회생계획안이 배제되면 그 회생계획안에 대해서는 그 이후의 절차가 진행되지 않는다. 배제된 회생계획안에 대하여는 수정을 할 수도 없다. 회생계획안의 배제로 인하여 관계인집회의 심리 또는 결의에 부칠 회생계획안이 없는 경우에는 법원은 회생절차를 폐지하여야 한다(제286조 제1항 제1호). 회생계획안 배제결정에 대하여는 별도로 다툴 수 없고, 다른 회생계획안에 대한 인가결정 또는 회생절차폐지결정에 대한 불복으로 다투어야 한다.

라. 회생계획안 배제의 특칙

회생절차개시에 중대한 책임이 있거나 해악을 끼친 채무자의 경영자나 특수관계인 등이 회생절차를 남용하여 정당한 채권자 등의 희생을 바탕으로 채무를 감면받은 후 다시 정상화된 기업을 인수하여 경영권을 회복하는 것을 방지하기 위하여 일정한 경우 임의적 또는 필요적으로 회생계획안을 배제하도록 하고 있다(제231조의2 제1항, 제2항).

(1) 임의적 배제

회생계획안이 ① 채무자의 영업, 사업, 중요한 재산의 전부나 일부의 양수, ② 채무자의 경영권을 인수할 목적으로 하는 주식 또는 출자지분의 양수, ③ 채무자의 주식의 포괄적 교환, 주식의 포괄적 이전, 합병 또는 분할합병의 어느 하나에 해당하는 행위를 내용으로 하는 경우로서 아래의 요건을 모두 충족하는 경우에는 법원은 회생계획안을 관계인집회의 심리 또는 결의에 부치지 아니할 수 있다(제231조의2 제1항).

(가) ① 회사인 채무자의 이사(상법 제401조의2 제1항에 따라 이사로 보는 자 포함)나 해당 이사와 제101조 제1항에 따른 특수관계에 있는 자, ② 회사인 채무자의 감사, ③ 회사인 채무자의 지배인의 중대한 책임이 있는 행위로 인하여 회생절차개시의 원인이 발생하였다고 인정될 것.

(나) 영업양수 등의 행위를 하려는 자가 ① 중대한 책임이 있는 이사 등의 자금제공, 담보제공이나 채무보증 등을 통하여 영업양수 등의 행위를 하는 데에 필요한 자금을 마련한 경우, ② 현재 및 과거의 거래 관계, 지분소유 관계 및 자금제공 관계 등을 고려할 때 중대한 책임이 있는 이사 등에 해당하는 자와 채무자의 경영권 인수 등 사업 운영에 관하여 경제적 이해관계를 같이하는 것으로 인정되는 경우, ③ 중대한 책임이 있는 이사 등과 배우자, 직계혈족 등 대통령령으로 정하는 특수관계에 있는 경우에 해당할 것.

(2) 필요적 배제

회생계획안이 ① 채무자의 영업, 사업, 중요한 재산의 전부나 일부의 양수, ② 채무자의 경영권을 인수할 목적으로 하는 주식 또는 출자지분의 양수, ③ 채무자의 주식의 포괄적 교환, 주식의 포괄적 이전, 합병 또는 분할합병의 어느 하나에 해당하는 행위를 내용으로 하는 경우로서 그 행위를 하려는 자 또는 그와 대통령령으로 정하는 특수관계에 있는 자가 아래의 어느 하나에 해당하는 경우에는 법원은 회생계획안을 관계인집회의 심리 또는 결의에 부쳐서는 아니 된다(제231조의2 제2항).

(가) 채무자를 상대로 형법 제347조(사기) · 제347조의2(컴퓨터등 사용사기) · 제349조(부당이득) · 제355조(횡령, 배임) · 제356조(업무상 횡령, 배임) · 제357조(배임수증재)의 죄를 범하여 금고 이상의 실형을 선고받고 그 집행이 끝나거나(집행이 끝난 것으로 보는 경우 포함), 집행이 면제된 날부터 10년이 지나지 아니한 경우.

(나) 채무자를 상대로 위 죄를 범하여 금고 이상의 형의 집행유예 또는 선고

유예를 선고받고 그 유예기간 중에 있는 경우.

(다) 채무자회생법을 위반하여 금고 이상의 실형을 선고받고 그 집행이 끝나거나(집행이 끝난 것으로 보는 경우 포함) 집행이 면제된 날부터 5년이 지나지 아니한 경우.

(라) 채무자회생법을 위반하여 금고 이상의 형의 집행유예 또는 선고유예를 선고받고 그 유예기간 중에 있는 경우.

(3) 정보의 제공 또는 자료 제출명령

법원은 회생계획안의 임의적 배제 및 필요적 배제의 사유가 존재하는지 확인하기 위하여 필요한 경우 채무자, 관리인, 그 밖의 이해관계인 등에게 정보의 제공 또는 자료의 제출을 명할 수 있다(제231조의2 제3항).

(4) 벌칙

회생계획안 배제의 특칙의 적용을 면탈할 목적으로 거짓의 정보를 제공하거나 거짓의 자료를 제출하고, 회생계획인가의 결정이 확정된 경우 해당 정보를 제공하거나 해당 자료를 제출한 자는 5년 이하의 징역 또는 5천만 원 이하의 벌금에 처한다(제644조의2). 정당한 사유 없이 제231조의2 제3항에 따른 정보제공 또는 자료제출을 거부·기피 또는 방해하거나, 거짓의 정보를 제공하거나 거짓의 자료를 제출한 자는 1년 이하의 징역 또는 1천만 원 이하의 벌금에 처한다(제649조 제4의2호).

Ⅵ. 청산형 회생계획안

1. 의의

회생절차가 본래 예정하고 있는 회생계획안은 채무자의 사업의 존속을 내용으로 하는 것이고 이러한 회생계획안을 작성할 수 없는 경우에는 원칙적으로 회생절차를 폐지하고 파산절차로 이행하여야 한다. 그러나 이러한 입장을 고수할 경우 그동안 진행된 회생절차가 무위로 돌아가 절차경제에 반한다. 회생절차는 법원의 주재하에 채무자의 재산과 채권에 대한 조사가 이루어진다는 점에서 파산절차와 유사하고, 종전 회생절차를 활용하여 채무자의 재산을 채권자들에게 분배하는 것을 불합리하다고 볼 수 없다. 이에 채무자회생법은 일정한 요건하에 청산을 내용으로 하는 회생계획안의 작성을 허용함으로써 실질적인 파산절차를 회생절차에 수용하면서 절차경제를 도모하고 있다.

법원은 ① 채무자의 사업을 청산할 때의 가치가 채무자의 사업을 계속할 때의 가치보다 크다고 인정하는 때에는 관리인, 채무자, 목록에 기재되어 있거나 신고한 회생채권자·회생담보권자·주주·지분권자의 신청에 의하여 청산(영업의 전부 또는 일부의 양도, 물적 분할 포함)을 내용으로 하는 회생계획안의 작성을 허가할 수 있고(제222조 제1항), ② 회생절차개시 후 채무자의 존속, 합병, 분할, 분할합병, 신회사의 설립 등에 의한 사업의 계속을 내용으로 하는 회생계획안의 작성이 곤란함이 명백하게 된 경우에도 청산형 회생계획안의 작성을 허가할 수 있다(제222조 제2항).

본래적 의미의 청산형 회생계획안은 기업을 실질적으로 해체하여 파산적 청산을 하는 내용의 회생계획안을 의미하고 청산형 회생계획안과 재건형 회생계획안의 구분 기준은 채무자의 법인격의 존속 여부가 아니라 일체로서의 영업이 존속되는지 여부이다. 따라서 영업양도 대금으로 채권자들에게 변제하거나 회사를 분할하여 분할되는 회사에 회사의 재산을 이전시키는 내용의 회생계획안은 본래적 의미의 청산형 회생계획안에 해당하지 않는다. 채무자회생법은 본래적 의미의 청산형 회생계획안은 아니지만 청산가치가 계속기업가치보다 큰 경우에도 회생절차를 폐지하지 않고 영업양도[106]나 물적 분할을 내용으로 하는 회생계획안을 작성하는 것을 허용하고 있다.

---

106) 채무자 회사의 전체 사업을 놓고 보았을 때에는 청산가치가 계속기업가치보다 크지만 특정 사업 부문만을 놓고 보았을 때는 계속기업가치가 청산가치보다 커서 특정 사업 부문의 경제성이 있다고 판단되고 특정 사업 부문의 영업양도가 가능할 것으로 예상되는 경우에는 특정 사업부는 영업을 양도하고 잔존 사업부는 영업을 폐지하는 내용의 회생계획안을 작성하는 것이 가능하다는 고려에서 영업양도를 청산형 회생계획안에 포함시켰다(차한성, 서울중앙지방법원의 도산사건실무, 남효순·김재형 공편, 통합도산법, 법문사, 2006, 421면).

2. 청산형 회생계획안 작성의 요건

가. 법원의 허가

청산형 회생계획안을 작성하기 위하여는 법원의 허가를 얻어야 한다(제222조 제1항, 제2항). 재건형 회생계획안을 작성하지 못할 사정이 있는 경우에는 회생절차를 폐지하여야 한다는 원칙에 대한 예외를 인정하는 것일 뿐만 아니라 청산형 회생계획안은 회생절차의 본래의 목적과는 다른 목적을 추구하는 것이어서 이해관계인의 이익을 침해할 가능성이 크기 때문이다.

나. 실체적 요건

(1) 채무자의 사업의 청산가치가 계속기업가치보다 큰 경우

법원은 채무자의 청산가치가 계속기업가치보다 크다고 인정하는 때에는 청산(영업의 전부 또는 일부의 양도, 물적 분할 포함)을 내용으로 하는 회생계획안의 작성을 허가할 수 있다(제222조 제1항).

(2) 재건형 회생계획안의 작성이 곤란함이 명백할 것

법원은 회생절차개시 후 채무자의 존속, 합병, 분할, 분할합병, 신회사의 설립 등에 의한 사업의 계속을 내용으로 하는 회생계획안의 작성이 곤란한 것이 명백하게 된 경우에도 청산형 회생계획안의 작성을 허가할 수 있다(제222조 제2항). 재건형 회생계획안의 "작성이 곤란하다"는 것은 채무자의 수익능력이 좋지 않아 재건형 회생계획안을 작성하기가 어려운 경우뿐만 아니라, 재건형 회생계획안을 작성하여 제출하더라도 이해관계인으로부터 법정 다수의 동의를 얻을 수 없을 것으로 예측되거나 이에 반대할 것으로 예상되는 조에 대하여 권리보호조항을 두면 사업의 계속을 기대할 수 없는 경우도 포함된다.[107] 회생절차개시 후 사업의 계속을 내용으로 하는 회생계획안을 작성하기 어려운 경우 회생절차를 폐지하여 파산절차를 진행할 수도 있으나 이러한 경우 다시 파산관재인 선임과 채권신고·조사 등 실질적으로 동일한 절차를 반복하여야 한다. 이러한 절차적 낭비

107) 임채홍·백창훈, 회사정리법(하) 제2판, 한국사법행정학회, 2002, 146면.

를 회피하기 위하여 회생절차 내부에서 청산절차를 진행할 수 있도록 청산형 회생계획안을 작성할 수 있도록 하는 것이다.

(3) 채권자 일반의 이익을 해하지 않을 것

채권자 일반의 이익을 해한다는 것은 청산형 회생계획안을 작성하는 것이 파산절차와 비교하여 이해관계인에 대한 실체적·절차적 처우에 있어서 불리한 경우를 의미한다.108) 채권자들이 파산절차에서 배당받을 수 있는 금액보다 회생절차에서 더 적은 금액을 분배받게 된다면 그러한 회생계획안은 채권자 일반의 이익을 해하는 것으로 보아야 한다. 결국 채권자 일반의 이익이란 청산가치 보장과 실질적으로 동일한 것으로 볼 수 있다.

3. 청산형 회생계획안의 심리 및 결의

청산형 회생계획안도 관계인집회의 심리와 결의를 거쳐 법원의 인가를 받음으로써 그 효력이 발생한다. 청산형 회생계획안은 회생담보권자의 의결권 총액의 5분의 4 이상에 해당하는 의결권을 가진 자의 동의가 있어야 가결된다(제237조 제2호 나목). 회생담보권자는 파산절차에 의할 경우 별제권자로서 개별적인 권리행사가 가능하나, 회생절차에서는 권리의 행사가 제한되므로 회생담보권자의 의사를 존중하기 위하여 가결요건을 강화한 것이다.109) 회생채권자 조의 가결요건은 재건형 회생계획안에 있어서와 동일하다. 청산 또는 영업양도나 물적 분할을 함에 있어서 채무초과인 경우, 주주·지분권자에게는 의결권이 없다(제146조 제3항).

---

108) 임채홍·백창훈, 회사정리법(하) 제2판, 한국사법행정학회, 2002, 146면.

109) 구 회사정리법 제205조 제2호는 청산을 내용으로 하는 정리계획안의 경우에는 의결권을 행사할 수 있는 정리담보권자 전원의 동의를 요구하였다. 이는 파산절차에 의할 경우 담보권자는 별제권을 행사하여 아무런 제한 없이 그 권리를 실행할 수 있는데 반해, 청산가치보장의 원칙이 규정되어 있지 않았던 구 회사정리법하에서 청산형 회생계획안이 확정될 경우 정리담보권자의 권리행사에 큰 영향을 미치게 될 것을 고려한 것이었다. 채무자회생법 제237조 제2호 나목이 청산형 회생계획안의 가결요건을 재건형 회생계획안에 비하여 가중한 것은 이러한 구 회사정리법하에서의 고려가 다소 완화된 형태로 반영된 것으로 볼 수 있다 [주석 채무자회생법 제237조(박찬우 집필), 한국사법행정학회, 2021].

청산형 회생계획안의 인가결정이 있으면 관리인이 회생계획을 수행하게 되고(제257조 제1항), 별도로 청산인을 선임하지 않는다.

제12장
회생계획안의 심리 및 결의를 위한 관계인집회

Ⅰ. 개관

1. 의의

회생계획안의 심리를 위한 관계인집회는 회생계획안 제출자가 회생계획안의 내용을 이해관계인에게 설명하고 의견을 듣는 관계인집회이다. 회생계획안의 결의를 위한 관계인집회는 심리를 마친 회생계획안에 대하여 이해관계인들의 동의 여부를 물어 가결 여부를 결정하는 관계인집회이다.

실무상 법원은 절차의 신속한 진행을 위하여 회생계획안의 심리를 위한 관계인집회와 결의를 위한 관계인집회 및 추후 보완신고된 회생채권 등에 대한 특별조사기일을 직권으로 병합하여 실시하고 있다(제186조, 제39조의2 제2항 제4호).

2. 관계인집회 전의 준비사항

관리인은 '관계인집회 자료'라는 제목으로 특별조사기일과 관계인집회 전에 관리인이 진술할 내용을 기재한 관리인 보고서, 추후 보완신고된 회생채권 등의 시·부인표, 집회에 참석한 이해관계인들에게 설명할 회생계획안의 요지, 회생계획안의 수행가능성과 청산가치보장 여부를 기재한 제2차 조사보고서, 의결권에 대하여 이의를 제기할 채권의 목록을 정리한 의결권 이의명세서 등을 책자로 제작하여 제출한다. 그리고 이와 별도로 재판부가 결의를 위한 관계인집회를 진행하는 데 편의를 제공하기 위하여 각 채권자의 의결권 현황 등을 기재한 출석

현황 및 의결표도 제출한다.[1)]

관리인은 관계인집회 전에 이해관계인 중 출석할 것으로 예상되는 인원, 이해관계인이 진술할 것으로 예상하는 진술 내용, 이해관계인들의 회생계획안에 대한 동의 여부, 회생계획안의 가결 가능성 등에 대하여 미리 법원에 보고하여야 한다.[2)]

3. 추후 보완신고된 회생채권 등에 대한 특별조사기일

특별조사기일에 관리인이 출석하지 아니한 때에는 회생채권과 회생담보권을 조사하지 못한다(제165조). 관리인은 채권조사의 주된 담당자로서 신고기간 후에 신고된 회생채권 또는 회생담보권의 존부나 내용의 조사에 있어서 가장 중요한 역할을 담당하게 되므로 관리인으로 하여금 특별조사기일에 의무적으로 출석하도록 하고, 관리인이 출석하지 않으면 그 조사를 하지 못하도록 한 것이다.[3)]

특별조사기일에서 관리인은 추후 보완신고된 채권의 현황과 시·부인 결과를 진술한다. 관리인은 조사기간의 말일까지 목록에 기재되거나 신고된 회생채권 또는 회생담보권에 관하여 ① 채권자의 성명, 주소, ② 채권 내용 및 신고액 또는 목록 기재액, ③ 이의 있는 채권 금액 및 이의 없는 채권 금액, ④ 이의 있는 의결권 액수 및 이의 없는 의결권 액수, ⑤ 이의를 제기하는 이유를 기재한 시·부인표를 법원에 제출하여야 하고(규칙 제63조 제1항), 특별조사기일에 추후 보완신고되거나(제152조) 신고기간 경과 후에 생긴 권리로 신고된(제153조) 회생채권 또는 회생담보권에 관하여 위 ① 내지 ⑤의 사항을 시·부인표에 추가로 기재한 후 법원에 제출하여야 한다(규칙 제63조 제2항). 다만 실무상 관리인은 신고기간 후에 신고된 회생채권 또는 회생담보권에 관한 사항만을 별도로 기재한 '추후 보완신고된 회생채권 등의 시·부인명세표'를 특별조사기일 전에 법원에 제출한 후 특별조사기일에는 채권 및 시·부인 결과의 개요를 간략하게 진술하고 구체적인 사항에 대하여는 '추후 보완신고된 회생채권 등의 시·부인명세표'

1) 서울회생법원 재판실무연구회, 회생사건실무(하), 박영사, 2019, 12면.
2) 서울회생법원 재판실무연구회, 회생사건실무(하), 박영사, 2019, 13면.
3) 주석 채무자회생법 제165조(권순엽 집필), 한국사법행정학회, 2021.

로 진술을 갈음한다.

회생절차에서 회생채권자가 회생절차의 개시사실 및 회생채권 등의 신고기간 등에 관한 개별적인 통지를 받지 못하는 등으로 회생절차에 관하여 알지 못함으로써 회생계획안의 심리를 위한 관계인집회가 끝날 때까지 채권신고를 하지 못하고, 관리인이 그 회생채권의 존재 또는 그러한 회생채권이 주장되는 사실을 알고 있거나 이를 쉽게 알 수 있었음에도 회생채권자 목록에 기재하지 아니한 경우에는, 회생채권자는 회생계획안의 심리를 위한 관계인집회가 끝난 후에도 회생절차에 관하여 알게 된 날부터 1월 이내에 회생채권의 신고를 보완할 수 있다.[4] 또한 회생채권자가 회생법원이 정한 신고기간 내에 회생채권을 신고하는 등으로 회생절차에 참가할 것을 기대할 수 없는 사유가 있는 경우에는 제152조 제3항에도 불구하고 회생채권의 신고를 보완하는 것이 허용된다.[5] 특별조사기일이 종료된 후에 이루어진 추후 보완신고가 위와 같이 실권되지 않는 경우 법원은 특별조사기일을 다시 지정하고 관리인은 그 특별조사기일에 해당 채권에 대하여 시·부인하여야 한다.

개인인 채무자 또는 개인이 아닌 채무자의 대표자는 특별조사기일에 출석하여 의견을 진술하여야 한다(제164조 제1항 본문). 채무자의 기존 대표자가 관리인으로 선임되거나 관리인 불선임 결정에 따라 관리인으로 간주되는 경우에는 채무자의 대표자가 관리인의 지위를 겸하므로 관리인의 이의는 곧 채무자의 이의로 간주될 것이다. 개인인 채무자 또는 개인이 아닌 채무자의 대표자는 정당한 사유가 있는 때에는 대리인을 출석하게 할 수 있다(제164조 제1항 단서). 대리인은 대리권을 증명하는 서면을 제출하여야 한다(제164조 제3항).

목록에 기재되거나 신고된 회생채권자, 회생담보권자, 주주·지분권자나 그 대리인은 특별조사기일에 출석하여 다른 회생채권 또는 회생담보권에 관하여 이의를 할 수 있다(제164조 제2항). 대리인은 대리권을 증명하는 서면을 제출하여야 한다(제164조 제3항).

4) 대법원 2012. 2. 13.자 2011그256 결정.
5) 대법원 2018. 7. 24. 선고 2015다56789 판결.

㈜대한에 대한 제2차 조사보고서 개요

1. 회생계획안의 청산가치보장 여부

가. 청산배당액 및 배당률

구 분	채권액	청산배당액			청산 배당률
		담보분	비담보분	합 계	
1. 회생담보권					
금융기관채권					
㈜하나은행	8,739,886,362	8,739,886,362	–	8,739,886,362	100.00%
㈜신한은행	87,487,642	87,487,642	–	87,487,642	100.00%
회생담보권 합계	**8,827,374,004**	**8,827,374,004**	**–**	**8,827,374,004**	**100.00%**
2. 우선변제채권					
조세등채권	101,314,460	–	101,314,460	101,314,460	100.00%
공익채권	3,404,731,558	–	3,404,731,558	3,404,731,558	100.00%
우선변제채권 합계	**3,506,046,018**	**–**	**3,506,046,018**	**3,506,046,018**	**100.00%**
3. 회생채권					
대여금채권	7,475,980,388	–	1,107,494,897	1,107,494,897	14.81%
전환사채권	991,848,746	–	146,932,893	146,932,893	14.81%
상거래채권	9,802,288,446	–	1,452,115,157	1,452,115,157	14.81%
구상채권	1,294,572,860	–	191,778,571	191,778,571	14.81%
특수관계인채권	6,789,111,244	–	1,005,741,811	1,005,741,811	14.81%
보증채권	398,759,996	–	59,072,474	59,072,474	14.81%
미발생구상채권	108,292,095	미확정	미확정	미확정	미확정
회생채권 합계	**26,860,853,775**	**–**	**3,963,135,804**	**3,963,135,804**	**14.81%**
합계	**39,194,273,797**	**8,827,374,004**	**7,469,181,822**	**16,296,555,826**	**41.69%**

나. 변제액의 현재가치

구 분	총채권액	현가변제액	변제율
1. 회생담보권			
㈜하나은행	8,739,886,362	8,739,886,362	100.00%
㈜신한은행	87,487,642	87,487,642	100.00%
소계	**8,827,374,004**	**8,827,374,004**	**100.00%**
2. 회생채권			
대여금채권	7,475,980,388	2,251,923,182	30.12%
전환사채권	991,848,746	298,765,791	30.12%
상거래채권	9,802,288,446	2,956,318,304	30.16%
구상채권	1,294,572,860	389,667,991	30.10%
특수관계인채권	6,789,111,244	−	0.00%
보증채권	398,759,996	120,114,934	30.12%
미발생구상채권	108,292,095	미확정	미확정
소계	**26,860,853,775**	**6,016,790,202**	**22.49%**
합계	**35,688,227,779**	**14,844,164,206**	**41.59%**

다. 청산배당액과 변제액의 현재가치의 비교

구분	현금 변제액 현재가치		청산배당		차 이	
	금 액	비 율	금 액	비 율	금 액	비 율
회생담보권						
㈜하나은행	8,739,886,362	100.00%	8,739,886,362	100.00%	−	0.00%
㈜신한은행	87,487,642	100.00%	87,487,642	100.00%	−	0.00%
소계	**8,827,374,004**	**100.00%**	**8,827,374,004**	**100.00%**	**−**	**0.00%**
회생채권						
대여금채권	2,251,923,182	30.12%	1,107,494,897	14.81%	1,144,428,285	15.31%
전환사채권	298,765,791	30.12%	146,932,893	14.81%	151,832,898	15.31%
상거래채권	2,956,318,304	30.16%	1,452,115,157	14.81%	1,504,203,147	15.35%

구 분	현금 변제액 현재가치		청산배당		차 이	
	금 액	비 율	금 액	비 율	금 액	비 율
구상채권	389,667,991	30.10%	191,778,571	14.81%	197,889,420	15.29%
특수관계인채권	–	0.00%	1,005,741,811	14.81%	(1,005,741,811)	–14.81%
보증채권	120,114,934	30.12%	59,072,474	14.81%	61,042,460	15.31%
미발생구상채권	미확정	미확정	미확정	미확정	미확정	미확정
소계	**6,016,790,202**	**22.40%**	**3,963,135,804**	**14.75%**	**2,053,654,398**	**7.65%**
합계	**14,844,164,206**	**41.59%**	**12,790,509,808**	**35.84%**	**2,053,654,398**	**5.75%**

2. 회생계획안의 수행가능성

가. 변제 대상 채무의 완전성

채권구분	조사기간에 시인된 채권액	변 동 (+/(–))	확정채권액		
			원 금	개시전후이자	합 계
회생담보권					
㈜하나은행	8,739,886,362	–	8,681,673,511	58,212,851	8,739,886,362
㈜신한은행	87,487,642	–	87,487,642	–	87,487,642
소계	**8,827,374,004**	**–**	**8,769,161,153**	**58,212,851**	**8,827,374,004**
회생채권					
대여금채권	7,471,357,730	4,622,658	7,383,903,652	92,076,736	7,475,980,388
전환사채권	991,848,746	–	916,630,000	75,218,746	991,848,746
상거래채권	7,736,799,997	2,065,488,449	9,802,258,466	29,980	9,802,288,446
구상채권	–	1,294,572,860	1,288,547,490	6,025,370	1,294,572,860
특수관계인채권	6,664,101,295	125,009,949	6,789,111,244	–	6,789,111,244
보증채권	398,759,996	–	398,759,996	–	398,759,996
미발생구상채권	110,567,085	(2,274,990)	108,292,095	–	108,292,095
소계	**23,373,434,849**	**3,487,418,926**	**26,687,502,943**	**173,350,832**	**26,860,853,775**
조세등채권	98,062,740	3,251,720	92,874,900	8,439,560	101,314,460
총계	**32,298,871,593**	**3,490,670,646**	**35,549,538,996**	**240,003,243**	**35,789,542,239**

나. 채무면제액 및 변제할 채무

채권구분	확정 채권액	권리변경 (+/(-))	현금 변제할 채권액
회생담보권			
㈜하나은행	8,739,886,362	621,884,672	9,361,771,034
㈜신한은행	87,487,642	-	87,487,642
소계	**8,827,374,004**	**621,884,672**	**9,449,258,676**
회생채권			
대여금채권	7,475,980,388	(4,485,588,228)	2,990,392,160
전환사채권	991,848,746	(595,109,246)	396,739,500
상거래채권	9,802,288,446	(5,881,373,020)	3,920,915,426
확정구상채권	1,294,572,860	(777,121,770)	517,451,090
특수관계인채권	6,789,111,244	(6,789,111,244)	-
보증채권	398,759,996	(239,255,996)	159,504,000
미발생구상채권	108,292,095	미확정	미확정
소계	**26,860,853,775**	**(18,767,559,504)**	**7,985,002,176**
조세등채권	101,314,460	-	101,314,460
총채권	**35,789,542,239**	**(18,145,674,832)**	**17,535,575,312**

다. 변제재원의 조달 가능성 및 자금수지

회생계획기간 동안 영업활동 및 자구계획 등을 통해 창출한 변제자금의 추정은 타당성이 있는 것으로 판단됨.

3. 결 론

회생계획안은 청산가치보장의 원칙을 충족하고 있고, 수행 가능할 것으로 판단함.

II. 회생계획안의 심리를 위한 관계인집회

회생계획안의 제출이 있는 때에는 법원은 제240조의 규정에 의한 서면결의에 부치는 때를 제외하고 그 회생계획안을 심리하기 위하여 기일을 정하여 관계인집회를 소집하여야 한다(제224조). 회생계획안 제출자는 회생계획안이 가결이 될 수 있도록 이해관계인들의 의견을 반영하여 회생계획안을 작성하지만 회생계획안을 제출하기 전에 모든 이해관계인들로부터 의견을 듣는 것은 현실적으로 불가능하므로, 회생계획안에 대한 결의에 나아가기 전에 관계인집회를 개최하여 회생계획안 제출자로 하여금 그 내용을 이해관계인들에게 설명하게 하고, 이에 대한 이해관계인들의 의견을 듣는 절차를 거치도록 한 것이다.[6]

회생계획안의 심리를 위한 관계인집회에서는 회생계획안 제출자로부터 회생계획안에 대한 설명을 들은 후 관리인, 채무자, 목록에 기재되어 있거나 신고한 회생채권자, 회생담보권자, 주주 · 지분권자로부터 회생계획안에 대한 의견을 들어야 한다(제225조). 관리인은 통상 관리인 보고서를 낭독하는 방식으로 회생계획안에 대하여 설명한다. 법원이나 회생계획안 제출자가 이해관계인의 의견에 구속되는 것은 아니다.

일반적으로 회생계획안의 심리를 위한 관계인집회는 ① 개최 선언, ② 회생계획안 수정신청에 대한 허가 결정, ③ 회생계획안 설명, ④ 이해관계인들의 의견 진술, ⑤ 보충 설명 또는 답변, ⑥ 이해관계인의 수정명령 신청에 대한 법원의 결정, ⑦ 종료 선언 또는 속행의 순서로 진행된다.

III. 회생계획안의 결의를 위한 관계인집회

1. 의의

회생계획안의 심리를 위한 관계인집회에서 심리를 마친 회생계획안에 대하여 수정명령을 하지 아니하는 때에는 법원은 회생계획안에 관하여 결의를 하기 위

---

6) 온주(로앤비), 채무자회생법 제224조(김진석 집필), 2015.

하여 기일을 정하여 관계인집회를 소집하여야 한다(제232조 제1항). 회생계획안의 결의를 위한 관계인집회에서의 주된 절차는 심리를 위한 관계인집회에서 심리를 마친 회생계획안에 대하여 이해관계인들의 동의 여부를 묻는 것이지만, 이를 위하여 부수적으로 의결권에 대한 이해관계인의 이의에 대한 법원의 결정(제188조 제2항), 회생을 위하여 채무를 부담하는 자 등의 출석 및 진술(제233조), 회생계획안이 가결되지 않은 경우에 속행기일을 지정하는 법원의 결정(제238조) 등의 절차도 함께 진행한다.[7]

회생계획안의 결의를 위한 관계인집회는 ① 개최 선언, ② 회생을 위하여 채무를 부담하거나 담보를 제공하는 자의 진술, ③ 조 분류 결정, ④ 의결권이 없거나 의결권을 행사할 수 없는 자가 있을 경우 그 취지의 고지, ⑤ 의결권에 대한 이의 진술 및 이에 대한 결정, ⑥ 가결요건에 대한 설명, ⑦ 결의, ⑧ 집계, ⑨ 집계 결과 발표, ⑩ 가결된 경우 회생계획안의 인가 여부에 관한 이해관계인의 의견진술 및 인가 여부의 결정 선고, 부결된 경우 회생절차 폐지 여부에 관한 이해관계인의 의견진술, ⑪ 속행기일지정 신청이 있는 경우 속행기일지정을 위한 절차 속행, ⑫ 속행기일의 지정, ⑬ 종료 선언의 순서로 진행된다.[8]

2. 회생을 위하여 채무를 부담하거나 담보를 제공하는 자의 진술

가. 채무를 부담하는 자 등의 회생계획안 기재

채무자 또는 채무자 외의 자가 회생을 위하여 담보를 제공하는 때에는 회생계획에 담보를 제공하는 자를 명시하고 담보권의 내용을 정하여야 한다. 채무자 외의 자가 채무를 인수하거나 보증인이 되는 등 회생을 위하여 채무를 부담하는 때에는 회생계획에 그 자를 명시하고 그 채무의 내용을 정하여야 한다(제196조). 이러한 내용은 회생계획에 기재하지 않으면 효력이 없다(상대적 기재사항).

7) 서울회생법원 재판실무연구회, 회생사건실무(하), 박영사, 2019, 3－4면.

8) 서울회생법원 재판실무연구회, 회생사건실무(하), 박영사, 2019, 20면.

나. 채무를 부담하는 자 등의 관계인집회에서의 진술

회생을 위하여 채무를 부담하거나 담보를 제공하는 자는 회생계획안의 결의를 위한 관계인집회에 출석하여 그 뜻을 진술하여야 한다. 다만 정당한 사유가 있는 때에는 대리인을 출석하게 할 수 있다(제233조 제1항). 대리인은 대리권을 증명하는 서면을 법원에 제출하여야 한다(제233조 제2항).

회생을 위하여 채무를 부담하거나 담보를 제공하는 자란 채무자 외의 자로서 채무자의 채무를 인수하거나 보증하는 등 회생을 위하여 채무를 부담하거나 채무자를 위하여 담보를 제공한다는 것이 회생계획안에 창설적으로 규정된 자를 말한다. 출석하여 그 뜻을 진술하여야 한다는 것은 출석하여 진술하지 않을 경우 회생계획안이 인가되더라도 채무부담이나 담보제공이 유효하게 성립하지 않는다는 것을 의미하는 것이지 회생을 위하여 채무를 부담하거나 담보를 제공하는 자가 출석과 진술의 의무를 부담한다는 의미가 아니다.[9]

3. 조의 분류

회생계획안의 결의는 분류된 조별로 나누어 하고(제236조 제1항), 모든 조에서 가결되었을 때 가결된 것으로 본다. 조는 기본적으로 ① 회생담보권자(제1호), ② 일반의 우선권 있는 회생채권자(제2호), ③ 일반 회생채권자(제3호), ④ 잔여재산의 분배에 관하여 우선적 내용이 있는 종류의 주식 또는 출자지분을 가진 주주 · 지분권자(제4호), ⑤ 일반 주주 · 지분권자(제5호)로 분류하되(제236조 제2항), 법원은 그 권리의 성질과 이해관계를 고려하여 2개 이상의 호의 자를 하나의 조로 분류하거나, 하나의 호에 해당하는 자를 2개 이상의 조로 분류할 수 있다. 다만 회생담보권자, 회생채권자, 주주 · 지분권자는 각각 다른 조로 분류하여야 한다(제236조 제3항).

다수의 이해관계가 충돌하는 회생절차에서는 권리의 성질이나 이해관계가 상충하는 이해관계인을 개별적으로 취급하여 일괄적으로 처리하기보다는 다양한 이해관계의 권리자들을 적절하게 분류하여 이해관계가 같은 권리자들을 하나의

9) 三ヶ月章 등, 條解 會社更生法(下), 弘文堂, 2001, 262면.

조로 묶는 것이, 권리자들로서는 협상력을 제고할 수 있고, 관리인 또는 회생계획안의 작성자로서도 협상 대상이나 회생계획안의 내용을 조별로 단순화시킬 수 있는 이점이 있으며, 또한 회생계획안에 대한 결의 시에도 이해관계인들의 의사를 왜곡 없이 반영할 수 있어 공정하고 형평에 맞는 절차를 담보할 수 있게 된다.[10)]

조의 분류에 관하여는 법원의 재량을 인정하고 있으므로 법원의 조 분류 결정에 재량의 범위를 일탈하였다고 볼 수 있는 특별한 사정이 없는 한, 법원이 동일한 종류의 권리자를 2개 이상의 조로 세분하지 않았다고 하여 이를 위법하다고 볼 수 없다.[11)] 실무적으로는 일반의 우선권 있는 회생채권자와 잔여재산의 분배에 관하여 우선적 내용이 있는 종류의 주식 또는 출자지분을 가진 주주 · 지분권자가 있는 경우가 거의 없기 때문에 대부분 회생담보권자조, 회생채권자조, 주주 · 지분권자조로 분류된다.

관리인, 채무자, 목록에 기재되어 있거나 신고한 회생채권자, 회생담보권자, 주주 · 지분권자는 조의 분류에 관하여 의견을 진술할 수 있으나(제236조 제4항),[12)] 법원은 이들의 의견에 구속되지 않는다. 법원은 회생계획안을 결의에 부칠 때까지는 언제든지 조의 분류를 변경할 수 있다(제236조 제5항).

4. 의결권

가. 의결권의 범위와 행사

의결권은 회생채권자, 회생담보권자, 주주 · 지분권자에게 부여된 절차참가권으로서, 회생계획안에 대한 동의 또는 부동의 의사를 표시할 수 있는 액수로 정해진다.[13)] 회생절차에서 회생채권자 · 회생담보권자 · 주주 · 지분권자 등 이해관

10) 주석 채무자회생법 제236조(박찬우 집필), 한국사법행정학회, 2021.

11) 대법원 2018. 5. 18.자 2016마5352 결정.

12) 실무상 이해관계인의 조 분류는 관리인이 사전에 법원과 협의하여 정하고, 다른 이해관계인은 관계인집회 현장에서 배부되는 자료를 통해 비로소 조 분류 내용을 알게 되므로, 조 분류에 대하여 이의가 제기되는 경우는 드물다[온주(로앤비), 채무자회생법 제236조(유해용 집필), 2015].

13) 주석 채무자회생법 제2편 회생절차 제5장 관계인집회 [전론: 의결권](차승환 집필), 한국사법행정학회, 2021.

계인은 회생절차 중에는 개별적 권리행사가 금지되고, 다만 의결권의 행사에 의하여 자기에게 불리한 회생계획을 저지하고 유리한 회생계획의 실현을 기하는 길이 있을 따름이고,[14] 그것이 여의치 않을 경우 회생절차의 폐지를 도모할 수 밖에 없다.

(1) 의결권의 범위

회생채권자는 제134조 내지 제138조에 규정된 채권에 관하여는 그 규정에 의하여 산정한 금액에 따라, 그 밖의 채권에 관하여는 그 채권액에 따라 의결권을 가진다(제133조 제2항).

회생담보권자는 그 담보권의 목적의 가액에 비례하여 의결권을 가진다. 다만 피담보채권액이 담보권의 목적의 가액보다 적은 때에는 그 피담보채권액에 비례하여 의결권을 가진다(제141조 제5항).

주주·지분권자는 그가 가진 주식 또는 출자지분의 수 또는 액수에 비례하여 의결권을 가진다(제146조 제2항).

(2) 의결권의 행사

확정된 회생채권 또는 회생담보권을 가진 회생채권자 또는 회생담보권자는 그 확정된 액이나 수에 따라 의결권을 행사할 수 있다(제188조 제1항). 확정된 회생채권 또는 회생담보권이라 함은 조사절차에서 ① 채권의 존부 및 내용과 ② 의결권의 액수에 대하여 조사기간 내(제161조 제1항) 또는 특별조사기일(제164조 제2항)에 이의가 제기되지 않아 목록 기재 또는 신고된 의결권 액수가 그대로 확정된(제166조) 회생채권 또는 회생담보권을 의미한다(제187조 단서).[15]

조사절차에서 ① 채권의 존부 및 내용 또는 ② 의결권의 액수에 대하여 조사기간 내에 또는 특별조사기일에 이의가 제기되면 목록에 기재되거나 신고된 회생채권자 또는 회생담보권자의 의결권은 미확정 상태에 놓이게 된다.[16] 한편 주

---

14) 대법원 2005. 6. 15.자 2004그84 결정.

15) 김희중, 2015년 상반기 도산법 관련 대법원 판례 소개, 도산법연구 제6권 제2호, 사단법인 도산법연구회, 2015, 136면.

16) 대법원 2016. 5. 25.자 2014마1427 결정.

식·출자지분은 조사대상이 아니므로 주주·지분권자에 대하여는 의결권 액수가 확정될 여지가 없다(제166조의 반대해석). 이와 같이 의결권 액수가 미확정인 회생채권자 또는 회생담보권자와 주주·지분권자가 의결권을 행사할 수 있는지 여부는 제187조에 따라 관계인집회에서 의결권에 대한 이의가 제기되는지 여부에 따라 달라진다.

나. 의결권에 대한 이의

관리인과 목록에 기재되어 있거나 신고한 회생채권자·회생담보권자·주주·지분권자는 관계인집회에서 회생채권자·회생담보권자·주주·지분권자의 의결권에 관하여 이의를 진술할 수 있다. 다만 채권조사절차에서 확정된 회생채권 및 회생담보권을 가진 회생채권자 또는 회생담보권자의 의결권에 관하여는 이의를 진술할 수 없다(제187조).

이의란 관계인집회에서의 이의를 말한다.[17] 관리인은 관계인집회 자료에 포함되어 있는 '의결권에 대한 이의명세서'를 구두로 진술하는 방식으로 의결권에 대하여 이의를 제기한다. 조사기간 내 또는 특별조사기일에서 이의가 진술된 미확정 회생채권, 회생담보권도 관계인집회에서 의결권에 대한 이의가 진술되지 아니하면 그 권리자는 그 목록에 기재되거나 신고한 액수 상당의 의결권을 행사할 수 있다(규칙 제68조 제1항). 신고된 회생채권의 존부 및 내용 등에 관하여 채권조사절차에서 이의가 제출되어 미확정 상태에 있는 '이의채권'이라 하더라도, 관계인집회에서 그에 기한 의결권의 행사에 대하여 이의가 제기되지 아니한 이상 의결권은 신고한 액수에 따라 행사할 수 있는 것이다.[18] 이의 없는 의결권을 가진 주주·지분권자는 목록에 기재되거나 신고한 액이나 수에 따라 의결권을 행사할 수 있다(제188조 제1항).

---

17) 제187조의 이의의 대상은 목록에 기재되거나 신고된 회생채권, 회생담보권 등의 권리가 아니라 오로지 의결권의 액이나 수이다. 이 점에서 목록에 기재되어 있거나 신고된 회생채권 또는 회생담보권이 목록에 기재되거나 신고된 대로 '채권의 존부 및 내용과 의결권의 액수'가 확정되는 것을 차단하는 효력이 있는(제166조) 조사기간 내의 이의(제161조 제1항)나 특별조사기일에서의 이의(제162조)와 다르다[주석 채무자회생법 제187조(박찬우 집필), 한국사법행정학회, 2021].

18) 대법원 2016. 5. 25.자 2014마1427 결정.

의결권이 미확정인 회생채권자 또는 회생담보권자, 주주·지분권자에 대하여 관리인 등이 관계인집회에서 제187조에 의한 이의를 제기하면 법원은 의결권을 행사하게 할 것인지 여부와 의결권을 행사하게 할 액 또는 수를 결정한다(제188조 제2항). 다만 의결권에 대한 결정은 기속력이 없으므로 법원은 이해관계인의 신청 또는 직권으로 종전의 결정을 변경할 수 있다(제188조 제3항). 이러한 법원의 결정에 대하여는 즉시항고할 수 없다(제13조). 다만 그로 인하여 회생절차가 법률의 규정에 적합하지 않았다거나(제243조 제1항 제1호), 회생계획에 대한 결의를 성실·공정한 방법으로 하지 않았다(제243조 제1항 제3호)는 이유로 회생계획 인가결정에 대하여 즉시항고를 할 수는 있다.

다. 의결권이 없거나 의결권을 행사할 수 없는 이해관계인[19)]

(1) 주주·지분권자의 의결권에 관한 특칙

회생절차개시의 당시 채무자의 부채총액이 자산총액을 초과하는 경우에는 주주·지분권자는 의결권을 가지지 아니한다. 다만 회생계획인가 후 회생계획의 변경계획안을 제출할 당시 채무자의 자산총액이 부채총액을 초과하는 때에는 주주·지분권자는 의결권을 가진다(제146조 제3항). 회생계획인가 후 회생계획의 변경계획안을 제출할 당시 채무자의 부채총액이 자산총액을 초과하는 때에는 주주·지분권자는 그 변경계획안에 대하여 의결권을 가지지 아니한다(제146조 제4항).

부채초과의 경우에는 주주·지분권자에게 잔여재산분배청구권이 인정되지 않기 때문에 의결권을 인정하지 않는다. 회생절차는 파산의 원인인 사실이 생길 염려가 있는 경우뿐만 아니라 사업의 계속에 현저한 지장을 초래함이 없이는 변제기에 있는 채무를 변제할 수 없는 경우에도 개시할 수 있으므로, 계산상으로는 회사의 재산이 채무 총액보다 많은 경우가 있을 수 있는데, 그러한 경우에는 주주·지분권자가 잔여재산에 대하여 이익을 갖고 있고 그 이해관계를 회생절차

19) 이들에 대하여는 법률의 규정에 의하여 의결권을 인정하지 않거나, 그 행사를 금지하는 것이어서 의결권 확정 여부나 제187조에 의한 의결권에 대한 이의가 있는지 여부를 불문하고 의결권이 인정되지 않거나 그 행사가 금지된다[서울회생법원 재판실무연구회, 회생사건실무(하), 박영사, 2019, 30면].

에 반영하는 것이 필요하므로 회생절차개시 당시 회사의 부채의 총액이 자산의 총액을 초과하는 경우 이외에는 주주에게 그가 가진 주식의 수에 따라 관계인집회에서 의결권을 갖도록 규정하고 있다.[20)]

여기서 '부채'는 재무상태표상의 부채 총액을 말하는 것이 아니라 채무자의 '채무' 총액을 의미한다. 따라서 미발생 보증채무와 같은 우발채무도 그 액수, 발생가능성 등을 고려하여 현재가치로 평가한 다음 이를 재무상태표상 부채 총액에 합산하여 자산총액과 비교하여야 한다.[21)]

의결권이 없는 주식도 회생절차에서는 그 주식 수에 따라 의결권을 가지지만, 채무자 회사의 자기주식은 의결권이 없는 것으로 해석된다.[22)]

(2) 부당한 의결권자의 배제

법원은 권리취득의 시기, 대가 그 밖의 사정으로 보아 의결권을 가진 회생채권자·회생담보권자·주주·지분권자가 결의에 관하여 재산상의 이익을 수수하는 등 부당한 이익을 얻을 목적으로 그 권리를 취득한 것으로 인정되는 때에는 그에 대하여 그 의결권을 행사하지 못하게 할 수 있다(제190조 제1항). 의결권자가 '부당한 이익을 얻을 목적으로' 권리를 취득하였는지 여부를 판단하기 위하여는 권리취득의 시기, 권리의 대가, 의결권자가 상습적으로 같은 행위를 하였는지 여부, 권리취득의 상대방, 취득의 방법, 취득한 권리의 액 또는 수 등을 종합적으로 고려하여야 한다.[23)] 법원은 회생채권자 등의 의결권을 배제하기 전에 그 의결권자를 심문하여야 한다(제190조 제2항). 타인 명의로 권리를 취득한 대리인 또는 대리위원의 의결권을 부정하고자 하는 때에는 의결권자 본인을 심문하여야 한다.[24)]

---

20) 대법원 2005. 6. 15.자 2004그84 결정.

21) 김용덕, 회사정리절차와 주주·주식, 남효순·김재형 공편, 통합도산법, 법문사, 2006, 295면.

22) 박형준, 회사정리실무상 주주의 취급, 남효순·김재형 공편, 도산법강의, 법문사, 2005, 579면.

23) 三ヶ月章 등, 條解 會社更生法(下), 弘文堂, 2001, 49면 이하.

24) 온주(로앤비), 채무자회생법 제190조(이제정 집필), 2015.

(3) 법률의 규정에 의하여 의결권을 행사할 수 없는 경우

(가) 회생계획으로 그 권리에 영향을 받지 아니하는 자

회생계획으로 그 권리에 영향을 받지 아니하는 자는 회생계획안에 대한 의결권을 행사하지 못한다(제191조 제1호). 이 경우에는 회생계획안에 대한 결의에 참가할 아무런 이유가 없기 때문이다.[25] 권리에 영향을 받는지 여부는 그 권리의 실제 가치를 기준으로 하는 것이 아니라 표면상 권리의 내용을 기준으로 판단하여야 한다. 따라서 본래의 약정보다 변제기를 늦추거나 이자를 감면하는 것은 권리에 영향을 주는 것으로 보아야 한다. 회생계획에 의하여 권리에 영향을 받지 않는 회생채권자 등이 있는 경우에는 회생계획안에 그 자의 권리를 명시하여야 한다(제194조 제2항).

(나) 벌금 등 청구권자

회생절차개시 전의 벌금·과료·형사소송비용·추징금 및 과태료의 청구권은 일반 회생채권에 해당한다. 그러나 이 청구권은 징벌적 성격을 갖고 있어 다수결에 의하여 그 내용이 변경되는 것이 적절하지 않고 회생계획에서 감면 그 밖의 권리에 영향을 미치는 내용을 정할 수 없기 때문에(제140조 제1항), 의결권을 인정하지 않는다(제191조 제2호).

(다) 조세 등 청구권자

조세 등 청구권에 대하여 권리변경을 하기 위해서는 징수권자의 의견을 듣거나 동의를 얻도록 하여 일반 회생채권자에 비하여 우선적 지위를 인정하고 있으므로 의결권을 인정하지 않는다(제191조 제2호, 제140조 제2항).

국세징수의 예에 의하여 징수할 수 있는 청구권으로서 그 징수우선순위가 일반 회생채권보다 우선하지 아니하는 청구권에 대하여는 일반 회생채권자와 동일한 권리변경이 가능하므로 의결권이 인정된다.

(라) 개시 후 이자 등 청구권자

이들 청구권은 원본채권에 대하여 의결권을 보장하는 것으로 충분하고 액수산정이 곤란할 뿐만 아니라 이자 없는 기한부채권의 경우 중간이자를 공제하여

---

25) 주석 채무자회생법 제191조(김이경 집필), 한국사법행정학회, 2021.

의결권액을 산정하는 것과의 균형을 위하여 별도로 의결권을 인정하지 않고 있다(제191조 제3호, 제118조 제2호 내지 제4호).[26]

(마) 권리보호조항에 의하여 보호되는 자

회생계획안의 가결요건을 충족하는 데에 필요한 동의를 얻지 못할 것이 명백한 조가 있는 경우에는 법원은 회생계획안을 작성한 자의 신청에 의하여 미리 그 조의 회생채권자 · 회생담보권자 · 주주 · 지분권자를 위하여 그 권리를 보호하는 조항을 정하고 회생계획안을 작성할 것을 허가할 수 있다(제244조 제2항). 이 경우에는 그 조의 권리자에게 의결권을 행사하게 할 필요가 없으므로 의결권을 인정하지 않는다(제191조 제5호).

라. 의결권의 대리 행사와 불통일 행사

(1) 의결권의 대리 행사

회생채권자 · 회생담보권자 · 주주 · 지분권자는 대리인에 의하여 그 의결권을 행사할 수 있다(제192조 제1항 전문). 대리인의 자격은 변호사에 국한되지 않고, 소송능력이 있는 자는 누구나 대리인이 될 수 있다.[27] 채권자의 임직원이 대리인으로서 관계인집회에 출석할 수 있고, 채권자가 채무자의 직원을 대리인으로 선임하여 의결권을 행사하게 할 수도 있다.[28] 대리인은 대리권을 증명하는 서면을 제출하여야 한다(제192조 제1항 후문). 실무상 본인이나 대표자의 위임장을 제출하고 있다.

(2) 의결권의 불통일 행사

의결권자는 의결권을 통일하지 아니하고 행사할 수 있다(제189조 제1항). 다시 말해 의결권자는 회생계획안에 대하여 자신이 행사할 수 있는 의결권 전액을 동

---

26) 서울회생법원 재판실무연구회, 회생사건실무(하), 박영사, 2019, 33－34면.

27) 임채홍 · 백창훈, 회사정리법(하) 제2판, 한국사법행정학회, 2002, 70면.

28) 회생채권자 · 회생담보권자 · 주주 · 지분권자가 관계인집회에 출석하여 의결권을 대리행사할 자로 채무자의 직원을 선임한 경우 그 직원이 소송능력이 없다는 등의 특별한 사정이 없는 한 채무자의 직원이라는 사정만으로 대리인의 자격이 부정되지 아니한다(대법원 2007. 10. 11.자 2007마919 결정). 실무상 회생계획안에 동의할 의사가 있는 채권자들 다수가 채무자의 직원을 대리인으로 선임하여 의결권을 행사하게 하고 있다.

의 또는 부동의 의사 중 하나로 통일하여 표시하지 않고 일부 의결권을 동의로 표시하고 나머지를 부동의로 표시하는 식으로 의결권 액수를 나누어 행사할 수 있는 것이다. ① 신탁회사가 여러 채권자로부터 자금을 특정신탁받아 이를 일괄하여 채무자에게 대여함으로써 생긴 회생채권, 회생담보권을 가지는 경우, ② 채권추심회사가 여러 채권자로부터 채권추심을 위하여 채권을 양도받아 관리하는 경우에 의결권의 불통일 행사를 고려할 수 있다.[29)]

의결권을 통일하지 아니하고 행사하려는 의결권자는 관계인집회 7일 전까지 법원에 그 취지를 서면으로 신고하여야 한다(제189조 제2항). 사전에 법원에 의결권의 불통일 행사 여부를 알려 관계인집회를 원활하게 진행할 수 있도록 하기 위해서이다.

5. 결의절차

회생계획안에 대한 동의의 의사표시는 제240조의 서면에 의한 결의의 경우 이외에는 원칙적으로 의결권자 또는 그 대리인이 결의를 위한 관계인집회에 직접 출석해서 하여야 한다. 따라서 서면으로 제출된 동의서는 적법하게 동의한 것으로 볼 수 없다.[30)] 실무상 법원은 조별로 의결권자 개개인을 호명하여 출석 및 동의 여부를 확인하고 이를 출석 현황 및 의결표에 기재하는 방식으로 결의절차를 진행한다.

관계인집회에서의 회생계획안에 대한 동의 또는 부동의의 의사표시는 조(회생담보권자조, 회생채권자조 등)를 단위로 하는 일종의 집단적 화해의 의사표시로서 재판절차상의 행위이고 관계인 사이에 일체 불가분적으로 형성되는 집단적 법률관계의 기초가 되는 것이어서 내심의 의사보다 그 표시를 기준으로 하여 효력 유무를 판정하여야 하므로 거기에 민법 제107조 이하의 의사표시의 하자에 관한 규정은 적용 또는 유추적용될 수 없다.[31)]

29) 서울회생법원 재판실무연구회, 회생사건실무(하), 박영사, 2019, 35-36면.
30) 서울회생법원 재판실무연구회, 회생사건실무(하), 박영사, 2019, 37면.
31) 대법원 2014. 3. 18.자 2013마2488 결정.

6. 가결요건

회생계획안은 모든 조에서 가결요건을 충족하여야 한다. 한 개의 조에서라도 가결요건이 충족되지 아니하면 회생계획안은 부결된 것으로 처리된다. 가결요건은 주주·지분권자 조, 회생채권자 조, 회생담보권자 조의 순으로 가중되어 있는데 이는 채무자의 책임재산에 대한 이익이나 회생계획안에 대한 이해관계가 서로 다른 권리의 순위를 고려하여 공정하고 형평에 맞는 차등을 두어야 한다는 제217조의 취지를 의결권의 행사 시에도 반영한 것으로 볼 수 있다.[32)]

가. 회생채권자의 조

의결권을 행사할 수 있는 회생채권자의 의결권 총액의 3분의 2 이상에 해당하는 의결권을 가진 자의 동의가 있어야 한다(제237조 제1항). '의결권을 행사할 수 있는 회생채권자의 의결권 총액'에 회생계획으로 그 권리에 영향을 받지 아니하는 자(제191조 제1호), 제140조 제1항 및 제2항의 청구권을 가지는 자(제191조 제2호), 제118조 제2호 내지 제4호의 청구권을 가지는 자(제191조 제3호), 이의 있는 권리로서 제188조 제2항, 제3항에 따라 법원에 의하여 의결권의 행사가 배제된 자 및 부당한 이익을 얻을 목적으로 권리를 취득한 것으로 인정되어 제190조 제1항에 따라 법원에 의하여 의결권의 행사가 금지된 자(제191조 제4호), 가결요건을 충족하지 못할 것이 명백하여 법원이 제244조 제2항에 따라 미리 권리보호조항을 정하고 회생계획안을 작성할 것을 허가한 경우 이에 따라 보호되는 자(제191조 제5호) 등 의결권을 행사할 수 없는 이해관계인의 의결권은 제외된다.

나. 회생담보권자의 조

(1) 재건형 회생계획안이 제출된 경우

의결권을 행사할 수 있는 회생담보권자의 의결권 총액의 4분의 3 이상에 해당하는 의결권을 가진 자의 동의가 있어야 한다(제237조 제2호 가목).

---

32) 주석 채무자회생법 제237조(박찬우 집필), 한국사법행정학회, 2021.

(2) 청산형 회생계획안이 제출된 경우

의결권을 행사할 수 있는 회생담보권자의 의결권 총액의 5분의 4 이상에 해당하는 의결권을 가진 자의 동의가 있어야 한다(제237조 제2호 나목).

다. 주주 · 지분권자의 조

회생계획안의 결의를 위한 관계인집회에서 의결권을 행사하는 주주 · 지분권자의 의결권 총수의 2분의 1 이상에 해당하는 의결권을 가진 자의 동의가 있어야 한다(제237조 제3호). 여기서 의결권을 행사하는 주주 · 지분권자란 관계인집회에 본인 또는 대리인이 참석하여 실제로 의결권을 행사하는 주주 · 지분권자를 의미한다. 구 회사정리법의 경우, 주주의 조에서 의결권을 행사할 수 있는 주주의 의결권 총수의 과반수에 해당하는 의결권을 가진 자의 동의가 있어야 하는 것으로 정하고 있었는데(제205조 제3호), 채무자회생법 제정 과정에서 관리인의 목록제출 제도가 도입되면서 목록에 기재되었으나 신고하지 않은 주주 · 지분권자도 절차에 참가시켜 의결권 총수에 포함시켜야 하는 관계로, 주주 · 지분권자가 회생계획안의 결의를 위한 관계인집회에 참석하지 않아 주주 · 지분권자의 조에서 가결요건이 충족되기 어려운 문제가 발생할 수 있게 된 점을 고려하여 채무자회생법에서는 이와 달리 정하게 된 것이다.[33]

7. 회생계획안 결의의 시간적 제한

가. 결의의 시기

조사기간의 종료 전에는 회생계획안을 결의에 부칠 수 없다(제235조). 회생계획안은 공정하고 형평에 맞는 차등의 원칙, 평등의 원칙, 청산가치보장의 원칙 등을 준수하고 수행가능하여야 법원이 인가결정을 할 수 있는데(제243조 제1항), 이러한 요건의 충족 여부를 판단하기 위하여는 채무자 회사의 기업가치와 그 기업가치를 분배받을 채권자 및 채권의 종류와 액수가 특정되어야 하고, 회생계획안에 대한 결의를 하기 위하여는 그 결의에 참가하여 의결권을 행사할 자와 의

33) 서울회생법원 재판실무연구회, 회생사건실무(하), 박영사, 2019, 39면.

결권 액이 특정되어야 하는데 조사기간이 종료되지 않은 상태에서는 이를 특정하는 것이 어렵기 때문이다.[34] 이러한 이유에서 채무자회생법은 조사기간의 종료 전에는 회생계획안을 결의에 부치지 못하도록 하고 있다.

조사기간은 회생채권 및 회생담보권의 조사기간(제50조 제1항 제3호)을 의미한다.[35] 법원은 특별한 사정이 있는 때에는 조사기간을 늘일 수 있는데(제50조 제2항), 이러한 경우에는 연장된 조사기간의 종료 후에 결의에 부칠 수 있다.

나. 가결기간의 제한

회생계획안의 가결은 회생계획안의 결의를 위한 관계인집회 제1기일부터 2월 이내에 하여야 한다(제239조 제1항). 법원은 필요하다고 인정하는 때에는 회생계획안 제출자의 신청에 의하거나 직권으로 위 기간을 늘일 수 있으나, 그 기간은 1월을 넘지 못한다(제239조 제2항). 또한, 회생계획안의 가결은 회생절차개시일부터 1년 이내에 하여야 한다. 다만 불가피한 사유가 있는 때에는 법원은 6월의 범위 안에서 그 기간을 늘일 수 있다(제239조 제3항).

기간계산에 있어서는 민법의 일반 원칙에 따라 초일인 관계인집회 기일이나 회생절차개시일은 산입되지 않는다(제33조, 민사소송법 제170조, 민법 제157조 본문). 다만, 기피신청으로 인하여 민사소송법 제48조 본문에 따라 회생절차가 정지된 상태에 있었던 기간은 가결기간의 계산에 포함되지 않는다.[36]

한편 회생계획안이 제239조의 가결기간이 도과된 후 가결되지 않고 있는 경우 법원은 원칙적으로 회생계획안을 결의에 부칠 수 없고, 회생절차폐지결정을 하여야 하는데(제286조 제1항 제2호, 제3호), 다만 어떠한 이유로 회생계획안이 가결되었으나 결과적으로 가결기간 제한을 위반한 것으로 된 경우에는 그 회생계획안은 그 절차가 법률의 규정에 위반한 것으로 인가요건(제243조 제1항 제1호)을 갖추지 못하여 불인가 결정을 하는 것이 원칙일 것이나, 제반 사정을 고려하여 제243조 제2항의 재량인가를 할 수 있다고 판단한 하급심 판결이 있다.[37]

---

34) 주석 채무자회생법 제235조(박찬우 집필), 한국사법행정학회, 2021.

35) 주석 채무자회생법 제235조(박찬우 집필), 한국사법행정학회, 2021.

36) 서울고등법원 2018. 5. 17.자 2017라21212 결정.

37) 서울고등법원 2017. 8. 31.자 2017라20351 결정.

8. 속행기일의 지정

가. 의의

회생계획안의 부결은 원칙적으로 회생절차의 폐지사유이다(제286조 제1항 제2호, 제4호). 그러나 회생계획안이 가결되지 않았다는 이유로 곧바로 회생절차를 폐지하는 것은 그동안 투입된 법원과 이해관계인의 시간과 비용, 노력을 무위로 돌리게 된다. 따라서 이해관계인들의 의사를 추가로 반영하여 회생계획안을 변경하는 것이 가능하거나, 보다 충실한 협상 및 설득을 통해 이해관계인들의 동의를 이끌어낼 수 있다면, 다시 한번 회생계획안을 결의에 부칠 수 있는 기회를 제공하여 이해관계인들로 하여금 스스로 회생계획안을 가결하도록 하는 것이 모두에게 이익이 된다.[38] 이에 채무자회생법은 결의를 위한 관계인집회의 속행을 인정하고 있다(제238조).

사전계획안을 서면결의에 부친 경우에는 속행기일의 지정에 동의하는지 여부를 묻지 않도록 하고 있어(제240조 제2항), 결과적으로 속행기일 지정에 필요한 법정 요건을 갖출 수 없게 되었으므로 제238조의 적용이 없다.

나. 관계인집회의 속행 요건

관계인집회에서 회생계획안이 가결되지 아니한 경우 ① 회생채권자 조에 있어서는 의결권을 행사할 수 있는 회생채권자의 의결권 총액의 3분의 1 이상에 해당하는 의결권을 가진 자, ② 회생담보권자 조에 있어서는 의결권을 행사할 수 있는 회생담보권자의 의결권 총액의 2분의 1 이상에 해당하는 의결권을 가진 자, ③ 주주·지분권자 조에 있어서는 의결권을 행사하는 주주·지분권자의 의결권 총수의 3분의 1 이상에 해당하는 의결권을 가진 자가 동의한 때에는 법원은 관리인 또는 채무자나 의결권을 행사할 수 있는 회생채권자·회생담보권자·주주·지분권자의 신청에 의하거나 직권으로 속행기일을 정할 수 있다(제238조).

속행기일의 지정을 위한 동의 요건은 회생계획안의 가결에 필요한 요건보다는 완화되어 있는데, 이는 속행기일 제도의 취지가 이해관계인의 의사를 반영하여 수행가능성이 있는 범위 내에서 회생계획안을 변경하거나 이해관계인에 대한

38) 주석 채무자회생법 제238조(박찬우 집필), 한국사법행정학회, 2021.

보다 충실한 협상 및 설득의 과정을 거쳐 다시 한번 결의에 부쳐보자는 것이기 때문이다.[39)]

제238조에서는 회생계획안에 대한 결의 시 조 분류에 관한 제236조 제3항 및 제5항과 같은 규정을 두고 있지 않으므로, 회생계획안에 대한 결의를 위하여 3개 조(회생담보권자 조, 회생채권자 조, 주주·지분권자 조) 이상으로 조를 세분화하였더라도 속행기일의 지정을 위한 결의 시에는 이들 3개 조만으로 분류하여야 한다.[40)]

위와 같은 법정 요건은 필수적인 것으로서 하나의 조에서라도 그 동의 요건을 충족시키지 못하면 속행기일은 지정되지 않고 관계인집회는 종료된다.

다. 기일속행 시 회생계획안 가결기한

지정될 속행기일은 최초의 결의를 위한 관계인집회의 기일부터 2월 이내여야 한다(제239조 제1항). 만약 지정할 속행기일이 회생절차개시일로부터 1년을 경과한 날이라면 먼저 회생계획안의 가결기간의 연장결정을 하여야 한다(제239조 제3항). 속행기일의 횟수는 법률상 제한이 없으나 실무상 1회에 한하고 있다.

39) 주석 채무자회생법 제238조(박찬우 집필), 한국사법행정학회, 2021.
40) 서울회생법원 재판실무연구회, 회생사건실무(하), 박영사, 2019, 42면.

㈜대한의 관계인집회 자료

서울회생법원 제1부
사 건 20×0회합100001 회생
채무자 주식회사 대한

[특별조사기일, 회생계획안 심리 및 결의를 위한 관계인집회 자료]

1. 특별조사기일 관리인 보고서
2. 추후 보완신고된 회생채권 시·부인 명세서
3. 관리인 보고서
4. 의결권에 대한 이의명세서
5. 회생계획안 요약본
6. 제2차 조사보고서

20×0. 11. 25.

채무자 주식회사 대한
법률상 관리인 대표이사 김민국

서울회생법원 제1부

사 건 20×0회합100001 회생

채무자 주식회사 대한

[특별조사기일]

관리인 보고서

20×0. 11. 25.

채무자 주식회사 대한

법률상 관리인 대표이사 김민국

안녕하십니까?

채무자 주식회사 대한의 법률상 관리인 김민국입니다.

우선 특별조사기일 및 회생계획안 심리 및 결의를 위한 관계인집회를 주재하시는 재판부 판사님, 관리위원님, 그리고 바쁘신 와중에도 관계인집회에 참석해주신 모든 채권자 및 이해관계인 여러분께 진심으로 감사의 말씀을 드립니다.

오늘 개최되는 특별조사기일에 시·부인을 하고자 하는 채권은 신고기간 이후 회생계획안 심리를 위한 관계인집회 기일 전까지 추후 보완신고된 채권입니다.

추후 보완신고된 채권 2건은 모두 회생채권으로 신고금액 3,676,673,495원 전액을 시인하였습니다.

기타 상세한 사항에 대해서는 배부해 드린 추후 보완신고 회생채권의 시·부인표를 참조하여 주시기 바랍니다.

이것으로 특별조사기일에 대한 관리인 보고를 마치겠습니다.

감사합니다.

20×0. 11. 25.

채무자 주식회사 대한

법률상 관리인 대표이사 김민국

서울회생법원 제1부
사 건 20×0회합100001 회생
채무자 주식회사 대한

[특별조사기일]

추후 보완신고된 회생담보권, 회생채권, 주주 및 출자지분의 시·부인표

20×0. 11. 25.

채무자 주식회사 대한
법률상 관리인 대표이사 김민국

1. 시·부인 기준표

1. 추후 보완 시·부인 대상 채권

추후 보완 시·부인 대상 채권은 채권조사기간 이후부터 회생계획안 심리를 위한 관계인집회 기일 전까지 추후 보완신고 된 채권입니다.

2. 회생채권 및 회생담보권의 개념

가. 회생채권(채무자회생법 제118조)

회생채권이란 채무자 회사에 대하여 회생절차개시 전의 원인으로 생긴 재산상의 청구권, 회생절차개시 후의 이자, 회생절차개시 후의 불이행으로 인한 손해배상금 기타 위약금, 회생절차참가의 비용 등입니다.

나. 회생담보권(채무자회생법 제141조)

회생담보권이란 회생채권이나 회생절차개시 전의 원인으로 생긴 채무자 회사 외의 자에 대한 재산상의 청구권으로서 회생절차개시 당시 채무자 회사의 재산상에 존재하는 유치권·질권·저당권·양도담보권·가등기담보권·「동산·채권 등의 담보에 관한 법률」에 따른 담보권·전세권 또는 우선특권으로 담보된 범위 내의 것입니다.

3. 시·부인 기준에 대한 공통사항

가. 증빙자료 미비

신고 시 첨부된 증빙자료가 미비하여 채무자의 채무임을 객관적으로 확인할 수 없는 채권은 부인하였습니다.

나. 증빙 불일치

증빙자료는 첨부한 약정서, 계약서, 세금계산서 등과 신고한 채권내용(원인)이 불일치하는 경우는 일치된 부분만 시인하고 나머지는 부인하였습니다.

다. 권리 여부 불확실

채권신고 시 제출된 증빙자료로 채권자임을 확인할 수 없거나 제출된 증빙자료가 채무자의 자료와 일치하지 않는 신고채권은 부인하였습니다.

라. 소송 계속 중인 신고채권

채무자를 상대로 소송 계속 중인 신고채권은 미확정채권이므로 다툼이 없는 부분은 시인하고 나머지는 부인하였습니다.

마. 이중신고

이중으로 신고된 채권은 주채권자, 어음소지자, 채권양수인 등 최종권리자의 신고채권은 시인하고 그 외의 자가 신고한 채권은 부인하였습니다.

바. 공익채권

회생절차개시결정 이후의 원인으로 발생하여 공익채권에 해당하는 채권신고는 부인하였습니다.

사. 회생채권의 소멸

법원의 허가를 얻어 변제 또는 상계한 신고채권은 부인하였습니다.

아. 임대차보증금

회생절차개시결정일 이전의 원인에 의한 임대차보증금은 회생채권으로 시인하였습니다.

자. 임의 이자 산정부분

회생절차개시결정 전 약정서, 판결문, 계약서에 따라 발생한 이자는 약정, 판결, 계약에 의한 이자만 시인하고 약정이 없는 이자는 부인하였습니다.

4. 시·부인 기준에 대한 특정사항

가. 회생담보권

1) 담보가액 평가

담보가액 범위 내에서는 회생담보권으로 시인하고, 담보평가액을 초과하는 부분은 회생담보권 부인 후 회생채권으로 시인하였습니다.

2) 담보가액 평가 기준

담보가액의 평가는 평가기준일인 개시결정일(20×0. 3. 14.) 당시의 공정하고 합리적인 시가를 적용하여 평가하는 것이 원칙이므로, ㈜○○감정평가법인이 20×0. 1. 31.을 기준시점으로 유형자산에 대하여 감정평가한 감정평가서상의 가액으로 평가하였습니다.

3) 담보가액 배분 기준

동일 회생담보권자의 담보권이 여러 건으로 신고된 경우 회생담보권의 시·부인은 담보권 발생일자, 원금, 개시 전 이자, 개시 후 이자 순서로 시인하였습니다.

나. 장래의 구상권

주채권자와 장래의 구상권자가 이중으로 신고한 경우는 주채권자의 신고분만 시인하고, 장래의 구상권자의 신고채권은 채무자회생법 제126조에 의거하여 부인하였습니다.

다. 채권조사기간 이후 회생채권 등의 조사확정재판 또는 이의의 소 등을 통하여 상호명백하게 인정되는 부분은 법원의 허가 등을 받아 이의철회 등을 통하여 시·부인합니다.

2. 추후 보완신고된 회생채권 시·부인 명세서

신고액 : 3,676,673,495원

시인액 : 3,676,673,495원

부인액 : 0원

추후 보완신고된 회생채권 시부인 명세서

채무자: 주식회사 대한 (단위: 원)

순번	신고번호	목록번호	채권자	주소	채권내용	추완신고액	시인액	부인액	의결권 인정액	시부인 사유	비고
1	추완 신고 1,2	–	한국무역보험공사 (대표이사 ○○○)	서울 종로구 종로 14	상거래채무					개시후 이자의 의결권은 부인함	20X0.04.18. 추완신고1, 20X0.04.25. 추완신고2
					1. 원금	1,286,272,500	1,286,272,500	–	1,286,272,500		
					2. 개시전이자	5,080,218	5,080,218	–	5,080,218		
					3. 개시후이자	945,152 / 연10%	945,152 / 연10%	–	–		
					소계	1,292,297,870	1,292,297,870	–	1,291,352,718		
2	추완 신고7	–	○○○○ 코퍼레이션 (대표이사 ○○○)	서울시 ○○구 ○○로 ○○○ ○○빌딩 법무법인 ○○(대리인)	상거래채무						20X0.06.05. 추완신고7 (20X0.03.13 KEB 하나은행 최종고시 전신환매도율 1,132.5원/USD 적용)
					1. 원금	USD 2,051,879 2,323,752,967	USD 2,051,879 2,323,752,967	– –	USD 2,051,879 2,323,752,967		
					2. 개시전이자	–	–	–	–		
					3. 개시후이자	–	–	–	–		
					소계	2,323,752,967	2,323,752,967	–	2,323,752,967		
3	추완 신고8	–	중소기업기술 정보진흥원	대전시 유성구 대덕대로 593 대덕테 크비즈센터 10층	상거래채무						20X0.07.10. 추완신고8
					1. 원금	50,000,000	50,000,000	–	50,000,000		
					2. 개시전이자	–	–	–	–		
					3. 개시후이자	–	–	–	–		
					소계	50,000,000	50,000,000	–	50,000,000		
4	추완 신고9	–	㈜하나은행 (대표이사 ○○○)	서울 중구 을지로 35	대여채무						20X0.09.27. 추완신고8
					1. 원금	10,622,658	10,622,658	–	10,622,658		
					2. 개시전이자	–	–	–	–		
					3. 개시후이자	–	–	–	–		
					소계	10,622,658	10,622,658	–	10,622,658		
추완 회생채권 합계					1. 원금	3,670,648,125	3,670,648,125	–	3,670,648,125		
					2. 개시전이자	5,080,218	5,080,218	–	5,080,218		
					3. 개시후이자	945,152 / 연10%	945,152 / 연10%	–	–		
					소계	3,676,673,495	3,676,673,495	–	3,675,728,343		

서울회생법원 제1부

사　건　20×0회합100001 회생

채무자　주식회사 대한

[회생계획안 심리 및 결의를 위한 관계인집회]

관리인 보고서

20×0. 11. 25.

채무자 주식회사 대한

법률상 관리인 대표이사 김민국

안녕하십니까?

채무자 주식회사 대한의 법률상 관리인 김민국입니다.

우선 바쁘신 와중에도 회생계획안 심리 및 결의를 위한 관계인집회에 참석해 주신 채권자 및 기타 이해관계인 여러분께 진심으로 감사드리며, 아울러 채무자 회사의 회생절차 진행으로 인하여 관계자 여러분께 많은 심려를 끼쳐드린 데 대하여 이 자리를 빌려 진심으로 송구스럽다는 말씀을 드립니다.

관리인은 채권자 및 이해관계인 여러분의 이해조정과 채무자의 회생이라는 명제하에 공정, 형평의 원칙에 입각하여 회생계획안을 작성하였습니다. 그러나 채무자의 현 경영상태와 채무상황을 고려할 때, 부득이 채권의 권리변경 및 상환의 연기와 이자의 감면 등을 하였기에 채권자 여러분께서 이점 이해하여 주시기를 간곡히 부탁드립니다.

그러면 지금부터 회생계획안의 요지를 간략히 말씀드리겠습니다.

1. 회생담보권 대여금채권의 권리변경과 변제방법에 대하여 말씀드리겠습니다.

(1) ㈜하나은행

시인된 원금 및 개시 전 이자의 100%를 현금 변제하되, 회생계획안 제8장 제1절에 의한 비업무용 자산 매각계획에 따라 해당 담보목적물을 제1차연도(20×1년)까지 매각하여 부동산 매각 대금으로 변제할 채권의 100%를 제1차연도(20×1년)에 변제합니다. 개시 후 이자는 미변제 원금 및 개시 전 이자에 대하여 연 3.88%의 이율을 적용하여 변제합니다. 단, 준비연도(20×0년)에 발생한 이자는 제1차연도(20×1년)에 발생한 이자와 합하여 제1차연도(20×1년)에 변제합니다.

(2) ㈜신한은행

시인된 원금 및 개시 전 이자의 100%를 회생계획안 인가일로부터 10영업일 이내에 현금 변제하며, 개시 후 이자는 전액 면제합니다.

2. 회생채권 대여금채권, 전환사채권, 상거래채권 및 구상채권의 권리변경과 변제방법에 대하여 말씀드리겠습니다.

시인된 원금 및 개시 전 이자의 60%는 출자전환하고, 40%를 현금변제하되, 제1차연도(20×1년)부터 제10차연도(20×10년)까지 매년 10%씩 균등분할 변제합니다.

또한, 권리변경 후 채권금액이 100만 원 미만인 소액 상거래채권은 변제할 채권의 100%를 제1차연도(20×1년)와 제2차연도(20×2년)에 균등분할 변제합니다.

출자전환 대상 채권은 회생계획안 제6장 제4절 출자전환에 따른 신주발행에 의하여 채무자가 신규로 발행하는 주식의 효력발생일에 해당 회생채권의 변제에 갈음합니다. 개시 후 이자는 전액 면제합니다.

3. 회생채권 특수관계인채권의 권리변경과 변제방법에 대하여 말씀드리겠습니다.

시인된 원금 및 개시 전 이자의 100%를 출자전환합니다. 출자전환 대상 채권은 회생계획안 제6장 제4절 출자전환에 따른 신주발행에 의하여 채무자가 신규로 발행하는 주식의 효력발생일에 해당 회생채권의 변제에 갈음합니다. 개시 후 이자는 전액 면제합니다.

4. 회생채권 보증채권의 권리변경과 변제방법에 대하여 말씀드리겠습니다.

채무자가 타인을 위하여 한 보증으로 인하여 발생한 채권은 주채무자로부터 우선 변제받거나 주채무자로부터 제공받은 담보물건을 처분하여 변제받도록 합니다. 주채무자에 대한 담보권 실행 완료 후 또는 채무자의 회생계획인가일 이후 주채무자가 변제하여야 할 주채무를 이행하지 않고 그 불이행 상태가 1년(단, 주채무의 변제기일이 회생계획인가일 이후 도래하는 경우에는 그 변제기일로부터 1년) 이상 계속되는 경우에는 변제되지 않은 원금 및 개시 전 이자의 60%는 출자전환하고, 40%를 현금변제하되, 제1차연도(20×1년)에서 제10차연도(20×10년)까지 매년 10%씩 균등분할 변제합니다. 출자전환 대상 채권은 회생계획안 제6장 제4절 출자전환에 따른 신주발행에 의하여 채무자가 신규로 발행하는 주식의 효력발생일에 해당 회생채권의 변제에 갈음합니다.

5. 회생채권 미발생구상채권의 권리변경과 변제방법에 대하여 말씀드리겠습니다.

보증기관이 채무자를 위하여 채무를 대위변제하여 구상채권이 확정될 경우, 확정된 원금 및 개시 전 이자의 60%는 출자전환하고, 40%를 현금 변제하되, 제1차연도(20×1년)에서 제10차연도(20×10년)까지 매년 10%씩 균등분할 변제합니다.

다만, 최초 변제기일이 지난 후에 채권이 확정된 경우, 이미 회생계획안에 의한 변제기일이 경과된 미변제채권은 그 후 최초로 도래하는 변제기일에 합산하여 변제합니다.

출자전환 대상 채권은 회생계획안 제6장 제4절 출자전환에 따른 신주발행에 의하여 채무자가 신규로 발행하는 주식의 효력발생일에 해당 회생채권의 변제에 갈음합니다. 개시 후 이자는 전액 면제합니다.

6. 회생채권 조세 등 채권의 권리변경과 변제방법에 대하여 말씀드리겠습니다.

채무자회생법 제140조 제2항에 의하여 인가결정일 이후 변제기일까지 국세징수법 또는 국세징수의 예에 의한 징수를 유예합니다. 채무자는 본세에 회생계획인가결정일의 전일까지 발생한 가산금 및 중가산금을 포함한 금액을 변제하되, 변제할 채권의 100%를 3년간 균등 분할하여 제1차연도(20×1년)부터 제3차연도(20×3년)까지 매년 균등 변제하며, 제3차연도(20×3년)에는 인가결정일 해당일 전일에 변제합니다. 다툼이 있을 경우에는 이의신청 및 소송제기 등을 통하여 확정하는 것으로 하며, 법원의 허가를 얻어 조기에 변제할 수 있습니다.

7. 주주의 권리변경과 변제방법에 대하여 말씀드리겠습니다.

회생계획안 인가 전에 발행한 보통주 120,000주(액면가 5,000원)에 대하여는 기명식 보통주 2주를 액면가 5,000원의 기명식 보통주 1주로 병합합니다. 단, 주식병합으로 인하여 발생하는 1주 미만의 단주는 관리인이 법원의 허가를 받아 무상 소각합니다. 회생채권의 출자전환에 의한 신주발행은 1주당 5,000원을 발행가액으로 합니다. 회생계획안에 따른 주식병합 및 출자전환 후 모든 주주가 보유한 모든 주식에 대하여 신주의 효력발생일의 익일에 액면가 5,000원의 기명식 보통주 25주를 액면가 5,000원의 기명식 보통주 1주로 병합합니다. 단, 주식병합, 출자전환 및 주식재병합의 결과로 인하여 발생하는 1주 미만의 단주는 관리인이 법원의 허가를 받아 무상 소각합니다.

집회에 참석하여 주신 채권자 및 이해관계인 여러분,

관리인은 지금까지 회생계획안에 대한 보고를 드렸습니다.

현재의 어려운 경제 상황과 채무자의 회생을 전제로 작성된 회생계획안이 채무자의 사정으로 인하여 채권자 여러분께 만족할만한 수준으로 제시되지 못한 점 송구스럽게 생각합니다.

채무자의 자구 노력으로는 한계가 있기에 채권에 대한 권리변경 등을 통해서 변제할 수밖에 없다는 점에 대하여 채권자 및 이해관계인 여러분께서 깊이 이해해주시길 바라며, 회생계획안이 가결되어 채무가 변제될 수 있도록 협조하여 주시기를 간곡하게 부탁드립니다.

감사합니다.

20×0. 11. 25.

채무자 주식회사 대한

법률상 관리인 대표이사 김민국

서울회생법원 제1부

사 건 20×0회합100001 회생

채무자 주식회사 대한

의결권에 대한 이의 명세서

20×0. 11. 25.

채무자 주식회사 대한

법률상 관리인 대표이사 김민국

회생담보권 및 회생채권의 의결권에 대한 이의 명세서

채무자: 주식회사 대한 (단위: 원)

순 번	구 분	신고번호	목록번호	채권자	채권내용	확정채권금액	의결권 이의액	의결권액	이의사유	법원허가일
1	회생 채권	신고12	–	서울보증보험 주식회사	미발생 구상채무	108,292,095	108,292,095	–	미발생 구상채무의 의결권 불인정	
2	회생 채권	추완 신고1,2	–	한국무역 보험공사	확정 구상채무	1,292,297,870 / 연10%	945,152 / 연10%	1,291,352,718	개시후이자 의결권 불인정	
회생채권 합계						1,400,589,965 / 연10%	109,237,247 / 연10%	1,291,352,718		

서울회생법원 제1부

사 건 20×0회합100001 회생

채무자 주식회사 대한

회생계획안 요약본
(내용생략)

20×0. 11. 25.

채무자 주식회사 대한

법률상 관리인 대표이사 김민국

㈜대한의 출석 현황 및 의결표

서울회생법원 제1부

사　　건　20×0회합100001 회생

채 무 자　주식회사 대한

출석현황 및 의결표

(회생계획안 심리 및 결의를 위한 관계인집회)

20×0. 11. 25.

서울회생법원 제1부

목 차

1. 회생담보권자

1-1. 회생담보권 현황

채무자: 주식회사 대한 (의결권 단위: 원, %)

구 분	금 액	건 수	비 율(%)	비 고
의결권 총액	8,827,374,004	2	100.0%	
가결요건	6,620,530,503	–	75.0%	의결권 총액의 3/4
의결권 위임액	–	–	0.0%	

1-2. 회생담보권자 출석 현황 및 의결표

채무자: 주식회사 대한 (의결권 단위: 원)

순번	신고 번호	목록 번호	채권자	확정채권액	의결된 이의액	의결권액	구성 비율 (%)	출석현황				의결내용		속행여부		비고
								본인		대리인						
								성명	날인	성명	날인	찬성	반대	찬성	반대	
11	신고 17	담보 1	㈜하나은행 (대표이사 ○○○)	8,739,886,362		8,739,886,362	99.0%									
2	신고 2-1	-	㈜신한은행 (대표이사 ○○○)	87,487,642		87,487,642	1.0%									
합계				8,827,374,004	-	8,827,374,004	100.0%									

인가여부		
	찬성합계	
	가결요건	6,620,530,503
	가결여부	

2. 회생채권자

2-1. 회생채권 현황

채무자: 주식회사 대한 (의결권 단위: 원, %)

구 분	금 액	건 수	비 율(%)	비 고
의결권 총액	19,120,612,072	235건	100.0%	
가결요건	12,747,074,714		66.7%	의결권 총액의 2/3
의결권 위임액			0.0%	

2-2. 회생채권자 출석 현황 및 의결표

채무자: 주식회사 대한 (의결권 단위: 원)

순번	신고번호	목록번호	채권자	확정채권액	의결된 이의액	의결권액	구성비율(%)	출석현황				의결내용		속행여부		비고
								본인		대리인						
								성명	날인	성명	날인	찬성	반대	찬성	반대	
1	신고 15	채권 1	한국수출입은행 (대표이사 ○○○)	4,862,019,230		4,862,019,230	25.4%									
2	–	채권 2	김민국	2,660,074,520		2,660,074,520	13.9%									
3	추완신고7	–	○○○○ 코퍼레이션(대표이사 David M. Foulkes)	2,323,752,967		2,323,752,967	12.2%									
4	–	채권 3	○○테크㈜ (대표이사 유○○)	2,185,066,604		2,185,066,604	11.4%									
5	신고 13-1	채권 4-1	중소벤처기업진흥공단 (대표이사 ○○○)	1,992,287,102		1,992,287,102	10.4%									
6	추완신고1,2	–	한국무역보험공사 (대표이사 ○○○)	1,292,297,870	945,152	1,292,297,870	6.8%									
7	–	채권 6	유○○	1,270,949,409		1,270,949,409	6.6%									
8	신고 5	채권 7	중소기업은행 (대표이사 ○○○)	1,232,747,853		1,232,747,853	6.4%									
9	–	채권 8	㈜○○스틸 (대표이사 ○○○)	701,579,317		701,579,317	3.7%									

10	–	채권 9	박○○(○○산업)	597,675,442		597,675,442	3.1%									
(중략)																
226	–	채권 218	○○법인 ○○ (대표이사 ○○○)	440,000		440,000	0.0%									
227	–	채권 219	○○환경 (대표이사 ○○○)	397,500		397,500	0.0%									
228	–	채권 220	○○텔레콤 (대표이사 ○○○)	377,600		377,600	0.0%									
229	–	채권 221	○○전기㈜ (대표이사 ○○○)	330,000		330,000	0.0%									
230	–	채권 222	전○○(○○)	308,000		308,000	0.0%									
231	–	채권 223	㈜○○○○테크 (대표이사 ○○○)	295,460		295,460	0.0%									
232	–	채권 224	박○○ (○○ ○○ ○○)	262,350		262,350	0.0%									
233	–	채권 225	김○○(○○산업)	245,000		245,000	0.0%									
234	–	채권 226	㈜○○○○ (대표이사 ○○○)	242,000		242,000	0.0%									
235	–	채권 227	정○○ (○○종합상사)	209,000		209,000	0.0%									
소계				**19,121,557,224**	**945,152**	**19,120,612,072**	**100.0%**					**0.00**	**0.00**	**0.00**	**0.00**	
합계				**19,121,557,224**	**945,152**	**19,120,612,072**	**100.0%**					**0.00**	**0.00**	**0.00**	**0.00**	
												찬성합계				
												가결요건	12,747,074,714			
												가결여부				

예상동의율표 합계액	25,677,836,572
차이	(6,557,224,500)

3. 조세채권자 및 기타 이해관계인 출석 현황표

채무자: 주식회사 대한 (의결권 단위: 원)

순 번	신고번호	목록번호	채권자	출석현황				비 고
				본 인		대리인		
				성 명	날 인	성 명	날 인	
1	신고14	조세1	국민건강보험공단					
2	–	조세2	○○세무서					
3	–	조세3	○○구					

4. 주주 · 지분권자 출석 현황표

채무자: 주식회사 대한 (의결권 단위: 주)

순 번	신고 번호	목록 번호	주주 · 지분권자	의결권을 행사하는 주주지분 주수	의결권 이의 주수	의결권 주수	지분율 (%)	출석현황					의결내용		속행여부	
								본 인		대리인		행사 의결권 주수	찬 성	반 대	찬 성	반 대
								성 명	날 인	성 명	날 인					
1																
2																
3																
4																
5																
6																
7																
8																
9																
10																
11																
12																
13																
14																
15																

Ⅳ. 서면에 의한 결의제도

1. 의의

법원은 회생계획안이 제출된 때에 상당하다고 인정하는 때에는 회생계획안을 서면에 의한 결의에 부치는 취지의 결정을 할 수 있다(제240조 제1항). 서면에 의한 결의는 회생계획안의 심리 및 결의를 위한 관계인집회를 개최하지 않고 회생채권자 · 회생담보권자 · 주주 · 지분권자 등 의결권자가 회생계획안에 동의하는지 여부를 서면으로 회신하여 가결 여부를 결정하는 제도이다.[41] 법원은 채권자의 수와 채권자의 거주지의 분포 등 여러 사정을 고려하여 서면결의에 부칠지 여부를 결정한다. 채권자의 수가 너무 많아서 관계인집회의 개최 자체가 어렵거나 다수의 채권자들이 원격지에 거주하고 있어 관계인집회에 참석하여 의결권을 행사하는 것이 어려운 경우에는 결의를 위한 관계인집회를 개최하는 것이 적절하지 않을 수 있으므로 서면결의에 의할 수 있다.

서면결의를 결정한 때에는 법원은 관리인, 조사위원 · 간이조사위원, 채무자, 목록에 기재되어 있거나 신고한 회생채권자 · 회생담보권자 · 주주 · 지분권자, 회생을 위하여 채무를 부담하거나 담보를 제공한 자에 대하여 회생계획안의 사본 또는 요지를 송달함과 동시에 의결권자에 대하여는 회생계획안에 동의하는지 여부와 인가 여부에 대한 의견, 회생계획안이 가결되지 아니한 경우 속행기일의 지정에 동의하는지 여부를 법원이 정하는 회신기간 안에 서면으로 회신하여야 한다는 뜻을 기재한 서면을 송달하여야 한다. 이 경우 회신기간은 서면결의에 부치는 취지의 결정일부터 2월을 넘을 수 없다(제240조 제2항).

---

41) 구 회사정리법은 정리계획안에 대한 결의는 본인 또는 대리인이 직접 관계인집회에 출석하여 의결권을 행사하는 방법에 의하도록 하였고 서면결의 제도를 두고 있지 않았는데, 관계인집회의 개최 자체가 어려운 사정이 있거나 굳이 관계인집회를 개최할 필요가 없어 관계인집회를 통한 결의가 부적절한 경우에 대응하기 위하여 채무자회생법 제정 시 신설된 제도로, 회생절차의 효율화 및 신속화 등을 위한 것이라 할 수 있다[주석 채무자회생법 제240조(박찬우 집필), 한국사법행정학회, 2021].

2. 서면결의에 관련된 특칙

가. 심리를 위한 관계인집회 불소집

법원은 회생계획안을 서면결의에 부치는 결정을 한 때에는 심리를 위한 관계인집회를 소집하지 아니하고(제224조 단서), 이해관계인에게 회생계획안을 송달한 때에 심리를 위한 관계인집회가 완료된 것으로 본다(제240조 제4항).

나. 추후 보완신고 불가

서면결의에 부친다는 결정이 있은 후에는 회생채권 및 회생담보권의 추후 보완신고를 할 수 없다(제152조 제3항 제2호). 다만 채무자의 행위가 서면결의에 부치는 결정이 있은 후에 부인된 경우 상대방은 부인된 날부터 1월 이내에 추후 보완신고를 할 수 있고(제109조 제2항), 회생채권자가 회생절차에 관하여 알지 못하여 서면결의에 부치는 결정이 있을 때까지 채권신고를 하지 못하고, 관리인이 회생채권의 존재 또는 회생채권이 주장되는 사실을 알고 있거나 이를 쉽게 알 수 있었음에도 채권자 목록에 기재하지 아니한 경우나[42] 회생채권자가 회생절차에 참가할 것을 기대할 수 없는 사유가 있는 경우에는 추후 보완신고를 할 수 있다.[43]

다. 회생계획안 수정 불가

회생계획안 제출자는 서면결의에 부치는 결정이 있는 날까지만 회생계획안을 수정할 수 있고, 그 이후에는 회생계획안을 수정할 수 없다(제228조).

라. 조 분류에 대한 결정

서면결의에 의하는 때에도 그 결의는 조별로 하여야 하므로(제236조 제1항), 법원은 필요한 경우 서면결의에 앞서 미리 제236조의 조 분류 결정을 하여야 하는데, 서면결의에서는 관계인집회 기일에서 선고를 하지 아니하므로, 법원은 미리 조 분류 결정을 하고 이를 이해관계인에게 관련 서류와 함께 송달하여야 한다(제236조 제6항).

---

42) 대법원 2012. 2. 13.자 2011그256 결정.
43) 대법원 2018. 7. 24. 선고 2015다56789 판결.

마. 회생을 위하여 채무를 부담하거나 담보를 제공하는 자의 동의

회생을 위하여 채무를 부담하거나 담보를 제공하는 자는 회생계획안의 결의를 위한 관계인집회의 기일에 출석하거나 정당한 사유가 있는 경우 대리인을 출석하게 하여 그 뜻을 진술하여야 하는데(제233조 제1항), 서면결의에 부치는 경우에는 결의를 위한 관계인집회를 개최하지 않으므로 미리 회생을 위하여 채무를 부담하거나 담보를 제공하는 자의 동의를 얻어 회생계획안에 그 내용을 정함으로써 결의를 위한 관계인집회에서의 진술에 갈음한다(제233조 제3항). 이 경우 동의는 서면의 방식에 의하여야 하고, 관리인 등이 회생계획안을 제출하는 경우에는 위 동의를 기재한 서면을 법원에 함께 제출하여야 한다(규칙 제70조).

바. 회생계획안의 가결 및 인가 여부 결정

(1) 회생계획안의 가결

회신기간 안에 회생계획안에 동의한다는 뜻을 서면으로 회신하여 법원에 도달한 의결권자의 동의가 제237조의 가결요건을 충족하는 때에는 그 회생계획안은 가결된 것으로 본다(제240조 제5항).

(2) 회생계획안의 인가 여부 결정

서면결의에 의하여 회생계획안이 가결된 때에는 법원은 지체 없이 회생계획의 인가 여부에 관하여 결정을 하여야 한다(제242조의2 제1항). 법원은 인가 여부의 결정을 한 때에는 제182조 제1항 각 호의 자에게 그 주문 및 이유의 요지를 기재한 서면을 송달하여야 한다(제242조의2 제6항).

(3) 의견청취기일

서면결의에 의하여 회생계획안이 가결된 때 법원은 인가 여부에 관한 결정에 앞서 기일을 정하여 회생계획인가 여부에 관한 이해관계인의 의견을 들을 수 있다. 이러한 의견청취기일은 회생계획안 인가 여부에 관한 채권자의 의견이 모두 회신되고 난 이후의 시점으로 정해야 하므로 제240조 제2항의 회신기간 이후로 정하여야 한다(제242조의2 제2항). 제242조 제2항 각 호의 어느 하나에 해당하는 자는 의견청취기일에서 회생계획인가 여부에 관하여 의견을 진술할 수 있다.

사. 속행기일의 지정

회생계획안이 서면결의에 의하여 부결된 후 제238조의 요건을 갖춘 경우에는 속행기일을 지정할 수 있는데 속행기일에서는 회생계획안을 결의에 부쳐야 하고 다시 서면결의에 부칠 수 없다(제240조 제7항),

제240조 제2항이 2016. 5. 29. 개정되면서 제223조 제1항의 사전계획안이 제출되어 서면결의에 부쳐진 경우에는 속행기일의 지정에 동의하는지 여부는 묻지 아니한다는 내용이 추가됨으로써 사전계획안이 서면결의에 부쳐진 경우에는 속행기일을 지정하지 않도록 되었다.

아. 회생절차의 폐지

서면결의에 의하여 회생계획안이 가결되지 아니하고 속행기일의 지정에 필요한 동의를 얻지 못한 때 또는 서면결의에 의하여 가결되지 아니한 회생계획안에 대하여 속행기일이 지정되고 그 속행기일에서 가결되지 아니한 때에는, 법원은 권리보호조항을 정하여 회생계획을 인가하지 않는 한 직권으로 회생절차를 폐지하여야 한다(제286조 제1항 제4호).

실무팁 채권자의 동의를 얻기 위한 팁

채권자가 다수인 경우 회생계획안에 대하여 모든 채권자의 동의를 얻는 것은 어렵고 그럴 필요도 없다. 그러므로 채권자의 동의를 확보하는 데에는 사전 전략에 입각한 선택과 집중이 요구된다. 상거래채권자들이 집단적 대응을 하면서 회생계획안에 대하여 반대의사를 굽히지 않는 경우가 있는데 이들의 채권액이 전체 채권액에서 적지 않은 비중을 차지하면 관계인집회에서의 가결에 큰 장애가 된다. 이러한 경우에는 채무자 회사를 주요 거래처로 하고 있는 상거래채권자들을 우선적으로 설득해나갈 필요가 있다. 금융기관 채권자들의 경우 상거래채권자들에 비하여 동의를 받는 것이 까다로운 편이다. 금융기관 채권자들을 위하여는 처음부터 빠듯한 변제계획안을 마련하기보다 이들이 추가적인 요구를 할 것을 염두에 두고 증액의 여지를 남겨 둔 변제계획안을 작성한 후 개별 협상을 하면서 수정을 해 나가는 것이 바람직하다. 금융기관 채권자들이 다수일 경우 수차례에 걸쳐 회생계획안을 수정해야 하는 경우가 생길 수도 있다. 금융기관 채권자들 사이의 요구가 상충되는 경우가 있으므로 채권액이 큰 순서에 따라 차례로 금융기관 채권자와 협상을 하는 것이 효율적이다.

제13장
회생계획의 인가

Ⅰ. 회생계획의 인가 여부의 결정

관계인집회에서 회생계획안을 가결한 때에는 법원은 그 기일에 또는 즉시로 선고한 기일에 회생계획의 인가 여부에 관하여 결정을 하여야 한다(제242조 제1항).[1] 서면결의에 의하여 회생계획안이 가결된 때에는 법원은 지체 없이 회생계획의 인가 여부에 관하여 결정을 하여야 한다(제242조의2 제1항). 회생계획은 법원의 인가결정이 있은 때부터 효력이 생긴다(제246조).

---

1) 헌법재판소는 "회생계획은 채무자를 둘러싼 다수 이해관계인의 권리관계를 실체적으로 변경시킨다는 점에서 이들에게 미치는 영향이 매우 크다. 따라서 원 회생계획 또는 이해관계인에게 불리한 영향을 미칠 것으로 인정되는 변경회생계획은 우선 회생계획안에 대한 이해관계인들의 심리 및 결의라는 집단적 의견수렴 및 의사결정 과정을 거치고, 그 이후에 법원이 감독적인 입장에서 적극적으로 개입하여 공·사익과 관련된 여러 인가요건의 충족 여부를 두루 검토하여 최종적으로 인가 여부에 대한 재판을 하게 된다. 회생계획 및 변경회생계획 인가 여부에 대한 재판방식을 정함에 있어서는 채권자 일반의 이익을 위하여 채무자에게 재기의 기회를 주고 채권채무관계를 집단적으로 해결하는 회생절차 본연의 의의·목적·기능과 공익적·정책적 필요성의 측면, 신속하고 원활한 절차 진행을 통한 다수 이해관계인의 권리관계 안정화 필요성, 비송사건으로서의 성질을 가지는 회생절차의 특수성 등을 종합적으로 고려하여야 한다. 채무자회생법은 위와 같은 사정을 고려하여 회생계획 및 이해관계인에게 불리한 영향을 미칠 것으로 인정되는 변경회생계획의 인가 여부에 대한 재판의 방식을 '결정'으로 하고 있다. 위 재판 과정에서 이해관계인들은 자유롭게 의견을 진술하고 자료를 제출할 수 있으며, 다만 이러한 재판은 특정인 사이의 분쟁이라고 보기 어려워 대립당사자를 전제로 하는 변론절차를 거치도록 요구하고 있지 아니한 것이다. 나아가 회생절차에는 직권탐지주의가 적용되어 법원은 형식에 구애받지 아니하고 모든 자료를 토대로 직권으로 판단할 수 있으므로, 법원이 '결정'의 방식으로 재판한다고 하여 사건을 경시하는 것이라고 볼 수는 없고 제242조 제1항이 재판청구권을 침해한다고 볼 수 없다"고 판시하였다(헌법재판소 2021. 7. 15. 선고 2018헌바484 결정).

회생계획은 다수 이해관계인들의 권리관계를 개별적 동의 여부를 묻지 않고 일률적으로 변경한다. 그런데 관계인집회에서의 가결만으로 회생계획에 효력을 부여한다면 이후 회생계획의 수행이 불가능한 것으로 밝혀질 경우 그동안 법원과 이해관계인이 투입한 시간과 비용이 무위로 돌아가기 때문에 채무자회생법은 회생계획안이 관계인집회에서 가결되더라도 그 효력은 법원의 인가결정이 있어야 발생하는 것으로 정하고 있다.[2] 따라서 관계인집회에서의 회생계획안의 가결이 회생계획의 성립요건이라면 법원의 인가결정은 회생계획의 효력발생요건이라고 할 수 있다.

실무상 회생계획안의 작성 및 제출 단계에서 법원이 미리 회생계획인가요건을 심사하기 때문에 회생계획안이 관계인집회에서 가결된 경우에는 통상적으로 그 관계인집회에서 바로 회생계획인가결정을 하고 있다.

Ⅱ. 회생계획의 인가요건

1. 회생계획인가요건의 심리 및 판단

법원은 회생계획안이 제243조의 요건을 구비하고 있는 경우에 한하여 회생계획의 인가결정을 할 수 있다. 회생계획안이 제243조의 요건을 구비하고 있는지 여부는 법원의 직권조사사항이고, 법원은 인가 여부의 결정을 하기까지 나타난 모든 자료를 판단자료로 삼을 수 있다.

항고심이 고려하여야 할 사항에는 법원의 회생계획인가결정 후에 발생한 사정도 포함되므로 법원의 회생계획인가결정 이후 항고심 결정 시 사이에 담보목적물이 처분되거나 경매된 결과 그 담보목적물의 시가 혹은 청산가치가 법원의 회생계획인가결정 당시 예상한 것과 다르다는 것이 밝혀진 경우 등에는 그러한 사정까지 함께 고려하여 그 회생계획이 그 담보목적물의 회생담보권자에게 청산가치를 보장하고 있는지 여부를 심리·판단하여야 한다.[3] 인가결정에 대하여 즉

2) 주석 채무자회생법 제242조(박찬우 집필), 한국사법행정학회, 2021.
3) 대법원 2008. 6. 17.자 2005그147 결정.

시항고가 제기된 경우에는 항고심 결정 시까지 제출된 모든 자료에 의하여 인가요건의 흠결 여부를 직권으로 판단하여야 하므로 회생계획인가결정에 대하여 항고한 재항고인이 항고심에서 주장한 바 없이 재항고심에 이르러 새로이 하는 주장이라고 할지라도 그 내용이 회생계획인가의 요건에 관한 것이라면, 이는 재항고심의 판단대상이 된다.[4]

2. 회생계획인가의 적극적 요건(제243조 제1항)

법원은 회생계획이 제243조 제1항 각 호가 정하고 있는 요건을 구비하고 있는 경우에 한하여 회생계획인가의 결정을 할 수 있다. 채무자회생법이 회생계획인가의 요건을 엄격하게 규정하고 있는 취지는 회생절차에서는 우선순위가 다른 채권자들끼리 결의에 의하여 권리변경이 이루어지므로 회생계획의 내용이 각 이해관계인 사이에 공정·형평하게 이루어질 수 있도록 함과 동시에 회생절차의 목적인 채무자 또는 그 사업의 효율적인 회생을 달성할 수 있도록 하려는 것이다.[5]

가. 회생절차 또는 회생계획이 법률의 규정에 적합할 것(제1호)

(1) 회생절차가 법률의 규정에 적합할 것

회생절차는 이해관계인의 개별적 의사와 관계없이 그 권리에 중대한 영향을 미치게 되므로 회생계획에서는 전체 이해관계인의 의사가 반영되어 각자의 이해관계가 조정될 필요가 있는데 이를 위해서는 이해관계인의 절차참여권이 최대한 보장되어야 하므로 회생절차의 법률 적합성을 인가요건으로 한 것이다.[6]

구체적으로는, 신청권자가 아닌 자의 신청에 의하여 절차가 개시되었거나(제34조), 공고와 송달, 통지가 누락되는(제51조, 제52조) 등 회생절차개시와 관련된 절차 위반, 행정청에 대한 의견조회 누락(제226조 제2항), 조사보고의 해태(제92조, 제93조) 및 목록작성 해태(제147조) 등 법원 또는 관리인의 회생절차상 의무

---

4) 대법원 2018. 5. 18.자 2016마5352 결정.

5) 대법원 2016. 5. 25.자 2014마1427 결정.

6) 주석 채무자회생법 제243조(박찬우 집필), 한국사법행정학회, 2021.

위반, 기일 통지 및 공고 누락(제182조, 제183조, 제185조) 등 관계인집회 소집 절차 위반, 회생계획안 작성 절차(제223조) 및 제출시기(제220조) 등의 위반, 결의시기(제239조), 결의 시의 조 분류(제236조), 의결권을 행사할 수 없는 자의 의결권 행사(제191조, 제146조 제3항 본문), 가결요건(제237조), 속행기일의 지정 요건(제238조) 등 결의와 관련된 절차 위반 등을 들 수 있다.[7)]

대법원은 제226조 제2항은 '행정청의 허가·인가·면허 그 밖의 처분을 요하는 사항을 정하는 회생계획안에 관하여는 법원은 그 사항에 관하여 그 행정청의 의견을 들어야 한다'라고 규정하고 있는바, 법원이 이러한 의견조회를 누락한 경우 이는 회생계획인가의 요건 중 제243조 제1항 제1호에서 정한 '회생절차가 법률의 규정에 적합할 것'이라는 요건을 흠결한 것이지 회생계획의 수행가능성과 관련한 제243조 제1항 제6호의 요건을 흠결한 것으로 볼 수 없다고 판시하였다.[8)]

회생계획의 인가요건의 존부를 판단하는 기준시는 인부결정을 하는 시점이기 때문에 절차 진행 중의 하자가 인부결정을 하기까지 치유되면 회생계획을 인가할 수 있다.

회생계획의 인가 여부 결정에 이르기까지의 절차가 법률의 규정에 위반하는 경우에도 그 위반의 정도, 채무자의 현황 그 밖의 모든 사정을 고려하여 회생계획을 인가하지 아니하는 것이 부적당하다고 인정하는 때에는 법원은 회생계획인가의 결정을 할 수 있다(제243조 제2항). 이는 회생계획안이 가결되었음에도 불구하고 비교적 경미한 절차적 하자를 이유로 불인가하고 회생절차를 폐지하는 것은 채무자나 이해관계인들의 의사에 반하고 그 이익을 해할 뿐만 아니라, 계속기업가치가 청산가치보다 높은 채무자의 회생을 막는 것은 사회경제적으로도 바람직하지 않기 때문이다.[9)] 대법원은 주무관청의 승인을 요하는 사안인 회원제 골프장을 대중제 골프장으로 전환하는 회생계획과 관련하여 주무관청에 제226조 제2항의 의견조회를 하지 않은 절차상 위법이 있으나, 회생계획인가 이후 제3자에 대한 신주발행을 통해 50억 원의 변제재원이 마련되어 회생계획 수행을

7) 주석 채무자회생법 제243조(박찬우 집필), 한국사법행정학회, 2021.
8) 대법원 2016. 5. 25.자 2014마1427 결정.
9) 주석 채무자회생법 제243조(박찬우 집필), 한국사법행정학회, 2021.

위한 핵심사항이 이행되었고, 주무관청이 골프장의 대중제 전환을 전제로 하고 있음을 알고 있었던 것으로 보이고 원심결정 당시까지 특별히 이견을 표시하지 않았다는 점 등을 고려하면 회생계획이 수행가능성이 없다고 볼 수 없고 회생계획을 인가하지 아니하는 것이 부적당하다고 인정되는 때에 해당한다고 판시한 바 있다.[10)]

(2) 회생계획이 법률의 규정에 적합할 것

여기서 법률의 규정이란 채무자회생법뿐만 아니라 민법, 상법 등 관련 법의 규정도 포함한다. 실무상 출자전환에 따른 주식취득과 관련하여 독점규제 및 공정거래에 관한 법률 제12조에서 규정하는 기업결합신고(심사)가 종종 문제 된다.[11)]

대법원은 "체육시설의 설치·이용에 관한 법률(이하 '체육시설법') 제27조[12)]의 규정 취지가 영업주체의 변동에도 불구하고 사업의 인허가와 관련하여 형성된 공법상의 관리체계를 유지시키고 체육시설업자와 이용관계를 맺은 다수의 회원들의 이익을 보호하는 데 있는 점 등에 비추어 보면, 체육시설법 제27조는 제1항 또는 제2항에 해당하는 사유로 체육시설업자의 영업 또는 체육시설업의 시설기준에 따른 필수시설이 타인에게 이전된 경우, 영업양수인 또는 위 필수시설의 인수인 등이 체육시설업과 관련하여 형성된 공법상의 권리·의무와 함께 체육시설업자와 회원 간에 위와 같은 영업양도 등의 사유가 있기 전에 체결된 사법상

10) 대법원 2018. 5. 18.자 2016마5352 결정.

11) 전대규, 채무자회생법 제5판, 법문사, 2021, 760면.

12) **체육시설법 제27조(체육시설업 등의 승계)**

① 체육시설업자가 사망하거나 그 영업을 양도한 때 또는 법인인 체육시설업자가 합병한 때에는 그 상속인, 영업을 양수한 자 또는 합병 후 존속하는 법인이나 합병에 따라 설립되는 법인은 그 체육시설업의 등록 또는 신고에 따른 권리·의무(제17조에 따라 회원을 모집한 경우에는 그 체육시설업자와 회원 간에 약정한 사항을 포함한다)를 승계한다.

② 다음 각 호의 어느 하나에 해당하는 절차에 따라 문화체육관광부령으로 정하는 체육시설업의 시설 기준에 따른 필수시설을 인수한 자에게는 제1항을 준용한다.

1. 민사집행법에 따른 경매
2. 채무자 회생 및 파산에 관한 법률에 의한 환가
3. 국세징수법·관세법 또는 지방세징수법에 따른 압류 재산의 매각
4. 그 밖에 제1호부터 제3호까지의 규정에 준하는 절차

③ 제12조에 따른 사업계획 승인의 승계에 관하여는 제1항과 제2항을 준용한다.

의 약정을 승계한다는 내용을 규정한 것이다. 그런데 체육시설업자에 대한 회생절차에서 채무자인 체육시설업자가 발행하는 신주 등을 인수할 제3자를 선정하고 그 제3자가 지급하는 신주 등의 인수대금으로 채무를 변제하는 내용의 회생계획은 채무자가 체육시설업자의 지위를 그대로 유지하고 체육시설업자의 주주만이 변경되는 것을 정하고 있으므로, 체육시설법 제27조 제1항의 '영업양도에 따라 영업을 양수한 자'나 체육시설법 제27조 제2항의 '그 밖에 체육시설법 제27조 제2항 제1호부터 제3호까지의 규정에 준하는 절차에 따라 체육시설업의 시설 기준에 따른 필수시설을 인수한 자'가 있을 수 없고, 이러한 경우 회생계획에 입회금 반환채권이나 시설이용권 등 회원이 가지는 회생채권을 변경하는 사항을 정하였다고 하여 그 회생계획이 체육시설법 제27조에 반한다고 할 수 없다"라고 판시하였다.[13)]

재정적 파탄에 직면한 의료법인이 회생절차개시 이후 청산가치가 계속기업가치보다 큰 것으로 밝혀져 M&A를 통하여 회생을 도모하는 경우가 있다. 의료법인의 경우 비영리법인으로서의 특성상 제3자 배정 신주인수의 방식에 의한 M&A가 불가능하기 때문에 실무에서는 인수인이 의료법인에 무상 출연 및 자금대여를 하고 그 대가로 이사 추천권을 부여받아 운영권을 확보하는 방식을 취하고 있다. 그런데 의료법 제51조의2는 '누구든지 의료법인의 임원 선임과 관련하여 금품, 향응 또는 그 밖의 재산상 이익을 주고받거나 주고받을 것을 약속해서는 아니 된다'라고 정하고 있다. 의료법인의 M&A에서 인수인이 위와 같은 방식으로 운영권을 확보하기로 하는 합의를 하고 이를 회생계획안에 기재할 경우 그 회생계획안이 의료법 제51조의2에 위반되는지 여부가 문제 되는데, 인수인이 자금을 출연 및 대여하는 상대방은 의료법인의 이사장이나 관리인이 아니라 의료법인 자체이고, 그 자금은 회생법원의 엄격한 감독하에 회생채권의 변제 등 의료법인의 정상화를 위하여 사용되므로 그러한 회생계획안은 의료법 제51조의2에 위반되지 않는 것으로 해석하는 것이 타당하다.[14)]

회생계획이 공정하지 않거나 형평에 맞지 않는 경우 또는 수행이 불가능한 경

---

13) 대법원 2016. 5. 25.자 2014마1427 결정.

14) 나상훈, 회생의료법인에 대한 M&A 과정에서, 인수인이 무상출연 및 자금대여의 조건으로 그 의료법인의 임원추천권을 갖는 내용의 운영권 양도계약이 의료법 제51조의2에 반하는지, 법률신문, 법률신문사, 2022. 2. 17.

우(제217조, 제218조, 제231조 제3호) 등도 회생계획이 법률에 위반한 경우에 해당한다고 할 수 있으나, 그 중요성을 감안하여 본조 제2호의 별도의 인가요건으로 정하고 있다.[15)]

회생계획안의 내용 중 법률의 규정에 위반된 것이 있는 경우 법원은 사전에 회생계획안 제출자에게 수정명령을 하고(제229조), 제출자가 이에 응하지 않을 경우 회생계획안을 배제하는 결정을 하여야 한다(제231조 제1호).

나. 회생계획이 공정하고 형평에 맞아야 하며 수행이 가능할 것(제2호)

(1) 회생계획이 공정하고 형평에 맞을 것

회생계획이 공정하고 형평에 맞아야 한다는 것은 제217조 제1항이 정하는 권리의 순위를 고려하여 이종의 권리자들 사이에는 회생계획의 조건에 공정하고 형평에 맞는 차등을 두어야 하고, 제218조 제1항이 정하는 바에 따라 동종의 권리자들 사이에는 회생계획의 조건을 평등하게 하여야 한다는 것을 의미한다. 여기서의 평등은 형식적 의미의 평등이 아니라 공정·형평의 관념에 반하지 아니하는 실질적인 평등을 가리키는 것이므로, 회생계획에 있어서 모든 권리를 반드시 제217조 제1항 제1호 내지 제5호가 정하는 5종류의 권리로 나누어 각 종류의 권리를 획일적으로 평등하게 취급하여야만 하는 것은 아니고, 5종류의 권리 내부에 있어서도 회생채권이나 회생담보권의 성질의 차이, 채무자의 회생을 포함한 회생계획의 수행가능성 등 제반 사정에 따른 합리적인 이유를 고려하여 이를 더 세분하여 차등을 두더라도 공정·형평의 관념에 반하지 아니하는 경우에는 합리적인 범위 내에서 차등을 둘 수 있는 것이며, 다만 같은 성질의 회생채권이나 회생담보권에 대하여 합리적인 이유 없이 권리에 대한 감면의 비율이나 변제기를 달리하는 것과 같은 차별은 허용되지 아니한다.[16)]

(2) 회생계획이 수행이 가능할 것

회생계획의 수행가능성이란 채무자가 회생계획에 정해진 채무변제계획을 모두 이행하고 다시 회생절차에 들어오지 않을 수 있는 건전한 재무상태를 구비하

15) 주석 채무자회생법 제243조(박찬우 집필), 한국사법행정학회, 2021.

16) 대법원 2016. 5. 25.자 2014마1427 결정.

게 될 가능성을 의미한다.[17] 법원은 조사위원으로 하여금 회생계획안의 심리 및 결의를 위한 관계인집회 전에 회생계획의 수행가능성에 대하여 조사한 제2차 조사보고서를 제출하도록 하고 이를 토대로 수행가능성을 판단한다.

다. 회생계획에 대한 결의를 성실·공정한 방법으로 하였을 것(제3호)

불성실·불공정한 결의란 회생계획안의 가부를 결정하기 위한 의결권 행사의 의사표시를 하는 과정에 있어서 본인 이외의 제3자로부터 위법·부당한 영향이 작용하는 경우를 말한다.[18] 이해관계인에 대한 협박이나 기망은 물론 의결권 행사 또는 그 위임의 대가로 특별한 이익이 공여된 경우도 결의의 성실·공정을 해하는 사유에 해당할 수 있다.

결의가 성실·공정한 방법으로 행해지지 않았다고 하더라도 그 불성실·불공정한 방법과 회생계획안의 가결 사이에 인과관계가 없는 경우에는 법원은 회생계획을 인가할 수 있다.

라. 청산가치보장의 원칙을 충족시킬 것(제4호)

청산가치보장의 원칙이란 회생계획에 의한 변제방법이 채무자의 사업을 청산할 때 각 채권자에게 변제하는 것보다 불리하지 않아야 한다는 원칙을 말한다. 다만, 채권자 스스로 자신의 회생채권 또는 회생담보권에 관한 변제방법이 청산가치에 미달하는 내용으로 정하여진 회생계획에 동의한 경우에는 청산가치보장의 원칙이 적용되지 아니한다(제4호 단서). 다수의 채권자가 청산가치에 미치지 못하는 내용의 회생계획에 동의함으로써 소수의 채권자가 피해를 입는 것을 방지하기 위한 원칙으로 미국 연방파산법 제1129조 (a)(7)을 참조하여 도입한 규정이다.

특수관계인의 보증채권, 구상채권, 대여채권에 대하여 청산가치에 미달하는 변제를 하는 내용을 정한 회생계획안을 인가할 수 있는지가 문제 된다. 이에 관하여는 부실경영에 중대한 책임이 있는 특수관계인에 대한 열등한 취급은 형평의 원칙에 근거하는 것으로서 이 경우 청산가치보장의 원칙에 앞서 형평의 원칙

17) 대법원 2018. 5. 18.자 2016마5352 결정.
18) 대법원 2018. 1. 16.자 2017마5212 결정.

이 우선적으로 적용되므로, 특수관계인의 채권에 대하여 청산가치에 미달하는 변제를 하는 내용을 정한 회생계획안도 적법하다는 견해[19]가 있으나, 이 견해는 청산가치보장의 원칙에 관한 명문 규정이 존재하지 않던 구 회사정리법 시행 당시 입론된 것으로 채무자회생법이 청산가치보장의 원칙을 명문으로 규정함으로써 그 근거를 상실하였고, 공정하고 형평에 맞는 차등의 원칙이 청산가치보장의 원칙을 배제한다고 볼 합리적 근거가 없다. 부실경영에 중대한 책임이 있는 특수관계인의 채권에 대하여도 청산가치보장의 원칙은 적용되어야 한다.[20]

마. 합병 등을 내용으로 한 회생계획에 관하여는 다른 회사의 주주총회 또는 사원총회의 합병계약서 등의 승인결의가 있었을 것(제5호)

회생계획이 합병 또는 분할합병을 내용으로 하는 경우에는 다른 회사의 주주총회 또는 사원총회의 합병계약서 또는 분할합병계약서의 승인결의가 있어야 한다. 다만 그 회사가 주주총회 또는 사원총회의 승인결의를 요하지 아니하는 경우를 제외한다. 상법 제527조의2 제1항의 간이합병, 제527조의3 제1항의 소규모합병과 같이 주주총회 또는 사원총회의 승인결의를 요하지 아니하는 경우에는 주주총회 또는 사원총회의 승인결의 없이 이사회 승인만으로 회생계획을 인가할 수 있다.

바. 회생계획에서 행정청의 허가 · 인가 · 면허 그 밖의 처분을 요하는 사항이 행정청의 의견과 중요한 점에서 차이가 없을 것(제6호)

행정청의 허가 · 인가 · 면허 기타의 처분을 요하는 사항을 정한 회생계획에 관하여는 제226조 제2항에 의한 행정청의 의견과 중요한 점에서 차이가 없어야 한다. 회생계획안이 행정청의 허가 등을 전제로 하는 경우에 그러한 처분이 내려지지 않으면 회생계획의 수행가능성에 문제가 발생할 수 있으므로 회생계획인가의 요건으로 규정한 것이다.[21]

---

19) 서울회생법원 재판실무연구회, 회생사건실무(상), 박영사, 2019, 679면; 전대규, 채무자회생법 제5판, 법문사, 2021, 668면.

20) 주석 채무자회생법 제243조(박찬우 집필), 한국사법행정학회, 2021.

21) 대법원 2018. 5. 18.자 2016마5352 판결.

회원제 골프장을 대중제로 전환하는 내용의 회생계획안의 경우 체육시설의 설치·이용에 관한 법률에 의한 승인을 받아야 하므로 승인권자인 시·도지사가 승인에 대하여 부정적일 경우 법원이 회생계획을 인가하지 않을 가능성이 높다.

사. 주식의 포괄적 교환[22]을 내용으로 하는 회생계획에 관하여는 다른 회사의 주주총회의 주식의 포괄적 교환계약서의 승인결의가 있을 것(제7호)

회생계획이 주식의 포괄적 교환을 내용으로 하는 경우에는 다른 회사의 주주총회의 주식의 포괄적 교환계약서의 승인결의가 있어야 한다. 다만 그 회사가 상법 제360조의9(간이주식교환) 및 제360조의 10(소규모 주식교환)의 규정에 의하여 주식의 포괄적 교환을 하는 경우를 제외한다. 상법 제360조의9의 간이주식교환 및 제360조의10의 소규모 주식교환과 같이 주주총회의 승인결의를 요하지 아니하는 경우에는 이사회 승인만으로 회생계획을 인가할 수 있다.

3. 회생계획인가의 소극적 요건

채무자회생법은 2014. 10. 15. 개정을 통하여 회생절차개시원인에 중대한 책임이 있는 경영자가 회생절차를 남용하여 회생채권자와 회생담보권자의 희생을 바탕으로 채무를 감면받은 후 다시 정상화된 회사의 영업 등을 인수하여 경영권을 회복하는 악의적인 행위를 봉쇄하기 위하여 회생계획인가의 소극적 요건에 관한 제243조의2를 신설하였다.

---

22) 주식의 포괄적 교환이란 한 회사(완전모회사)가 다른 회사(완전자회사)의 주식 전부와 자기회사의 주식을 교환함으로써 완전자회사의 주주가 가지는 주식은 주식을 교환하는 날에 완전모회사로 이전하고 완전자회사의 주주는 완전모회사가 주식교환을 위하여 발행하는 신주의 배정 또는 완전모회사가 가지고 있는 자기주식의 교부를 받는 것을 말한다(상법 제360조의2). 주식의 포괄적 교환은 완전자회사를 신설하는 점에서 중대한 영향이 있고, 완전자회사의 주주에게는 완전모회사의 주주가 되는 점에서 그의 지위에 중대한 변동이 있으므로 주주총회의 특별결의에 의한 승인을 얻어야 한다(상법 제360조의3 제1항 후단 및 제2항).

가. 임의적 불인가요건

회생계획안이 ① 채무자의 영업, 사업, 중요한 재산의 전부나 일부의 양수, ② 채무자의 경영권을 인수할 목적으로 하는 주식 또는 출자지분의 양수, ③ 채무자의 주식의 포괄적 교환, 주식의 포괄적 이전, 합병 또는 분할합병의 어느 하나에 해당하는 행위를 내용으로 하는 경우로서 아래의 요건을 모두 충족하는 경우에는 법원은 회생계획불인가의 결정을 할 수 있다(제243조의2 제1항).

(1) ① 회사인 채무자의 이사(상법 제401조의2 제1항에 따라 이사로 보는 자 포함)나 해당 이사와 제101조 제1항에 따른 특수관계에 있는 자, ② 회사인 채무자의 감사, ③ 회사인 채무자의 지배인의 중대한 책임이 있는 행위로 인하여 회생절차개시의 원인이 발생하였다고 인정될 것.

(2) 영업양수 등의 행위를 하려는 자가 ① 중대한 책임이 있는 이사 등의 자금제공, 담보제공이나 채무보증 등을 통하여 영업양수 등의 행위를 하는 데에 필요한 자금을 마련한 경우, ② 현재 및 과거의 거래 관계, 지분소유 관계 및 자금제공 관계 등을 고려할 때 중대한 책임이 있는 이사 등에 해당하는 자와 채무자의 경영권 인수 등 사업 운영에 관하여 경제적 이해관계를 같이하는 것으로 인정되는 경우, ③ 중대한 책임이 있는 이사 등과 배우자, 직계혈족 등 대통령령으로 정하는 특수관계에 있는 경우에 해당할 것.

나. 필요적 불인가요건

회생계획안이 ① 채무자의 영업, 사업, 중요한 재산의 전부나 일부의 양수, ② 채무자의 경영권을 인수할 목적으로 하는 주식 또는 출자지분의 양수, ③ 채무자의 주식의 포괄적 교환, 주식의 포괄적 이전, 합병 또는 분할합병의 어느 하나에 해당하는 행위를 내용으로 하는 경우로서 그 행위를 하려는 자 또는 그와 대통령령으로 정하는 특수관계에 있는 자가 아래의 어느 하나에 해당하는 경우에는 법원은 회생계획불인가의 결정을 하여야 한다(제243조의2 제2항).

(1) 채무자를 상대로 형법 제347조(사기)·제347조의2(컴퓨터등 사용사기)·제349조(부당이득)·제355조(횡령, 배임)·제356조(업무상 횡령, 배임)·제357조(배임수증재)의 죄를 범하여 금고 이상의 실형을 선고받고 그 집행이 끝나거나(집행이 끝

난 것으로 보는 경우 포함) 집행이 면제된 날부터 10년이 지나지 아니한 경우.

(2) 채무자를 상대로 위 죄를 범하여 금고 이상의 형의 집행유예 또는 선고유예를 선고받고 그 유예기간 중에 있는 경우.

(3) 채무자회생법을 위반하여 금고 이상의 실형을 선고받고 그 집행이 끝나거나(집행이 끝난 것으로 보는 경우 포함) 집행이 면제된 날부터 5년이 지나지 아니한 경우.

(4) 채무자회생법을 위반하여 금고 이상의 형의 집행유예 또는 선고유예를 선고받고 그 유예기간 중에 있는 경우.

다. 정보의 제공 또는 자료 제출명령

법원은 회생계획안의 임의적 불인가 요건 및 필요적 불인가 요건의 내용을 확인하기 위하여 필요한 경우 채무자, 관리인, 그 밖의 이해관계인 등에게 정보의 제공 또는 자료의 제출을 명할 수 있다(제243조의2 제3항).

라. 벌칙

제243조의2의 적용을 면탈할 목적으로 거짓의 정보를 제공하거나 거짓의 자료를 제출하고, 회생계획인가의 결정이 확정된 경우 해당 정보를 제공하거나 해당 자료를 제출한 자는 5년 이하의 징역 또는 5천만 원 이하의 벌금에 처한다(제644조의2). 정당한 사유 없이 제243조의2 제3항에 따른 정보제공 또는 자료제출을 거부·기피 또는 방해하거나, 거짓의 정보를 제공하거나 거짓의 자료를 제출한 자는 1년 이하의 징역 또는 1천만 원 이하의 벌금에 처한다(제649조 제4의2호).

㈜대한의 회생계획인가결정

서 울 회 생 법 원

제 1 부

결 정

사 건 20×0회합100001 회생

채 무 자 주식회사 대한

서울 ○○구 ○○대로 ○○○

법률상관리인 대표이사 김민국

주 문

별지 회생계획을 인가한다.

이 유

이 사건 회생계획안은 20×0. 11. 25. 회생계획안의 결의를 위한 관계인집회에서 가결되었고 채무자 회생 및 파산에 관한 법률 제243조 제1항에서 정한 요건 역시 구비하였다고 인정되므로 주문과 같이 결정한다.

20×0. 11. 25.

재판장 판사 ○○○

판사 ○○○

판사 ○○○

III. 동의를 얻지 못한 조가 있는 경우의 인가

1. 권리보호조항 제도의 의의

권리보호조항 제도란 회생계획안에 관하여 법정 다수의 동의를 얻지 못한 조가 있는 경우 직권으로 그 조에 속한 권리자들의 권리를 보호하는 조항을 정하고 회생계획을 인가하는 제도를 말한다(제244조). 실무적으로 권리보호조항을 정하여 인가하는 것을 '강제인가'라 한다.

채무자회생법은 회생계획안에 대하여 조별로 결의를 하도록 하고 있고(제236조), 모든 조에서 법정 다수의 동의 요건을 충족할 것을 요구하고 있다(제237조). 따라서 한 개의 조라도 법정 다수의 동의를 얻지 못하면 회생계획안은 부결되고, 이 경우 원칙적으로 회생절차폐지의 결정을 하여야 한다(제286조 제1항 제2호, 제4호). 그런데 회생계획안이 부결되는 경우 반드시 회생절차를 폐지하여야 한다면 그동안 회생절차에 투입되었던 법원과 이해관계인의 시간과 비용은 무위로 돌아가고, 더욱이 일부 조에서 가결요건을 갖추었으나 다른 조 채권자들이 자신들의 채권의 변제율을 무리하게 인상해 줄 것을 요구하며 회생계획안에 반대함으로써 회생의 가능성이 있는 채무자의 회생절차가 폐지된다면 다른 채권자들이 피해를 입고 사회경제적으로도 비효율적이다.[23] 이러한 경우 채무자회생법은 가결요건을 갖추지 못한 조에 속하는 권리자의 권리를 보호하는 조항을 두고 회생계획안을 인가할 수 있는 재량권을 법원에 부여하고 있다. 권리보호조항은 후순위 권리자의 부당한 반대를 억제하고, 선순위 권리자의 정당한 이익이 부당하게 침해되는 것을 방지하는 기능을 한다.[24]

2. 권리보호조항의 설정 요건

가. 일부 조의 부동의

권리보호조항을 설정하기 위하여는 적어도 1개 조에서 가결요건을 갖추어야

23) 서울회생법원 재판실무연구회, 회생사건실무(하), 박영사, 2019, 80면.
24) 서울회생법원 재판실무연구회, 회생사건실무(하), 박영사, 2019, 80면.

한다. 모든 조에서 가결요건을 갖추지 못한 경우에는 권리보호조항을 설정할 수 없고 회생절차를 폐지하여야 한다(제286조 제1항 제2호).

모든 조에서 가결되었으나 제243조의 인가요건을 갖추지 못한 경우에도 권리보호조항 제도가 적용되는지 문제 된다. 대법원은 모든 조가 동의하였지만 회생계획인가요건이 충족되지 못한 회생계획에 대하여 대다수의 이해관계인이 동의하였을 뿐만 아니라 이미 그 계획이 수행되고 있고 사회경제적으로 미치는 영향이 작지 않다면 제244조 제1항을 준용하여 권리보호조항을 두고 변경인가를 하는 것이 바람직하다고 판시하였다.[25)]

나. 권리보호조항의 설정

권리보호조항은 법원이 직권으로 설정하여야 한다. 권리보호조항은 제244조 제1항 각 호의 어느 하나에 해당하는 방법 또는 그에 준하는 방법에 의하여 공정하고 형평에 맞게, 권리가 본질적으로 침해되지 않고 피해를 최소화할 수 있도록 권리의 실질적 가치를 부여함으로써 권리자를 보호하는 방법으로 동의하지 않는 조의 권리자 전원에 대하여 정하는 것이어야 한다.[26)] 여기서 부동의한 조의 권리자에게 권리의 실질적 가치를 부여한다고 함은 부동의한 조의 권리자에게 최소한 채무자 회사를 청산하였을 경우 분배받을 수 있는 가치 이상을 분배하여야 한다는 것을 의미하고, 이때의 청산가치는 채무자 회사가 파산적 청산을 통하여 해체·소멸하는 경우에 채무자 회사를 구성하는 개별 재산을 분리하여 처분할 때를 가정한 처분금액을 의미한다.[27)] 권리보호조항을 정하기 위하여 법원이 반드시 회생계획안을 변경하여야 하는 것은 아니고, 부결된 회생계획안 자체가 이미 부동의한 조의 권리자에게 청산가치 이상을 분배할 것을 규정하여 제244조 제1항 각 호의 요건을 충족하고 있다고 인정되는 경우에는 법원이 부동의한 조의 권리자를 위하여 회생계획안의 조항을 그대로 권리보호조항으로 정하고 인가하는 것도 허용된다.[28)]

---

25) 대법원 2000. 1. 5.자 99그35 결정.

26) 대법원 2018. 5. 18.자 2016마5352 결정.

27) 대법원 2007. 10. 11.자 2007마919 결정.

28) 대법원 2018. 5. 18.자 2016마5352 결정.

법원이 권리보호조항을 정한다는 명목으로 회생계획안에 부동의한 조에 속한 권리자가 회생계획에 의한 권리변경 전에 원래 갖고 있던 권리의 내용을 현저히 초과한 급부를 채무자로부터 받을 수 있도록 직권으로 변제조항을 두는 것은 법원이 정할 수 있는 권리보호조항의 한계를 벗어나는 것이어서 허용될 수 없다.[29)]

다. 인가요건의 충족

법원이 권리보호조항을 정하여 회생계획안을 변경할 경우에도 변경 후의 회생계획안은 제243조 및 제243조의2의 요건을 충족해야 한다. 권리보호조항 제도는 회생계획인가의 요건 중 가결요건의 흠결을 일정한 범위 내에서 보충하는데 불과한 것이고, 흠결이 치유된 회생계획안의 인부는 본래의 인가요건의 충족 여부에 따라 결정되어야 하기 때문이다.[30)]

라. 인가의 재량성

법원이 부결된 변경계획안을 권리보호조항을 두고 인가할 것인지 여부는 법원이 채무자 회사의 재무구조, 영업상황 및 기업가치 등 제반 사정을 종합하여 재량에 따라 판단할 사항이므로,[31)] 권리보호조항을 정하여 인가하지 않았음을 이유로 항고할 수 없다.[32)]

법원은 통상 ① 가결요건의 미달 정도, ② 채권자 수를 기준으로 한 동의율, ③ 부동의 사유의 합리성, ④ 현가변제율과 청산배당률의 차이(계속기업가치와 청산가치의 차이), ⑤ 채무자의 사업내용, ⑥ 채무자의 고용상태, ⑦ 회생계획의 수행가능성, ⑧ 부동의한 조가 전체 의결권 총액에서 차지하는 비율 등을 종합적으로 감안하여 강제인가 여부를 결정한다.[33)]

---

29) 대법원 2009. 3. 31.자 2007그176 결정.

30) 서울회생법원 재판실무연구회, 회생사건실무(하), 박영사, 2019, 84면.

31) 대법원 2008. 1. 24.자 2007그18 결정.

32) 대법원 2014. 3. 18.자 2013마2488 결정.

33) 박양준, 회생계획의 강제인가제도와 관련한 실무상 문제점, 2009년도 전반기 도산사건의 실무개선을 위한 파산부 법관 워크숍 자료집, 서울중앙지방법원, 2009, 70면; 정문경, 실무적 관점에서 본 회생계획의 강제인가 사례 분석, 도산법연구 제1권 제2호, 사단법인 도산법연구회, 2010, 59면.

3. 권리보호조항을 정하는 방법(제244조 제1항)

가. 회생담보권자

(1) 제1호

회생담보권자에 관하여 그 담보권의 목적인 재산을 그 권리가 존속되도록 하면서 신회사에 이전하거나 타인에게 양도하거나 채무자에게 유보하는 방법이다. 여기에서 신회사라 함은 제215조에 의하여 설립되는 신회사를 의미한다. 제1호의 방법 중 담보목적물을 신회사에 이전하거나 타인에게 양도하는 경우 채무자가 회생담보권자에 대하여 인적채무(피담보채권에 대응하는 채무)를 부담하는 경우에는 이것까지도 신회사나 그 타인에게 인수시켜야 한다.[34)]

(2) 제2호

회생담보권자에 관하여 그 권리의 목적인 재산을 법원이 정하는 공정한 거래가격(담보권의 목적인 재산에 관하여는 그 권리로 인한 부담이 없는 것으로 평가한다) 이상의 가액으로 매각하고, 그 매각대금에서 매각비용을 공제한 잔금으로 변제하거나 분배하거나 공탁하는 방법이다. 이는 실질적으로 회생담보권자가 담보권을 실행하는 것을 허용하는 것과 동일한 효과를 발생시킨다. 다만 그 환가의 주체가 관리인이라는 점이 일반의 강제집행과 다르다고 할 수 있다.

대법원은 공정한 거래가격의 의미와 관련하여, 법원이 제244조 제1항 각 호에 의하여 권리보호조항을 정하는 경우에는 합리적인 절차와 방법에 따라 채무자 회사의 기업가치를 평가한 자료를 토대로 하되, 부동의한 조의 권리자에게 그 권리가 본질적으로 침해되지 않고 그 피해를 최소화할 수 있도록 그 권리의 실질적 가치를 부여하여야 하는데, 여기서 부동의한 조의 권리자에게 권리의 실질적 가치를 부여한다고 함은 부동의한 조의 권리자에게 최소한 채무자 회사를 청산하였을 경우 분배받을 수 있는 가치 이상을 분배하여야 한다는 것을 의미하고, 이때의 청산가치는 해당 기업이 파산적 청산을 통하여 해체·소멸하는 경우에 기업을 구성하는 개별 재산을 분리하여 처분할 때를 가정한 처분금액을 의미

34) 임채홍·백창훈, 회사정리법(하) 제2판, 한국사법행정학회, 2002, 332-333면.

한다고 판시하였다.[35]

서울회생법원의 경우 공정한 거래가격에 관하여, 그 하한을 '청산가치'로 하여, 구체적인 사안에 따라 청산가치와 계속기업가치 사이에서 권리자의 정당한 권리가 보장될 수 있도록 운영하고 있다고 한다.[36]

(3) 제3호

법원이 정하는 그 권리의 공정한 거래가액을 권리자에게 지급하는 방법이다. 이는 법원이 회생담보권의 가치를 평가하여 그 평가액을 담보권자에게 지급하는 방법이다. 회생담보권의 존속이나 담보목적물의 매각을 전제로 하지 않는 방법으로 그 목적물이 영업재산에 속하여 사업의 계속에 필요한 경우 등에 적합한 방법이다.[37]

(4) 제4호

그 밖에 제1호 내지 제3호의 방법에 준하여 공정하고 형평에 맞게 권리자를 보호하는 방법이다. 제4호에서 말하는 공정·형평이란 회생담보권자의 지위를 존중하여 파산절차에서의 별제권자에 준하는 만족을 주는 것을 가리킨다. 따라서 단순히 부결된 회생계획안의 내용을 회생담보권자에게 유리하게 수정하는 것만으로는 부족하다.[38]

나. 회생채권자

(1) 제2호 및 제3호

회생채권의 변제에 충당될 채무자의 재산을 법원이 정하는 공정한 거래가격(담보권의 목적인 재산에 관하여는 그 권리로 인한 부담이 없는 것으로 평가한다) 이상의 가액으로 매각하고 그 매각대금에서 매각비용을 공제한 잔금으로 변제하거나 분배하거나 공탁하는 방법(제2호)과 법원이 정하는 그 권리의 공정한 거래가액을

35) 대법원 2007. 10. 11.자 2007마919 결정.

36) 서울회생법원 재판실무연구회, 회생사건실무(하), 박영사, 2019, 83면.

37) 주석 채무자회생법 제244조(박찬우 집필), 한국사법행정학회, 2021.

38) 서울회생법원 재판실무연구회, 회생사건실무(하), 박영사, 2019, 87면.

권리자에게 지급하는 방법(제3호)이다.

이 방법에 의할 경우 회생채권자의 몫으로 돌아갈 채무자의 재산의 범위를 어떻게 정할 것인지가 문제 되는데, 이때에는 청산가치에 의하여 채무자의 재산을 평가하여, 그 총액을 각 조의 권리자에게 그 우선순위에 따라 순차 배당하는 방법으로 부동의한 회생채권자의 조에게 분배할 재산의 가액 이상이면 된다.[39]

(2) 제4호

기타 제2호, 제3호의 방법에 준하여 공정하고 형평에 맞게 권리자를 보호하는 방법이다.

다. 주주 · 지분권자

주주 · 지분권자의 경우는 회생채권자와 동일한 조건으로 권리보호조항을 설정할 수 있다.

4. 사전 권리보호조항

회생계획안에 관하여 관계인집회에서 결의하거나 서면결의에 의하는 경우 법정다수의 동의를 얻지 못할 것이 명백한 조가 있는 때에는 법원은 회생계획안을 작성한 자의 신청에 의하여 미리 그 조의 회생채권자 · 회생담보권자 · 주주 · 지분권자를 위하여 그 권리를 보호하는 조항을 정하고 회생계획안을 작성할 것을 허가할 수 있다. 처음부터 부결될 것이 명백한 조가 있는 때에도 우선 모든 조에 대하여 회생계획안을 결의에 부쳐 그 조에서 부결되는 것을 기다린 뒤 권리보호조항을 정하여 인가하도록 한다면 이는 무용한 절차를 요구하는 것이 되어 절차경제에 반하므로, 부결될 것이 명백한 조가 있는 때에는 처음부터 권리보호조항을 정하는 내용의 회생계획안을 작성하고 나머지 조에 대하여 결의에 부치도록 함으로써 효율적이고 경제적인 회생절차를 도모하고자 함이다.[40]

일반적인 권리보호조항의 경우 법원이 재량으로 권리보호조항을 정할 수 있

39) 서울회생법원 재판실무연구회, 회생사건실무(하), 박영사, 2019, 89면.

40) 주석 채무자회생법 제244조(박찬우 집필), 한국사법행정학회, 2021.

는 것과 달리 사전 권리보호조항 제도의 경우 법원이 직권으로 정할 수 없고, 회생계획안 작성자의 신청이 있을 경우 그와 같은 권리보호조항을 정하고 회생계획안을 작성하는 것의 허가 여부를 결정할 수 있을 뿐이다.[41] 이러한 신청이 있는 경우 법원은 신청인과 동의를 얻지 못할 것이 명백한 조의 권리자 1인 이상의 의견을 들어야 한다(제244조 제2항, 제3항). 이는 해당 조에서 법정 다수의 동의를 얻지 못할 것이 명백한지 여부를 심리하고 권리보호조항에 대한 의견진술의 기회를 부여하기 위함이다.

사전 권리보호조항을 적용받는 조의 권리자는 의결권을 행사할 수 없다(제191조 제5호). 사전 권리보호조항 제도의 취지상 이러한 권리자의 의결권 행사는 무의미하기 때문이다.

Ⅳ. 회생계획인가결정의 효력

1. 회생계획의 효력발생 시기

회생계획은 인가의 결정이 있은 때부터 효력이 발생한다(제246조). 인가결정이 있으면 그 확정을 기다리지 않고 회생계획의 효력이 발생하도록 한 이유는 회생절차가 양자 간의 분쟁이 아니라 다수의 채권자들과 전문가들(관리위원, 조사위원 등)이 참가하여 회생계획에 대한 충실한 심사가 이루어지고, 채권자들의 동의를 요건으로 회생계획이 인가되는 절차적 특성이 있을 뿐만 아니라 확정을 기다려 효력을 발생시킬 경우 그 목적 달성에 지장이 생길 수 있기 때문이다.[42]

불인가결정에 대한 항고심에서 회생계획을 인가하는 경우 또는 항고심에서 변경결정을 하는 경우에는 항고심 결정 선고 시에 효력이 발생한다.

---

41) 서울회생법원 재판실무연구회, 회생사건실무(하), 박영사, 2019, 101면.

42) 서울회생법원 재판실무연구회, 회생사건실무(하), 박영사, 2019, 106면; 주석 채무자회생법 제246조(권창환 집필), 한국사법행정학회, 2021.

2. 면책 및 권리의 소멸

가. 의의

회생계획인가결정이 있는 때에는 회생계획이나 채무자회생법의 규정에 의하여 인정된 권리를 제외하고는 채무자는 모든 회생채권과 회생담보권에 관하여 그 책임을 면하며, 주주·지분권자의 권리와 채무자의 재산상에 있던 모든 담보권은 소멸한다(제251조 본문). 목록에 기재되어 있지 않고 신고도 하지 않아 회생계획에 반영되지 않은 회생채권 등은 특별한 사정이 없는 한 회생계획인가결정으로 실권된다. 이는 권리자들에게 회생절차에 참여할 기회를 보장하였음에도 절차에 참여하지 아니한 권리자는 보호할 가치가 없고 뒤늦게 권리를 주장하고 나서는 권리자로 인하여 회생계획의 수행이 불가능하게 될 수 있기 때문이다.[43)]

나. 면책 및 소멸의 대상이 되는 권리

(1) 회생채권, 회생담보권

면책의 대상이 되는 권리는 회생채권, 회생담보권으로서 회생계획에서 인정되지 않거나 채무자회생법에 특별한 규정이 없는 것이다. 회생절차개시결정 전에 조세채권이 추상적으로 성립되어 있었다고 하더라도 장차 부과처분에 의하여 구체적으로 정하여질 조세채권을 회생채권으로 신고하지 아니한 채 회생계획인가결정이 된 경우에는 실권되어 더 이상 부과권을 행사할 수 없으며, 따라서 그 조세채권에 관하여 회생계획인가결정 후에 한 부과처분은 부과권이 소멸한 뒤에 한 위법한 과세처분으로서 그 하자가 중대하고 명백하여 당연무효이다.[44)] 따라서 목록에 기재되지 아니하고 신고되지 않은 회생채권 등이나, 목록에 기재되거나 신고되어 확정되었다 하더라도 회생계획에 의하여 변제의 대상으로 인정되지 않은 회생채권 등은 면책된다.

'책임을 면한다'는 것의 의미는 채무 자체는 존속하지만 이행을 강제할 수 없

43) 대법원 2003. 3. 14. 선고 2002다20964 판결.

44) 대법원 2007. 9. 6. 선고 2005다43883 판결. 간혹 회생계획인가결정 이후 과세관청이 세무조사를 시도하는 경우가 있으나 세무조사를 통하여 조세의 탈루사실이 밝혀진다고 하더라도 제251조 본문에 따라 탈루액에 대하여 부과권을 행사할 수 없음을 항변하면 대부분의 경우 세무조사를 단념한다.

다는 것이다(책임소멸설).[45] 회생채권이 면책된 경우에는 소 제기의 권능을 상실하였으므로, 그 이행을 구하는 소는 권리보호의 이익이 없어 부적법하다는 하급심 판결이 있다.[46]

연대채무자가 회생절차에서 자신의 구상권을 회생채권으로 신고하지 아니하여 실권된 경우, 변제자대위에 의하여 채권자를 대위하여 채권자의 채권 및 담보에 관한 권리를 행사할 수 있는지 여부가 문제 된다. 어느 연대채무자가 자기의 출재로 공동면책이 된 때에는 민법 제425조 제1항의 규정에 의하여 다른 연대채무자의 부담 부분에 대하여 구상권을 가짐과 동시에 민법 제481조, 제482조 제1항의 규정에 의한 변제자대위에 의하여 당연히 채권자를 대위하여 채권자의 채권 및 그 담보에 관한 권리를 행사할 수 있는데, 위 구상권과 변제자대위권은 그 원본, 변제기, 이자, 지연손해금의 유무 등에 있어서 그 내용이 다른 별개의 권리이다. 그리고 채무자에 대하여 회생절차가 개시된 경우에 회생채권자가 자신의 구상권을 회생채권으로 신고하지 아니하여 제251조 본문에 따라 그 구상권에 관하여 책임을 면한다고 하더라도 회생채권자가 채무자에 대하여 이행을 강제할 수 없을 뿐 구상권 자체는 그대로 존속한다고 봄이 타당하므로, 회생채권자가 민법 제481조, 제482조 제1항의 규정에 의한 변제자대위에 의하여 채권자를 대위하여 채권자의 채권 및 그 담보에 관한 권리를 행사하는 데에는 영향이 없다.[47]

공익채권과 환취권은 면책되지 않는다. 회생절차개시 전의 벌금 · 과료 · 형사소송비용 · 추징금 · 과태료도 면책되지 않는다(제251조 단서, 제140조 제1항). 제251조 단서는 회생계획인가결정에 따른 회생채권 등의 면책에 대한 예외를 정한 것으로서 그에 해당하는 청구권은 한정적으로 열거된 것으로 보아야 하므로 이 규정에 열거되지 아니한 과징금 청구권은 회생계획인가결정이 있더라도 면책되지 않는 청구권에 해당하지 않는다.[48]

개시후기타채권은 회생절차개시 이후 회생계획에서 정하여진 변제기간이 만

---

45) 대법원 2018. 11. 29. 선고 2017다286577 판결.
46) 수원지방법원 2010. 4. 16. 선고 2009가합22580 판결.
47) 대법원 2015. 11. 12. 선고 2013다214970 판결.
48) 대법원 2013. 6. 27. 선고 2013두5159 판결.

료하는 때까지는 변제 등 소멸행위가 금지되지만(제181조 제1항), 면책되지는 않는다.

(2) 주주 · 지분권자의 권리

주주 · 지분권자의 권리도 목록에 기재되지 않거나 신고되지 않으면 원칙적으로 소멸한다. 다만 회생계획에서 주주 · 지분권자의 권리를 인정한 경우에는 주식 또는 출자지분의 신고를 하지 않은 주주 · 지분권자에 대하여도 그 권리가 인정된다(제254조). 주식이나 출자지분은 목록에 기재되지 않거나 신고가 되지 않았다고 하더라도 주주명부 등을 통하여 쉽게 확인할 수 있으므로 회생계획의 작성에 지장이 없기 때문에 회생채권자, 회생담보권자와는 달리 취급하는 것이다.

주식 신고기간이 지난 후 회생계획인가결정이 있기 전에 종전 주주로부터 주식을 양수하고 명의개서 절차까지 마쳤다고 하더라도 그 사실을 법원 또는 관리인에게 통지하지 아니하여 회생계획안에 반영되지 못한 채 주식을 소각하는 내용의 회생계획인가결정이 확정되었다면 그 주식의 양수인은 주식소각의 효력을 다툴 수 없다.[49]

(3) 채무자의 재산상에 있던 모든 담보권

목록에 기재되지 아니하거나 신고되지 않은 담보권 또는 목록에 기재되거나 신고가 되었더라도 회생계획에서 존속규정을 두지 않은 담보권은 회생계획인가결정과 함께 소멸한다(제251조 본문 후단).[50]

(4) 회생계획인가결정으로 실권되지 않는 권리

(가) 관리인의 과실로 회생채권자목록에 누락된 경우 등

회생절차에서 회생채권자가 회생절차의 개시사실 및 회생채권 등의 신고기간 등에 관하여 개별적인 통지를 받지 못하는 등으로 회생절차에 관하여 알지 못함

49) 대법원 2002. 4. 12. 선고 2001다30520 판결.

50) 제251조 본문 후단에 따라 담보권이 소멸되는 것을 방지하기 위하여 대부분의 회생계획에서는 회생담보권자의 담보권은 회생계획에 따라 변경된 회생담보권을 피담보채권으로 하여 존속한다는 취지의 조항을 두고 있다.

으로써 회생계획안의 심리를 위한 관계인집회가 끝날 때까지 채권신고를 하지 못하고, 관리인이 그 회생채권의 존재 또는 그러한 회생채권이 주장되는 사실을 알고 있거나 이를 쉽게 알 수 있었음에도 회생채권자목록에 기재하지 아니한 경우[51]와 회생채권자가 회생법원이 정한 신고기간 내에 회생채권을 신고하는 등으로 회생절차에 참가할 것을 기대할 수 없는 사유가 있는 경우[52]에는 제251조의 규정에도 불구하고 회생계획이 인가되더라도 그 회생채권은 실권되지 않는다.

(나) 확정된 권리가 관리인의 과실로 회생계획에서 누락된 경우

회생절차에서 회생채권·회생담보권 조사절차나 회생채권·회생담보권 조사확정재판 내지 조사확정재판에 대한 이의의 소 등을 통하여 확정된 권리가 관리인의 잘못 등으로 회생계획의 권리변경 및 변제대상에서 아예 누락되거나 혹은 이미 소멸한 것으로 잘못 기재되어 권리변경 및 변제대상에서 제외되기에 이른 경우 등에는, 특별한 사정이 없는 한 인가된 회생계획의 규정 또는 채무자회생법의 규정에 의하여 인정된 권리를 제외하고는 면책된다는 취지를 규정한 제251조는 그 적용이 없고, 나아가 위와 같은 경위로 확정된 권리가 권리변경 및 변제대상에서 누락되거나 제외된 회생계획을 가리켜 제252조 제1항에 따라 확정된 권리를 변제 없이 소멸시키는 권리변경을 규정한 것이라고 볼 수도 없다. 이러한 경위로 자신의 확정된 권리가 회생계획의 권리변경 및 변제대상에서 누락되거나 제외된 회생채권자·회생담보권자로서는 그 확정된 권리의 존부 및 범위 자체에 관한 당부를 다투어 회생계획인가결정에 대한 불복사유로 삼을 수는 없고, 채무자 회사에 대하여 아직 회생절차가 진행 중인 때에는 회생계획의 경정 등을 통하여, 회생절차가 종결된 때에는 종결 후의 채무자 회사를 상대로 이행의 소를 제기하는 등으로 그 권리를 구제받을 수 있다. 이 경우 특별한 사정이 없는 한 해당 회생채권자·회생담보권자의 회생채권·회생담보권에 대하여는 그 권리의 성질 및 내용에 비추어 가장 유사한 회생채권·회생담보권에 대한 회생계획의 권리변경 및 변제방법이 적용될 수 있다.[53]

---

51) 대법원 2020. 9. 3. 선고 2015다236028 판결.

52) 대법원 2018. 7. 24. 선고 2015다56789 판결.

53) 대법원 2008. 6. 26. 선고 2006다77197 판결. 실무상 미확정채권이 있을 것에 대비하여 그러한 채권이 확정될 경우 그 권리의 성질과 내용에 비추어 가장 유사한 회생채권, 회생담보

(다) 회생계획에 미신고 권리의 효력 존속조항을 둔 경우

관리인이 법원의 관여 아래 공정하고 적정한 회생계획을 수립하면서 채무자 회사의 재건에 필요한 한도에서 이해관계인의 이해 조정의 방법으로 회생계획안에 미신고 권리의 효력을 존속하는 조항을 두었고, 법원이 그 회생계획을 인가하여 회생계획인가결정이 그대로 확정되었다면, 그 조항이 공정·형평의 관념에 반한다는 등의 특별한 사정이 없는 한, 회생계획의 규정에 의하여 인정된 권리가 신고되지 않았다고 하더라도 채무자 회사는 책임을 면할 수 없다.[54]

다. 주채무인 회생채권의 실권과 보증채무의 부종성

주채무인 회생채권이 그 소멸시효 기간 경과 전에 제251조에 의하여 실권되었다면 더 이상 주채무의 소멸시효 진행이나 중단이 문제 될 여지가 없으므로, 이러한 경우 보증인은 보증채무 자체의 소멸시효 완성만을 주장할 수 있을 뿐 주채무의 소멸시효 완성을 원용할 수 없다.[55]

회생채권이 소멸시효기간 경과 전에 제251조에 의하여 실권되었다면 더 이상 그 채무의 소멸시효 중단이 문제될 여지가 없으므로 회생채권자가 제3자를 상대로 한 소송 계속 중에 회생채무자를 상대로 소송고지를 하고 소송고지서에 실권된 회생채무의 이행을 청구하는 의사가 표명되어 있더라도, 회생채권자는 그로써 다른 연대채무자나 보증인에 대하여 민법 제416조 또는 제440조에 따른 소멸시효 중단을 주장할 수 없다.[56]

3. 권리의 변경

회생계획인가결정이 있으면 회생채권자·회생담보권자·주주·지분권자의 권리는 회생계획에 따라 변경된다(제252조 제1항). 또한 종전의 주식·지분권 상의 질권

권의 권리변경과 변제방법을 적용한다는 일반규정을 두고 있으므로 이 규정에 의하여 구제를 받을 수 있을 것이다.

54) 대법원 2014. 9. 4. 선고 2013다204140, 204157 판결.

55) 대법원 2016. 11. 9. 선고 2015다218785 판결.

56) 대법원 2021. 6. 30. 선고 2018다290672 판결.

자는 주주·지분권자가 회생계획에 의하여 받을 권리에 대하여 질권을 행사할 수 있다(제252조 제2항). 여기서 권리변경이란 회생계획인가결정에 의하여 회생채권자 등의 권리가 회생계획의 내용대로 실체적으로 변경되는 것을 말한다.[57] 이는 단지 채무와 구별되는 책임만의 변경을 뜻하는 것이 아니므로, 회생계획 등에 의하여 인정되지 아니한 회생채권과 회생담보권에 대한 제251조의 면책과는 성질이 다르다. 따라서 회생계획인가결정이 있으면 회생채권자 등의 권리는 회생계획에 따라 변경되어 채무의 전부 또는 일부의 면제 효과가 생기고, 기한을 유예한 경우에는 그에 따라 채무의 기한이 연장되며, 회생채권이나 회생담보권을 출자전환한 경우에는 그 권리는 인가결정 시 또는 회생계획에서 정하는 시점에 소멸한다.[58]

회생계획인가의 결정이 있는 때에는 회생채권자 등의 권리는 회생계획에 따라 실체적으로 변경되고 회생계획인가결정의 효력은 회생절차가 폐지되더라도 영향을 받지 않으므로(제252조 제1항, 제288조 제4항), 제6조 제1항에 의하여 파산이 선고된 경우(견련파산)에 그 파산절차에서의 파산채권 또는 별제권의 존재 여부와 범위는, 채권자의 권리가 종전 회생절차에서 회생채권과 회생담보권 등으로 확정된 다음 인가된 회생계획에 따라 변경되고 파산선고 당시까지 변제되는 등의 사정을 모두 반영하여 정해져야 한다.[59]

회생계획에 주식 또는 출자지분의 소각이나 병합 등 자본감소의 규정이 있으면 그 내용에 따라 주주 및 지분권자의 권리는 전부 또는 일부가 소멸되거나 변경된다(제264조 제1항).

4. 회생계획의 효력이 미치는 범위

가. 회생계획의 효력이 미치는 인적 범위

회생계획은 채무자, 회생채권자·회생담보권자·주주·지분권자와 회생을 위하여 채무를 부담하거나 담보를 제공하는 자 및 신회사(합병 또는 분할합병으로 설

57) 회생채권에 대한 변제충당의 방법이나 순서 역시 그 회생계획의 내용에 따라 변경된다(대법원 2011. 2. 24. 선고 2010다82103 판결).

58) 대법원 2017. 10. 26. 선고 2015다224469 판결.

59) 대법원 2021. 1. 28. 선고 2018다286994 판결.

립되는 신회사 제외)에 대하여 효력이 있다(제250조 제1항).

채무자는 회생절차의 목적이자 대상이므로 회생계획의 효력이 채무자에게 미치는 것은 당연하다.[60] 그리고 회생절차는 회생채권자 · 회생담보권자 · 주주 · 지분권자의 법률관계를 조정하여 채무자의 회생을 도모하는 절차이므로 이들에 대하여도 회생계획의 효력이 미치게 하는 것이 마땅하다.[61] 회생계획에 의하여 인정된 주주 · 지분권자의 권리는 신고를 하지 아니한 주주 · 지분권자에 대하여도 인정되므로(제254조), 주주 · 지분권자는 회생계획이 인가되는 즉시 그 효력을 받는다. 반면, 회생계획에 의하여 정하여진 회생채권자 또는 회생담보권자의 권리는 확정된 회생채권 또는 회생담보권을 가진 자에 대하여만 인정되므로(제253조) 회생계획인가 당시 미확정 상태인 회생채권자 또는 회생담보권자는 곧바로 회생계획의 적용을 받지 아니하고 회생채권 또는 회생담보권이 확정되면 인가 시점으로 소급하여 회생계획의 효력이 미친다.[62]

회생계획의 수행을 위하여 채무자 외의 자가 채무자의 회생을 위하여 채무를 부담하거나 담보를 제공하는 경우가 있는데, 채무자회생법은 이러한 채무부담 또는 담보제공의 실효성을 확보하기 위하여 회생을 위하여 채무를 부담하거나 담보를 제공하는 자에 대하여도 회생계획의 효력을 인정하고 있다.

채무자 회사가 회생계획에 따라 합병 또는 분할합병에 의하지 아니하고 신회사를 설립하는 경우(단순분할)에 그 신회사(단순분할신설회사)는 분할에 따라 원칙적으로 채무자 회사(분할회사)와 연대채무를 지게 되므로,[63] 회생계획의 효력은 신회사에게도 미친다.[64] 합병 또는 분할합병으로 설립되는 신회사를 제외한 것은, 회생계획을 통하여 합병 내지 분할합병을 할 경우에는 채무자에 대하여는 합병 내지 분할합병에 관한 상법상의 절차가 생략되지만(제271조 제1항 내지 제5항, 제272조 제1항 내지 제4항), 상대방 회사의 경우에는 상법에 따라 절차를 진행

---

60) 온주(로앤비), 채무자회생법 제250조(오병희 집필), 2015.

61) 주석 채무자회생법 제250조(권창환 집필), 한국사법행정학회, 2021.

62) 임채홍 · 백창훈, 회사정리법(하) 제2판, 한국사법행정학회, 2002, 370면.

63) **상법 제530조의9(분할 및 분할합병 후의 회사의 책임)**
① 분할회사, 단순분할신설회사, 분할승계회사 또는 분할합병신설회사는 분할 또는 분할합병 전의 분할회사 채무에 관하여 연대하여 변제할 책임이 있다.

64) 주석 채무자회생법 제250조(권창환 집필), 한국사법행정학회, 2021.

하여야 하기 때문에(제271조 제6항, 제272조 제5항), 자신과는 무관한 회생채권자 등의 의사에 구속될 수 없고 따라서 그 연장선상에서 신회사에도 회생계획의 효력이 미칠 수 없다고 보아야 하기 때문이다.[65]

나. 회생계획의 효력을 받지 않는 자

(1) 개요

회생계획은 회생채권자 또는 회생담보권자가 회생절차가 개시된 채무자의 보증인 그 밖에 회생절차가 개시된 채무자와 함께 채무를 부담하는 자에 대하여 가지는 권리와 채무자 외의 자가 회생채권자 또는 회생담보권자를 위하여 제공한 담보에 영향을 미치지 아니한다(제250조 제2항). 회생절차는 공익상 필요에서 재정적 궁핍으로 파탄에 직면한 채무자의 회생이라는 목적을 이루기 위하여 채무자가 부담하고 있는 채무 또는 책임을 감소시켜 되도록 부담이 가벼워진 상태에서 채무자가 영업을 계속하여 수익을 올릴 수 있는 여건을 만들어 주자는 것이므로, 채무자가 회생채권자에게 부담하는 채무에 관하여는 면책 등 광범위한 변경을 가하여 이해 조정을 하게 되지만, 보증인 등 채무자가 아닌 제3자가 회생채권자에게 부담하는 채무를 경감시키는 것은 회생절차가 달성하고자 하는 본래 목적과는 전혀 무관한 것일 뿐만 아니라, 만약 회생계획에 의하여 회생채권자가 채무자에 대하여 갖는 권리가 소멸 또는 감축되는 외에 보증인 등에게 갖는 권리까지도 마찬가지로 소멸 또는 감축되게 되면, 이는 회생에 직접 필요한 범위를 넘어 회생채권자에게 일방적인 희생을 강요하는 셈이 되어 오히려 회생을 저해하는 요인이 될 수 있기 때문이다.[66]

원래 보증채무는 주채무의 한도로 감축되는 부종성을 가지는데(민법 제430조), 채무자의 회생절차에서도 보증채무의 부종성을 관철한다면 채권자에게 지나치게 가혹한 결과를 가져올 것이라는 이유로 제250조 제2항 제1호에서 보증채무의 부종성에 대한 예외를 규정하고 있는 것이다.[67]

---

65) 伊藤 眞, 會社更生法, 有斐閣, 2012, 651면.
66) 대법원 2012. 6. 14. 선고 2010다28383 판결.
67) 대법원 2020. 4. 29. 선고 2019다226135 판결.

(2) 적용범위

(가) 보증인 등

회생계획은 회생채권자 또는 회생담보권자가 회생절차가 개시된 채무자의 보증인 그 밖에 회생절차가 개시된 채무자와 함께 채무를 부담하는 자에 대하여 가지는 권리와 채무자 외의 자가 회생채권자 또는 회생담보권자를 위하여 제공한 담보에 영향을 미치지 아니한다(제250조 제2항). 채권자가 보증을 요구하는 이유는 주채무자가 재정적 파탄에 처하여 채무를 이행하지 못하는 경우에 보증인에게 그 이행을 청구하기 위한 것이다. 따라서 회생계획에 의하여 주채무자에 대한 권리의 변경으로 인하여 채권자가 보증인에 대한 당초의 권리를 행사할 수 없다면 이는 보증제도의 취지에 반한다. 제250조 제2항은 보증제도의 이러한 취지를 확인해 주고 있는 규정이라 할 수 있다. 채무자의 채무를 보증한 보증인의 책임을 면제하는 것과 같은 내용은 회생계획으로 정할 수 있는 성질의 것이 아니고, 설사 그와 같은 내용을 회생계획에 규정했다고 하더라도 그 부분은 회생계획으로서의 효력이 없다.[68]

회생절차가 개시된 채무자의 보증인 그 밖에 회생절차가 개시된 채무자와 함께 채무를 부담하는 자란 보증인, 연대보증인뿐 아니라 어음법, 수표법상의 합동채무자도 포함된다.[69] '채무자 외의 자가 회생채권자 또는 회생담보권자를 위하여 제공한 담보'란 회생채권자 등이 채무자에 대한 채권을 피담보채권으로 하여 제3자의 재산상에 가지고 있는 담보물권을 말한다. 제3자의 의사에 기하여 담보권이 설정된 경우뿐 아니라, 회생채권자 등이 채무자 재산의 제3취득자에 대하여 가지는 권리도 포함된다.[70]

신탁자가 그 소유의 부동산에 채권자를 위하여 저당권을 설정하고 저당권설정등기를 마친 다음, 그 부동산에 대하여 수탁자와 부동산 신탁계약을 체결하고

68) 대법원 2005. 11. 10. 선고 2005다48482 판결. 이 판결에 대한 평석으로는 이정환, 정리회사의 보증인 채무를 면제하는 정리계획 규정의 효력, 민사판례연구 제29권, 민사판례연구회 편, 박영사, 2007, 699면 이하 참조.

69) 서울회생법원 재판실무연구회, 회생사건실무(하), 박영사, 2019, 115면; 온주(로앤비), 채무자회생법 제250조(오병희 집필), 2015.

70) 대법원 2007. 4. 26. 선고 2005다38300 판결.

수탁자 앞으로 신탁을 원인으로 한 소유권이전등기를 해 주어 대내외적으로 신탁부동산의 소유권이 수탁자에게 이전하였다면, 수탁자는 저당부동산의 제3취득자와 같은 지위를 가진다. 따라서 그 후 신탁자에 대한 회생절차가 개시된 경우 채권자가 신탁부동산에 대하여 갖는 저당권은 제250조 제2항 제2호의 '채무자 외의 자가 회생채권자 또는 회생담보권자를 위하여 제공한 담보'에 해당하여 회생계획이 여기에 영향을 미치지 않는다. 또한 회생절차에서 채권자의 권리가 실권되거나 변경되더라도 이로써 실권되거나 변경되는 권리는 채권자가 신탁자에 대하여 가지는 회생채권 또는 회생담보권에 한하고, 수탁자에 대하여 가지는 신탁부동산에 대한 담보권과 그 피담보채권에는 영향이 없다.[71]

(나) 회생채권 등이 실권된 경우

회생채권자의 권리가 목록에 기재되지 아니하거나 신고되지 아니하는 등으로 실권된 경우에도 회생채권자의 보증인이나 물상보증인에 대한 권리에는 영향을 미치지 않는다.[72]

(다) 회생계획의 내용이 면책적 채무인수인 경우 제250조 제2항의 적용 여부

회생절차에서 제3자가 주채무를 면책적으로 인수하는 내용의 회생계획이 인가·확정되었다고 하더라도, 그 채무인수 자체에 의하여 채권에 대한 실질적인 만족을 얻은 것으로는 볼 수 없는 것이므로, 제250조 제2항에 따라 보증인 등의 책임 범위에는 아무런 영향이 없다고 할 것이고, 한편 면책적 채무인수에 있어 보증책임 등의 소멸을 규정하고 있는 민법 제459조는 이 경우 그 적용이 배제된다.[73]

(3) 보증인 등에 대한 효력

회생채권자 등의 채무자에 대한 권리는 회생계획인가결정에 의하여 변경되지만, 회생채권자 등의 보증인 등에 대한 권리나 담보는 아무런 영향을 받지 아니한다. 따라서 보증인 등은 회생채권자 등에 대하여 회생계획의 내용과는 상관없

---

71) 대법원 2017. 11. 23. 선고 2015다47327 판결.
72) 대법원 2003. 5. 30. 선고 2003다18685 판결.
73) 대법원 2005. 10. 28. 선고 2005다28273 판결.

이 원래의 채무나 책임을 그대로 부담하게 된다.

제250조 제2항은 회생채권자 등이 보증인 등에 대하여 가지는 권리나 담보에 대한 영향만을 배제하고 있으므로, 보증인이 보증채무 이행 후에 회생채권자 등을 대위하여 행사하는 회생채권 등과 보증인이 주채무자에 대하여 행사하는 회생채권인 구상권은 회생계획에 의한 권리변경의 대상이 된다.[74]

(4) 예외 – 채권자가 중소벤처기업진흥공단, 신용보증기금, 기술보증기금인 경우

채권자가 중소벤처기업진흥공단(중소기업진흥에 관한 법률 제66조 제5항에 따라 대출방식으로 이루어지는 사업에 한정), 신용보증기금, 기술보증기금인 경우에는 중소기업이 회생계획인가결정을 받은 시점에 주채무가 감경 또는 면제될 경우 연대보증채무도 동일한 비율로 감경 또는 면제된다.[75]

제250조 제2항에 따라 부종성의 원칙에 대한 예외를 인정한 결과, 회생계획인가를 통해 주채무에 대한 감면이 이루어지더라도 그 주채무를 연대보증한 중소기업의 대표이사 등에게는 회생계획에 따른 주채무 감면의 효과가 미치지 않고 그 결과 회생절차의 이용을 회피하게 되어 중소기업의 실효성 있는 회생이 이루어지지 않는다는 지적이 있었다. 이에 채권자가 중소벤처기업진흥공단, 신용보

74) 온주(로앤비), 채무자회생법 제250조(오병희 집필), 2015; 伊藤 眞, 會社更生法, 有斐閣, 2012, 653면.

75) **중소기업진흥에 관한 법률 제74조의2(연대보증채무의 감경 · 면제)**
채무자 회생 및 파산에 관한 법률 제250조 제2항, 제567조, 제625조 제3항에도 불구하고 채권자가 중소벤처기업진흥공단인 경우에는 중소기업 · 벤처기업이 회생계획인가결정을 받는 시점 및 파산선고 이후 면책결정을 받는 시점에 주채무가 감경 또는 면제될 경우 연대보증채무도 동일한 비율로 감경 또는 면제된다.
신용보증기금법 제30조의3(연대보증채무의 감경 · 면제)
채무자 회생 및 파산에 관한 법률 제250조 제2항, 제567조, 제625조 제3항에도 불구하고 채권자가 기금인 경우에는 중소기업의 회생계획인가결정을 받는 시점 및 파산선고 이후 면책결정을 받는 시점에 주채무가 감경 또는 면제될 경우 연대보증채무도 동일한 비율로 감경 또는 면제한다.
기술보증기금법 제37조의3(연대보증채무의 감경 · 면제) 제1항
채무자 회생 및 파산에 관한 법률 제250조 제2항, 제567조, 제625조 제3항에도 불구하고 채권자가 기금인 경우에는 중소기업의 회생계획인가결정을 받는 시점 및 파산선고 이후 면책결정을 받는 시점에 주채무가 감경 또는 면제될 경우 연대보증채무도 동일한 비율로 감경 또는 면제한다.

증기금, 기술보증기금인 경우 회생계획인가에 따른 주채무 감면의 효과가 연대보증인에게도 미치는 내용으로 관련 법을 개정하였다.[76] 기술보증기금법 제37조의3 제1항의 '주채무의 감경 또는 면제'에는 주채무의 변제기를 연장한 것도 포함된다.[77]

법인이 파산자인 경우에도 기술보증기금법 제37조의3 제1항이 유추적용될 수 있는지에 관하여 대법원은 "기술보증기금법 제37조의3은 채무자회생법 제567조에도 불구하고 채권자가 기술보증기금인 경우에는 중소기업이 '파산선고 이후 면책결정을 받는 시점'에 주채무가 감경 또는 면제될 경우 연대보증채무도 동일한 비율로 감경 또는 면제한다고 규정하고 있는데 위 '파산선고 이후 면책결정을 받는 시점'이란 중소기업이 채무자회생법이 정한 절차에 따라 면책결정을 받는 것을 전제로 한다. 그런데 채무자회생법은 개인파산절차와 달리 법인파산절차에서는 면책절차를 규정하고 있지 않으므로 채무자회생법에 정한 절차에 따라 면책결정을 받을 여지가 없는 법인인 중소기업의 파산에는 위 규정이 적용되지 않는다"라고 판시하였다.[78]

지역신용보증재단이 채권자인 경우에 기술보증기금법 제37조의3 제1항과 신용보증기금법 제30조의3이 유추적용할 수 있는지 문제 된다. 이에 대하여 대법원은 일반 채권자와 구별하여 기술보증기금이나 신용보증기금에 대해서는 달리 취급하겠다고 입법자가 결단하여 특별한 예외를 인정한 것이어서 지역신용보증재단법에 위 조항들과 같은 규정이 없다고 해서 법률의 흠결이 있다고 할 수 없고, 법률의 흠결로 보더라도 기술보증기금이나 신용보증기금과 지역신용보증재단 사이에는 설립목적과 재원, 신용보증을 제공하는 경우의 보증한도액 등에서 차이가 있는 점에 비추어 지역신용보증재단이 채권자인 경우에 기술보증기금법 제37조의3 제1항과 신용보증기금법 제30조의3을 유추적용하는 것이 정당하다고 볼 수 없다고 판시하였다.[79]

---

76) 이진만, 2016년 분야별 중요판례분석 − 도산법 −, 법률신문 제4530호, 법률신문사, 2017. 7. 27.

77) 대법원 2016. 8. 17. 선고 2016다218768 판결.

78) 대법원 2016. 8. 25. 선고 2016다211774 판결.

79) 대법원 2020. 4. 29. 선고 2019다226135 판결.

5. 중지된 절차의 실효

가. 실효의 대상

회생계획인가결정이 있은 때에는 제58조 제2항의 규정에 의하여 중지한 파산절차, 강제집행, 가압류, 가처분, 담보권실행 등을 위한 경매절차는 그 효력을 잃는다(제256조 제1항 본문). 회생계획이 인가됨으로써 회생채권자 등 이해관계인의 법률관계가 조정되었고, 회생계획의 내용에 따라 실체적으로 변경된 권리를 포함한 회생계획의 수행이 이루어져야 하므로 이러한 절차들을 계속 진행할 실익이 없기 때문이다.[80] 다만 제58조 제5항의 규정에 의하여 속행된 절차 또는 처분은 실효되지 않는다(제256조 제1항 단서).

국세징수법 또는 지방세징수법에 의한 체납처분, 국세징수의 예에 의하여 징수할 수 있는 청구권으로서 그 징수우선순위가 일반 회생채권보다 우선하는 것은 ① 회생절차개시결정이 있는 날부터 회생계획인가가 있는 날까지, ② 회생절차개시결정이 있는 날부터 회생절차가 종료되는 날까지, ③회생절차개시결정이 있는 날부터 2년이 되는 날까지의 기간 중 말일이 먼저 도래하는 기간 동안 중지되나, 제256조 제1항에서 실효되는 절차에 포함되어 있지 않으므로 회생계획에 대한 인가결정이 내려지면 중지가 해제되어 절차의 속행이 가능하다.

제256조 제1항은 국세징수의 예에 의하여 징수할 수 있는 청구권으로서 그 징수우선순위가 일반 회생채권보다 우선하지 아니하는 것에 기한 체납처분이 회생계획인가결정에 의하여 효력을 잃는지 여부에 관하여 규정을 하지 않고 있으나, 효력 상실에 관한 명백한 규정이 없는 이상 위 체납처분은 실효되지 않는 것으로 보아야 한다.[81] 다만 제58조 제5항에 의하여 취소할 수 있다.

나. 실효의 의미

절차가 효력을 잃는다는 것은 소급하여 그 절차가 효력을 잃는다는 것을 의미한다. 회생계획인가결정과 동시에 법원의 별도 재판 없이 그 효력을 잃는다.

---

80) 서울회생법원 재판실무연구회, 회생사건실무(하), 박영사, 2019, 118면; 온주(로앤비), 채무자회생법 제256조(이진웅 집필), 2015.

81) 서울회생법원 재판실무연구회, 회생사건실무(하), 박영사, 2019, 119면.

다. 재단채권의 취급

효력을 잃은 파산절차에서의 재단채권(제473조 제2호 및 제9호에 해당하는 것 제외)은 공익채권으로 한다(제256조 제2항). 파산절차에서의 재단채권도 회생절차개시 전의 원인으로 발생하였다면 회생절차에서는 원칙적으로 회생채권으로 분류되어야 하지만 파산선고로 인하여 재단채권자가 갖게 된 기대를 보호하기 위하여 공익채권으로 취급한다.

6. 회생채권자표 등의 기재와 그 효력

가. 회생채권자표 등의 기재

회생계획인가결정이 확정된 때에는 법원사무관 등은 회생계획에서 인정된 권리를 회생채권자표, 회생담보권자표와 주주 · 지분권자표에 기재하여야 한다(제249조).

나. 회생채권자표 등의 기재의 효력

(1) 확정판결과 동일한 효력 - 불가쟁력

(가) 회생절차 내에서의 불가쟁력

회생채권 또는 회생담보권에 기하여 회생계획에 의하여 인정된 권리에 관한 회생채권자표 또는 회생담보권자표의 기재는 회생계획인가결정이 확정된 때에 채무자, 회생채권자, 회생담보권자, 주주 · 지분권자, 회생을 위하여 채무를 부담하거나 담보를 제공하는 자, 신회사(합병 또는 분할합병으로 설립되는 신회사 제외)에 대하여 확정판결과 동일한 효력이 있다(제255조 제1항). 제255조 제1항의 취지는 회생계획인가결정이 확정된 경우 회생채권자표 또는 회생담보권자표에 기재된 회생채권 또는 회생담보권 중 회생계획의 규정에 의하여 인정된 권리를 기준으로 회생계획을 수행하도록 하여 신속하고도 안정적인 회생계획의 수행을 보장하려는 데에 있고, 이와 같은 의미에서 '확정판결과 동일한 효력이 있다'라는 것은 기판력이 아닌 회생절차 내부에서의 불가쟁의 효력으로 보아야 한다.[82]

82) 대법원 2005. 6. 10. 선고 2005다15482 판결.

기판력이 인정되지 않으므로 존재하지 아니하거나 이미 소멸한 회생채권이나 회생담보권이 이의 없이 확정되어 회생채권자표나 회생담보권자표에 기재되어 있더라도 이로 인하여 권리가 있는 것으로 확정되는 것은 아니므로, 이것이 명백한 오류인 경우에는 회생법원의 경정결정에 의하여 바로잡을 수 있고 그렇지 아니한 경우에는 무효확인의 판결을 얻어 이를 바로 잡을 수 있다.[83] 회생계획인가 후 회생절차가 폐지되고 제6조 제1항에 따라 파산이 선고된 경우 회생채권자표·회생담보권자표에 기재된 채권자의 권리는 제466조 제1항의 '집행력 있는 집행권원'을 갖는 채권에 해당하지만 이에 관한 청구이의의 소를 제기한 경우에는 민사집행법 제44조 제2항의 변론종결 후의 사유만을 주장하여야 한다는 제한을 받지 않으므로 인가결정 전 내지 회생절차개시 전의 사유도 주장할 수 있다.[84] 또한 회생절차 내부에서의 불가쟁력에 불과하므로, 회생절차 종료 후 회생채권자들 사이에 채무자의 재산에 대한 개별집행이 경합한 경우 그 배당이의 소송에서는 서로 간에 회생채권자표의 기재에 구속되지 않는다.[85]

(나) 제168조와의 관계

제168조에 의한 회생채권자표 등의 기재는 회생계획인가에 의하여 변경되기 전의 권리를 내용으로 하는 것인 반면, 제255조에 의한 회생채권자표 등의 기재는 회생계획인가에 의하여 변경된 권리에 관한 것이라는 점에서 양자는 구별된다.

(2) 기재의 효력이 미치는 객관적 범위

확정판결과 동일한 효력이 인정되는 기재는 회생계획에 의하여 인정된 권리에 관한 회생채권자표와 회생담보권자표의 기재이다. 조세채권 등 공법상의 청구권은 신고가 있으면 회생채권자표나 회생담보권자표에 기재되지만(제156조 제2항, 제167조 제1항), 관리인이 채무자가 할 수 있는 방법으로 불복신청을 할 수 있으므로(제157조 제1항), 확정판결과 동일한 효력이 인정되지 않는다.

---

83) 대법원 2016. 3. 24. 선고 2014다229757 판결.
84) 온주(로앤비), 채무자회생법 제255조(이진웅 집필), 2015.
85) 대법원 2003. 9. 26. 선고 2002다62715 판결.

(3) 기재의 효력이 미치는 주관적 범위

효력이 미치는 주관적 범위는 채무자 · 회생채권자 · 회생담보권자 · 주주 · 지분권자 · 회생을 위하여 채무를 부담하거나 담보를 제공한 자 · 신회사(합병 또는 분할합병으로 설립되는 신회사 제외)로(제255조 제1항) 회생계획의 효력이 미치는 자와 동일하다. 관리인도 포함된다는 점에 대하여 이론이 없다. 인가 전 폐지결정이 확정된 경우의 회생채권자표 등의 기재와 달리, 조사절차에서의 채무자의 이의 여부에 관계없이 효력이 인정된다.

다. 회생채권자표 등에 의한 강제집행

회생계획에 의하여 회생채권자와 회생담보권자에게 인정된 권리가 금전의 지급 기타 이행의 청구를 내용으로 하는 때에는 그 권리에 관한 회생채권자표와 회생담보권자표의 기재는 집행력을 갖고, 인정된 권리는 회생절차 종결 후에 채무자와 회생을 위하여 채무를 부담한 자에 대하여 회생채권자표와 회생담보권자표에 의하여 강제집행을 할 수 있다(제255조 제2항 전문). 회생계획불인가결정의 확정(제248조)이나 회생계획인가 전 폐지(제292조)와 달리 채무자가 이의를 한 경우에도 회생채권자표 등에 의하여 채무자 등에 대하여 강제집행을 할 수 있다.

회생채권에 관하여 회생절차개시 이전부터 회생채권 또는 회생담보권에 관하여 집행권원이 있었다 하더라도, 회생계획인가결정이 있은 후에는 제252조에 의하여 모든 권리가 변경 · 확정되고 종전의 회생채권 또는 회생담보권에 관한 집행권원에 의하여 강제집행 등은 할 수 없으며, 회생채권자표와 회생담보권자표의 기재만이 집행권원이 된다.[86]

회생채권자표와 회생담보권자표의 기재에 의한 강제집행은 회생절차 종결 후에만 허용된다. 회생절차가 진행 중인 동안에는 회생채권자는 회생계획에 따라 회생채권을 변제받을 수 있을 뿐, 회생채권이 변제기에 변제가 되지 않더라도 강제집행을 할 수 없음은 물론 그 채권의 이행이나 확인을 청구하는 소송도 제기할 수 없다.[87] 제255조 제2항에서는 회생절차의 '종결 후'에 강제집행을 할

86) 대법원 2017. 5. 23.자 2016마1256 결정.
87) 대법원 1991. 4. 9. 선고 91다63 판결.

수 있다고 정하고 있지만 인가 후 폐지의 경우도 포함되는 것으로 해석된다.[88)]

징수우선순위가 일반 회생채권보다 우선하는 조세 등 청구권은 회생계획에 정해진 변제기에 변제되지 않을 때 회생절차가 진행 중이라도 체납처분이나 담보물건의 처분을 할 수 있다(제256조 제1항). 조세 등 청구권에 기한 체납처분은 회생절차개시결정으로 중지되지만 회생계획인가 이후에는 절차의 속행이 가능하기 때문이다(제58조 제3항).

회생을 위하여 채무를 부담하는 자도 회생채권자표 등의 집행력을 받고, 이것을 집행권원으로 한 강제집행의 채무자로 되지만 이들이 보증인인 경우 민법 제437조의 규정에 의한 최고·검색의 항변을 할 수 있다(제255조 제2항 후문).

라. 시효기간의 특칙과 정지

회생채권자표와 회생담보권자표의 기재에는 확정판결과 동일한 효력이 있으므로 그 회생채권 및 회생담보권은 10년보다 단기의 시효기간의 정함이 있는 경우라도 소멸시효기간은 10년이 된다(민법 제165조 제2항, 제1항). 그러나 회생계획에 의하여 회생채권 또는 회생담보권의 전부 또는 일부가 면제되거나 감경된 경우에 면제 또는 감경된 부분에 대한 권리는 '회생계획의 규정에 의하여 인정된 권리'라고 할 수 없으므로 그 소멸시효기간은 민법 제165조에 의하여 10년으로 연장된다고 할 수 없다.[89)]

V. 회생계획의 인가 여부의 결정에 대한 불복

1. 즉시항고

회생계획의 인가 여부의 결정에 대하여는 즉시항고를 할 수 있다(제247조 제1항).

---

88) 서울회생법원 재판실무연구회, 회생사건실무(하), 박영사, 2019, 125면.
89) 대법원 2017. 8. 30.자 2017마600 결정.

가. 즉시항고권자

회생계획의 인가 여부의 결정에 대하여 즉시항고를 할 수 있는 자는 그 재판에 대하여 이해관계를 가지고 있는 자이다(제13조 제1항). 여기에서 '이해관계'라 함은 '법률상 이해관계'를 의미하는 것이므로, 결국 회생계획인가결정에 대하여 즉시항고를 할 수 있는 자는 그 회생계획의 효력발생에 따라 자기의 이익이 침해되는 자이고, 이러한 법리는 항고심 결정에 대하여 특별항고를 제기하는 경우에도 동일하게 적용된다.[90]

(1) 회생채권자, 회생담보권자, 주주 · 지분권자

(가) 목록에 기재되거나 신고한 회생채권자 등

목록에 기재되거나 신고한 회생채권자 · 회생담보권자 · 주주 · 지분권자는 즉시항고할 수 있다(제247조 제1항 본문). 제252조 등에 따라 권리가 변경되는 등 회생계획에 대하여 법률상 이해관계를 가지기 때문이다. 목록에 기재되거나 신고한 이상 권리의 확정 여부,[91] 의결권 유무,[92] 결의절차 참여 여부, 회생계획에 대한 찬성 여부에 관계없이 즉시항고할 수 있다. 회생계획에 찬성한 자도 결의를 위한 관계인집회 이후 인가 사유의 불비 사실을 발견한 경우에는 인가 결정에 대하여 즉시항고할 수 있다. 회생계획안에 반대한 자는 불인가결정에 대하여 다툴 법률상 이익이 없으므로 즉시항고를 할 수 없다.[93]

(나) 목록에 기재되지 않고 신고도 하지 아니한 회생채권자 등

목록에 기재되지 않고 신고하지 않은 회생채권자 · 회생담보권자 · 주주 · 지분권자는 즉시항고할 수 없다(제247조 제1항 단서). 이들은 불인가결정의 경우 그

---

90) 대법원 2008. 6. 17.자 2005그147 결정.

91) 권리가 미확정인 회생채권자 등이 권리확정소송에서 그 권리가 존재하지 않는 것으로 확정되거나 제소기간 도과 등으로 회생절차에 참가할 자격을 확정적으로 상실하는 경우에는 즉시항고를 제기할 수 없다[서울회생법원 재판실무연구회, 회생사건실무(하), 박영사, 2019, 128면; 임채홍·백창훈, 회사정리법(하) 제2판, 한국사법행정학회, 2002, 346면].

92) 다만 의결권이 없는 회생채권자 등이 즉시항고를 하는 때에는 회생채권자 등인 것을 소명하여야 한다(제247조 제2항).

93) 임채홍 · 백창훈, 회사정리법(하) 제2판, 한국사법행정학회, 2002, 346면.

권리가 그대로 유지되므로 법률상 이해관계가 인정되지 않고, 인가결정의 경우에도 회생계획안의 심리를 위한 관계인집회가 끝난 후 또는 서면결의에 부친다는 결정이 있은 후에는 채권신고를 할 수 없어 절차에 참가할 권리가 없어 역시 법률상 이해관계가 인정되지 않기 때문이다.[94]

(2) 채무자

채무자에게도 회생계획의 효력이 미치기 때문에 즉시항고를 할 수 있는 것으로 해석된다. 채무자가 즉시항고를 제기하는 경우 그 대표자는 관리인이 아니라 대표이사이다.[95]

(3) 관리인

관리인에 대하여는 즉시항고권을 인정하는 견해와 직접 법률상의 이해관계가 없으므로 즉시항고권이 없다는 견해, 인가결정에 대하여는 즉시항고권이 없으나, 불인가결정에 대하여는 즉시항고권이 있다는 견해가 대립하고 있다. 관리인이 회생채권자의 지위를 겸하고 있는 경우에는 회생채권자로서 항고할 수 있음은 물론이다.

(4) 공익채권자

회생계획에는 공익채권 변제기의 유예 또는 채권의 감면 등 공익채권자의 권리에 영향을 미치는 규정을 할 수 없고, 설령 그와 같은 규정을 두었다고 하더라도 그 공익채권자가 동의하지 않는 한 그 권리변경의 효력은 공익채권자에게 미치지 않아 공익채권자는 회생계획에 의하여 법률상 이해관계를 가지지 않으므로 회생계획인가결정에 대한 적법한 항고권자가 될 수 없다.[96]

---

94) 서울회생법원 재판실무연구회, 회생사건실무(하), 박영사, 2019, 128면; 주석 채무자회생법 제247조(권창환 집필), 한국사법행정학회, 2021

95) 온주(로앤비), 채무자회생법 제247조(황정수 집필), 2015.

96) 대법원 2006. 1. 20.자 2005그60 결정.

(5) 채무자의 회생을 위하여 채무를 부담하거나 담보를 제공한 자

채무자의 회생을 위하여 채무를 부담하거나 담보를 제공한 자는 제250조 제1항 제3호에 의하여 회생계획의 효력이 미치고, 제255조에 따라 인가결정 확정 시 확정판결과 동일한 효력이 있는 회생채권자표 또는 회생담보권자표에 의한 강제집행의 대상이 되어 법률상 이해관계가 있으므로 즉시항고권이 인정된다. 다만 불인가결정에 대하여도 즉시항고권이 인정되는지 견해가 대립하나 불인가결정의 경우 채무부담 내지 담보제공의 부담을 면하여 법률상 이해관계가 없으므로 즉시항고권을 인정하지 않는 것이 타당하다.[97]

나. 즉시항고기간

회생계획 인부 결정에 대한 항고는 인부 결정의 공고가 있은 날부터 14일 이내에 하여야 한다(제245조 제1항, 제13조 제2항, 제11조 제2항).

다. 보증금 공탁명령

회생계획불인가의 결정에 대한 항고가 있는 때에는 회생계속법원은 기간을 정하여 항고인에게 보증으로 규칙이 정하는 범위 안에서 금전 또는 법원이 인정하는 유가증권을 공탁하게 할 수 있다(제247조 제4항). 항고인이 법원이 정하는 기간 안에 보증을 제공하지 아니하는 때에는 법원은 결정으로 항고장을 각하하여야 한다(제247조 제5항). 불인가결정에 대한 즉시항고가 기각되고 채무자에 대하여 파산선고가 있거나 파산절차가 속행되는 때에는 보증으로 제공한 금전 또는 유가증권은 파산재단에 속한다(제247조 제6항).

2. 즉시항고와 집행정지의 효력

가. 즉시항고와 집행정지의 효력

회생계획은 인가의 결정이 있은 때부터 효력이 발생하고(제246조), 회생계획인가의 결정에 대한 즉시항고는 회생계획의 수행에 영향을 미치지 아니한다(제247

97) 임채홍 · 백창훈, 회사정리법(하) 제2판, 한국사법행정학회, 2002, 348면.

조 제3항).

회생계획 인부 결정에 대한 즉시항고에 관한 재판의 불복은 민사소송법 제442조의 재항고에 의하여야 하고,[98] 재항고의 사유가 있는 경우 항고에 관한 규정이 준용된다(제247조 제7항).

나. 즉시항고의 이유 및 심리의 범위

회생계획인가결정에 대한 즉시항고의 이유는 제243조 제1항 각 호에서 정하는 인가요건을 갖추지 않았음에도 인가결정을 하였다는 것이다. 불인가결정에 대한 즉시항고의 이유는 제243조 제1항 각 호에서 정한 인가요건을 갖추었음에도 불인가결정을 하였다는 것이다.

다. 회생계획 수행정지 등의 가처분

항고법원 또는 회생계속법원은 항고가 이유 있다고 인정되고 회생계획의 수행으로 생길 회복할 수 없는 손해를 예방하기 위하여 긴급한 필요가 있음을 소명한 때에는 신청에 의하여 항고에 관하여 결정이 있을 때까지 담보를 제공하게 하거나 담보를 제공하게 하지 아니하고 회생계획의 전부나 일부의 수행을 정지하거나 그 밖에 필요한 처분을 할 수 있다(제247조 제3항 단서).

3. 회생계획인가결정의 취소

항고법원은 항고가 이유 없는 경우에는 항고기각의 결정을 하고, 항고가 이유 있는 경우에는 원결정을 취소하는 결정을 한다.

대법원은 회생계획인가결정에 대한 항고의 경우 회생계획에 대하여 대다수의 이해관계인이 동의하였고, 이미 그 계획이 수행되고 있으며, 사회경제적으로 미치는 영향이 작지 않은 경우 항고법원으로서는 인가결정에 부분적인 위법이 있

98) 대법원 2016. 7. 1.자 2015재마94 결정. 회생계획인가결정에 대한 즉시항고에 관한 재판에 대한 불복을 종전의 '특별항고'에서 재항고로 변경함으로써, 이해관계인의 남항고로 M&A를 통한 회생계획(변경)의 확정이 늦어져 M&A가 기피되거나 조기 종결이 어려워질 우려가 있다는 견해로는 차한성, 서울중앙지방법원 도산사건실무, 남효순·김재형 공편, 통합도산법, 법문사, 2006, 420면.

다고 하여 곧바로 회생계획인가결정을 취소할 것이 아니라, 제244조 제1항을 준용하여 다른 이해관계인들과의 관계, 회생계획의 수행가능성 등을 참작하여, 권리를 보호하는 조항을 정하여 회생계획을 인가하는 것으로 원심결정을 변경하는 것이 바람직하다고 판시한 바 있다.[99)]

회생계획인가결정의 취소결정이 확정되면 회생계획은 원칙적으로 소급하여 실효되므로 권리변동의 효력도 발생하지 않고 관리인이 한 행위도 소급하여 무효가 된다. 그러나 회생계획의 수행에 따라 제3자가 이미 취득한 권리는 해할 수 없다.

4. 회생계획인가 여부 결정의 확정

가. 확정시기

회생계획 인부결정은 ① 즉시항고기간의 도과, ② 즉시항고에 대한 각하 또는 기각 결정의 확정, ③ 재항고기간의 도과나 재항고에 대한 각하 또는 기각 결정에 의하여 확정된다.

나. 확정의 효력

(1) 인가결정 확정의 효력

인가결정이 확정되면 누구도 인가요건의 흠결을 다툴 수 없고, 회생계획의 효력도 다툴 수 없게 되어,[100)] 인가결정 시에 발생한 효력이 확정적으로 유지된다.

(2) 불인가결정 확정의 효력

(가) 불인가결정의 확정

불인가결정이 확정된 때 회생계획의 효력은 생기지 않는 것으로 확정되고 회생절차는 종료된다. 불인가결정의 성질은 회생계획인가 전 폐지결정과 같은 것

---

99) 대법원 2000. 1. 5.자 99그35 결정.
100) 대법원 2005. 6. 10. 선고 2005다15482 판결.

으로 해석되고 있다.[101] 따라서 절차 중에 생긴 법률효과는 소급하여 무효로 되지 않고 원칙적으로 유효하다.

(나) 공익채권의 변제

불인가결정이 확정되어 회생절차가 종료하면 파산을 선고하는 경우(제6조 제2항 제3호)를 제외하고, 관리인은 채무자의 재산으로 공익채권을 변제하여야 하고 이의 있는 공익채권에 대하여는 공탁을 하여야 한다(제248조, 제291조). 불인가결정의 확정에 따라 관리인은 그 지위를 상실하고 채무자의 업무수행권과 재산의 관리·처분권은 채무자에게 회복되나, 회생계획 불인가결정으로 회생절차가 종료된 채무자는 자금이 부족하여 공익채권자의 권리행사가 곤란한 경우가 많으므로 공익채권의 변제를 최대한 보장하기 위하여 관리인은 공익채권을 변제하는 범위 내에서 그 권한과 의무를 유지하게 된다.[102]

(다) 회생채권자표 등 기재의 효력: 확정판결과 동일한 효력 및 집행력

회생계획불인가결정이 확정된 경우 회생채권자 등은 개별적으로 권리를 행사할 수 있다. 따라서 회생절차 중에 확정된 회생채권·회생담보권 중 조사기간 내에 또는 특별조사기일에 채무자가 그 권리에 대하여 이의를 제기하지 않은 것에 관한 회생채권자표 등의 기재는 채무자에 대하여 확정판결과 동일한 효력이 있고, 회생채권자·회생담보권자는 이에 기하여 채무자에 대하여 강제집행을 할 수 있다(제248조, 제292조).

채무자가 이의를 제기한 권리의 채권자는 회생계획불인가결정이 확정된 이후 회생채권자표 등에 기하여 강제집행을 할 수 없다. 이러한 채권자는 채무자를 상대로 하여 소를 제기하거나 중단된 소송을 수계하여 그 권리의 확정을 구하여야 한다.

확정판결과 동일한 효력 및 집행력이 미치는 대상은 채무자이다. 확정판결과 동일한 효력은 집행력을 의미하는 것으로 기판력까지 인정되는 것은 아니다. 회생채권자 등에게 집행권원이 되는 것은 회생채권자표 등의 기재이고 집행문을

101) 서울회생법원 재판실무연구회, 회생사건실무(하), 박영사, 2019, 140면.

102) 온주(로앤비), 채무자회생법 제248조(황정수 집필), 2015; 임채홍·백창훈, 회사정리법(하) 제2판, 한국사법행정학회, 2002, 454면.

부여받아 강제집행을 할 수 있다.

(라) 관리인의 지위 상실

불인가결정의 확정에 따라 관리인은 그 지위를 상실하고 회생절차개시로 인하여 관리인에게 전속하였던 채무자의 업무수행권과 재산의 관리·처분권은 채무자에게 회복된다. 다만 관리인은 공익채권의 변제범위 내에서 권한과 의무를 유지하게 된다.

제14장
회생계획의 수행과 변경

Ⅰ. 회생계획의 수행

1. 회생계획의 수행

가. 회생계획 수행의 담당자

회생계획은 인가의 결정이 있은 때부터 효력이 생긴다(제246조). 회생계획인가 결정이 있는 때에는 관리인은 지체 없이 회생계획을 수행하여야 한다(제257조 제1항). 회생계획에 의하여 신회사를 설립하는 때에는 관리인이 발기인 또는 설립위원의 직무를 행한다(제257조 제2항).

나. 사업계획의 수행

회생계획의 성공적인 수행 여부는 채무자가 변제자금과 운영자금을 계획대로 조달하는지 여부에 달려 있다. 채무자의 자금조달계획의 핵심은 영업활동을 통한 자금조달계획이다. 관리인은 채무자가 회생계획에서 예정하고 있는 수준 이상의 영업실적을 거둘 수 있도록 최선을 다하여 업무를 수행하여야 한다.

다. 자산매각계획의 수행

채무자가 비영업용 자산을 보유하고 있는 경우 통상 회생계획에서 이를 매각하는 규정을 둔다. 채무자 소유의 영업용 자산인 토지 및 공장 건물을 타인에게 매각하고 임대로 전환하는 Sale & Lease Back 규정을 두기도 한다. 자산이 예정대로 매각되지 않을 경우 지연손해금을 부담하거나 회생계획의 수행가능성을 저하시킬 수 있으므로 관리인은 매각 예정 자산을 매각 예정 연도 내에 매각하도록 노력하여야 한다.

㈜대한의 법률상 관리인 김민국은 회생계획 제8장 제1절 제2항에 따라 20×1. 7. 3. ㈜대한 소유의 서울 ○○구 ○○대로 ○○○ 토지 및 건물을 합계 15,089,973,699원에 매각하였다.

라. 회생채권 등의 변제

관리인은 법원의 허가를 얻어 회생채권과 회생담보권을 변제하여야 한다. 이는 회생계획의 수행 중 가장 중요한 부분이다. 관리인이 회생채권을 변제하지 않더라도 회생절차 진행 중에는 회생채권자는 회생계획에 정하여진 바에 따라 회생채권을 변제받을 수 있을 뿐, 강제집행을 할 수 없고 그 채권의 이행이나 확인을 구하는 소를 제기할 수도 없다.[1)]

㈜대한의 법률상 관리인 김민국은 회생계획 제3장 제2절에 따라 20X0. 11. 29. ㈜신한은행의 회생담보권 원리금 87,487,642원을 전액 변제하였고, 20X1. 7. 3. ㈜하나은행의 회생담보권 원리금 9,361,771,034원을 전액 변제하였으며, 회생계획 제3장 제3절에 따라 20X1. 12. 30. 제1차연도 회생채권 원리금 합계 808,695,056원, 조세 등 채권 원리금 합계 33,771,487원을 전액 변제하였다.

마. 기타 회생계획에 규정된 사항의 수행

그 밖에도 관리인은 영업양도, 정관의 변경, 이사 또는 대표이사의 변경, 자본의 감소, 신주의 발행, 주식의 포괄적 교환 및 이전, 합병, 분할, 분할합병 등 회생계획에 기재된 사항을 법원의 허가를 얻어 수행하여야 한다. 회생계획을 수행함에 있어서는 법령 또는 정관의 규정에 불구하고 법인인 채무자의 창립총회·주

1) 대법원 1991. 4. 9. 선고 91다63 판결.

주총회 또는 사원총회 또는 이사회의 결의를 하지 아니하여도 된다(제260조).[2] 관리인은 법원의 허가 등을 거쳐 위 사항들을 수행하면 된다.

2. 회생계획 수행명령과 담보제공명령

가. 회생계획 수행명령

법원은 채무자, 회생채권자·회생담보권자·주주·지분권자, 회생을 위하여 채무를 부담하거나 담보를 제공하는 자, 신회사(합병 또는 분할합병으로 설립되는 신회사 제외), 관리인에 대하여 회생계획의 수행에 관하여 필요한 명령을 할 수 있다(제258조 제1항). 수행명령에 대하여는 이해관계인에게 신청권이 없고, 신청이 있더라도 법원의 직권발동을 촉구하는 의미를 가지는데 불과하다. 수행명령을 위반하는 행위를 한 자는 500만 원 이하의 과태료에 처한다(제660조 제2항).

수행명령은 ① 회생계획 수행의 책임을 부담하는 자에 대한 독촉기능, ② 회생계획 수행의 책임을 부담하는 자 상호 간의 조정기능, ③ 회생계획의 효력을 받는 자에 대하여 담보제공, 증자를 위한 납입 등 약속을 이행할 것을 명하는 기능을 한다.[3]

나. 담보제공명령

법원은 회생계획의 수행을 확실하게 하기 위하여 필요하다고 인정하는 때에는 회생계획 또는 채무자회생법의 규정에 의하여 채권을 가진 자와 이의 있는 회생채권 또는 회생담보권으로서 그 확정절차가 끝나지 아니한 것을 가진 자를 위하여 상당한 담보를 제공하게 할 수 있다(제258조 제2항). 실무상 담보제공명령이 내려진 사례를 찾아보기는 어렵다. 다만, 회생절차에서 M&A가 진행되거나 청산형 회생계획이 수행됨으로써 회생채권자 등에게 채권액을 일시 변제하고 회

2) 회생계획을 수행함에 있어 주주총회와 이사회 등의 결의를 거칠 필요가 없는 것으로 정한 이유는 회생계획의 심리 및 결의 단계에서 주주·지분권자의 의사가 반영되었으므로 그 수행에 관하여 별도로 주주총회의 결의를 거칠 이유가 없고, 채무자 회사의 업무수행권 및 재산의 관리·처분권이 관리인에게 귀속되어 있으므로 이사회의 결의 또한 거칠 이유가 없기 때문이다[주석 채무자회생법 제260조(나청/김유성 집필), 한국사법행정학회, 2021].

3) 온주(로앤비), 채무자회생법 제258조(박형준 집필), 2015.

생절차가 종료되는 경우, 조사확정재판 내지 조사확정재판에 대한 이의의 소가 계속 중이어서 그 일시금을 수령하지 못하고 있는 회생채권자 등을 보호하는 수단으로 활용될 수 있을 것으로 예상된다.[4)]

3. 채무자에 대한 실사

법원은 회생계획인가 후 ① 회생계획을 제대로 수행하지 못하는 경우, ② 회생절차의 종결 또는 폐지 여부의 판단을 위하여 필요한 경우, ③ 회생계획의 변경을 위하여 필요한 경우 채권자협의회의 신청에 의하거나 직권으로 조사위원 또는 간이조사위원으로 하여금 채무자의 재산 및 영업상태를 실사하게 할 수 있다(제259조). 종래 회사정리실무에서 정리계획이 인가되어 수행되면 정리회사가 정상적으로 운영되고 있는지를 검증할 근거가 부족하다는 지적에 따라 채무자회생법 제정과정에서 채무자에 대한 실사 제도를 신설하였다.[5)]

Ⅱ. 회생계획의 변경

1. 회생계획 변경의 의의

회생계획은 관계인집회의 가결 및 법원의 인가결정을 통해 채권자·주주·지분권자 등의 법률관계를 조정한 것이므로 원칙적으로 변경이 허용되지 않는다. 그러나 회생계획인가결정 후에 그 전제가 된 경제 사정의 변화나 예측의 오류 등으로 회생계획의 수행이 불가능한 사정이 발생하였을 때 회생계획에 변경을 가하면 회생의 가능성이 있는 경우까지도 회생절차를 폐지하는 것은 사회경제적으로는 물론 이해관계인의 의사에도 부합하지 않을 가능성이 높으므로, '부득이한 사유', 즉 원 회생계획인가 시에 예상했더라면 당연히 다른 회생계획안을 작성하였을 것이라는 사정의 변경이 발생한 때에 한하여 회생계획의 변경을 허용

4) 주석 채무자회생법 제258조(나청/김유성 집필), 한국사법행정학회, 2021.
5) 법무부, 채무자 회생 및 파산에 관한 법률 해설, 2006, 134면.

함으로써, 재정적 어려움으로 인하여 파탄에 직면해 있는 채무자에 대하여 채권자·주주·지분권자 등 이해관계인의 법률관계를 조정하여 채무자 또는 그 사업의 효율적인 회생을 도모한다는 회생제도의 공익적 목적에 기여하기 위한 제도가 회생계획변경이다.[6] 채무자회생법은 엄격한 요건하에 회생계획의 변경을 인정하고 있다.

2. 회생계획 변경의 요건

가. 회생계획 변경의 신청권자

신청권자는 관리인, 채무자 또는 목록에 기재되어 있거나 신고한 회생채권자·회생담보권자·주주·지분권자(제282조 제1항)로 회생계획안 제출권자와 동일하다. 원 회생계획을 제출한 자가 아니라도 신청할 수 있다. 법원이 직권으로 회생계획을 변경할 수는 없다.

나. 회생계획 변경의 시기

회생계획의 변경은 회생계획인가의 결정이 있은 후 회생절차가 종결되기 전에 한하여 허용된다(제282조 제1항).[7] 회생절차가 종결된 후 채권자에게 불이익한 변경을 하려면 채권자의 개별적인 동의를 얻어야 한다.

다. 부득이한 사유와 변경의 필요성

---

6) 대법원 2006. 3. 29.자 2005카기85 결정.

7) 회생계획의 변경을 회생절차 종결 전에 한하여 허용하는 이유에 대하여는 오수근, 정리계획 수행과 주주의 권리 – 국제상사 사건을 중심으로 –, 상사판례연구 제20편 제3권, 한국상사판례학회, 2007, 12–14면 참조. 오수근 교수에 의하면 미국이나 독일의 경우 회생계획이 인가되면 원칙적으로 회생절차를 종결하고 채무자 회사는 다른 일반 회사와 같이 주주가 경영진을 선임하여 운영해 나가고, 그 후 다시 재무적 파탄에 빠지면 다시 회생절차를 신청하도록 하는 데 반하여, 우리나라와 일본의 경우 회생계획에 따른 변제가 시작되기 전까지 회생절차를 종결하지 않고 법원의 감독하에 관리인이 채무자 회사를 경영하는데 그 상태에서 채권자나 주주의 권리를 변경할 필요가 있을 경우 회생절차 중에 있는 채무자 회사가 다시 회생절차개시신청을 해야 하는 모순을 피하기 위하여 회생계획의 변경 제도를 두었다고 한다. 이러한 제도의 취지에 의하면 회생절차 종결 이후에는 회생계획의 변경을 허용할 필요가 없다.

회생계획인가결정이 있은 후 부득이한 사유로 회생계획에 정한 사항을 변경할 필요가 생긴 때에 회생계획을 변경할 수 있다. '부득이한 사유'란 원 회생계획인가 당시 그러한 사정이 예상되었다면 현재와는 다른 내용의 회생계획이 수립되었을 것이라는 사태가 발생한 것을 의미하는 것으로,[8] 그러한 사정이 회생계획인가 후 생긴 것이 아니라 회생계획인가 전부터 존재하고 있었던 경우라면 이에 해당하지 않는다. 부득이한 사유는 채무자나 관리인에게 그 책임을 물을 수 없는 것에 한정되지 않는다.[9] 회생계획인가 후 경제 사정의 급변, 영업수익의 감소 및 매매실적의 부진 등이 이에 해당하고,[10] 법령의 개폐, 사업수행에 필요한 인·허가의 취소 등도 포함된다. 대부분의 채무자 회사의 경우 회생계획인가 후 사업 부진, 경제 사정의 변동 등의 사유가 있으므로 실무상 부득이한 사유 유무는 크게 문제 되지 않는다. '회생계획에 정한 사항을 변경할 필요'는 회생계획의 전부 또는 일부를 수행하기 불가능하거나 현저히 곤란하고 회생계획을 변경하면 그러한 상황을 회피할 수 있는 경우를 가리킨다.[11]

회생절차에서 인가된 회생계획을 변경할 부득이한 사유나 필요가 있는지 여부는, 법원이 회생계획과 대비하여 채무자 회사의 재무구조와 영업상황, 자금수지 상황, 회생채무의 원활한 변제 가능성 등을 검토하고, 채무자 회사의 자금조달과 신규투자의 필요성 및 국내외 경제 사정의 현황과 전망 등을 고려하며 아울러 회생계획변경으로 인하여 영향을 받는 이해관계인의 의사 및 불이익의 정도 등을 종합·참작하여 채무자 회사의 유지·재건으로 인한 사회경제적 이익과 이해관계인에게 미치는 불이익의 정도 등을 비교형량한 후 판단한다.[12]

8) 서울회생법원 재판실무연구회, 회생사건실무(하), 박영사, 2019, 172면.

9) 주석 채무자회생법 제282조(나청/김유성 집필), 한국사법행정학회, 2021.

10) 대법원 2007. 11. 29.자 2004그74 결정.

11) 대법원 2007. 11. 29.자 2004그74 결정. 채무자 회사가 회생계획을 안정적으로 수행하고 있고 앞으로도 그 수행을 위한 자금을 보유하고 있거나 그 밖에 회생계획의 수행에 지장을 초래할만한 사정이 없음에도 불구하고 인수희망자를 물색하여 M&A를 추진한다면 이는 채권자 측의 채권의 만족이나 채무자 회사의 회생이라는 이해관계와 무관하기 때문에 이러한 경우는 회생계획을 변경할 필요가 없고, 이러한 유형의 M&A는 허용될 수 없다는 견해로는 홍성준, 회사정리·회생절차와 M&A, BFL 제20호, 서울대학교 금융법센터, 2006, 85-86면 참조.

12) 대법원 2008. 1. 24.자 2007그18 결정.

라. 변경의 대상

(1) 회생계획에 정한 사항의 변경

회생계획의 변경절차가 필요한 것은 '회생계획에 정한 사항을 변경'하는 경우이다(제282조 제1항). 절대적 기재사항은 물론 상대적 기재사항도 회생계획 변경의 대상이다. 주로 회생채권자 · 회생담보권자 · 주주 · 지분권자의 추가적인 권리 변경이 그 대상이다.

(2) 회생계획에 정하지 않았던 사항의 추가

회생계획인가 후 사정변경으로 제55조 제1항의 사항을 새로이 행할 필요가 생긴 경우에는 회생계획 변경절차가 필요하다.

3. 회생계획 변경의 절차

가. 회생계획 변경요건을 갖추지 못한 경우

회생계획 변경신청이 신청권자, 신청방식, 신청시기 등의 형식적 요건을 갖추지 못한 경우 법원은 회생계획 변경신청을 각하한다.[13] 형식적 요건은 갖추었으나 변경의 필요성이 없거나 변경회생계획인가의 요건을 갖추지 못한 경우에는 수정명령을 하거나(제229조), 수정명령 없이 회생계획변경 불허가결정을 한다.

나. 회생계획 변경요건을 갖춘 경우

회생계획의 변경요건을 갖춘 경우 법원은, 그 변경의 내용이 회생채권자 · 회생담보권자 · 주주 · 지분권자에게 불리한 영향을 미치지 않는다고 인정되면, 그대로 회생계획 변경결정을 한다. 불리한 영향을 미친다고 인정되는 때에는 회생계획안의 제출이 있는 경우에 관한 규정을 준용한다(제282조 제2항 본문).

불리한 영향을 미친다고 인정되는 경우란 이해관계인의 채무자에 대한 권리나 지위가 원 회생계획에 비하여 질적 · 양적으로 감소하거나 불안정하게 되거나 그런 우려가 있는지를 기준으로 판단하는데 ① 채권의 변제기가 연장되거나, 변

---

13) 서울회생법원 재판실무연구회, 회생사건실무(상), 박영사, 2019, 173면.

제원금 · 이자 등이 감축되거나, ② 지분권자의 지분율이 희석되는 경우가 대표적이다.[14)]

채무자 회사의 관리인이 정관에 규정된 수권자본금 한도 내에서 법원의 허가 하에 향후 제3자 배정방식의 신주발행을 계획하고 있는 회생계획 조항에 따라 신규자금을 유치할 목적으로 법원의 허가를 받아 신주를 발행하는 경우에는 채무자 회사의 기존 주주들이 회생계획에 의하여 감수하기로 예정한 불이익이 구체적으로 현실화되는 것에 불과하므로 특별한 사정이 없는 한 제3자 배정방식의 신주발행을 위하여 회생계획 변경절차를 거칠 필요가 없다.[15)]

회생계획인가 후 M&A를 진행하여, 잔존 회생채권과 회생담보권을 전액 변제하는 경우를 이해관계인에게 불리한 영향을 미치는 경우로 볼 수 있는지 문제되는데, 회생계획상 M&A 절차의 진행가능성을 예정하고 있고, 회생채권 및 회생담보권의 조기변제에 관한 규정을 두고 있으며, 나아가 회생계획 변경 당시 채무자 회사가 부채초과 상태라면, 변경회생계획안에 대하여 심리 및 결의를 위한 관계인집회를 진행하더라도 회생채권자 및 회생담보권자는 불리하게 변경되는 부분이 없고, 주주는 의결권이 부여되지 않으므로 결과적으로 주주의 지분율이 희석된다는 사정만으로 이해관계인에게 불리한 영향이 있다고 볼 수는 없을 것이다.[16)]

대법원은 정관변경에 관하여 “회생절차기간 중 정관변경의 필요성이 있을 때에는 관리인이 법원의 허가를 얻어 변경한다”라고 규정하고 있다고 하더라도 원 회생계획상 고려대상이 아니었던 제3자의 인수 · 합병에 의한 회생절차의 진행을 위하여 채무자 회사의 수권자본의 수를 2배로 증가시키고 기존 주주의 신주인수권을 사실상 박탈하는 취지의 정관변경을 내용으로 하는 회생계획변경은 회생계획의 기본적인 구도가 변경될 뿐만 아니라 기존 주주에게 실질적으로 불리한 영

---

14) 주석 채무자회생법 제282조(나청/김유성 집필), 한국사법행정학회, 2021. 인가 후 M&A가 성사되었으나 M&A 인수대금으로 원 회생계획에 따라 이미 감면 등의 권리변경이 이뤄진 회생채권을 모두 변제할 수 없을 경우에 그 회생채권을 다시 감면하거나 일부 출자전환하는 내용의 변경회생계획안이 이에 해당한다(이진웅, PEF 회생기업에 대한 투자 및 회생절차 종결－사례 및 실무상 쟁점의 소개－, 법조 제662호, 법조협회, 2011, 279－280면).

15) 대법원 2008. 5. 9. 선고 2007그127 결정.

16) 주석 채무자회생법 제282조(나청/김유성 집필), 한국사법행정학회, 2021.

향을 미치는 경우에 해당하므로 이러한 정관변경을 회생계획변경절차에 의하지 아니하고 원 회생계획의 정관변경조항에 기한 법원의 정관변경 허가결정만으로 하는 것은 허용될 수 없다고 판시하였다.[17)]

회생계획안의 제출이 있는 경우에 관한 규정을 준용한다는 것은 변경회생계획안의 심리 및 결의를 거쳐야 한다는 것을 의미한다. 다만, 회생계획의 변경으로 인하여 불리한 영향을 받지 아니하는 권리자를 절차에 참가시키지 아니할 수 있다(제282조 제2항 단서). 관계인집회에서의 결의 또는 서면결의로 가결되면 변경회생계획 인가결정을 선고하고, 가결되지 못하면 회생계획변경 불인가결정을 하거나 권리보호조항을 정하여 변경회생계획 인가결정을 선고한다.

구체적인 사안에서 회생법원이 부결된 변경계획안을 권리보호조항을 두고 인가할 것인지 여부는 회생법원이 채무자 회사의 재무구조, 영업상황 및 기업가치 등 제반 사정을 종합하여 재량에 따라 판단할 사항이고, 나아가 회생법원이 구체적인 권리보호조항을 정함에 있어서는 합리적인 절차와 방법에 따라 채무자 회사의 기업가치를 평가한 자료를 취사선택한 후 이를 토대로 부동의한 조의 권리자에게 실질적인 가치를 부여하면 충분하다.[18)]

다. 효력발생 시기

회생계획변경은 회생계획 변경결정(결의를 요하지 않는 경우) 또는 변경회생계획 인가결정이 있는 때(결의를 요하는 경우)로부터 그 효력이 발생하므로(제282조 제3항, 제246조), 권리변경이나 면책의 효력도 그때부터 발생한다. 원 회생계획 중 변경회생계획에 저촉되는 부분은 장래를 향하여 효력을 잃고, 효력을 잃지 않는 나머지 부분과 변경회생계획이 일체가 되어 하나의 회생계획을 형성한다.

4. 회생계획 변경에 있어서 의결권과 그 특칙

가. 조의 분류

변경회생계획안의 결의를 위해서는 원 회생계획에 의하여 권리가 변경된 상

17) 대법원 2005. 6. 15.자 2004그84 결정.
18) 대법원 2008. 1. 24.자 2007그18 결정.

태의 권리의 성질에 따라 회생담보권자·회생채권자·주주·지분권자 등으로 조를 분류한다(제236조).

나. 의결권

회생계획 변경의 대상이 되는 것은 원 회생계획의 인가에 의하여 권리변경이 이루어진 후의 채권, 주식·지분권이기 때문에 변경회생계획안의 결의에 있어 변경으로 인하여 불리한 영향을 받는 채권자 및 주주·지분권자의 의결권의 범위는 변경회생계획안 결의 당시에 가지는 채권액 및 주식 또는 출자지분의 수 또는 액을 기준으로 한다.

변경회생계획안의 결의와 관련하여 주주에게 의결권이 인정되는지 여부는 변경회생계획안 제출 시점에 채무자 회사의 자산이 부채를 초과하는지 여부에 의하여 결정되는 것이므로, 회생절차개시 당시 자산이 부채를 초과하여 주주에게 의결권이 부여되었으나 그 후 사정변경으로 변경회생계획안 제출 시점에 채무자 회사의 부채가 자산을 초과하는 경우 주주에게 의결권을 인정할 수 없다(제146조 제4항).[19]

다. 결의의 특칙

종전의 회생계획에 동의한 자가 변경회생계획안의 결의를 위한 관계인집회에 출석하지 아니하거나, 변경회생계획안에 대한 서면결의절차에서 회신하지 아니한 경우에는 변경회생계획안에 동의한 것으로 본다(제282조 제4항 제1호, 제2호).[20]

---

19) 대법원 2007. 11. 29.자 2004그74 결정.

20) 이러한 특칙의 헌법 위반 여부에 대하여 대법원은 변경회생계획안에 동의할 의사를 가진 권리자의 관계인집회 출석 부담을 경감시키고 절차를 간소화하는 한편 부동의할 의사를 가진 권리자의 관계인집회 출석 및 의결권 행사를 고무시킴으로써 입법 목적을 달성하는 데 있어 효과적이고 적절한 수단으로서 최소침해성을 갖추었다고 볼 수 있으며, 이러한 제도를 시행함으로써 실현될 수 있는 공익이 회생채권자 등 이해관계인이 입게 될 불이익보다는 더 커서 법익의 균형성이 인정되어, 과잉금지의 원칙에 위배되지 않으므로 재산권 보장에 관한 헌법 제23조 제1항이나 평등권을 규정한 헌법 제11조, 혹은 기본권 제한의 한계를 규정한 헌법 제37조 제2항에 위반된다고 볼 수 없다고 판시하였다(대법원 2006. 3. 29.자 2005카기85 결정).

5. 불복절차

가. 회생계획 변경결정 또는 변경회생계획 인가결정에 대한 즉시항고

회생계획 변경결정 또는 변경회생계획 인가결정에 대하여는 즉시항고가 허용된다(제282조 제2항, 제247조 제1항). 항고권자의 범위, 즉시항고의 효력 등은 원 회생계획 인가결정에 대한 즉시항고의 경우와 같다.

회생계획 변경결정 또는 변경회생계획 인가결정에 대한 즉시항고에 관한 재판의 불복은 민사소송법 제442조의 재항고에 의하여야 하고, 재항고의 사유가 있는 경우 즉시항고에 관한 규정이 준용된다(제282조 제3항, 제247조 제7항).

나. 변경되지 아니한 경우의 불복

회생계획변경신청이 형식적 요건 내지 변경요건을 갖추지 못하여 각하 내지 불허가결정을 한 경우, 변경내용이 이해관계인에게 불리하지 않은 회생계획에 대하여 회생계획인가의 요건을 갖추지 않았다고 보아 회생계획변경 불허가결정을 한 경우, 변경회생계획에 대하여 관계인집회에 부쳤으나 가결되지 않아 회생계획변경 불허가결정을 한 경우, 변경회생계획에 대하여 관계인집회에 부쳐 가결되었으나 인가의 요건을 갖추지 않았다고 보아 변경회생계획 불인가결정을 한 경우에는 즉시항고가 허용되지 않는다.

실무팁 회생계획 변경 사례

● **Sale & Lease Back 무산으로 인한 회생계획 변경 사례**

○ 사실관계와 쟁점

G사의 회생계획은 공장 건물과 대지를 Sale & Lease Back 방식으로 매각하고 약 85억 원을 확보하여 회생담보권을 변제하는 것으로 정하고 있었다. G사는 회생계획인가 이후 캠코(한국자산관리공사)와 공장 건물과 대지에 대한 Sale & Lease Back 계약에 관하여 협의를 진행하였다. 그런데 캠코는 내부사정을 이유로 Sale & Lease Back 계약 결렬을 통보하였다. Sale & Lease Back 계약을 체결하지 못할 경우 회생계획의 수행에 장애가 발생하고 최악의 경우 회생절차가 폐지될 수도 있기 때문에 G사의 관리인은 회생담보권 변제자금을 조달하기 위한 다른 방안을 찾아야 했다.

이후 G사의 관리인은 H저축은행 컨소시엄과 공장 건물 및 대지를 담보로 한 대환대출에 관한 협의를 진행하였다. 협의 진행 결과 H저축은행 컨소시엄 측은 공장 건물과 대지를 담보로 약 93억 원을 대출해 줄 의향이 있다는 금융자문의향서를 제출하였다. 이에 G사는 H저축은행 컨소시엄으로부터 93억 원을 대출받아 회생담보권을 변제하는 것으로 회생계획을 변경하고자 하였다.

이러한 상황이 회생계획변경의 요건을 충족하는지, 회생계획변경 요건을 충족한다면 변경회생계획안에 대한 관계인집회의 심리와 결의가 필요한지가 문제 되었다.

○ 회생계획변경의 요건이 충족되는지 여부

회생계획을 변경하려면 회생계획인가 이후 부득이한 사유로 회생계획에서 정한 사항을 변경할 필요가 생겨야 한다(제282조 제1항). 회생계획을 변경할 '부득이한 사유'란 원 회생계획인가 당시 그와 같은 사정이 발생할 것을 알았다면 당연히 원 회생계획과는 다른 회생계획을 제출하였을 것이라는 점이 인정되는 경우를 의미한다. 그리고 회생계획에서 정한 사항을 '변경할 필요'란 현재 상태를 그대로 내버려 두면 회생계획의 수행이 불가능하거나 곤란하지만, 회생계획을 변경하면 회사의 회생을 도모할 수 있는 경우를 의미한다.

원 회생계획 제출 당시에 Sale and Lease Back 계약의 체결이 불가능하다고 판단했다면 G사는 다른 내용의 회생계획을 작성하였을 것이므로 회생계획을 변경할 부득이한 사유가 인정되었다. 그리고 Sale and Lease Back 계약 체결이 무산된 상태에서 G사가 아무런 조치를 취하지 않는다면 제1차연도 자금의 원천 합계액이 제1차연도 변제예정액에 미치지 못하여 회생계획의 수행이 불가능하지만 H저축은행 컨소시엄으로부터 93억 원을 차입할 경우 제1차연도 변제예정액을 전액 변제할 수 있게 되므로 회생계획을 변경할 필요도 인정되었다. 요컨대 회생계획변경의 요건은 충족되었다.

○ 변경회생계획안에 대한 관계인집회의 심리와 결의의 요부

회생계획의 변경내용이 회생채권자 등에게 불리한 영향을 미칠 것으로 인정되는 경우에는 관계인집회의 심리와 결의를 거쳐야 하나(제282조 제2항 본문), 불리한 영향이 없다고 인정되면 법원의 결정만으로 회생계획의 변경이 이루어진다. 여기서 이해관계인에게 '불리한 영향을 미치는 경우'란 이해관계인의 채무자에 대한 권리나 지위가 원 회생계획에 비하여 질적·양적으로 감소하거나 불안정하게 되는 경우를 의미한다.

G사의 변경회생계획안은 자금의 조달방법을 변경하였을 뿐 원 회생계획이 정한 회생채권자 및 회생담보권자의 권리를 변경시키지 않았고 변제방법 또한 원 회생계획과 동일하였다. 때문에 변경회생계획안에 의하여 회생채권자 등의 권리나 지위가 원 회생계획에 비하여 감소하거나 불안정하게 변경되지 않았다. G사는 변경회생계획안에 대하여 관계인집회의 심리 및 결의 절차를 거칠 필요가 없다고 주장하며 결정으로 회생계획을 변경하여 줄 것을 법원에 요청하였고, 법원은 G사의 요청을 받아들여 회생계획 변경결정을 하였다. 회생계획 변경 이후 G사는 H저축은행 컨소시엄으로부터 예정대로 93억 원을 차입하여 제1차연도 변제예정액을 전액 변제하였고 이후 법원은 회생절차종결결정을 하였다.

● 공장화재로 인한 회생계획 변경 사례

I사는 PCB 등 전자부품 제조 및 판매업을 영위하는 회사로 국내 대기업 J사에 납품을 하고 있었다. J사는 고속성장을 거듭하면서 글로벌시장 점유율 1위에 등극하였고 J사의 주문량 증가에 대비하여 I사는 대규모 공장을 신설하였다. 그런데 중국업체들의 저가 공세에 타격을 입은 J사의 주문량이 예상을 크게 밑돌면서 공장 신설 관련 금융비용을 감당하지 못하게 된 I사는 회생절차개시신청을 하기에 이르렀다. I사는 회생채권의 약 30%를 현금변제하는 회생계획에 대하여 인가결정을 받고 회생계획대로 회생채권을 변제해 나가고 있었다. 그러던 중 신설한 공장에 대규모 화재가 발생하여 심각한 인적, 물적 피해를 입고 더 이상 그 공장을 가동할 수 없게 되었다. I사의 경우 회생계획인가결정이 있은 후 부득이한 사유로 회생계획을 변경할 필요가 있다는 점에는 의문이 없었다. 다만 신설 공장을 가동할 수 없게 되어 계속기업가치가 청산가치를 하회하게 됨에 따라 변경회생계획안을 재건형으로 작성할 수 없어 M&A를 진행할 수밖에 없었다. 그리고 청산가치의 감소로 회생채권의 현금변제율 또한 2.5% 정도로 크게 감소할 수밖에 없었는데 회생채권자들이 이를 수용해 줄지 확신할 수 없

었다. I사는 백방으로 수소문한 끝에 다행히 조건에 맞는 인수인을 찾았고 M&A를 내용으로 하는 변경회생계획안을 제출하였다. I사는 예상치 못한 화재로 인하여 회생계획을 변경할 수 밖에 없게 된 사정을 호소하며 회생채권자들을 설득하였고 결국 관계인집회에서의 가결을 거쳐 변경회생계획 인가결정을 받을 수 있었다.

제15장
회생절차와 M&A

Ⅰ. 개관

1. M&A의 의의

M&A(Merger and Aquisition)는 법률용어가 아닌 경영학 용어로서,[1] 일반적으로 어떤 기업의 경영권을 획득하기 위한 일체의 거래활동을 가리킨다. M&A는 통상 둘 이상의 기업의 법인격이 하나로 통합되는 합병(Merger)과 인수기업이 피인수기업의 주식, 자산 또는 영업을 인수하여 그에 대한 지배권을 취득하는 기업인수(Acquisition)로 대별할 수 있다.[2]

합병의 방식에는 흡수합병과 신설합병이 있다. 흡수합병은 한 회사는 존속하고 다른 회사는 소멸하면서 소멸회사의 사원과 재산이 존속회사에 포괄적으로 승계되는 것이고, 신설합병은 2개 이상의 회사가 소멸하면서 새로운 회사를 설립하여 소멸회사의 사원과 재산이 새로운 회사에 포괄적으로 승계되는 것이다. 신설합병은 흡수합병에 비하여 절차가 복잡하고 비용이 소요되기 때문에 거래계에서는 대부분 흡수합병을 활용하고 있다. 기업인수의 방식에는 피인수회사 주식의 상당 부분을 인수함으로써 경영권을 취득하는 주식인수, 피인수회사의 자산의 전부 또는 일부를 매입하는 자산인수, 피인수회사의 영업을 조직적 일체로서 양수하는 양업양수가 있다.

---

1) 김홍식, M&A 개론, 박영사, 2009, 3－4면.

2) 김정만, 회생절차상 M&A의 선택기준과 회생계획인가 전 M&A, 사법논집 제50집, 법원도서관, 2011, 77면.

2. 회생절차상 M&A의 필요성

회생계획이 인가되면 회생채권자·회생담보권자의 권리는 회생계획의 조항에 따라 채무의 전부 또는 일부의 면제의 효과가 생기고, 기한 유예의 정함이 있으면 그에 따라 채무의 기한이 연장되는데(제252조 제1항), 이는 채무자 회사의 현금흐름의 정상화와 재건의 기반이 된다. 그러나 이러한 권리변경만으로 채무자 회사의 재정적 파탄이 완벽하게 해소되는 것은 아니다. 회생계획안이 관계인집회에서 가결되면 법원은 그 회생계획안이 수행 가능하다고 판단하는 경우 인가결정을 하지만 그러한 수행가능성의 판단은 채무자 회사의 장래의 사업에 대한 수많은 예측과 가정을 전제로 하는 것이다. 경기침체의 장기화와 채무자 회사의 업황의 악화 등 회생계획인가 당시 예상하지 못했던 변수가 발생하여 회생계획이 전제로 하고 있는 수익을 거두지 못할 경우 채무자 회사는 회생계획인가 이후에도 재정적 어려움에 시달리게 되는데 이는 회생계획의 수행에 큰 지장이 발생함을 의미한다. 법원은 이러한 경우 구 회사정리법 시행 당시부터 채무자 회사가 회생절차폐지에 이르도록 방치하지 않고 관리인으로 하여금 신주를 발행하거나 채무자 회사의 매각 가능한 사업 부문을 양도하는 등 M&A를 추진하여 대규모 자금을 확보하고 그 자금으로 회생채권을 조기에 일괄변제하도록 한 후 회생절차를 종결하는 방법을 활용하고 있다.[3)]

한편 도산기업의 상당수는 회생절차개시신청에 즈음하여 부도 등의 여파로 신용이 급락하고 기존의 거래 관계가 붕괴되며 종업원이 이탈하는 등의 이유로 정상적인 회생절차의 진행에 어려움을 겪는 경우가 많다. 이러한 상황이 지속될 경우 그 기업은 계속기업가치가 급격히 감소하여 청산가치를 하회하는 지경에까지 이르러 회생에 실패할 가능성이 높아진다. 이러한 기업의 경우 회생계획인가 전 단계에서부터 M&A를 추진하면 회생의 가능성을 제고할 수 있다.[4)] 대법원도

3) 법원이 이렇게 실무를 운용해 온 것은 ① 채무자 회사의 회생을 위하여는 신규자금이 필요한데 DIP Financing이 현실적으로 불가능한 우리나라에서는 M&A가 신규자금을 조달할 수 있는 유일한 수단이고, ② 지배주주가 채무자 회사를 경영하는 것이 관리인이 경영하는 것보다 더 효율적이라고 보았기 때문이라는 견해로는 오수근, 정리계획 수행과 주주의 권리 – 국제상사 사건을 중심으로 –, 상사판례연구 제20편 제3권, 한국상사판례학회, 2007, 14면 참조.

4) 서울회생법원 재판실무연구회, 회생사건실무(하), 박영사, 2019, 187면.

재정적 어려움으로 인하여 파탄에 직면해 있는 채무자로 하여금 회생계획을 통하여 제3자에 대하여 신주 또는 회사채를 발행하도록 허용하고, 그 신주 또는 회사채 인수대금으로 사업의 유지·재건을 효율적으로 도모할 수 있도록 한 제193조 제2항 제5호 등의 입법취지에 비추어 보면, 재정적 어려움을 극복하고 사업을 회생시키기 위하여 회생절차개시의 신청 전이나 직후부터 공개경쟁입찰 등 적정하고 합리적인 방법으로 채무자가 발행하는 신주 또는 회사채를 인수할 제3자를 선정하고 그 제3자가 지급하는 신주 또는 회사채 인수대금으로 채무를 변제하는 내용의 회생계획안의 작성·제출을 추진하는 것은 적법하다고 판시한 바 있다.[5)]

회생절차상 M&A에서는 기존 주식의 감자를 통하여 용이하게 기업지배권을 취득할 수 있고, 우발채무가 발생할 여지가 거의 없으며, 대규모 채무 재조정으로 재무구조가 건실해지므로 회생절차가 진행 중인 채무자 회사는 인수자의 입장에서도 매력적인 매물이 될 수 있다.[6)]

3. 회생절차상 M&A의 분류[7)]

가. 방식에 의한 분류

일반 거래계에서 활용되는 M&A의 방식은 다양하다. 반면 회생절차상 M&A에서는 제3자 배정 신주인수 방식과 영업양도 방식이 주로 활용되고 있는데 그중에서도 전자의 활용도가 압도적으로 높다.

(1) 제3자 배정 신주인수 방식

채무자 회사가 유상증자를 통해 제3자에게 신주를 배정함으로써 제3자가 채무자 회사의 경영권을 취득하는 방식이다. 이는 제206조 제3항에 의한 신주발행에 해당한다. 채무자 회사를 직접 경영할 의사와 능력이 있는 제3자에게 신주를 배정, 발행하여 지배주주가 되도록 하고, 유상증자 대금으로 회생채권을 일시에

---

5) 대법원 2007. 10. 11.자 2007마919 결정.

6) 김인만, 도산절차와 M&A, 남효순·김재형 공편, 통합도산법, 법문사, 2006, 480면.

7) 서울회생법원 재판실무연구회, 회생사건실무(하), 박영사, 2019, 191－194면.

변제함으로써 채무자 회사의 재무구조를 개선하고 신속한 회생을 도모할 수 있다. 인수자는 경영권의 확보를 위하여 기존 주식의 감자를 요구하는 경우가 많은데 회생절차에서는 기존 주식의 감자를 함에 있어서 주주총회의 특별결의나 채권자보호절차 등 상법상 절차를 거칠 필요가 없고, 채무자의 부채가 자산을 초과하는 경우 주주에게 관계인집회에서의 의결권도 인정되지 않으므로, 큰 무리 없이 인수자의 이러한 요구를 충족시킬 수 있다는 이점이 있다.

다만 100% 신주인수 방식을 취할 경우에는 인수 후 회사의 자본금이 매출 규모 등에 비하여 기형적으로 커질 수 있고, 인수자의 투자금 회수에 어려움이 있어 M&A의 장애사유가 될 수 있기 때문에 대부분의 경우 신주인수와 회사채인수를 혼합하는 방식을 활용하고 있다.[8)]

(2) 영업양도 방식

영업양도란 일정한 영업목적에 의하여 조직화된 업체, 즉 인적·물적 조직을 그 동일성을 유지하면서 일체로서 이전하는 것을 의미한다.[9)] 영업양도에 있어서 이전의 목적이 되는 것은 단순한 물건 또는 권리·의무뿐만 아니라 거래선, 영업상의 비밀, 노하우 같은 경영조직의 사실관계를 포함한 유기적 일체로서 양수인은 이를 이용하여 양도인과 같은 영업자의 지위를 취득하게 된다. 특별한 사정이 없는 한 근로관계는 양수인에게 포괄적으로 승계된다.[10)]

채무자 회사에 양도가 가능한 사업부(예컨대 수익성이 큰 사업부)와 양도가 불가능한 사업부(예컨대 수익성 저하로 만성 적자를 기록하고 있는 사업부)가 있어서 제3자 배정 신주인수 방식에 의할 경우 후자로 인하여 인수대금이 하락할 가능성이 높을 때 전자만 영업양도를 하고 후자는 청산절차를 밟는 식으로 M&A를 진행할 수 있다. 양도 대상 사업(자산, 부채, 계약관계, 종업원 등)을 당사자 사이의 합의에 의하여 개별적으로 선택할 수 있고, 회생계획에 의할 경우 주주총회의 특별결의를 거칠 필요가 없으며, 반대 주주의 주식매수청구권도 인정되지 않기 때문에 상법상의 영업양도에 비하여 여러모로 편리하다.

---

8) 김인만, 도산절차와 M&A, 남효순·김재형 공편, 통합도산법, 법문사, 2006, 481면.
9) 대법원 2013. 2. 15. 선고 2012다102247 판결.
10) 대법원 2003. 5. 30. 선고 2002다23826 판결.

다만 개별 재산의 양도를 위하여 대항요건 또는 효력요건을 구비해야 하고 영업양도에 의한 행정상의 인·허가의 승계가 필요한 경우에는 해당 법률에 따라 인·허가의 승계절차를 밟아야 하며 개별 재산의 양도에 따른 취득세, 등록세 등 자산 이전비용이 소요된다.

나. 추진 시기에 의한 분류

(1) 회생계획인가 후 M&A

회생계획이 인가된 후 인가 당시의 예측과 달리 회생계획을 수행하는 것이 곤란하거나, 회생계획의 수행이 가능하다고 하더라도 독자 생존 방식으로는 회생채권 및 회생담보권을 변제하고 사업을 극대화하기 어려워서 외부자금을 필요로 하는 경우 회생계획을 수행하기 위한 방법의 일환으로 M&A를 진행할 수 있다.

(2) 회생계획인가 전 M&A

회생계획인가 전 M&A는 회생절차개시 전부터 진행된 M&A와 회생절차개시 후 회생계획인가 전 M&A를 포괄하는 개념이다. 회생절차개시 전부터 진행된 M&A를 활용하면 인수자의 신용을 바탕으로 채무자의 신용하락에 의한 사업훼손을 방지할 수 있고 회생절차를 신속하게 진행할 수 있는 장점이 있다. 회생절차개시 후 회생계획인가 전 M&A는 회생절차의 진행과 보조를 맞추어 진행하여야 하므로, 회생계획인가 후 M&A에 비하여 절차를 간이하고 신속하게 진행하여야 한다.

Ⅱ. 인수희망자에 대한 정보 제공

1. 의의

관리인은 ① 채무자의 영업, 사업, 중요한 재산의 전부나 일부의 양수, ② 채무자의 경영권을 인수할 목적으로 하는 주식 또는 출자지분의 양수, ③ 채무자의 주식의 포괄적 교환, 주식의 포괄적 이전, 합병 또는 분할합병을 하고자 하는 자에 대하여는 규칙이 정하는 바에 따라 채무자의 영업·사업에 관한 정보 및 자료를 제공하여야 한다. 다만, 정당한 사유가 있는 때에는 관리인은 정보 및 자료의 제공을 거부할 수 있다(제57조). 인수희망자는 관리인이 본격적으로 M&A에 착수하기 이전에도 관리인으로부터 채무자 회사의 영업 등에 대한 정보 및 자료를 제공받고 그에 대한 분석을 토대로 관리인에게 먼저 인수제안을 할 수 있는데, 이로써 회생절차가 진행 중인 회사의 M&A가 보다 활성화될 수 있다.

2. 절차

인수희망자는 관리인에게 영업 및 사업에 관하여 필요한 정보 및 자료의 제공을 청구할 때 ① 인수희망자의 사업자등록증, 법인등기사항증명서, ② 인수희망자의 최근 3년간의 비교재무상태표, 최근 3년간의 비교손익계산서, 최근 3년간의 자금수지표 및 현금흐름표, ③ 인수희망자의 임직원 현황, 주요 업종, 생산품, 납입자본금, 발행 주식 수, 주식 소유관계, ④ 인수희망자의 인수 동기, 목적 및 향후 구체적인 인수 계획의 내용 및 인수예정 시기, ⑤ 인수에 필요한 자금의 구체적인 조달계획 및 이에 관한 증빙자료, ⑥ 제공을 요청하는 정보 및 자료를 특정할 수 있는 사항 및 이를 필요로 하는 구체적인 사유, ⑦ 정보 및 자료에 관한 비밀을 준수하고 이를 채무자, 채권자, 주주 등의 이익에 반하는 목적을 위하여 이용하지 아니하겠다는 진술서 등을 적은 서면과 해당자료를 첨부하여야 한다(규칙 제50조 제1항). 이는 인수희망자의 인수능력과 인수의지 및 정보제공의 필요성을 확인하고 이를 채무자 회생 이외의 목적으로 이용하지 않겠다는 확인을 받기 위한 것이다.[11]

인수희망자의 정보 및 자료 제공 청구가 있는 경우 관리인은 지체 없이 서면으로 법원에 정보 및 자료 제공 여부에 관한 허가신청을 하여야 한다(규칙 제50조 제2항). 허가신청 중 정보 및 자료제공의 전부 또는 일부 거부에 관한 허가신청서에는 정보 및 자료를 인수희망자에게 제공하는 것이 채무자의 영업이나 사업의 유지·계속에 지장을 초래하거나 또는 채무자의 재산에 손해를 줄 우려가 있다는 사정 그 밖에 청구를 거부할 정당한 사유를 기재하여야 한다(규칙 제50조

11) 주석 채무자회생법 제57조(심태규 집필), 한국사법행정학회, 2021.

제3항). 법원이 허가신청에 대하여 정보 및 자료의 제공을 허가하거나 제공의 거부를 허가하지 아니하는 결정을 한 경우 관리인은 지체 없이 인수희망자에게 해당 정보 및 자료의 열람 또는 복사를 허용하여야 한다(규칙 제50조 제4항).

Ⅲ. 회생계획인가 후 M&A

1. M&A의 주체와 추진 시기

가. M&A의 주체

채무자의 M&A를 추진하는 주체는 관리인이다. 관리인은 채무자의 업무수행권과 재산의 관리 · 처분권을 보유하고 있고, 채무자, 채권자, 주주 등 이해관계인 단체의 공적 수탁자로서 채무자를 회생시켜야 할 임무를 지고 있기 때문이다. 기존 경영자 관리인이 선임된 이후 재건형 회생계획안이 관계인집회에서 가결되어 인가되었다면 관리인은 우선적으로 그 회생계획의 수행을 위하여 노력하여야 한다. 그러나 회생계획인가 후의 사정변경 등으로 그 회생계획의 수행이 어려워지거나 채무자가 독자적으로 사업을 계속하기 어려운 경우에는 M&A를 추진하여야 한다(실무준칙 제241호 제5조 제1항).

나. 채권자협의회의 역할

관리인은 영업 또는 사업의 양도 등에 관하여 매각주간사, 채무자의 재산 및 영업상태를 실사할 법인 또는 우선협상대상자 등을 선정하는 때에는 미리 채권자협의회의 의견을 묻는 등 공정하게 절차를 진행하여야 한다(규칙 제49조). 법원은 관리위원회와 채권자협의회의 의견을 들어 채무자에 대한 M&A 절차 진행 여부를 결정한다. 채권자협의회가 구성되지 아니한 경우에는 적정한 방법으로 주요채권자들의 의견을 들어야 한다(실무준칙 제241호 제7조 제1항).

2. M&A 절차

가. M&A 절차 진행의 원칙

관리인은 매각대금의 극대화, 절차의 공정성과 투명성 확보, 매각절차의 시급성, 개별 방식에 따른 매각절차의 성공가능성 등을 종합적으로 고려하여 ① 공고를 통한 공개입찰방법, ② 제한적인 경쟁입찰방법, ③ 수의계약 중 적정한 방법을 선택하여 회생절차에서의 M&A를 진행할 수 있다(실무준칙 제241호 제3조 제1항). 관리인은 ① 공개입찰방법에 의하여 M&A를 진행하였으나 매각이 성사되지 아니한 경우, ② 공개입찰방법으로 M&A를 진행하지 아니하더라도 절차의 공정성을 해할 염려가 없는 경우, ③ 신속하게 매각절차를 진행할 필요성이 있는 경우, ④ 그 밖에 제한적인 경쟁입찰이나 수의계약으로 M&A를 진행할 상당한 이유가 있는 경우 법원의 허가를 받아 제한적인 경쟁입찰이나 수의계약으로 M&A를 진행할 수 있다(실무준칙 제241호 제3조 제2항).

나. 절차의 개요

M&A 절차는 M&A 추진허가 → 매각주간사 선정 → 매각주간사의 실사 및 매각 준비 → 매각공고 및 마케팅 → 인수의향서 제출 → 예비실사 → 인수제안서 제출 → 우선협상대상자 선정 → 양해각서 체결 → 정밀실사 후 대금조정 → 인수계약 체결 → 인수대금 납부 → 회생계획변경 → 회생절차 종결의 순서로 진행된다.

다. 매각주간사의 선정

매각주간사는 M&A 절차와 관련된 일체의 업무에 관하여 관리인에게 자문 및 용역을 제공하는 회사를 말한다. 관리인은 회사의 규모, 신속한 절차 진행의 필요성, 이해관계인 사이의 분쟁 발생 가능성, 매각주간사 업무의 난이도, 사안의 특수성 등을 고려하여 ① 공개경쟁방법, ② 제한적 경쟁방법, ③ 수의계약 중 적정한 방법을 선택하여 매각주간사를 선정할 수 있다. 다만, 수의계약은 회생절차의 신속한 진행 필요성 등 특별한 사정이 인정되고 절차의 공정성을 해하지 않는 경우에 허용될 수 있다(실무준칙 제241호 제9조 제1항).

관리인은 공개경쟁방법, 제한적 경쟁방법으로 매각주간사를 선정할 때 복수의 용역제안서가 제출될 경우를 대비하여 용역제안서 제출기간 만료 전에 구체적인 매각주간사 선정기준 및 평가위원을 미리 정하여야 하고(실무준칙 제241호 제9조 제2항), 매각주간사를 선정함에는 용역제안서 내용의 충실도, 회사현황 및 M&A에 대한 이해도, M&A 추진계획의 적정성, M&A 수행·자문 실적, 참여인원의 능력·경력 등의 요소들에 대한 배점 기준을 사안별로 적절히 조정하여 구체적이고 합리적인 M&A 추진계획을 제시한 업체를 매각주간사로 선정한다(실무준칙 제241호 제9조 제3항).

매각주간사는 M&A의 성공적인 추진을 위하여 ① 매각전략수립 및 투자자 유치, ② 매각대상의 가치평가, 주요 현안 분석을 통한 최적의 M&A 진행방안 마련, ③ 입찰절차 진행에 필요한 자문 및 문서 작성, ④ 매각공고부터 매매계약 체결 및 거래의 종결까지 M&A 절차 전반에 걸친 자문 및 업무 지원, ⑤ 법률, 세무, 회계 및 재무에 관한 제반 검토와 자문, ⑥ 회생계획안 작성 및 채권자 동의를 위한 업무 지원, ⑦ 기타 거래를 종결하기 위하여 필요한 범위 내에서 관리인이 요청하는 사항에 관한 업무를 수행한다(실무준칙 제241호 제12조 제1항).

라. 매각주간사의 실사 및 매각준비

(1) 실사

매각주간사는 채무자 회사의 자산 및 부채에 대하여 실사를 하고 이를 토대로 청산가치와 계속기업가치를 산정한 후[12] 관리인과 협의하여 채무자 회사의 매각금액을 잠정 결정한다. 조사위원이 작성한 조사보고서의 청산가치와 계속기업가치를 매각주간사 실사에 인용할 수 있는 경우에는 법원은 매각주간사에게 별도의 실사를 하지 아니하게 할 수 있다(실무준칙 제241호 제13조 제2항).

12) 청산가치는 M&A 성사 시 회생계획 내지 변경회생계획안에서 채권자들에게 보장해 주어야 할 최소한의 몫이기 때문에 그 이하의 금액으로는 M&A를 추진할 수 없다는 점에서 중요한 의미를 갖고, 계속기업가치는 M&A 구도와 매각전략 수립에 필요한 M&A 매각금액 책정에 핵심적인 참고자료로 이용된다(홍성준, 회사정리·회생절차와 M&A, BFL 제20호, 서울대학교 금융법센터, 2006, 72면).

(2) 매각전략 수립

매각주간사는 관리인과 협의하여 매각전략을 수립하여야 하는데 제3자 배정 신주인수 방식의 M&A의 경우에는 유상증자의 비율을 정하는 것이 중요하다. 채무자의 회생이라는 목적 달성을 위하여는 유상증자비율을 100%로 하는 것이 이상적일 것이나 유상증자비율이 지나치게 높게 책정될 경우 인수자의 입장에서는 그만큼 투자금 회수에 대한 불확실성이 높아져 인수대금의 하락요인으로 작용할 수 있다. 반면 사채 인수비율을 높게 책정하는 경우에는 채무자로서는 공익채권을 발생시켜 회생채권을 변제하는 것에 그치는 것으로 재무구조 개선효과가 저감될 것이다.[13] 이러한 점들을 면밀히 검토하여 유상증자비율을 정해야 한다.

(3) 매각공고

관리인은 매각전략을 수립한 후 법원의 허가를 받아 매각공고를 한다(실무준칙 제241호 제14조 제1항). 매각공고를 기점으로 M&A 절차가 본격적으로 시작된다. 매각공고에는 매각의 개요(매각대상, 매각방법, 입찰방법, 채무자의 영위업종), 진행일정(인수의향서 및 비밀유지확약서 접수, 예비실사, 인수제안서 접수), 기타 주요사항이 포함되어야 한다(실무준칙 제241호 제14조 제2항). 매각공고 후 관리인과 매각주간사는 채무자 회사의 회사소개서(Teaser)를 배포하는 등의 방법으로 마케팅을 한다.

(4) 인수의향서 제출과 예비실사

인수의향서(Letter of Intent)란 단순히 M&A 절차에 참여할 의사가 표시된 서면으로, 인수대금이 기재되어 있지 않고 당사자에게 아무런 법적 구속력이 없는 서면이다(실무준칙 제241호 제2조 제1호). 인수의향서를 제출하는 인수희망자[14]는 관리인에게 비밀유지확약서를 제출하여야 한다(실무준칙 제241호 제15조 제1항). 인수의향서 제출기간이 지나면 관리인은 인수의향서를 제출한 업체의 현황, 인수목적, 인수의향서에 나타난 투자전략, 자금조달계획, 향후 회사 경영방안 등을 법원에 보고하여야 한다(실무준칙 제241호 제15조 제2항). 인수의향서를 제출한 인

---

13) 서울회생법원 재판실무연구회, 회생사건실무(하), 박영사, 2019, 206면.

14) 매각대상을 인수할 의사를 가진 자로서 M&A 절차에서 인수의향서나 인수제안서를 제출한 자를 말한다(실무준칙 제241호 제2조 제3호).

수희망자는 소정의 정보이용료를 지급하고 채무자가 제공하는 채무자의 재무 관련 자료, 영업 관련 자료 등을 통하여 예비실사를 할 수 있다(실무준칙 제241호 제15조 제3항).

관리인은 예비실사 기간 중 입찰대상·입찰방법·입찰시기 등 입찰에 관한 유의사항이 기재된 입찰안내서를 작성하여 인수의향서를 제출한 인수희망자에게 배포한다(실무준칙 제241호 제16조 제1항). 입찰안내서에는 ① 입찰의 목적, 거래구조, 컨소시엄의 구성 등 입찰의 개요, ② 입찰금액의 의미, 확정된 인수금액의 사용계획(사용용도) 등, ③ 입찰서류의 종류, 제출기한, 제출장소, ④ 입찰보증금의 납입을 필요로 하는지 여부, 액수, 처리방법, ⑤ 무효로 하는 입찰서류, ⑥ 우선협상대상자 선정 및 지위 상실, ⑦ 이행보증금을 납입하도록 하는 경우 이행보증금의 납입과 처리방법, ⑧ 양해각서안, ⑨ 입찰 이후 잠정적인 M&A 추진 일정, ⑩ 기타 입찰참가자 유의사항이 포함되도록 한다(실무준칙 제241호 제16조 제2항).

마. 인수자 선정

(1) 우선협상대상자 선정기준의 작성

관리인은 인수제안서 제출일 이전에 법원의 허가를 받아 구체적이고 상세한 내용의 우선협상대상자 선정기준을 작성하고, 관리인, 구조조정담당임원, 감사, 매각주간사 담당자, 법률자문 담당자 등 3인 이상을 인수제안서 평가위원으로 정한다(실무준칙 제241호 제17조 제1항). 관리인은 우선협상대상자 선정기준에 관한 세부적인 배점 내용이 사전에 공개되지 않도록 하여야 한다(실무준칙 제241호 제17조 제2항). 우선협상대상자 선정기준에서는 ① 인수대금(인수대금의 규모, 유상증자 비율, 신규자금 대여조건 등), ② 자금조달증빙, ③ 인수희망자의 재무건정성, ④ 인수 후 경영능력, ⑤ 종업원 고용승계 및 고용안정에 대한 입장, ⑥ 기타 사안의 특수성을 반영한 선정조건을 평가하고, 평가요소별 배점과 세부 항목별 배점 기준을 사안별로 적절히 조정하여 인수 후 채무자를 실제로 경영·발전시킬 의사와 능력이 있는 인수희망자를 우선협상대상자로 선정할 수 있도록 한다(실무준칙 제241호 제17조 제3항).

인수제안서를 제출한 인수희망자가 시행령 제4조의 특수관계인, 특수관계인이었던 자, 주주, 주주였던 자 및 이와 관련 있는 자로서 회생절차개시의 원인에 중대한 책임이 있는 경우 등에는 인수자 또는 우선협상대상자 선정에서 배제할 수 있다(실무준칙 제241호 제17조 제4항).

(2) 인수제안서 제출 및 입찰보증금

인수희망자들은 예비실사 결과를 토대로 미리 배포된 입찰안내서에 따라 인수대금을 기재한 인수제안서15)를 제출한다. 관리인은 회생절차의 특수성, M&A 절차 악용 방지의 필요성, 매각절차 방해의 가능성, 절차의 안정성 등을 고려하여 필요한 경우 인수희망자가 인수제안서를 제출할 때 입찰보증금을 납부하도록 요구할 수 있다(실무준칙 제241호 제18조 제1항). 입찰보증금을 요구할 경우에는 미리 입찰 안내서에서 입찰보증금의 납부시기, 액수, 처리방법 등을 정하여야 한다(실무준칙 제241호 제18조 제2항).

(3) 우선협상대상자의 선정

관리인은 우선협상대상자 선정기준에 따라 평가한 결과 가장 우수한 인수제안서를 제출한 인수희망자를 법원의 허가를 받아 우선협상대상자로 선정한다(실무준칙 제241호 제19조 제1항). 관리인은 필요한 경우 우선협상대상자를 선정하면서 순위에 따라 예비협상대상자를 선정할 수 있다(실무준칙 제241호 제19조 제3항). 이는 우선협상대상자와의 협상이 결렬될 경우 처음부터 다시 절차를 거칠 필요 없이 최초 우선협상대상자의 지위를 상실시킨 후 예비협상대상자에게 새로운 우선협상대상자의 지위를 부여하여 M&A 절차를 이어갈 수 있도록 하기 위함이다.

(4) 양해각서의 체결

관리인은 우선협상대상자와 이미 배포한 양해각서안에 대한 협상을 거쳐 법원의 허가를 받아 양해각서(Memorandum of Understanding, MOU)를 체결한다(실무준칙 제241호 제20조 제1항). 양해각서에서는 인수대금 조정의 요건, 조정가능한 인수금액의 범위, 조정 절차·기간, 협의가 이루어지지 않을 경우의 처리 방안

15) 실제 매각대상을 인수할 의사로 그 인수금액을 기재하여 M&A 절차에서 매각주간사 등에게 제출하는 서면을 말한다(실무준칙 제241호 제2조 제2호).

등을 구체적으로 정하여야 한다(실무준칙 제241호 제20조 제2항). 관리인은 회생절차의 특수성, M&A 절차 악용 방지의 필요성, 매각절차 방해의 가능성, M&A 절차의 안정성 등을 고려하여 필요한 경우 우선 협상대상자가 양해각서 체결 전까지 인수대금의 일정 비율에 해당하는 금액(일반적으로 인수대금의 5%)을 이행보증금으로 납입하도록 요구할 수 있고, 입찰보증금이 납입된 경우에는 이를 이행보증금의 일부로 충당할 수 있다(실무준칙 제241호 제20조 제3항). 관리인은 쌍방의 귀책사유 없이 인수계약이 체결되지 아니하거나 관리인의 귀책사유로 인수계약이 체결되지 아니하는 경우에는 이행보증금을 반환하여야 한다(실무준칙 제241호 제20조 제4항).

바. 정밀실사 및 인수대금의 조정

인수예정자의 정밀실사는 실사 기준일 현재 실사범위에 해당하는 자산, 부채가 매각주간사가 정한 실사기준에 따라 적정하게 평가되어 있는지 확인하는 것이다. 실사기간은 통상 2주 정도로 정하는데 회사의 규모가 큰 경우 1개월 이상으로 정하는 경우도 있다.[16] 인수예정자는 정밀실사 후 인수대금의 조정을 요청한다. 인수대금의 조정 대상은 채무자 회사의 실사 결과가 중대하고도 명백한 오류나 누락에 해당하는 사항에 한한다. 회생절차에서의 M&A는 일반 M&A와 달리 부외부채나 우발채무의 발생가능성이 낮기 때문에 통상 양해각서에 인수대금의 5% 한도 내에서 인수대금을 조정하는 것으로 정한다.[17] 관리인은 정밀실사를 마친 인수예정자로부터 인수대금 조정 요청을 받은 경우 10%의 범위 내에서 차순위입찰자의 입찰금액을 고려하여 인수대금 조정에 관한 협의를 하고, 법원의 허가를 받아 인수대금을 조정할 수 있다(실무준칙 제241호 제21조).

사. 인수계약의 체결

관리인은 인수대금이 확정된 후 인수예정자로부터 인수대금의 약 10% 상당을 계약금으로 지급받고 본계약을 체결한다. 입찰보증금이나 이행보증금이 납입된 경우에는 이를 계약금의 일부로 충당한다(실무준칙 제241호 제22조). 인수대금 잔

16) 서울회생법원 재판실무연구회, 회생사건실무(하), 박영사, 2019, 214면.
17) 서울회생법원 재판실무연구회, 회생사건실무(하), 박영사, 2019, 214-215면.

금은 통상 변경회생계획안의 심리 및 결의를 위한 관계인집회 수일 전 또는 서면결의 회신기간 만료일 수일 전까지 예치하도록 정한다.

아. 인수대금 납입

회생계획안에 대하여 관계인집회에서의 결의가 필요한 경우 인수자는 늦어도 관계인집회 기일 수 영업일 전까지 인수대금을 전액 납입하여야 한다. 다만, 관리인은 법원의 허가를 받아 관계인집회 기일 전에 인수자가 금융기관 발행의 확약서를 제출하거나, 에스크로계좌(은행법 제2조 제1항 제2호에서 정한 은행에 개설된 계좌에 한함)에 인수대금을 예치하는 등의 방법으로 인수대금납부 가능성을 소명하고, 회생계획인가 후 즉시 인수대금을 납부하도록 할 수 있다(실무준칙 제241호 제24조).

3. 회생계획변경

인수자는 인수의 조건으로 통상 자본감소와 채무 재조정 등을 요구한다. 이러한 요구를 수용하는 경우에는 회생계획 변경절차를 거쳐야 하는데 자본감소와 채무 재조정을 내용으로 하는 회생계획변경은 회생채권자·회생담보권자·주주에게 불리한 영향을 미치므로 변경회생계획안의 심리 및 결의를 위한 관계인집회를 거쳐야 한다(제282조 제2항).

실무상 인수대금은 변경회생계획안의 결의를 위한 관계인집회 또는 서면결의 회신기간 만료 전까지 채무자에게 완납되거나 완납이 담보되도록 계약서에 명시하고 있다. 그때까지 인수대금이 완납되지 않거나 완납이 담보되지 않으면 변경회생계획안의 수행가능성이 보장되지 않기 때문이다.[18]

변경회생계획에 대한 인가결정이 내려진 후 항고가 제기되지 않거나 항고가 제기되더라도 항고법원 등이 회생계획의 전부 또는 일부의 수행을 정지하는 등의 결정을 하지 않으면 관리인은 변경회생계획의 내용대로 기존 주식의 병합, 인수자에 대한 유상증자 내지 사채 발행, 인수대금에 의한 회생채무변제 등의 업무를 수행하여야 한다.[19]

---

18) 서울회생법원 재판실무연구회, 회생사건실무(하), 박영사, 2019, 222면.
19) 서울회생법원 재판실무연구회, 회생사건실무(하), 박영사, 2019, 224면.

Ⅳ. 회생계획인가 전 M&A

1. 회생절차개시 후 회생계획인가 전 M&A

회생절차개시 후 회생계획인가 전 M&A는 원칙적으로 회생계획인가 후 M&A 절차에 준하여 실시하나, 회생절차의 진행과 보조를 맞추어야 하므로 회생계획인가 후 M&A 절차에 비하여 신속하게 진행될 필요가 있다.

가. 회생계획인가 전 M&A 추진 허가

관리인은 필요한 경우 법원의 허가를 받아 회생계획인가 전 M&A 절차를 진행할 수 있다. 법원은 M&A 절차 진행 허가결정을 하는 경우 관리위원회 및 채권자협의회의 의견을 들어야 한다(실무준칙 제241호 제25조).

나. 매각절차

조사위원의 조사결과 청산가치가 계속기업가치를 상회하는 것으로 산정된 경우라도, 관리인은 법원의 허가를 받아 인가 전 M&A 절차를 진행할 수 있다. 법원은 필요한 경우 관리인에게 잠재적인 인수희망자가 존재함을 알 수 있는 자료를 제출하도록 할 수 있다(실무준칙 제241호 제26조).

채무자에 대하여 회생절차개시 전에 진행된 M&A 절차가 있는 경우 관리인은 법원의 허가를 받아 회생절차개시 전에 선임된 매각주간사를 인가 전 M&A 매각절차의 매각주간사로 선정할 수 있다. 신속한 절차 진행을 위하여 필요하고 절차의 공정성을 해하지 않을 경우 관리인은 법원의 허가를 받아 회생절차에서의 조사위원을 매각주간사로 선정할 수 있다(실무준칙 제241호 제27조).[20]

---

20) 조사위원이 매각주간사로 선정된 이후 M&A 성사에만 매몰되어 채무자 회사와 회생채권자 등 이해관계인의 이익을 도외시하고 인수자의 입장을 일방적으로 대변하려 하는 경우가 있어 문제로 지적된다. 일부 조사위원의 이러한 행태는 M&A 절차의 공정성과 투명성을 저해할 위험을 야기하는데 이러한 위험은 제3자 관리인이 선임된 사건의 경우 더욱 심각해질 수 있다. M&A가 성사될 경우 관리인도 특별보상금을 지급받을 수 있는데 특별보상금에 유인이 있는 제3자 관리인과 매각주간사 용역수수료를 염두에 둔 조사위원이 결탁하여 채무자 회사의 청산가치를 의도적으로 부풀려 청산가치가 계속기업가치를 상회한다는 조사보고서를 작성·제출하고 회생계획인가 전 M&A 추진 허가를 득한 이후 일방적으로 인수자의 이익을 대

청산가치와 계속기업가치에 대한 조사위원의 조사보고서 제출 후 M&A 절차를 진행하게 된 경우 법원은 매각주간사로 하여금 별도로 채무자의 자산과 부채에 대한 실사를 하지 않도록 할 수 있다(실무준칙 제241호 제28조).

관리인은 인가 전 M&A 절차에서 인수계약이 체결된 경우 특별한 사정이 없는 한 그 계약내용에 기초한 회생계획안을 작성하여 제출하여야 한다(실무준칙 제241호 제29조 제1항).

2. 회생절차개시 전부터 진행된 M&A

회생절차개시 전에 실시된 M&A의 내용에 대하여 채권자 전원의 동의가 있더라도 우발채무가 발생할 가능성이 있고, 채무자의 부채가 많아서 회생절차에서 회생계획에 의한 채무감면 등의 절차를 거칠 것을 전제로 M&A가 성립된 경우 등에는 회생절차개시 전에 진행된 M&A의 결과를 회생절차에서 승인할 필요가 있다. 회생절차개시 전에 M&A가 성립된 경우에는 인수자의 신용에 의하여 채무자의 신용하락을 막아 사업훼손을 막을 수 있을 뿐만 아니라 회생절차를 신속하게 종결하고 인수자로 하여금 채무자를 회생시키게 할 수 있는 장점이 있다.[21)]

회생절차개시 전 추진된 채무자에 대한 M&A 절차를 회생절차에서 계속 진행할 필요가 있는 경우, 관리인은 법원에 위 M&A 절차 허가신청을 할 수 있다. 법원은 개시 전 M&A 절차가 공정하게 진행되었고 제시된 인수내용이 적정하다고 판단하는 경우 이를 계속 진행하도록 허가할 수 있다. 법원은 이를 허가하는 경우 관리위원회 및 채권자협의회의 의견을 들어야 한다(실무준칙 제241호 제31조).

법원이 회생절차개시 전 추진된 채무자에 대한 M&A를 승인한 경우 관리인은 M&A 절차를 승계하고, 채권자협의회와 관리위원회의 의견을 들어 조사위원을 선임하지 아니할 수 있다(실무준칙 제241호 제32조).

회생절차개시 전에 인수자가 선정되고 이를 토대로 한 회생계획안이 작성되었거나 작성단계에 이른 경우에는 사전계획안 회생절차를 이용함으로써 회생절

변하면서 무리하게 M&A를 진행할 수 있는 것이다. 이러한 위험이 현실화될 경우 회생채권자 등 이해관계인의 권리가 심각하게 침해될 뿐만 아니라 M&A 절차의 공정성과 투명성이 근본적으로 위협받을 수 있으므로 제도적 보완책 마련이 요구된다.

21) 서울회생법원 재판실무연구회, 회생사건실무(하), 박영사, 2019, 230면.

차를 신속하게 진행할 수 있다.

V. 공고 전 인수희망자가 있는 경우의 특칙 - Stalking Horse Bid

1. 개요

M&A 공고를 하기 전에 적정한 인수내용으로 인수를 희망하는 자와 미리 조건부 인수계약을 체결한 후, 공개입찰을 실시하여 위 인수희망자가 제시한 조건보다 더 나은 조건을 제시하는 입찰참가자가 있으면 그 자를, 그렇지 않으면 위 인수희망자를 최종 인수자로 확정하는 매각방식(Stalking Horse Bid)으로 M&A 절차를 진행할 수 있다.[22]

이러한 매각방식은 ① M&A 공고 전에 미리 조건부 인수계약을 체결한 다음 매각절차를 진행함으로써 매각절차의 성공 가능성을 높이고, ② 매각 대상 목적물에 관하여 공개매각절차를 진행함으로써 절차의 공정성과 투명성을 확보할 수 있으며, ③ 공개매각절차를 진행하면서 통상적인 매각절차에서 정한 기간을 단축하거나 불필요한 절차를 생략함으로써 신속하게 진행할 수 있는 장점이 있어 최근 실무상 활용도가 높다.[23]

2. 절차

가. 새로운 인수자 선정을 위한 절차 진행

M&A 공고를 하기 전 적정한 인수내용으로 인수를 희망하는 자가 있는 경우 관리인은 법원의 허가를 받아 인수희망자와 조건부인수계약을 체결할 수 있다. 이때 인수를 희망하는 자가 둘 이상 있는 경우 이들을 대상으로 제한적인 경쟁

22) 서울회생법원 재판실무연구회, 회생사건실무(하), 박영사, 2019, 236면.
23) 서울회생법원 재판실무연구회, 회생사건실무(하), 박영사, 2019, 236면.

입찰을 실시하여 조건부인수계약을 체결할 자를 선정할 수 있다(실무준칙 제241호 제34조 제1항). 법원은 공고 전 인수예정자가 제시한 인수내용보다 더 나은 인수내용을 제시하는 자를 찾기 위하여 공개입찰방식에 따른 인수자 선정절차를 진행할 수 있다. 위 선정절차를 허가하는 경우 법원은 관리위원회 및 채권자협의회의 의견을 들어야 한다(실무준칙 제241호 제34조 제2항). 관리인은 위 선정절차를 진행하는 경우 공고 전 인수예정자가 시행령 제4조의 특수관계인, 주주, 주주였던 자 및 이와 관련 있는 자로서 회생절차개시의 원인에 중대한 책임이 있는 경우에 해당하는지 여부를 조사하여 그 결과를 법원에 보고하여야 한다(실무준칙 제241호 제34조 제3항).

나. 조건부 인수계약 체결

조건부 인수계약에는 향후 공개입찰절차를 통하여 인수희망자가 없거나, 공고 전 인수희망자의 인수내용보다 유리한 조건을 제시하는 입찰자가 없는 경우에는 공고 전 인수희망자가 최종 인수자가 되는 조건부 계약임을 명시한다.

관리인은 조건부 인수계약 체결 후 공개입찰방식을 진행하는 경우 공고 전 인수예정자에게 해약보상금(break-up fee)을 지급하는 등의 방법으로 조건부 인수계약을 체결한 인수예정자의 이익을 보호할 수 있도록 매각구조를 설계하여야 한다(실무준칙 제241호 제34조 제4항). 해약보상금은 통상 공고 전 인수예정자가 제시한 인수대금의 3%로 정하고 있다.[24] 관리인은 비밀유지약정을 체결하고 공개입찰의 인수희망자에게 공고 전 인수예정자가 제시한 인수내용을 공개할 수 있다(실무준칙 제241호 제34조 제5항).

다. 공고 전 인수예정자의 지위

관리인은 공고 전 인수예정자로 하여금 조건부 인수계약 체결 후 공개입찰방식에 따른 인수자 선정절차에서 다시 인수제안서를 제출할 수 있도록 매각구조를 설계할 수 있다. 다만, 이 경우 관리인은 다시 인수제안서를 제출하는 공고 전 인수예정자가 종전에 제시한 인수조건에 비해 채무자에게 불리한 내용으로 입찰에 참여할 수 없도록 하는 등으로 절차의 효율성 및 입찰참여자들의 이익

24) 서울회생법원 재판실무연구회, 회생사건실무(하), 박영사, 2019, 238면.

균형을 확보하여야 한다(실무준칙 제241호 제35조 제1항).

라. 최종 인수예정자의 선정

새로운 인수자 선정절차에서 새로운 인수희망자가 없거나, 제시된 인수내용이 공고 전 인수예정자가 제시한 인수내용에 미치지 못하거나 그것과 동등한 경우에는, 관리인은 법원의 허가를 받아 새로운 인수예정자를 선정하지 아니하고 공고 전 인수예정자를 최종 인수예정자로 확정한다(실무준칙 제241호 제35조 제2항). 관리인은 최종 인수예정자를 선정함과 동시에 차순위 인수예정자를 선정할 수 있고, 법원의 허가를 받아 차순위 인수예정자의 지위와 권한에 관하여 정할 수 있다(실무준칙 제241호 제36조 제1항). 관리인은 공개입찰절차의 입찰안내서에 차순위 인수예정자를 선정할 수 있는 사유, 차순위 인수예정자의 권리, 지위의 존속기한, 차순위 인수예정자가 최종 인수예정자로 되는 경우 해약보상금(break-up fee)의 지급 여부 등을 기재할 수 있다(실무준칙 제241호 제36조 제2항).

관리인은 확정된 새로운 인수예정자와 사이에 인수계약을 체결하는 경우에 특별한 사정이 없는 한 공고 전 인수예정자가 제시한 인수내용에 미치지 못하는 계약내용을 정하여서는 아니 된다(실무준칙 제241호 제37조).

Ⅵ. 회생계획인가 전 영업양도

1. 의의

회생절차개시 이후 회생계획인가 전이라도 관리인은 채무자의 회생을 위하여 필요한 경우 법원의 허가를 받아 채무자의 영업 또는 사업의 전부 또는 중요한 일부를 양도할 수 있다(제62조 제1항).

채무자 회사는 회생절차개시신청에 즈음하여 신용도가 급격히 하락하고 기존의 거래관계가 단절되며 종업원이 이탈하는 등 조직이 와해되어 정상적인 회생절차의 진행에 큰 어려움을 겪게 되는 경우가 많다. 최악의 경우에는 채무자의 기업가치의 하락으로 계속기업가치가 청산가치를 하회하는 결과에 이를 수도 있다. 이러한 경우에도 채무자가 회생계획에 의하여만 영업양도를 할 수 있다면 영업양도에 실패하거나 불리한 조건으로 영업양도를 할 수밖에 없다. 이에 채무자회생법은 채무자 회사의 수익력과 사업기반이 붕괴되기 전에 보다 유리한 조건으로 영업양도를 할 수 있도록 회생계획인가 전의 영업양도를 인정하고 있다. 회생계획인가 전 영업양도는 회생계획인가에 의하지 않고 영업양도가 이루어지는 경우라는 점에서 앞서 언급한 회생계획인가 전 M&A와 구별된다.[25)]

회생계획인가 전 영업양도는 양도대금을 조기에 일괄 수령하여 회생채권자 등에게 조기에 일괄변제를 할 수 있는 점, 사업이 훼손되기 전에 신속하게 영업양도를 하여 사업의 유지와 회생이 가능하게 되는 점, 다른 M&A 방식과 비교하여, 절차가 신속하고, 양도대상사업(자산, 부채, 계약관계, 종업원 등)을 당사자 사이의 합의에 의하여 개별적으로 선택할 수 있으므로 양수인으로서는 필요한 사업만을 양수할 수 있고, 우발채무와 부외채무를 승계하는 위험을 최소화할 수 있는 장점이 있다.[26)]

2. 회생계획인가 전 영업양도의 요건

가. 영업 또는 사업의 전부 또는 중요한 일부의 양도

영업 또는 사업의 전부 또는 중요한 일부를 양도하여야 한다. 여기서의 영업 또는 사업은 일정한 목적을 위하여 조직화된 유기적 일체로서 기능하는 재산이라고 할 수 있다.[27)]

나. 채무자의 회생을 위하여 필요할 것

회생계획인가 전 영업양도를 하기 위하여는 영업 또는 사업의 전부 또는 중요한 일부의 양도가 채무자의 회생을 위하여 필요하여야 한다. 채무자의 회생을

---

25) 주석 채무자회생법 제62조(심태규 집필), 한국사법행정학회, 2021.

26) 김정만, 회생절차상 M&A의 선택기준과 회생계획인가 전 M&A, 사법논집 제50집, 법원도서관, 2011, 80－81면.

27) 김정만, 회생절차상 M&A의 선택기준과 회생계획인가 전 M&A, 사법논집 제50집, 법원도서관, 2011, 144면.

위하여 필요하다는 것은 채무자의 회생절차개시신청으로 인한 신용훼손으로 인하여 영업이 급격히 악화되고 회생계획의 인가를 기다려서는 영업의 환가가치가 크게 하락하게 되기 때문에 이를 방지하기 위하여 조기에 영업의 양도를 할 필요가 있는 경우를 말한다.[28] 회생의 필요성에 있어서 채무자의 회생에만 한정할 것은 아니고, 채무자가 운영하던 사업 자체가 이전되어 그 사업이 다시 운영되는 것, 즉 영업(사업) 자체가 재건되는 것도 회생에 해당하는 것으로 보아야 한다.[29]

다. 회생절차개시 후 회생계획인가 전일 것

제62조에 의한 영업양도는 회생절차개시 후 회생계획인가 전까지 할 수 있다. 다만, 관리인은 회생절차개시 전에 추진된 영업 또는 사업의 전부 또는 중요한 일부의 양도절차를 회생절차에서 계속 진행할 필요가 있는 경우, 법원의 허가를 받아 제62조에 따라 회생계획에 의하지 아니하고 그 양도절차를 진행할 수 있다(실무준칙 제241호 제30조 제1항).

회생절차개시신청 이후 회생절차개시 전의 보전관리명령의 단계에서 영업양도를 할 수 있는지 문제 되나, 이는 보전관리명령의 목적을 넘어서는 것이므로 허용되지 않는다고 본다.[30]

3. 회생계획인가 전 영업양도의 절차

가. 의견조회

회생계획인가 전 영업 등의 양도에 대한 허가를 하는 때에는 법원은 관리위원회, 채권자협의회, 채무자의 근로자의 과반수로 조직된 노동조합의 의견을 들어야 한다. 근로자의 과반수로 조직된 노동조합이 없는 때에는 채무자의 근로자의 과반수를 대표하는 자의 의견을 들어야 한다(제62조 제2항). 영업양도의 양도대금은 회생채권 등에 대한 변제재원이 되어 회생채권자 등의 이해관계에 직접적인

---

28) 서울회생법원 재판실무연구회, 회생사건실무(하), 박영사, 2019, 242면.

29) 김정만, 회생절차상 M&A의 선택기준과 회생계획인가 전 M&A, 사법논집 제50집, 법원도서관, 2011, 148－149면.

30) 서울회생법원 재판실무연구회, 회생사건실무(하), 박영사, 2019, 243면.

영향을 미치므로 채권자협의회의 의견을 듣도록 하고 있고, 근로자의 경우 고용승계 여부 및 근로조건의 변경 등에 이해관계가 있으므로 의견을 듣도록 하고 있다.

나. 허가 결정 및 양도대가 사용방법의 지정

허가를 하는 경우 법원은 양도대가의 사용방법을 정하여야 한다(제62조 제3항). 법원은 영업양도의 허가 여부를 결정하는 경우에 ① 양수인 후보자의 선정방법이 합리적인지 여부, ② 입찰조건에 양도대가를 하락시키는 부당한 조건이 부가되어 있는지 여부, ③ 양수인 후보자의 선정절차가 공정하게 진행되었는지 여부, ④ 양도대금의 사용방법 등에 대하여 회생채권자 등과 사전 협의가 이루어졌는지 여부, ⑤ 영업양도계약의 내용 등을 고려한다(실무준칙 제241호 제30조 제3항).

양도대상 재산에 담보권이 설정되어 있는 경우에 회생계획으로 영업양도를 하는 때에는 다수결의 원리에 의하여 담보권을 소멸시킬 수 있다. 그러나 회생계획에 의하지 않은 영업양도의 경우에는 담보권자로부터 개별적인 동의를 얻어야만 담보권을 소멸시킬 수 있다.[31]

다. 주주총회의 결의에 갈음하게 하는 결정

주식회사인 채무자의 부채총액이 자산총액을 초과하는 때에는 법원은 관리인의 신청에 의하여 결정으로 상법 제374조 제1항의 규정에 의한 주주총회의 결의에 갈음하게 할 수 있다(제62조 제4항 전문). 이 경우 상법 제374조 제2항 및 제374조의2와 자본시장과 금융투자업에 관한 법률 제165조의5의 규정은 적용하지 아니하므로(제62조 제4항 후문), 영업양도에 반대하는 주주는 주식매수청구권을 행사할 수 없다.

주주총회의 결의에 갈음하게 하는 결정에 대하여 주주는 즉시항고를 할 수 있다(제63조 제3항). 즉시항고에 집행정지의 효력이 있는지에 대하여는 견해가 대립하고 있다. 관리인의 주주총회의 결의에 갈음하게 하는 결정의 신청에 대하여 법원이 불허가하더라도 관리인은 즉시항고할 수 없다(제13조 제1항).

---

31) 김정만, 회생절차상 M&A의 선택기준과 회생계획인가 전 M&A, 사법논집 제50집, 법원도서관, 2010, 81면.

4. 법원의 허가를 받지 아니한 영업양도의 효력

법원의 허가를 받지 아니하고 한 영업 등의 양도는 무효로 한다. 다만 선의의 제3자에게 대항하지 못한다(제62조 제5항, 제61조 제3항).

실무팁 M&A 과정에서의 CEO의 경영권 유지 방안

제217조 제1항의 공정 · 형평의 원칙에 관하여 법원이 취하고 있는 상대우선설 및 상대적 지분비율법에 의하면 회생계획인가 이후 CEO 지분의 대폭 축소는 불가피하다. 더욱이 회생절차에서 M&A가 이루어질 경우 관리인으로 선임되거나 간주된 CEO는 경영권을 상실할 가능성이 높으므로 M&A에 소극적인 태도를 보여왔다.

그러나 최근 한국성장금융투자운용 주식회사(K-Growth)[32]로부터 자금지원을 받은 펀드운용사들이 회생절차상 M&A 시장에 플레이어로 등장하기 시작하면서 분위기가 달라지고 있다. 이들 펀드운용사는 피인수회사의 경영에 참여하지 않는 재무적 투자자(Financial Investor)이기 때문에 M&A 성사 이후 기존 경영자로 하여금 회사를 경영하도록 한다. 더욱이 기존 경영자가 일정한 경영성과를 달성할 경우 펀드운용사들이 M&A를 통하여 인수한 주식에 대한 우선매수권을 보장해 주는 경우도 있다.[33] 이러한 펀드운용사들과의 M&A는 채권자들에 대한 채무변제의 극대화와 채무자 회사의 효율적 회생이라는 회생절차상 M&A의 목적을 달성함과 동시에 CEO가 경영권을 유지할 수 있는 방안으로 최근 거래계에서 활용빈도가 높아지고 있다.

회생절차상 M&A 시행 초기에 재무적 투자자들이 채무자 회사를 인수한 이후 시세차익을 실현한 다음 경영을 포기하거나 회사의 자금을 횡령하고 도주하는 등 회생절차상 M&A를 악용하는 사례가 있었고 이로 인하여 법원은 재무적 투자자를 불신하는 경향이 있었다. 이러한 악성 재무적 투자자가 회생절차상 M&A를 통해 채무자 회사를 인수하는 것을 예방하기 위해 실무준칙에 M&A 인수인으로 하여금 발행된 신주의 50%에 대하여 한국예탁결제원에 1년간 보호예수하도록 하여 처분을 제한하는 조항을 둔 적도 있었다. 현재까지도 법원은 재무적 투자자에 대하여 우호적이지 않은 것으로 보인다.

그러나 한국성장금융투자운용 주식회사와 그 펀드운용사들의 경우 중소벤처기업의 성장지원을 위하여 설립 및 운용되고 있어 회생절차상 M&A 시행 초기 재무적 투자자들과 같은 무

---

32) 한국산업은행, 중소기업은행, 은행권청년창업재단 등이 중소벤처기업의 성장을 지원하기 위하여 공동으로 운영하던 성장사다리펀드 등을 효율적으로 운용할 목적으로 2016년 설립한 주식회사이다.

33) M&A의 핵심적 개념요소가 기업에 대한 최종적인 경영권 취득이라는 점을 고려할 때 이처럼 펀드운용사들이 경영권을 확보하여 경영의 책임자가 되려 하지 않고, 일정 기간이 지난 후 기존 경영자 관리인으로 하여금 주식을 우선매수함으로써 경영권을 회복하는 것을 보장한다는 점에서 이러한 M&A는 통상의 M&A와는 구별된다(이진웅, PEF 회생기업에 대한 투자 및 회생절차 종결-사례 및 실무상 쟁점의 소개-, 법조 제662호, 법조협회, 2011, 271-272면).

책임한 행태를 보일 위험이 낮은 점, M&A 이후의 지배주주가 채무자 회사를 경영하는 것이 기존 CEO가 경영하는 것보다 채무자 회사의 회생이라는 측면에서 반드시 더 효율적이라는 보장이 없는 점, 제205조 제5항은 부실경영에 중대한 책임이 있는 지배주주 기타 특수관계인이라 하더라도 그가 회생계획인가 및 수행에 기여를 한 경우에는 일정한 가격에 채무자 회사의 주식을 매수할 수 있는 청구권을 부여하고 있는 점 등을 고려할 때 한국성장금융투자운용 주식회사로부터 자금을 지원받은 펀드운용사들이 회생절차상 M&A를 통해 채무자 회사를 인수하면서 CEO에게 경영권을 보장하고 나아가 주식에 대한 우선매수권을 부여하는 것에 대하여 전향적인 시각을 가질 필요가 있다.

제16장
회생절차의 종료

Ⅰ. 회생절차의 종결

1. 의의

회생절차의 종결이란 회생계획이 이미 수행되었거나 향후 회생계획의 수행에 지장이 있다고 인정되지 않아 회생절차의 목적을 달성할 수 있다고 판단하는 경우에 법원이 관리인 또는 이해관계인의 신청이나 직권으로 회생절차를 종결시키는 것을 말한다. 회생계획에 따른 변제가 시작되면 법원은 회생계획의 수행에 지장이 있다고 인정되지 않는 경우 관리인, 목록에 기재되거나 신고한 회생채권자 또는 회생담보권자의 신청에 의하거나 직권으로 회생절차종결의 결정을 한다(제283조 제1항).[1)]

---

1) 최초 회사정리법상 정리절차 종결요건은 '정리계획이 수행된 때 또는 정리계획이 수행될 것이 확실하다고 인정되기에 이른 때'였으나 1998년 개정을 통해 '정리계획에 따른 변제가 시작된 이후 정리계획의 수행에 지장이 없다고 인정되는 때'로 완화되었다. 채무자회생법은 '회생계획에 따른 변제가 시작된 때'로 회생절차 종결의 요건을 더욱 완화하였다. 이러한 입법의 변화는 회생절차가 계속 중이라는 시장의 낙인으로 인하여 능력있는 채무자 회사가 원활하게 사업을 영위하지 못하는 현실에 대한 반성적 고려 및 회생계획인가결정으로 채무재조정을 완료한 채무자 회사에 대하여 법원이 그 수행 여부를 감독하는 것보다는 신속하게 종결하여 채권자의 감독 및 출자전환된 주주의 주주권 행사를 통하여 시장에서 효율적으로 회생계획을 수행하도록 하는 것이 사회경제적으로 바람직하다는 입법적 결단이 반영된 것이라고 할 수 있다[주석 채무자회생법 제283조(나청/김유성 집필), 한국사법행정학회, 2021].

2. 회생절차종결의 요건

가. 회생계획에 따른 변제가 시작되었을 것(적극적 요건)

회생계획에 따른 변제가 시작되어야 회생절차를 종결할 수 있다(제283조 제1항). 회생계획에 따른 변제는 회생채권 또는 회생담보권의 변제를 의미하고 공익채권의 변제는 이에 해당하지 않는다.[2)]

나. 회생계획의 수행에 지장이 있다고 인정되지 않을 것(소극적 요건)

회생계획의 수행에 지장이 있다고 인정되지 않아야 회생절차를 종결할 수 있다. 실무준칙 제251호 제3조는 ① 채무자의 총자산이 총부채를 안정적으로 초과하고 있는 경우, ② 제3자가 채무자를 인수하였거나 채무자의 매출실적이나 영업실적이 양호하여 회생계획 수행에 필요한 자금조달이 가능한 경우, ③ 담보물이 처분되지 아니하였더라도 회생절차를 계속하는 것이 담보물 처분에 유리할 것으로 판단되지 않는 경우, ④ 회생절차를 종결하면 채무자의 영업이나 매출이 개선될 것으로 예상되는 등 회생계획 수행가능성이 높아지는 경우에 회생절차를 종결함을 원칙으로 한다고 정하고 있다.

회생절차 종결을 통하여 채무자의 영업이나 매출을 개선하여 회생채권 등을 변제할 수 있을 것으로 예상된다면, 일부 변제기에 달한 회생채권 등을 변제하지 못한 사정이 있다고 하더라도 회생절차 종결결정을 할 수 있다.[3)] 이러한 경우 법원은 회생절차의 종결 여부를 결정하기에 앞서 조사위원으로 하여금 채무자의 재산 및 영업상태를 실사하게 할 수 있다(제259조).

㈜대한의 법률상 관리인 김민국은 회생계획 제3장 제2절에 따라 20×0. 11. 29. ㈜신한은행의 회생담보권 원리금 87,487,642원을 전액 변제하였고, 20×1. 7. 3. ㈜하나은행의 회생담보권 원리금 9,361,771,034원을 전액 변제하였으며, 회생계획 제3장 제3절에 따라 20×1. 12. 30. 제1차연도 회생채권 원리금 합계 808,695,056원과 조세 등 채권 원리금 합계 33,771,487원을 전액 변제하였다. 그리고 ㈜대한의 총자산은 총부채를 안정적으로 초과하고 있었다. 이로써 ㈜대한은 회생절차종결의 요건을 충족하였다.

2) 주석 채무자회생법 제283조(나청/김유성 집필), 한국사법행정학회, 2021.
3) 주석 채무자회생법 제283조(나청/김유성 집필), 한국사법행정학회, 2021.

3. 회생절차종결결정에 대한 불복

회생절차종결결정은 관보에 게재된 날의 다음날 또는 규칙이 정하는 방법에 의한 공고가 있은 날의 다음 날에 그 효력이 발생한다(제9조 제2항). 회생절차종결결정에 대하여는 즉시항고가 인정되지 아니하므로 효력발생과 동시에 확정된다(제13조).

4. 회생절차종결의 효과

가. 관리인의 권한 소멸과 채무자의 권한 회복

회생절차종결결정의 효력이 발생함과 동시에 채무자는 업무수행권과 재산의 관리·처분권을 회복하고 관리인의 권한은 소멸한다.[4]

소송절차 중 재산에 관한 소송으로서 회생채권 또는 회생담보권과 관계 없는 것(제59조 제4항)과 회생채권 등의 확정소송으로서 계속 중인 것은 당연히 중단되고 채무자가 수계한다. 회생채권 등의 확정을 구하는 소송의 계속 중에 회생절차종결결정이 있더라도 회생채권 등의 확정을 구하는 청구취지를 회생채권 등의 이행을 구하는 청구취지로 변경해서는 안 된다. 회생절차종결 이후 회생채권 등의 확정소송에서 채권자의 권리가 확정되면 그 결과를 회생채권자표 내지 회생담보권자표에 기재한 후 회생계획의 규정에 따라 변제를 받으면 된다.[5]

대법원은, 부인권은 회생절차개시결정 이전에 부당하게 처분된 채무자의 재산을 회복함으로써 채무자 회사의 사업을 유지·갱생시키고자 인정된 채무자회생법상의 특유한 제도로서 회생절차의 진행을 전제로 관리인만이 행사할 수 있는 권리이므로 회생절차의 종결에 의하여 소멸하고, 비록 회생절차 진행 중에 부인권이 행사되었다고 하더라도 이에 기하여 채무자 회사에게로 재산이 회복되기 이전에 회생절차가 종료한 때에는 부인권 행사의 효과로서 상대방에 대하여 재산의 반환을 구하거나 또는 그 가액의 상환을 구하는 권리 또한 소멸한다고 보아야 할 것이므로, 부인의 소 또는 부인의 청구의 계속 중에 회생절차종결결정

4) 대법원 2019. 10. 17. 선고 2014다46778 판결.

5) 서울회생법원 재판실무연구회, 회생사건실무(하), 박영사, 2019, 258면.

이 확정된 경우에는 관리인의 자격이 소멸함과 동시에 해당 소송에 관계된 권리 또한 절대적으로 소멸하고 어느 누구도 이를 승계할 수 없다는 입장을 취하고 있다.[6)]

관리인은 회생절차종결결정 후 지체 없이 법원에 계산에 관한 보고를 하여야 한다(제84조 제1항). 관리인은 계산보고서에 사무인수인계서, 인원 현황, 수지 상황, 자산과 부채의 증감 현황, 회생채권 변제내역, 공익채권 현황 등을 첨부하여 보고한다.

나. 채무자에 대한 절차적 구속의 소멸

회생절차가 종결되면 채무자는 제55조 각 호의 행위를 자유로이 할 수 있다.

다. 개별적 권리행사 제약의 해소

회생채권자 등은 회생절차 진행 중에는 회생절차에 의하지 아니하고는 채무의 변제를 받을 수 없으므로(제131조), 가압류 등 보전처분이나 강제집행을 할 수 없다. 그러나 회생절차가 종결되면 회생채권자 등은 변제기가 도래한 회생채권 등에 대하여 회생채권자표 등에 기하여 채무자와 회생을 위하여 채무를 부담한 자에 대하여 강제집행을 할 수 있다(제255조 제2항). 상계에 대한 제한도 해소된다.[7)]

라. 회생계획 수행의무

채무자는 회생절차종결 이후 회생계획을 계속하여 수행할 의무가 있다.

마. 이사 등의 선임에 관한 특칙

회생절차가 종결되면 채무자는 상법 규정에 따라 대표이사나 이사, 감사를 자율적으로 선임할 수 있다. 그러나 채무자 재산의 도피, 은닉 또는 고의적인 부실경영 등의 원인에 의하여 회생절차가 개시되도록 한 책임이 있어 이사, 대표이사 또는 감사로 유임되지 못한 자는 회생절차종결의 결정이 있은 후에도 채무자

6) 대법원 2007. 2. 22. 선고 2006다20429 판결.

7) 대법원 2009. 1. 30. 선고 2008다49707 판결.

의 이사, 감사로 선임되거나 대표이사로 선정될 수 없다(제284조, 제203조 제2항 단서). 제284조를 위반하여 회생절차종결 이후 채무자의 이사로 선임되거나 대표이사로 선정되어 취임한 자는 3년 이하의 징역 또는 3천만 원 이하의 벌금에 처한다(제647조).

㈜대한에 대한 회생절차종결결정

서 울 회 생 법 원

제 1 부

결 정

사 건 20×0회합100001 회생
채 무 자 주식회사 대한
서울 ○○구 ○○대로 ○○○
법률상관리인 대표이사 김민국

주 문

이 사건 회생절차를 종결한다.

이 유

기록에 의하면, 채무자는 회생계획인가 이후 회생담보권 전부와 회생채권 일부에 대한 변제의무를 조기에 이행하여 회생계획에 따른 변제를 시작하였고, 한편 채무자에게 회생계획의 수행에 지장이 있다고 인정할 자료가 없다.

그렇다면, 채무자는 채무자 회생 및 파산에 관한 법률 제283조 제1항이 정한 회생절차종결의 요건을 구비하였으므로, 이 사건 회생절차를 종결하기로 하여 주문과 같이 결정한다.

20×2. 1. 8.

재판장 판사 ○○○
판사 ○○○
판사 ○○○

II. 회생절차의 폐지

1. 의의

회생절차의 폐지란 회생절차개시결정 이후 회생절차가 목적을 달성하지 못하여 법원이 그 절차를 중도에 종료시키는 것을 말한다.[8] 회생절차의 폐지는 회생절차의 종결과 함께 회생절차의 종료 사유 중 하나이지만, 회생절차의 종결이 채무자의 회생이라는 회생절차의 목적을 달성하여 회생절차로부터 해방되는 것임에 반하여, 회생절차의 폐지는 회생절차의 목적을 달성하지 못하여 회생절차로부터 퇴출당하는 것이라는 점에서 구별된다.

8) 임채홍 · 백창훈, 회사정리법(하) 제2판, 한국사법행정학회, 2002, 417면.

2. 회생계획인가 전 폐지

가. 제286조 제1항에 의한 폐지

법원은 다음의 경우 직권으로 회생절차폐지의 결정을 하여야 한다(제286조 제1항).

(1) 법원이 정한 기간 또는 연장한 기간 안에 회생계획안의 제출이 없는 경우(제1호 전단)(미제출폐지)

'법원이 정한 기간'이란 제50조 제1항 제4호에 의하여 정한 기간을 의미하고, '연장한 기간'이란 제50조 제3항에 의하여 연장한 기간을 의미한다. 제1호 전단의 폐지는 회생계획제출기간 미준수에 대한 징벌적 규정이 아니므로 제출기간 경과 후 폐지결정 전에 회생계획안이 제출된 경우 그 회생계획안을 관계인집회의 심리 및 결의에 부칠 수 있다.[9)]

(2) 제출된 모든 회생계획안이 관계인집회의 심리 또는 결의에 부칠만한 것이 못 되는 때(제1호 후단)(배제폐지)

관계인집회의 심리 또는 결의에 부칠만한 것이 못 되는 때란 회생계획안의 내용이 법률의 규정에 합치되지 아니하거나, 공정·형평성을 결여하거나, 수행이 불가능한 경우 또는 관계인집회에서 회생계획안이 가결될 가능성이 없는 경우를 의미한다.[10)]

(3) 회생계획안이 관계인집회 또는 서면결의에 의하여 부결된 때(제2호 전단,제4호)(부결폐지)

회생계획안이 관계인집회 또는 서면결의에서 가결에 필요한 법정 다수의 동의를 얻지 못한 경우 법원은 직권으로 회생절차폐지의 결정을 하여야 한다. 다만, ① 제238조에 의하여 속행기일이 지정되는 경우, ② 복수의 회생계획안이 결의에 부쳐져 일부의 회생계획안만 부결된 경우, ③ 부결된 회생계획안에 권리보호조항을 부가하여 회생계획을 인가하는 경우에는 회생절차폐지결정을 해서

9) 서울회생법원 재판실무연구회, 회생사건실무(하), 박영사, 2019, 262－263면.
10) 대법원 1999. 6. 30.자 98마3631 결정.

는 안 된다.

(4) 회생계획안이 결의를 위한 관계인집회의 제1기일부터 2월 이내 또는 연장한 기간 안에(제2호 후단), 회생절차개시일부터 1년 이내에[11] 가결되지 아니한 때(제3호)(가결기간 도과로 인한 폐지)

이는 회생절차를 신속하게 진행하여 그 지연을 막고자 하는 취지에서 규정된 것이다.

나. 제286조 제2항에 의한 폐지

회생계획안의 제출 전 또는 그 후에 채무자의 사업을 청산할 때의 가치가 채무자의 사업을 계속할 때의 가치보다 크다는 것이 명백하게 밝혀진 때에는 법원은 회생계획인가결정 전까지 관리인의 신청에 의하거나 직권으로 회생절차폐지의 결정을 할 수 있다. 다만 법원이 제222조에 따라 청산형 회생계획안의 작성을 허가하는 경우에는 그러하지 아니하다(제286조 제2항).

실무상 법원은 청산가치가 계속기업가치를 초과하는 경우 관리인이 인가 전 M&A 추진허가 신청을 하고 그 성사 가능성이 있는 등의 예외적인 사유가 있는 경우를 제외하고는 대부분 회생절차폐지의 결정을 하고 있다.

다. 제287조에 의한 폐지

채무자가 목록에 기재되어 있거나 신고한 회생채권자와 회생담보권자에 대한 채무를 완제할 수 있음이 명백하게 된 때에는 법원은 관리인, 채무자, 목록에 기재되어 있거나 신고한 회생채권자 또는 회생담보권자의 신청에 의하여 회생절차폐지의 결정을 하여야 한다(제287조 제1항). 이러한 경우에는 회생절차를 속행하는 것이 무의미하기 때문이다.

신청인은 회생절차폐지의 원인인 사실을 소명하여야 한다(제287조 제2항). 제287조 제1항의 신청이 있는 때에는 법원은 채무자, 관리위원회, 채권자협의회 및 목록에 기재되어 있거나 신고한 회생채권자와 회생담보권자에 대하여 그 뜻

11) 불가피한 사유가 있는 때에는 법원은 6월의 범위 안에서 그 기간을 늘일 수 있다(제239조 제3항 단서).

과 의견이 있으면 법원에 제출할 것을 통지하고, 이해관계인이 열람할 수 있도록 신청에 관한 서류를 법원에 비치하여야 하고(제287조 제3항), 통지를 발송한 후 1월 이상이 경과하지 아니하면 회생절차폐지의 결정을 하지 못한다(제287조 제4항).

이 규정에 의한 폐지결정은 신고기간이 만료된 후부터 회생계획이 인가되기 전까지 할 수 있다. 회생계획이 인가된 후에는 회생절차폐지를 할 수 없고 회생절차를 종결하면 된다.

3. 회생계획인가 후 폐지

가. 의의

회생계획인가의 결정이 있은 후 회생계획을 수행할 수 없는 것이 명백하게 된 때에는 법원은 관리인이나 목록에 기재되어 있거나 신고한 회생채권자 또는 회생담보권자의 신청에 의하거나 직권으로 회생절차폐지의 결정을 하여야 한다(제288조 제1항).

회생계획을 수행할 수 없는 것이 명백하게 된 경우란 채무자가 회생할 가능성이 없다고 판단되는 경우를 말한다. 구체적으로 ① 회생계획에 따른 변제를 제대로 이행하지 못하고 있고, 앞으로도 변제의 지체가 계속될 것으로 예상되는 경우, ② 영업실적이 회생계획상 예정된 사업계획의 수준에 비하여 현저히 미달하고 있고, 가까운 장래에 회복될 전망이 보이지 않는 경우, ③ 회생계획에서 정한 자산매각계획을 실현하지 못하여 향후 자금수급계획에 현저한 지장을 초래할 우려가 있는 경우, ④ 공익채권이 과다하게 증가하여 향후 회생계획의 수행에 지장을 초래할 우려가 있는 경우, ⑤ 노사쟁의 기타 채무자 회사 내부의 분규나 이해관계인의 불합리하고 과다한 간섭 등이 계속되어 채무자 회사의 영업운영에 심각한 차질이 발생한 경우 등을 들 수 있다.[12)]

회생절차를 폐지하기 위하여는 회생계획의 수행가능성이 없다는 것이 명백하여야 한다. 회생계획의 수행가능성 유무의 판단을 위하여 필요한 경우 법원은

---

12) 서울회생법원 재판실무연구회, 회생사건실무(하), 박영사, 2019, 268면.

채권자협의회의 신청에 의하거나 직권으로 조사위원으로 하여금 채무자의 재산 및 영업상태를 실사하게 할 수 있다(제259조 제2호).

나. 이해관계인의 의견청취

법원은 회생절차폐지결정을 하기 전에 기일을 열어 관리위원회 · 채권자협의회 및 이해관계인의 의견을 들어야 한다. 다만 기일을 열지 아니하는 때에는 기한을 정하여 관리위원회 · 채권자협의회 및 이해관계인에게 의견을 제출할 기회를 부여하여야 한다(제288조 제2항).

4. 공고

회생절차폐지결정을 한 경우에는 그 주문과 이유의 요지를 공고하여야 하지만, 폐지결정문을 이해관계인에게 송달하지 아니할 수 있다(제289조). 실무상 관리인 및 채권자협의회에 회생절차폐지결정문을 송달하고 있다.

5. 회생절차폐지결정에 대한 불복

가. 즉시항고

회생절차폐지결정에 대하여는 즉시항고를 할 수 있다(제290조 제1항, 제247조 제1항 전단).

(1) 항고권자(제290조 제1항, 제247조 제1항, 제2항)

회생계획인가 전 폐지의 경우에는 관리인 · 목록에 기재되어 있거나 신고한 회생채권자 · 회생담보권자 · 주주 · 지분권자가 항고를 제기할 수 있다. 채무자도 회생절차폐지결정에 대하여 법률상 이해관계를 가지는 자이므로 항고권을 가지는 것으로 해석된다.

회생계획인가 후 폐지의 경우에는 관리인 · 회생계획에 의하여 권리가 인정된 회생채권자 · 회생담보권자 · 주주 · 지분권자 · 회생을 위하여 채무를 부담하거나 담보를 제공한 자 등이 항고를 제기할 수 있다. 채무자도 항고권을 가지는 것으로 해석된다.

(2) 항고기간

즉시항고는 폐지결정의 공고가 있은 날부터 14일 이내에 제기하여야 한다(제13조 제2항).

나. 항고제기의 효력

채무자회생법에 특별한 정함이 없으므로 회생절차폐지결정에 대한 즉시항고의 경우에는 집행정지의 효력이 있다(제13조 제3항). 회생절차폐지결정은 확정된 때에 효력이 발생한다.

다. 파산절차로의 이행

파산선고를 받지 아니한 채무자에 대하여 회생계획인가가 있은 후 회생절차폐지결정이 확정된 경우 법원은 그 채무자에게 파산의 원인이 되는 사실이 있다고 인정하는 때에는 직권으로 파산을 선고하여야 한다(제6조 제1항). 파산선고를 받지 아니한 채무자에 대하여 회생계획인가 전 회생절차폐지결정이 확정된 경우 법원은 그 채무자에게 파산의 원인이 되는 사실이 있다고 인정하는 때에는 채무자 또는 관리인의 신청이나 직권으로 파산을 선고할 수 있다(제6조 제2항).

파산선고를 받은 채무자에 대한 회생계획인가결정으로 파산절차가 효력을 잃은 후 회생절차폐지결정이 확정된 경우에는 법원은 직권으로 파산을 선고하여야 한다(제6조 제8항). 파산선고를 받은 채무자에 대하여 회생계획인가 전 회생절차폐지결정이 확정된 때에는 중지되었던 파산절차가 속행된다(제7조 제1항).

6. 회생절차폐지결정의 효력

회생절차폐지결정으로 회생절차는 종료된다. 그러나 회생절차폐지결정에 대하여는 즉시항고 및 재항고를 제기할 수 있으므로 회생절차폐지결정은 확정된 때에 효력이 발생한다.

가. 회생절차의 종료

(1) 관리인의 권한 소멸과 채무자의 권한 회복

회생절차폐지결정의 효력이 발생하면 관리인의 권한이 소멸하고 업무수행권 및 재산의 관리·처분권은 채무자에게 회복된다.[13] 부인권은 회생절차의 진행을 전제로 관리인만이 행사할 수 있는 권리이므로 회생절차의 폐지로 소멸한다. 그러나 회생절차폐지결정이 확정되더라도 직권으로 파산절차로 이행하는 경우에는 파산관재인이 종전 회생절차에서 관리인이 수행 중이던 부인의 소 또는 부인의 청구를 수계함으로써 부인권을 계속 행사할 수 있다(제6조 제6항).

회생절차폐지결정이 확정된 때에는 제6조 제1항에 의하여 채무자에 대하여 파산이 선고되는 경우를 제외하고는 관리인은 채무자의 재산으로 공익채권을 변제하고 이의 있는 것에 관하여는 그 채권자를 위하여 공탁을 하여야 한다(제291조). 이 범위 내에서는 회생절차폐지결정의 확정에도 불구하고 관리인의 권한이 존속한다고 볼 수 있다.

(2) 채무자에 대한 절차적 구속의 소멸

회생절차폐지결정이 확정되면 채무자는 제55조 각 호의 행위를 자유로이 할 수 있다.

(3) 개별적 권리행사 제약의 해소

회생채권자 등은 회생절차 진행 중에는 회생절차에 의하지 아니하고는 채무의 변제를 받을 수 없으므로(제131조), 가압류 등 보전처분이나 강제집행을 할 수 없다. 그러나 회생절차폐지결정이 확정되면 회생채권자 등은 채무자를 상대로 소송을 제기하거나 강제집행을 할 수 있게 된다.

---

13) 회생절차폐지결정이 확정되어 효력이 발생하면 관리인의 권한은 소멸하므로, 관리인을 채무자로 한 지급명령의 발령 후 그 정본의 송달 전에 회생절차폐지결정이 확정된 경우 그 지급명령은 당사자적격을 상실한 자를 상대로 한 것으로 효력이 없다(대법원 2017. 5. 17. 선고 2016다274188 판결).

나. 효과의 불소급성

(1) 회생계획인가 전 폐지의 경우

회생절차인가 전 폐지결정에는 소급효가 없다.[14] 회생절차개시 이후 회생절차폐지결정 전까지 관리인이 한 행위와 회생채권 등의 확정의 효력에 영향을 미치지 않는다. 그러나 회생계획이 인가되기 전이므로 면책 및 실권(제251조)과 권리변경(제252조) 등의 효력은 발생하지 않는다.

(2) 회생계획인가 후 폐지의 경우

회생계획인가 후 폐지는 회생계획의 수행과 채무자회생법의 규정에 의하여 생긴 효력에 영향을 미치지 아니한다(제288조 제4항). 회생절차개시 후에 관리인이 한 행위의 효력은 그대로 유지되고 제251조에 의한 면책과 제252조에 의한 권리변경의 효력도 그대로 유지된다. 회생절차가 폐지되기 전에 관리인이 제119조 제1항에 따라 계약을 해제하였다면 이후 회생절차폐지의 결정이 확정되어 제6조 제1항에 의한 직권 파산선고에 따라 파산절차로 이행되었다고 하더라도 위 해제의 효력에는 아무런 영향을 미치지 아니한다.[15]

다. 계속 중인 절차에 미치는 영향

파산절차, 채무자의 재산에 대하여 이미 행한 회생채권 또는 회생담보권에 기한 강제집행 등, 국세징수의 예에 의하여 징수할 수 있는 청구권으로서 그 징수 우선순위가 일반 회생채권보다 우선하지 아니한 것에 기한 체납처분은 회생절차개시결정으로 중지된다(제58조 제2항). 이와 같이 중지된 절차들은 회생계획인가결정 전에 회생절차가 폐지된 경우 다시 속행된다.

한편 위 절차 중 체납처분을 제외한 다른 절차는 회생계획인가결정으로 실효된다(제256조). 따라서 회생계획인가 후 폐지의 경우 중지된 절차의 속행 문제는 발생하지 않고, 채권자는 다시 파산절차 등을 신청하여야 한다.

---

14) 대법원 2016. 6. 21.자 2016마5082 결정.

15) 대법원 2017. 4. 26. 선고 2015다6517, 6524, 6531 판결.

라. 회생절차폐지가 권리확정절차에 미치는 영향[16)]

(1) 회생절차폐지 후 파산선고가 되지 않은 경우

(가) 회생계획인가 전 폐지의 경우

① 채권조사확정재판 절차가 진행 중인 경우

채권조사확정재판은 변론을 거치는 소송절차가 아니라 회생절차 내에서 회생채권 등을 확정하기 위한 간이한 절차에 불과한데, 회생계획인가 전 폐지의 경우 회생채권 등을 확정할 필요가 없으므로 종료된다.

② 채권조사확정재판에 대한 이의의 소가 계속 중인 경우

채권조사확정재판에 대한 이의의 소가 계속 중인 경우는 당사자가 누구인지에 따라 다르다. ㉮ 회생채권 등을 보유한 권리자가 이의한 관리인을 상대로 제기한 이의의 소가 계속 중인 경우에는 회생계획인가 전 폐지결정이 확정되면 이의의 소의 소송절차는 중단되고, 채무자가 관리인의 소송절차를 수계하여야 한다. 권리자는 청구취지를 채권조사확정재판의 인가 또는 변경을 구하는 것에서 채권의 이행 또는 확인을 구하는 것으로 변경하여야 한다. ㉯ 회생채권 등을 보유한 권리자가 이의한 다른 회생채권자 등을 상대로 한 이의의 소가 계속 중인 경우 이러한 이의의 소는 회생절차 내의 채권확정을 위한 절차에 불과하고 이를 통상의 소송으로 변경하여 진행하더라도 그 판결의 기판력이 채무자에게 미치지 않아 계속 진행할 실익이 없으므로 소송절차는 종료된다.

(나) 회생계획인가 후 폐지의 경우

회생절차가 폐지된 후에도 제251조에 의한 면책의 효력과 제252조에 의한 권리변경의 효력은 그대로 존속하고, 여전히 권리확정의 필요가 있다.[17)] ① 관리인이 당사자인 채권조사확정재판 절차가 진행 중인 경우 그 절차는 중단되고, 채무자가 그 절차를 수계하여야 한다. 관리인 이외의 회생채권자 등이 당사자인 채권조사확정재판절차는 중단되지 않고 계속 진행된다. ② 채권조사확정재판에 대한 이의의 소가 계속 중인 경우에도 동일하다.

16) 서울회생법원 재판실무연구회, 회생사건실무(하), 박영사, 2019, 280－287면; 주석 채무자회생법 제288조(나청/김유성 집필), 한국사법행정학회, 2021.

17) 대법원 2007. 10. 11. 선고 2006다57438 판결.

(2) 회생절차폐지 후 파산선고가 된 경우

(가) 회생계획인가 전 폐지의 경우

① 채권조사확정재판 절차가 진행 중인 경우

채권조사확정재판 절차가 진행 중인 경우, 관리인이 당사자인 채권조사확정재판 절차는 중단되고 파산관재인이 그 절차를 수계하고, 채권자는 신청취지를 회생채권의 확정을 구하는 것에서 파산채권의 확정을 구하는 것으로 변경하여야 한다(제6조 제5항). 다만 제6조 제5항 단서는 제134조 내지 제138조에 의한 채권의 이의, 조사 및 확정에 관하여는 그러하지 아니하다고 정하고 있어 회생절차에서 신고된 회생채권이 제134조 내지 제138조에 의한 채권인 경우 그 이의, 조사 및 확정은 파산절차에서 행하여진 파산채권의 이의, 조사 및 확정으로 볼 수 없다. 이들 채권의 경우 파산절차에서 파산채권으로 새로이 조사되어야 하므로, 회생절차폐지 당시 진행 중인 그 채권에 관한 조사확정재판 절차는 종료된다고 보아야 한다.

② 채권조사확정재판에 대한 이의의 소가 계속 중인 경우

채권조사확정재판에 대한 이의의 소가 계속 중인 경우, 관리인이 당사자인 채권조사확정재판에 대한 이의의 소는 중단되고 파산관재인이 수계한 후 청구취지를 변경하여야 한다(제6조 제6항).

(나) 회생계획인가 후 폐지의 경우

① 채권조사확정재판 절차가 진행 중인 경우

채권조사확정재판 절차가 진행 중인 경우, 제6조 제5항과 같은 명문규정이 없어 ㉮ 파산절차에서 새로이 파산채권으로서의 신고 등의 절차를 거쳐야 하므로 회생절차폐지 당시 진행 중인 회생채권조사확정재판 절차는 종료되고, 파산절차에서 진행되는 파산채권조사확정재판 절차를 통해 파산채권으로 확정하면 된다는 견해와 ㉯ 회생절차폐지 당시 관리인을 당사자로 하여 진행 중인 회생채권조사확정재판 절차는 중단되어 파산관재인이 그 절차를 수계하여야 하지만, 회생절차가 폐지되어 파산절차로 이행된 견련파산의 경우에도 인가된 회생계획에 따라 권리가 변경되기 위한 전제로서 여전히 회생채권으로서의 권리확정절차가 필요하므로 채권자는 그 신청을 변경하여서는 아니되고, 파산절차에서 새로이 파산채권으로서 신고, 조사 또는 확정의 절차를 거치더라도 그 절차는 회생절차에서의 회생채

권으로서의 확정과 인가된 회생계획에 따른 권리변경을 전제로 하는 별개의 절차이므로 회생채권조사확정절차로서 계속되어야 한다는 견해가 대립하고 있다.

② **채권조사확정재판에 대한 이의의 소가 계속 중인 경우**

채권조사확정재판에 대한 이의의 소가 계속 중인 경우에도 명문규정이 없어 ㉮ 관리인이 당사자인 채권조사확정재판에 대한 이의의 소의 소송절차는 중단되고 파산관재인이 수계한 후 청구취지를 변경하여야 한다는 견해와 ㉯ 여전히 회생채권으로서 권리확정절차가 필요하다는 전제에서, 소송절차가 중단되어 파산관재인이 수계하여야 하나, 청구취지 변경 없이 법원은 회생채권의 존부를 정한 회생채권조사확정재판을 그대로 인가하거나 변경하는 판결을 하면 족하다는 견해가 대립하고 있다.

<table>
<tr><th colspan="2">구 분</th><th>채권조사확정재판 절차</th><th>이의의 소 소송절차</th></tr>
<tr><td rowspan="2">회생절차폐지 후 파산이 선고되지 않은 경우</td><td>인가 전 폐지</td><td>종료
(∵ 통상의 소송으로 변경될 수 없음)</td><td>① 권리자 → 관리인:
후 채무자가 수계
(청구취지 변경)
② 권리자 → 다른 권리자:
종료(∵ 수계 후 진행 실익 없음)</td></tr>
<tr><td>인가 후 폐지</td><td colspan="2">① 관리인이 당사자: 중단 후 채무자가 수계
② 관리인 외의 자가 당사자: 중단 없이 계속 진행</td></tr>
<tr><td rowspan="2">회생절차폐지 후 파산이 선고된 경우(견련파산)</td><td>인가 전 폐지</td><td>권리자 → 관리인:
중단 후 파산관재인이 수계
(제6조 제5항. 단, 제134조 내지 제138조에 의한 채권의 조사확정재판 절차는 종료)</td><td>권리자 → 관리인:
중단 후 파산관재인이 수계
(제6조 제6항)</td></tr>
<tr><td>인가 후 폐지</td><td>견해 대립
권리자 → 관리인:
①설: 종료
②설: 중단 후 파산관재인이 수계(신청취지 변경 없이 회생채권으로서 존부 확정)</td><td>견해 대립
권리자 → 관리인:
①설: 중단 후 파산관재인이 수계(청구취지 변경),
②설: 중단 후 파산관재인이 수계(청구취지 변경 없이 회생채권조사확정재판 인가·변경 판결)</td></tr>
</table>

마. 회생채권자표 등의 기재의 효력

(1) 회생계획인가 전 폐지 및 신청에 의한 폐지의 경우

(가) 확정판결과 동일한 효력

회생계획인가 전 폐지(제286조) 또는 신청에 의한 폐지(제287조)의 결정이 확정된 때에는 확정된 회생채권 또는 회생담보권에 관하여는 회생채권자표 또는 회생담보권자표의 기재는 채무자에 대하여 확정판결과 동일한 효력이 있다. 다만, 채무자가 회생채권과 회생담보권의 조사기간 또는 특별조사기일에 그 권리에 대하여 이의를 하지 아니한 경우에 한한다(제292조 제1항). 회생계획인가 후 폐지와 달리 채무자가 이의를 하지 않은 경우에만 회생채권자표 등에 확정판결과 동일한 효력을 인정하는 이유는 회생계획이 인가되기 전이어서 권리변경이 되지 않았기 때문이다.

(나) 집행력

회생채권자 또는 회생담보권자는 회생절차종료 후 제6조의 규정에 의하여 파산선고를 하는 경우를 제외하고 채무자에 대하여 회생채권자표 또는 회생담보권자표에 기하여 강제집행을 할 수 있다(제292조 제2항).

(2) 회생계획인가 후 폐지의 경우

회생채권 또는 회생담보권에 기하여 회생계획에 의하여 인정된 권리로서 금전의 지급 기타 이행의 청구를 내용으로 하는 권리를 가진 자는 회생계획인가 후 폐지결정이 확정된 후 채무자와 회생을 위하여 채무를 부담한 자에 대하여 회생채권자표와 회생담보권자표에 의하여 강제집행을 할 수 있다. 이 경우 보증인은 민법 제437조의 규정에 의한 항변을 할 수 있다(제293조, 제255조 제2항). 회생계획인가 전 폐지와 달리 채무자가 이의를 한 경우에도 회생채권자표 등에 의하여 채무자에 대하여 강제집행을 할 수 있다.

Ⅲ. 파산절차로의 이행과 속행

파산절차로의 이행(견련파산)이나 속행(재시파산)은 목적을 달성하지 못한 회생절차를 방치하지 않고 조속히 파산에 의한 청산을 하고자 하는 것으로, 채권자를 비롯한 이해관계인의 이익을 보호하고 도산절차의 일원적인 운영을 확보하기 위한 제도이다. 채무자회생법은 파산절차로의 이행이나 속행의 신속과 경제성을 고려하여 몇 가지 특칙을 두고 있다.

1. 회생절차폐지 등에 따른 파산선고와 파산절차의 속행

가. 파산선고를 받지 아니한 채무자

(1) 필요적 파산선고

파산선고를 받지 아니한 채무자에 대하여 회생계획인가가 있은 후 회생절차폐지 또는 간이회생절차폐지의 결정이 확정된 경우 법원은 그 채무자에게 파산의 원인이 되는 사실이 있다고 인정하는 때에는 직권으로 파산을 선고하여야 한다(제6조 제1항). 파산의 원인이 되는 사실이란 지급불능(제305조, 지급정지는 지급불능으로 추정) 또는 채무초과(제306조)를 말한다.

(2) 임의적 파산선고

파산선고를 받지 아니한 채무자에 대하여 ① 회생절차개시신청 또는 간이회생절차개시신청의 기각결정(제293조의5 제2항 제2호 가목의 회생절차개시결정이 있는 경우 제외), ② 회생계획인가 전 회생절차폐지결정 또는 간이회생절차폐지결정(제293조의5 제3항에 따른 간이회생절차폐지결정시 같은 조 제4항에 따라 회생절차가 속행된 경우 제외), ③ 회생계획불인가결정 중 어느 하나에 해당하는 결정이 확정된 경우, 법원은 그 채무자에게 파산의 원인이 되는 사실이 있다고 인정하는 때에는 채무자 또는 관리인의 신청에 의하거나 직권으로 파산을 선고할 수 있다(제6조 제2항).[18]

---

18) 구 회사정리법 제23조 제1항은 파산선고 전의 회사에 관하여, 정리절차개시신청의 기각결정

실무상 법원은 이러한 경우 파산선고를 하지 않는 것을 원칙으로 하되, 사적 청산에 의하는 것보다 법원이 관여하여 파산관재인이 주도하는 파산절차를 통하여 청산하는 것이 공평하고 적정하다고 판단되고, 또한 모든 이해관계인의 이익에도 합치하는 경우에는 파산선고를 한다.[19)]

나. 파산선고를 받은 채무자

(1) 필요적 파산선고

파산선고를 받은 채무자에 대한 회생계획인가결정으로 파산절차가 효력을 잃은 후 회생절차폐지결정이 확정된 때에는 법원은 새로이 직권으로 파산을 선고하여야 한다(제6조 제8항). 이 경우 원래의 파산신청이 있은 때에 파산신청이 있은 것으로 보며, 공익채권은 재단채권으로 한다(제6조 제9항). 이는 실질적으로 선행 파산절차가 속행되는 것으로 볼 수 있기 때문이다.

(2) 파산절차의 속행

파산선고를 받은 채무자에 대하여 ① 회생절차개시신청 또는 간이회생절차개시신청의 기각결정(제293조의5 제2항 제2호 가목의 회생절차개시결정이 있는 경우 제외), ② 회생계획인가 전 회생절차폐지결정 또는 간이회생절차폐지결정(제293조의5 제3항에 따른 간이회생절차폐지결정시 같은 조 제4항에 따라 회생절차가 속행된 경우 제외), ③ 회생계획불인가결정 중 어느 하나에 해당하는 결정이 확정된 경우에는 중지되었던 파산절차가 속행된다. 이 경우 공익채권은 재단채권으로 한다(제7조

이 확정된 경우에 법원은 직권으로 파산을 선고할 수 있도록 하면서 이를 제외한 정리절차의 종료사유인 정리절차폐지결정, 정리계획불인가결정이 확정된 경우에는 직권으로 파산을 선고하도록 정하고 있었다. 이에 대하여 파산절차에 반대하는 채권자의 의사가 무시되고, 재정적 파탄에 직면한 채무자들이 파산선고의 위험 때문에 적극적으로 정리절차개시신청을 하지 못한다는 지적이 있었다. 이에 채무자회생법은 회생계획인가 후 폐지결정이 확정된 경우에만 필요적으로 파산을 선고하도록 하고, 회생절차개시신청 기각결정, 회생계획인가 전 폐지결정, 회생계획불인가결정이 확정된 경우는 임의적 파산선고 사유로 정하였다. 법원의 재량의 범위가 확대되는 것에 대하여 우려도 있으나 채권자와 채무자 모두 파산절차를 원하지 않거나, 법정절차 외에서 당사자의 합의를 기대할 수 있는 상황도 있을 수 있으므로 법원은 당사자의 의사를 듣고 파산선고 여부를 결정할 수 있다(법무부, 채무자 회생 및 파산에 관한 법률 해설, 2006, 77면).

19) 서울회생법원 재판실무연구회, 회생사건실무(하), 박영사, 2019, 290면.

제1항). 실무상 이를 '재시파산'이라 한다.

2. 파산절차에 미치는 효력

가. 지급정지 · 파산신청의 의제

(1) 파산선고를 받지 아니한 채무자

회생절차가 중도에 좌절됨에 따라 파산선고 전 채무자에 대하여 회생절차를 종료시키고 파산선고를 하는 경우, 파산절차상 부인권의 대상이 되는 행위(제391조 등)나 상계금지의 범위(제422조)를 정하는 기준이 되는 지급정지나 파산신청이 없는 경우가 있을 수 있다. 이러한 경우 채무자회생법은 제3편(파산절차)의 규정을 적용함에 있어서 회생절차개시의 신청 또는 제650조의 사기파산죄에 해당하는 법인 채무자의 이사의 행위를 지급정지 또는 파산신청으로 본다(제6조 제4항). 이러한 간주규정은 회생절차개시신청 이전에 지급정지나 파산신청이 없는 경우에 한하여 적용된다.

한편 파산절차에서 부인권과 상계권의 행사에 일정한 기간제한이 있는 경우가 있다(제404조, 제422조 제2호 다목, 제4호 단서). 이때 회생절차기간도 그대로 산입하여 기간 산정을 하여야 하는지가 문제 된다. 회생절차로 인하여 법률상 파산선고를 할 수 없는 기간을 위 기간에 산입할 경우 회생절차가 길어지면 길어질수록 파산관재인의 부인권 행사 범위가 축소되거나 파산채권자의 상계를 할 수 있는 기간이 길어지는 부당한 결과를 초래하므로 회생절차가 진행된 기간은 부인권 행사기간이나 파산채권자의 상계금지의 제외 사유를 정하는 기준이 되는 기간에 산입하여서는 안 된다.[20]

(2) 파산선고를 받은 채무자

파산선고 후의 채무자에 대하여 회생계획인가결정으로 파산절차가 효력을 잃은 다음 회생절차가 폐지되는 경우에는 필요적으로 파산선고를 하여야 한다(제6조 제8항). 이 경우 뒤의 파산선고는 실질적으로 선행 파산절차의 연속이므로, 제

20) 대법원 2004. 3. 26. 선고 2003다65049 판결, 대법원 2019. 1. 31. 선고 2015다240041 판결.

3편(파산절차)의 규정을 적용함에 있어서 효력을 잃은 파산절차에서의 파산신청이 있은 때에 파산신청이 있는 것으로 본다(제6조 제9항).

나. 공익채권의 재단채권 의제

(1) 파산선고의 경우

파산선고를 받지 아니한 채무자에 대하여 제6조 제1항, 제2항에 의하여 파산선고를 하는 경우 공익채권은 재단채권으로 한다(제6조 제4항). 회생절차의 공익채권과 파산절차의 재단채권의 범위는 다르지만 두 절차가 연속하여 이루어지고 있는 이상 양 채권을 동일한 정도로 보호할 필요가 있기 때문이다. 파산선고를 받은 채무자에 대하여 회생계획인가결정으로 파산절차가 효력을 잃은 후 회생절차폐지결정이 확정되어 법원이 직권으로 파산을 선고하여야 하는 경우에도 공익채권은 재단채권으로 한다(제6조 제9항).

(2) 파산절차 속행의 경우

파산선고를 받은 채무자에 대하여 회생절차개시신청 또는 간이회생절차개시신청의 기각결정(제293조의5 제2항 제2호 가목의 회생절차개시결정이 있는 경우 제외), 회생계획인가 전 회생절차폐지결정 또는 간이회생절차폐지결정(제293조의5 제3항에 따른 간이회생절차폐지결정 시 같은 조 제4항에 따라 회생절차가 속행된 경우 제외), 회생계획불인가결정 중 어느 하나에 해당하는 결정이 확정되어 기존의 파산절차가 속행되는 경우에도 공익채권은 재단채권으로 한다(제7조 제1항).

다. 파산채권의 신고 등으로 의제

(1) 회생계획인가 전 회생절차폐지결정, 회생계획불인가결정에 따른 견련파산의 경우

회생계획인가 전 회생절차폐지결정, 회생계획불인가결정의 확정에 따른 견련파산의 경우에는 회생절차에서의 회생채권의 신고, 이의와 조사 또는 확정은 파산절차에서 행하여진 신고, 이의와 조사 또는 확정으로 본다(제6조 제5항 본문). 따라서 회생절차에서 신고한 채권자는 회생채권 신고 후에 채권액이 증가한 경우 등에만 추가로 신고하면 된다. 파산선고를 받은 채무자에 대하여 중지되었던 파산절차가 속행된 경우도 동일하다(제7조 제2항).

다만 이자 없는 기한부채권(제134조), 정기금채권(제135조), 이자 없는 불확정기한채권 등(제136조), 비금전채권 등(제137조), 조건부채권과 장래의 청구권(제138조)의 경우에는 파산채권으로서 다시 신고를 할 필요는 없으나 이의·조사 및 확정절차는 새로 진행하여야 한다(제6조 제5항 단서). 회생절차와 파산절차에서 이 채권들을 달리 취급하고 있기 때문이다.

(2) 회생계획인가 후 폐지결정에 따른 견련파산의 경우

회생계획인가결정 후 파산선고를 한 경우에는 회생계획인가결정으로 이미 권리변경이 발생하였으므로(제252조 제1항), 새로이 파산채권의 신고·조사 등 절차를 밟아야 한다. 이는 파산선고 후의 채무자에 대하여 회생계획인가결정으로 파산절차가 효력을 잃은 후 회생절차가 폐지되고 직권으로 파산선고를 하는 경우에도 동일하다(제6조 제8항, 제10항). 파산관재인은 인가된 회생계획의 내용을 확인하여 권리변경된 채권액을 기준으로 시·부인을 하여야 한다.

라. 소송절차의 중단과 수계

회생절차폐지 등에 따른 파산선고가 있는 때에는 관리인 또는 보전관리인이 수행하는 소송절차는 중단되고, 이 경우 파산관재인 또는 그 상대방이 이를 수계할 수 있다(제6조 제6항, 제10항). 파산선고를 받은 채무자에 대하여 중지되었던 파산절차가 속행된 경우도 동일하다(제7조 제2항).

채무자에 대하여 회생계획인가가 있은 후 회생절차폐지의 결정이 확정되더라도 제6조 제1항에 의한 직권 파산선고에 의하여 파산절차로 이행된 때에는, 제6조 제6항에 의하여 파산관재인은 종전의 회생절차에서 관리인이 수행 중이던 부인권 행사에 기한 소송절차를 수계할 수 있고, 이러한 경우 부인권 행사에 기한 소송은 종료되지 않는다.[21]

---

21) 대법원 2015. 5. 29. 선고 2012다87751 판결.

마. 유효한 행위의 범위 결정

회생절차폐지 등에 따른 파산선고가 있는 때(제6조 제1항, 제2항)에는 회생절차에서 행하여진 ① 법원, ② 관리인 · 보전관리인 · 조사위원 · 간이조사위원 · 관리위원회 · 관리위원 · 채권자협의회, ③ 채권자 · 담보권자 · 주주 · 지분권자, ④ 그 밖의 이해관계인의 처분 · 행위 등은 그 성질에 반하지 아니하는 한 파산절차에서도 유효한 것으로 본다(제6조 제7항 전문). 이 경우 법원은 필요하다고 인정하는 때에는 유효한 것으로 보는 처분 · 행위 등의 범위를 파산선고와 동시에 결정으로 정할 수 있다(제6조 제7항 후문).

실무팁 회생절차 종결 단계에서의 CEO의 경영권 유지 방안

제217조 제1항의 공정·형평의 원칙에 관하여 법원이 취하고 있는 상대우선설 및 상대적 지분비율법에 의하면 회생계획인가 이후 CEO의 지분축소는 불가피하다. 이런 상황에서 CEO가 경영권을 유지하기 위하여는 지분을 회복해야 하는데 회생계획의 지분보유조항을 통해 지분을 회복하는 것이 여의치 않을 경우 특수관계인들의 지원 등을 통해 자금을 확보하여 출자전환 주식을 매수하는 방안을 고려해 볼 수 있다. 그런데 채무자 회사가 감사보고서 의무공시 대상인 경우에는 출자전환 주식을 매수하기에 앞서 재무제표에 분식이 없는지 여부를 점검하고 만약 분식이 있으면 이를 정정할 필요가 있다. 재무제표의 분식으로 채무자 회사의 순자산이 과다계상된 경우 출자전환 주식의 가치 또한 과대평가될 수밖에 없는데 이러한 경우 CEO가 출자전환 주식을 매수하는 비용이 필요 이상으로 증가하기 때문이다.

제17장
간이회생절차

Ⅰ. 개관

1. 도입배경

채무자회생법 제정 당시 개인에 대한 재건형 회생절차로는 제2편 회생절차와 제4편 개인회생절차가 있었으나, 법인에 대한 재건형 회생절차로는 제2편 회생절차만 있었다. 그런데 제2편 회생절차는 기업의 규모와 부채의 액수를 불문하고 회생절차개시부터 회생계획인가에 이르기까지 기본적으로 동일한 규정을 적용하고 있었다. 그런데 제2편 회생절차는 대기업을 전제로 한 회사정리절차를 토대로 디자인된 것이어서 부채규모가 크지 않고 사업구조도 비교적 단순한 중소기업이나 개인사업자들이 재기의 수단으로 삼기에는 절차가 복잡할 뿐만 아니라 과다한 시간과 비용이 소요된다는 지적이 있었다. 이에 부채규모가 크지 않은 중소기업이나 개인사업자들이 저렴한 비용으로 신속하게 회생을 도모할 수 있도록 하기 위하여 채무자회생법은 2014. 12. 30. 개정으로 제2편 제9장 간이회생절차를 도입하였다.

채무자회생법은 간이회생절차의 위와 같은 목적을 달성하기 위하여 ① 관리인 불선임을 원칙으로 하고, ② 저렴한 비용으로 조사업무가 진행될 수 있도록 간이조사위원제도를 도입하고, ③ 회생계획안에 대한 회생채권자 조의 가결요건을 완화하는 등의 특칙을 두고 있다.

2. 회생절차 규정의 적용

간이회생절차는 기본적으로 회생절차이므로 제2편 제9장에서 정한 것을 제외하고는 제2편 회생절차의 규정이 적용되고, 채무자회생법 또는 다른 법령에서 회생절차를 인용하는 경우에는 해당 법령에 특별한 규정이 있는 경우를 제외하고는 간이회생절차를 포함한 것으로 보아 해당 법령을 적용한다(제293조의3).

3. 회생절차 상호 간의 관계

간이회생절차는 중소기업 내지 개인사업자인 채무자를 위한 특례이므로 채무자가 간이회생절차의 진행을 원하지 아니하는 경우 제2편 회생절차를 신청하여 진행할 수 있다.

II. 간이회생절차개시의 신청

1. 관할

가. 토지관할

간이회생사건의 토지관할은 제2편 회생사건과 동일하다. 채무자의 보통재판적 소재지, 채무자의 주된 사무소나 영업소 또는 채무자가 계속 근무하는 사무소나 영업소 소재지 등을 관할하는 회생법원의 전속관할에 속한다(제3조 제1항 제1호, 제2호).

제3조 제2항은 회생사건과 파산사건에 관하여 고등법원 소재지의 회생법원에 경합적으로 관할을 인정하고 있는데 간이회생사건에도 고등법원 소재지 회생법원의 경합관할을 인정할 것인지 문제 된다. 제3조 제2항은 고등법원 소재지 법원의 관할을 인정함으로써 회생사건의 전문성을 제고하려는 취지이고, 제293조의3 제2항에서 채무자회생법에서 회생절차를 인용하는 경우 특별한 규정이 없는 한 간이회생절차를 포함하는 것으로 규정하고 있으므로, 제3조 제2항의 회생

사건에는 간이회생사건이 포함되는 것으로 해석하여 고등법원 소재지 회생법원에도 관할을 인정하는 것이 타당하고,[1] 실무도 동일한 입장이다.[2]

나. 사물관할

간이회생사건도 개인 채무자의 경우 단독판사 관할이고, 법인 채무자의 경우 합의부 관할이다.

다. 관련 사건의 특례

계열회사, 법인 대표자, 주채무자와 보증인, 부부 등의 특례 규정을 적용하여, 계열회사 등의 회생사건 또는 파산사건이 계속된 법원에 그 계열회사 중 다른 회사 등에 대한 간이회생절차개시의 신청을 할 수 있다(제3조 제3항). 실무상 이미 계속되어 있는 선행사건이 '회생사건 또는 파산사건'이 아닌 간이회생사건인 경우에도 제3조 제3항에 근거하여 후행의 회생사건을 선행사건이 계속된 법원에 신청하는 것을 인정하고 있다.[3]

2. 신청권자 – 소액영업소득자

가. 소액영업소득자의 의의

간이회생절차의 신청권자는 소액영업소득자이다(제293조의4 제1항).[4] 영업소득자는 부동산임대소득·사업소득·농업소득·임업소득, 그 밖에 이와 유사한 수입을 장래에 계속적으로 또는 반복하여 얻을 가능성이 있는 채무자를 말하고(제293조의2 제1호), 소액영업소득자란 간이회생절차개시의 신청 당시 회생채권 및 회생담보권 총액이 50억 원 이하인 채무를 부담하는 영업소득자를 말한다(제293조의2 제2호, 시행령 제15조의3). 채무의 액수에 공익채권은 제외된다.

---

1) 주석 채무자회생법 제293조의4(심현지 집필), 한국사법행정학회, 2021.
2) 서울회생법원 재판실무연구회, 회생사건실무(하), 박영사, 2019, 312면.
3) 서울회생법원 재판실무연구회, 회생사건실무(하), 박영사, 2019, 312면.
4) 채무자가 소액영업소득자에 해당하는 경우 채권자나 주주·지분권자가 간이회생절차를 신청하는 것은 법문상 불가하다.

소액영업소득자는 법인과 개인을 포함하며, 급여소득자는 제외된다.[5] 다만 개인인 소액영업소득자가 신청일 전 5년 이내에 개인회생절차 또는 파산절차에 의한 면책을 받은 사실이 있는 경우에는 간이회생절차개시신청을 할 수 없다(제293조의4 제1항 단서).

나. 소액영업소득자 해당 여부 판단 시점

소액영업소득자 해당 여부를 판단하는 시점은 간이회생절차개시의 신청 시이다(제293조의2 제2호). 신청 시를 기준으로 하므로 신청 직후 회생채권액이 증가하여 개시 시점에 기준 채무액을 넘어서는 경우에도 간이회생절차를 개시하는데 장애가 되지 않는다.

다. 채무 총액에 대한 판단

간이회생절차의 신청권자는 회생채권 및 회생담보권의 총액이 50억 원 이하인 채무를 부담하는 소액영업소득자이다. 회생채권 및 회생담보권에 대하여 신청일까지 발생한 이자와 지연손해금도 합산하여야 한다.

간이회생절차개시신청 요건을 갖추기 위하여 개시신청 전에 편파변제를 하였다면 그 채무는 이미 소멸하였으므로 채무 총액에 포함되지 않는다. 다만 이러한 경우 간이회생절차개시신청이 성실하지 아니한 경우(제42조 제2호)에 해당함을 이유로 신청이 기각될 수 있다.

(1) 보증채무, 연대보증채무, 연대채무, 물상보증채무

보증채무자, 연대보증채무자는 보증계약 체결 시부터 주채무자와 동일한 내용의 채무를 부담하므로 보증채무와 연대보증채무는 주채무자의 변제자력과 무관하게 채무 총액에 포함된다. 연대채무나 부진정연대채무도 각 채무자가 채무 전부를 이행할 의무를 부담하므로 채무 전액이 채무 총액에 포함된다.

---

5) 통상 급여소득자는 영업소득자보다 부채구조가 단순하고 채무의 절대 액수도 적기 마련이므로 급여소득자를 간이회생절차개시 신청권자에서 제외한 것은 입법의 불비로 보는 견해가 지배적이다. 실무상 회생절차개시신청 당시를 기준으로 급여소득자의 회생채권 및 회생담보권 총액이 50억 원 이하인 경우 예납금 산정, 조사위원에 의한 조사 등에 있어서 간이회생절차에 준하여 처리하고 있다.

물상보증인인 채무자는 담보목적물의 가액의 범위 내에서 책임을 부담하므로 담보목적물의 가액이 물상보증인의 채무액에 미달하는 경우에는 담보목적물의 가액만 채무 총액에 포함된다.

(2) 미발생 구상채무

보증기관이 채무자에게 이행보증 또는 하자보증 등을 제공하고 대위변제를 할 경우 취득하게 될 장래의 구상권은 회생절차에서 미발생 구상채무로 시인된다. 이러한 미발생 구상채무는 보증기관이 대위변제하여 현실화되기 전에는 채권자가 소구할 수 있는 것이 아니므로 간이회생절차개시신청 당시 현실화되지 않았다면 채무 총액에 포함되지 않는다. 간이회생절차개시신청 이후 대위변제로 구상채무가 현실화되었다고 하더라도 이는 간이회생절차개시신청 당시 존재하던 채무가 아니므로 역시 채무 총액에 산입되지 않는다.

(3) 원인채무와 어음채무

채무자가 원인채무의 지급을 위하여, 지급에 갈음하여 또는 지급을 담보하기 위하여 어음을 발행한 경우, 어음채무와 원인채무는 실질적으로 중복되는 동일한 채무로 보아야 한다. 따라서 소액영업소득자 해당 여부를 판단함에 있어서는 양 채무 중 금액이 큰 것을 포함하면 된다.

(4) 채무자회생법이 개별적으로 회생채권으로 정하고 있는 채권

간이회생절차개시 후 관리인이 개시 전 변제행위 등을 부인한 경우, 부인권 행사의 효과로서 상대방은 제108조 제3항 제3호, 제4호에 따라 회생채권자로서 권리를 행사할 수 있으나, 이러한 상대방의 채권은 그가 받은 급부를 반환하거나 가액을 상환한 때에 회복되는 것이므로(제109조 제1항), 이를 간이회생절차개시신청 당시 존재하였던 채무로 볼 수는 없다.

쌍방미이행 쌍무계약에 관하여 관리인이 해제 또는 해지를 선택하고 제121조 제1항에 따라 상대방의 손해배상채권(회생채권)이 발생한 경우에도 그 채권은 해제 또는 해지 이후 발생한 것이므로 역시 간이회생절차개시신청 당시 존재하였던 채무로 볼 수 없다.

III. 간이회생절차개시신청서의 제출

1. 신청서의 기재사항

간이회생절차개시신청서에는 당사자의 표시(개인의 경우에는 채무자의 성명·주민등록번호 및 주소, 개인이 아닌 경우에는 채무자의 상호, 주된 사무소 또는 영업소의 소재지, 채무자의 대표자의 성명), 간이회생절차개시의 신청을 구하는 취지, 간이회생절차개시의 원인, 채무자의 영업 내용 및 재산 상태, 소액영업소득자에 해당하는 채무액 및 그 산정 근거를 기재해야 한다(제293조의4 제3항).

신청인은 간이회생절차개시신청 요건에 해당하지 아니할 경우에 대비하여 회생절차개시의 신청을 할 의사가 있는지를 명확히 밝혀야 한다(제293조의4 제3항 제7호, 제2항).

2. 첨부서류

간이회생절차개시신청서에는 채권자목록,[6] 채무자의 영업 내용에 관한 자료, 채무자의 재산상태에 관한 자료, 그 밖에 규칙이 정하는 서류를 첨부하여야 한다(제293조의4 제4항). 채권자목록을 첨부하도록 한 것은 신청서에 소액영업소득자에 해당하는 채무액과 산정 근거를 기재하도록 한 것에 대응하여, 법원으로 하여금 구체적인 채권자와 액수를 심사할 수 있도록 하기 위함이다. 채권자목록에는 채권자의 성명, 채권의 액수, 발생원인 및 시기, 내용 등을 알 수 있도록 기재하여야 한다. 규칙이 정하는 서류는 ① 채무자가 개인인 경우에는 주민등록등본, 개인회생절차 또는 파산절차에 따른 면책을 받은 사실이 있으면 그에 관한 서류, 그 밖의 소명자료, ② 채무자가 개인이 아닌 경우에는 법인등기사항증명서, 정관, 회생절차개시의 신청에 관한 이사회 회의록, 그 밖의 소명자료, ③

6) 개시신청서에 채무액수와 그 산정근거를 기재하도록 되어 있으므로(제293조의4 제3항 제6호), 채권자목록에는 소액영업소득자에 해당하는지 여부를 판단하기 위한 채권자별 액수와 채권의 발생원인이 기재되어 있으면 되는 것으로 해석된다. 그런데 이 채권자목록은 제147조에 따라 회생절차개시 후 관리인이 제출하는 채권자목록이 아니므로 간이회생절차 개시 후 관리인은 제147조에 따라 채권자목록을 제출하여야 한다.

과거 3년간의 비교재무상태표와 비교손익계산서 또는 이에 준하는 서류, ④ 소송이 계속 중이거나 존부에 관하여 다툼이 있는 회생채권 · 회생담보권의 존재에 관한 소명자료이다(규칙 제71조의2).

3. 비용예납명령, 보전처분, 중지 · 취소명령, 포괄적 금지명령 등

비용예납명령, 보전처분, 중지 · 취소명령, 포괄적 금지명령은 회생절차개시신청의 경우와 동일하다. 다만 예납금 액수는 신청 당시 채무자의 자산 및 부채총액을 기준으로 400만 원에서 1,000만 원의 예납금을 납부하여야 한다(실무준칙 제201호 별표 1 예납기준표).

Ⅳ. 간이회생절차개시 여부의 결정

1. 간이회생절차개시결정

소액영업소득자의 간이회생절차개시신청이 있는 경우 회생절차개시의 원인(제34조 제1항)이 있고, 회생절차개시신청의 기각사유(제42조)가 존재하지 않으며, 개인인 소액영업소득자가 신청일 전 5년 이내에 개인회생절차 또는 파산절차에 의한 면책을 받은 사실이 없는 경우에는 간이회생절차개시의 결정을 하여야 한다(제293조의5 제1항). 간이회생절차개시결정을 하는 이상 회생절차개시신청에 대한 결정은 할 필요가 없다.

2. 간이회생절차개시신청의 기각결정

가. 간이회생절차개시신청의 기각결정

채무자가 ① 소액영업소득자에 해당하지 않거나, ② 간이회생절차개시신청 전 5년 이내에 개인회생절차 또는 파산절차에 의한 면책을 받은 사실이 있는 경우로서 회생절차개시신청을 하는 의사가 없음을 밝힌 경우에는 간이회생절차개시신청의 기각결정을 한다(제293조의5 제2항 제1호).

나. 간이회생절차 및 회생절차개시신청 기각결정

채무자가 ① 소액영업소득자에 해당하지 않거나, ② 간이회생절차개시신청 전 5년 이내에 개인회생절차 또는 파산절차에 의한 면책을 받은 사실이 있는 경우로서 회생절차개시신청을 하는 의사를 밝혔는데 회생절차개시신청 기각사유가 있는 경우에는 간이회생절차 및 회생절차개시신청을 모두 기각한다.

다. 간이회생절차개시신청 기각결정 및 회생절차개시결정

채무자가 ① 소액영업소득자에 해당하지 않거나, ② 간이회생절차개시신청 전 5년 이내에 개인회생절차 또는 파산절차에 의한 면책을 받은 적이 있는 경우로서 회생절차개시신청을 하는 의사를 밝혔는데, 회생절차개시의 원인이 있고, 회생절차개시신청의 기각사유에 해당하지 않는 경우, 간이회생절차개시신청을 기각하고 회생절차개시결정을 한다.

3. 간이회생절차개시결정의 효력

간이회생절차에는 채무자회생법 제2편 제9장에서 달리 정한 경우를 제외하고는 회생절차에 관한 규정을 적용하므로(제293조의3 제1항), 간이회생절차개시결정의 효력과 그 이후의 절차는 회생절차개시결정과 동일하다.

V. 간이회생절차의 특칙

1. 관리인 불선임 원칙

간이회생절차에서는 원칙적으로 관리인을 선임하지 아니한다. 다만 제74조 제2항 각 호의 어느 하나에 해당한다고 인정하는 경우에는 관리인을 선임할 수 있다(제293조의6 제1항). 관리인을 선임하지 않는 경우 개인인 채무자 또는 개인이 아닌 채무자의 대표자를 관리인으로 간주한다(제293조의6). 간이회생절차는 경영자에 대한 의존도가 높은 중소기업을 주된 대상으로 하는 제도이므로 관리인 불선임을 원칙으로 하고 있다.

간이회생절차 도입 이전에도 법원은 제74조 제3항에 따라 중소기업 등 채무자에 대한 회생절차에서 특별히 제3자 관리인 선임사유가 없는 한 관리인 불선임 결정을 해왔으므로 제293조의6의 신설로 실무에 큰 변화가 초래되는 것은 아니다.

2. 간이조사위원의 선임

법원은 이해관계인의 신청 또는 직권으로 간이조사위원을 선임할 수 있다(제293조의7 제1항). 간이조사위원의 지위는 기본적으로 조사위원과 동일하다(제293조의7 제1항 제2문). 간이조사위원은 조사위원과 마찬가지로 제87조의 업무를 수행한다(제293조의7 제1항 제2문, 제2항). 따라서 제90조(재산가액의 평가), 제91조(재산목록과 재무상태표의 작성), 제92조(조사보고)가 정하는 사항을 조사하고, 법원의 명에 따라 회생절차를 진행함이 적정한지 여부에 관한 의견을 제출하거나 기타 사항을 조사하여 보고한다(제87조 제3항, 제4항).

간이조사위원은 규칙이 정하는 바에 따라 간이한 방법으로 조사위원의 업무를 수행할 수 있다(제293조의7 제2항). 간이조사위원은 채무자의 재산가액의 평가는 일반적으로 공정·타당하다고 인정되는 회계관행이 허용하는 범위 내에서 회계장부의 검토, 문서의 열람, 자산의 실사, 채무자 임직원에 대한 면담, 외부자료의 검색, 과거 영업실적을 통한 추세의 분석, 동종업계의 영업에 관한 통계자료의 분석 등의 방법 중 채무자의 업종 및 영업특성에 비추어 효율적이라고 판단되는 하나 또는 그 이상의 방법을 선택하여 할 수 있고, 재산목록 및 재무상태표는 위와 같은 재산가액의 평가결과를 반영하여 작성하되 재산의 규모와 재산 내역별 중요도를 고려하여 재무상태표의 계정과목을 통합할 수 있으며, 제92조 제1항 각 호의 사항 중 채무자의 회생계획 또는 회생절차에 중대한 영향을 미치지 아니하는 사항은 그 요지만을 보고할 수 있다. 또한 회생절차를 진행함이 적정한지 여부에 관한 의견을 제출하는 경우, 채무자의 영업 전망, 거래처의 유지 가능성, 공익채권의 규모, 운영자금의 조달 가능성 등에 관한 조사만을 토대로 의견을 제시할 수 있다(규칙 제71조의3 제1항).

VI. 간이회생절차의 폐지

1. 간이회생절차개시신청 자격 불충족에 의한 폐지

간이회생절차개시결정이 있은 후 회생계획인가결정 확정 전에[7] ① 채무자가 소액영업소득자에 해당하지 아니함이 밝혀진 경우나, ② 개인인 채무자가 개시신청 전 5년 이내에 개인회생절차 또는 파산절차에 의한 면책을 받은 사실이 밝혀진 경우에는 법원은 간이회생절차폐지의 결정을 하여야 한다(제293조의5 제3항).

소액영업소득자에 해당하지 아니함이 밝혀진 경우로는 간이회생절차개시신청 당시 존부 및 범위가 다투어졌던 채권을 일응 존재하지 않는 것으로 판단하여 소액영업소득자에 해당한다고 보았으나 절차개시 후 그 채권의 존재와 금액이 확정되고 기준금액을 초과하게 된 경우, 또는 채무자가 고의 또는 과실로 채권자목록에 기재하지 않았으나 누락된 회생채권이 절차개시 후 채권조사절차에서 밝혀져 기준금액을 초과하게 된 경우를 들 수 있다. 회생채권 또는 회생담보권 액수 축소에 대한 신청인의 고의·과실 유무는 불문한다.[8]

간이회생절차개시신청 당시에는 소액영업소득자가 아니었으나 개시 후 회생채권 조기변제 등으로 채무 총액이 감소하여 기준금액 미만으로 되었다고 하더라도 간이회생절차개시신청 시를 기준으로 소액영업소득자 여부를 판단하는 이

7) 법문상 제293조의5 제3항에 의한 간이회생절차의 폐지는 회생계획인가 후라도 인가결정이 확정되기 전이라면 할 수 있는 것으로 해석된다. 이에 대하여 회생계획은 인가결정이 있은 때부터 효력이 생기고(제246조), 회생계획이 인가되면 관리인은 지체 없이 회생계획을 수행하여야 하므로(제257조 제1항), 출자전환과 변제 등을 포함한 다양한 법률관계가 형성되는 점을 고려할 때 법적 안정성 측면에서 폐지결정의 종기를 회생계획인가 시로 앞당기는 것을 입법론으로 검토할 필요가 있다는 견해로는 이수열, 개정 채무자회생법 연구, 도산법연구 제6권 제1호, 사단법인 도산법연구회, 2015, 164－165면.

8) 주석 채무자회생법 제293조의5(심현지 집필), 한국사법행정학회, 2021.

상 간이회생절차 폐지사유가 된다.[9)]

소액영업소득자에 해당하지 아니함이 밝혀졌음에도 법원이 이를 간과하고 간이회생절차폐지의 결정을 하지 않았다면, 이는 '회생절차 또는 회생계획이 법률의 규정에 적합할 것'이라는 제243조 제1항 제1호에서 정한 회생계획인가요건을 충족하지 못하였다고 보아야 할 것이나, 이러한 폐지사유가 존재하더라도 채권자 일반의 이익·채무자의 회생 가능성 및 이를 고려한 회생절차 속행 가능성, 제237조 제1호의 가결요건 충족 여부, 한도액의 초과 정도, 채무자의 현황, 그 밖의 모든 사정을 고려하여 회생계획을 인가하지 아니하는 것이 부적당하다고 인정되는 때에는 제293조의3 제1항, 제243조 제2항에 따라 회생계획인가의 결정을 할 수 있다.[10)]

2. 일반적 사유에 의한 폐지

간이회생절차에도 회생절차폐지에 관한 제286조 이하의 규정이 그대로 적용되므로 기간 내에 회생계획안 제출이 없거나 회생계획안이 부결된 때, 회생계획안이 간이회생절차개시일로부터 1년(1년 6개월) 내에 가결되지 아니한 때 등에는 법원은 간이회생절차를 폐지한다. 일반적 사유에 의한 폐지의 경우 회생절차의 속행에 관한 규정(제293조의5 제4항)이 적용되지 않으므로 그 상태에서 회생절차가 종료되거나 파산절차로 이행된다.

Ⅷ. 회생절차의 속행

1. 개요

법원은 ① 채무자가 소액영업소득자에 해당하지 않거나, ② 개인인 채무자가 개시신청 전 5년 이내에 개인회생절차 또는 파산절차에 의한 면책을 받은 사실

9) 서울회생법원 재판실무연구회, 회생사건실무(하), 박영사, 2019, 326면.

10) 대법원 2018. 1. 16.자 2017마5212 결정.

이 밝혀져 간이회생절차를 폐지하는 경우 채권자 일반의 이익 및 채무자의 회생 가능성을 고려하여 회생절차를 속행할 수 있다(제293조의5 제4항). 간이회생절차와 회생절차의 목적은 채무자의 회생이라는 점에서 동일하므로 간이회생절차가 폐지된 이후 새로이 회생절차개시신청을 하도록 함으로써 무익한 절차를 반복하는 것을 방지하기 위함이다.

2. 채권자 일반의 이익 및 채무자의 회생 가능성

회생절차의 속행 여부를 결정함에 있어서 법원은 채권자 일반의 이익과 채무자의 회생 가능성을 고려하여야 한다. 회생절차개시요건이 충족되고 폐지되는 간이회생절차가 이미 상당히 진행되어 회생절차를 새로이 진행할 경우 무의미한 절차가 반복되는 것에 불과한 경우라면 회생절차의 속행이 채권자 일반의 이익에 부합한다고 보아야 할 것이다.[11] 간이회생절차에서 회생계획이 인가되어 출자전환과 변제 등이 이행되고 있는 경우에는 절차폐지로 인한 법률관계의 혼란을 피하기 위해서도 회생절차를 속행할 필요가 있다.[12] 이에 반하여 채무자의 청산가치가 계속기업가치를 초과하는 것이 명백한 경우에는 회생절차를 속행하는 것이 채권자 일반의 이익에 부합한다고 보기 어려울 것이다.

3. 회생절차 속행결정의 효과

법원이 회생절차의 속행결정을 한 경우에는 간이회생절차에서 행하여진 법원, 관리인 · 보전관리인 · 간이조사위원 · 관리위원회 · 관리위원 · 채권자협의회, 채권자 · 담보권자 · 주주 · 지분권자, 그 밖의 이해관계인이 한 처분 · 행위 등은 성질에 반하는 경우가 아니면 회생절차에서도 유효한 것으로 본다(제293조의5 제4항). 따라서 간이회생절차에서의 법원의 결정이나 각종 허가, 관리인의 업무수행행위 및 재산의 처분행위, 간이조사위원의 조사결과, 채권자들의 채권신고 등은 회생절차의 성질에 반하지 않는 이상 모두 그대로 유효하다.

---

11) 주석 채무자회생법 제293조의5(심현지 집필), 한국사법행정학회, 2021.

12) 노영보, 도산법 강의, 박영사, 2018, 594면.

간이회생절차가 폐지된 이후 회생절차의 속행으로 회생절차가 진행되지만, 전체적으로 동일성이 유지되므로 절차개시의 시점도 회생절차의 속행결정 시점이 아니라 당초 간이회생절차개시 시점으로 보아야 할 것이다. 동일한 취지로 간이회생절차의 개시로 중단된 소송 및 강제집행도 계속 중단된 채로 남아있게 된다.

Ⅷ. 회생계획안 가결요건의 완화

간이회생절차의 관계인집회에서는 회생채권자 조의 경우 통상의 회생절차에서의 가결요건(의결권을 행사할 수 있는 회생채권자의 의결권의 총액의 3분의 2 이상에 해당하는 의결권자의 동의가 있는 경우) 외에 의결권을 행사할 수 있는 회생채권자의 의결권의 총액의 2분의 1을 초과하는 의결권을 가진 자의 동의 및 의결권자 과반수의 동의가 있는 경우 회생계획안에 관하여 가결된 것으로 본다(제293조의8). 일반 회생절차의 가결요건과 비교할 때 개별적으로는 소액의 회생채권에 불과하더라도 회생계획안에 찬성하는 소액채권자의 수가 다수를 차지하는 경우, 회생채권자 조에서 가결될 가능성이 높아졌다고 할 수 있다. 그러나 간이회생절차에서 제293조의8 제2호의 가결요건을 충족시키기 위하여 의결권을 의도적으로 분할 양도하여 의결권자의 수를 인위적으로 늘리는 것은 회생계획에 대한 결의를 불성실한 방법으로 한 것에 해당하여 회생계획안이 불인가될 수 있다(제243조 제1항 제3호).[13]

회생담보권자 조와 주주·지분권자 조에 관하여는 특례규정이 없으므로 일반 회생절차에서의 회생계획안 가결요건이 그대로 적용된다(제237조 제2호, 제3호).

13) 주석 채무자회생법 제293조의8(심현지 집필), 한국사법행정학회, 2021.

Ⅸ. 간이회생절차 실무 운용상의 특징

1. 신속한 절차 진행

서울회생법원은 간이회생절차의 신속한 진행을 위하여 간이회생사건의 대표자심문은 일반 회생사건보다 간이한 심문사항을 이용하여 시행하고(실무준칙 제201호 제5조 제1항), 관리인 보고를 위한 관계인집회의 대체절차로 제98조 제2항 제1호의 주요 사항 요지의 통지를 원칙으로 하며(실무준칙 제201호 제5조 제4항), 특별한 사정이 없는 한 회생계획 인가결정일부터 2개월 내에 간이회생절차를 종결함을 원칙으로 하고 있다(실무준칙 제201호 제13조).

2. 채권자협의회의 불구성

채무자가 개인 또는 중소기업기본법의 규정에 의한 중소기업자인 채무자인 때에는 채권자협의회를 구성하지 아니할 수 있는데(제20조 제1항 단서), 서울회생법원은 간이회생사건의 경우 원칙적으로 채권자협의회를 구성하지 아니하고 있다(실무준칙 제201호 제6조).

3. 구조조정담당임원의 활용

간이회생사건에서는 원칙적으로 채권자협의회를 구성하지 않으므로 법원이 선정한 자를 관리인이 구조조정담당임원으로 위촉한다. 통상 구조조정담당임원의 임기의 종기를 종결결정 또는 회생계획 인가 후 감사 선임 시까지로 정하고 있으나, 서울회생법원에서는 간이회생사건의 구조조정담당임원으로 하여금 회생계획 인가 후부터 회생절차 종결 또는 폐지결정이 확정될 때까지 감사의 업무를 수행하게 할 수 있도록 하고 있다(실무준칙 제201호 제12조). 이는 간이회생절차를 신청한 주식회사인 채무자의 상당수가 자본금 총액이 10억 원 미만으로서 상법 제409조 제4항에 따라 감사를 선임하지 아니할 수 있는 데다 간이회생사건은 보통 회생계획 인가 후 2개월 이내의 짧은 기간에 종결되고 있으므로, 별도로

채무자의 시간과 비용을 들여 인가 후 감사를 선임할 필요성이 적다는 점을 고려한 것이다.[14)]

14) 주석 채무자회생법 제2편 제9장 [총설](심현지 집필), 한국사법행정학회, 2021.

제18장
상장법인과 회생절차

Ⅰ. 개관

1. 상장과 상장폐지

'상장'이란 특정한 종목의 증권에 유가증권시장 또는 코스닥시장에서 거래될 수 있는 자격을 부여하는 것이다(유가증권시장 상장규정 제2조 제1항 제1호, 코스닥시장 상장규정 제2조 제1항 제1호). 증권을 상장한 기업은 대외적 신용 및 지명도가 제고되고, 유통시장을 통한 자금조달의 기회가 많아지게 되므로 기업의 성장에 있어서 거래소 시장에의 상장은 큰 의미를 가진다.[1)]

한편 한국거래소(이하 '거래소')는 일정한 사유에 해당하는 경우 해당 증권이 유가증권시장 또는 코스닥시장에서 거래될 수 있는 자격을 박탈하는 조치를 취하는데 이를 '상장폐지'라 한다. 상장폐지에는 상장법인의 신청에 의한 상장폐지와 거래소에 의한 상장폐지가 있다. 상장법인이 금융당국의 규제 회피, 상장유지비용의 절감, 신속한 의사결정, 기업 정보의 유출 방지 등의 목적으로 자발적으로 상장폐지를 신청하는 경우가 있으나,[2)] 그 사례가 흔하지는 않다. 거래소에 의한 상장폐지는 상장법인의 영업, 재무상황이나 기업지배구조 등 기업 투명성이 부실하게 된 경우 거래소가 해당 상장법인의 유가증권을 더 이상 시장에서 거래되지 못하도록 함으로써 주식거래시장의 건전성을 제고하고 잠재적인 다수

---

1) 한국증권법학회, 자본시장법 [주석서 Ⅱ] 제390조, 박영사, 2009.

2) 문일호, 증권거래소의 상장법인에 대한 상장폐지결정에서의 실무상 쟁점, 서강법학 제11권 제1호, 서강대학교 법학연구소, 2009, 219－220면.

의 투자자를 보호하기 위한 조치이다.[3)]

2. 상장계약과 상장폐지의 법적 성격

거래소는 자본시장 및 금융투자업에 관한 법률(이하 '자본시장법')에 따라 설립된 주식회사로서,[4)] 유가증권시장에 유가증권의 상장을 희망하는 발행회사와 거래소 사이에 체결되는 상장계약은 사법상의 계약이고, 상장회사의 신청이 없는 상태에서 거래소에 의한 상장폐지 내지 상장폐지결정은 그러한 사법상의 계약관계를 해소하려는 거래소의 일방적인 의사표시이다.[5)]

Ⅱ. 증권상장규정

1. 증권상장규정의 제정 근거

자본시장법 제390조 제1항, 제2항은 거래소는 증권시장에 상장할 증권의 심사 및 상장증권의 관리를 위하여 ① 증권의 상장기준 및 상장심사에 관한 사항, ② 증권의 상장폐지기준 및 상장폐지에 관한 사항, ③ 증권의 매매거래정지와 그 해제에 관한 사항, ④ 그 밖에 상장법인 및 상장증권의 관리에 관하여 필요한 사항을 포함한 증권상장규정을 정하여야 한다고 규정하고 있다.[6)]

---

3) 대법원 2019. 12. 12. 선고 2016다243405 판결.

4) 거래소에 대하여는 자본시장법에서 특별히 정한 경우를 제외하고는 상법 중 주식회사에 관한 규정을 적용한다(자본시장법 제374조).

5) 헌법재판소 2005. 2. 24. 선고 2004헌마442 결정, 대법원 2007. 11. 15. 선고 2007다1753 판결.

6) 대법원은 증권거래법 제88조(자본시장법 제390조와 동일)가 포괄적 위임입법금지의 원칙에 위반되는지 문제 된 사안에서 증권거래법 제88조에는 헌법 제75조, 제95조가 정하는 포괄적 위임입법의 금지가 원칙적으로 적용되지 않을 뿐만 아니라 상장규정은 고도로 전문적이고 기술적인 내용에 관한 것으로서 제도나 환경의 변화에 따른 탄력성이 요구되므로 상장규정에 정할 사항의 하나로 '유가증권의 상장기준 · 상장심사 및 상장폐지에 관한 사항'이라고만 규정하였다고 하여 그것이 포괄적 위임입법금지의 원칙에 위반된다고 볼 수 없다고 판시하였다(대법원 2004. 1. 16.자 2003마1499 결정).
자본시장법 제390조 제1항이 상장규정에 증권의 상장폐지기준 및 상장폐지에 관한 사항을 거래소는 현재 유가증권시장, 코스닥시장, 코넥스시장을 운영하고 있고 자본시장법의 위임에 따라 시장별로 '유가증권시장 상장규정', '유가증권시장 상장규정 시행세칙', '유가증권시장 상장적격성 실질심사지침', '코스닥시장 상장규정', '코스닥시장 상장규정 시행세칙', '코스닥시장 상장적격성 실질심사지침', '코넥스시장 상장규정', '코넥스시장 상장규정 시행세칙', '코넥스시장 상장적격성 실질심사지침' 등의 규정을 제정하여 시행하고 있다.

2. 증권상장규정의 법적 성격

거래소가 제정한 증권상장규정은, 자본시장법이 거래소로 하여금 자치적인 사항을 스스로 정하도록 위임하여 제정된 자치규정으로서, 상장계약과 관련하여서는 계약의 일방 당사자인 거래소가 다수의 상장신청법인과 상장계약을 체결하기 위하여 일정한 형식에 의하여 미리 마련한 계약의 내용, 즉 약관의 성질을 가진다.7)

현행 유가증권시장 상장규정과 코스닥시장 상장규정 중 관리종목 지정과 상장폐지에 관한 조항은 회생절차와 밀접한 관련이 있다. 그리고 최근 거래소로부터 상장폐지 통보를 받은 회사가 회생절차를 통하여 상장폐지 사유를 해소함과 동시에 회생에 성공하는 사례가 증가하고 있다. 아래에서는 실무상 회생절차와 밀접한 관계가 있는 코스닥시장 상장규정의 관리종목 지정과 상장폐지에 관한 조항에 대하여 살펴본다.

포함하도록 한 것은 거래소가 자치법적 규정에 포함시켜야 하는 '내용을 제시'한 것으로서 이는 헌법상의 위임규정에서 말하는 '위임'이 될 수는 없으며, 헌법상의 위임규정으로부터 나오는 위헌심사기준인 포괄위임금지원칙이 원칙적으로 적용되지 않고, 상장폐지의 구체적인 내용·절차 등은 탄력적으로 시장의 상황을 반영해야 하는 세부적·기술적 사항으로서 입법자가 반드시 스스로 결정해야 하는 본질적 사항이라기보다는 자치규정의 형식으로 규율하는 것이 바람직 한 영역이며, 상장폐지의 기준은 국민의 권리와 의무의 형성 혹은 국가의 통치조직과 작용에 관한 기본적이고 본질적인 사항이라고 볼 수 없으므로 법률유보의 원칙이 지켜져야 할 영역이라고 할 수 없다고 판시하였다(헌법재판소 2021. 5. 27. 선고 2019헌바332 결정).

7) 대법원 2019. 12. 12. 선고 2016다243405 판결.

III. 관리종목 지정

1. 관리종목 지정의 의의

관리종목 지정이란 경영악화, 공시의무 해태, 시장 유동성 부족 등 일정한 사유가 발생한 경우 거래소가 보통주식 상장법인[8]의 해당 보통주식을 관리종목으로 지정하여 시장 참여자에게 상장폐지 우려 등의 투자위험을 알리는 것이다[코스닥시장 상장규정(이하 '상장규정') 제53조].[9] 관리종목 지정 후 해당 사유가 일정 기간 동안 해소되지 않을 경우 상장폐지로 이어질 수 있다.

2. 관리종목 지정 사유

가. 회생절차개시신청 또는 파산신청을 사유로 한 관리종목 지정

거래소는 보통주식 상장법인이 채무자회생법에 따라 회생절차개시신청 또는 파산신청을 한 경우 해당 보통주식을 관리종목으로 지정한다. 다만, 파산신청의 경우, ① 채권자가 파산신청을 한 경우로서 ⅰ) 파산신청일 기준 6개월 이내 파산신청 채권액의 합계액이 자기자본의 100분의 10(공시규정 제2조 제27항의 대규모 법인은 100분의 5) 미만이면서 20억 원 미만인 경우 또는 ⅱ) 보통주식 상장법인이 파산신청일 기준 6개월 이내 파산신청 채권액의 합계액을 법원에 모두 공탁한 것이 확인되는 경우로서 관리종목 지정의 필요성이 낮다고 거래소가 인정하거나, ② 그 밖에 파산신청과 관련한 권리남용 여부, 채권·채무관계 등을 고려할 때 공익과 투자자 보호를 해칠 우려가 적다고 거래소가 인정하는 경우에는 관리종목으로 지정하지 않을 수 있다[상장규정 제53조 제1항 제10호, 제11호, 코스닥시장 상장규정 시행세칙(이하 '시행세칙') 제56조].

---

8) 코스닥시장에 보통주식을 상장한 법인을 말한다(코스닥시장 상장규정 제2조 제1항 제4호).
9) 한국거래소, 코스닥시장 공시·상장관리 해설, 2022, 243면.

나. 관리종목 지정 및 해제 시기

회생절차개시신청의 경우 그 신청 사실이 확인된 날의 다음 날 관리종목으로 지정하고, 법원의 회생절차종결결정(그에 준하는 사유 포함)이 있은 날의 다음 날 관리종목에서 해제된다. 파산신청의 경우 그 신청 사실이 확인된 날의 다음 날 관리종목으로 지정하고, 법원의 파산신청기각결정 등으로 사유해소가 확인된 날의 다음 날 관리종목에서 해제된다(상장규정 제53조 제8항, 시행세칙 제58조 제1항 별표 10).

다. 관리종목 지정 등 사유 신고

보통주식 상장법인은 회생절차개시신청 또는 파산신청 등 관리종목 지정 또는 해제 사유가 발생한 경우 이를 지체 없이 거래소에 신고하여야 한다(상장규정 제53조 제2항). 거래소는 관리종목의 지정 및 해제 등에 관하여 필요한 사실에 대한 확인을 보통주식 상장법인에 요청할 수 있다. 이 경우 해당 법인은 정당한 사유가 없으면 그 요청에 따라야 한다(상장규정 제53조 제3항).

3. 매매거래의 정지

회생절차개시신청을 사유로 관리종목으로 지정하는 경우 거래소는 해당 사유 확인일부터 법원의 회생절차개시결정이 있는 때까지 해당 종목의 매매거래를 정지할 수 있다. 다만, 거래소가 공익 실현과 투자자 보호를 위하여 필요하다고 인정하는 경우에는 매매거래정지를 계속할 수 있다(상장규정 제18조 제1항 제1호, 시행세칙 제19조 제1항 제1호 나목).

파산신청을 사유로 관리종목으로 지정하는 경우 거래소는 해당 사유 확인일부터 관리종목 지정 사유 해소(법원의 파산신청 기각결정 등)를 확인한 날까지 해당 종목의 매매거래를 정지할 수 있다. 다만, 거래소가 필요하다고 인정하는 경우에는 매매거래정지를 해제할 수 있다(상장규정 제18조 제1항 제1호, 시행세칙 제19조 제1항 제1호 다목).

4. 관리종목 지정에 대한 이의신청

회생절차개시신청 또는 파산신청에 따라 관리종목으로 지정된 보통주식 상장법인은 관리종목 지정을 통보받은 날부터 7영업일 이내에 이의신청을 할 수 있다. 이 경우 이의신청으로 관리종목 지정의 효력이 정지되지는 않는다(상장규정 제53조 제4항, 시행세칙 제57조 제1항 제3호, 제4호).

이의신청이 있는 경우 거래소는 이의신청일부터 10영업일 이내에 기업심사위원회의 심의·의결을 거쳐 이의신청에 대한 결정을 하고 그 결과를 해당 법인에 통보하여야 한다. 이 경우 보통주식 상장법인은 이의신청에 대한 결정에 대하여 다시 이의신청을 할 수 없다(상장규정 제53조 제5항, 시행세칙 제57조 제2항).

Ⅳ. 상장폐지

거래소에 의한 상장폐지는 형식적 상장폐지와 상장적격성 실질심사에 따른 상장폐지로 구분할 수 있다. 형식적 상장폐지는 해당 사유가 발생할 경우 곧바로 상장폐지를 하는 것이다(상장규정 제54조 제1항). 상장적격성 실질심사에 따른 상장폐지는 해당 사유가 발생할 경우 거래소 내에 설치된 위원회의 상장적격성 실질심사를 거쳐 상장폐지를 하는 것이다(상장규정 제56조 제1항).[10)]

---

10) 형식적 상장폐지 사유는 그 사유가 발생하면 당연히 상장폐지라는 법률효과가 발생하는 반면 상장적격성 실질심사에 따른 상장폐지 사유는 그 사유 발생만으로 당연히 상장폐지라는 법률효과가 발생하는 것이 아니고 상장폐지의 단초가 될 뿐이므로 양자는 이론적 측면에서는 명백히 구별되나, 형식적 상장폐지 사유에 관한 규정에도 불확정개념이 존재하는 점, 형식적 상장폐지 사유에 대하여도 거래소가 곧바로 상장폐지를 하지 않고 개선기간을 부여하여 보완의 기회를 줄 수 있도록 규정되어 있는 점 등으로 인하여 형식적 상장폐지 사유에 대하여도 거래소가 재량을 발휘할 여지가 있으므로, 절차 운용 면에 있어서 양자의 차이는 크지 않다(박광선, 상장폐지의 효력을 다투는 소송에서 문제 되는 실무적 쟁점에 관한 고찰, 사법 제43호, 사법발전재단, 2018, 264면).

1. 형식적 상장폐지

상장규정 제54조 제1항 제1호 내지 제14호는 형식적 상장폐지 사유를 열거하고 있다.[11] 그중 실무상 회생절차와 밀접한 관련이 있는 사유는 제1호 감사인 의견 미달이므로 이하에서는 이에 국한하여 살펴본다.

가. 형식적 상장폐지 사유 – 감사인 의견 미달

(1) 거래소는 보통주식 상장법인의 최근 사업연도의 개별재무제표 또는 연결재무제표에 대한 감사인의 감사의견이 부적정, 의견거절이거나 감사범위 제한에 따른 한정인 경우 해당 보통주식을 상장폐지한다. 다만, 해당 감사의견이 계속기업으로서의 존속능력에 대한 불확실성에 의한 부적정 또는 의견거절인 경우 사업보고서 법정 제출기한의 다음 날부터 10일 이내에 동일 감사인의 해당 사유 해소에 관한 확인서(해당 감사보고서를 작성한 감사인이 작성한 것에 한정)를 제출하여 거래소가 인정하는 때에는 그 제출일이 속하는 반기를 기준으로 ① 반기 개별재무제표 또는 연결재무제표에 대한 감사인의 감사의견이 부적정, 의견거절이거나 감사범위 제한에 따른 한정인 경우, ② 반기보고서 법정 제출기한의 다음 날부터 10일 이내에 반기 감사보고서를 제출하지 않은 경우(종속회사가 있는 법인은 연결재무제표에 대한 감사보고서 포함)에 해당하지 않으면 상장폐지를 하지 않는다(상장규정 제54조 제1항 제1호).

---

11) 종전 상장규정(2007. 12. 7.자로 개정되기 전의 것)과 종전 유가증권시장 상장규정(2007. 12. 7.자로 개정되기 전의 것)은 상장법인이 정리절차개시신청을 하면 원칙적으로 별도의 심리 없이 곧바로 상장폐지를 하는 조항을 두고 있었다. 이 조항에 대하여 대법원은 오로지 회사정리절차의 개시신청을 하였다는 이유만으로 그 기업의 구체적인 재무상태나 회생가능성 등을 전혀 심사하지 아니한 채 곧바로 상장폐지 결정을 하도록 한 조항은 이 조항을 통하여 달성하려는 '부실기업의 조기 퇴출과 이를 통한 주식시장의 거래안정 및 투자자 보호'라는 목적과 정리절차개시신청을 하였다는 이유만으로 이 조항에 따라 상장폐지될 경우 그 상장법인과 기존 주주들이 상실할 이익을 비교할 때 비례의 원칙에 현저히 어긋나는 것이고, 또한 이 조항은 정리절차를 선택한 기업만을 곧바로 상장폐지하도록 하고 있어서 기촉법에 따른 공동관리절차를 선택한 기업에 비하여 차별하고 있는데 그러한 차별에 합리적인 근거를 발견할 수 없다는 점에서 형평의 원칙에도 어긋나 정의관념에 반한다고 판시하였다(대법원 2007. 11. 15. 선고 2007다1753 판결). 대법원 판결 이후 거래소는 이들 조항을 삭제하였다.

(2) 감사인 의견 미달을 상장폐지사유로 정하고 있는 상장규정의 효력에 대하여 대법원은 상장법인이 상장으로 누리는 이익도 결국은 거래소에 대한 시장 참여자의 신뢰에 바탕을 두고 있는 것이어서 투자자의 신뢰를 해하지 아니하는 범위에서만 보호받을 수 있는 것이고, 상장법인이 제출하는 사업보고서와 그에 대한 감사인의 감사보고서는 상장법인의 재무건전성과 회계의 투명성을 평가할 수 있는 거의 유일한 자료임과 동시에 투자자들의 투자의사 결정의 주된 근거가 되며 공정하고 타당한 시장가격이 형성되기 위한 전제가 되는데, 감사인의 감사보고서상 감사의견이 부적정 또는 의견거절인 경우에는 불특정 다수의 투자자들의 신뢰를 해칠 가능성이 객관적으로 명백하다고 볼 수 있고, 특히 1997년 말부터 시작된 외환위기 이후 기업들이 자금조달을 위하여 거래소 시장을 통한 직접금융 방식에 크게 의존함에 따라 투자자 보호를 위하여는 상장폐지기준 등을 강화할 필요가 있었던 점 등에 비추어 보면 그 규정이 법률의 위임범위를 일탈하였다거나 불공정한 약관으로서 무효에 해당한다고 볼 수 없다고 판시하였다.[12)]

감사의견을 한정의견으로 할 것인지 의견거절로 할 것인지는 재무제표에 미치는 영향이 중요한지 아니면 특히 중요한지에 따라 구분되는데 그 기준이 추상적이고 불명확하여 감사인의 자의가 개입될 여지가 많음에도 불구하고 감사의견이 한정의견이냐 의견거절이냐에 따라 상장기업의 상장폐지 여부가 좌우되어 불합리하므로 계속기업의 존속능력이 불확실하여 의견거절의 감사의견을 받은 경우에도 상장폐지를 할 수 있도록 정하고 있는 상장규정은 무효라는 상장법인의 주장에 대하여, 의견거절을 표명할 것인가, 한정의견을 표명할 것인가에 대한 판단 기준을 정하고 있는 회계감사기준은 재무제표에 특히 중요한 영향을 미치느냐, 중요한 영향을 미치느냐를 기준으로 정하고 있어서 그 판단기준이 다소 추상적이기는 하나 그것은 그러한 판단이 갖는 전문적인 성격에 기인한 것으로서 부득이한 면이 있고, 주식회사 등의 외부감사에 관한 법률에서는 감사의 공정성과 투명성을 담보하기 위하여 감사인의 자격과 선정방법, 감사의 기준, 감사인의 의무와 책임 등에 관하여 자세하고 엄격한 규정을 두고 있어서 판단의 객관성과 타당성이 확보될 수 있으므로 단순히 위와 같은 판단 기준의 추상성만

12) 대법원 2004. 1. 16.자 2003마1499 결정.

으로 감사인의 판단이 자의적일 수밖에 없다고 보기는 어려우므로 위 조항이 무효라고 볼 수 없다고 판시한 하급심 판결이 있다.[13)]

(3) 감사기준서 570 문단 2는 "회계의 계속기업전제 하에서의 재무제표는 기업은 계속기업이고 예측할 수 있는 미래의 기간 동안 영업을 계속할 것이라는 가정에서 작성된다. 일반목적 재무제표는 경영진이 기업을 청산하거나 영업을 중단할 의도가 없는 한 또는 그 외에는 다른 현실적인 대안이 없는 한, 회계의 계속기업전제를 사용하여 작성된다. 회계의 계속기업전제의 사용이 적절한 경우 자산과 부채는 기업이 정상적인 사업과정에서 자산을 실현하고 채무를 상환할 수 있을 것이라는 점에 근거하여 기록된다"라고 정하고 있다. 회사에 회생절차 개시원인이 있는 경우, 즉 사업의 계속에 현저한 지장을 초래하지 아니하고는 변제기에 있는 채무를 변제할 수 없거나, 파산의 원인인 사실이 생길 염려가 있는 경우에는 그 회사가 정상적인 사업과정에서 채무를 상환할 것을 기대하기 어렵다. 이 경우 감사인은 그 회사의 재무제표에 대하여 계속기업으로서의 존속능력에 불확실성이 있다는 이유로 의견거절 등을 표명할 가능성이 높다. 요컨대, 회생절차개시원인이 있는 상장법인은 상장규정 제54조 제1항 제1호의 형식적 상장폐지 사유에 해당할 가능성이 높다고 할 수 있다.

실무상 감사인 의견 미달을 사유로 하는 상장폐지결정에 대하여 상장법인이 그 효력을 다투며 감사인의 감사의견에 중대한 하자가 있어 무효라고 주장하는 경우가 많다. 그러나 법원은 주식회사 등의 외부감사에 관한 법률상 외부감사인의 선임 방식이나 외부감사인이 부담하는 엄격한 의무와 책임의 면에 비추어 볼 때, 외부감사인의 감사의견은 그 판단의 근거에 중대하고 명백한 하자가 없는 한 존중되어야 한다는 이유로 상장법인의 주장을 대부분 배척하고 있다.[14)]

13) 서울남부지방법원 2004. 2. 13. 선고 2003가합5840 판결.

14) 서울남부지방법원 2005. 12. 9. 선고 2005가합44469 판결, 서울남부지방법원 2013. 10. 18. 선고 2013가합12892 판결, 서울남부지방법원 2015. 4. 22.자 2015카합20126 결정 등.

나. 형식적 상장폐지 절차

절차 흐름도15)

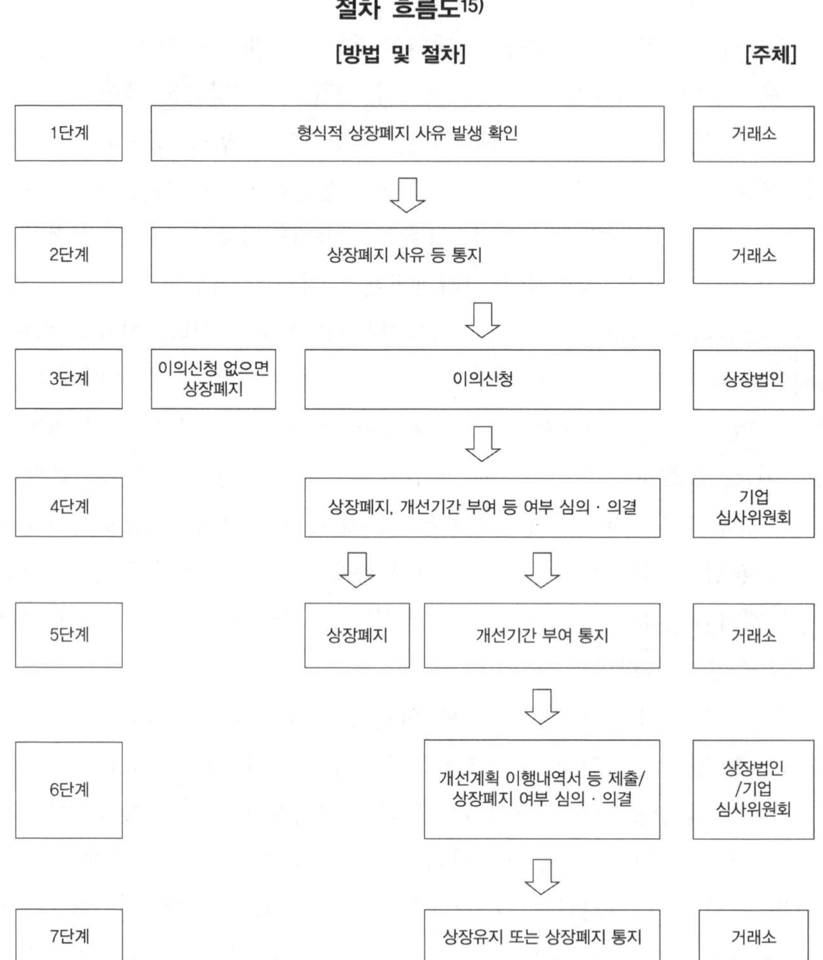

(1) 상장폐지의 사유 등의 서면통지

거래소는 감사인 의견 미달로 인한 형식적 상장폐지 사유가 발생한 경우 ① 상장폐지의 사유 및 근거, ② 상장폐지에 대하여 이의신청을 할 수 있다는 뜻, ③ 그 밖에 거래소가 상장폐지 및 이의신청과 관련하여 필요하다고 인정하는 사

15) 한국거래소, 코스닥시장 공시 · 상장관리 해설, 2022, 264면.

항을 해당 법인에 서면으로 통지하여야 한다(상장규정 제54조 제3항).

(2) 이의신청

보통주식 상장법인은 감사인 의견 미달을 사유로 한 상장폐지에 대하여 이의가 있는 경우에는 거래소로부터 상장폐지의 통지를 받은 날부터 15영업일 이내에 ① 이의신청서, ② 상장폐지 사유 해소를 위한 개선계획서, ③ 변호사·공인회계사·감정인 등 해당 분야 전문가의 의견서, ④ 그 밖에 이의신청과 관련하여 거래소가 필요하다고 인정하는 서류를 첨부하여 이의를 신청할 수 있다(상장규정 제55조 제1항 제1호, 시행세칙 제60조 제1항). 이의신청이 없는 경우 거래소는 해당 보통주식을 상장폐지한다.

(3) 기업심사위원회의 심의·의결

이의신청이 있는 경우 거래소는 이의신청을 받은 날부터 20영업일 이내에 기업심사위원회의 심의·의결을 거쳐 ① 해당 주식의 상장폐지 여부, ② 개선계획의 타당성, 개선기간 부여 여부 및 개선기간, ③ 해당 주식의 매매거래정지 여부 및 매매거래정지 기간을 결정하여야 한다. 이 경우 감사인 의견 미달로 인한 상장폐지에 대하여 이의신청을 한 때에는 해당 감사보고서상 감사의견 변경 또는 차기 감사보고서의 감사의견 적정 가능성 등을 고려하여 심의하여야 한다. 이 경우 거래소는 해당 보통주식 상장법인의 대표자에게 의견을 진술할 수 있는 기회를 부여하여야 한다(상장규정 제55조 제2항, 세칙 제60조 제2항). 거래소는 기업심사위원회의 심의·의결일로부터 3영업일 이내에 그 결과를 해당 보통주식 상장법인에 서면으로 통지하여야 한다(시행세칙 제60조 제7항).

(4) 개선기간이 부여된 경우

(가) 개선기간의 범위

상장규정 제55조 제2항에 따라 개선기간을 부여하는 경우 특별한 사유가 없는 한 개선기간은 6개월을 초과할 수 없다. 다만, 상장폐지사유가 상장규정 제54조 제1항 제1호의 사유에 해당하는 경우에는 특별한 사유가 없는 한 개선기간은 1년을 초과할 수 없다(시행세칙 제60조 제3항).

(나) 개선기간 중의 개선계획 이행 여부 점검 및 상장폐지 결정

거래소는 개선기간 중 사업보고서, 반기보고서, 분기보고서 등으로 개선계획의 이행 여부를 점검할 수 있다(시행세칙 제60조 제4항). 또한 거래소는 ① 개선계획을 이행하지 않는 경우, ② 영업활동에 필요한 자산을 보유하지 않거나 영업활동이 사실상 중단되는 등 계속기업으로서 존립이 어렵다고 인정되는 경우, ③ 해당 보통주식 상장법인의 신청이 있는 경우에는 개선기간 중에도 기업심사위원회의 심의·의결을 거쳐 상장폐지 여부를 결정할 수 있다(상장규정 제55조 제3항).

(다) 개선기간 종료 후의 절차

개선기간 종료 후에는 개선계획 이행 여부 등에 대한 기업심사위원회의 심의·의결을 통해 상장폐지 여부를 결정한다. 보통주식 상장법인은 개선기간 종료 후 15영업일 이내에 ① 개선계획 이행내역서, ② 개선계획 이행결과에 대한 변호사·공인회계사·감정인 등 해당 분야 전문가의 확인서, ③ 그 밖에 개선계획 이행 여부 심의와 관련하여 거래소가 필요하다고 인정하는 서류를 제출하여야 한다(시행세칙 제60조 제5항).

거래소는 보통주식 상장법인이 개선계획 이행내역서 등을 제출한 날부터 20영업일 이내에 기업심사위원회의 심의·의결을 거쳐 상장폐지 여부를 결정하여야 한다(상장규정 제55조 제3항, 시행세칙 제60조 제6항). 기업심사위원회의 심의에 중대한 영향을 미칠 수 있는 사실이 있는 경우 20영업일 이내의 범위에서 기업심사위원회 개최 기한을 연장할 수 있다(시행세칙 제60조 제8항). 거래소는 기업심사위원회의 심의·의결일부터 3영업일 이내에 그 결과를 해당 보통주식 상장법인에 서면으로 통지하여야 한다(시행세칙 제60조 제7항).

(5) 상장폐지 결정 및 정리매매

보통주식 상장법인은 상장규정 제55조 제2항, 제3항에 따른 상장폐지결정에 대하여 다시 이의신청을 할 수 없다(시행세칙 제60조 제9항). 거래소는 증권이 상장폐지되는 경우 7일(해당 증권의 매매거래일 기준)을 초과하지 않는 범위 내에서 그 증권의 매매거래를 허용할 수 있다(상장규정 제23조). 이는 증권이 상장폐지되기 전에 투자자에게 마지막으로 투자금을 회수할 수 있는 기회를 주기 위한 것이다.

(6) 상장유지 결정

거래소가 상장유지 결정을 하였다고 하더라도 해당 보통주식에 대한 거래가 곧바로 재개되지는 않는다. 해당 보통주식 상장법인은 아래에서 보는 바와 같이 상장적격성 실질심사를 받아야 한다(상장규정 제56조 제1항 제3호 타목).

2. 상장적격성 실질심사에 따른 상장폐지

가. 상장적격성 실질심사에 따른 상장폐지의 의의

상장적격성 실질심사에 따른 상장폐지는 기업의 계속성, 경영의 투명성, 투자자 보호에 중대한 영향을 미칠 만한 중요 사실이 발생한 경우 기업의 재무내용, 경영현황 등 기업의 실질에 기초하여 상장적격성을 심사하여 해당 상장법인의 상장폐지 여부를 결정하는 제도이다.[16] 상장법인이 변칙적인 방법으로 형식적 상장폐지 사유를 회피함으로써[17] 기업의 실질적인 구조개선이 이루어지지 않은 상태에서 해당 보통주식에 대한 거래가 재개되는 사례가 빈번하였는데, 이와 관련하여 기업의 실질을 종합적으로 판단하여 부적격기업을 퇴출시킴으로써 증권시장을 건전화할 필요가 있다는 요청에 따라 도입되었다.[18]

나. 상장적격성 실질심사 사유

(1) 개별적 요건에 의한 실질심사

상장규정 제56조 제1항 제1호, 제2호는 개별적 요건에 의한 실질심사 사유를 열거하고 있다. 그중 회생절차와 밀접한 관련이 있는 사유는 제1호이므로 이하에서는 이에 국한하여 살펴본다.

---

16) 김민교, 코스닥시장의 상장폐지에 대한 소고 – 실질심사제도를 중심으로 –, 증권법연구 제17권 제3호, 한국증권법학회, 2016, 199면.

17) 자본감소 또는 유상증자를 통한 자본잠식상태의 해소, 인위적인 매출행위를 통한 매출액 요건 충족 등이 대표적인 예이다.

18) 문일호, 증권거래소의 상장법인에 대한 상장폐지결정에서의 실무상 쟁점, 서강법학 제11권 제1호, 서강대학교 법학연구소, 2009, 251면; 한국거래소, 코스닥시장 공시·상장관리 해설, 2022, 268면.

거래소는 보통주식 상장법인이 회생절차개시신청을 함으로써 관리종목으로 지정된 상태에서 법원의 회생절차개시신청 기각, 회생절차개시결정 취소, 회생계획 불인가, 회생절차폐지 등의 결정이 있는 경우 상장적격성 실질심사를 거쳐 해당 보통주식의 상장폐지 여부 등을 결정한다. 다만, 간이회생절차의 경우 채무자회생법 제293조의5 제2항 제2호 가목의 회생절차개시결정이 있거나 같은 조 제4항에 따라 회생절차가 속행되는 경우는 제외한다(상장규정 제56조 제1항 제1호).

개별적 요건에 의한 실질심사는 해당 사유에 한정하여 상장폐지 여부를 심사한다. 즉 개별적 요건이 충족된 경우 해당 사유의 구체적 사실관계 및 중요성, 해당 기업 및 투자판단에 미치는 영향을 심사하여 상장폐지 여부를 심사한다.[19)]

(2) 종합적 요건에 의한 실질심사

상장규정 제56조 제1항 제3호는 가목 내지 거목에서 종합적 요건에 의한 실질심사 사유를 열거하고 있다. 그중 회생절차와 밀접한 관련이 있는 사유는 타목이므로 이하에서는 이에 국한하여 살펴본다.

거래소는 감사인 의견 미달이 발생한 보통주식 상장법인이 상장규정 제55조 제1항의 이의신청 등으로 해당 감사보고서상 감사의견이 변경되거나 차기 감사보고서상 감사의견이 적정이 되어 상장폐지 사유를 해소한 경우로서 기업의 계속성, 경영의 투명성, 그 밖에 코스닥시장의 건전성 등을 종합적으로 고려하여 상장적격성 실질심사를 거쳐 상장폐지가 필요하다고 인정되는 경우 해당 보통주식의 상장폐지 여부 등을 결정한다(상장규정 제56조 제1항 제3호 타목).

코스닥시장 상장적격성 실질심사지침(이하 '심사지침') 제10조와 별표 2 코스닥시장 상장적격성 실질심사 기준표가 정하는 심사항목, 심사기준 및 세부심사항목은 아래와 같다.

심사항목	심사기준	세부심사항목
영업, 재무상황 등 기업경영의 계속성	가. 영업의 지속성	
	1) 매출의 지속 가능성	매출액 또는 이익규모, 추이 등 영업활동 악화로 인한 매출의 계속성 여부

19) 한국거래소, 코스닥시장 공시·상장관리 해설, 2022, 275면.

심사항목	심사기준	세부심사항목
영업, 재무상황 등 기업경영의 계속성	1) 매출의 지속 가능성	신규사업 진출시 사업성격, 투자규모, 수익창출시기 등을 고려한 매출 지속성 여부 영업활동 개선 계획으로 인한 매출 회복 가능성 여부
	2) 수익성 회복 가능성	최근 3년간 영업활동의 현저한 악화로 발생한 손실규모 및 향후 손실 지속여부 대여금, 타법인주식 등 영업외 손실에 따른 수익성 악화 가능성 영업활동 개선계획으로 인한 수익성 회복 가능성 여부
	나. 재무상태 건전성	
	1) 재무상태 취약 여부	부채비율, 차입금 규모, 만기구조, 유동성 상황 등을 감안한 채무불이행이나 부도발생 가능성 여부 영업활동으로 인한 현금흐름의 규모 및 추이 등을 감안한 유동성의 악화 가능성 여부 자본잠식이 있는 경우 잠식의 정도, 추이 등에 비추어 유상증자 또는 이익의 발생 등으로 인한 재무구조 개선 가능성 여부
	2) 경영진의 불법행위에 따른 재무상태 악화 여부	횡령·배임 등이 재무상태에 미치는 영향 횡령·배임 등의 발생금액에 대한 구상권 행사 및 회수 가능성 분식회계가 최근 사업연도의 재무상태에 미치는 영향
	3) 우발채무의 실현으로 재무상태 악화 여부	최대주주 및 경영진에 대한 불법적인 지급보증, 담보제공 등 우발채무의 실현에 따른 재무상태 악화 가능성 여부 특허, 경영권 등 기업에 중대한 영향을 미치는 소송이나 분쟁으로 인한 재무상태에 미치는 영향
지배구조, 내부통제제도, 공시체제 등 경영투명성	지배구조의 중대한 훼손 여부	
	1) 최대주주 및 경영진의 불법행위 여부	최대주주 및 경영진의 횡령·배임 관련여부, 횡령·배임 금액의 크기 최대주주 및 경영진의 조직적인 분식회계 관여 여부 최대주주 및 경영진의 기타 불법행위 전력 여부
	2) 경영의 안전성 위험	최대주주의 안정적 지분 보유 여부 최대주주 및 경영진의 빈번한 교체 및 경영권 분쟁 등으로 인한 기업경영의 연속성 유지 여부

심사항목	심사기준	세부심사항목
	내부통제제도의 중대한 훼손 여부 검토	최대주주 및 경영진의 횡령·배임 등으로 인한 내부통제제도 훼손 여부 이사회운영규정, 감사규정, 회계규정 등 내부통제제도의 구축 및 운영 여부 내부통제제도 개선 가능성 여부
	공시체계의 중대한 훼손 여부	
	1) 회계처리 불투명성	회계처리기준 위반행위에 대한 중대성 여부 최근 3년간 회계감사 및 세무조사 결과 등에 따른 중대한 오류 및 특이사항 여부 분식회계 재발 방지를 위한 내부회계관리제도 구축 및 개선 가능성 여부
	2) 공시위반 행위의 중요성·악의·상습성 여부	위반한 공시 내용이 시장 및 투자자에게 미치는 영향의 중요성 위반한 공시 내용이 기업 경영에 미치는 영향의 중요성 해당 법인의 고의, 중과실 여부 해당 법인의 상습적 공시의무 위반 여부 공시위반 행위 재발 방지를 위한 공시체계 개선 가능성 여부
기 타	투자자 보호 및 증권시장 건전한 발전 저해	기업경영의 계속성 및 경영투명성에 준하는 사유로서 투자자 보호 및 증권시장의 건전한 발전 저해로 상장적격성 인정이 곤란한 경우

위 심사기준 중 영업의 지속성에 대하여 회생절차는 재정적인 어려움으로 파탄에 직면해 있는 채무자에 대하여 채권자·주주·지분권자 등 여러 이해관계인의 법률관계를 조정하여 채무자 또는 그 사업의 효율적인 회생을 도모하는 제도로서 사업의 재건과 영업의 계속을 통한 채무변제가 주된 목적인 반면 상장적격성 실질심사에서 고려하여야 하는 영업의 지속성은 코스닥 상장기업의 지위를 유지할 수 있는 수준의 영업의 지속성을 의미하는 것이므로 회생계획인가의 요건보다 엄격하게 해석할 수 있고, 법원으로부터 회생절차종결결정을 받았다고 하더라도 그 사유만으로 코스닥 상장기업으로서의 영업의 지속성이 인정된다고 볼 수 없다고 판단한 하급심 판결이 있다.[20]

20) 서울남부지방법원 2016. 1. 14.자 2016카합20005 결정.

다. 상장적격성 실질심사 절차

절차 흐름도[21)]

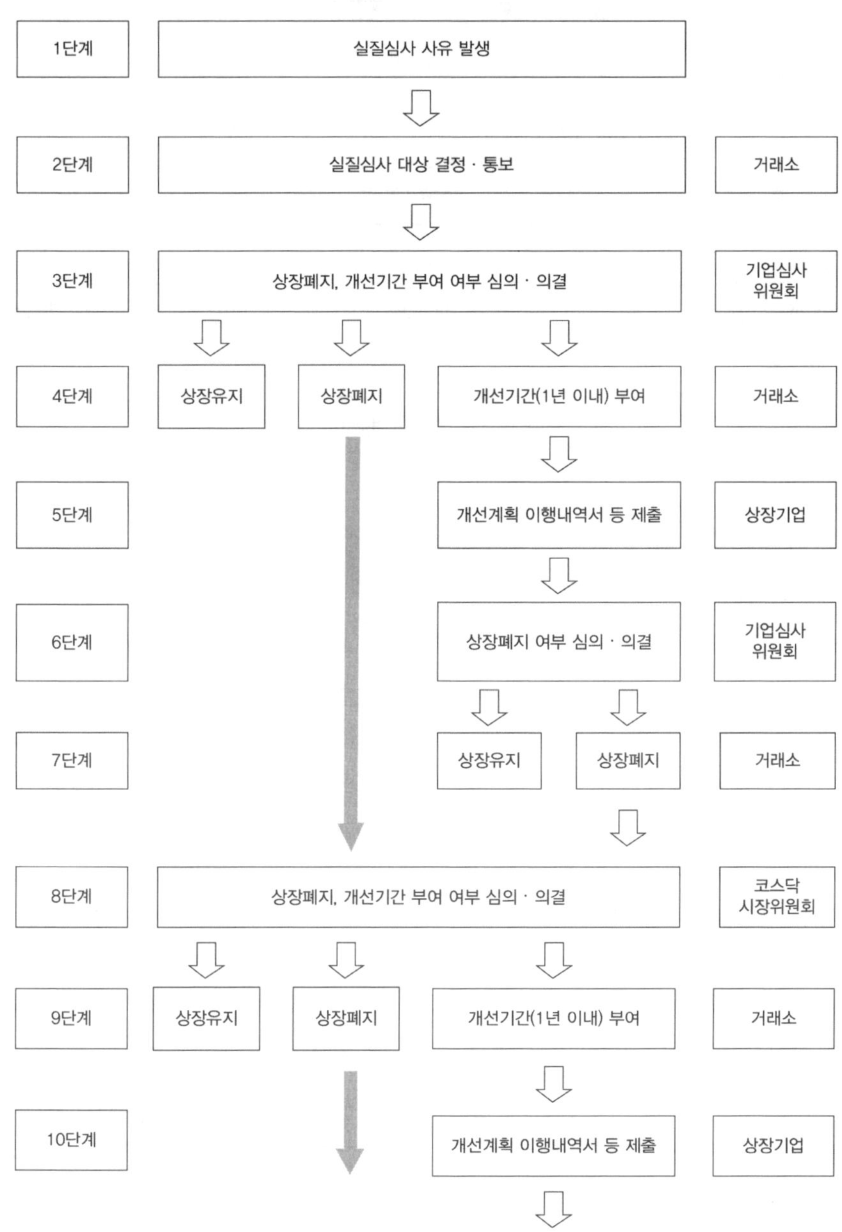

21) 한국거래소, 코스닥시장 공시 · 상장관리 해설, 2022, 278–279면.

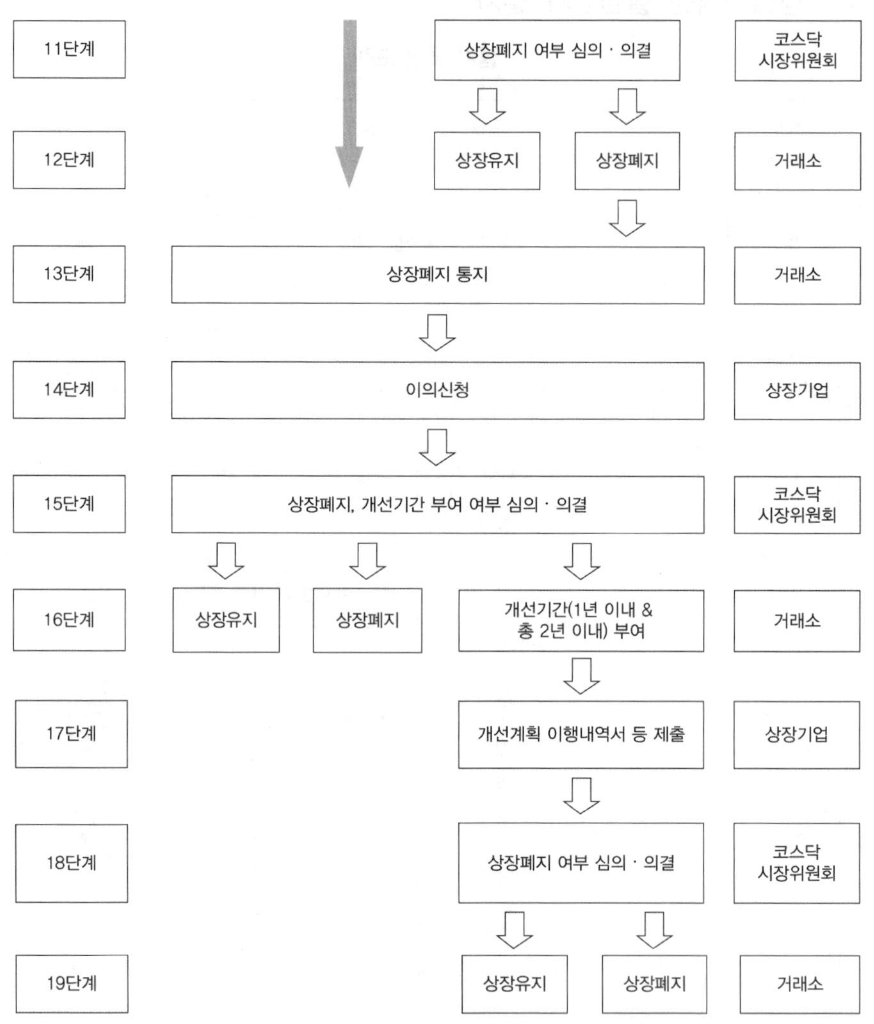

(1) 상장적격성 실질심사 대상 여부 결정 및 통보

거래소는 보통주식 상장법인이 상장적격성 실질심사 사유에 해당하는 사실을 확인한 날부터 15영업일 이내에 상장적격성 실질심사 대상 해당 여부를 결정하여야 한다(상장규정 제57조 제1항). 다만, 추가조사 등의 필요성이 인정되는 경우 15일 이내의 범위에서 그 기간을 연장할 수 있다(심사지침 제6조 제2항 단서). 거래소는 보통주식 상장법인을 상장적격성 실질심사 대상으로 결정하는 경우에는 심사대상 결정 사유와 근거, 개선계획서 제출, 기업심사위원회 심사일정 및 심사절차에 관한 사항을 해당 법인에 서면으로 통보하여야 한다(상장규정 제57조 제2항, 심사지침 제7조).

거래소가 상장적격성 실질심사 대상 해당 결정을 통보할 때 결정 사유와 근거를 어느 정도 구체적으로 적시하여야 하는지가 문제 된다. 이와 관련하여 거래소가 상장적격성 실질심사 대상 해당 결정을 통보할 때 상장폐지의 근거 규정과 상장적격성에 관한 사유만을 명시하였을 뿐 상장법인의 어떠한 행위를 상장폐지 요건을 회피하기 위한 것으로 보았는지를 알 수 있을 정도로 구체적인 사실을 적시하지 않아 해당 상장법인으로 하여금 상장적격성 실질심사 대상으로 선정된 사유를 이의신청 단계에서 충분히 다툴 수 없도록 한 것은 위법하다고 판단한 하급심 결정[22]과 거래소가 근거가 되는 상장규정을 '항'과 '호'까지 적시하지 않고 '조' 단위로만 특정하였다고 하더라도 통보 시에 기재한 다른 문구를 종합해 보았을 때 그 사유가 무엇이었는지 충분히 알 수 있었고, 상장법인도 그 사유를 인지하고 이를 해소하기 위하여 노력하였다면 그 통보에 절차상 하자가 있다고 볼 수 없다고 판단한 하급심 결정[23]이 있다.

(2) 자료요청 및 현지조사

거래소는 실질심사 사유에 해당하는 사실관계 및 종합적 판단을 위하여 필요하다고 인정되는 경우에 해당 법인에게 관련 자료의 제출을 요구할 수 있다(심사지침 제8조). 심사직원은 실질심사와 관련한 사실관계의 확인을 위하여 현지조사 등을 실시할 수 있는데, 현지조사 중 임직원 면담 등을 통해 해당 법인의 소명을 청취할 수 있다(심사지침 제9조 제1항, 제3항).

(3) 기업심사위원회의 심의 · 의결

거래소는 상장규정 제57조 제2항에 따른 통보를 한 날부터 20영업일 이내에 기업심사위원회를 개최하여야 한다. 다만 보통주식 상장법인이 통보를 받은 날부

---

22) 서울남부지방법원 2009. 6. 15.자 2009카합613 결정.

23) 서울남부지방법원 2012. 9. 19.자 2012카합658 결정.

터 15영업일 이내에 개선계획서를 제출하는 경우에는 개선계획서를 제출한 날부터 20영업일 이내에 기업심사위원회를 개최하여야 한다(시행세칙 제62조 제1항).

거래소는 기업심사위원회의 심의·의결을 거쳐 상장폐지 여부 또는 개선기간 부여 여부 등을 결정하여야 한다. 다만 기업심사위원회 위원장이 시장위원회[24]의 심의·의결이 필요하다고 인정하는 경우에는 시장위원회의 심의·의결을 거쳐 상장폐지 여부 또는 개선기간 부여 여부 등을 결정한다(상장규정 제57조 제3항). 기업심사위원회의 심의 결과가 상장폐지에 해당하는 경우 거래소는 기업심사위원회의 심의일 이후 20영업일 이내에 시장위원회를 개최하여야 한다(시행세칙 제62조 제2항).

(4) 개선기간이 부여된 경우

개선기간이 부여된 경우에는 개선기간이 종료된 이후 개선계획의 이행 여부 등에 대하여 기업심사위원회의 또는 시장위원회의 심의·의결을 거쳐 상장폐지 여부를 결정한다.

(가) 개선기간의 범위

기업심사위원회 또는 시장위원회의 심의·의결로 개선기간을 부여하는 경우 특별한 사유가 없는 한 개선기간은 1년을 초과할 수 없다(시행세칙 제62조 제3항).

(나) 개선기간 중의 개선계획 이행 여부 점검 및 상장폐지 결정

거래소는 ① 개선계획을 이행하지 않는 경우, ② 영업활동에 필요한 자산을 보유하지 않거나 영업활동이 사실상 중단되는 등 계속기업으로서 존립이 어렵다고 인정되는 경우, ③ 해당 보통주식 상장법인의 신청이 있는 경우에는 개선기

---

24) 코스닥시장위원회를 의미한다. 코스닥시장위원회는 위원장 1인과 사외이사 중 투자매매업자 또는 투자중개업자 대표이사 1인, 금융위원회 위원장이 추천하는 1인, 중소벤처기업부장관이 추천하는 1인, 대한변호사협회가 추천하는 법률전문가 1인, 코스닥시장 상장법인을 대표하는 자로서 코스닥협회가 추천하는 1인, 한국벤처캐피탈협회가 추천하는 1인, 코넥스협회가 추천하는 벤처전문가 1인, 한국금융투자자보호재단이 추천하는 1인 등 총 9인으로 구성되어 코스닥시장본부의 사업계획 및 이와 관련된 예산의 심의와 코스닥시장본부에 배정된 예비비 사용의 승인, 코스닥시장에의 증권의 상장심사, 상장승인 및 상장폐지, 각종 규정 제정·개정 결의, 기타 코스닥시장의 운영에 관하여 필요한 사항 등의 업무를 담당하는 독립된 기구이다(거래소 정관 제48조의2).

간이 종료되기 전에 기업심사위원회 또는 시장위원회의 심의·의결을 거쳐 상장폐지 여부를 결정할 수 있다(상장규정 제57조 제7항).

(다) 개선기간 종료 후의 절차

보통주식 상장법인은 개선기간 종료 후 15영업일 이내에 ① 개선계획 이행내역서, ② 개선계획 이행결과에 대한 변호사·공인회계사·감정인 등 해당 분야 전문가의 확인서, ③ 그 밖에 개선계획 이행 여부 심의와 관련하여 거래소가 필요하다고 인정하는 서류를 거래소에 제출하여야 한다(시행세칙 제62조 제4항).

거래소는 보통주식 상장법인의 개선계획 이행내역서 등의 제출일부터 20영업일 이내에 기업심사위원회 또는 시장위원회를 개최하여야 한다(시행세칙 제62조 제5항). 거래소는 기업심사위원회의 심의·의결을 거쳐 상장폐지 여부를 결정한다. 이 경우 기업심사위원회는 개선계획 이행결과 등을 고려하여 상장폐지 여부를 심의·의결하여야 한다(상장규정 제57조 제4항). 기업심사위원회의 심의 결과가 상장폐지에 해당하거나 기업심사위원회의 위원장이 시장위원회의 심의·의결이 필요하다고 인정하는 경우 거래소는 시장위원회의 심의·의결을 거쳐 상장폐지 여부 또는 개선기간 부여 여부 등을 결정한다(상장규정 제57조 제5항).

기업심사위원회 또는 시장위원회의 심의·의결을 거쳐 상장폐지 여부 또는 개선기간 부여 등을 결정한 경우 거래소는 해당 보통주식 상장법인에 그 사실을 서면으로 통지하여야 한다(상장규정 제57조 제8항).

(5) 상장폐지 결정

기업심사위원회의 심의 결과가 상장폐지에 해당하는 경우 거래소는 기업심사위원회의 심의일 이후 20영업일 이내에 시장위원회를 개최하여야 한다(시행세칙 제62조 제2항). 상장폐지의 경우 신중한 판단을 위하여 필수적으로 시장위원회의 심의·의결을 거칠 것을 요구하고 있다.

기업심사위원회 또는 시장위원회의 심의·의결을 거쳐 상장폐지를 결정한 경우 거래소는 해당 보통주식 상장법인에 ① 상장폐지의 사유 및 근거, ② 상장폐지에 대하여 이의신청을 할 수 있다는 뜻, ③ 그 밖에 거래소가 필요하다고 인정하는 사항을 포함하여 서면으로 통지하여야 한다(상장규정 제57조 제8항).

(6) 이의신청

상장적격성 실질심사에 따른 상장폐지가 결정된 보통주식 상장법인이 이의가 있는 경우에는 통지를 받은 날부터 15영업일 이내에 ① 이의신청서, ② 상장폐지 사유해소를 위한 개선계획서, ③ 변호사, 공인회계사, 감정인 등 해당 분야 전문가의 의견서, ④ 그 밖에 이의신청과 관련하여 거래소가 필요하다고 인정하는 서류를 첨부하여 거래소에 이의를 신청할 수 있다(상장규정 제58조 제1항, 시행세칙 제63조 제1항).

(7) 이의신청에 대한 결정

이의신청이 있는 경우 거래소는 이의신청일로부터 20영업일 이내에 시장위원회의 심의·의결을 거쳐 ① 해당 주식의 상장폐지 여부, ② 개선계획의 타당성, 개선기간 부여 여부 및 그 기간, ③ 해당 주식의 매매거래정지 여부 및 매매거래정지 기간을 결정하여야 한다(상장규정 제58조 제2항, 시행세칙 제63조 제2항). 보통주식 상장법인은 상장규정 제58조 제2항부터 제3항까지의 규정에 따른 상장폐지 결정에 대하여 다시 이의를 신청할 수 없다(시행세칙 제63조 제9항).

3. 상장폐지 결정에 대한 사법적 구제수단

상장폐지 결정에 대하여 다시 이의신청을 할 수 없게 된 경우 보통주식 상장법인은 법원에 가처분을 신청하거나 본안소송을 제기하여 상장폐지 결정의 효력을 다툴 수 있다.

상장폐지 결정은 거래소의 일방적인 계약해지의 의사표시이기 때문에 상장계약해지의 효과를 가져오고, 이에 관하여 불복하여 계약해지의 효과를 다투려는 상장법인은 상장폐지 결정 무효확인의 소를 제기하여야 한다. 그러나 상장폐지 결정 무효확인의 소는 본안소송으로서 그 판결선고 시까지 상당한 시간이 소요되고, 상장폐지절차를 중단시키는 효력이 없어, 실효성 있는 권리구제수단이 되지 못한다. 때문에 상장폐지 대상 법인은 상장폐지 결정 이전에는 상장폐지절차의 진행을 금지시키기 위한 상장폐지 결정 금지 가처분신청을 하고, 상장폐지 결정 이후에는 상장법인의 지위를 보전하기 위하여 상장폐지결정 효력정지 가처분을 신청한다.

상장폐지 결정에 대하여 가처분 신청 내지 무효확인의 소를 제기하는 경우 그 대상은 기업심사위원회 또는 시장위원회의 상장폐지 결정 의견이 아니라 거래소의 상장폐지 결정이다. 가처분 신청의 채무자와 무효확인의 소의 피고는 거래소이다. 기업심사위원회와 시장위원회는 거래소의 내부 심의기구에 불과하기 때문에 당사자적격이 인정되지 않는다.

법원은, ① 거래소는 증권 및 장내파생상품의 공정한 가격 형성과 그 매매, 그 밖의 거래의 안정성 및 효율성을 도모하기 위하여 자본시장법에 의하여 설립된 법인으로 고도의 공익적 성격을 갖고 있는 점, ② 거래소는 상장폐지 결정을 하기에 앞서 반드시 기업심사위원회 내지 시장위원회의 심의를 거쳐야 하는데, 이들 기구는 객관적이고 전문적인 심사를 수행하도록 대부분 외부의 학계, 법률 및 회계 등 전문가로 구성되고, 그 심사과정에서 해당 기업의 의견진술 기회가 충분히 보장되고 있으며, 이들 기구의 의견에 대하여 이의가 있는 경우에는 다시 이의신청을 할 수 있는 점, ③ 상장기업이 상장으로 누리는 이익도 결국은 거래소에 대한 시장 참여자의 신뢰에 바탕을 두고 있는 것이므로 거래소는 코스닥시장의 잠재적 투자자를 보호하기 위하여 상장기업의 상장적격성 유무를 자율적으로 판단하여 이에 따른 조치를 취할 수 있어야 하는 점 등에 비추어 볼 때 상장적격성 실질심사에 회부된 기업의 상장적격성 유무에 관한 거래소의 판단은 특별한 사정이 없는 한 존중하는 것이 바람직하다는 입장을 취하고 있다.[25)]

25) 서울남부지방법원 2009. 7. 7.자 2009카합713 결정 등.

실무팁 회생절차를 통해 상장폐지 위기를 극복한 사례

K사의 2018 사업연도 재무제표에 대하여 감사인은 의견거절을 표명하였다. 의견거절의 주요한 근거는 ① 비위행위로 인한 자금유출로 완전 자본잠식 되었고, 자금경색으로 주요 자산이 가압류되는 등 계속기업가정에 불확실성이 있고, ② 자금지출에 대한 적절한 내부통제제도를 갖추고 있지 않아 통제되지 않는 자금지출이 발생하지 않는다는 증거를 확보할 수 없으며, ③ 감사 범위의 제한으로 재무제표의 구성요소, 부외부채의 존재와 우발부채의 발생가능성 등 주석에 수정이 필요한 사항이 발견되었을 것인지 여부를 결정할 수 없다는 것이었다. 거래소는 감사인의 이러한 감사의견을 이유로 K사에 대하여 상장폐지 사유에 해당한다고 통보하였다.

그런데 감사인이 의견거절의 근거로 제시한 사항들은 모두 회생절차를 통하여 해소될 수 있는 것이었다. 왜냐하면 K사가 회생절차개시신청을 한 후 회생계획인가 전 M&A를 추진하여 성사시킬 경우 유상증자와 기존 채권에 대한 출자전환을 통하여 자본잠식을 해소할 수 있고, 회생절차개시신청 이후 법원으로부터 자산 가압류에 대한 취소명령을 받아 유동성 위기를 해소할 수 있을 뿐만 아니라 회생계획이 인가될 경우 부외부채의 존재와 우발부채의 발생가능성을 소멸시킬 수 있기 때문이었다. 이에 K사는 법원에 회생절차개시신청을 하고 그 직후 거래소에 이의신청을 하였다.

K사는 이의신청 이후 개최된 기업심사위원회에서 의견거절의 근거로 제시된 모든 사유들이 회생절차를 통해서 해소될 수 있고, 그렇게 될 경우 2018 사업연도 재무제표에 대한 재감사에서 적정의견을 받고, 2019 사업연도 재무제표에 대하여도 적정의견을 받을 수 있다고 주장하며 개선기간을 부여해 줄 것을 요청하였다. 거래소는 K사의 주장을 받아들여 1년의 개선기간을 부여하였다.

K사는 계획대로 회생절차에서 회생계획인가 전 M&A를 성사시켜 자본잠식을 해소하고, 자산 가압류에 대한 취소명령을 받았다. 회생계획인가 전 M&A를 내용으로 하는 회생계획이 인가됨으로써 부외부채의 존재와 우발부채의 발생가능성도 소멸하였다. K사는 법원으로부터 회생절차종결결정을 받은 후 2018 사업연도 재무제표에 대한 재감사에서 적정의견을 받고 2019 사업연도 재무제표에 대하여도 적정의견을 받았다. K사는 개선계획서에서 밝힌 이사회 기능 강화, 감사의 업무 감독기능 개선 등 다른 사항들도 모두 이행하였다. 개선기간이 종료된 이후 K사는 개선계획 이행내역서를 제출하여 상장폐지 사유가 완전히 해소되었음을 소명하였고 기업심사위원회에서 상장유지 결정을 받았다. 이로써 K사는 재무적 파탄을 극복하고 회생에 성공함과 동시에 상장폐지의 위기도 극복할 수 있었다.

참고문헌

저서

[국내]

김기진, 도산법 Ⅰ, 경상대학교 출판부, 2015
김주학, 기업도산법 제2판, 법문사, 2012
김택수 · 이동준, 기업회생 이론과 실무, 삼일인포마인, 2019
김홍식, M&A 개론, 박영사, 2009
남효순 · 김재형 공편, 도산법강의, 법문사, 2005
남효순 · 김재형 공편, 통합도산법, 법문사, 2006
노영보, 도산법 강의, 박영사, 2018
민사판례연구회 편, 민사판례연구 제28권, 박영사, 2006
민사판례연구회 편, 민사판례연구 제29권, 박영사, 2007
박대준, Valuation, 삼일인포마인, 2018
법무부, 채무자 회생 및 파산에 관한 법률 해설, 2006
법무부 상사법무과, 신탁법 개정안 해설, 법무부, 2010
법원행정처, 법원실무제요 민사집행 Ⅰ, 2014
변동걸 외 5인, 회사정리실무 개정판, 서울지방법원, 2001
비교법실무연구회 편, 판례실무연구 Ⅵ, 박영사, 2003
사단법인 도산법연구회 도산판례백선 편집위원회, 도산판례백선, 박영사, 2021
서울중앙지방법원 파산부 실무연구회, 도산절차와 소송 및 집행절차, 박영사, 2013
서울회생법원 재판실무연구회, 회생사건실무(상), 박영사, 2019
서울회생법원 재판실무연구회, 회생사건실무(하), 박영사, 2019
오수근, 도산법의 이해, 이화여자대학교출판부, 2008
오수근 · 한민 · 김성용 · 정영진, 도산법, 한국사법행정학회, 2012

온주(로앤비), 채무자회생법, 2015
윤덕주, 사례중심 기업회생, 박영사, 2019
윤재윤, 건설분쟁관계법 전면개정판, 박영사, 2012
임채홍 · 백창훈, 회사정리법(상) 제2판, 한국사법행정학회, 2002
임채홍 · 백창훈, 회사정리법(하) 제2판, 한국사법행정학회, 2002
임치용, 파산법연구 3, 박영사, 2010
임치용, 파산법연구 5, 박영사, 2020
전대규, 채무자회생법 제5판, 법문사, 2021
전병서, 도산법 제4판, 박영사, 2019
주석 채무자회생법, 한국사법행정학회, 2021
지원림, 민법강의 제14판, 홍문사, 2016.
최준규, 계약법과 도산법 – 민법의 관점에서 도산법 읽기 –, 경인문화사, 2021
한국거래소, 코스닥시장 공시 · 상장관리 해설, 2022
한국증권법학회, 자본시장법 [주석서 Ⅱ], 박영사, 2009

[일본]

三ヶ月章 등, 條解 會社更生法(上), 弘文堂, 2001
三ヶ月章 등, 條解 會社更生法(中), 弘文堂, 2001
三ヶ月章 등, 條解 會社更生法(下), 弘文堂, 2001
伊藤 眞, 會社更生法, 有斐閣, 2012
庇子 木康, 民事再生の手引(第2版), 商事法務, 2017

논문 및 자료

구회근, 중소기업 회생절차 개선방안: 회생컨설팅을 중심으로, 도산법연구 제4권 제2호, 사단법인 도산법연구회, 2014
권성수, 조세채권을 대위변제한 납세보증보험자의 회생절차상 지위, 사법 제21호, 사법발전재단, 2012

김민교, 코스닥시장의 상장폐지에 대한 소고 – 실질심사제도를 중심으로 –, 증권법연구 제17권 제3호, 한국증권법학회, 2016

김보경, 기업 벤처링 트렌드와 시사점, TRADE FOCUS 2021년 36호, 한국무역협회 국제무역통상연구원, 2021

김용덕, 회사정리절차와 다수당사자의 채권관계, 서울대학교 석사학위논문, 1989

김유성, 회생절차에서 공익채권자의 취급에 관한 소고, 재판과 판례 제25집, 대구판례연구회, 2016

김정만, 회생절차 종료가 부인권 행사에 미치는 효력, 도산법연구 창간호, 사단법인 도산법연구회, 2010

김정만, 도산절차상 현존액주의, 사법논집 제52집, 법원도서관, 2011

김정만, 회생절차상 M&A의 선택기준과 회생계획인가 전 M&A, 사법논집 제50집, 법원도서관, 2011

김진현, 우리 도산법상의 부인권에 관한 연구, 강원법학 제11권, 강원대학교 비교법학연구소, 1999

김형두, 회사정리절차 개시에 있어서의 문제점, 재판자료 제86집, 법원도서관, 2000

김형두, 통합도산법의 과제와 전망 Ⅱ, 저스티스 통권 제85호, 한국법학원, 2005

김형률, 회생절차에 있어 채권조사확정재판, 민사집행법연구 제3권, 한국민사집행법학회, 2007

김희중, 2015년 상반기 도산법 관련 대법원 판례 소개, 도산법연구 제6권 제2호, 사단법인 도산법연구회, 2015

나청, 회원제 골프장 회생사건의 실무상 쟁점에 관한 소고, 사법 제36호, 사법발전재단, 2016

문일호, 증권거래소의 상장법인에 대한 상장폐지결정에서의 실무상 쟁점, 서강법학 제11권 제1호, 서강대학교 법학연구소, 2009

박광선, 상장폐지의 효력을 다투는 소송에서 문제 되는 실무적 쟁점에 관한 고찰, 사법 제43호, 사법발전재단, 2018

박병대, 파산절차가 계약관계에 미치는 영향, 파산법의 제문제(상), 재판자료 제82집, 법원도서관, 1999

박사랑, CRO제도의 현황과 과제, 도산법연구 제3권 제2호, 사단법인 도산법연구회, 2012

박성철, 회사정리절차 및 화의절차에 있어서의 부인권, 재판자료 제86집, 법원도서관, 2000

박양준, 회생계획의 강제인가제도와 관련한 실무상 문제점, 2009년도 전반기 도산사건의 실무개선을 위한 파산부 법관 워크숍 자료집, 서울중앙지방법원, 2009

박형준, 법정관리기업 인수·합병(M&A)의 실무와 전망, 사법논집 제44집, 법원도서관, 2007

서경환, 회사정리절차가 계약관계에 미치는 영향, 재판자료 제86집, 법원도서관, 2000

심태규, 채권조사확정재판에 대한 이의의 소에 대한 실무상 문제점, 사법논집 제66집, 법원도서관, 2018

양형우, 회생·파산절차개시가 근로계약과 단체협약에 미치는 영향, 노동정책연구 제8권 제4호, 노동정책연구원, 2008

양형우, 회생절차가 담보권실행을 위한 경매절차에 미치는 영향, 홍익법학, 홍익대학교 법학연구소, 2020

오병희, 회생절차에서의 추완신고에 따른 후속 절차 검토 - 대법원 2012. 2. 13.자 2011그256 결정과 관련하여 –, 도산법연구 제3권 제2호, 사단법인 도산법연구회, 2012

오수근, 통합도산법의 과제와 전망 Ⅰ, 저스티스 통권 제85호, 한국법학원, 2005

오수근, 정리계획 수행과 주주의 권리 – 국제상사 사건을 중심으로 –, 상사판례연구 제20편 제3권, 한국상사판례학회, 2007

오수근, 도산법의 개선방향, BFL 제34호, 서울대학교 금융법센터, 2009

오수근, 회생절차의 종료와 부인권, 상사법연구 제30권 제1호, 2011

우성만, 회사정리법상 담보권자의 지위, 재판자료 제86집, 법원도서관, 2000

원호신, 회생절차의 종결과 부인권 관련 소송의 운명, 재판과 판례 제16집, 대구판례연구회, 2008

윤덕주, 계속기업가치·청산가치의 측정과 적용, 변호사 제49집, 서울지방변호사

회, 2017
윤진수, 이용훈 대법원의 민법 판례, 정의로운 사법, 사법발전재단, 2011
이상은 · 고영희, 채권금융기관 자율협약을 통한 기업구조조정 사례 및 제도 개선방안, 정책개발연구 제17권 제1호, 한국정책개발학회, 2017
이수열, 개정 채무자회생법 연구, 도산법연구 제6권 제1호, 사단법인 도산법연구회, 2015
이완식, 워크아웃 절차 개요 및 회생절차와 비교, 서울대학교 금융법센터, 2015년도 금융법무과정 제8기
이재희, 기업집단 도산사건의 효율적 처리방안, 사법논집 제63집, 법원도서관, 2017
이진웅, PEF 회생기업에 대한 투자 및 회생절차 종결-사례 및 실무상 쟁점의 소개－, 법조 제662호, 법조협회, 2011
임채웅, 사해행위로서의 소송행위의 취소 및 부인에 관한 연구, 민사재판의 제문제 제16권, 한국사법행정학회, 2007
임치용, 회사정리절차와 출자전환, BFL 제9호, 서울대학교 금융법센터, 2005
임치용, 자산유동화와 파산, 사법 창간호, 사법연구지원센터, 2007
임치용, 판례를 통하여 본 부인권의 효과, 법조 제57권 제8호, 법조협회, 2008
임치용, 건설회사에 대하여 회생절차가 개시된 경우의 법률관계, 사법 제18호, 사법발전재단, 2011
임치용, 한국의 워크아웃제도 － 회생절차와의 비교, 도산법연구 제4권 제2호, 사단법인 도산법연구회, 2014
장상균, 회사정리절차의 종결이 관리인의 부인권 행사에 미치는 영향, 대법원판례해설 제63호, 2006
정문경, 실무적 관점에서 본 회생계획의 강제인가 사례 분석, 도산법연구 제1권 제2호, 사단법인 도산법연구회, 2010
정문경, 부인권 행사에 관한 실무상 몇 가지 쟁점, 도산법연구 제2권 제1호, 사단법인 도산법연구회, 2012
정준영, 파산절차가 계속중인 민사소송에 미치는 영향 － 판결절차와 집행절차를 포함하여 －, 재판자료 제83집(하), 법원도서관, 1999

정준영, 기업회생절차의 신속처리 방식: 패스트트랙 기업회생절차, 도산법연구 제3권 제2호, 사단법인 도산법연구회, 2012

차승환, 회생절차 개시 전을 요건으로 하는 공익채권, 도산법연구 제7권 제2호, 사단법인 도산법연구회, 2017

최종길, 도급공사의 기성공사부분에 대한 대금청구 채권이 회사정리법상 공익채권에 해당하는 경우, 대법원 판례해설 제52호, 법원도서관, 2004

최효종, 기업회생절차 실무의 현황과 개선방안(쌍용자동차 사례를 중심으로), 회생과 파산 Vol. 1, 한국도산법학회, 사법발전재단, 2012

최효종, Case Study 1 - 일반기업 사안, 서울대학교 금융법센터, 2015년 금융법무과정 제8기

하태흥, 조세채권을 회생채권과 공익채권으로 구분하는 기준인 '납부기한'의 의미, 대법원 판례해설 통권 제92호, 법원도서관, 2012

한민, 미이행쌍무계약에 관한 우리 도산법제의 개선방향, 선진상사법률연구 제53호, 법무부, 2011

한민, 사해신탁의 취소와 부인 - 채무자회생법 개정안에 관한 주요 논점을 중심으로 -, BFL 제53호, 서울대학교 금융법센터, 2012

홍성준, 회사정리 · 회생절차와 M&A, BFL 제20호, 서울대학교 금융법센터, 2006

찾아보기

[ㄱ]

〔ㅅ〕

[ㅊ]

저자약력

권기일
고려대학교 법과대학 졸업
일본 규슈대학 법학석사(LL.M)
사법연수원 제32기 수료
법무법인 덕수 변호사
법률사무소 혜민 대표변호사

강민우
고려대학교 경제학과 졸업
제38회 공인회계사시험 합격
한영회계법인 공인회계사
안세회계법인 공인회계사
한국거래소 중소기업 회계지원센터 자문위원
서울회생법원, 인천지방법원, 의정부지방법원 조사위원

기업회생의 이해와 실무

초판발행 2023년 2월 20일

지은이 권기일 · 강민우
펴낸이 안종만 · 안상준

편 집 사윤지
기획/마케팅 이후근
표지디자인 이영경
제 작 고철민 · 조영환

펴낸곳 (주) 박영사
서울특별시 금천구 가산디지털2로 53, 210호(가산동, 한라시그마밸리)
등록 1959. 3. 11. 제300-1959-1호(倫)
전 화 02)733-6771
f a x 02)736-4818
e-mail pys@pybook.co.kr
homepage www.pybook.co.kr
ISBN 979-11-303-4298-6 93360

정 가 68,000원